Géographie

éducation civique

collège

ISBN : 2-84410-027-9

Yves Lacoste

Professeur à l'université Paris VIII, agrégé de géographie, docteur d'État

Avec les contributions de Laurent Carroué, Claire Dussart,
Béatrice Giblin et Barbara Loyer

Géographie
éducation civique
collège

ÉDITIONS DE LA CITÉ

MANUEL+

Directeur de la collection
Bernard Lecherbonnier,
Agrégé des Lettres, Docteur ès Lettres

Conception éditoriale
Original BD System
Conception graphique et direction artistique
ELSE
Conception de la couverture
Atelier Didier Thimonier
Illustration de Patrick Morin

Réalisation éditoriale
Atelier d'édition européen
sous la direction de Serge Cosseron

Édition
Philippe Faverjon

Rédacteurs
Laurent Carroué (professeur à l'université Paris VIII, agrégé de géographie),
Claire Dussart (professeur agrégé d'histoire), Béatrice Giblin (professeur
à l'université Paris VIII, agrégée de géographie),
Barbara Loyer (maître de conférence à l'université
Paris VIII, agrégée de géographie), Hélène Loing

Correction
Simon Kohn, Jean-Louis Mathieu, Frédéric Perroud.

Recherche et gestion de l'iconographie
Visual Arts Library ; Colette Laporte, Joëlle Ostallier

Maquette
Anna Klykova,
assistée par Christian Fey, Pierre Derible, Carlos Sanchez

Cartographie
Graffito

Coordination et Marketing Éditions de la Cité
Hélène Genin, Amélie Lambert, Agnès Jullien
Président-Directeur Général
Pierre Dutilleul

Avant-propos de l'auteur

Pourquoi ce livre est-il presque autant un livre d'éducation civique qu'un livre de géographie ? Il est le seul à associer ces deux façons de voir les choses, à considérer le monde et les problèmes de notre pays. L'éducation civique est habituellement présentée comme l'étude d'une série de grands principes et d'institutions : l'Égalité, la République, la Constitution, l'État, le département, etc. Or, tout cela s'applique à une France, dont les habitants sont loin de partager les mêmes opinions politiques, qu'il s'agisse de l'Europe, des émigrés ou de la mondialisation, des problèmes qui sont également géographiques.

L'éducation civique doit avoir pour but d'aider les jeunes et leurs parents à mieux comprendre la complexité des problèmes politiques dans ce pays très particulier qu'est la France. La géographie ne doit pas se borner à énumérer des noms de régions et des données économiques, mais nous aider à mieux comprendre le monde : les pays que nous allons traverser, mais aussi la ville et la nation dont vous serez bientôt des citoyens. Les termes « politique » et « citoyen » ne sont pas sans rapport avec la géographie puisque, en grec, comme en latin, leur sens premier est la « ville » *(polis)* et la cité, des termes géographiques s'il en est. Cette association de l'éducation civique et de la géographie, vous la verrez dès l'exposé des termes et des notions les plus simples – ce sont les Bases –, puis lors de notre grand périple, ce Fil rouge, que nous allons effectuer autour du globe, puis en Europe. Enfin, les nombreux Points clés nous permettront d'en savoir plus sur les principaux pays et, plus précisément, sur la France. À tous et à toutes, je souhaite bonne route.

Yves Lacoste

Avant-propos de l'éditeur

Le collège vous invite à une nouvelle vie. Vous avez des professeurs différents. Vous découvrez des disciplines inconnues. De la 6e à la 3e, vous aurez à parcourir un itinéraire riche en découvertes passionnantes.

Comment profiter pleinement de ces quatre années d'apprentissage et de formation ? Deux conditions sont indispensables ; premièrement, vous devez comprendre l'esprit et les objectifs des programmes, discipline par discipline ; deuxièmement, il vous faut maîtriser les méthodes, les règles, le vocabulaire, tout ce qui sert à réussir les exercices et les contrôles.

Manuel+ est conçu pour remplir ces deux fonctions en même temps. Le programme vous est présenté dans **le fil rouge,** qui explique tout ce que vous apprendrez au collège ; le cours est ensuite détaillé, sujet par sujet, classe par classe, dans **les points clés** ; **les fiches pratiques** vous orienteront parmi les livres documentaires, les films et le multimédia pour compléter vos connaissances et préparer des exposés ; enfin, **le dictionnaire** vous indique le sens de tous les mots spécialisés et notions difficiles.
Les collégiens débutants s'aideront enfin des **bases** qui, dans les premières pages de l'ouvrage, résument tout ce qu'on doit savoir avant d'entrer en 6e. Nul ne pourra plus vous reprocher : « Tu manques de bases... ». Vous réussirez vos études si vous en possédez bien la règle du jeu. Les auteurs de **Manuel+,** de grandes personnalités qui connaissent bien les difficultés des élèves, ont mis toute leur science et tout leur cœur à réussir le pari de faire aimer les études par les élèves en leur livrant cette règle du jeu.

Le secret de **Manuel+,** qui réunit en un seul livre toutes les classes du collège, c'est que chacun pourra progresser à son rythme, revenir en arrière, pousser plus loin un raisonnement ou un questionnement. Nous sommes tous différents dans nos manières d'apprendre, de mémoriser et de nous passionner.

Bernard Lecherbonnier

Sommaire

Bases *Pour se rappeler les acquis du primaire*

Fil rouge *Pour comprendre le programme dans son ensemble*

Sommaire

Points clés *Pour maîtriser les sujets de cours*

6 programme de sixième *5 programme de cinquième* *4 programme de quatrième* *3 programme de troisième*

Sommaire

6 programme de sixième — *5 programme de cinquième* — *4 programme de quatrième* — *3 programme de troisième*

Sommaire

⑥ programme de sixième *⑤ programme de cinquième* *④ programme de quatrième* *③ programme de troisième*

Fiches pratiques

Pour se documenter

Dico

Pour retrouver une définition, une notion

BASES

Ce qu'il faut savoir
à l'entrée en 6^e^

Les connaissances acquises en primaire indispensables pour être prêt à suivre les cours de géographie et d'éducation civique au collège.

Des termes géographiques

que vous connaissez déjà

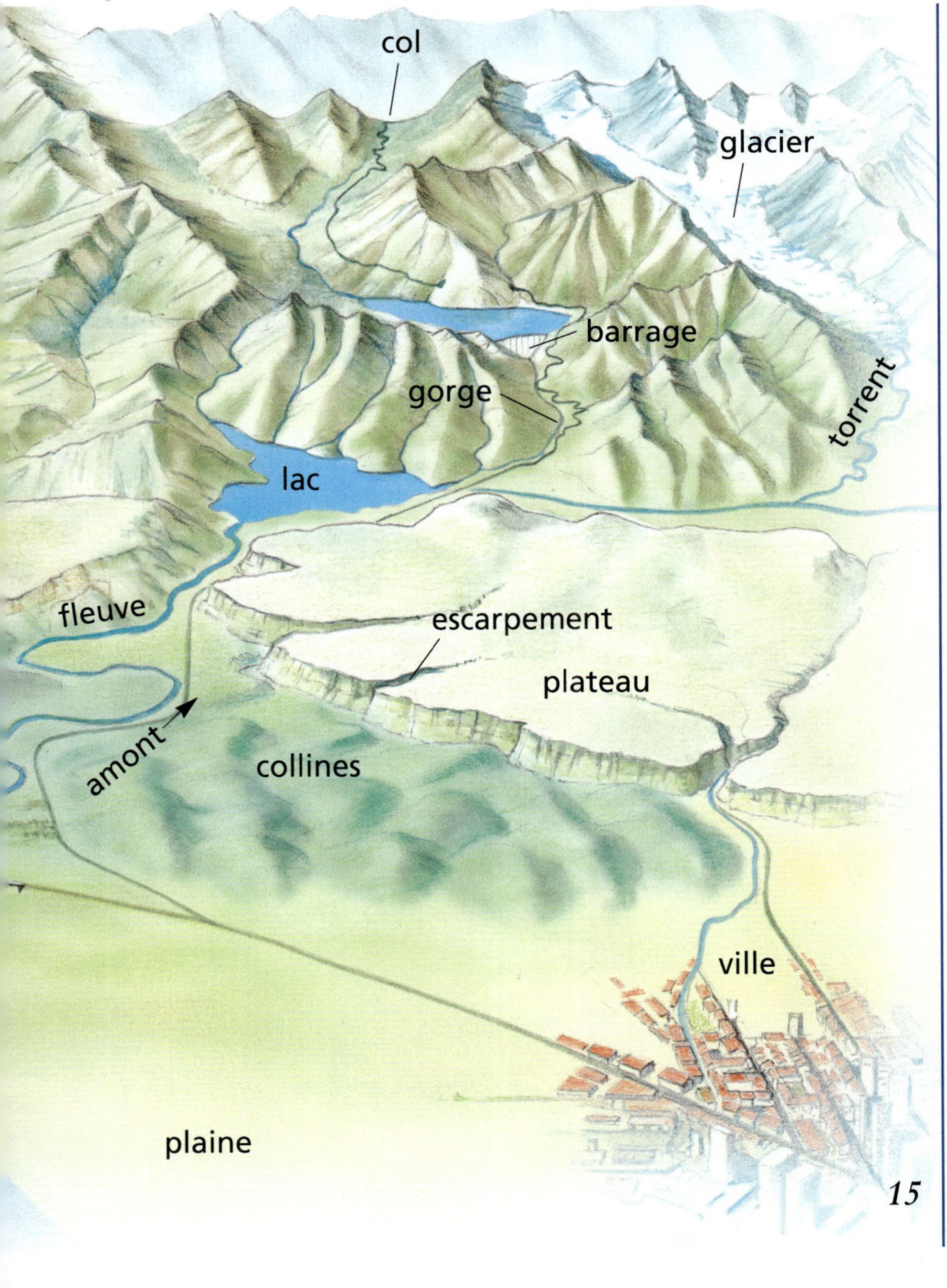

D'autres termes géographiques

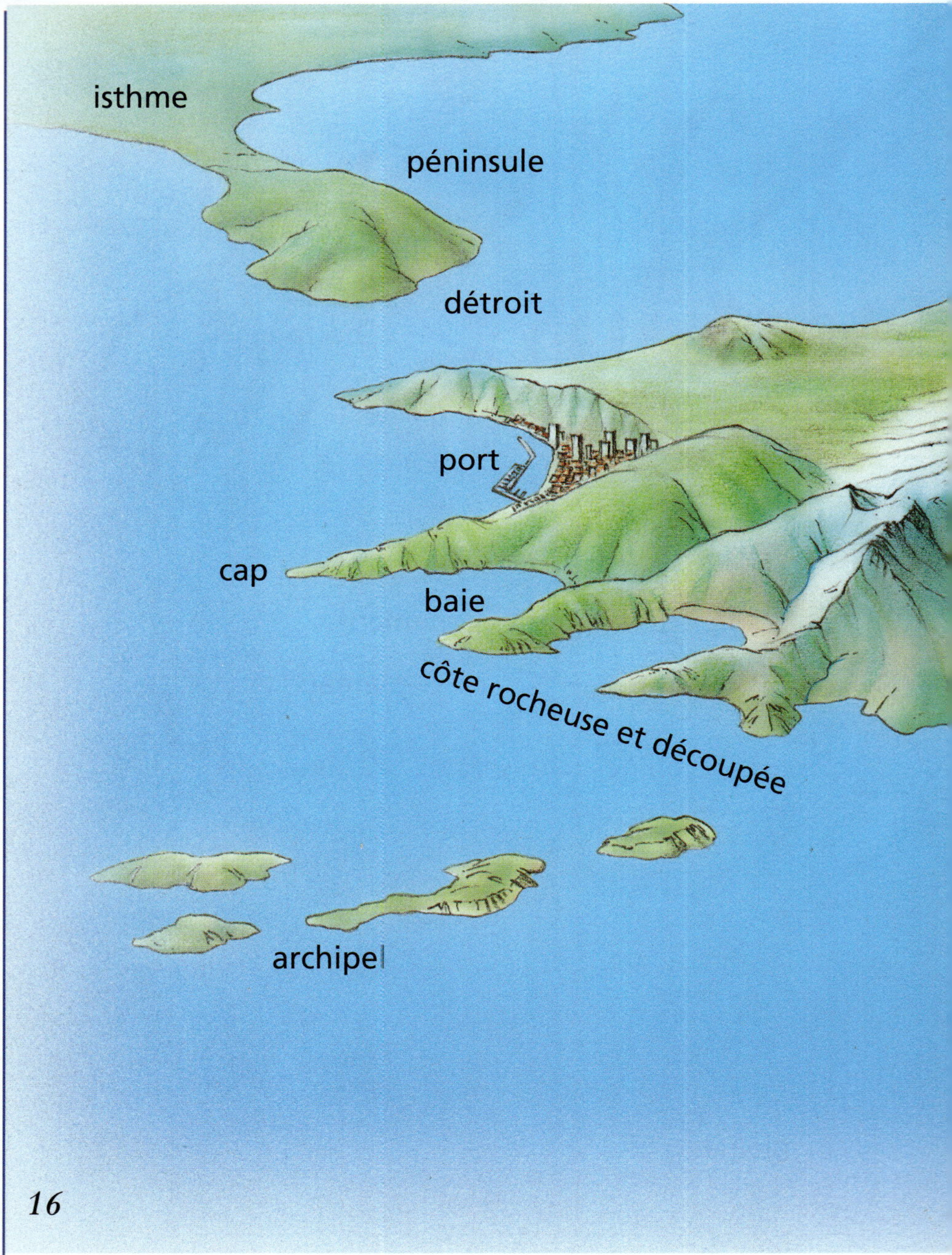

qui vous sont familiers

Vous vivez dans la géographie

Formé de deux mots grecs – *geo,* «la Terre», et *graphein,* qui signifie d'abord «dessiner» et «décrire» –, le mot «géographie» désigne tous les aspects de la surface terrestre, aussi bien la variété des paysages que les différences entre les villes et les pays.

Vous habitez un certain endroit

Votre maison ou votre immeuble se trouve à un endroit précis, en bordure d'une rue (d'une route ou d'un chemin) qui se raccorde à une voie plus importante. Votre adresse indique la rue, mais surtout le nom de la commune et celui du département. Ce sont d'indispensables indications géographiques.

▲ *L'Europe vue du ciel.*

Vous vivez dans une ville, grande ou petite

La ville ou le village où vous vivez est une commune. Elle est administrée par un maire et par un conseil municipal. Ceux-ci sont élus tous les cinq ans par les concitoyens, c'est-à-dire par les habitants de la commune. Le mot «citoyen» est d'origine géographique, puisqu'il vient du mot «cité», c'est-à-dire «ville».

Vous vivez dans un pays, la France

Le mot «pays» est souvent utilisé pour désigner un État, car l'un et l'autre correspondent à un territoire. C'est en effet dans le cadre de son territoire que les dirigeants de l'État veillent à l'intérêt de la nation. En démocratie, ceux-ci sont élus par les citoyens, en fonction de leurs idées politiques. L'éducation civique aide les citoyens à mieux comprendre la vie de la nation, c'est-à-dire la politique. Ce terme qui vient du grec *polis,* «ville», est proche, lui aussi, de la géographie.

Ce qu'il faut savoir

La géographie est la description des différents aspects de la surface terrestre, des montagnes comme des villes. «Citoyen» et «politique» sont des mots d'origine géographique, puisqu'ils se rapportent à la ville.

L'Europe et le monde

La géographie, ce n'est pas seulement la connaissance des lieux où nous vivons et du pays qui est le nôtre. Nous avons aussi de plus en plus besoin de comprendre la situation des autres pays et, d'abord, celle de nos voisins.

La France fait partie de l'Union européenne

Depuis 1957, la France s'est progressivement associée à l'Allemagne, à l'Italie et au Benelux, puis à la Grande-Bretagne, à l'Espagne et à sept autres nations européennes. Celles-ci auront bientôt une monnaie commune, l'euro. Les citoyens de l'Union européenne peuvent sans contrôle franchir les frontières de la plupart de ces quinze États.

Le monde compte aujourd'hui deux cents États

On appelle «monde» l'ensemble de la surface terrestre et, surtout, l'ensemble des êtres humains qui forment la population de tous les pays. Ceux-ci sont de taille très inégale : la Chine possède 1,25 milliard d'habitants, alors que le Luxembourg, le plus petit État de l'Union européenne, n'en compte que 406 000.

Ce qu'il faut savoir

La France fait partie de l'Union européenne, qui rassemble quinze États. Il y a au monde plus de deux cents pays indépendants et six milliards d'hommes et de femmes, soit 5 fois plus qu'il y a un siècle.

La population du monde : six milliards d'individus

Les hommes sont aujourd'hui cinq fois plus nombreux sur Terre qu'en 1900. Nous verrons par la suite les causes de ce formidable accroissement. Avec bientôt 60 millions d'habitants, la France ne constitue que la millième partie de la population mondiale, mais elle est au quatrième rang mondial pour la puissance économique.

◄ *L'Union européenne est formée de quinze pays.*

Bases La planète Terre

Pour comprendre la diversité de l'espace terrestre, il faut d'abord considérer la Terre dans son ensemble. C'est l'une des planètes qui tournent autour du Soleil. Elle est entourée d'une atmosphère d'environ 20 000 mètres d'épaisseur qui nous permet de vivre.

▼ Le globe terrestre, l'équateur et les pôles.

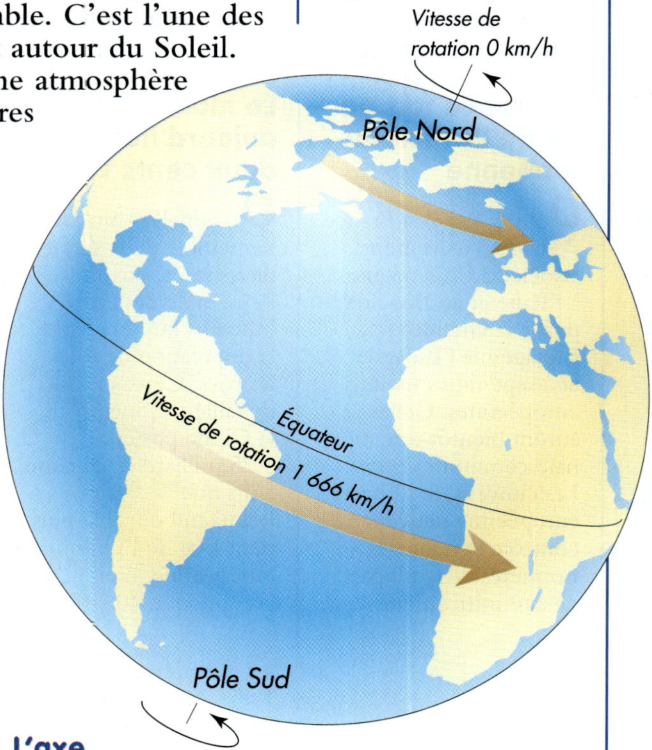

40 000 kilomètres de circonférence

La Terre est ronde : c'est une sphère (un peu aplatie) dont la circonférence atteint 40 000 kilomètres au niveau de l'équateur. Autrefois, la Terre semblait immense. Aujourd'hui, avec l'avion, un voyageur très pressé peut en faire le tour en 48 heures.

La Terre tourne comme une toupie

La Terre tourne sur elle-même en 24 heures, de la gauche vers la droite. Autrefois, on croyait que c'était le Soleil qui tournait autour de la Terre. On sait maintenant que c'est la Terre qui tourne autour du Soleil en 365 jours et six heures.

L'axe des deux pôles

La rotation de la Terre sur elle-même en 24 heures s'effectue autour d'un axe invisible qui passe par les deux pôles – «pôle» vient d'un mot grec qui signifie «tourner». L'équateur, à égale distance des deux pôles, est la plus grande des circonférences.

Ce qu'il faut savoir

La Terre mesure 40 000 kilomètres de circonférence au niveau de l'équateur. Elle tourne sur elle-même en 24 heures autour de l'axe des deux pôles. L'équateur est situé à égale distance du pôle Nord et du pôle Sud.

Globes et planisphères

Pour effectuer de très grands déplacements à la surface de la Terre, les navigateurs – comme aujourd'hui les aviateurs – ont eu besoin de se représenter la sphère terrestre en diminuant beaucoup sa taille.

Les globes terrestres

Aujourd'hui fabriqués en plastique, les globes terrestres, plus ou moins volumineux, sont beaucoup moins coûteux qu'autrefois. Ce sont les représentations les plus suggestives et les plus exactes de la Terre. Mais leur forme les rend malcommodes à utiliser et à transporter. Les cartes sont beaucoup plus pratiques.

Les planisphères

Ce sont des cartes qui représentent à plat – *plani-* – l'ensemble de la sphère terrestre. On peut les afficher ou les réunir dans des livres ou des atlas. Leur usage est beaucoup plus pratique que celui d'un globe. Mais les planisphères donnent une image tres déformée de la Terre.

Ce qu'il faut savoir

On peut représenter la sphère terrestre soit sur des globes en plastique, soit sur des cartes planisphères. Celles-ci sont plus commodes à l'emploi, malgré d'importantes déformations.

Une feuille de papier autour du globe

C'est un géographe du XVIe siècle nommé Mercator qui, le premier, eut l'idée d'entourer un globe terrestre, au niveau de l'équateur, avec une grande feuille de papier et d'y reporter méthodiquement les contours des continents. Mais plus on s'écarte de l'équateur, plus la déformation devient importante.

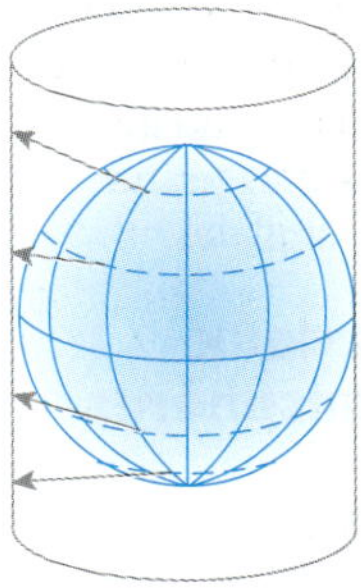

Pour obtenir une illustration plane de la surface du globe, la projection de Mercator représente tous les méridiens et les parallèles par des droites perpendiculaires ou parallèles à l'équateur et équidistants les uns des autres.

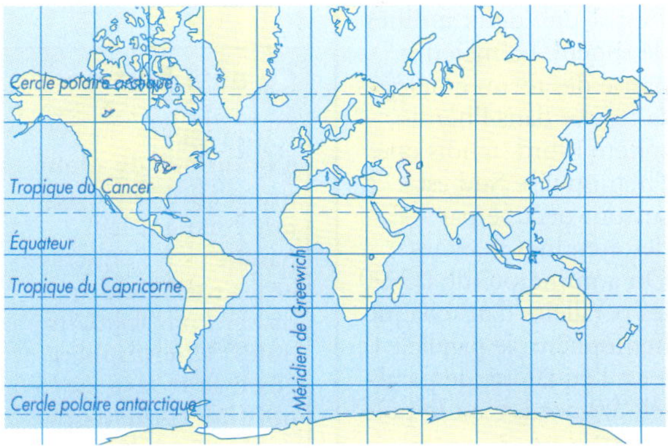

Un exemple de ▶ projection de Mercator.

Parallèles et méridiens

Dans leurs grands déplacements maritimes ou aériens, les navigateurs et les aviateurs se repèrent grâce à une sorte de quadrillage invisible formé par les parallèles et les méridiens.

Les parallèles

Ce sont des lignes imaginaires, parallèles à l'équateur, qui courent sur les globes et sur les planisphères. Les parallèles forment des cercles concentriques de plus en plus petits au fur et à mesure que l'on s'éloigne de l'équateur et que l'on s'approche des pôles. Ces derniers sont représentés par des points. L'équateur est le plus grand des parallèles.

Les deux hémisphères

L'équateur délimite deux hémisphères, c'est-à-dire deux moitiés de sphère. La majeure partie des terres émergées se trouve dans l'hémisphère Nord, tandis que l'hémisphère Sud est surtout occupé par des étendues marines. On a numéroté de 0 à 90 les parallèles dans chaque hémisphère : le parallèle 0, c'est l'équateur ; le parallèle 90 nord, c'est le pôle Nord.

Les méridiens

Ce sont des lignes verticales imaginaires qui courent sur le globe et la carte du monde. Tous les méridiens ont la même longueur et ils passent tous par le pôle Nord et par le pôle Sud. Les méridiens forment une sorte de quadrillage avec les parallèles, qui forment une série de lignes horizontales.

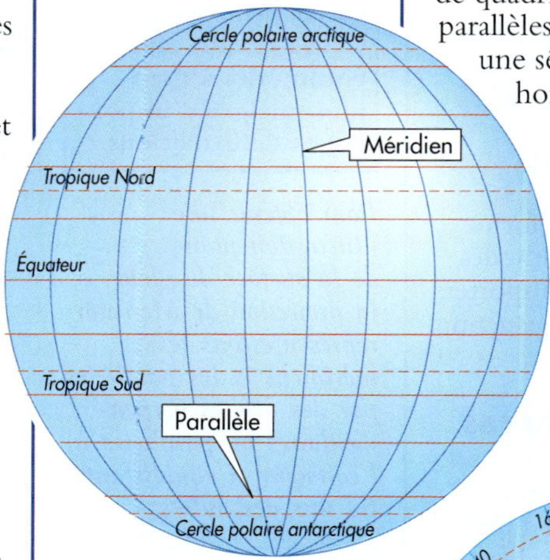

◄ *Méridiens et parallèles représentés sur un globe terrestre.*

▼ *Vision polaire du globe terrestre.*

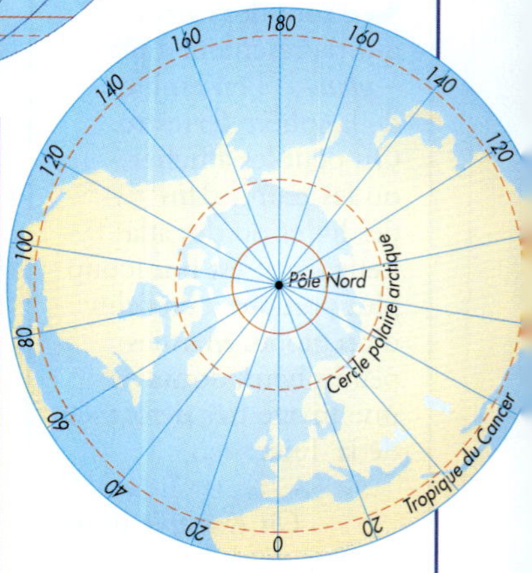

Ce qu'il faut savoir

On se repère à la surface du globe grâce au quadrillage que forment les parallèles à l'équateur et les méridiens qui passent par les deux pôles. L'hémisphère Nord se trouve au nord de l'équateur.

Les décalages horaires entre les pays

Les pays du monde ne vivent pas tous à la même heure. Alors que certains sont déjà plongés dans la nuit, le soleil se lève seulement dans d'autres tandis qu'ailleurs encore il est au zénith. On appelle cette différence le décalage horaire.

À l'est de l'Europe, on est en avance

Comme la Terre tourne sur elle-même de la gauche vers la droite, les pays situés à l'est de l'Europe, par exemple, voient le Soleil se lever bien avant les pays européens, qui sont au même moment encore dans la nuit. Ainsi, quand il est 8 heures du matin à Tokyo, il est encore minuit à Paris.

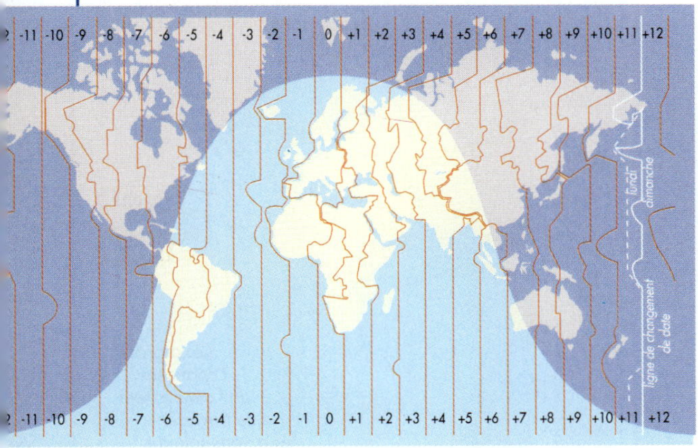

À l'ouest de l'Europe, on est en retard

Quand il est midi à Paris, il est seulement 6 heures du matin à New York et on est encore en pleine nuit à San Francisco, dans l'ouest des États-Unis. Et lorsque l'on est, par exemple, le 1er janvier dans l'est de l'Asie, on est encore le 31 décembre dans l'ouest de l'Amérique. La ligne de changement de date passe, en effet, au milieu du détroit de Béring et de l'océan Pacifique.

Même heure au sud et au nord

En revanche, tous les pays situés sur un même méridien sont à la même heure, dans l'hémisphère Nord comme dans l'hémisphère Sud. Quand il est midi en France, il est aussi midi en Norvège ou en Côte-d'Ivoire. On a choisi le méridien de Greenwich (près de Londres) comme repère du calcul du temps universel.

◀ *Cette carte représente les pays où il fait jour, en hiver, quand il est midi sur le méridien de Greenwich.*

Ce qu'il faut savoir

L'heure est identique pour tous les pays situés sur le même méridien. Par rapport à l'heure du méridien de Greenwich choisi comme repère, les pays situés à l'est sont en avance et les pays situés à l'ouest sont en retard.

Bases

Des températures très différentes selon les zones

Il fait très froid dans les régions polaires – c'est-à-dire proches des pôles –; au contraire, il fait très chaud dans les pays qui sont situés dans la zone de l'équateur. Comment s'explique une telle différence?

Ce qu'il faut savoir

Dans les zones polaires, les rayons du Soleil ne sont jamais très chauds. En revanche, dans la zone située entre les tropiques, les rayons du Soleil, plus verticaux, apportent beaucoup de chaleur.

Des rayons solaires verticaux près de l'équateur

Une zone terrestre est une bande plus ou moins large du globe située entre deux parallèles. Les zones proches de l'équateur sont les plus exposées au Soleil. Les rayons de celui-ci les frappent à la verticale. Il y fait donc très chaud.

Des rayons solaires obliques près des pôles

Dans les zones polaires, le Soleil ne s'élève jamais très haut dans le ciel. Ses rayons obliques traversent la couche atmosphérique sur une plus grande distance. L'année se partage en un long hiver, où le Soleil n'apparaît que très peu, et un long été, où il brille presque tout le temps.

▼ L'épaisseur de la couche atmosphérique que les rayons du Soleil doivent traverser dépend de leur inclinaison.

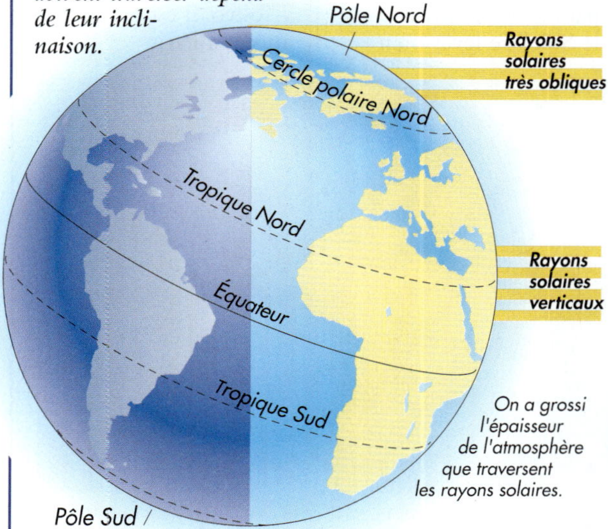

Cercles polaires et tropiques

Le cercle polaire Nord est le parallèle où, au moins un jour de l'année (le 21 juin), le Soleil ne se couche pas du tout: c'est le fameux Soleil de minuit. Le tropique Nord est le parallèle où, ce même jour de l'année, le Soleil est exactement au zénith à midi. Le cercle polaire et le tropique Sud se définissent de la même façon par rapport à la date du 21 décembre.

Les deux hémisphères et le rythme des saisons

En plein hiver, on peut, en Europe, acheter des cerises qui viennent par avion de pays de l'hémisphère Sud où règne alors l'été. Comment s'explique cette inversion des saisons?

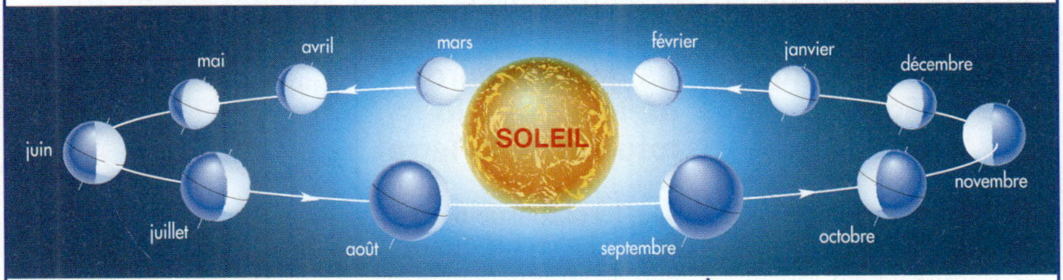

▲ *La révolution de la Terre autour du Soleil explique le phénomène d'inversion des saisons.*

L'axe de rotation de la Terre n'est pas vertical

La Terre décrit, en un an, une très grande ellipse autour du Soleil. Mais l'axe des pôles est légèrement oblique. Aussi, au mois de juin, l'hémisphère Nord est beaucoup plus éclairé que l'hémisphère Sud, qui est alors en hiver.

À l'équateur, peu de différence entre les saisons

Les nuits et les jours ont 12 heures à l'équateur et il fait chaud toute l'année. Cela provoque en permanence une montée de l'air chaud en altitude. Le remplacement de cet air au niveau du sol engendre des vents qui soufflent depuis les tropiques vers l'équateur. On nomme ces vents les « alizés » (les vents lisses) parce qu'ils sont réguliers.

Ce qu'il faut savoir

Quand l'hémisphère Nord est en été, c'est l'hiver dans l'hémisphère Sud. Mais à l'équateur, il n'y a pas de différence entre les saisons. Les alizés soufflent de chaque tropique vers l'équateur.

La rotation de la Terre a des effets importants

À l'équateur, lieu où la circonférence terrestre est la plus grande, un point situé à la surface de la Terre se déplace dans l'espace à la vitesse de 1 666 kilomètres à l'heure. Cette vitesse diminue progressivement vers le pôle, où elle devient nulle. Plus élevée à l'équateur qu'aux tropiques, cette vitesse décale, par exemple, les courants des alizés vers l'ouest, dans les hémisphères Nord et Sud.

Bases

La circulation de l'eau dans l'atmosphère

L'eau est indispensable à toutes les formes de vie. La Terre est sans doute la seule planète du système solaire à disposer d'autant d'eau. Les étendues marines couvrent 71 % de la surface du globe.

Des pluies venues des océans

S'évaporant sous l'effet du Soleil, une partie de l'eau des océans se transforme en vapeur d'eau. Celle-ci se regroupe dans des nuages qui sont poussés par les vents vers les continents. Lorsque la température ambiante diminue, la vapeur d'eau se condense et il pleut.

▼ *Les principaux déserts et les grands courants aériens.*

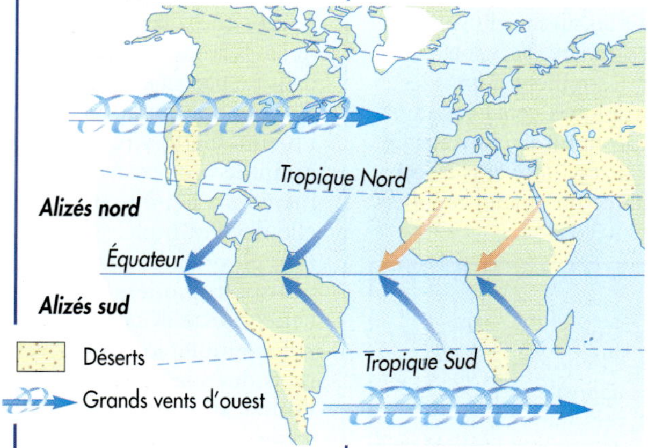

De grands courants aériens dus à la rotation de la Terre

La Terre tourne de la gauche vers la droite, entraînant une grande partie de l'atmosphère dans le même sens. Ainsi, en Europe et en Amérique du Nord, les vents principaux soufflent d'ouest en est. Toutefois, entre les tropiques, les vents alizés soufflent d'est en ouest, car ils sont moins rapides que l'air équatorial.

Ce qu'il faut savoir

Les mers couvrent 71 % de la surface du globe. Elles fournissent, par évaporation, l'essentiel des pluies qui tombent sur les continents. Les nuages sont poussés par les vents.

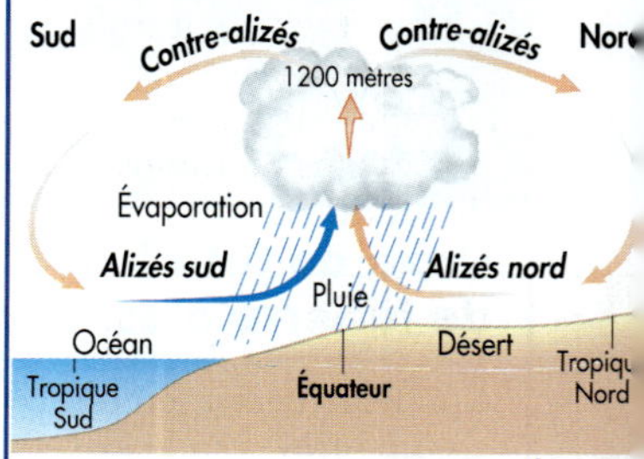

▲ *La circulation de l'air au-dessus de l'équateur.*

Pourquoi y a-t-il des déserts près des tropiques ?

L'air chaud chargé d'humidité, qui s'élève en permanence au-dessus de l'équateur, provoque de fortes pluies lorsqu'il se refroidit. Puis, en redescendant vers le sol au niveau des tropiques, cet air se réchauffe. Comme il est devenu très sec, les régions qu'il parcourt ne reçoivent pas d'eau et des déserts s'y développent.

Climats et végétation

Il existe sur la Terre des climats plus ou moins chauds ; selon les saisons, il y pleut plus ou moins. Ces variations ont de grandes conséquences sur la végétation et la vie des hommes.

La répartition des pluies et des températures selon les saisons

Les caractéristiques du climat d'un pays (pluies et températures) constituent une moyenne : il y a des années plus ou moins sèches ou plus ou moins froides. La végétation ne peut pas pousser quand il fait trop froid ou trop sec. Aussi, les régions polaires et les déserts sont presque dépourvus de végétation.

◄ *Les terribles inondations de l'Ouvèze, à Vaison-la-Romaine (Vaucluse), en 1992.*

L'influence de la durée de l'hiver sur la végétation

Dans le nord de l'Amérique et de l'Asie, où il gèle plus de huit mois par an, il ne pousse que de petits buissons. Les pays où le gel dure six mois sont couverts de forêts de conifères. Les pays tempérés où il fait froid pendant trois mois étaient jadis couverts de forêts de chênes qui ont été défrichées par l'homme.

Ce qu'il faut savoir

Les différences climatiques à la surface du globe s'expliquent par des températures plus ou moins fortes et par des pluies plus ou moins abondantes.

L'influence de la durée de la sécheresse sur la végétation des climats chauds

Si la sécheresse dure plus de dix mois, la végétation se réduit à une steppe constituée de touffes d'herbes clairsemées. Plus la saison des pluies est longue, plus la végétation est abondante. Dans la zone équatoriale, où il pleut presque tous les jours, règne la grande forêt toujours verte. Mais celle-ci est de plus en plus défrichée.

De petits et de grands ensembles géographiques

La géographie décrit surtout les multiples aspects de la surface terrestre : les pays, quelle que soit leur taille, avec les caractéristiques de leurs populations, et même de petites régions.

Les cartes décrivent la diversité des territoires

Les cartes représentent les limites entre des ensembles géographiques de différentes natures. Elles tracent, par exemple, les limites entre la terre et la mer ; les limites entre des États, c'est-à-dire leurs frontières ; mais aussi les limites entre la ville et la campagne, entre la plaine et la montagne, entre le désert et l'oasis, etc.

Ce qu'il faut savoir

On peut classer les ensembles géographiques par ordre de grandeur. Premier ordre, ceux qui mesurent plus de 5 000 kilomètres ; deuxième ordre, ceux qui mesurent entre 5 000 et 1 000 kilomètres ; troisième ordre, ceux qui se mesurent en centaines de kilomètres ; quatrième ordre, en dizaines, etc.

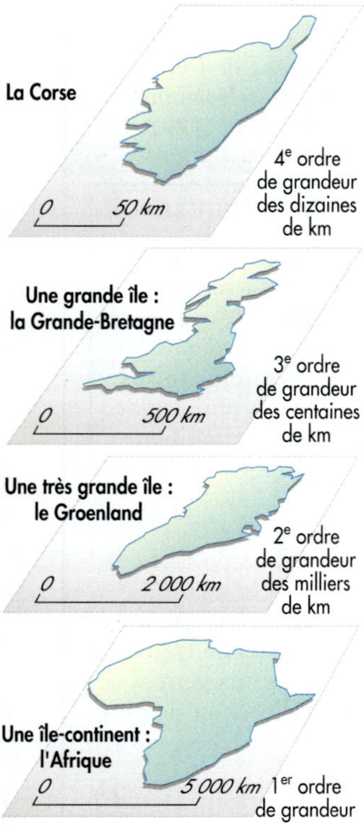

◄ *Il est facile de définir ce qu'est une île. Mais les îles ont des tailles très différentes.*

Les plus grands ensembles géographiques

Les continents, l'Afrique, l'Amérique, la masse Europe-Asie représentent, sur les cartes, des ensembles de grande taille (plus de 10 000 kilomètres dans leur plus grande dimension) et bien délimités. Les océans sont des ensembles encore plus grands : le Pacifique mesure plus de 17 000 kilomètres de large.

De plus petits ensembles géographiques

Ce sont eux qui sont les plus utiles à représenter, en raison de leur plus grande diversité. De plus, la plupart de nos déplacements s'effectuent sur des distances moins grandes que celles d'un continent. Le mot « région » désigne des ensembles géographiques de natures et de tailles très diverses. Les petites régions font 10 à 20 kilomètres de long, les grandes plusieurs centaines de kilomètres.

Des cartes établies à des échelles différentes

Pour représenter la surface de la Terre sur des cartes, il faut considérablement en réduire la taille ainsi que celle des différents ensembles géographiques. Plus les étendues à représenter sont grandes, plus il faut réduire leurs dimensions sur la carte.

Qu'est-ce que l'échelle d'une carte ?

Le mot « échelle » désigne d'abord la barre graduée figurant sur les cartes et qui ressemble aux barreaux d'une échelle. Selon les cartes, les barreaux de l'échelle correspondent à des kilomètres, à des dizaines de kilomètres, à des centaines ou même à des milliers de kilomètres.

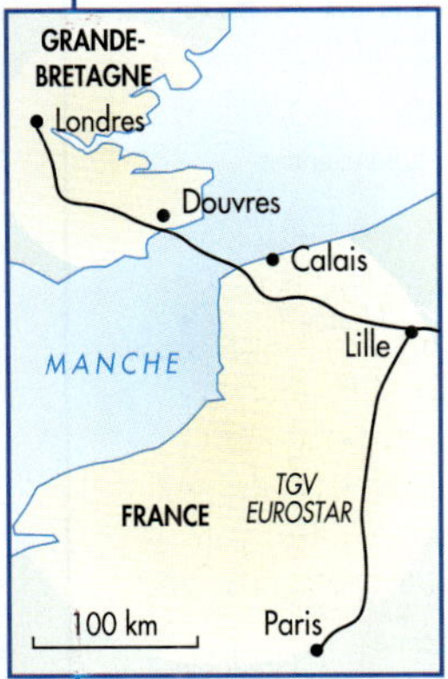

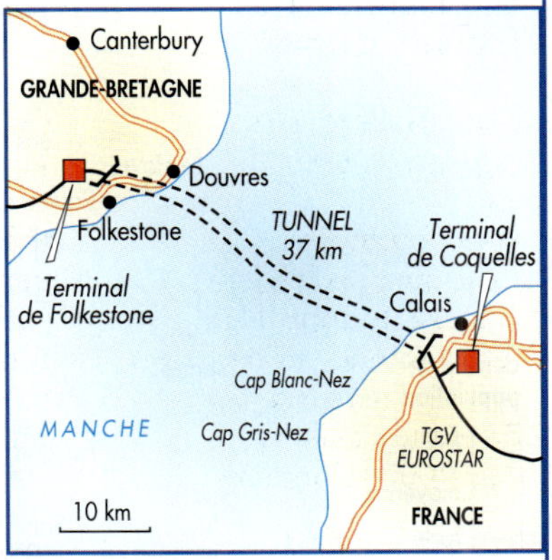

Réduire beaucoup pour représenter la Terre

Dans ce livre, les planisphères de 10 centimètres de large sont établis à très petite échelle : 1 000 kilomètres y sont représentés par une longueur 150 millions de fois plus petite. Plus l'échelle d'une carte est petite, plus on peut représenter de grandes étendues, mais moins on peut figurer de détails.

◀ *La même région représentée par deux cartes d'échelles différentes.*

L'échelle correspond à une fraction arithmétique

Si l'on établit le plan d'une maison, par exemple, à l'échelle de 1/50, cela veut dire que ses mesures seront divisées par 50. Sur le papier, une salle de 10 mètres sur 5 sera donc représentée par un rectangle de 20 centimètres sur 10. L'échelle des cartes routières les plus courantes est de 1/200 000 : un kilomètre y est représenté par 5 millimètres.

Ce qu'il faut savoir

Une carte à petite échelle représente en petit et sans détails de vastes étendues. Une carte à grande échelle réduit moins la réalité qui est plus détaillée, mais l'étendue représentée est moins vaste.

La répartition géographique de la population

La géographie ne s'intéresse pas seulement aux territoires ou aux formes du relief. Elle s'intéresse aussi aux hommes et à la façon dont ils vivent dans les différents pays.

Des pays plus ou moins peuplés

Les six milliards d'habitants de la planète sont très inégalement répartis à sa surface. Ils sont très peu nombreux dans les déserts comme le Sahara, mais aussi dans les régions aux longs hivers froids du nord de l'Amérique et de l'Asie. En revanche, ils sont très nombreux dans les régions chaudes et pluvieuses de l'Asie et dans les pays industriels.

Des densités de population inégales

La densité exprime le rapport entre le nombre des habitants et l'étendue du pays où ils vivent. Pour l'obtenir, on divise l'effectif de la population d'un pays par le nombre de kilomètres carrés de sa superficie. Toutefois, une même superficie offre, selon les régions, des ressources plus ou moins importantes.

Les densités de population expriment des moyennes

La Chine a une densité moyenne de 120 habitants au kilomètre carré, mais la plus grande partie du pays est presque vide, alors que les côtes abritent plus de 1 500 habitants au kilomètre carré.

La France a une densité de 107 habitants au kilomètre carré, mais cette moyenne recouvre une réalité très variée.

▼ *Carte des densités de population en France.*

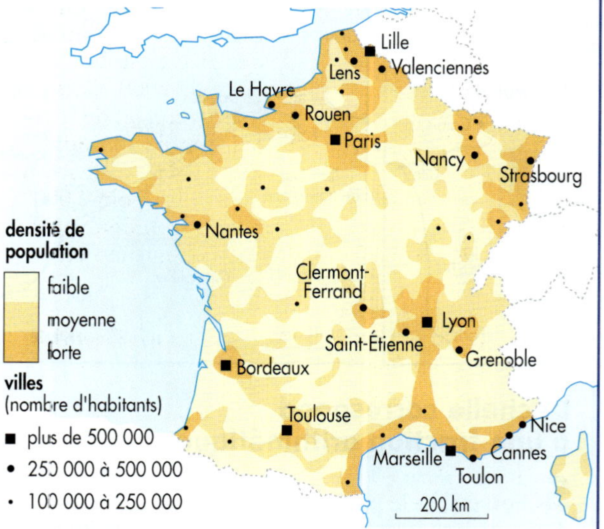

Ce qu'il faut savoir

La densité de population d'une région s'obtient en divisant le nombre de ses habitants par sa superficie en kilomètres carrés. La France a une densité moyenne de 107 habitants au kilomètre carré.

La croissance démographique

La démographie – le mot vient du grec *demos* qui signifie «peuple» – est la mesure de l'accroissement de la population et l'étude des causes de cet accroissement.

L'explosion démographique du XXe siècle

En 1900, la population mondiale était évaluée à 1,65 milliard d'hommes et de femmes. Ils sont cinq fois plus nombreux aujourd'hui. Jamais dans l'histoire la croissance démographique n'a été aussi forte qu'au XXe siècle, surtout dans les pays d'Asie, d'Afrique et d'Amérique du Sud.

Le calcul des taux de natalité et de mortalité

Pour calculer le taux de natalité d'un pays, on divise le nombre annuel des naissances par le nombre des habitants, puis on multiplie ce quotient par 1000. Le taux de mortalité s'obtient en faisant de même avec le nombre annuel des décès.

Natalité et mortalité

Le formidable accroissement de la population mondiale provient d'une baisse de la mortalité, du fait des progrès de la médecine, alors que la natalité s'est maintenue à un niveau très élevé. Ainsi, en Afrique, le taux annuel de natalité est de 40 pour 1000, alors que le taux annuel de mortalité est de 14 pour 1000. Cet excédent annuel de 26 pour 1000 entraîne un doublement de la population en trente ans.

Ce qu'il faut savoir

La croissance démographique résulte de l'excédent du nombre des naissances (natalité) sur celui des décès (mortalité). En France, le taux annuel de natalité est de 12,6 pour 1000 et le taux de mortalité de 9,2 pour 1000.

Une tendance à la baisse de la natalité

La France est le premier pays au monde où, il y a deux siècles, la natalité a commencé à baisser. Le phénomène s'est progressivement étendu aux autres pays européens. La réduction du nombre des naissances est aujourd'hui la règle dans presque tous les pays.

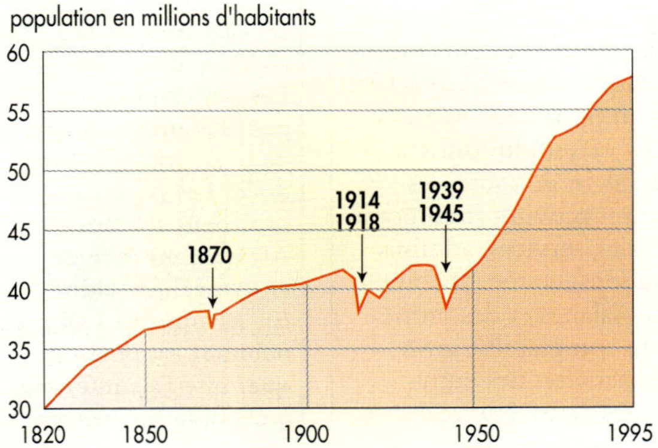

Courbe de croissance ▶ de la population française entre 1820 et 1995.

Bases Pays riches et pays pauvres

La richesse d'un pays est mesurée par les économistes. Leur science, l'économie, a pour objectif principal d'évaluer, par le biais de statistiques, la valeur des multiples activités d'un pays.

▲ *Les favelas de Rio de Janeiro illustrent la pauvreté régnant au Brésil.*

Le produit intérieur brut (PIB)

Les économistes ont d'abord estimé la valeur des productions agricoles et industrielles effectuées chaque année à l'intérieur d'un pays, puis on a évalué – c'est plus difficile – la valeur de toutes les autres activités (transports, loisirs, services, administrations) en tenant compte des salaires et des profits. On comptabilise aussi les activités des entreprises étrangères réalisées sur le sol du pays.

Ce qu'il faut savoir

Le PIB mesure la richesse d'un pays. Les pays riches regroupent moins du quart de la population mondiale. Les pays pauvres se situent surtout en Afrique, en Asie et en Amérique latine. En Afrique, le PIB par habitant est environ quarante fois inférieur à celui de la France.

Les pays riches

Peu nombreux, ils regroupent moins du quart de la population mondiale. Ce sont les États-Unis, le Canada et l'Australie, les quinze pays de l'Union européenne, la Suisse et le Japon. Pour chacun d'eux, le PIB annuel par habitant (PIB total divisé par le nombre d'habitants) dépasse 15 000 dollars (environ 75 000 francs). Mais tous les habitants ne disposent pas d'un tel revenu.

Les pays pauvres

Ce sont les plus nombreux : ils regroupent près des trois quarts de la population mondiale. Ils se situent surtout en Afrique, en Asie et en Amérique latine : c'est pourquoi on les appelle souvent les « pays du Sud ». Leur PIB par habitant est inférieur à 4 000 dollars (environ 20 000 francs) et celui des pays les plus pauvres, surtout ceux d'Afrique, est inférieur à 1 000 dollars. Un grand nombre d'habitants de ces pays souffrent de la faim, tandis qu'un petit groupe de privilégiés en accapare les ressources.

Des pays bien ou mal équipés

De nombreux pays pauvres disposent pourtant de ressources naturelles – terres cultivables ou gisements de pétrole - que des pays riches comme la Suisse ou la Suède ne possèdent guère.

Les pays riches sont aussi les pays industriels

C'est en Amérique du Nord, en Europe et au Japon que s'effectue la plus grande partie des productions industrielles (machines, moyens de transport, armements, objets de consommation). Celles-ci sont en partie exportées, notamment vers les pays pauvres. Mais les pays riches possèdent aussi une agriculture efficace : les cultivateurs y sont peu nombreux, mais bien équipés.

Ce qu'il faut savoir

Le niveau d'équipement d'un pays détermine en grande partie ses capacités de production. Les pays riches sont avant tout des pays bien équipés et dotés d'une population éduquée.

Une nature souvent ▶ hostile et des outils rudimentaires font le quotidien de l'Afrique noire.

Les populations au sort contrasté

Les populations des pays riches travaillent moins durement que celles des pays pauvres. Dans ces derniers, les travailleurs, y compris les enfants, peinent plus de 70 heures par semaine pour des salaires de misère ; il existe aussi un sous-emploi en milieu rural. Les populations des pays pauvres sont mal nourries, mal outillées et peu instruites. Dans les pays riches, la majorité de la population a fait des études, elle a appris un métier qu'elle exerce avec des outils adaptés, et sa santé est protégée par une organisation de sécurité sociale.

Les pays pauvres manquent cruellement d'équipements

Les routes, les égouts, les écoles et les hôpitaux, mais aussi les instituteurs, les médecins et les ingénieurs ne sont pas suffisamment nombreux, dans les pays pauvres, pour répondre aux besoins de populations en forte augmentation, notamment dans les villes. Ce manque d'équipements, dont la pauvreté est la cause principale, a des conséquences directes sur la productivité des travailleurs, qui reste faible malgré leurs efforts.

Bases

Les pays : aujourd'hui des États indépendants

▲ *Jacques Chirac est le président de la République française.*

Autrefois, un grand nombre de pays n'étaient pas indépendants. C'étaient des colonies dont la population était dirigée par des hommes venus d'autres pays plus ou moins lointains.

L'indépendance des colonies

Au cours des siècles, des Européens – les Portugais, les Espagnols, les Russes, puis surtout les Anglais et les Français – ont effectué la conquête de nombreux pays en Amérique, en Asie et en Afrique. Mais, les unes après les autres, les populations de ces colonies ont rejeté la tutelle des pays étrangers. Chaque peuple a lutté pour son indépendance en vue de bâtir un État qui ne soit plus dirigé par des étrangers.

L'État est un ensemble géographique

Sur les cartes, les États apparaissent comme des ensembles plus ou moins vastes. Chaque État y figure par son territoire. Celui-ci est délimité soit par la mer, soit par les frontières qui le séparent des États voisins. La capitale d'un État est la ville où se trouve le gouvernement et la chambre des députés.

Élisabeth II ▶ *est le chef de l'État britannique, qui est un royaume.*

L'État est aussi une organisation politique

Le mot « État » désigne aussi une organisation politique qui exerce son autorité sur le territoire et administre la population qui s'y trouve. La plupart des États sont aujourd'hui des républiques où le chef de l'État et le chef du gouvernement sont élus par les députés eux-mêmes désignés par l'ensemble des citoyens.

Ce qu'il faut savoir

Les pays sont aujourd'hui presque tous des États indépendants. Chaque État a un territoire délimité par des frontières. L'État est aussi une organisation politique dirigée par un gouvernement.

Les fonctions de tous les États

Tout État, grand ou petit, est une organisation politique qui exerce de nombreuses fonctions par l'intermédiaire de différentes catégories de fonctionnaires dirigés et payés par le gouvernement.

Les fonctions d'autorité

Tout État entretient une armée pour défendre, si besoin est, le territoire contre l'attaque d'États ennemis. Il a aussi une police (le mot vient aussi de *polis*, la «cité») pour assurer l'ordre et la sécurité, une justice servie par des juges pour punir les criminels et les délinquants, ainsi que des prisons pour y enfermer les condamnés.

Les fonctions de services

Tout État fait construire et entretenir des routes, des ponts, etc., pour que l'on puisse circuler sur l'ensemble de son territoire.
Tout État, même le plus pauvre, construit des hôpitaux pour lutter contre les maladies graves ainsi que des écoles pour contribuer à l'éducation de sa population afin d'amorcer son développement.

Les fonctions financières

Pour financer tout cela, les citoyens (et les étrangers qui vivent ou travaillent sur le territoire) payent des impôts qui sont collectés par les fonctionnaires (percepteurs) de l'administration des finances.
Tout État, depuis des millénaires, met en circulation une monnaie qui permet les échanges commerciaux. Les États de l'Union européenne ont adopté une monnaie commune, l'euro.

◀ *L'École polytechnique défile le jour de la Fête nationale.*

Ce qu'il faut savoir

Tout État exerce de nombreuses fonctions par l'intermédiaire de diverses catégories de fonctionnaires: défense, police, justice, finances, etc. Chaque État émet sa monnaie propre.

Des États plus ou moins démocratiques

Pour comprendre pourquoi il y a des pays bien équipés et des pays où la population souffre du manque d'équipements, il faut aussi tenir compte du degré de développement de la démocratie.

Le degré de liberté varie selon les pays

Autrefois, le mot «démocratie» (du grec *demos,* le «peuple», et *cratos,* le «pouvoir») désignait la situation politique où un État n'était pas dirigé par un roi, mais par des représentants élus du peuple. C'est le cas aujourd'hui dans presque tous les États. Toutefois, dans certains États, principalement des pays du Sud, les citoyens ne peuvent pas librement élire leurs représentants.

Dans les pays pauvres, il n'y a pas beaucoup de démocratie

Les hommes politiques y sont souvent au service des personnes les plus riches ou du seul parti politique autorisé. Leur préoccupation principale n'est pas toujours de satisfaire les besoins de la population. Celle-ci n'ose pas exprimer ses opinions et ses revendications, car ceux qui luttent pour obtenir des réformes politiques sont réprimés.

En août 1996, les éleveurs de bœufs défilent à Paris pour exprimer leur colère. ▶

Les pays riches sont les plus démocratiques

Dans les pays depuis longtemps indépendants, et surtout dans ceux où les citoyens ont pu très tôt exprimer leurs opinions, imposer des réformes politiques et choisir librement leurs représentants, l'État tient mieux compte des besoins de l'ensemble de la population. Mieux nourrie et plus instruite, la population travaille plus efficacement et le pays devient de plus en plus riche.

◀ *Dans les États démocratiques, comme ici en France en décembre 1995, la population peut manifester librement.*

Ce qu'il faut savoir

Les États équipés et riches sont aussi ceux où les libertés politiques sont le plus développées.

La liberté et les libertés

Bases

«Liberté» est un très beau mot. Son importance est telle que ses significations sont devenues de plus en plus nombreuses. «Liberté» est un mot essentiel pour l'éducation civique.

◄ *Avant chaque élection, les partis politiques affichent leurs programmes.*

La liberté, pour un prisonnier ou pour un peuple

Pour une personne qui est enfermée, la liberté est la possibilité de sortir de la prison pour aller retrouver sa famille et ses amis.
Pour un peuple qui n'est pas indépendant, la liberté, c'est d'abord de ne plus être soumis à des maîtres étrangers. Mais cela ne suffit pas et, dans beaucoup d'États indépendants où les citoyens ne sont pas libres de choisir leurs dirigeants, la liberté reste une revendication.

Les libertés politiques pour tous

La première liberté politique, pour le citoyen, est d'avoir le choix entre des représentants qui défendent des opinions politiques différentes. Celles-ci sont exprimées par des partis politiques, par des hommes et des femmes qui ont réfléchi aux problèmes de la cité *(polis)* et de la nation et qui proposent des solutions à leurs concitoyens. Ces derniers choisissent, par leurs votes, ceux qui représentent, à leurs yeux, les meilleures solutions. Pour cela, il faut que plusieurs partis puissent coexister et faire connaître leurs points de vue.

Les libertés individuelles pour chacun d'entre nous

Dans des États démocratiques comme ceux de l'Union européenne, chacun a le droit de pratiquer la religion qui lui plaît (ou de n'en pratiquer aucune), de se déplacer librement à l'intérieur et hors des frontières, de lire le journal de son choix, de constituer une association ou un parti, etc.
Mais ces libertés n'existent pas encore dans de nombreux États qui sont pourtant des républiques.

Ce qu'il faut savoir

Les libertés politiques n'existent pas s'il n'y a qu'un seul parti, si les journaux sont censurés par le gouvernement et si les citoyens sont obligés d'adopter la même opinion ou la même religion.

Bases Monarchies et républiques

Autrefois, tous les pays étaient dirigés par des souverains : c'étaient des monarchies. Aujourd'hui, dans le monde, la plupart des États sont des républiques. Pourtant, dans l'Union européenne, il se trouve encore sept monarchies.

En France, la république s'oppose à la monarchie

En France, la monarchie (*mono*, « un seul » : le roi) a été renversée par la Révolution de 1789 qui a proclamé la première République après avoir supprimé le pouvoir royal et les privilèges de la noblesse. La République s'est définitivement imposée en 1870. Elle est dirigée par des représentants élus par l'ensemble des citoyens.

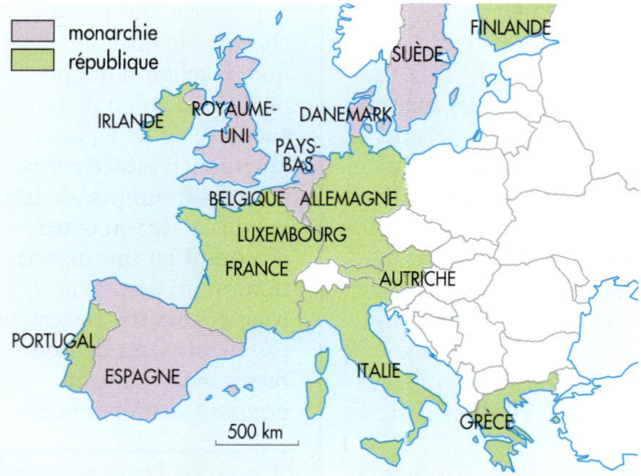

Au Royaume-Uni, la démocratie ne s'oppose pas à la monarchie

Le souverain y a depuis longtemps un pouvoir limité, car il ne peut s'opposer aux décisions du Premier ministre choisi par les députés de la Chambre des communes. Autrefois élue seulement par les gens riches, cette assemblée est aujourd'hui désignée par tous les citoyens. Le Royaume-Uni est devenu une démocratie, tout en restant une monarchie.

Souverains héréditaires ou présidents élus

En Europe, les rois ou les reines n'ont plus beaucoup de pouvoirs, mais ils conservent toutefois de l'influence. Ils n'ont pas à être élus, puisqu'ils se succèdent de père en fils – ou en fille. Dans les républiques, le président est élu, généralement tous les cinq ans (tous les sept ans en France), soit par les représentants de la nation, soit directement par l'ensemble des citoyens (comme en France). Les souverains comme les présidents représentent leur nation.

Ce qu'il faut savoir

Parmi les quinze pays de l'Union européenne, il y a huit républiques et sept monarchies. Mais les unes comme les autres sont aujourd'hui des démocraties.

Les nations

Le mot «nation» est souvent utilisé pour désigner l'ensemble des habitants d'un État. Mais définir la nation n'est pas si simple: ainsi, les étrangers immigrés (venus d'autres pays) n'ont pas le droit de vote parce qu'ils ne font pas partie de la nation.

Ne pas confondre l'État et la nation

Les deux notions ne se recouvrent pas totalement. Ainsi, les nations qui ne sont pas encore indépendantes sont dirigées par des États étrangers. Le territoire des nations colonisées a été conquis par l'armée d'un État étranger. Leurs populations obéissent à des dirigeants qui parlent une autre langue. Chacune de ces nations, en devenant indépendante, constitue son propre État, avec son armée, son administration. Ses dirigeants parlent la langue nationale.

▼ *Les drapeaux des pays membres de l'Union européenne.*

En Europe, il y a de très nombreuses nations

Leur indépendance est plus ou moins ancienne et elles sont très différentes les unes des autres. En effet, à quelques exceptions près, chacune d'elles a sa propre langue. De surcroît, ces nations, poussées par leurs dirigeants, se sont souvent fait la guerre pour se disputer des territoires. Ces conflits ont laissé de mauvais souvenirs qui se dissipent toutefois dans le cadre de l'Union européenne.

Les étrangers peuvent devenir citoyens par naturalisation

Dans les pays européens les plus riches viennent travailler de nombreux étrangers. Ces immigrés peuvent demander la nationalité du pays où ils vivent depuis plusieurs années. Ainsi, on peut obtenir la nationalité française après avoir vécu honnêtement en France depuis au moins cinq ans. Mais, s'ils sont nés en France, les enfants d'étrangers deviennent français à 18 ans beaucoup plus facilement.

Ce qu'il faut savoir

L'Europe compte de nombreuses nations très différentes. Elles ont chacune leur propre langue. Elles se sont souvent fait la guerre. Les immigrés peuvent devenir citoyens par naturalisation.

L'organisation politique du territoire

Chaque État possède un territoire. Dans la capitale siègent le gouvernement et de multiples activités d'intérêt national. Mais la plus grande partie de la population (les cinq sixièmes en France) vit dans le reste du pays, dans des villes ou des villages. Il faut donc organiser le territoire de l'État, tout d'abord pour que la démocratie puisse fonctionner.

Des départements pour élire les représentants de la nation

En France, les départements sont l'une des premières créations de la Révolution de 1789. Leurs limites n'ont pas été modifiées depuis, à de rares exceptions près. Il fallait en effet supprimer le désordre des duchés, comtés et autres divisions administratives de l'Ancien Régime. Et surtout, il fallait bâtir les cadres territoriaux dans lesquels les citoyens éliraient les nouveaux représentants de la nation.

Les citoyens votent à la mairie de leur commune

En France, les communes sont beaucoup plus anciennes que les départements. Elles correspondent soit aux villes, soit aux paroisses rurales regroupées autour de l'église. Mais c'est la Révolution française de 1789 qui a chargé les mairies d'organiser les élections – fait nouveau – en se chargeant de recenser et de faire voter les citoyens de chaque commune.

▲ *Les représentants de la nation à l'Assemblée.*

Ce qu'il faut savoir

Les départements datent de la Révolution de 1789. Les communes correspondent à un découpage beaucoup plus ancien. Les vingt-deux régions, plus récentes, associent chacune plusieurs départements.

La région associe des départements

En France, les régions ont été créées en 1955. Mais leurs compétences actuelles sont plus récentes (1972).
Les régions constituent un lien entre Paris, doté de trop de pouvoirs, et les départements, trop petits. On compte vingt-deux régions en France, composées chacune de quatre ou cinq départements.

Les départements

Le mot «département» (qui vient du mot «départir», qui, comme «répartir», fait penser à l'idée de partage) a été choisi en 1789 pour désigner une nouvelle organisation territoriale de la nation.

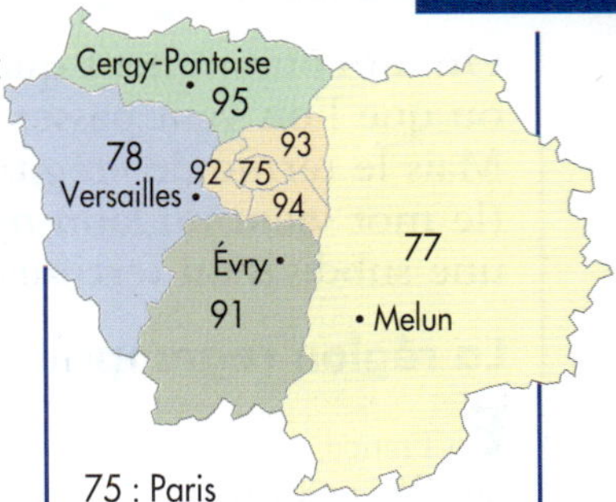

75 : Paris
77 : Seine-et-Marne
78 : Yvelines
91 : Essonne
92 : Hauts-de-Seine
93 : Seine-Saint-Denis
94 : Val-de-Marne

▲ *Les départements d'Île-de-France remplacent depuis 1964 ceux de la Seine et de la Seine-et-Oise.*

La délimitation des départements n'a pas été une tâche facile

En effet, les villes de quelque importance voulaient toutes devenir chef-lieu de département. Il a donc fallu choisir. Il fallait aussi que les départements ne soient pas trop grands pour que l'on puisse se rendre rapidement au chef-lieu depuis chaque commune. On a ainsi créé près de 90 départements. Il y en a 96 aujourd'hui en France métropolitaine, Corse comprise, auxquels s'ajoutent quatre départements d'outre-mer.

Des noms de cours d'eau ou de montagne

Pour nommer les départements, les révolutionnaires de 1789 n'ont pas voulu reprendre les noms des provinces de l'Ancien Régime ou le nom de la ville la plus importante, afin de ne pas vexer les autres. Ils ont donc choisi le plus souvent le nom du fleuve ou de la rivière qui traverse le département ou des montagnes qui s'y élèvent: le Rhône, le Loir-et-Cher, le Puy-de-Dôme, les Pyrénées-Atlantiques, etc.

À la tête du département: le préfet et le conseil général

Depuis Napoléon Ier, les préfets exercent l'autorité du gouvernement dans le cadre de chaque département. Les citoyens y sont représentés par une assemblée élue, le conseil général. Les pouvoirs de celui-ci sont devenus beaucoup plus importants, grâce au revenu des impôts départementaux. Le conseil général s'occupe, entre autres, de la construction et de l'entretien des collèges.

Ce qu'il faut savoir

Il y a en France 96 départements. Dans chaque chef-lieu (c'est le plus souvent la ville principale) siègent le préfet nommé par le gouvernement et une assemblée élue, le conseil général.

Les régions politiques

On dit couramment que les Alpes sont une région de montagnes ou que l'on veut passer les vacances dans une région ensoleillée. Mais le terme de «région» a aussi un sens politique plus précis (le mot vient du latin *regire,* «régir», «régner»). Il désigne alors une subdivision territoriale importante d'un État.

La région regroupe des départements

En France, c'est parce que l'on jugeait les départements trop petits que l'on a décidé de créer les régions. Chacune d'entre elles regroupe, en moyenne, quatre ou cinq départements autour de la ville la plus importante de l'ensemble ainsi constitué, qui est devenue préfecture régionale. Certains pensaient que les départements allaient progressivement perdre leur raison d'être et disparaître.
Ils ont en fait conservé toute leur importance, tout en coordonnant mieux leurs projets.

Les régions n'ont pas encore eu le temps de se renforcer

Bien que la plupart des vingt-deux régions françaises portent le nom de très anciennes provinces – Bretagne, Bourgogne, Champagne, Auvergne, etc. –, elles sont en fait de création récente (1955). C'est depuis 1982 que les conseils régionaux sont élus par les citoyens des départements associés.
La région est notamment chargée de la construction et de l'entretien des lycées; elle aide les universités.

Des régions de taille très inégale

Certaines régions regroupent seulement deux départements (Nord-Pas-de-Calais), alors que d'autres en comptent huit (Rhône-Alpes). La région de Corse n'abrite que 250 000 habitants, alors que l'Île-de France en compte plus de 11 millions. Cette région dispose de larges moyens financiers en raison des impôts versés par de nombreuses entreprises.

◄ *Le siège du conseil régional de Montpellier.*

Ce qu'il faut savoir

Les vingt-deux régions françaises sont de taille très inégale. L'Île-de-France est quarante-cinq fois plus peuplée que la Corse. Chaque région est dirigée par un conseil régional qui siège dans la ville principale du département le plus peuplé.

Communes et agglomérations

Les communes françaises sont nombreuses (36 000) et inégales par le nombre de leurs habitants. Certaines, aujourd'hui très dépeuplées, n'ont pas plus de cent habitants, alors que Paris en compte plus de deux millions.

Les importantes responsabilités des maires

Élus pour cinq ans par les citoyens de leur commune, les membres du conseil municipal désignent l'un d'entre eux comme maire. C'est lui (ou un de ses adjoints) qui célèbre les mariages et contrôle l'état civil (naissances, mariages, décès). Il veille au maintien de l'ordre dans sa commune et il y organise les élections. La mairie attribue ou refuse les permis de construire.

Les communes ont des superficies très variables

Héritage d'un lointain passé, l'entretien des chemins et des rues, la construction de nouveaux réseaux d'électricité, d'égouts ou d'adduction d'eau sont des tâches qui sont à la charge du conseil municipal. Avec le montant des impôts locaux, la commune doit ainsi faire face à de nombreuses dépenses et notamment à la construction et à l'entretien des écoles.

L'emblème de la ville de Paris, une nef qui « flotte mais ne sombre pas ». ▶

Les grandes villes se trouvent au centre d'agglomérations

Les villes étaient autrefois entourées par des communes rurales peuplées de paysans. Avec l'essor de l'industrie et du commerce, les populations urbaines ont beaucoup augmenté. Ne trouvant pas toutes à se loger dans les centres-villes, elles se sont alors installées dans les communes rurales environnantes qui se sont donc à leur tour urbanisées. On les appelle des banlieues. Des réseaux de transport se sont développés entre le centre des villes et leur périphérie. Ainsi se forment les agglomérations urbaines constituées d'une ville principale et de nombreuses communes environnantes.

Ce qu'il faut savoir

Les responsabilités des maires sont nombreuses. Ils veillent notamment à l'aménagement du territoire communal. Les agglomérations résultent de l'urbanisation de nombreuses communes autour d'une ville principale.

Les villes

Qu'elles soient grandes ou petites, qu'elles comptent chacune quelques milliers d'habitants ou plusieurs millions, les villes ont des caractéristiques communes.

Chaque ville a un centre

Le plus souvent, le centre est la partie la plus ancienne de la ville. Il est généralement bien entretenu. On y trouve des bâtiments anciens, l'église principale, la mairie ou l'hôtel de ville, les cinémas. C'est aussi dans le centre que se trouvent les magasins les plus anciens et les plus réputés de la ville. Les principales rues convergent vers le centre et la circulation y est importante quand il n'est pas piétonnier.

Une ville : plusieurs quartiers

La ville s'agrandit progressivement à partir du centre. L'âge des quartiers se repère à travers l'architecture des maisons et des immeubles ; la richesse de leurs habitants aussi. L'habitat est plus aéré dans les quartiers riches et les maisons y sont plus vastes. La densité de population est plus grande dans les quartiers pauvres qui sont proches des ateliers et des usines. La banlieue abrite les habitants qui ne peuvent supporter le prix des logements en centre-ville.

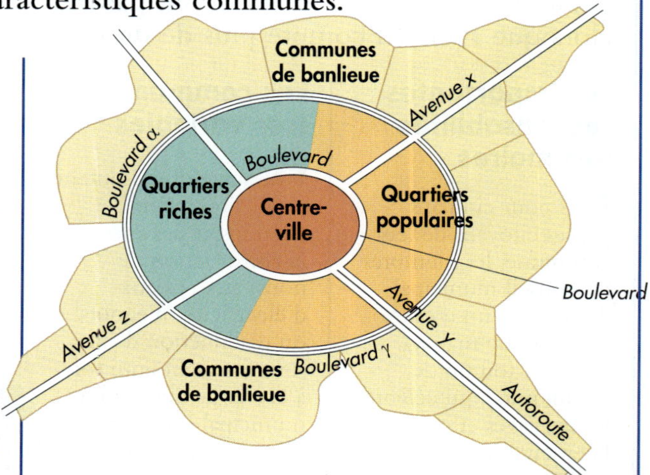

▲ *Un plan type de ville, avec un centre autour duquel se sont peu à peu développés divers quartiers.*

Ce qu'il faut savoir

Chaque ville possède un centre, où se trouvent les bâtiments les plus anciens, ainsi que différents quartiers, riches ou pauvres. Les nombreuses rues dessinent le plan de la ville.

Les rues dessinent le plan des villes

Une ville est traversée par un enchevêtrement de rues qui permettent aux usagers de circuler dans toutes les directions. En Europe, généralement, le plan des rues ressemble à une roue de bicyclette : les unes partent du centre vers la périphérie – les plus grandes sont les avenues – ; les autres forment des cercles autour du centre – les plus grandes sont les boulevards. Les avenues prolongent les routes qui relient les villes entre elles.

Les villes et leurs zones d'influence

Même à l'époque où les villes étaient entourées de remparts, elles étaient déjà obligées, comme aujourd'hui, d'entretenir des relations avec les campagnes voisines et avec d'autres villes.

Les villes ont besoin de ressources extérieures

Les villes ne produisent pas les subsistances nécessaires à la nourriture de leurs habitants. Leur ravitaillement vient des campagnes avoisinantes ou encore de régions ou de pays lointains. L'eau qu'elles consomment provient, elle aussi, des alentours. L'électricité est également acheminée vers la ville, parfois de loin, par des lignes à haute tension.

La concentration de multiples activités

En ville se trouvent concentrés de nombreux commerces, mais aussi ce que l'on appelle des «services», c'est-à-dire des activités qui offrent certains types de services aux habitants de la ville et des campagnes voisines, mais aussi à ceux de villes environnantes: hôpital, médecins spécialistes, coiffeurs, cinémas, collèges, lycées ou même université.

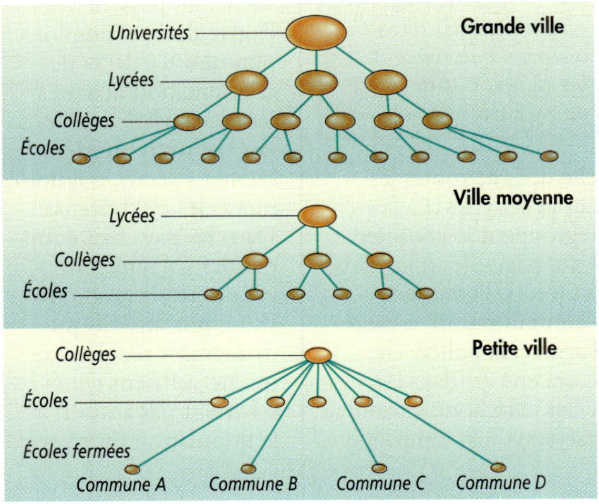

Ce qu'il faut savoir

Chaque ville a besoin de ressources extérieures. Dans chaque ville se concentrent des activités nombreuses et diverses (commerces, services). Les petites villes ont besoin de la grande ville.

Les petites villes ont besoin de la grande ville

Prenons l'exemple de l'enseignement: alors que chaque village, s'il est encore assez peuplé, ne possède qu'une école, la petite ville dispose de plusieurs écoles et d'un collège que fréquentent également les jeunes des villages voisins; la ville moyenne possède, en plus, un lycée qui accueille aussi les jeunes venus de l'ensemble de sa zone d'influence; la grande ville dispose d'écoles, de collèges, de lycées et d'une université où des jeunes de toute la région font des études supérieures. Cette hiérarchie est la même dans le domaine médical.

◀ *La structure éducative est liée à la taille des villes.*

Dans les villes : la moitié de la population mondiale

Autrefois, les paysans constituaient la majorité de la population. L'essor de l'industrie et du commerce a favorisé la concentration de la plus grande partie de la population mondiale dans les villes.

La plupart des industries sont près des villes

Les usines ne sont plus situées dans le centre des villes en raison des nuisances dont elles sont la cause. Les industries (production d'électricité ou de produits pétroliers, métallurgie, machines, textile, automobile, chimie, aviation, électronique, etc.) ainsi que le secteur du bâtiment et des travaux publics emploient environ le tiers de la population active, c'est-à-dire en âge de travailler.

Le secteur tertiaire occupe la moitié de la population active

On appelle « secteur primaire » les activités qui exploitent les ressources naturelles (agriculture, pêche, bois et mines) et « secteur secondaire » les industries de transformation. L'expression « secteur tertiaire » est moins précise : elle désigne toutes les autres activités. Celles-ci regroupent le commerce, les services, les transports, les loisirs, l'éducation, l'administration, la santé, l'armée, la police, etc. Concentrées dans les villes, elles sont également présentes à la campagne.

▲ *Les cadres d'entreprise qui travaillent souvent au centre-ville appartiennent au secteur tertiaire.*

Ce qu'il faut savoir

Dans les pays développés, la population active est employée pour 62% dans le secteur tertiaire, pour 30 % dans les industries et pour 8 à 10% dans l'agriculture. Mais, dans les pays pauvres, les paysans sont encore nombreux.

Des cultivateurs, de moins en moins nombreux

Dans les pays riches, l'agriculture n'emploie plus que 8 à 10 % de la population active. La mécanisation et les engrais ont considérablement accru le rendement des cultivateurs. Dans les pays mal équipés, les paysans sont encore très nombreux. Ils ne produisent que de maigres récoltes qui ne suffisent généralement pas à nourrir la population du pays.

Les transports

Autrefois, la plupart des gens se déplaçaient peu et n'achetaient que ce qui était produit dans leur région. De nos jours, les transports ont pris une importance considérable, non seulement à l'intérieur de chaque pays, mais aussi entre les continents.

Les transports terrestres

L'extension des réseaux de chemins de fer a accompagné, au XIXe siècle, le développement de l'industrie et du commerce. Toutefois, aujourd'hui, les camions transportent davantage que les trains, car le transport routier offre plus de souplesse. Le trafic des voitures particulières a également pris un essor considérable, qui nécessite la construction d'autoroutes et de voies rapides urbaines.

Le transport maritime

Les grands navires permettent de transporter à bon marché, sur de très longues distances, d'importantes cargaisons de pétrole, de minerais, de charbon ou de céréales, mais aussi des automobiles ou des machines. Il existe des navires spécialisés (comme les pétroliers) et des navires porte-conteneurs où l'on charge de grandes caisses métalliques qui renferment diverses marchandises.

Ce qu'il faut savoir

Le transport par camions dépasse aujourd'hui celui des chemins de fer. Les très grands navires transportent à bon marché de forts tonnages. Grâce au développement du trafic aérien, le tourisme est devenu une très importante activité économique mondiale.

Le transport aérien

Le prix du transport aérien est devenu assez bon marché en raison de l'augmentation de la taille des avions et de la densité du trafic. Les avions transportent rapidement d'un continent à l'autre des millions de voyageurs et toutes sortes de marchandises. Certains gros porteurs peuvent même transporter des charges très volumineuses. La taille des aéroports croît sans cesse. Grâce aux avions, le tourisme est devenu une activité économique importante.

◀ *Le trafic aérien favorise les échanges touristiques et commerciaux.*

FIL ROUGE

Pour comprendre le programme dans son ensemble

Le sens des programmes de la 6e à la 3e, leur objectif, leur intérêt au travers d'un récit de Yves Lacoste.

Le survol du monde

Nous partons pour un grand voyage

Ce Fil rouge marquera progressivement nos étapes successives et le tracé de notre itinéraire sur le globe, de nos détours autour du monde, puis au-dessus de certains continents, avant de revenir sur l'Europe et la France, avec l'expérience de ce que nous aurons vu durant ce voyage.

Imaginons que nous avons un grand avion à notre disposition ; un avion qui peut voler vite et haut pour embrasser d'un seul coup d'œil d'immenses espaces, un océan ou un continent tout entier ; mais un avion qui peut aussi voler bas pour voir les choses de plus près ; bref, qui nous permette de « zoomer », comme disent les photographes et les cinéastes : voir de loin et aussi de près. Nous pourrons ainsi admirer de beaux paysages.

Il ne s'agit pas seulement d'admirer des paysages

Notre avion est équipé des moyens techniques les plus modernes : on pourrait dire que nous y sommes branchés en permanence sur l'Internet. Ceux-ci vont nous permettre d'obtenir toutes sortes d'informations sur les pays ou les villes que nous survolerons. Nous apprendrons ainsi ce qui s'y est passé autrefois – que l'on appelle l'« histoire » – et qui ne se voit pas du haut du ciel. On sait que la Terre est entourée par l'atmosphère. Elle l'est aussi par ce que l'on

L'ATMOSPHÈRE
L'atmosphère est la couche de gaz qui entoure la Terre. Elle exerce une profonde influence sur tout ce qui se passe à la surface du globe. Elle est composée principalement d'azote (78 %), d'oxygène (21 %) et de gaz carbonique. Les mécanismes physiques qui se déroulent dans l'atmosphère déterminent la diversité des climats terrestres.

appelle aujourd'hui la « noosphère », c'est-à-dire la sphère des idées, des chiffres, des informations, des connaissances scientifiques qui sont innombrables et qui se transmettent instantanément par téléphone, radio, télévision ou ordinateur grâce aux satellites de communication qui tournent autour de notre planète.

Quels bagages allons-nous emporter dans notre périple ? Des idées, justement, principalement celles qui se trouvent au début de ce livre. Relisez ces Bases de géographie, mais aussi d'éducation civique. C'est ce qu'il faut savoir pour s'embarquer utilement dans un voyage autour du monde. Mais vous n'avez pas besoin de vous faire vacciner, comme doivent encore le faire les voyageurs qui s'envolent pour les pays chauds. En effet, dans ces derniers, qui sont aussi pour la plupart des pays pauvres souvent démunis d'équipements sanitaires, les microbes et les virus prolifèrent. Dans notre voyage, nous nous intéresserons beaucoup à ces pays, très nombreux, qui regroupent près des trois quarts de la population mondiale.

Mieux comprendre la mondialisation

On parle beaucoup, aujourd'hui, de la mondialisation. Ce mot illustre l'accroissement et l'accélération des échanges à travers le monde. Autrefois, les échanges commerciaux qui avaient lieu entre des pays lointains s'effectuaient par bateau, ce qui prenait plusieurs mois. Il y a cinquante ans, dans la jeunesse de vos grands-parents, l'avion était encore un moyen de transport coûteux et exceptionnel réservé aux gens riches ou importants. Aujourd'hui, l'avion transporte des centaines de millions de touristes chaque année ainsi que des cargaisons de fruits et de légumes qui seront déversées sur les marchés des pays riches quelques heures après avoir été cueillis à des milliers de

TOURISME ET PAYS RICHES

Le tourisme ne concerne pratiquement que le monde développé. Et encore, la pratique au sein de celui-ci est différente selon les catégories socio-professionnelles. Longtemps artisanal, le tourisme est devenu une véritable industrie. Il s'est adapté aux goûts évolutifs du public qui, de nos jours, privilégie les courts séjours d'agrément, la fréquentation des parcs de loisirs, les destinations lointaines et, de plus en plus, à l'écart des sentiers battus.

ÉDUCATION CIVIQUE ET CIVISME
L'éducation civique est la partie de l'enseignement destinée à donner aux jeunes et aux moins jeunes les moyens de mieux comprendre les questions politiques du pays où ils vivent et les problèmes de la nation dont ils sont citoyens. Le civisme peut donc se définir comme le comportement de celui qui, conscient de ses devoirs de citoyen, tient compte de l'intérêt général et pas seulement de son intérêt particulier.

kilomètres de distance. De même, la télévision transmet en direct des événements qui se déroulent à l'autre bout du monde, alors qu'il y a encore vingt ans de telles images n'auraient pu être diffusées que plusieurs jours plus tard. De la même façon, par les réseaux d'ordinateurs et en quelques secondes, de gigantesques sommes d'argent circulent constamment entre des banques distantes de dix mille ou vingt mille kilomètres alors qu'il y a encore trente ans de telles transactions financières auraient demandé beaucoup de temps et de formalités.

La mondialisation n'a pas que des effets heureux. On entend souvent dire que le chômage est dû à la concurrence d'autres pays et surtout aux étrangers qui sont venus en France. Mais le chômage est devenu, hélas, un phénomène mondial et l'immigration concerne un grand nombre de pays qui ne sont pas tous riches. Vos parents, vos camarades de collège discutent de ces problèmes qui divisent l'opinion. Dans chaque classe, il y a des garçons et des filles dont les parents sont venus de pays plus ou moins lointains. Quelle que soit leur origine ou leur religion, ce sont tous de futurs citoyens français. Il est bon de discuter de la mondialisation comme de l'immigration et de la nation, d'autant plus que ces questions concernent tout autant la géographie que l'éducation civique.

L'humanité et votre famille

Le grand voyage que nous allons entreprendre ensemble nous aidera à y voir plus clair. Il nous permettra de nous faire une idée des grands problèmes mondiaux et de certains problèmes nationaux. Nous irons, en quelque sorte, à la découverte de l'humanité. Ce terme solennel ne signifie certainement pas grand chose pour vous – pour ne pas dire qu'il vous indiffère.

L'accroissement des échanges nécessite le développement de grandes infrastructures comme, ici, l'aéroport Charles-de-Gaulle, à Roissy-en-France.

Le mot « humanité » désigne l'ensemble de la population mondiale, soit aujourd'hui quelque six milliards d'hommes, de femmes et d'enfants. Vous pouvez vous demander, devant ce chiffre énorme, en quoi les problèmes de l'humanité vous concernent personnellement. Vous aimez les membres de votre famille, vous connaissez vos voisins, vous vous intéressez à ce qui se passe dans votre ville et dans notre pays. Mais l'humanité vous semble une idée bien vague. En vérité, bien que l'on n'en parle guère pour le moment, nous sommes exposés à un danger redoutable qui menace l'humanité dans son ensemble. Voici pourquoi.

Vous savez que la population mondiale a connu soudainement, au XXe siècle, une formidable augmentation : on comptait 1,65 milliard d'êtres humains en 1900, lorsque naissaient vos arrière-grands parents, et nous sommes 6 milliards aujourd'hui. Cet énorme accroissement résulte, pour une grande part, de la diminution de la mortalité. Les maladies ont reculé du fait des progrès de la médecine, notamment de l'usage des antibiotiques, d'abord dans les pays riches puis, à un degré moindre, dans les pays pauvres.

Malheureusement, tous les microbes qui attaquent l'organisme ne sont pas détruits par les antibiotiques. Certains deviennent résistants et se propagent. On les combat en fabriquant de nouvelles sortes d'antibiotiques, mais ceux-ci accroissent la résistance des nouveaux microbes : cela dure

D'INNOMBRABLES VIRUS

Les virus sont des micro-organismes responsables de diverses maladies, certaines bénignes, d'autres graves, voire mortelles. Des affections telles que le rhume, l'encéphalite, la rubéole, l'hépatite, l'herpès, la grippe, la rougeole, les oreillons, la poliomyélite, la rage, le zona, la variole, la varicelle et la fièvre jaune sont virales. Les végétaux et les animaux peuvent être le siège de maladies d'origine virale. De nouvelles maladies dues à des virus apparaissent, notamment le terrible sida.

depuis des années. Aujourd'hui, la plupart des microbes sont résistants et les moyens de les combattre grâce aux antibiotiques se réduisent car on a épuisé la gamme des combinaisons possibles. Aussi peut-on craindre la diffusion prochaine de maladies difficiles à maîtriser. Le risque de leur propagation rapide sur l'ensemble du globe est important en raison du grand nombre de personnes qui se déplacent quotidiennement d'un continent à l'autre grâce à l'avion. Or un voyage en avion dure quelques heures, alors qu'il faut plusieurs jours pour qu'une personne contaminée par un microbe ou un virus, et donc déjà contagieuse, commence à ressentir les symptômes de la maladie. On ne peut pas vacciner tout le monde contre toutes les affections possibles. Le danger de propagation de maladies nouvelles est d'autant plus important qu'un grand nombre de touristes vont dans les pays chauds, où microbes et virus prolifèrent toute l'année. Les maladies s'y propagent d'autant plus vite que ces pays manquent cruellement d'équipements médicaux.

Certes, les médecins multiplient leurs efforts pour trouver les moyens de combattre ces maladies nouvelles. Celles-ci sont favorisées par certaines conditions écologiques – les climats chauds et humides sont ainsi particulièrement propices à leur éclosion. Ces conditions sont le plus souvent celles de pays pauvres où l'absence de médecins, d'infrastructures médicales et de médicaments, ajoutée à la misère de la population, accroissent encore les risques. Or ces pays regroupent près des trois quarts de la population mondiale.

On peut ainsi se rendre compte que les problèmes de l'humanité forment un tout. Face à des dangers planétaires comme celui que représentent les épidémies, tous les pays se doivent d'être solidaires. Les pays riches, pour se protéger, doivent davantage participer à la lutte contre la misère dans les pays pauvres. Cela est une idée fondamentale en éducation civique.

Les couleurs de la Terre

Vue de très loin, de la Lune par exemple, la Terre apparaît toute bleue. Cela est principalement dû à l'atmosphère et au fait que les mers et les océans couvrent la plus grande partie de sa surface (71 %). De plus près et malgré les nuages, on peut voir sur les continents des zones de diverses couleurs. Celles-ci correspondent à des milieux naturels différents.

La superficie de la Terre est de 509 millions de km², soit à peu près mille fois celle de la France (550 000 km²). Les continents s'étendent sur 148 millions de km², mais les six milliards d'hommes et de femmes vivent en fait sur une surface bien moins grande. En effet, près de la moitié de la surface des terres émergées est couverte soit par des glaces – c'est le cas des très hautes montagnes et, surtout, de l'Antarctique –, soit par de maigres forêts aux très longs hivers froids, soit par des déserts qui s'étendent à eux seuls sur le tiers des continents.

Pour le premier vol de notre voyage, nous irons de l'extrême nord de l'Europe au sud de l'Afrique car c'est sur cet itinéraire que nous pourrons voir le plus nettement le contraste entre les zones naturelles qui traduisent des différences de climat.

Du cercle polaire à la Méditerranée

Tout au nord de l'Europe, plus au nord encore que la Scandinavie ou la Russie, nous survolons des étendues grisâtres encore recouvertes de plaques de neige bien que nous soyons en été – l'hiver, il y a bien plus de neige, mais nous ne pourrions rien voir à cause de la nuit qui dure alors

L'ANTARCTIQUE
Le continent antarctique s'étend sur 14 millions de kilomètres carrés pour une altitude moyenne de 2 300 mètres. C'est plutôt un grand archipel recouvert d'une énorme masse de glace, l'inlandsis. Le point culminant est le mont Vinson, avec 5 140 mètres. La température moyenne y est de – 30 °C, mais elle peut descendre à – 80 °C. L'inlandsis y mesure en moyenne 2 200 mètres d'épaisseur.

Cette représentation de la Terre a été réalisée à partir de milliers d'images transmises par les satellites d'observation puis assemblées par ordinateur.

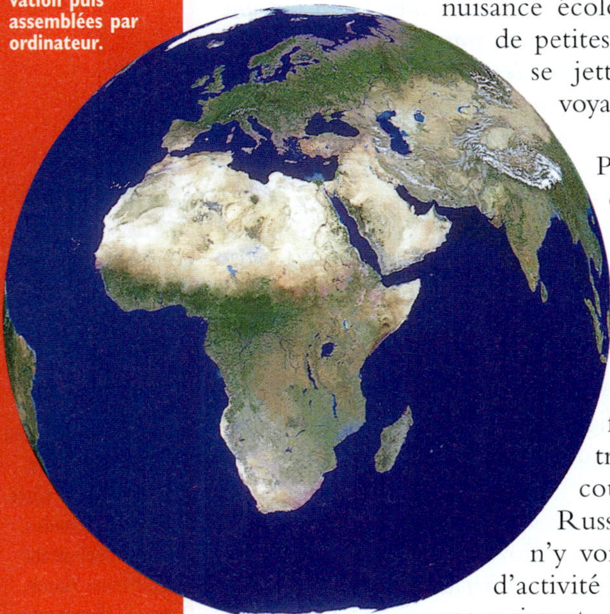

presque 24 heures. En regardant le sol avec des jumelles, on aperçoit une végétation rabougrie, composée de rares buissons poussant au ras du sol: c'est la toundra, qui est parsemée de mares et d'étangs. Sur l'Internet, nous apprenons que, l'été, il faut affronter dans cette région une pénible nuisance écologique: les moustiques et de petites mouches carnassières qui se jettent par milliers sur les voyageurs.

Plus au sud, la végétation devient progressivement plus dense. Des bouquets de petits arbres – des bouleaux – sont de plus en plus nombreux. Ils laissent bientôt place à une immense forêt de conifères aux teintes sombres, traversées par de nombreux cours d'eau: c'est ce que les Russes appellent la taïga. On n'y voit d'abord guère de traces d'activité humaine. Mais plus au sud apparaissent, au milieu de la forêt, quelques clairières au milieu desquelles sont bâties quelques maisons dont les cheminées fument. Des routes relient les clairières les unes aux autres. Plus on va vers le sud, plus celles-ci deviennent vastes et peuplées.

Au sud du 60e parallèle – qui passe par Saint-Pétersbourg et à peu près par Stockholm –, les forêts ne forment plus qu'une part minime du paysage où s'étendent surtout des prairies et des terres labourées. Le peuplement est de plus en plus dense, les villes de plus en plus nombreuses, reliées par un réseau serré de routes. De grandes agglomérations apparaissent, avec leurs usines et leurs faisceaux de voies ferrées. Elles forment, à cause des fumées qui s'en échappent, des masses grises au milieu des campagnes verdoyantes. Plus tard, on survole les grandes plaines du bassin parisien, marquées par le grand quadrillage jaune des champs de blé. Une immense agglomération apparaît : Paris et ses banlieues entourées de forêts. Mais, de notre avion, le paysage n'est pas toujours visible car il est souvent caché par de nombreux nuages.

Aux abords de la Méditerranée – que traverse d'ouest en est le 40e parallèle –, le paysage change. On peut d'autant mieux l'observer qu'il n'y a plus de nuages, dans la sécheresse de l'été méditerranéen. Les prairies verdoyantes ont été remplacées par des rochers et des étendues ravinées aux sols rougeâtres parsemées de buissons clairsemés. Le peuplement est dense dans les vallées et, plus encore, le long de la mer en raison des activités liées au tourisme balnéaire.

De la Méditerranée à l'équateur

Au sud de la Méditerranée, les étendues de sol nu deviennent de plus en plus vastes entre les touffes de végétation. Ce sont désormais des steppes que l'on survole avant de passer progressivement au désert aux sols gris ou jaunâtres : le Sahara. Sur près de 2 500 kilomètres, du nord au sud, on n'aperçoit plus de végétation, hormis celle des oasis isolées au milieu d'immenses champs de dunes (ergs) ou de grands plateaux caillouteux (regs). Au niveau du tropique du Cancer se dressent les montagnes escarpées du Hoggar aux roches sombres, qui sont d'anciens volcans. Vers le sud, d'autres steppes clairsemées succèdent au désert.

Bientôt, de hautes herbes verdoyantes recouvrent presque tout le sol – on est en été, la saison des pluies tropicales. On

LE HOGGAR
Le Hoggar est un massif volcanique du Sahara algérien. Ses roches volcaniques et cristallines dominent des plateaux de grès ou « tassili ».
Le Hoggar est moins aride que le reste du désert en raison de son altitude (2 918 m à son point culminant).
Il est habité par les Touareg.

survole la savane. Celle-ci est de plus en plus parsemée d'étendues défrichées pour les cultures. Les villages formés de cases aux toits de paille pointus sont entourés de petits jardins. Dans la brousse, on aperçoit encore la fumée de quelques brûlis, trace d'activité humaine. On est en été, la saison des pluies est caractérisée par de gros orages venus du sud, qui inondent les vallées d'eau rougeâtre. Cette teinte est celle des sols ravinés par l'érosion dont les composants sont entraînés vers les fleuves par les pluies torrentielles. De notre avion, nous pouvons voir d'énormes nuages verticaux monter à de très grandes hauteurs – jusqu'à 10 000 mètres.

LA MALADIE DU SOMMEIL
La maladie du sommeil est une maladie contagieuse dont l'agent contaminant, un protozoaire appelé trypanosome, est transmis à l'homme par un insecte piqueur, la glossine, plus connue sous le nom de « mouche tsé-tsé ». Cette maladie sévit plus particulièrement en Afrique tropicale. Si elle n'est pas soignée à temps, elle évolue vers une méningo-encéphalite, qui plonge le malade dans un état de somnolence irréductible.

Plus au sud encore, une fois dépassé le 10e parallèle, dans la zone où la saison sèche ne dure que deux ou trois mois, on constate que les étendues de savane et de terres cultivées commencent à être traversées par de longs couloirs de forêt qui correspondent aux vallées. On les appelle forêts-galeries car les cimes des arbres forment une voûte sombre au-dessus de la rivière. Personne n'habite dans ces forêts-galeries qui sont le domaine de redoutables maladies. La plus tragiquement célèbre, car elle est généralement mortelle, est la maladie du sommeil transmise par les piqûres d'insectes baptisés autrefois « mouches tsé-tsé ».

Aux abords de l'équateur, la grande forêt se présente, vue du ciel, comme une masse verte et compacte formée par les feuillages d'arbres atteignant 40 à 50 mètres de hauteur, entremêlés de lianes. À l'exception de quelques petits villages installés dans des clairières, le peuplement de la zone forestière est faible, à cause notamment des maladies qui y règnent. La chaleur humide favorise la prolifération permanente de microbes et de virus. Les médecins considèrent la grande forêt comme une sorte de réservoir de virus inconnus. Les hommes qui défrichent la forêt en sont les premières victimes. C'est ainsi qu'est apparu le sida qui se propage aujourd'hui au plan mondial et sous tous les climats.

La question de l'écologie : défendre la nature, mais aussi la combattre

Vous avez certainement déjà entendu parler de l'écologie. En France, comme dans d'autres pays européens, les écologistes se sont organisés en associations ou en partis politiques pour défendre les milieux naturels contre les dégradations et les pollutions provoquées principalement par le développement des industries et des activités urbaines.

Le mot « écologie » désigne l'ensemble des relations naturelles qui existent en un lieu, une région, un pays ou même sur le plan mondial entre toutes les espèces vivantes, animales et végétales. Les hommes interviennent dans ces relations soit pour en tirer raisonnablement partie, soit, au contraire, en détruisant volontairement ou involontairement les équilibres qui en résultent. Les hommes sont en effet de plus en plus nombreux et ils disposent de surcroît des moyens techniques de plus en plus puissants.

Le rôle des écologistes est très positif quand ils protestent, par exemple, contre la pollution des rivières, contre l'usage massif des insecticides ou contre la destruction inutile des forêts. Mais la défense de l'écologie ne doit pas conduire à l'idée que la nature est fondamentalement bonne dans tous ses aspects : les microbes et les virus font eux aussi partie de la nature et il faut s'efforcer de combattre ceux qui sont la cause des maladies terribles comme la peste, le choléra, la lèpre, la tuberculose ou, aujourd'hui, le sida. De même, il faut s'efforcer de combattre les insectes qui propagent en Afrique la maladie du sommeil, et la fièvre jaune ou le paludisme dans l'ensemble des pays chauds. La discussion des problèmes relatifs à l'écologie est tout autant du ressort de la géographie que de celui de l'éducation civique.

LA PESTE
La peste, qui fit jadis de si grands ravages en Europe, a totalement disparu de nos régions. En revanche, il existe toujours des foyers diffus en Asie, notamment en Inde, en Chine, en Mongolie, au Kazakhstan, en Birmanie, au Viêt-nam.

LE SIDA EN CHIFFRES
Sur les 16 000 personnes nouvellement infectées du sida chaque jour, 90 % habitent des pays en développement, 40 % sont des femmes et 50 % ont entre 15 et 24 ans.

Les forces de la Terre

Longtemps, les hommes ont eu peur des volcans, ces montagnes qui crachent du feu avec des bruits terribles et de violentes secousses dans le sol. Dans certaines régions, toutefois, ils ont toutes les raisons de craindre les manifestations violentes du mouvement de l'écorce terrestre.

PREMIÈRES ASCENSIONS
La première ascension du mont Blanc a été réalisée en août 1786 par le guide Jacques Balmat et le docteur Michel Gabriel Paccard, sur l'initiative du naturaliste genevois Horace Benedict de Saussure. Après de nombreuses tentatives entamées dans les années 20, le mont Everest a été conquis en mai 1953 par l'alpiniste néo-zélandais Edmund Hillary et le sherpa Tenzing Norgay.

On croyait autrefois que des forces obscures et profondes faisaient se soulever les montagnes. Aussi les hommes avaient-ils peur de s'aventurer vers les sommets. C'est seulement à la veille de la Révolution française, avec l'éclosion des idées nouvelles, que des savants ont envisagé de faire l'ascension du mont Blanc (4 807 mètres). Ce furent les fondateurs de l'« alpinisme » qui désigne depuis lors les ascensions réalisées dans les montagnes du monde entier.

Pour cette nouvelle étape, notre avion va nous mener vers l'est, nous faisant survoler les immenses étendues de l'Eurasie – l'Europe et l'Asie. Avec 54 millions de km^2, c'est le plus vaste bloc continental. Représentant à lui seul le tiers des terres émergées, il est formé par le plus grand ensemble au monde de plaines et de plateaux et porte la plus haute chaîne de montagnes, l'Himalaya, qui comprend le point culminant de la planète, l'Everest (8 848 mètres). Le Fil rouge survolera ensuite l'océan Indien.

Les continents : d'immenses surfaces plus ou moins plates

En survolant la Russie occidentale, puis la Sibérie, nous voyons défiler, sur plus de 4 000 kilomètres, des étendues monotones traversées par les vallées de quelques grands fleuves. Elles ressemblent aux plaines et aux plateaux qui forment la plus grande partie de l'Afrique, de l'Australie, de l'Amérique du Nord et de l'Amérique du Sud. Considérés comme la limite assez théorique entre l'Europe et l'Asie, les monts Oural ne sont pas bien imposants (1 800 mètres). Il s'agit d'une vieille chaîne de montagne presque entièrement rabotée par l'érosion, une ride dans la masse continentale compacte formée de terrains rigides et très anciens.

En Asie centrale, cette masse rigide a été cassée en plusieurs morceaux par des forces profondes qui ont soulevé des blocs et en ont abaissé d'autres, formant ainsi une sorte de gigantesque escalier plus ou moins régulier. Ces cassures, que les géologues appellent des failles, ont formé de hauts plateaux. Le plus élevé d'entre eux est celui du Tibet qui s'étend à plus de 5 000 mètres d'altitude. C'est, dit-on, le « toit du monde » et il serait couvert de glace si le climat n'y était pas aussi sec. En effet, au sud, l'Himalaya arrête les vents humides venus de l'océan Indien qui provoquent d'énormes chutes de neige sur le versant sud de la chaîne.

Les grandes chaînes de montagnes et la dérive des continents

L'Himalaya est la plus spectaculaire des chaînes de montagnes, comme en témoigne le nombre de ses sommets de plus de 8 000 mètres d'où descendent vers les vallées d'énormes glaciers. Mais l'Himalaya, qui s'étend sur quelque 2 500 kilomètres, n'est pas la chaîne la plus longue. En Amérique du Sud, la cordillère des Andes, qui domine la côte de l'océan Pacifique, court sur près de 8 000 kilomètres du nord au sud. C'est un ensemble du premier ordre *(voir les Bases, p. 28)*. Mais ses sommets, qui sont pour la plupart des volcans, sont moins imposants : l'Aconcagua, entre le Chili et l'Argentine, culmine à 6 984 mètres. En comparaison, notre chaîne des Alpes, avec ses 800 kilomètres de long,

LE PLATEAU DU TIBET

Les trois quarts du Tibet se situent à une altitude supérieure à 3 500 mètres. Ce vaste haut plateau – plus de 1 million de kilomètres carrés, soit plus de deux fois la France – est entouré de chaînes élevées : Himalaya au sud, Kunlun au nord et Karakorum à l'ouest. La majorité de la population est concentrée dans la vallée du fleuve Zangbo – cours supérieur du Brahmapoutre – où se trouve la capitale, Lhassa. Les ressources se partagent entre l'élevage – moutons et yacks –, en altitude, et les cultures – orge, maïs, riz, fruits et légumes –, dans les vallées.

semble bien modeste – c'est un ensemble du troisième ordre. Il demeure que ses sommets de 4 000 mètres particulièrement escarpés ont constitué le berceau de l'alpinisme.

Jusqu'à une époque relativement récente, les géologues ne savaient pas véritablement expliquer la formation des chaînes de montagnes. Comme les couches de terrain y sont souvent fortement plissées, ils parlaient de « plissements », sans savoir quelles forces avaient provoqué de tels phénomènes. Paradoxalement, l'explication est venue de l'examen des océans. En effet, au début du siècle, un géologue allemand, Alfred Wegener, remarqua, non sans amusement, que la forme de l'Amérique du Sud « s'emboîtait » presque parfaitement dans celle de l'Afrique au niveau de l'équateur. Il imagina que ces deux blocs continentaux avaient été soudés, il y a très longtemps, et qu'ils avaient été progressivement séparés l'un de l'autre par l'élargissement de l'océan Atlantique. Alfred Wegener exposa ainsi, en 1915, la théorie

Cette photo satellite prise en regardant vers l'ouest montre la chaîne de l'Himalaya, enneigée, qui sépare la plaine indienne, à gauche, du plateau du Tibet, à droite.

de la « dérive des continents » : ces derniers dériveraient comme d'immenses icebergs flottant sur une couche visqueuse profonde qui serait sous l'écorce terrestre. Mais Alfred Wegener ne put, avant sa mort, expliquer la nature de la force qui faisait dériver les continents.

La réponse est venue de l'océan Atlantique. La plupart des navires qui le traversaient pendant la Seconde Guerre mondiale étaient équipés d'un sonar. Cet appareil destiné à détecter la présence de sous-marins ennemis permet également de mesurer de façon précise la profondeur des fonds situés à la verticale du bateau. Par sécurité, les navires faisaient fonctionner leur sonar en permanence. On s'aperçut alors qu'au milieu de l'Atlantique se trouvait une longue chaîne sous-marine orientée du nord au sud et jalonnée par une série d'îles volcaniques dont l'Islande était la plus grande. On constata ensuite que cette chaîne sous-marine était fendue sur toute sa longueur par une étroite et profonde fissure qui s'ouvrait périodiquement pour laisser s'échapper des laves volcaniques. En se solidifiant, ces laves renforcent la chaîne sous-marine qui, en s'élargissant de part et d'autre de cette cicatrice, « repousse » petit à petit les continents situés de chaque côté de l'Atlantique.

L'ISLANDE

Le volcanisme est toujours très actif en Islande. Les multiples sources chaudes, geysers et crevasses d'où s'échappent des matériaux divers en témoignent.
En 1963, une éruption sous-marine a donné naissance à l'île de Surtsey, au sud de l'Islande, et en 1973, une autre a considérablement augmenté la surface de l'île d'Heimaey, proche de la précédente.
Cela n'empêche pas l'Islande d'avoir plus de 10 % de sa superficie recouverts par des glaciers.

Des plaques qui se fendent, s'écartent ou se chevauchent

Aujourd'hui, les géologues savent mieux expliquer la formation des chaînes de montagnes. Ils considèrent les continents comme de grandes plaques rigides qui « flottent » sur une couche profonde plus visqueuse. Celle-ci enveloppe le noyau très lourd qui forme le centre de notre planète. Les géologues estiment que cette couche visqueuse est traversée par de grands courants très lents, mais leur extraordinaire puissance suffit à provoquer en profondeur le déplacement des plaques continentales.

LE RIFT
Le rift peut être océanique ou continental. Dans ce dernier cas, on parle aussi de fossé d'effondrement. La Rift Valley, en Afrique orientale, est une suite de dépressions qui s'étend des Grands Lacs à l'Éthiopie et à la mer Rouge et qui se prolonge en Palestine par la vallée du Jourdain.

Lorsque, sous l'écorce terrestre, deux grands courants vont en sens inverse l'un de l'autre, cela provoque la cassure en deux morceaux de la plaque qui se trouve en surface. Cette longue fente, que les géologues appellent un « rift » – en anglais, « fissure » –, s'élargit peu à peu. La mer Rouge, entre l'Arabie et l'Afrique, est un exemple de rift.

Si, de part et d'autre d'un rift, deux plaques s'éloignent l'une de l'autre, elles poussent nécessairement d'autres plaques qui se chevauchent alors, les unes s'enfonçant sous les autres. Dans une zone de subduction, le chevauchement de plaques provoque la formation des grandes chaînes de montagnes. La genèse de la chaîne de l'Himalaya s'expliquerait ainsi : la plaque indo-australienne, détachée il y a très longtemps des plaques africaine et arabique sous l'action de forces profondes, s'enfonce progressivement « en coin », à la frontière de l'Inde et du Tibet, sous la plaque eurasiatique dont le rebord sud se soulève de plus en plus.

Les géologues considèrent comme des plaques non seulement les continents, mais aussi les grandes surfaces rigides qui forment une partie du fond des océans. C'est ainsi que dans l'océan Pacifique, une grande plaque sous-marine poussée vers l'est s'enfonce sous la plaque Amérique du Sud et sous la plaque Amérique du Nord. Ce mouvement a entraîné la formation de la cordillère des Andes et, au nord, celle des chaînes de Californie bordées par les montagnes Rocheuses.

Ainsi, les plaques continentales se déplacent lentement – en moyenne de quelques centimètres par an, parfois davantage – sous l'effet de gigantesque forces profondes. Celles-ci se manifestent à la surface du globe par les tremblements de terre qui sont de soudains déplacements, sur quelques centimètres, de blocs de l'écorce terrestre, soumis en permanence à d'énormes pressions.

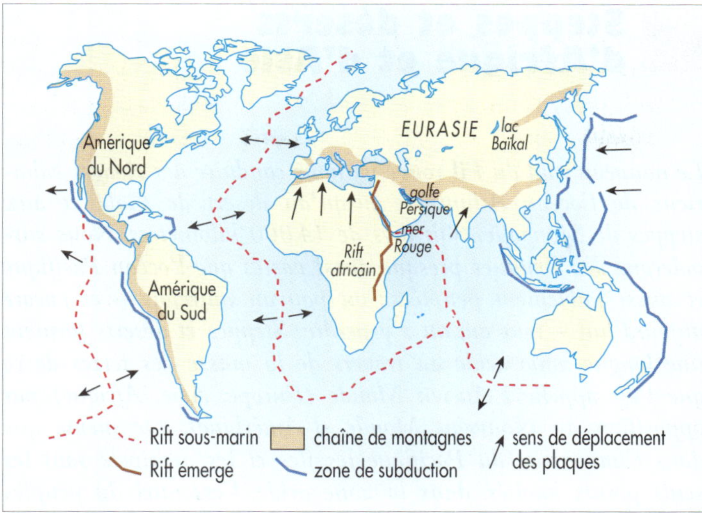

Les tremblements de terre sont particulièrement fréquents et graves dans les zones où une plaque s'enfonce sous une autre. C'est notamment le cas sur la côte ouest de l'Amérique du Nord et du Sud, sur le littoral pacifique de l'Asie, dans l'Europe méditerranéenne et au Moyen-Orient. Des villes importantes comme San Francisco et Los Angeles, aux États-Unis, se trouvent de ce fait en grand danger. C'est aussi le cas de Tokyo et des grandes villes du Japon, de l'autre côté de l'océan Pacifique. Ces villes américaines et japonaises subissent fréquemment de multiples petits séismes sans gravité, mais on peut craindre que ne s'y produisent dans un futur assez proche de très fortes secousses. En effet, celles-ci semblent se produire à peu près tous les quatre-vingt ou quatre-vingt-dix ans et les dernières datent des débuts du XXe siècle – 1906 pour San Francisco, 1923 pour Tokyo. Depuis cette époque, la population de ces villes a considérablement augmenté et un séisme y aurait des conséquences épouvantables, malgré l'application de normes antisismiques dans la construction des immeubles.

LES SÉISMES LES PLUS MEURTRIERS

(années, lieu, *nombre de morts*)
526, Méditerranée, *120 000 / 200 000*; 1692, Catane (Sicile), *60 000*; 1755, Lisbonne, *60 000*; 1797, Quito (Équateur), *40 000*; 1906, San Francisco, *700 / 3 000*; 1908, Messine (Sicile), *58 000*; 1923, Tokyo et Yokohama, *100 000*; 1954, Orléansville (Algérie), *1 250*; 1960, Agadir (Maroc), *15 000*; 1970, Pérou, *67 000*; 1976, Guatemala, *23 000*; 1976, Tangshan (Chine), *240 000 / 700 000*; 1980, El Asnam (ex-Orléansville, Algérie), *3 500 / 20 000*; 1985, Mexique, *25 000 / 35 000*; 1986, Salvador, *1 000*; 1988, Arménie, *25 000*; 1990, Iran, *40 000 / 50 000*.

Steppes et déserts d'Afrique et d'Asie

Le nouveau raid du Fil rouge va nous conduire des rivages sahariens de l'océan Atlantique jusqu'au désert de Gobi et aux steppes de Mongolie. Soit près de 14 000 kilomètres. Nous survolerons des étendues presque aussi vastes que l'océan Pacifique et aussi faiblement peuplées : on pouvait autrefois – et encore aujourd'hui – tout autant s'y perdre. Steppes et déserts forment une longue zone aride au travers de la masse des terres de ce que l'on appelle l'Ancien Monde (Europe, Asie, Afrique) par opposition au Nouveau Monde (l'Amérique). De même que dans l'immensité du Pacifique les îles et les archipels sont les seuls points habités, dans la zone aride, l'essentiel du peuplement est concentré dans les oasis.

Pourquoi y a-t-il autant de sable dans les déserts ?

LES DUNES DU SAHARA
Les dunes – paysage symbolique du désert chaud – ne couvrent pas plus de 30 % de la surface du Sahara. Mais le sable étalé en couvre plus de la moitié. Les dunes qui se développent sous l'action du vent prennent parfois des proportions impressionnantes (plus de 250 mètres de hauteur).

En survolant d'ouest en est le Sahara (ce qui veut dire le « pays aux teintes fauves »), nous pouvons nous rendre compte que des étendues considérables sont occupées par des dunes. Elles sont jaune clair, de teintes fauves justement, presque blanches parfois, et généralement parallèles les unes par rapport aux autres. Si nous consultons les cartes, nous pouvons très souvent lire le mot « erg », qui, en arabe, désigne un espace couvert de dunes de sable, ce que l'on appelle un « champ de dunes ». Il n'est pas rare que certains ergs s'étendent sur des centaines de kilomètres.

Bien sûr, il n'y a pas que du sable dans le désert, il y a aussi de grandes étendues rocheuses aux teintes plus sombres, des plateaux bordés de grands escarpements et même des montagnes aux sommets déchiquetés. Il y a aussi des vallées creusées autrefois par des fleuves qui ont aujourd'hui disparu. Mais les dunes sont particulièrement spectaculaires. Pour comprendre la présence de tout ce sable, il faut d'abord tenir compte du fait que dans le désert, à cause de l'intense sécheresse qui y règne, il n'y ni végétation ni véritablement de sol, mais des roches à nu. Mais pourquoi voit-on autant de sable ? Pour répondre, il nous faut faire un peu de géologie.

Comme dans bien d'autres pays, les roches qui forment une grande partie de l'écorce terrestre, surtout en profondeur, sont pour la plupart des roches cristallines, ainsi nommées car elles sont formées de petits cristaux. La plus célèbre des roches cristallines est le granite ; il constitue en effet l'essentiel des continents. C'est la lente décomposition du granite, en surface, sous l'effet de la pluie et de la chaleur qui forme le sable : chaque grain de sable est un petit cristal de quartz qui a été plus ou moins roulé par les eaux. Le grès est une roche formée de grains de sable collés les uns aux autres ; ils proviennent, eux aussi, de la décomposition du granite. Dans de nombreuses régions, notamment au Sahara,

LE GRANITE
La plaque africaine est constituée de roches granitiques datant des débuts de l'histoire de la Terre (4 milliards d'années). Le granite, qui est formé principalement de quartz, de feldspath et de mica, constitue l'essentiel des continents. Mais le fond des océans est surtout constitué d'une lave volcanique, le basalte.

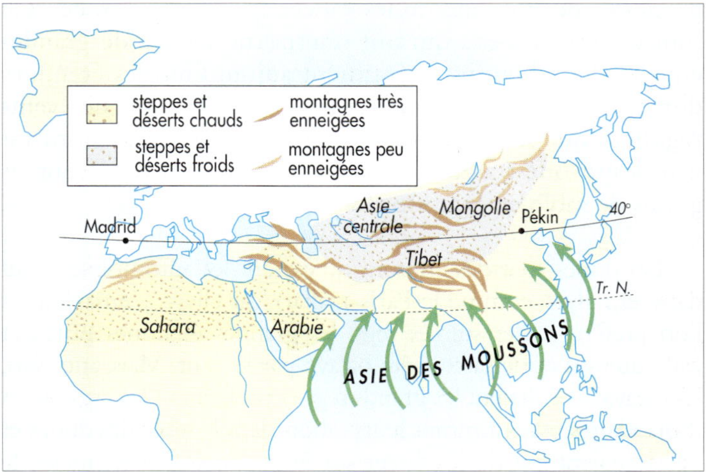

Steppes, déserts et montagnes du Vieux Monde.

CARAVANES ET CHAMEAUX

Ce sont les royaumes berbères qui, autour du IXe siècle, organisent le commerce trans-saharien, surtout celui de l'or venu du Soudan. De longues caravanes sillonnent alors le désert. Le chameau, appelé ainsi bien qu'il s'agisse en réalité d'un dromadaire, est, depuis qu'il a été amené d'Arabie pour remplacer le cheval, au IIe millénaire, le « moteur » des routes caravanières. Le vrai chameau d'Asie, beaucoup plus gros, résiste au froid et possède deux bosses.

des couches très épaisses de grès forment de grands plateaux. Dans les régions humides, on ne voit guère les roches, sauf en montagne, car elles sont cachées par le sol qui est le produit de leur décomposition et de l'accumulation des débris végétaux. Les roches forment le sous-sol.

Dans les déserts, au contraire, il n'y a pas de sol, et les petits morceaux de granite ou de grès qui éclatent sous l'effet de la chaleur se brisent en de multiples grains que le vent va déplacer d'autant plus facilement qu'il n'y a pas de végétation. Dans les pays humides, ce sable et ces petits morceaux de roches ont été entraînés par le ruissellement vers les cours d'eau, puis vers la mer. Le long des côtes, le sable des plages a été apporté de plus ou moins loin, par les fleuves : lui aussi vient de la décomposition du granite.

Dans les déserts, le sable qui forme les dunes n'a pas été transporté jusqu'à la mer, mais il a été accumulé autrefois en certains endroits, dans des dépressions, par d'anciens cours d'eau. En effet, le Sahara, comme bien d'autres déserts, n'a pas toujours été aussi aride. Il existait autrefois des cours d'eau et l'on voit encore les vallées qu'ils ont creusées. Ce sont ces cours d'eau qui ont transporté jusqu'à de grandes cuvettes les sables qui constituent aujourd'hui les étendues dunaires. La forme des dunes résulte de l'action des vents réguliers qui soufflent sur le Sahara (surtout du nord-est vers le sud-ouest) et ce sont eux qui en surface déplacent les grains de sable en lignes ordonnées.

Les dunes sont des endroits qu'évitent les automobiles (sauf dans les rallyes, comme le Paris-Dakar), car elles s'y ensablent et l'on préfère rouler sur les regs, les grandes étendues plates et caillouteuses où le sable a été balayé par le vent. Mais, autrefois, les caravanes évitaient les grands regs et préféraient les ergs où les dromadaires usaient moins leurs sabots dans le sable des dunes et ne risquaient pas de se blesser sur les cailloux. En revanche, le risque est plus grand de se perdre au milieu des dunes, car le vent y efface les traces. Sur les regs, les roues des camions ont tracé des pistes plus ou moins parallèles qu'il faut suivre malgré la poussière pour éviter de s'égarer.

À quoi correspondent les oasis ?

En survolant le désert à haute altitude, on voit de place en place de petites taches sombres qui se disposent parfois en ligne, comme sur un chapelet : ce sont des oasis. Elles ne sont pas complètement isolées au milieu du désert, car on peut voir des pistes (et même des routes modernes) qui sur de grandes distances les relient entre elles. De moins haut, ou avec des jumelles, on se rend compte que sous les palmiers se trouvent d'autres arbres fruitiers et des petits champs verdoyants, et l'on voit même parfois de l'eau briller dans des canaux d'irrigation. En plein désert, d'où vient cette eau ? Les réponses à cette question sont différentes selon l'emplacement des oasis.

Spectacle insolite que celui d'une oasis verdoyante dans l'immensité aride du désert.

LE TASSILI DES AJJER
Il s'agit d'une région du Sahara algérien formée de plateaux de grès, découpés par l'érosion en étroites vallées. Le tassili des Ajjer est considéré comme l'un des principaux sites préhistoriques africains. On y trouve en effet de nombreuses gravures et peintures rupestres.

LES HAMADAS
Les hamadas sont des plateaux rocheux souvent calcaires ou gréseux, en partie couverts par un reg, c'est-à-dire des surfaces recouvertes de sables ou d'éclats de roches noirâtres.

Certaines oasis se trouvent autour de grands ergs car, lorsqu'il y a quelques pluies, le peu d'eau qui tombe échappe à l'évaporation en s'infiltrant dans le sable. Aussi, en creusant des puits en bordure du champ de dunes, on peut avoir suffisamment d'eau pour arroser de petites oasis. Certaines d'entre elles se trouvent aussi au pied des falaises qui limitent de grands plateaux de grès (tassili) ou de calcaire (hamada). Car ce sont des roches perméables dans lesquelles l'eau peut s'infiltrer et échapper à l'évaporation. Il y a aussi des oasis au débouché des vallées qui descendent de montagnes et l'on récupère l'eau tombée sur les sommets.

D'autres oasis sont situées dans des dépressions, au fond desquelles on a creusé des puits profonds pour atteindre des nappes souterraines. Il a fallu beaucoup d'efforts pour creuser de tels puits et cela s'est fait au Moyen Âge lorsque de grandes caravanes traversaient le Sahara pour apporter l'or du Soudan vers les rivages de la Méditerranée. Pour ces caravanes, il fallait absolument ménager des escales où les dromadaires et les hommes pussent trouver de l'eau. De même que, depuis des siècles, les navires relient les îles au continent, les caravanes permettent, depuis des siècles et des siècles, de traverser les déserts.

En continuant notre vol vers l'est, au-dessus du Sahara, on arrive soudainement au-dessus de la vallée du Nil. C'est en quelque sorte une immense oasis qui est irriguée par l'eau du Nil, un grand fleuve qui vient du sud et de très loin, puisqu'il apporte les précipitations de la zone tropicale.

En Égypte, la vallée du Nil est étroite, limitée par des versants raides et même par des falaises rocheuses. Elle est en effet encaissée dans le plateau qu'elle traverse. Cela constitue un grave inconvénient dans la mesure où il est impossible d'élargir la zone d'irrigation alors que le grand barrage d'Assouan retient, en amont, de grandes quantités d'eau.

Après avoir survolé le fossé de la mer Rouge – c'est ce que les géologues appellent un rift – et les montagnes escarpées qui la dominent, nous passons au-dessus de l'immense péninsule Arabique qui offre à peu près les mêmes paysages que le désert du Sahara ; à ceci près que l'on peut apercevoir les fumées d'un grand nombre d'installations pétrolières construites sur les rives du golfe Persique. Après avoir survolé les montagnes d'Iran qui dominent de vastes plaines, elles aussi désertiques, nous atteignons en poursuivant notre vol vers le nord-est une autre partie de cette longue zone aride : celle des grands déserts d'Asie centrale.

L'Arabie saoudite offre le spectacle de torchères qui brûlent jour et nuit dans le désert.

Des déserts aux hivers froids dominés par de très hautes montagnes

Au premier abord, les plaines offrent les mêmes paysages qu'au Sahara : des étendues rocheuses, des champs de dunes – que les cartes n'appellent plus des ergs (car on n'est plus dans le monde arabe), mais des *koum* (ce qui, en turc, signifie la même chose).

À la grande différence de l'Afrique, ces déserts sont dominés par de très grandes montagnes, couvertes de neige et de glaciers. Leur fonte, en été, alimente abondamment un

LA ROUTE DE LA SOIE
La route de la soie est une route caravanière qui reliait, à travers l'Asie, la Chine au monde méditerranéen. Elle permettait à ce dernier de s'approvisionner notamment en soie. Cette voie fut empruntée par de nombreux Européens, dont Marco Polo, pour se rendre en Orient.

LE RECUL DU NOMADISME EN MONGOLIE
Le nomadisme a presque disparu, remplacé par un élevage semi-nomade avec déplacement périodique des yourtes. D'ailleurs, les éleveurs ont été regroupés en coopératives agricoles ou en fermes d'État.

grand nombre de cours d'eau qui se prolongent dans la plaine par des vallées occupées par une série de grosses oasis. Celles-ci ont l'avantage d'avoir beaucoup d'eau en été, mais elles ont également l'inconvénient de connaître de très grands froids en hiver. Aussi n'y a-t-il pas de palmiers, mais des arbres fruitiers et des cultures typiques de la zone tempérée. On y trouve cependant du coton grâce aux très fortes chaleurs de l'été – mais il faut replanter les cotonniers après chaque hiver.

Ces oasis ont vu passer pendant des siècles des caravanes, celles qu'empruntaient les routes de la soie, de la Chine à l'Europe. Ces caravanes étaient essentiellement constituées de gros chameaux à deux bosses et à longs poils, des animaux capables de résister au froid qui se fait sentir une partie de l'année.

Dans la mesure où, en Asie centrale, les hivers sont froids (on est bien plus au nord qu'au Sahara et aux mêmes latitudes que la France), l'évaporation est faible une grande partie de l'année. Dans cette partie de la zone aride, les déserts proprement dits, sans végétation donc, sont moins étendus que les steppes. Celles-ci sont formées d'une végétation herbeuse plus ou moins clairsemée, qui est même assez abondante dans les régions un peu moins sèches.

Ces steppes, particulièrement vastes en Mongolie, tout comme celles qui s'étendent au nord et au sud du Sahara, sont les véritables domaines des pasteurs nomades. Leurs troupeaux de moutons ou de chèvres sont obligés de se déplacer constamment, car il n'y a pas beaucoup d'herbes à brouter dans ces régions. Il y en a encore moins dans les vrais déserts où, faute de végétation, il est rigoureusement impossible de pratiquer l'élevage. Le désert est seulement traversé au plus vite par les caravanes marchandes, qui n'y séjournent pas.

En Mongolie, il existe encore une vraie vie pastorale avec de grands troupeaux de moutons, de chèvres, mais aussi de chevaux. Les Mongols sont en effet restés très attachés à cet animal avec lequel leurs ancêtres au temps d'Attila ou de Gengis Khan conquirent, au Moyen Âge, d'immenses territoires en Europe et en Asie.

Les Mongols d'aujourd'hui vivent encore sous de grandes tentes, les yourtes, malgré le froid de l'hiver. Ils se déplacent toujours sur de très grandes distances pour trouver des pâturages. La Mongolie est sans doute le seul État au monde à être encore dirigé par des personnes qui n'ignorent rien du nomadisme. Ces dirigeants veillent à ne pas prendre des mesures défavorables à la vie pastorale.

En revanche, dans les steppes du nord de l'Afrique, notamment dans celles des pays du Maghreb (Maroc, Algérie, Tunisie), il n'y a plus guère de nomades aujourd'hui parce que l'élevage a beaucoup diminué. En effet, dans les régions les moins sèches, et pour faire face à l'accroissement de la population, les gouvernements ont voulu étendre les cultures au détriment des pâturages : on a donc interdit le déplacement des tribus nomades et de leurs bêtes qui fuyaient en été les confins du désert. Faute de pouvoir trouver leur nourriture, les troupeaux ont en grande partie disparu et les anciens pasteurs se sont sédentarisés. Mais le fait que les nomades soient devenus sédentaires n'est guère un progrès, car ils se sont appauvris. Ils ne se déplacent plus et ne vivent plus sous la tente, mais dans de pauvres abris, en bordure des oasis ou des villes.

Lorsque l'on parle des déserts et des steppes, on évoque le plus souvent l'image des nomades, et notamment celle des Touareg du Sahara. En fait, ce sont surtout les habitants des oasis qui constituent la plus grande partie des populations de la zone aride.

LA FIN DU NOMADISME AU SAHARA

Le nomadisme, qui fut longtemps le principal mode de vie des hommes du désert, ne concerne plus qu'à peine 10 % de la population saharienne. Le nombre des nomades ne cesse de reculer, notamment sous la pression de l'administration des États sahariens qui poussent les nomades à abandonner leur mode de vie traditionnel.

LA MÉDITERRANÉE EN CHIFFRES
La Méditerranée couvre une superficie de 2,5 millions de kilomètres carrés. C'est une mer qualifiée de « fermée » qui communique avec l'océan Atlantique par le détroit de Gibraltar et avec la mer Noire par les détroits des Dardanelles et du Bosphore. Les marées y sont faibles. La Méditerranée est assez profonde, avec une moyenne de 1500 mètres et un maximum supérieur à 5000 mètres au large du cap Matapan, au sud du Péloponnèse. Sa température moyenne de 19 °C en fait une mer tiède : en surface, elle atteint 24 °C / 28 °C en été et tombe à 13 °C / 15 °C en hiver. Sa salinité – de 37 à 39,5 g/l – est supérieure à la moyenne.

La Méditerranée, paysages et problèmes

Alors que dans les étapes précédentes, nous avons fait de très longs périples, en survolant des dizaines de milliers de kilomètres, c'est un voyage moins long, mais fort intéressant, que nous allons effectuer autour de la mer Méditerranée, qui s'étire sur 4 000 kilomètres d'ouest en est.

« Méditerranée » signifie, en latin, la « mer au milieu des terres ». Cette mer presque fermée est en effet située entre trois continents, l'Europe, l'Afrique et l'Asie. Les contrées qui entourent cette étendue marine, bien qu'elles soient relativement proches de nous – le midi de la France, comme tout le sud de l'Europe, en fait partie – attirent notre curiosité à bien des égards. Elles offrent notamment des sites célèbres, tant du point de vue culturel que touristique. Mais cette région est aujourd'hui de plus en plus confrontée aux problèmes qui résultent des grands contrastes humains existant entre sa façade nord et sa façade sud.

La sécheresse d'été : un type de climat unique au monde

Les contrées qui bordent la Méditerranée ont en commun une caractéristique climatique particulière, la sécheresse des mois d'été. Alors qu'il pleut en été, dans toutes les autres régions du monde, qu'elles soient tropicales ou tempérées, les pourtours de la Méditerranée connaissent, durant la saison chaude, une sécheresse plus ou moins longue : deux à trois mois au nord, quatre à six mois au sud, en bordure du désert. Les pays méditerranéens sont alors envahis par l'air très chaud et très sec venu du Sahara qui couvre même la façade atlantique du Maroc ainsi que le Portugal qui n'est pourtant pas situé au bord de la Méditerranée. À l'automne, l'air saharien redescend vers le sud et les vents humides soufflant de l'océan Atlantique apportent jusqu'au printemps des pluies plus ou moins abondantes sur l'ensemble des pays méditerranéens.

La combinaison, durant l'été, de la sécheresse et de fortes chaleurs favorise une évaporation intense. Aussi la végétation doit-elle s'adapter de façon permanente à l'aridité. L'herbe est rare, coriace et grillée par le soleil. Ce sont les arbres qui résistent le mieux, grâce à leurs racines profondes. Mais la forêt a du mal à repousser aux endroits où elle a été détruite par des incendies naturels provoqués par la foudre ou par ceux que les bergers allument illégalement pour défricher des pâturages. Alors que les paysans s'efforcent d'irriguer les fonds de vallée et aujourd'hui les plaines grâce à l'eau des barrages, la forêt sur les hauteurs est le plus souvent remplacée par des broussailles, garrigues ou maquis.

Ces sols soumis à une forte érosion sont très ravinés. L'érosion du relief par les eaux courantes est particulièrement forte dans les pays méditerranéens car les pluies tombent souvent en violentes averses qui attaquent d'autant plus les sols que ceux-ci ne sont guère protégés par la végé-

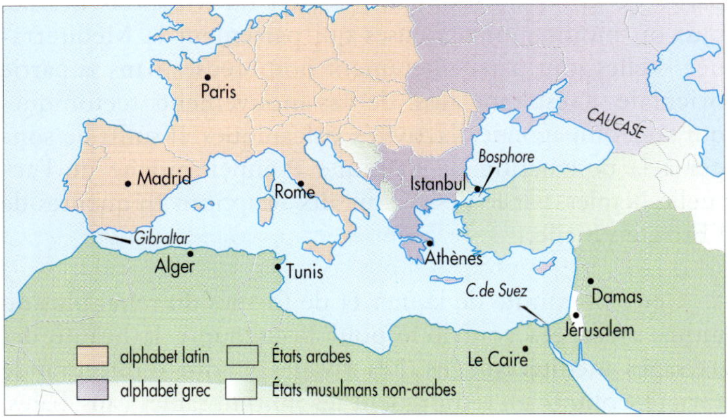

LA VÉGÉTATION MÉDITERRANÉENNE
La conjugaison du climat et de la nature du sol confère aux pays méditerranéens une unité de végétation. Les sols rocheux et pauvres sont couverts de garrigues lorsqu'ils sont calcaires, de maquis lorsqu'ils sont siliceux ou granitiques. Les sols plus riches et épais portent des forêts de chênes verts qui laissent place aux châtaigniers, aux conifères ou aux chênes rouvres en altitude. L'olivier, la vigne et le blé non irrigué sont les cultures les plus répandues dans l'ensemble de la Méditerranée.

tation naturelle. En bien des endroits, celle-ci a été défrichée par les hommes ou brûlée par des incendies. Aussi voit-on, sur les pentes, le sol lacéré par de profondes ravines dues à la violence du ruissellement. Au moment des crues, les cours d'eau entraînent la boue, le sable et les cailloux. Il est ainsi fréquent, après une période de fortes pluies, que la mer soit rougeâtre, de la couleur des sols, plusieurs kilomètres au large des estuaires. Les pluies violentes sont donc à la fois un facteur de fertilité agricole et un facteur d'érosion rapide : elles favorisent la disparition des sols qui laissent place à la roche à nu.

La mer et les montagnes : de beaux paysages

LA SURRECTION
Le terme « surrection » désigne le soulèvement lent d'une portion de l'écorce terrestre, sous l'effet du mouvement des plaques qui constituent celle-ci. La rencontre de deux plaques « poussant » dans des sens contraires crée une surrection qui peut, à long terme, donner naissance à une chaîne de montagnes.

L'érosion est d'autant plus forte dans les régions proches de la Méditerranée que les formes du relief y sont souvent escarpées. L'immense plaque africaine dérive vers le nord, ce qui entraîne, au contact de plaques plus petites, de fréquents tremblements de terre. Ceux-ci accompagnent encore de nos jours la surrection de nombreuses chaînes de montagnes, principalement sur toute la façade nord de la Méditerranée, de l'Espagne à la Grèce, mais aussi sur une partie de sa façade sud, dans les pays du Maghreb. Les îles plus ou moins montagneuses qui parsèment la Méditerranée – elles sont particulièrement nombreuses dans sa partie orientale – résultent aussi de ces mouvements tectoniques qui s'accompagnent d'activités volcaniques. Il suffit de songer à la destruction de l'antique Pompéi, proche de l'actuelle Naples, par le Vésuve ou aux éruptions fréquentes de l'Etna, en Sicile.

Cette proximité de la mer et de formes du relief plus ou moins escarpées contribue pour beaucoup à la beauté des paysages méditerranéens. Les rivages y sont d'une grande variété, comme en témoignent les innombrables caps, baies, péninsules, îles et îlots. Mais, sans les effets d'un climat très particulier, ces paysages n'auraient pas autant séduit et inspiré, au cours des siècles, artistes, peintres et poètes. La sécheresse et la chaleur des étés semblent être concentrées dans les plantes coriaces mais pleines de parfums telles que le thym, le romarin, le jasmin et même les roses – qui viennent de Perse. Mais c'est un arbre, l'olivier, qui constitue depuis des milliers d'années le symbole même de la Méditerranée. L'huile d'olive est certainement, aujourd'hui, l'un des principaux traits culturels communs aux peuples si divers qui vivent autour de la Méditerranée. Qu'ils soient juifs, chrétiens ou musulmans, les Méditerranéens aiment ce goût si particulier de l'huile d'olive. Les olives sont amères et c'est tout un art que d'en extraire une huile plus ou moins douce, trait commun des cuisines méditerranéennes.

L'essor touristique qui caractérise aujourd'hui les rivages méditerranéens, surtout ceux de l'Europe occidentale, résulte des nombreux changements socio-économiques et culturels intervenus loin de la Méditerranée, dans les pays du Nord : le développement des grandes villes industrielles et la

Le rivage du massif de l'Estérel, sur la Côte d'Azur, compte parmi les plus beaux paysages des côtes méditerranéennes françaises.

montée des revendications sociales, l'augmentation progressive des niveaux de vie et, plus directement, le phénomène des vacances, le goût des bains de mer et de soleil. Sur les rivages méditerranéens de l'Union européenne – ceux d'Espagne, de France, d'Italie et de Grèce –, l'ensemble des activités directement ou indirectement liées au tourisme emploient aujourd'hui beaucoup plus de personnes que ne le faisait l'agriculture autrefois et apportent à la population locale des revenus bien plus importants. S'ils ne sont pas trop éloignés de la mer, les anciens terrains agricoles sont vendus à prix d'or par les fils et filles de paysans.

LES REVENUS DU TOURISME
Les recettes du tourisme en France s'élevaient à 136,8 milliards de francs en 1995 – soit un solde positif de 55,4 milliards de francs. La même année, les recettes mondiales atteignaient 372,6 milliards de dollars, soit environ 2 200 milliards de francs. Au plan mondial, la France vient en tête pour la fréquentation touristique.

Il y a certes, sur les côtes occidentales de l'Union européenne, d'autres régions balnéaires, mais les régions méditerranéennes conservent de nombreux atouts : on y est assuré de la chaleur et du beau temps en été et l'absence de marée rend la mer plus accessible aux baigneurs, aux amateurs de planche à voile et aux plaisanciers. Le revers de cette intense fréquentation touristique est l'aggravation des phénomènes de pollution.

Mais la Méditerranée, même sur sa façade septentrionale, n'est pas qu'un lieu de villégiature estivale. Les pays de la Méditerranée orientale, y compris ceux de sa façade européenne, connaissent aujourd'hui des drames politiques et religieux qui sont autrement plus graves que les phénomènes de pollution que l'on dénonce sur la Côte d'Azur française ou la Costa Brava espagnole.

La Méditerranée orientale, foyer de religions rivales

Quand on évoque les problèmes de la Méditerranée, on oppose le plus souvent le sud de l'Europe au nord de l'Afrique, ou plus précisément les pays riches du nord de la Méditerranée et les pays musulmans de sa façade sud. Cette opposition est globalement juste, mais elle n'est véritablement pertinente que dans la partie occidentale de la Méditerranée. Un grand contraste économique et social existe effectivement entre, d'une part, les pays du Maghreb, et d'autre part, l'Espagne, la France et l'Italie. Le contraste économique est moins évident dans la moitié orientale de la Méditerranée où l'opposition ne se réduit pas à celle de l'Europe et de l'Afrique. Il faut également tenir compte de la façade asiatique, c'est-à-dire les pays du Moyen-Orient. Car la Méditerranée se situe, on l'a dit, entre trois continents, l'Europe, l'Afrique et l'Asie.

La façade asiatique de la Méditerranée est une région d'une importance capitale dans l'histoire de l'humanité. En effet, c'est près des rivages de la Méditerranée orientale, aux abords de l'Égypte et de la Mésopotamie, que sont apparues successivement, et presque dans les mêmes lieux, les trois religions monothéistes : le judaïsme qui a été la première, il y a plus de cinq mille ans, le christianisme qui en est issu, il y a deux mille ans, et enfin l'islam, il y a presque quatorze siècles. Certes, l'islam est apparu à plus d'un millier de kilomètres des côtes méditerranéennes, à La Mecque et à Médine, en Arabie. Mais les caravanes faisaient constamment la liaison avec la Palestine où Jérusalem est la troisième ville sainte de l'islam.

À partir de ce foyer initial, ces trois grandes religions se sont diffusées en Asie, en Afrique et en Europe sur des étendues considérables : les juifs, à travers leurs diasporas successives ; les chrétiens, qui vont choisir Rome comme capitale, avant que le schisme de 1054 entre catholiques et orthodoxes en établisse une seconde, Byzance (Constantinople) ; les musulmans, enfin, qui essaimeront jusque dans l'ouest de l'Afrique et le sud-est de l'Asie. En dépit de l'expansion de ces trois religions à l'ensemble du monde, leur foyer d'origine, c'est-à-dire les pays qui bordent la Méditerranée

LE MOYEN-ORIENT
Par rapport à l'Europe occidentale, le Moyen-Orient est moins loin que l'Extrême-Orient. Il comprend la Turquie – qui utilise l'alphabet latin –, le Liban, la Syrie, la Jordanie, Israël, l'Irak, l'Égypte, les pays pétroliers de la péninsule Arabique et du golfe Persique et l'Iran. La notion de « Proche-Orient » est utilisée pour désigner les pays moyen-orientaux qui possèdent une façade méditerranéenne. L'État d'Israël (5,8 millions d'habitants), dont la ville sainte est aussi Jérusalem, fait partie du Proche-Orient.

LA GÉOPOLITIQUE
La géopolitique est l'étude des rivalités entre des forces politiques qui se disputent des territoires. Les rivalités géopolitiques entraînent souvent des guerres entre États rivaux. Mais l'usage du terme « politique » nécessite des explications. La politique, au sens premier du terme – ce qui concerne les affaires de la cité – ne provoque pas de guerre, sauf dans le cas d'une guerre civile. Pourquoi utilise-t-on le terme « géopolitique » pour évoquer les rivalités qui conduisent des États à la guerre? Le mot est apparu en Allemagne au lendemain de la guerre de 1914-1918. La société allemande était alors animée du débat relatif aux dures conditions territoriales imposées par les États vainqueurs, dont la France.

orientale, connaissent encore des conflits géopolitiques où les rivalités religieuses sont particulièrement vivaces, malgré l'apaisement relatif du principal d'entre eux qui oppose depuis sa fondation, en 1948, l'État d'Israël à ses voisins arabes.

Ces rivalités géopolitiques se manifestent en effet non seulement à travers le conflit entre Israéliens juifs et Palestiniens musulmans, en Palestine, mais aussi à travers les guerres qui déchirent l'ex-Yougoslavie, opposant catholiques croates et orthodoxes serbes ainsi que ces derniers aux musulmans, qu'ils soient bosniaques ou albanais du Kosovo.

À ces conflits déclarés s'ajoutent les conséquences actuelles du très ancien contentieux qui opposent les Grecs orthodoxes aux Turcs musulmans. Ces derniers ont envahi tout le sud-est de l'Europe à la fin du Moyen Âge – en 1453, ils ont conquis Constantinople qui s'est désormais appelé Istanbul – et ils ont dès lors exercé leur domination sur de nombreux peuples chrétiens – Grecs, Serbes, Bulgares, Roumains et même Hongrois – qui ont de ce fait connu une grave régression économique. Beaucoup d'entre eux se sont réfugiés dans les montagnes. Ce n'est qu'au XIXe siècle que les Turcs, qui s'étaient appropriés les villes et les plaines, ont commencé à être chassés des pays balkaniques – Grèce, Bulgarie, Albanie, Serbie, etc. – avec l'aide des grandes puissances européennes – Angleterre, France, Russie, Autriche-Hongrie, Allemagne – qui étaient par ailleurs plus ou moins rivales les unes des autres.

La complexité des rivalités géopolitiques qui agitaient les Balkans a été une des causes de la Première Guerre mondiale dont le prétexte, l'assassinat de l'archiduc François-Ferdinand d'Autriche, a eu pour cadre Sarajevo. Après leur défaite, les Turcs ont perdu leurs dernières possessions européennes, à l'exception d'Istanbul et de ses environs. En retour, ils ont chassé des rivages d'Asie Mineure les Grecs qui vivaient là depuis trois mille ans.

La façade sud de la Méditerranée : des pays arabes colonisés par des pays européens

Alors que sur la façade nord de la Méditerranée se trouvent une douzaine de nations qui ont chacune une langue et une culture particulières, sur la façade sud, du Maroc à la Syrie, une dizaine d'États, à l'exception notable d'Israël, partagent la langue arabe et la religion islamique. Ces pays arabes, principalement ceux du Maghreb, ont des relations étroites mais complexes avec les pays européens, surtout ceux de la façade nord de la Méditerranée. Ces pays arabes ont en effet été colonisés par des États européens, la France (Algérie, Tunisie, Maroc) mais aussi le Royaume-Uni (Égypte), l'Italie (Libye) et l'Espagne (nord du Maroc). Au lendemain de la Première Guerre mondiale et de l'effondrement de l'Empire ottoman, les pays du Moyen-Orient sont passés sous le contrôle du Royaume-Uni (Palestine, Transjordanie) et de la France (Syrie, Liban).

La plupart de ces pays arabes sont devenus indépendants après le retrait des colonisateurs au lendemain de la Seconde Guerre mondiale. Mais l'Algérie, qui avait été officiellement rattachée à la France, n'a obtenu son indépendance qu'au terme d'une guerre cruelle de huit années (1954-1962). Les relations des pays arabes avec leur ancienne métropole coloniale sont restées étroites, surtout avec la France. La plus grande partie des Marocains, des Tunisiens et des Algériens parle le français, beaucoup d'entre eux ont des membres de leur famille qui vivent de l'autre côté de la Méditerranée, émigrés puis, pour la plupart, naturalisés. On compte ainsi en France près de quatre millions de musulmans, pour beaucoup d'origine algérienne.

LES DATES DES INDÉPENDANCES EN AFRIQUE DU NORD ET AU MOYEN-ORIENT
(ancienne puissance coloniale)
Maroc *(France)* : 1956 ; Algérie *(France)* : 1962 ; Tunisie *(France)* : 1956 ; Libye *(Italie)* : 1951 ; Égypte *(Royaume-Uni)* : 1922 ; Israël *(Royaume-Uni)* : 1948 (fondation) ; Jordanie *(Royaume-Uni)* : 1946 ; Liban *(France)* : 1946 ; Syrie *(France)* : 1946. Ces indépendances constituent des changements géopolitiques.

Monde arabe et monde musulman

L'étape suivante constitue la suite logique de la précédente que nous venons d'effectuer autour de la Méditerranée. En effet, pour mieux comprendre ce qui se passe sur sa façade sud, et plus précisément en Algérie, nous allons survoler non seulement l'ensemble des pays arabes, mais aussi l'ensemble de ce que l'on peut appeler le « monde musulman » qui compte près de 1,3 milliard d'hommes et de femmes. Cette étape va nous conduire à 10 000 kilomètres à l'est de la Méditerranée, jusqu'en Indonésie, le plus peuplé des États musulmans.

On confond souvent monde arabe et monde musulman, mais les trois quarts des musulmans ne sont pas des Arabes et il y a des Arabes – pas très nombreux, il est vrai – qui ne sont pas musulmans, mais chrétiens. Monde arabe et monde musulman sont donc deux ensembles en intersection.

Maghreb et Machreq

Pour beaucoup de Français, y compris ceux qui sont musulmans, le terme « Maghreb », qui désigne l'ensemble formé du Maroc, de l'Algérie et de la Tunisie – auquel on adjoint parfois la Mauritanie et la Libye –, suffit à évoquer la totalité du monde arabe. Mais ce mot qui signifie l'« Ouest », le « Couchant », en arabe, indique bien qu'il y a d'autres parties dans l'ensemble arabe. S'il y a un Maghreb, il y a aussi un « Machreq » – c'est-à-dire l'« Est », le « Levant » –, qui se situe au-delà de l'isthme de Suez et de la mer Rouge. Il s'agit principalement de l'immense péninsule Arabique (Arabie saoudite, Koweït, Qatar, Émirats arabes unis, Oman, Yémen), du Proche-Orient (Palestine, Liban, Syrie) en bordure de la Méditerranée et ce que les Grecs appelaient la Mésopotamie et que l'on nomme aujourd'hui l'Irak.

LA SYRIE
Son nom provient de l'antique Assyrie. Il a longtemps désigné les régions qui forment un grand isthme entre la Méditerranée, la mer Rouge et le golfe Persique. Une partie de cet espace est aujourd'hui le territoire de l'État syrien dont la capitale est Damas.

Entre Maghreb et Machreq se trouve ce que l'on peut considérer comme la partie centrale du monde arabe, c'est-à-dire l'Égypte, et plus généralement la vallée du Nil et son delta surpeuplés – la population y a été multipliée par six depuis 1900. Le reste du pays, soit l'essentiel de sa superficie, est constitué de déserts. Les Égyptiens, qui sont 65 millions d'hommes et de femmes, forment près du quart de tous les Arabes. Les plus peuplés des autres États arabes, Algérie et Maroc, ont chacun moitié moins d'habitants que l'Égypte. Avec plus de 10 millions d'habitants, Le Caire est la plus grande ville arabe. C'est dans la capitale égyptienne que se trouve Al Azar, l'université la plus prestigieuse du monde arabe.

Au sud de l'Égypte s'étend le Soudan, le pays des Noirs pour les Arabes. Effectivement, une grande partie des 27 millions de Soudanais ne sont pas arabes. Nous sommes ici à la limite sud du monde arabe – et même du monde musulman car les populations du sud du Soudan sont chrétiennes et refusent d'être islamisées.

Si, en quittant l'Égypte, nous volons vers l'ouest, vers le Maghreb, ce sont d'abord de grandes étendues désertiques qui s'offrent à nos regards. Nous avons toutefois la surprise d'apercevoir aussi une série de cercles verts de plusieurs kilomètres de diamètre situés les uns à côté des autres. Ce sont des essais de cultures arrosées par de grandes rampes tournantes qu'a fait construire le colonel Kadhafi, chef de l'État libyen, grâce à ce qui reste des revenus qu'il retire de ses exportations de pétrole une fois payés ses achats d'armement.

Vu de très haut, le Maghreb nous apparaît comme un ensemble montagneux se dressant au-dessus de plateaux arides. Les premiers géographes l'ont appelé « Djazirat al Moghrib », c'est-à-dire l'« île de l'Ouest ». Celle-ci devait

LE CAIRE

« Égypte » est un mot grec ; les Arabes disent « Misr ». On disait « Kemet » au temps des pharaons, c'est-à-dire « pays noir », désignant sans doute la vallée et ses alluvions gorgées d'eau par opposition aux sables jaunes du désert. Dans les pays arabes, la capitale d'un pays porte le même nom que l'État – Tunis / Tunisie, Alger / Algérie. Selon ce principe, la capitale de l'Égypte devrait donc s'appeler aussi « Misr ». Mais Le Caire est le nom le plus courant : il vient de l'arabe « Al Kahira », c'est-à-dire « la victorieuse », appellation donnée en 972 par des conquérants venus du Maghreb, qui fondèrent cette nouvelle ville en amont du delta, à proximité de celles qui existaient déjà.

Près de 2 millions de pèlerins se rendent chaque année à La Mecque pour honorer la Kaaba, la Maison sacrée d'Allah, édifiée au centre de la Grande Mosquée.

être autrefois beaucoup plus verdoyante qu'aujourd'hui, car les forêts ont pour la plupart été détruites du fait de l'accroissement de la population. Le Maghreb compte au total 70 millions d'habitants : 30 millions pour le Maroc comme pour l'Algérie et 10 millions pour la Tunisie, soit trois fois plus qu'il y a trente-cinq ans. Ces trois États s'étendent largement vers le sud, en direction du désert. C'est encore plus vrai de l'Algérie qui représente presque cinq fois la superficie de la France et dont le territoire va jusqu'aux montagnes du Hoggar, au centre du Sahara. Mais l'essentiel de leur population qui habite de grandes villes se trouve au nord, dans les régions les moins arides.

Repartons vers l'est afin de mieux comparer Maghreb et Machreq. Cette dernière région est la plus peuplée du monde arabe, avec 90 millions d'hommes et de femmes habitant quinze États. Comme au Maghreb, il y a au Machreq des montagnes qui bordent la Méditerranée, celles du Liban, et d'immenses étendues désertiques, celles de la péninsule Arabique. Du point de vue géologique, cette péninsule constitue une plaque qui se sépare de la plaque africaine par l'écartement du rift de la mer Rouge. À l'ouest, la péninsule Arabique est formée sur toute sa longueur par de hauts plateaux. C'est là que se trouvent les villes sacrées de l'islam, La Mecque et Médine, auxquelles

les non-musulmans n'ont pas accès. Ces hauteurs se poursuivent vers le sud par les montagnes peuplées du Yémen qui s'élèvent à 3700 mètres. Celles-ci dominent l'océan Indien qui leur apporte des pluies assez abondantes. Montagnarde et maritime, le sud de l'Arabie est ce que l'on appelait autrefois l'« Arabie heureuse ».

Si elle s'élève vers le sud, la plaque arabique plonge aussi progressivement vers l'est sous les montagnes d'Iran. Entre les deux se situe la longue gouttière du golfe Persique qui se prolonge vers le nord-ouest par la plaine d'Irak. Cette zone de subduction a une importance géologique considérable sur le plan mondial. C'est en effet dans cette gouttière et sur ses bordures que se situent plus de la moitié des ressources pétrolières du monde. Tout le long du Golfe – dont on sait que les eaux sont très polluées par les produits chimiques –, on aperçoit depuis le ciel une succession d'installations pétrolières et d'usines, notamment de dessalage d'eau de mer, ainsi qu'une série de villes d'allure ultramoderne, entourées d'espaces verts arrosés et reliées entre elles par des autoroutes éclairées la nuit. Sur plus de mille kilomètres, du sud au nord, se succèdent les émirats pétroliers, puis l'Arabie saoudite et, enfin, l'émirat de Koweït.

LE GOLFE PERSIQUE
L'expression « golfe Persique » vient du fait que sur les deux rives de celui-ci habitent des populations de langue persane – surtout parlée en Iran, qu'autrefois on appelait la Perse. Mais les États arabes qui tiennent les rives orientales de ce golfe l'appellent « arabo-persique ». On parle même du « Golfe » tout court, comme lors de la guerre du Golfe (1990-1991) menée par les Occidentaux contre l'Irak après l'invasion du Koweït par celui-ci.

Au fond du golfe Persique se situe, à la frontière entre l'Irak et l'Iran, l'estuaire commun au Tigre et à l'Euphrate. Ces fleuves, célèbres depuis l'Antiquité – « Mésopotamie » signifie, en grec, « au milieu des fleuves » –, descendent des hautes montagnes de Turquie. Bien exposées aux vents pluvieux venus de la Méditerranée, ces montagnes dont les sommets dépassent 4000 mètres reçoivent de grandes quantités de pluie et de neige. Cette eau qui descend vers les plaines arides de la Syrie et du nord de l'Irak est très convoitée. Ces montagnes du Taurus, en Turquie, puis celles du Zagros, en Iran, marquent la limite nord-est du monde arabe. Au-delà commence le monde musulman non-arabe.

Le monde musulman non arabe

En Asie, le monde musulman non arabe s'étend sur des étendues considérables : il couvre la plus grande partie de l'Asie centrale, se prolongeant au-delà de l'Inde – qui a résisté à l'islamisation – sur une grande partie de l'Asie du Sud-Est. À l'est de l'Irak commence l'Iran, héritier de l'Empire perse.

« -STAN », UN SUFFIXE QUI REVIENT SOUVENT
Les noms de nombreux pays d'Asie se terminent par le suffixe « -stan ». Celui-ci provient d'un terme persan qui signifie « région », « pays ». On l'ajoute au nom d'un peuple, par exemple Ouzbek, pour désigner le nom de son pays : Ouzbékistan. Le Pakistan, quant à lui, signifie « le pays des purs », « pak » en persan – l'urdu, qui est une langue du Pakistan, compte beaucoup de mots persans.

L'Iran (67 millions d'hommes et de femmes) se singularise par un islam de type particulier – voire hérétique –, le chiisme, assez mal vu des musulmans orthodoxes qui sont sunnites. Au nord et au nord-est de la Syrie s'étend jusqu'à l'Oural, en Russie, et jusque dans l'ouest de la Chine ce que l'on peut appeler le « monde turc », qui compte 120 millions d'hommes et de femmes. Ce chiffre ne comprend pas seulement la population de la Turquie (64 millions d'habitants), mais celle d'une douzaine d'États devenus indépendants depuis la dislocation, en 1991, de l'Union soviétique (Azerbaïdjan, Ouzbékistan, Kazakhstan) ou de peuples pas encore indépendants, comme les Ouïgours de Chine, qui parlent une langue proche du turc.

À l'est de l'Iran se dressent les montagnes de l'Afghanistan (22 millions d'habitants) et, au sud-est, se trouve le Pakistan (140 millions d'habitants), traversé par la vallée de l'Indus, qui faisait autrefois partie de l'empire des Indes. Avant la colonisation de la région par les Britanniques, qui a débuté au XVIIIe siècle, cet empire, celui du Grand Moghol, était dirigé par des conquérants musulmans d'origine turque et persane. Toutefois, la plus grande partie de la population indienne ne s'est pas convertie à l'islam. En 1947, lorsque la domination britannique a pris fin, l'empire des Indes a éclaté en trois parties : l'Union indienne – que les musulmans ont quittée, bien qu'il en reste encore 100 millions –, le Pakistan occidental et le Pakistan oriental

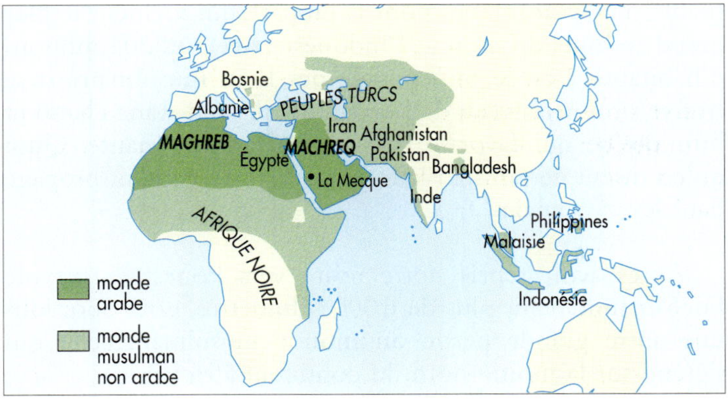

qui constituent alors un seul État. En 1971, le Pakistan oriental a fait sécession, devenant le Bangladesh.

En survolant le Bangladesh, ce petit État extrêmement peuplé (122 millions d'hommes sur le cinquième de la superficie de la France), nous entrons dans une partie tout à fait différente du monde musulman. Jusqu'alors, nous avions surtout vu défiler sous nos ailes des steppes arides et des déserts avec leurs oasis et leurs vallées irriguées. Avec le Bangladesh, nous entrons dans les pays de rizières. Du haut du ciel, nous voyons partout luire l'eau. C'est la pluie qui arrose naturellement les rizières. Le risque le plus grave, ici, n'est pas que les champs manquent d'eau, mais au contraire qu'ils soient submergés, ce qui arrive périodiquement. En effet, le Bangladesh s'étend sur une partie de l'immense delta que forment les deux grands fleuves que sont le Gange et le Brahmapoutre, dont les crues sont redoutables.

Après avoir survolé l'imposant golfe du Bengale, où chaque année naissent de terribles typhons qui se lancent à l'assaut du delta, nous arrivons sur la partie la plus orientale du monde musulman, la longue presqu'île de la Malaisie (21 millions d'habitants), avant de découvrir les innom-

LA RIZIÈRE
Une rizière est un champ plat entouré d'une petite digue pour retenir les eaux de pluie, car ce sont elles qui apportent l'eau nécessaire à la croissance du riz. Mais il ne faut pas que la profondeur de l'eau dépasse 20 à 30 centimètres sous peine de noyer le plant. Il est donc indispensable d'évacuer l'excès d'eau dans un canal, non pas d'irrigation, mais de drainage.

INDONÉSIE ET MALAISIE
«Indonésie» vient du mot «Inde» accolé au suffixe «-nésie» qui signifie «île», comme dans «Polynésie» – «plusieurs îles». La Malaisie est le pays des Malais, qui peuplent aussi l'Indonésie.

brables îles, volcaniques pour la plupart, qui forment le plus grand archipel du monde, l'Indonésie. Avec ses 204 millions d'habitants, c'est le plus peuplé des États musulmans. Il se trouve situé au niveau de l'équateur ; il y fait donc chaud et humide, ce qui favorise une végétation luxuriante. Quoi qu'en disent certains, l'islam ne s'est pas seulement propagé dans les pays arides.

Après avoir repris notre route vers l'ouest et survolé l'océan Indien sur plus de 6 000 kilomètres, nous abordons une autre grande partie du monde musulman, celle qui s'étend sur la moitié nord du continent africain.

Les musulmans venus du sud de l'Arabie se sont implantés sur les côtes africaines de l'océan Indien bien au sud de l'équateur. À l'intérieur du continent, en revanche, bien qu'il se soit diffusé très tôt sur les routes caravanières du Sahara, l'islam n'a pas encore progressé aussi loin vers le sud. Mais il est déjà la religion dominante de tous les États au climat chaud et humide qui bordent le golfe de Guinée, y compris le Nigeria, le plus peuplé des États africains avec 107 millions d'habitants. On trouve aussi, en Afrique tropicale, quelques noyaux chrétiens comme au centre de l'Éthiopie (58 millions d'habitants), au nord-est de l'Afrique, où se trouve un vieux bastion chrétien encerclé par des peuples devenus musulmans.

Au total, dans cet immense ensemble qui s'étend sur 15 000 kilomètres d'ouest en est – hormis l'exception indienne – et qui rassemble des peuples de langues les plus diverses, on peut dire aujourd'hui que le nombre des musulmans vivant dans des pays au climat chaud et humide (environ 700 millions d'hommes et de femmes) dépasse nettement le nombre des musulmans (environ 500 millions) qui vivent dans les contrées plus ou moins arides. Celles-ci furent cependant la première zone d'expansion de l'islam.

La propagation de l'islam sur de grandes étendues et parmi des peuples très divers

L'islam est fondé sur le Coran. Les musulmans considèrent que ce livre sacré réunit les règles et les préceptes que Dieu a dictés en arabe, pendant près de vingt ans (de 612 à 632), au prophète Mohammed – les Occidentaux disent Mahomet. Après avoir vécu à La Mecque, active cité caravanière située sur la route reliant le sud et le nord de l'Arabie, Mohammed en fut chassé par ceux qui refusaient cette révélation. Il dut alors se réfugier 500 kilomètres au nord, dans une autre ville marchande, Médine. L'hégire, c'est-à-dire ce départ vers Médine, en 622, marque le début de l'ère musulmane. À Médine, Mohammed jeta les bases du premier État musulman en s'appuyant sur les tribus guerrières des alentours et surtout sur le vaste réseau des caravaniers. Ces derniers étaient en contact avec les ports de la Méditerranée, la Syrie, l'Égypte et les villes de Perse.

L'expansion de l'islam fut très rapide au Moyen-Orient et au Maghreb de peuplement berbère. Elle résulte moins de victoires militaires des Arabes, qui sont alors peu nombreux, que des ralliements de populations converties. L'islam, en effet, établit l'égalité des nouveaux convertis avec les premiers compagnons du Prophète ; il garantit notamment que les esclaves qui deviennent musulmans sont libres et que leurs droits sont identiques à ceux des autres convertis. Or il y avait autour de la Méditerranée, parmi les populations chrétiennes de l'Empire byzantin, un grand nombre de prisonniers de guerre qui étaient esclaves, bien que chrétiens. Ceux-ci furent les premiers à se convertir en masse à l'islam qui faisaient d'eux des hommes libres et quasiment égaux aux conquérants. Les populations qui ne voulaient pas se convertir à l'islam n'y étaient pas forcées ; elles devaient toutefois payer un impôt supplémentaire. Enfin, chacun des califes – c'est-à-dire les « lieutenants de Dieu sur

LES BERBÈRES

Si les Berbères du Maghreb se sont rapidement convertis à l'islam, certains ont conservé leur langue – qui ne s'écrit pas. C'est lentement qu'ils se sont arabisés, c'est-à-dire qu'ils se sont mis à parler et à écrire l'arabe – l'arabe parlé au Maghreb est sensiblement différents de celui du Machreq. Si l'arabisation est presque complète en Tunisie, elle est encore partielle au Maroc, où près de la moitié de la population, surtout dans les montagnes, parle encore berbère tout en connaissant plus ou moins l'arabe. En Algérie, dans les montagnes pourtant proches d'Alger, les Kabyles sont très attachés à leur culture berbère.

ARABE DIALECTAL ET ARABE LITTÉRAIRE

L'arabe populaire que l'on qualifie de « dialectal » se décline en dialectes libanais, égyptien, algérien, etc. Les Arabes d'un pays donné ne comprennent pas forcément le dialecte parlé par ceux d'un autre pays. L'arabe littéraire est proche de la langue classique du Coran, parlée du VIIIe au XIIe siècle. Langue des lettrés, l'arabe littéraire est de plus en plus utilisé par les médias et regagne du terrain dans les milieux populaires.

terre » qui succéderont au Prophète à la tête des musulmans – est en principe élu par une assemblée de personnages instruits, les docteurs de la loi. En effet, il n'y a pas de prêtres dans l'islam – sauf parmi les chiites d'Iran –, tous les croyants étant en principe égaux devant Dieu. Ce sont ces idées tout à fait novatrices pour l'époque qui ont assuré l'expansion de l'islam.

L'islam est une religion qui accorde une grande importance aux activités scientifiques. C'est ainsi qu'après la conquête de l'Égypte, où les savants grecs étaient nombreux, les premiers califes feront traduire les textes des grands philosophes grecs de l'Antiquité. On ne connaît les œuvres de certains d'entre eux que grâce à ces traductions en arabe. Tout musulman, quelle que soit sa langue, doit apprendre un peu d'arabe pour réciter les sourates les plus importantes du Coran. Il en résulte l'apparition d'une sorte d'internationale des lettrés musulmans – les savants et les intellectuels perses eux-mêmes se mettent à écrire leurs œuvres en arabe.

L'expansion du monde musulman et, surtout, le maintien de sa cohésion proviennent aussi de l'importance des relations commerciales et financières liées entre des marchands installés dans des pays éloignés les uns des autres. Reliés les uns aux autres par les caravanes terrestres et par des convois maritimes, les marchands musulmans du Moyen Âge utilisent des lettres de change pour effectuer des transactions à distance, entre le Soudan et la Chine par exemple. Les caravanes traversent régulièrement le Sahara pour apporter l'or du Soudan jusqu'aux rivages de la Méditerranée et jusqu'à Damas et Bagdad, capitales successives des califes qui dirigent l'Empire arabe. Ce sont des missionnaires et, surtout, des marchands musulmans qui, à partir du XVIe siècle, introduisent progressivement l'islam en Indonésie où il est devenu par la suite la religion dominante.

Ainsi, au Moyen Âge, le monde arabe, qui est alors le centre du monde musulman, connaît un grand essor économique et scientifique – notamment dans le domaine de la médecine. En comparaison, l'Europe occidentale, qui avait considérablement régressé depuis la fin de l'Empire romain au Vᵉ siècle, apparaît alors comme une contrée barbare. Il convient d'expliquer cela à ceux de nos compatriotes qui font preuve de mépris raciste à l'encontre des Arabes. Il faut leur expliquer que les musulmans qui vivent en France ont des raisons d'être fiers de leur religion, malgré les difficultés actuelles du monde arabe aujourd'hui en retard par rapport à l'Europe. En revanche, il faut être conscient que le déclin du monde arabe depuis la fin du Moyen Âge, au moment où l'Europe connaît un essor de plus en plus grand, résulte bien plus de causes internes que des conséquences de la colonisation.

La question des femmes dans l'évolution du monde musulman

Dans la plupart des pays, le sort des femmes est beaucoup moins bon que celui des hommes. Il est particulièrement mauvais en Inde ou en Chine. Toutefois, dans le monde musulman, les traditions religieuses imposent aux femmes certaines contraintes : en ville, et parfois même à la campagne, elles doivent sortir voilées ; hors de leur famille, elles ne doivent pas cotoyer d'hommes ; l'habitude de les marier très jeunes – à 13 ou 14 ans – les empêche de continuer à aller à l'école. De plus, la loi coranique interdit qu'une femme musulmane épouse un non musulman. Cette contrainte est particulièrement sensible en Europe occidentale, et notamment en France, où les jeunes musulmanes, filles d'immigrés maghrébins, ont beaucoup plus l'occasion qu'au Maghreb de rencontrer des non musulmans. Les musulmans que l'on qualifie d'« intégristes » s'opposent à ce que les femmes exercent la plupart des métiers, sauf ceux de l'artisanat.

LES REPRÉSENTATIONS DE LA TERRE

À titre d'exemple de la régression scientifique que l'Europe occidentale a connue après la fin de l'Empire romain, on peut citer les représentations de la Terre. Dans l'Antiquité, les savants grecs avaient démontré que la Terre est ronde et l'on avait renoncé, dans les milieux cultivés de l'Empire romain, à la vieille idée qu'elle était plate et rectangulaire. C'est pourtant à cette représentation que l'on est revenu dans l'Europe du Moyen Âge, l'Église considérant alors comme hérétique l'idée de la rotondité de la Terre. Pour leur part, les savants arabes continuaient à penser, à la suite des Grecs, qu'elle est ronde.

Pays riches, pays pauvres

La question du sous-développement

Le terme de « sous-développement » est utilisé depuis une cinquantaine d'années pour désigner les différences que l'on peut constater entre les pays riches – Europe occidentale, Amérique du Nord, Japon, Australie – et les pays pauvres – Afrique, Asie, Amérique latine, soit près des trois quarts de l'humanité.

On a appelé les premiers « pays développés » et les seconds « pays sous-développés » ou « en voie de développement » ou encore « en développement ». On parle aussi de pays du Nord et de pays du Sud. Cependant, ce n'est pas leur position en latitude ni leurs conditions climatiques qui expliquent la richesse des uns et la pauvreté des autres. Pourquoi existe-t-il des pays riches et des pays pauvres ? Quelles sont les causes du sous-développement ?

Les conditions naturelles défavorables, cause principale du sous-développement ?

Si l'on superpose la carte représentant le produit national brut (PNB) par habitant des différents pays à celle des régions de climat tropical et des principaux déserts, on remarque au premier abord certaines coïncidences : les pays les plus pauvres se trouvent soit dans la zone tropicale, soit dans la zone aride. Aussi a-t-on pu en déduire que dans les régions tropicales ou arides les conditions naturelles

PNB PAR HABITANT
(en dollars, 1997)
Japon : 37 850
États-Unis : 28 740
Allemagne : 28 260
France : 26 050
Koweït : 22 110
Australie : 20 540
Brésil : 4 720
Afrique du Sud : 3 400
Chine : 860
Albanie : 750
Inde : 390
Haïti : 330
Viêt-nam : 320
Yémen : 270
Nigeria : 260

n'étaient pas favorables au développement économique. À l'inverse, on a souligné le fait que les pays développés, comme les États-Unis, l'Europe et le Japon se situent dans la zone tempérée.

Il convient toutefois d'observer ces cartes plus attentivement. On peut alors constater que le vaste territoire d'un pays très riche, l'Australie, se trouve soumis pour une grande part aux contraintes d'une forte aridité ou d'un climat tropical – dans le nord. À l'inverse, si l'on considère la Chine, dont le PNB par tête est encore faible malgré des progrès récents, on s'aperçoit que 500 millions de Chinois, soit près de la moitié de la population, vivent dans les régions septentrionales au climat tempéré caractérisées par des hivers froids comme en Europe centrale. Or les Chinois du Nord sont encore moins riches que dans la Chine du Sud, qui connaît un climat subtropical.

Certes, les pays tropicaux et les régions arides subissent des difficultés naturelles, mais leurs habitants, s'ils sont bien équipés, peuvent les surmonter relativement facilement. C'est le cas en Australie et plus encore aux États-Unis, où les revenus moyens de la population sont particulièrement élevés dans les régions arides de l'Ouest ou dans une région tropicale marécageuse comme la Floride. En revanche, lorsque les habitants des zones concernées sont sous-équipés, ils ne peuvent que subir douloureusement les contraintes de la sécheresse ou les ravages de l'érosion sur les sols qu'ils s'efforcent de cultiver.

Des pays riches comme le Canada ou les pays scandinaves se sont fort bien développés tout en étant soumis à des hivers très durs et très longs. Bien que le climat tropical, qui ne connaît pas le gel, offre la possibilité d'effectuer deux récoltes par an et d'obtenir des rendements agricoles beaucoup plus élevés que dans la zone tempérée, beaucoup

LA MISÈRE EN CHIFFRES

En Asie, quelque 950 millions de personnes vivent en situation de pauvreté. Dans le monde, environ 1,3 milliard de personnes – soit le cinquième de la population mondiale – vivent avec moins de 1 dollar par jour, c'est-à-dire un peu moins de 6 francs.

de pays de cette zone restent sous-développés. Le cas des pays pétroliers est encore plus surprenant. Depuis une cinquantaine d'années, les grandes compagnies pétrolières versent chaque année aux États du Moyen-Orient des sommes considérables qui représentent la majeure partie des bénéfices retirés de la vente du pétrole qu'elles extraient de leurs sous-sols. Grâce aux profits retirés des exportations de pétrole, le PNB par habitant de ces États atteint un haut niveau.

Mais cela est essentiellement dû au fait que ce sont des États désertiques faiblement peuplés. Le petit nombre des citoyens de ces pays vit dans le luxe et l'oisiveté, les travaux étant effectués par des techniciens étrangers ou par des travailleurs immigrés. De surcroît, une grande partie des revenus du pétrole est transférée dans des banques étrangères, américaines, anglaises ou suisses. Quand la population du pays exportateur de pétrole est importante, comme c'est le cas au Nigeria qui compte 107 millions d'habitants, le PNB par habitant reste faible et les conditions de vie de la population n'ont guère profité de la manne pétrolière. Aujourd'hui, la situation des pays sous-développés exportateurs de pétrole tend à se détériorer du fait de la baisse générale des cours mondiaux de ce que l'on ne peut plus vraiment appeler « l'or noir ». Il y a en effet surproduction de pétrole.

LA CHUTE DES COURS DU PÉTROLE
La demande de pétrole au niveau mondial n'a cessé de baisser depuis 1997. Pour tenter d'enrayer la chute des cours, dix-neuf pays producteurs ont décidé de réduire la production à partir du 1er avril 1998. Mais cela n'a guère eu d'effets puisque le prix du baril est passé en dessous de la barre fatidique des 10 dollars à la fin du mois de décembre 1998.

Alors que des pays aujourd'hui très riches comme la Suisse ou le Danemark se sont développés malgré la pauvreté de leurs ressources naturelles, il existe un grand nombre de pays pauvres où l'on exploite pourtant de grands gisements de matières premières ou de grandes plantations de fruits tropicaux. En effet, la plus grande partie des profits retirés de ces exploitations sont transférés à l'étranger au lieu d'être réinvestis sur place. On ne peut donc pas dire que le sous-développement de nombreux pays résulte principalement de conditions naturelles défavorables.

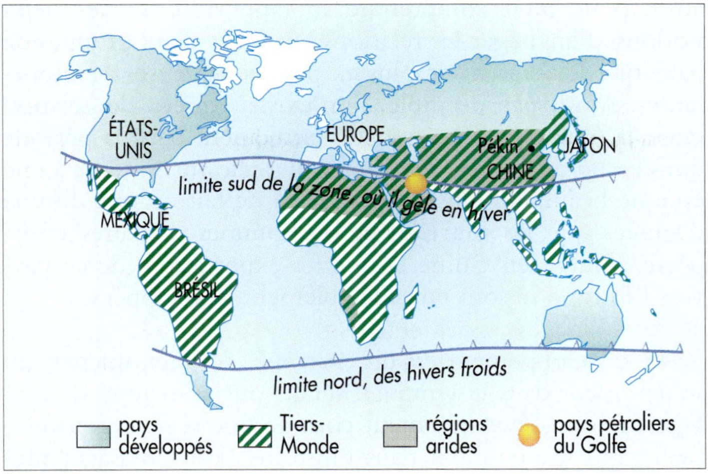

Circonstances historiques défavorables ou retard historique ?

Le terme de « développement » est fréquemment utilisé, de nos jours, pour désigner un ensemble de changements, de progrès, de transformations qui se déroulent sur une certaine durée. On parle du développement d'une plante ou d'une maladie comme du développement économique et social d'un pays. Ainsi dira-t-on que la France, à l'instar de la plupart des autres pays d'Europe occidentale, a connu dans les cinquante ans qui ont suivi la Seconde Guerre mondiale un développement économique considérable, même si depuis une vingtaine d'années le chômage s'est beaucoup accru – en raison même du développement de nouvelles techniques de production.

LE CREUSEMENT DES ÉCARTS DE DÉVELOPPEMENT
En 1930, l'écart de richesse entre l'Europe occidentale et l'Afrique tropicale atteignait 30 pour 1. Aujourd'hui, en dépit de l'aide au développement, cet écart est de 50 pour 1.

La notion de « sous-développement » est évidemment liée à celle de développement. Il suffit, pour s'en convaincre, de comparer les caractéristiques des pays sous-développés avec celles des pays développés. Mais il convient aussi, pour bien comprendre le rapport entre ces deux notions, d'envisager les relations entre ces deux groupes de pays, qui deviennent de plus en plus nombreuses et importantes. Ainsi, par exemple, il n'existait guère de relation entre la Chine et l'Europe, non seulement dans la période qui s'étend du Moyen Âge au XVIIIe siècle, mais même à une époque beaucoup plus récente. Cela ne fait qu'une dizaine d'années que les touristes et les hommes d'affaires européens affluent en Chine et que les exportations de ce pays vers l'Europe se sont considérablement développées.

FERNAND BRAUDEL (1902-1985)
Fernand Braudel est le plus célèbre des historiens français contemporains. Ce fut aussi un très bon géographe. Il est l'auteur d'un livre magistral sur la Méditerranée, *la Méditerranée et le monde méditerranéen à l'époque de Philippe II*, c'est-à-dire au XVIIe siècle, ainsi que trois gros volumes intitulés *Civilisation matérielle, économie et capitalisme, XVe-XVIIIe siècles*. Moins connue, sa *Grammaire des civilisations* est un intéressant survol de la géohistoire des différentes parties du monde.

Le développement est un ensemble de phénomènes qui se déroulent dans le temps; il serait tout aussi juste d'envisager le sous-développement comme une série de changements qui se déroulent dans l'histoire. Pour envisager plus clairement le rôle des conditions historiques dans l'examen des causes du sous-développement, il faut faire la différence entre ce que le grand historien Fernand Braudel a appelé les « temps longs », qui se mesurent en siècles, et les « temps courts » qui se comptent en années ou en dizaines d'années.

Les conditions qui règnent dans un pays développé ou, à l'inverse, dans un pays sous-développé ne sont pas apparues brusquement et elles ne se modifient pas en quelques années. Ainsi, ces pays industriels comme l'Allemagne et le Japon, qui étaient économiquement très développés avant la Seconde Guerre mondiale mais qui ont été écrasés par la défaite, se sont rapidement redressés, au point de compter aujourd'hui parmi les plus riches pays du monde. En revanche, le Brésil, immense pays dont aucune portion du territoire n'a jamais été ravagée par la guerre depuis qu'il s'est constitué en État, au XIXe siècle, demeure un pays sous-développé, en dépit de ses très grandes potentialités agricoles et minières : par rapport à l'importance de celles-ci, on peut affirmer que le sous-développement du Brésil est considérable.

Si l'on se tourne vers l'histoire des grandes civilisations, – il s'agit cette fois de raisonner sur de longues périodes –, on apprend qu'il y a trois mille ans la Chine et l'Inde étaient déjà de grands États dont les réalisations techniques, notamment métallurgiques, étaient très avancées et qui régnaient sur des populations nombreuses et particulièrement bien organisées. En comparaison, à la même époque, l'Europe était encore faiblement peuplée et ses techniques étaient, en comparaison, très arriérées. Malgré diverses péripéties politiques, les civilisations indienne et chinoise ont poursuivi leur développement jusqu'au XVIIIe siècle. Mais ces deux très grands États sont aujourd'hui considérés, non sans raison, comme des pays sous-développés.

Le monde arabe a connu un brillant essor du VIIe au XIIIe siècle. Par la suite, ses progrès ont commencé à se ralentir et il a amorcé un lent déclin qui l'a conduit à passer presque totalement sous l'autorité des Turcs venus d'Asie centrale. Lors de sa période d'expansion, le monde arabe, qui était en contact avec l'Inde et la Chine, a connu une activité commerciale et scientifique incontestablement plus développée que celle de l'Europe occidentale à la même époque. Cette dernière, après avoir connu une grave régression du fait des grandes invasions et de la longue agonie de l'Empire romain, a mis plusieurs siècles à se redresser.

DES CONNAISSANCES OUBLIÉES
Quelque cinq cents ans après Jésus-Christ, la signification des hiéroglyphes était complètement oubliée. Les inventions philosophiques et scientifiques de la Grèce antique – littéralement tombées dans l'oubli – seront sauvées presque par miracle et à partir de la Renaissance (XVIe siècle) leur rôle sera capital pour le développement de la pensée moderne en Europe occidentale.

L'Europe occidentale : des grandes découvertes à la révolution industrielle

C'est seulement à partir du XVe siècle, lors de cette période baptisée la « Renaissance » – qui a d'abord touché l'Italie – qu'a véritablement débuté l'essor, principalement commercial, de la civilisation européenne. Les grandes découvertes, tout d'abord effectuées par les Portugais sur les côtes d'Afrique, ont provoqué un bouleversement au plan mondial au XVIe siècle, lorsqu'elles se sont étendues à un

À LA RECHERCHE DE LA BONNE ROUTE
Les premières expéditions maritimes menées d'abord par des Portugais sur les côtes d'Afrique avaient tout d'abord pour but de retrouver les routes de l'or qui avaient cessé de traverser le Sahara pour emprunter la vallée du Nil. L'objectif fut ensuite de faire le tour de l'Afrique pour atteindre les Indes par l'océan Indien et en rapporter des marchandises précieuses, sans avoir à passer par l'intermédiaire des Arabes.

continent jusqu'alors inconnu, l'Amérique. La conquête facile, par de petits groupes d'Espagnols, des empires pourtant puissants des Aztèques, au Mexique, et des Incas, au Pérou, a fait affluer vers l'Europe occidentale de gros stocks d'or et d'argent. Cet afflux de métaux précieux a donné une forte impulsion au développement des bourgeoisies européennes qui, dès lors, ont progressivement étendu leurs activités commerciales à l'ensemble du monde.

Ce qui fait la singularité du développement de l'Europe occidentale par rapport à celui des autres grandes civilisations, c'est l'apparition, d'abord modeste puis de plus en plus massive, à partir du XVIIIe siècle, d'une forme de production jusqu'alors sans équivalent dans le monde : l'industrie. Certes, il existait depuis des siècles, en Chine, en Inde ou dans le monde arabe, d'innombrables ateliers et de grandes manufactures où d'habiles artisans bien outillés produisaient à la main des instruments, des armes, des bijoux, des tissus, qui étaient, pour une grande part, exportés vers des pays lointains. Ce que l'industrie apporte de nouveau, c'est l'utilisation d'une force mécanique, celle de la machine à vapeur, pour actionner avec plus de force et de rapidité les outils jusqu'alors utilisés à la main.

Cette transformation économique est surtout le fait de commerçants bourgeois qui voient dans cette accélération de la production l'opportunité d'effectuer de plus gros profits. Il leur faut, au préalable, investir des capitaux. L'achat d'une machine à vapeur coûte cher, mais permet de produire de grandes quantités de marchandises. Il faut également employer un grand nombre d'ouvriers pour faire tourner les usines. Les quantités produites impliquent aussi un élargissement de la clientèle. Bref, voilà enclenché ce que l'on appellera beaucoup plus tard la « révolution industrielle ». Les premiers industriels, qui étaient concurrents les uns des autres et agissaient chacun pour leur compte, ne réalisaient pas qu'ils participaient à un changement qui devait apparaître plus tard comme capital dans l'histoire de l'humanité.

Cette révolution industrielle a commencé d'abord lentement en Angleterre à la fin du XVIIIe siècle. Elle s'est propagée peu à peu, au cours du XIXe siècle, dans d'autres pays d'Europe occidentale avant de gagner l'Amérique du Nord où émigraient de nombreux Européens. Les industriels anglais exportaient alors leurs marchandises dans le monde entier, obtenant pour cela que les autres États baissent leurs tarifs douaniers. C'était la naissance de la politique de libre-échange.

La révolution industrielle est la source d'un développement économique mais aussi social. Non seulement les productions et les profits augmentent, mais la société se trouve progressivement transformée. Le rôle économique et politique de la bourgeoisie s'accroît en même temps qu'apparaît une classe ouvrière.

L'Europe, qui avait été si longtemps en retard par rapport aux autres grandes civilisations, se trouve maintenant en avance. Ces autres civilisations n'auraient-elles pas pu imiter ce qui se passait en Europe ? Dans les pays asiatiques aux populations habiles et industrieuses, n'y avait-il pas des commerçants avisés qui, devant l'exemple des Européens, auraient pu, eux aussi, créer des usines et se lancer progressivement dans l'industrie ? Cela ne s'est produit qu'au Japon qui, dès le milieu du XIXe siècle, a entrepris son développement industriel. Pourquoi n'en a-t-il pas été de même dans d'autres pays ? La raison principale est que la plupart d'entre eux – à la différence du Japon – n'étaient alors plus indépendants. Ils étaient devenus des colonies des pays industriels qui y exploitaient les matières premières nécessaires au fonctionnement de leurs économies. Ceux-ci favorisaient

LE LIBRE-ÉCHANGE

La pratique du libre-échange, qui s'oppose au protectionnisme, pose comme principe la libre circulation des biens commerciaux entre les États. Le libre-échange se caractérise par l'absence de barrières douanières.

LE JAPON, UN RÉSISTANT EN ORIENT

Le Japon fut, au XIXe siècle, le seul pays à ne pas passer sous la coupe d'une puissance européenne. En effet, les seigneurs japonais possédaient les terres à titre privé – fait exceptionnel en Asie. Aussi, à la différence des notables de l'Inde, n'avaient-ils pas besoin d'une intervention européenne pour changer le droit traditionnel.

LA FIN DES EMPIRES PRÉCOLOMBIENS
Une fois placés sous la domination cruelle des Espagnols, les peuples aztèque et inca ont cherché à se révolter. Mais ils furent victimes de terribles épidémies. Celles-ci, on le sait maintenant, furent causées par les microbes et les virus que les Espagnols avaient involontairement apportés avec eux de l'Ancien Monde. Les populations indigènes du Nouveau Monde n'étaient évidemment pas immunisées contre ces maladies étrangères. On estime aujourd'hui que près des trois quarts d'entre elles disparurent peu après la conquête. Pour trouver une main-d'œuvre de remplacement, les Espagnols firent alors venir des esclaves d'Afrique.

évidemment les importations de marchandises produites par leurs industries et tentaient d'entraver le développement des productions locales en frappant de lourds impôts les artisans indigènes et les manufactures locales.

Comment de petits groupes d'Européens ont conquis une grande partie du monde ?

Contrairement à ce que l'on croit le plus souvent, les conquêtes coloniales ont été relativement faciles et elles n'ont pas fait l'objet de véritables guerres – à de rares exceptions près, comme en Algérie. Ces conquêtes ont été entreprises par de petits groupes d'Européens pas tellement bien armés qui sont parvenus à prendre le pouvoir dans des États qui étaient parfois très puissants. Ainsi, au XVIe siècle, quelques centaines d'Espagnols ont su s'appuyer sur les peuples hostiles aux Aztèques ou aux Incas et utiliser les rivalités entre chefs indigènes pour s'imposer face à ces puissants empires.

Dès le XVIIIe siècle, la plupart des conquêtes coloniales anglaises comme celle de l'empire des Indes – et à l'exception de celle du Canada – ont été conduites non par l'armée britannique, mais par des compagnies commerciales privées qui employaient un personnel restreint pour limiter les dépenses. Il en a été de même en Afrique au XIXe siècle.

Comment peut-on expliquer qu'un empire aussi puissant et bien armé que celui des Indes, dirigé par le Grand Moghol, soit tombé aussi facilement sous la coupe des agents anglais de la Compagnie des Indes ? Ceux-ci ont été, en fait, aidés par des Indiens, pour la plupart de grands dignitaires de cet empire. En effet, en Inde, comme dans beaucoup de pays asiatiques et dans le monde arabe, la propriété privée de la terre cultivée n'existait pas. Aux Indes, la terre appartenait à la fois à chaque village et à l'empereur.

Ce dernier confiait à de grands dignitaires, les nababs, la charge et le privilège de lever les impôts sur telle et telle province et ceux-ci confiaient, à leur tour, à des notables, les zamindars, le soin de percevoir l'impôt sur tel et tel village. La venue de marchands européens aux Indes, au XVIIIe siècle, a été l'occasion pour les zamindars, qui percevaient l'impôt mais ne possédaient pas de terres, de faire appliquer à leur profit la conception européenne de la propriété foncière. C'est pourquoi ils ont noué une alliance solide avec la compagnie anglaise si bienveillante à leur égard et ont rejeté l'autorité de leur nabab. Dans toutes les provinces de l'empire, de nombreux notables sont ainsi passés au service des Anglais. Avec le soutien actif des notables indiens devenus ses complices, la Compagnie des Indes est ainsi progressivement devenue maîtresse de ce grand empire.

Par la suite, au XIXe siècle, les autorités anglaises des Indes ont pris la décision de faire payer de lourds impôts aux nombreux artisans et manufactures qui produisaient notamment des tissus de coton. Ces impôts prohibitifs ont contribué à ruiner l'industrie textile indigène. Les Indiens se sont alors vus forcés d'acheter les tissus fabriqués en Angleterre avec du coton provenant des États-Unis. C'est par de telles mesures que les colonisateurs britanniques sont parvenus à empêcher la révolution industrielle qui se développait en Europe de se propager dans les pays asiatiques où des entrepreneurs autochtones auraient pourtant pu créer, eux aussi, des structures industrielles.

La colonisation a modifié le visage des pays soumis. L'essor de Rabat est due à la décision de Lyautey d'en faire la capitale du protectorat, en 1912. La ville concentrée au tour de la casbah des Oudaïa et de la vieille médina s'est alors étendue en direction de l'Atlantique, avec la construction de quartiers de style européen.

Le tiers-monde et l'explosion démographique

L'ÉVOLUTION DE LA POPULATION MONDIALE PAR CONTINENT
En 1900, la population de l'Europe représentait 17,8 % d'une population mondiale comptant 1,65 milliard d'habitants, celle de l'Amérique du Nord 5,7 %, celle de l'Amérique du Sud 3,1 %, celle de l'Afrique 9,1 %, celle de l'Asie 56,4 %. En 1998, ces taux étaient respectivement de 8,8 %, 6,8 %, 8,5 %, 12,7 % et 59,4 % par rapport à une population de 6 milliards d'habitants.

Au lendemain de la Seconde Guerre mondiale, le monde connaît de grands bouleversements. Devant la montée des revendications des peuples colonisés, les puissances coloniales européennes accordent bon gré mal gré l'indépendance à la plupart des pays d'Asie et d'Afrique qu'elles dominaient jusque-là. D'autre part, ces pays nouvellement indépendants, mais aussi ceux d'Amérique latine dont l'indépendance est plus ancienne, enregistrent, à partir de 1950, une croissance démographique dont l'ampleur et la rapidité dépassent bientôt les prévisions des démographes.

Cette véritable explosion démographique, qui a fait passer la population mondiale de 2,5 à 6 milliards d'habitants au cours de la seconde moitié du XXe siècle, résulte principalement des changements survenus dans les pays sous-développés d'Afrique, d'Asie et d'Amérique latine, bref, dans ce que l'on appelle désormais le « tiers-monde ».

L'apparition du mot « tiers-monde »

C'est le célèbre démographe français Alfred Sauvy qui est l'« inventeur » du mot « tiers-monde ». En plus d'un grand scientifique, ce directeur de l'Institut national d'études démographiques (Ined) était un esprit original qui avait des idées sur beaucoup de choses. Aussi l'hebdomadaire *l'Observateur politique, économique et littéraire* – l'ancêtre du *Nouvel Observateur* – lui avait-il demandé d'écrire chaque semaine une petite chronique dans laquelle il donnait son opinion sur des problèmes les plus divers.

L'un de ses billets d'août 1952 est historique. La guerre de Corée opposant le Nord soutenu par les communistes chinois et soviétiques au Sud soutenu par les Américains durait depuis deux ans. On était dans ce que l'on n'appelait pas encore la « guerre froide » et l'on craignait qu'éclate sous peu une troisième guerre mondiale entre les deux superpuissances, les États-Unis et l'Union soviétique, champions l'un du capitalisme et l'autre du communisme. L'opinion mondiale était sans cesse invitée à comparer les mérites et les inconvénients des deux régimes rivaux qui prétendaient l'un comme l'autre apporter la solution aux problèmes de l'humanité. Comme on parlait beaucoup de la nécessité d'une révolution mondiale, Alfred Sauvy se souvint des nombreux discours qui avaient précédé la Révolution française de 1789. On y opposait alors les deux ordres privilégiés, la noblesse et le clergé, au tiers état qui regroupait la grande majorité de la population. Pour faire un jeu de mots amusant, Alfred Sauvy eut l'idée de transposer cette distinction au plan mondial. Comparant les deux grandes puissances à la noblesse et au clergé, il en déduisit que la grande masse des peuples, qui ne voulaient ni le communisme ni le capitalisme, représentait l'équivalent du tiers état au niveau mondial, bref le « tiers-monde ».

Cette formule rencontra un énorme succès dans les conférences internationales et fut traduite dans toutes les langues. Mais la plupart de ceux qui l'utilisaient ignorait l'allusion au tiers état français et croyaient que le terme « tiers-monde » symbolisait la solidarité des trois continents qui connaissaient une situation de sous-développement : l'Afrique, l'Asie et l'Amérique latine.

Les problèmes de la décolonisation ont rapidement laissé place à ceux relatifs au sous-développement. On s'est en effet aperçu que l'Afrique et l'Asie rencontraient des difficultés identiques à celles des pays d'Amérique latine dont l'indépendance remontait pourtant à plus d'un siècle. Tous ces pays du tiers-monde étaient notamment confrontés à un problème auquel on ne s'attendait pas : l'énorme croissance

CORÉE DU NORD ET CORÉE DU SUD

En 1991, la « guerre froide » a pris fin avec l'éclatement de l'Union soviétique. Toutefois, l'antagonisme reste vif entre la Corée du Nord, toujours communiste, et la Corée du Sud, encore soutenue par les États-Unis. Ces derniers s'efforcent de dissuader la Corée du Nord de poursuivre la mise sur pied de son arsenal nucléaire, lequel représenterait une menace inacceptable pour le voisin sud-coréen mais également pour le Japon.

« QU'EST-CE QUE LE TIERS ÉTAT ? »

Dans son ouvrage intitulé *Qu'est-ce que le tiers état ?*, l'abbé Sieyès développait ses réponses à quelques question simples : *« Qu'est-il dans la société ? Pratiquement tout. Quels sont ses droits ? Aucun. Que veut-il devenir ? Quelque chose. »*

LA CROISSANCE DÉMOGRAPHIQUE DE LA FRANCE
Le cas de la France est très singulier car la croissance démographique, qui y avait débuté plus tôt que dans les autres pays européens, y déclina ensuite beaucoup plus vite. La France est en effet le pays où les habitudes de limitation des naissances apparurent plus tôt que partout ailleurs au monde. À côté de voisins, comme l'Allemagne, dont la population s'accroissait rapidement, la France dut faire appel à l'immigration pour maintenir ses capacités de production.
À la fin du XIXe siècle, une loi décida que les enfants d'étrangers nés sur le sol français devenaient automatiquement français. C'est le principe du droit du sol.

de leur population qui allait bientôt aggraver de façon considérable les problèmes de sous-développement économique. Le chômage, par exemple, qui n'existait guère dans ces pays jusqu'alors, a pris une subite ampleur.

Quelles sont les causes de la croissance démographique dans le tiers-monde ?

Au début du XXe siècle, la croissance démographique était encore faible en Asie, en Afrique et même en Amérique latine. En effet, la mortalité y était forte en raison des maladies chroniques et des fréquentes épidémies ainsi que des famines périodiques.

Les taux de mortalité étaient si élevés qu'ils atteignaient presque le niveau des taux de natalité. L'excédent naturel de population était alors faible et le nombre d'habitants n'augmentait que très lentement dans ces pays.

Il en avait été ainsi durant des siècles en Europe. Mais à la fin du XVIIIe siècle, la mortalité avait commencé à diminuer sensiblement en raison des premiers progrès de la médecine – qui permettaient de lutter contre les maladies – et de l'agriculture – qui limitaient les risques de famine. La natalité demeurant très forte, la population européenne connut au XIXe siècle une croissance relativement importante qui alimenta, dans de nombreux pays, une importante émigration, notamment en direction des États-Unis. Vers la fin du XIXe siècle, la natalité diminua progressivement dans les pays les plus urbanisés du fait des changements culturels et sociaux. Aussi la croissance démographique redevint-elle assez lente.

Cette évolution est ce qu'aujourd'hui les démographes nomment la « transition démographique ». À partir d'une situation A caractérisée par une forte natalité, une forte mortalité et un faible excédent naturel, on passe ensuite à une phase B durant laquelle la mortalité diminue, la natalité restant forte, et la croissance démographique augmente; puis intervient une phase C au cours de laquelle le taux de natalité diminue à son tour et se rapproche du taux de mortalité qui se stabilise, ce qui conduit à une réduction de l'excédent naturel; la phase D est celle où la natalité et la mortalité se stabilisent à des taux bas et où la croissance démographique redevient modérée, comme dans la phase A.

Au début du XXe siècle, la plupart des pays d'Afrique et d'Asie se trouvaient encore dans la situation A et l'évolution de ceux d'Amérique latine s'approchait de la phase B. Brusquement, au lendemain de la Seconde Guerre mondiale, les uns et les autres sont passés à une phase « grand B » – si l'on peut dire – qui n'avait pas été prévue par les démographes. En effet, alors qu'en Europe la mortalité avait diminué lentement au cours du XIXe siècle, elle se mit à chuter de façon beaucoup plus rapide dans les pays du tiers-monde où la natalité restait élevée. L'excédent naturel devint rapidement considérable.

Cette soudaine réduction de la mortalité dans les pays du tiers-monde s'explique par la mise en œuvre massive de méthodes sanitaires efficaces résultant des découvertes scientifiques réalisées dans les pays développés: sulfamides, antibiotiques, vaccins, insecticides pour lutter contre les insectes vecteurs de certaines maladies comme le paludisme, etc. Ces moyens qui coûtent cher ne peuvent être pris en charge par les pays du tiers-monde. Les grandes opérations sanitaires qui ont été menées dans ces pays, d'abord en Amérique latine et en Asie, plus tardivement en Afrique tropicale, ont été financées soit directement par certains pays développés, soit par des organisations internationales qui dépendent des Nations unies comme l'Organisation mondiale de la santé (OMS).

L'EXCÉDENT NATUREL
L'excédent naturel de population représente la différence entre le nombre de décès et le nombre de naissances. Il est mesuré par le taux d'accroissement de la population qui s'obtient en soustrayant le taux de mortalité du taux de natalité. L'excédent naturel s'accroît du fait de l'augmentation du nombre des naissances, de la baisse du nombre des décès ou, plus encore, de la conjugaison des deux.

TAUX DE CROISSANCE DE LA POPULATION DANS LES PAYS DU TIERS-MONDE
1650-1750 : 0,34 %
1850-1900 : 0,53 %
1930-1960 : 2,07 %
1975-2000 : 2,30 %

Ces opérations sanitaires ont été rendues indispensables du fait de la multiplication et de l'accélération des relations entre les pays du tiers-monde et les pays développés. Quand, avant guerre, un navire quittait, par exemple, Calcutta, aux Indes, pour aller à Londres, il mettait plusieurs semaines. Si un passager ou un homme d'équipage avait été contaminé par le typhus ou la peste, la maladie, après un certain temps d'incubation, apparaissait avant l'arrivée du bateau en Europe. Celui-ci était alors placé en « quarantaine » – comme cela se faisait depuis le XVIe siècle en Méditerranée pour éviter la propagation des épidémies : personne ne pouvait rejoindre la terre pendant quarante jours.

Quand, de nos jours, un avion décolle de Calcutta pour aller à Londres, il met quelques heures et un passager contaminé sans le savoir par une maladie contagieuse peut infecter de nombreuses personnes après être arrivé à destination. De surcroît, les avions transportent aujourd'hui bien plus de monde entre les pays du tiers-monde et les pays développés que les navires d'autrefois.

Il est donc devenu indispensable de mener des campagnes de vaccination massive et de lutter contre les épidémies dans les pays sous-développés : d'abord dans les grandes villes qui sont en contact avec le reste du monde, puis dans les campagnes avoisinantes. Bien que l'on se soit surtout

Ces schémas permettent de visualiser les conséquences des évolutions des taux de natalité et de mortalité.

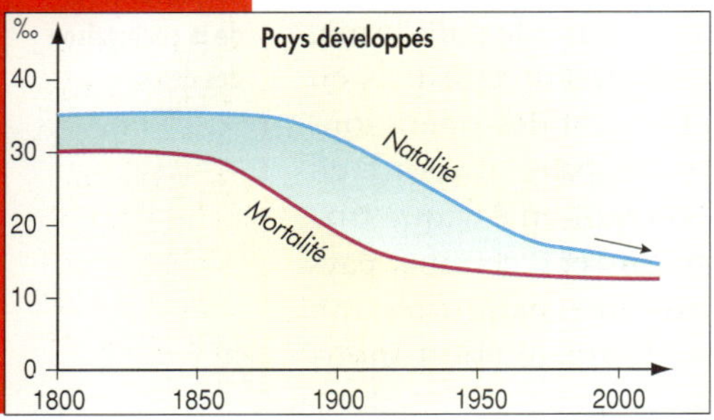

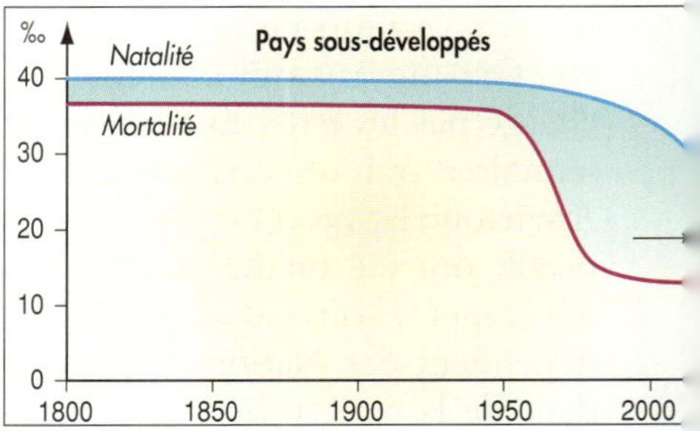

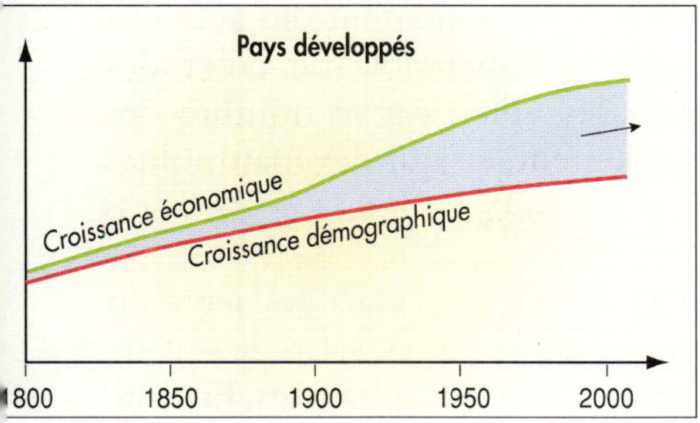

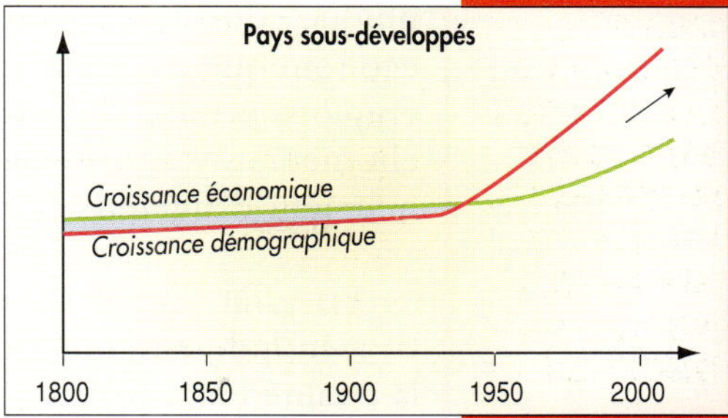

La croissance économique n'a d'effet que lorsqu'elle est supérieure à l'accroissement démographique.

attaqué aux maladies infectieuses ou parasitaires, en négligeant les maladies non contagieuses dues, par exemple, à la sous-alimentation, les taux de mortalité ont fortement et rapidement diminué dans les pays du tiers-monde – ce qui ne veut pas dire que les gens y soient en bonne santé.

Comme les taux de natalité étaient traditionnellement élevés, pour des raisons culturelles, mais aussi pour compenser la mortalité infantile, l'excédent naturel a atteint des niveaux jamais vus dans aucun pays : 2,5 % à 3 % par an, voire plus, ce qui entraîne un doublement de la population tous les vingt à vingt-cinq ans. De fait, certains pays ont vu l'effectif de leur population tripler depuis 1960 : c'est le cas, notamment, de l'Algérie et du Maroc.

La combinaison du sous-développement et de l'explosion démographique

Avant la Seconde Guerre mondiale, la plupart des pays du tiers-monde ne possédaient aucune industrie. Dans les villes, les équipements tels que les adductions d'eau, les égouts, les hôpitaux, les écoles, les routes, etc., n'équipaient que la population relativement peu nombreuse des quartiers aisés. La soudaine croissance de la population a rapidement posé des problèmes nouveaux. On s'est ainsi rendu compte que le seul moyen de faire face à l'explosion démogra-

TAUX DE CROISSANCE DE LA POPULATION DANS LES PAYS DÉVELOPPÉS

1650-1750 : 0,33 %
1850-1900 : 1,05 %
1930-1960 : 1,26 %
1975-2000 : 0,97 %

phique consistait à accélérer le développement des activités économiques. Il était en effet indispensable de créer des emplois, principalement dans les villes, car le nombre des chômeurs s'y accroissait rapidement, ce qui devenait politiquement dangereux.

En effet, l'explosion démographique dans les pays du tiers-monde est contemporaine de la « guerre froide » et de la rivalité entre régimes communistes et capitalistes. En Asie et en Amérique latine, des partis révolutionnaires appelaient les paysans, les ouvriers et les chômeurs des villes à réclamer des mesures radicales, notamment l'abolition de la propriété privée des moyens de production – la terre, les mines, les usines – puisque ceux-ci se trouvaient entre les mains d'une minorité de gens riches qui transféraient leurs profits à l'étranger plutôt que de les investir dans leur pays.

L'ANALPHABÉTISME
L'Unesco lutte notamment contre l'analphabétisme que cette agence de l'ONU définit comme l'incapacité de lire et d'écrire, en le comprenant, un exposé simple et bref de faits en relation avec la vie quotidienne de l'intéressé. L'analphabétisme frappait 44 % de la population mondiale en 1950, 32 % en 1970 et encore 28 % en 1990. Près de la moitié des pays du monde présentent un taux d'analphabétisme supérieur à 50 %.

Pour faire face à ces mouvements révolutionnaires plus ou moins ouvertement soutenus par l'Union soviétique, le président des États-Unis, dès 1947 – date du début de la « guerre froide » – décida d'apporter son aide financière, technique et même militaire aux pays sous-développés pour les aider à lutter contre la faim… et, par conséquent – disaient-ils –, contre le communisme. C'est ainsi que de grands programmes de développement dotés d'importants moyens financiers furent lancés par les organisations internationales, d'abord en Amérique latine et en Asie – c'est-à-dire là où les menaces communistes étaient les plus fortes.

Mais le problème du sous-développement n'est pas uniquement économique. L'injection de ces capitaux n'était déjà pas suffisante pour construire les infrastructures nécessaires au rattrapage du retard enregistré dans ce domaine par les pays du tiers-monde. Mais il ne s'y trouvait surtout pas assez de personnel qualifié – tout simplement de gens instruits – pour gérer l'économie.

Pourquoi le tiers-monde n'a pas encore sombré

Il y a vingt-cinq ans, la situation du tiers-monde semblait catastrophique. La croissance démographique se poursuivait et la croissance économique ne parvenait pas à la rattraper. Pourquoi, donc, la catastrophe ne s'est-elle pas encore produite ?

La situation des pays du tiers-monde était en quelque sorte absolument inverse de celle qu'avaient connu l'Europe et les États-Unis dans leur grande phase de développement au XIXe siècle : la croissance démographique y était importante, mais la croissance économique y était supérieure, ce qui dégageait un excédent économique permettant d'augmenter le niveau de vie de la population et, surtout, de procéder à de nouveaux investissements pour accroître encore la production.

Un déséquilibre fondamental conduisant à la catastrophe

La combinaison de l'explosion démographique du tiers-monde et de son sous-développement apparaissait, il y a un quart de siècle, comme une source de déséquilibre dont l'issue ne pouvait être que catastrophique. La croissance démographique augmentait plus vite que la croissance économique. De ce fait, le niveau de vie déjà très bas de la population ne pouvait que se détériorer, tandis qu'il apparaissait impossible de financer les investissements nécessaires au développement économique.

Dans les pays développés, la natalité avait progressivement diminué au fur et à mesure de l'amélioration des conditions d'existence. Dans le tiers-monde, au contraire, il ne semblait pas possible de ralentir l'énorme croissance

LE NIVEAU DE VIE
Le niveau de vie ne prend pas uniquement en compte le salaire ni même le « pouvoir d'achat » d'un individu, d'une famille ou d'une population. Tout d'abord, parce que, d'un pays à l'autre, le nombre et la nature des prestations gratuites – sécurité sociale, par exemple – peuvent varier. Ensuite, parce que la notion de « niveau de vie » recouvre des éléments tels que les disponibilités alimentaires, les conditions de vie et de travail, l'accès à d'éducation, à la santé ou aux loisirs, etc. L'indicateur de développement humain du Pnud est l'un des indicateurs du niveau de vie calculé par l'ONU.

démographique par une réduction progressive de la natalité, puisqu'il semblait impossible d'améliorer le niveau de vie de la majorité de la population. Dès lors, la situation irrémédiable de sous-développement paraissait ne pouvoir conduire qu'à la catastrophe.

Dans l'agglomération de Rio de Janeiro, au Brésil, qui compte quelque 13 millions d'habitants, une grande partie de la population s'entasse dans des bidonvilles baptisés « favellas ».

Dans les campagnes, le nombre des paysans sans terre augmentait tandis que les sols, déjà dévorés par l'érosion, s'épuisaient faute d'engrais. Les grandes villes, dont l'équipement était déjà insuffisant, connaissaient une croissance rapide. En effet, l'exode rural multipliait par deux les effets de la croissance démographique.

Dans les grandes agglomérations, la population double ainsi tous les dix ou quinze ans : Mexico est ainsi passée de sept à quinze millions d'habitants en douze ans et le nombre de ses habitants pourrait atteindre la trentaine de millions vers 2015. C'est désormais dans le tiers-monde que se situent les plus grandes villes de la planète. Chacune d'elles devient un conglomérat anarchique d'énormes bidonvilles où s'entassent des populations privées d'eau potable, mais aussi d'égouts, ce qui est encore pire sur le plan sanitaire. En dépit des apparences, la misère est encore plus grave dans les campagnes. La preuve en est que les ruraux qui émigrent vers les bidonvilles urbains ne cherchent pas à retourner à la campagne.

En 1966, le célèbre agronome René Dumont, grand spécialiste du tiers-monde, publiait un livre retentissant intitulé *Nous allons à la famine*. Il y prédisait une catastrophe de dimension planétaire du fait de l'explosion démographique et de la destruction des sols surexploités. À cette époque, la catastrophe semblait donc inéluctable dans la plupart des pays du tiers-monde. Or, celle-ci ne s'est pas encore produite. Il importe d'essayer de comprendre pourquoi.

Ne pas confondre famine, disette et sous-alimentation chronique

Auparavant, il faut prendre en compte les objections de ceux qui affirment que la catastrophe s'est produite et que le tiers-monde connaît la famine depuis des années. De nombreuses maladies dues à la sous-alimentation sévissent en effet dans la plupart des pays du tiers-monde. Les preuves irrécusables de la famine ne manquent pas, comme en témoignent ces photographies d'enfants décharnés en train de mourir de faim au Soudan, en Somalie ou en Éthiopie. Toutefois, ces famines sont localisées dans tel pays ou dans telle région. Il ne s'agit en rien de la grande famine planétaire que craignait René Dumont.

Il ne faut pas confondre famine et sous-alimentation, ou encore famine et disette. La sous-alimentation est malheureusement la condition naturelle de la majorité des habitants du tiers-monde. Leurs organismes souffrent de carences alimentaires chroniques. La disette est la situation dans laquelle se trouve une région dont les habitants ont consommé toute la récolte de l'année passée. Le prix des céréales s'envole et les plus pauvres, qui n'ont plus les moyens d'en acheter, souffrent de la faim en attendant que la récolte suivante fasse chuter les prix. La disette, même si elle est de courte durée, emporte toutefois les êtres les plus faibles, les malades, les vieillards et les bébés.

LA PÉNURIE D'EAU
Les besoins mondiaux en eau doublent tous les vingt ans. À la fin du XXe siècle, 1,3 milliard de personnes, dans le tiers-monde, n'avaient pas accès à l'eau potable et vingt-cinq pays se trouvaient déjà en dessous du seuil d'alerte en matière de ressources en eau. Au Moyen-Orient et en Afrique, plusieurs conflits sont déjà en partie liés au partage de l'eau.

LES FAMINES RÉCENTES DANS LE TIERS-MONDE
Chine (1959-1961): 30 millions de morts.
Éthiopie (1984-1985): 300 000 morts.
Inde (1943-1944): 1,5 million de morts.
Nigeria (1967-1969): 1 million de morts.
Sahel (1965-1970): plusieurs centaines de milliers de morts.
Somalie (1990-1993): 400 000 morts.

La famine, la vraie famine, survient lorsque, dans une région, il n'y a déjà plus rien à manger depuis des semaines et que l'état de l'approvisionnement ne permet d'espérer aucune amélioration avant plusieurs mois, voire plusieurs années. Les habitants attendaient la récolte à venir, la disette sévissait déjà. Mais la récolte escomptée est compromise car il n'a pas assez plu et les grains n'ont pas germé parce qu'il a fait trop sec ou, à l'inverse, que les cultures ont été emportées par les inondations. La population fuit alors en masse vers des régions moins touchées par les intempéries et vers les villes. Cet exode est généralement meurtrier, les plus faibles ne résistant pas à cet effort supplémentaire. L'abandon des morts sur le bord des routes fait alors naître le risque d'épidémies, tout aussi meurtrières que la famine elle-même.

Ces grandes famines laissent des traces profondes dans les mémoires. Il s'en produisaient périodiquement en Inde, mais celle de 1943 au Bengale, près de Calcutta, qui fit sans doute 1,5 million de morts en quelques semaines, restera à jamais inscrite dans l'histoire du pays. Cette famine est toutefois la dernière qu'ait connue l'Inde au XXe siècle. Il y a certes encore eu des disettes dans diverses régions, mais plus de véritable famine. Pourtant, la population de l'Inde a presque triplé depuis son indépendance. Les famines auraient dû se produire, plus graves que jamais. Or, cela n'a pas été le cas.

En raison de l'importance de sa population – près d'un milliard d'hommes et de femmes –, le cas de l'Inde permet de commencer à comprendre pourquoi ne s'est pas encore produite la grande famine que René Dumont prédisait pour un futur relativement proche dans l'ensemble du tiers-monde. Il faut d'abord tenir compte du fait que les populations ne sont plus passives, comme ce fut longtemps le cas. La démocratie a fait des progrès dans le tiers-monde. La plupart des gouvernements de ces pays – ici, en l'occurrence, celui de l'Inde – prennent aujourd'hui davantage de précautions pour éviter les famines car celles-ci ne manqueraient pas d'avoir des conséquences politiques désastreuses pour eux.

De nos jours, grâce à la télédétection, les satellites d'observation en orbite autour de la Terre peuvent établir, plusieurs mois à l'avance, une estimation des récoltes prévisibles. Si des carences sont à prévoir dans telle région, on évitera que la nouvelle ne se répande, afin d'éviter que les prix du blé augmentent. Le gouvernement concerné prendra contact avec ceux des grandes puissances – États-Unis, Union européenne – pour demander une aide d'urgence qui sera acheminée discrètement et mise en place par l'armée avant que la famine n'éclate.

LA TÉLÉDÉTECTION

La télédétection est l'étude de la surface du globe terrestre grâce au traitement des informations recueillies par des ballons, des avions ou des satellites. Les premiers satellites de télédétection ont été les Landsat américains, dans les années 1970.
En font également partie les satellites français Spot.
La télédétection intéresse des domaines tels que la cartographie, l'agriculture, l'aménagement du territoire, l'étude des ressources en eau, l'exploration minière et pétrolière.

À l'époque de la « guerre froide », cette aide alimentaire était pour les États-Unis un moyen d'éviter que se produisent, en Inde ou ailleurs, des troubles politiques dont les mouvements communistes auraient pu profiter pour renforcer leur audience. De nos jours, l'aide alimentaire que les États-Unis et l'Union européenne accordent à de nombreux pays du tiers-monde pour ravitailler les grandes villes fonctionne de façon régulière. C'est, par ailleurs, un moyen de résorber les surplus de production céréalière dans les grands pays agricoles de la zone tempérée.

Toutefois, si cette aide alimentaire permet d'éviter les famines, elle ne fournit qu'une solution partielle aux énormes problèmes du sous-développement. Distribuer à bas prix, en Inde ou en Égypte, le blé fourni gratuitement à ces pays par les pays développés revient à pénaliser les paysans indiens ou égyptiens, car la baisse consécutive du prix des céréales leur fera perdre des recettes lors de la vente de leur récolte.

TAILLE DE LA FAMILLE ET NIVEAU D'ÉDUCATION
Au Maghreb, d'après les statistiques, on constate qu'une femme qui est allée à l'école primaire a un enfant de moins que celle qui n'y est pas allée, et qu'elle a deux enfants de moins si elle est allée au collège.

LES TAUX DE NATALITÉ
Le taux de natalité mondial moyen (1993) est de 26 ‰. Les taux les plus élevés (1993) sont ceux de Gaza (56 ‰), du Malawi (53 ‰), de l'Éthiopie (id.), du Niger (52 ‰) et du Mali (id.). Les taux les plus faibles (1995) sont ceux de la Bulgarie (8,6 ‰), de l'Espagne (9,1 ‰), de la Russie (9,3 ‰) de la République tchèque (id.) et de l'Allemagne (id.). Le taux français s'élève à 12,5 ‰ (1995).

L'amorce de la transition démographique

Une solution, plus globale, mais à plus long terme, aux difficultés des pays du tiers-monde est fort heureusement apparue avec les premiers signes d'un ralentissement de la croissance démographique. En effet, dans de nombreux pays, principalement en Asie et en Amérique latine, les taux de natalité ont sensiblement baissé, voire fortement diminué dans les quinze à vingt dernières années du XXe siècle

Dès 1970, en Chine, le régime communiste au pouvoir avait imposé à la population des mesures draconiennes : interdiction dans les villes d'avoir plus d'un enfant et plus de deux à la campagne sous peine de graves sanctions – depuis des amendes jusqu'à l'avortement plus ou moins forcé. En Inde, les campagnes de stérilisation des hommes contre une indemnité financière ont dû être abandonnées en raison du scandale qu'elles provoquaient. Dans la plupart des pays, des programmes d'information gouvernementaux ont visé à inciter les familles à réduire le nombre de leurs enfants. Mais il semble que ce soit surtout les conséquences de la scolarisation des filles et le rôle des médias – le cinéma et la télévision montrant des jeunes femmes européennes ou nord-américaines – qui aient amené un nombre croissant de jeunes Latino-Américaines ou Asiatiques à envisager pour elles-mêmes un avenir différent de celui de leur mères.

La natalité est encore forte en Afrique tropicale où elle atteint 44 ‰ en moyenne, mais elle n'est plus que de 25 ‰ en Asie du Sud-Est – 29 ‰ en Inde et 16 ‰ en Chine – et de 24 ‰ en Amérique du Sud. L'effectif de la population mondiale qui, selon les prévisions d'il y a quelques années, semblait devoir dépasser 10 milliards en 2025, dont 9 milliards pour le tiers-monde, n'atteindrait en fait à cette date que 8 milliards, dont 7 milliards pour le tiers-monde. La transition démographique est donc en route, mais ses effets vont demander beaucoup de temps avant de se faire sentir, sans doute plusieurs dizaines d'années. En effet, la diminution du nombre des naissances n'affecte pas l'effectif des jeunes adultes à la recherche de travail. Ils sont plus nombreux que jamais, même en Chine où la croissance démographique est très faible depuis déjà une vingtaine d'années – elle est inférieure à 1 %. Il importe donc d'essayer de comprendre de quelle façon ces millions de personnes sans-emploi parviennent à subsister dans les grandes villes du tiers-monde vers lesquelles elles ont convergé dans l'espoir d'y vivre mieux que dans les campagnes.

La multiplication des activités « informelles » dans les villes

Par activités « informelles », comme les baptisent les sociologues et les économistes, il faut entendre toutes les activités plus ou moins officieuses et parfois même clandestines, qui permettent au plus grand nombre de ces urbains sans emploi régulier de subsister malgré tout. Ces activités concernent en effet surtout les grandes villes des pays du tiers-monde. Ce ne sont généralement pas des activités véritablement productives, qui nécessitent un lieu de production, des outils et des matières premières, mais plutôt toutes sortes de gagne-pain généralement pénibles et plus ou moins honnêtes : taxi-pousse, porteur de lettres ou de paquets, gardien d'échoppe ou de voiture, balayeur, mendiant, ramasseur d'ordures, réparateur d'objets jetés, pick-pocket, etc. La prostitution des femmes et des enfants ou des adolescents est, hélas ! la plus classique et souvent la plus rémunératrice de ces activités informelles dans la mesure où elle s'adresse à une clientèle dotée de certains moyens financiers – notamment des touristes occidentaux, comme c'est le cas dans de nombreux pays asiatiques. Mais la prostitution devient dangereuse avec l'extension de l'épidémie de sida.

LE CHÔMAGE DANS LE TIERS-MONDE
La notion de chômage est très vague dans les pays du tiers-monde, dans la mesure où l'énorme majorité de la population n'a pas d'employeurs réguliers.
Quant à ceux qui n'ont pas d'emploi, ils ne touchent aucune indemnité-chômage.

À ces activités informelles s'ajoutent enfin les multiples trafics illicites et encore plus lucratifs liés à la drogue, qui connaissent un grand essor dans tous les pays du tiers-monde.

LES FORCES DE L'ORDRE DANS LE TIERS-MONDE
Dans la plupart des pays du tiers-monde, le nombre des soldats et des policiers s'est considérablement accru.
En effet, dans la plupart des cas, les grandes puissances assurent le paiement de l'armée et de la police qui sont considérées comme le seul moyen de faire face aux graves tensions sociales.

Bien que leur croissance pose d'énormes problèmes, les grandes villes restent le milieu où les activités informelles les plus différenciées peuvent le mieux se développer. En faisant circuler chaque jour de petites sommes entre de nombreuses mains, elles permettent à des millions de gens, hommes, femmes et surtout enfants, de subsister. C'est aussi dans les grandes villes que se concentrent les activités qui permettent de recevoir un salaire, parfois très peu élevé, mais à peu près régulier : petits fonctionnaires, policiers, soldats. Ce sont ces salariés, avec les petits commerçants, qui, par leurs dépenses plus ou moins clandestines, alimentent, avec le trafic de drogue, une grande partie des circuits de l'économie informelle. Les gens riches habitent d'autres quartiers et n'ont guère l'occasion de se trouver en contact avec les pauvres.

Beaucoup de familles subsistent également grâce à l'argent qu'elles reçoivent d'un fils parti chercher du travail à l'étranger. Les organisations d'aide humanitaires distribuent aussi des fonds collectés dans les pays riches.

Il convient à présent de se demander si les populations des grandes villes du tiers-monde – en Amérique latine, elles concentrent déjà plus de la moitié de la population totale et cela va bientôt être le cas en Afrique – vont pouvoir continuer longtemps à subsister tant bien que mal grâce aux maigres ressources retirées des multiples circuits de l'économie informelle. Survivront-elles le temps que les effets du ralentissement de la croissance démographique se fassent réellement sentir à leur niveau et que la croissance économique se renforce suffisamment pour leur offrir un emploi rémunérateur régulier ?

L'échec du socialisme et le cas de la Chine

On peut sans doute affirmer qu'il est injuste et scandaleux que des millions d'hommes, de femmes et d'enfants survivent dans des conditions aussi lamentables. On peut tout aussi certainement défendre la nécessité de « changer la société ». Il faut toutefois être conscient du fait que l'importance du tiers-monde est telle et ses liens avec les pays développés sont aujourd'hui si étroits que le changement de « système » qui pourrait le concerner aurait des conséquences pour l'ensemble de la planète. Il y a encore vingt-cinq ans, on pouvait penser, comme le faisaient les théoriciens marxistes, que l'abolition de la propriété privée des moyens de production pouvait considérablement améliorer les difficultés des pays du tiers-monde, sinon régler tous ses problèmes. On sait maintenant que l'efficacité économique du système communiste est médiocre et que l'organisation autoritaire de la société qui l'accompagne le plus souvent est devenue une forme de gouvernement intolérable.

CHINE : DES FAMINES TENUES SECRÈTES
On sait maintenant qu'il y a eu en Chine de véritables famines dans plusieurs régions, notamment pendant la période du Grand Bond en avant (1958) et celle de la Révolution culturelle (1967-1968). Mais elles ne furent pas rendues publiques en raison de la censure exercée par le régime.

L'immense Chine, sous l'autorité de Mao Zedong, s'est lancée, à partir de 1949, dans l'étatisation de l'industrie et dans la collectivisation de l'agriculture et de la vie paysanne avec l'instauration des « communes populaires ». Cette forme d'organisation économique devait faire effectuer à un milliard d'hommes et de femmes le Grand Bond en avant. Ce fut un fiasco. Et l'on sait aujourd'hui que cela provoqua, de surcroît, une immense famine.

Le système économique de type communiste est aujourd'hui presque partout abandonné, même en Chine, au Viêtnam ou à Cuba. Les dirigeants de ces pays ont bien été contraints d'admettre que son efficacité était moindre que celle du système capitaliste pour le développement industriel comme pour le développement agricole. La Chine s'est

LES ZONES ÉCONOMIQUES SPÉCIALES
Créées en Chine en 1979, les ZES constituent des enclaves dans lesquelles des conditions préférentielles sont proposées aux investisseurs étrangers. Shenzen, près de Hongkong, Zhuhai, près de Macao, Shantou et Xiamen, près de Taiwan, ont été les premières. En 1984, quatorze villes côtières, dont Shanghai, sont érigées en ZES. En 1990 s'y ajoute Pudong.

lancée depuis la fin des années 1970 dans «l'économie socialiste de marché», terme qui dissimule l'introduction de certaines pratiques capitalistes dans le fonctionnement de l'économie chinoise... mais avec encore moins de souci de l'intérêt des travailleurs. Le régime de Pékin a institué, en marge des pôles économiques étrangers situés à ses frontières – Taiwan, Hongkong, Singapour –, des zones économiques spéciales (ZES) où le capitalisme règne en maître.

La Chine enregistre depuis ce revirement des taux de croissance économique élevés. Comme, dans le même temps, elle est parvenue à imposer une réduction drastique de sa natalité – son taux de croissance démographique est deux fois moins important que celui de la plupart des pays du tiers-monde –, on peut penser que ce pays est en train de sortir du sous-développement. Cependant, les activités informelles sont plus fortes que jamais dans les villes, depuis qu'elles ne sont plus prohibées au nom du socialisme. Toutefois, les performances économiques restent le fait des provinces côtières où ont été instituées les ZES. Dans les régions de l'intérieur, la pauvreté est encore très grande. Aussi peut-on se demander si la Chine ne risque pas de se couper en deux.

Malgré la baisse de sa natalité, la Chine reste marquée par le poids de son immense population. En fait, tous les pays du tiers-monde, outre les problèmes généraux du sous-développement qu'ils partagent, présentent des caractéristiques géographiques spécifiques qui en font autant de cas particuliers. Pour mieux comprendre les phénomènes de mondialisation de plus en plus importants auxquels nous allons être confrontés, il est utile de se faire une idée des caractéristiques et des problèmes des principaux pays du tiers-monde. Parmi ces derniers, il en est qui sont proches de la France. C'est notamment le cas des pays du Maghreb avec lesquels la France entretient des rapports complexes.

Les relations de la France et du Maghreb

Le véritable but de l'éducation civique est d'aider les jeunes, mais aussi les moins jeunes, à exercer plus lucidement leurs fonctions de citoyens en leur faisant mieux comprendre comment est organisée la vie politique dans notre pays. Il s'agit aussi de ne pas esquiver les grandes questions de société qui s'y posent, même si elles sont embarrassantes et compliquées. Il paraît simple d'affirmer qu'en France tous les Français sont égaux par principe. En réalité, ils sont plus ou moins égaux selon l'origine ethnique et sociale de leurs parents.

De graves questions civiques, d'hier et d'aujourd'hui

Qu'on l'admette ou non, la question civique majeure que beaucoup de Français se posent aujourd'hui plus ou moins confusément résulte des relations que la France entretient depuis des décennies avec les pays du Maghreb. On sait, en effet, que quatre millions de musulmans vivent dans notre pays et que la moitié d'entre eux y sont nés. Ceux-ci sont ou seront donc, en vertu de la loi, citoyens français, comme le sont indiscutablement devenus les millions de personnes d'ascendance italienne, polonaise, espagnole, etc., qui sont nées en France. Or, il se trouve que des mouvements xénophobes propagent l'idée que ces musulmans ne sont pas de « vrais Français » et qu'ils sont en grande partie responsables des fléaux que sont le chômage et l'insécurité.

C'est donc une question civique fondamentale qui se trouve de nouveau posée, en dépit des lois, dans ce pays d'immigration qu'est la France depuis le XIXe siècle : y a-t-il en France de « vrais Français » – les Français « de souche »

INTÉGRATION ET ÉCOLE
Il appartient plus particulièrement à l'école de favoriser l'intégration de ceux qui, pour être français, n'en sont pas moins de la culture différente.
Si l'égalité juridique est rappelée dans le préambule de la Constitution de 1958, le quotidien des enfants d'émigrés est souvent difficile.

LES FRANÇAIS « DE SOUCHE »
L'expression Français « de souche » désigne les Français dont les ascendants sont français depuis plusieurs générations. On estime à 18 millions – soit près du tiers de la population – le nombre de Français nés entre 1880 et 1980, qui descendent d'immigrants à la 1re, 2e ou 3e génération.

Alger compte aujourd'hui plus de 2,5 millions d'habitants en proie, pour beaucoup, au chômage et aux privations. Les jeunes qui n'ont pas connu la guerre d'Algérie mais qui rêvent de Paris y sont nombreux.

– et des Français qui le seraient moins ? Il fut un temps, pas si lointain, où ce n'étaient pas encore les musulmans, mais les juifs qui étaient aussi considérés comme des « envahisseurs ». L'antisémitisme, cette autre forme de racisme, contribua à la faillite de la IIIe République et participa au désastre de la France en 1940.

L'autre drame que connut la France après la Seconde Guerre mondiale est directement lié aux problèmes du Maghreb : il s'agit de la guerre d'Algérie, qui dura de 1954 à 1962. Beaucoup de Français ignorent – ou ont oublié, tout dépend de leur âge – que c'est de cette crise algérienne qu'est sortie la Ve République. Le peuple français n'aurait pas approuvé, en 1958, une Constitution qui donnait de considérables pouvoirs aux futurs présidents de ce nouveau régime. Il n'aurait pas non plus approuvé, en 1962, le principe inédit en France de l'élection du chef de l'État au suffrage universel, s'il ne s'était pas d'abord agi du général de Gaulle. En effet, l'homme qui avait sauvé les chances de la France après le désastre de 1940 et qui symbolisait encore la lutte des Français pour leur libération avait été rappelé au pouvoir en 1958, dans des conditions

confuses, en pleine crise algérienne. C'est son sang-froid, son habileté et son prestige qui évitèrent que ne se propage en France la véritable guerre civile qui faisait rage depuis quatre ans dans les départements français d'Algérie.

La question fondamentale qui se posait alors était la suivante : dans ces départements français situés de l'autre côté de la Méditerranée, les musulmans, qui constituaient environ les neuf dixièmes de la population, devaient-ils rester français ou devenir indépendants ? En effet, lassés de réformes insuffisantes, des Algériens s'étaient engagés depuis 1954 dans une lutte armée pour l'indépendance. Durant ces années de guerre, près de trois millions de jeunes Français de la « métropole » – comme on disait alors – sont aller combattre sans enthousiasme en Algérie.

Le général de Gaulle, par réalisme, prit la décision de mettre fin à cette guerre, en dépit de l'opposition farouche de certains de ses partisans et d'une partie de l'armée. En 1962, il proposa par référendum au peuple français de reconnaître l'indépendance de l'Algérie. Cette proposition fut acceptée massivement. Un million de « pieds-noirs », comme on appelait les Français d'Algérie, craignant le pire, arrivèrent en France ainsi qu'environ quarante mille musulmans qui avaient combattu du côté des troupes françaises, les harkis.

On peut, certes, considérer que cet épisode de l'histoire de France appartient aujourd'hui au passé. Alors que la plupart des États européens qui ont perdu une partie de leur territoire lors d'une guerre le revendique durant de nombreuses années – la France l'a ainsi fait de l'Alsace-Lorraine qu'avait annexée l'Allemagne entre 1871 et 1918 –, aucun mouvement politique français, pas même d'anciens champions de l'« Algérie française », n'a émis, depuis les accords de 1962, la moindre réclamation relative à la perte des

DES SUJETS FRANÇAIS

La décolonisation par la France de la Tunisie et du Maroc fut beaucoup moins difficile, car il s'agissait de protectorats. En 1956, la Tunisie et le Maroc sont redevenus indépendants sans trop de difficultés. L'Algérie, elle, avait été proclamée, en 1870, partie intégrante de la République française, malgré le fait que la majorité de la population – les musulmans – ne parlait pas français. Toutefois, ils n'étaient pas officiellement citoyens français, mais « sujets français ». Ils ne disposaient pas du droit de vote. Cette situation dura jusqu'en 1946. Mais, bien que devenus citoyens français, les musulmans continuèrent d'être défavorisés au profit des Européens vivant en Algérie.

LA COOPÉRATION
À la suite de l'indépendance de l'Algérie, le gouvernement français a mis sur pied, sous le nom de « coopération », une politique d'aide économique, technique, financière et culturelle – notamment en matière d'enseignement – aux pays sous-développés. Cette assistance ne devait en rien rappeler la colonisation.

DES DROITS SOCIAUX IDENTIQUES
On notera qu'en France les travailleurs étrangers ont les mêmes droits que la population française : ils bénéficient de la sécurité sociale, reçoivent des allocations familiales et des indemnités de chômage, puisqu'ils cotisent pour la sécurité sociale et payent des impôts, tout comme les salariés français.

quatre cinquième du territoire de la République française – l'Algérie est quatre fois plus vaste que la France métropolitaine.

Dès 1962, après la fin des combats, une coopération très active s'est établie entre la France et la nouvelle République algérienne. De nombreux coopérants français, des médecins, des instituteurs, des ingénieurs sont partis en Algérie pour aider le nouvel État indépendant et de nombreux Algériens sont venus acquérir une formation technique en France. Après sept années d'une guerre cruelle, ces bons rapports entre la France et l'Algérie étaient pour beaucoup un phénomène réconfortant : ne montraient-ils pas que l'idée de réconciliation n'était pas vaine ?

Toutefois, à partir de la fin des années 1970, une hostilité commence à se manifester dans l'opinion française à l'égard des Algériens qui, depuis des années, étaient venus travailler en France, notamment dans le secteur du bâtiment et des travaux publics et, plus généralement, dans les industries de main-d'œuvre. À cette époque, en effet, la crise économique débute et le chômage apparaît. L'immigration de main-d'œuvre étrangère n'est plus nécessaire : en 1975, elle est interdite par le gouvernement français. Toutefois, le président Valéry Giscard d'Estaing autorise les immigrés déjà installés en France à faire venir leurs familles. C'est ce processus de « regroupement familial » qui a permis à l'immigration de se poursuivre, notamment celle des derniers venus, les Maghrébins.

Avec l'accroissement du chômage, la poursuite de l'immigration par le biais du regroupement familial pose des problèmes croissants : le sentiment d'hostilité à l'égard des immigrés s'accroît, notamment dans les milieux populaires. En effet, depuis des années, des mouvements nationalistes, comme le Front national rendent l'immigration responsavable du chômage et de l'insécurité. Ils présentent les Maghrébins comme de véritables envahisseurs. Aux yeux des partisans du Front national et d'une certaine partie de l'opinion, les musulmans nés en France sont de faux Français dont il faut se méfier. Toutefois, leur enlever la nationalité française et les frapper d'exclusion, comme le préconisent les dirigeants du Front national, constitueraient une grave violation de la Constitution. Ces mesures rappelleraient celles que le gouvernement de Vichy avait prises pendant la Seconde Guerre mondiale à l'encontre des juifs.

L'hostilité des nationalistes vise surtout les jeunes dont les parents sont originaires d'Algérie. Ce sont effectivement les plus nombreux parmi les immigrés qui vivent en France. Chez beaucoup de Français ressurgissent, de plus, les mauvais souvenirs de la guerre d'Algérie. Enfin, la poursuite de la guerre civile qui se déroule depuis 1991 en Algérie fait craindre que les islamistes ne perpètrent de nouveaux attentats en France, après ceux de 1995 et 1996.

Pourquoi les Maghrébins sont-ils si nombreux en France ?

Les relations des pays récemment indépendants avec leurs anciennes métropoles coloniales sont, par nature, complexes. Elles s'accroissent sans cesse : il n'y a jamais eu autant d'Indiens ou de Pakistanais en Angleterre, autant d'Indonésiens aux Pays-Bas, autant de Zaïrois en Belgique et autant de Sénégalais, de Maliens et surtout de Maghrébins en France. Dans le cas de ces derniers, il s'agit d'une émigration beaucoup plus importante que celles qui s'établissent habituellement entre les anciennes colonies et les anciennes puissances coloniales. Sur les quatre millions de musulmans qui vivent en France, environ la moitié sont originaires d'Algérie. Beaucoup sont naturalisés. Et dans tous les cas, leurs enfants et petits-enfants sont de nationalité française.

LES MESURES ANTIJUIVES DE VICHY

Après la défaite de la France en 1940, le gouvernement de Vichy dirigé par le maréchal Pétain engagea la France dans une politique de collaboration avec l'Allemagne. Il annula les actes de naturalisation qui avaient été accordés à de nombreux immigrés juifs venus d'Europe centrale. Puis il frappa d'exclusion et fit déporter tous les juifs qu'il pouvait faire arrêter, y compris ceux dont les ancêtres vivaient en France depuis plusieurs siècles.

LA KABYLIE
Région montagneuse située en bordure de la Méditerranée, à une centaine de kilomètres à l'est d'Alger, la Kabylie, de peuplement berbère, est assez peu arabisée, quoique musulmane. On y parle une langue particulière, le tamazight.

« LA PAIX EN ALGÉRIE »
En 1956, des élections législatives avaient donné la majorité aux partis de gauche qui voulaient « faire la paix » en Algérie en négociant avec les chefs de l'insurrection. Mais en mai 1958 éclatait à Alger, avec le soutien des chefs de l'armée, une insurrection des « Français d'Algérie » hostiles à toute espèce de négociation.

Les personnes originaires du Maroc et de Tunisie forment le tiers des musulmans de France ; le reste vient d'Afrique noire et de Turquie.

Comment s'explique l'importance de l'émigration algérienne ? D'abord par son ancienneté et par le fait que l'Algérie était autrefois constituée de départements français. En France, après les deux guerres mondiales, un fort besoin de main-d'œuvre s'est fait sentir pour reconstruire les régions sinistrées. Les entreprises de construction, notamment, ont fait venir des Algériens et d'abord des Kabyles. Ces Algériens ont pris l'habitude de venir travailler en France.

Certes, en 1946, le droit de vote avait enfin été accordé aux musulmans d'Algérie. Sous prétexte de favoriser l'« autonomie » des départements français d'Algérie, une Assemblée algérienne avait été instituée. Mais celle-ci n'était pas représentative. Les musulmans, pourtant dix fois plus nombreux que les Européens, disposaient du même nombre de députés que ceux-ci. C'est contre ce régime injuste que des Algériens – pour une grande part des Kabyles, les plus francisés – se sont révoltés en 1954 pour réclamer, sinon l'indépendance, du moins des réformes démocratiques. Le refus de leur accorder ces réformes entraîna le déclenchement de la guerre. Celle-ci dura de 1954 à 1962. Ce fut pour une grande part une guerre civile. En effet, parmi les musulmans d'Algérie, tous n'étaient guère favorables à l'indépendance et nombre d'entre eux le payèrent de leur vie.

Au lendemain de l'indépendance, une crise éclata en Algérie entre les chefs des maquis, surtout ceux de Kabylie, et ceux d'une armée régulière algérienne qui s'était constituée en exil et qui n'avait guère eu l'occasion de combattre l'armée française. Ce furent les militaires, au nom du Front de libération nationale (FLN), qui prirent finalement le pouvoir et qui l'ont gardé depuis lors. C'est ainsi que, depuis 1965, l'Algérie est dirigée par des officiers – le colonel Houari Boumediene, le colonel Chadli Bendjedid puis le général Liamine Zeroual. Bien des démocrates et des intellectuels algériens – notamment des Kabyles – ont quitté l'Algérie pour fuir cette domination de l'armée.

En France, leur destination privilégiée, ils ont rejoint les travailleurs immigrés ainsi que des membres de leur famille qui s'y trouvaient déjà. Pour ceux-ci, vivre en France ne représente pas un véritable exode car ils parlent fort bien le français. De plus, les libertés y sont plus grandes qu'en Algérie et le chômage y est malgré tout moins important. Tout cela explique le nombre particulièrement grand des Algériens qui vivent en France. Leurs enfants, qui reçoivent la nationalité française, ne connaissent guère l'Algérie et ne parlent pratiquement pas l'arabe – ni le berbère.

Toutefois, l'intégration des Algériens dans la société française n'est pas facile. Les jeunes musulmanes, sous peine de se couper définitivement de leur famille, ne peuvent épouser de non-musulmans. De plus, les jeunes Maghrébins ont plus de difficultés que les autres jeunes à trouver du travail, à cause de la xénophobie d'une partie de la population qui leur accole une image de délinquant. Leur délinquance, comme celle des jeunes Français, est principalement due à la situation d'« exclusion » à laquelle beaucoup d'entre eux sont confrontés.

Tout cela favorise les campagnes racistes des mouvements nationalistes qui réclament le départ de gré ou de force des Maghrébins – et surtout des Algériens –, y compris ceux qui ont la nationalité française. Les problèmes se sont encore aggravés depuis l'émergence d'un fort courant islamiste en Algérie et l'éclatement de la guerre civile de l'autre côté de la Méditerranée.

DE FORTES CROISSANCES DÉMOGRAPHIQUES

L'Algérie, le Maroc et la Tunisie sont des pays dont les croissances démographiques sont parmi les plus fortes du tiers-monde. En raison du sous-développement, le chômage est considérable. L'émigration vers la France ou vers d'autres pays européens représente alors souvent le seul espoir.

IMMIGRATION ET DÉMOGRAPHIE

Si la France présente un accroissement démographique plus élevé et une moyenne d'âge plus basse que ceux de la moyenne des pays développés, c'est en grande partie grâce à l'immigration. Les populations immigrées se caractérisent en effet par un taux de natalité élevé.

CHRONOLOGIE DU DÉCLENCHEMENT DE LA GUERRE CIVILE ALGÉRIENNE
Décembre 1991 : victoire du Front islamiste du salut (FIS) au premier tour des élections législatives.
Janvier 1992 : annulation du second tour ; dissolution de l'Assemblée nationale ; démission du président Chadli ; arrestation des dirigeants du FIS.
Février 1992 : proclamation de l'état d'urgence.
Juin 1992 : assassinat du président Mohamed Boudiaf.
Juillet 1992 : condamnation d'Abassi Madani et d'Ali Benhadj, principaux dirigeants du FIS.
Août 1992 : attentat à l'aéroport d'Alger.
Décembre 1992 : couvre-feu à Alger.
Mars 1993 : rupture des relations diplomatiques avec l'Iran.
Septembre 1993 : premiers Français tués en Algérie.

Les islamistes rejettent les relations avec la France

Les mouvements islamistes ou intégristes musulmans se sont développés dans les vingt dernières années du XXe siècle dans tous les pays du monde musulman. En 1979, ils ont pris le pouvoir de façon spectaculaire en Iran après en avoir chassé le shah, qui était soutenu par l'Occident.

Les islamistes, d'une façon générale, accusent les gouvernements en place dans les différents pays musulmans de corruption, de laxisme dans la pratique religieuse et, surtout, d'alliance avec les ennemis de l'islam que représentent, à leurs yeux, les puissances occidentales. Selon les islamistes, l'Occident chercherait par divers moyens à corrompre les musulmans – et surtout les musulmanes. Afin de lutter contre ces atteintes, il conviendrait d'appliquer strictement les principes du Coran et de rejeter toutes les influences culturelles étrangères. Toutefois, un grand nombre de musulmans s'y refusent, craignant de tomber sous le coup d'une dictature islamiste qui risquerait d'être encore pire que celle des actuels dirigeants « corrompus ».

Dans les pays arabes, c'est paradoxalement en Algérie que les mouvements islamistes sont parvenus à prendre le plus d'importance, malgré l'étroitesse des relations que ce pays entretenait avec la France. Mais on peut tout autant défendre l'opinion selon laquelle la poussée islamiste en Algérie serait aussi la conséquence des relations de ce pays avec la France.

En effet, ces relations bénéficient principalement à la partie la plus favorisée des Algériens, ceux qui pratiquent le commerce international, par exemple, et qui disposent d'un niveau d'éducation leur permettant de bien maîtriser la langue française, alors que la majorité de la population, qui parle seulement l'arabe, n'en profite guère. Les cadres de l'armée qui dirigent l'Algérie depuis son indépendance, y compris les plus âgés qui ont combattu l'armée française, s'expriment très souvent en français. Et il en est de même pour leurs opposants, les démocrates et intellectuels algériens, tout comme pour la plus grande partie des classes moyennes qui parle et écrit le français. Pourtant, en Algérie, depuis des années, l'enseignement est uniquement dispensé en arabe. Mais, dans les familles cultivées, on continue de parler français et une grande partie des journaux à Alger paraissent encore en français.

En revanche, les milieux populaires, surtout les plus défavorisés, ne parlent que l'arabe car ils n'ont pas eu l'occasion de pratiquer ni même d'apprendre le français. Les islamistes les ont endoctrinés en leur affirmant que le chômage et la pauvreté dont ils souffrent étaient principalement dus au fait que l'Algérie n'était pas véritablement indépendante puisque les privilégiés qui la dirigent et qui profitent des revenus du pétrole parlent français. Les islamistes ont donc proclamé qu'il fallait rejeter les relations avec la France et même reprendre contre elle la guerre d'indépendance puisque Paris continue de soutenir le régime algérien dans sa lutte contre l'islamisme armé.

C'est donc une guerre civile cruelle et compliquée qui se déroule en Algérie depuis l'annulation, en 1992, des élections remportées par les islamistes. Nombre d'Algériens voudraient se réfugier en France, mais le gouvernement français n'en accepte qu'un petit nombre pour ne pas accroître l'audience des discours xénophobes et les inquiétudes d'une large partie de l'opinion.

Toutefois, sans prendre des formes aussi violentes, des mouvements islamistes apparaissent au Maroc, en Tunisie, ainsi qu'au sein de la communauté musulmane française.

BILANS DES GUERRES D'ALGÉRIE

Le bilan de la guerre d'Algérie, qui a duré de 1954 à 1962, fait état, selon les sources, de 300 000 à 600 000 morts. Le bilan des violences qui secouent l'Algérie depuis 1992 s'élève provisoirement à environ 100 000 morts.

Pourquoi l'Afrique tropicale est-elle aussi défavorisée ?

L'Afrique tropicale est, avec 600 millions d'habitants, la partie la plus pauvre du tiers-monde, celle où les conditions de vie sont les plus mauvaises, comme l'indiquent des taux de mortalité infantile deux fois plus élevés en moyenne qu'en Asie. Cependant, l'Afrique tropicale reçoit depuis une trentaine d'années une aide internationale non négligeable.

En dépit de l'aide internationale, de nombreux signes semblent indiquer qu'en Afrique tropicale, depuis quelques années, la situation s'aggrave encore, alors qu'elle s'améliore en Amérique latine et dans de nombreux pays d'Asie. De terribles famines sont réapparues, des tragédies épouvantables se sont récemment produites dans plusieurs pays africains, des peuples tentent de s'exterminer (comme au Rwanda) et des bandes armées font régner la terreur dans certaines grandes villes. De vastes États, comme le Congo-Zaïre, se disloquent du fait de diverses révoltes séparatistes. Pendant ce temps, le sida s'intensifie plus que sur tout autre continent. Comment expliquer la situation pitoyable de l'Afrique tropicale ?

L'Afrique tropicale a pourtant de grandes richesses minières

On explique souvent la pauvreté de l'Afrique tropicale par le manque de ressources naturelles. Certes, nous allons voir que la plupart des sols habituellement cultivés sont assez pauvres et qu'ils se dégradent rapidement après qu'ils ont été défrichés. C'est effectivement une difficulté pour des populations qui étaient encore, il y a quelques décennies, surtout formées de paysans. Depuis, beaucoup sont partis vers les villes.

Mais il importe de souligner qu'il existe de grandes richesses minières en Afrique tropicale. Ainsi, le Nigeria est depuis près de quarante ans un grand producteur mondial de pétrole (le 6e actuellement) et de nombreux gisements sous-marins sont aujourd'hui exploités au large des côtes de plusieurs États africains. Mises en valeur depuis près d'un siècle, les mines d'or et de diamants d'Afrique du Sud sont les plus riches du monde. De même, au Congo-Zaïre, les mines de cuivre représentent une richesse potentielle importante – la teneur des minerais y est triple de la moyenne mondiale. Et cet immense pays possède bien d'autres métaux rares.

Les mines ont permis que s'édifient d'énormes fortunes (par exemple celle de la compagnie De Beers en Afrique du Sud, qui est devenue le trust mondial des diamants). Mais, dans bien des cas, les profits ont été dilapidés et on ne sait pas où ils sont passés (dans des banques anglaises, belges ou suisses). Certes, tous les pays africains n'ont pas de telles ressources minières, mais ceux qui n'en possède guère ne sont pas tellement plus pauvres que ceux qui disposent de grands gisements. Ceci indique que, à de rares exceptions près, les profits n'ont pratiquement pas bénéficié au pays producteur. Alors qu'ils auraient pu permettre la création d'industries, ou tout au moins d'équipements, ces profits se sont presque « volatilisés ». À cet égard, la seule exception est l'Afrique du Sud. Évidemment, on peut dire que ces richesses ont été accaparées par des étrangers, car de nombreux pays africains ont été sous la coupe de colonisateurs européens. Mais il en a été de même pour nombre de pays asiatiques dont la situation économique semble aujourd'hui moins mauvaise que celle des États africains. Ceux-ci sont devenus indépen-

PROVINCIA AFRICA

Le nom d'« Afrique » ne désignait dans l'Antiquité qu'une partie du Maghreb, l'actuelle Tunisie. Il y a trois mille ans, celle-ci fut le domaine de Carthage, une ville fondée par les navigateurs phéniciens venus de l'actuel Liban. Lorsque les Romains vinrent à bout de la puissance carthaginoise et s'emparèrent de son territoire, ils l'appelèrent *Provincia Africa* (sans doute un nom carthaginois ou berbère), nom que les Arabes déformèrent en *Ifrikiya*. Peu à peu, la signification du mot « Afrique » s'étendit à l'ensemble du continent que les géographes arabes appelaient jadis le Soudan, le « pays des Noirs ».

L'AFRIQUE DU SUD

L'Afrique du Sud, à partir de l'exploitation des mines d'or et de diamants, s'est dotée d'industries et d'équipements mais, jusqu'en 1990, elle a été dirigée par la minorité blanche. Celle-ci, bien que la colonisation britannique ait pris fin depuis longtemps, a pu continuer de s'imposer par la force aux Noirs, à les priver de tout droit politique et des trois quarts des terres, alors qu'ils forment les cinq sixièmes de la population. Depuis dix ans, ce régime a été aboli, les Noirs ont enfin le droit de vote, ils ont élu le président Nelson Mandela qui avait passé près de vingt ans en prison, mais ce sont encore les Blancs qui possèdent les terres et les mines.

dants sans grave conflit depuis plus de quarante ans – à l'exception des colonies portugaises Angola, Mozambique, Guinée-Bissau, qui ont obtenu l'indépendance en 1975 à l'issue de longues guerres de libération. Par ailleurs, les anciennes puissances coloniales, surtout la France et les autres pays de l'Union européenne, leur accordent une aide financière et technique non négligeable.

Les rapports avec les ex-puissances coloniales sont d'autant plus étroits que la quasi-totalité des États de l'Afrique tropicale ont chacun comme langue officielle (administration, enseignement) celle de leur colonisateur (le français, l'anglais, le portugais). Mais la langue officielle n'est guère utilisée par l'ensemble de la population qui, selon les régions, parle des langues autochtones extrêmement diverses. En effet, chacun de ces États, dont les frontières ont été tracées par les colonisateurs, regroupe différents peuples qui s'entendent plus ou moins.

On a pu espérer qu'avec la décolonisation ceux-ci formeraient progressivement une même nation dans le cadre de chaque État et que celui-ci pourrait ainsi se renforcer. Malheureusement, c'est plutôt l'inverse qui semble se produire. Ainsi, au sein de chaque État, certains peuples rejettent l'autorité de la capitale. Ils jugent le pouvoir central d'autant plus tyrannique que celui-ci est, en fait, entre les mains du plus puissant des différents groupes ethniques. C'est souvent celui qui contrôle l'armée. De telles rivalités n'existent guère dans les États asiatiques. La plupart des États africains font preuve, surtout depuis quelques années, d'une fragilité et d'une inefficacité de plus en plus graves : non seulement les profits retirés de l'exploitation minière continuent de se « volatiliser », mais les États qui disposent de ressources minières sont l'objet de mouvements soi-disant révolutionnaires qui sont surtout le fait de bandes armées et de mercenaires au service d'intérêts plus ou moins occultes. Les rivalités de ces peuples, qui sont encore principalement paysans, s'expliquent aussi par leur rapide accroissement démographique : ils ont chacun d'autant plus besoin de s'étendre qu'ils cultivent pour la plupart de façon extensive, avec de faibles rendements (faute d'engrais), et que les sols relativement pauvres s'épuisent rapidement. Au sein d'un même État, chacun des peuples et groupes ethniques cherche donc à défendre son territoire et, si possible, à l'étendre au détriment de ses voisins. Ces rivalités dues au manque de terre se répercutent dans les grandes villes, dans des conflits entre différents quartiers. Chacun d'eux est en effet peuplé par des gens de tel ou tel groupe ethnique venus de la campagne et qui poursuivent en ville leurs rivalités traditionnelles.

Les mines d'or de Kinross, en Afrique du Sud. Le pays détient 40 % des réserves d'or et représente 24 % de la production mondiale.

De vastes étendues monotones et faiblement peuplées

L'extrême diversité ethnique et linguistique des populations de la plupart des États d'Afrique tropicale est d'autant plus surprenante que celle-ci présente, non pas de multiples petites régions où chacun des peuples aurait pu s'organiser, mais, au contraire, d'immenses étendues au relief uniforme. En revanche, dans la partie orientale du continent, les conditions naturelles sont très variées : grands lacs, hauts plateaux et volcans encadrant le long fossé du rift – il s'allonge jusqu'en Éthiopie – forment un paysage contrasté. Ce qui explique, pour une part, la diversité du peuplement. Mais l'Afrique orientale est une exception limitée par rapport à l'ensemble de l'Afrique tropicale.

RWANDA : HUTUS ET TUTSIS
La forte densité de population (plus de 200 habitants au km²) sur des sols volcaniques relativement fertiles et la forte croissance démographique expliquent en partie la terrible violence des conflits entre groupes ethniques rivaux dans deux petits États d'Afrique de l'Est, le Rwanda (7,7 millions d'habitants) et le Burundi (6,1 millions d'habitants). Dans l'un et dans l'autre, les paysans hutus (prononcer « houtou »), qui sont majoritaires et les pasteurs tutsis s'opposent depuis des années. En 1994, les premiers ont cherché au Rwanda à exterminer les seconds. Ce génocide n'a pas fini d'avoir des conséquences dans toute l'Afrique de l'Est.

Pour en avoir une vue d'ensemble, nous allons renouer avec le fil de notre périple aérien. Nous commencerons par l'Afrique australe, car elle pose des problèmes assez peu connus, mais particulièrement intéressants. En remontant vers le nord, à partir de la ville du Cap proche du célèbre cap de Bonne-Espérance, une fois franchi des montagnes sèches et de hauts plateaux assez arides, nous arrivons, au niveau du tropique (celui du Capricorne), au-dessus d'une très vaste cuvette (bien plus que la superficie de la France) que les géographes ont appelé le désert du Kalahari. En vérité, ce n'est pas vraiment un désert, mais une steppe, car le Kalahari est beaucoup moins aride que le Sahara. Mais, différence essentielle, vers le centre de la cuvette du Kalahari convergent toute une série de cours d'eau qui descendent des plateaux bien arrosés du Nord. Or l'eau de tous ces cours d'eau ne sert à rien ; elle va se perdre dans de grands marais, ceux du lac Ngami, du Makarikari et surtout ceux de l'Okawango, dont le nom est devenu célèbre puisqu'il a été repris par une série d'émissions de télévision consacrées à l'écologie. Ces marais sont le paradis des oiseaux et des animaux sauvages. On y a délimité d'immenses réserves écologiques (pour les touristes fortunés) à côté de grands ranchs d'élevage. Au Sahara de telles ressources en eau auraient été utilisées depuis des siècles pour créer toute une série de grandes oasis. Il n'y en a pas au Kalahari. C'est la différence fondamentale avec le Sahara dont les ressources en eau sont dérisoires (exception faite de la vallée du Nil).

Pourquoi n'y a-t-il pas d'oasis dans la cuvette du Kalahari? Parce que les Bushmen qui vivent en petit nombre près des marais ne pratiquent pas l'agriculture, mais seulement la chasse et la cueillette; pourtant, vers la bordure sud-est de la cuvette, il y a des éleveurs-cultivateurs, les Tswana. Mais ces derniers n'ont pas cherché à tirer partie de l'eau qui se perd au centre du Kalahari. Ils n'ont pas eu l'exemple d'agriculture irriguée que, depuis des millénaires, la vallée du Nil offre aux Sahariens. De surcroît, à la différence du Sahara, le Kalahari n'a pas été traversé par des routes caravanières qui ont exigé l'aménagement d'oasis-étapes. Enfin, les Tswana et les différents peuples d'Afrique du Sud se sont livrés au xixe siècle à de terribles guerres, ce dont les Blancs ont profité pour établir leur domination sur les uns et les autres. Les Tswana, qui sont environ 4 millions, vivent pour les trois-quarts en Afrique du Sud. Ils forment quelque 90 % de la population du Botswana (1,5 million d'habitants pour 567 000 km²).

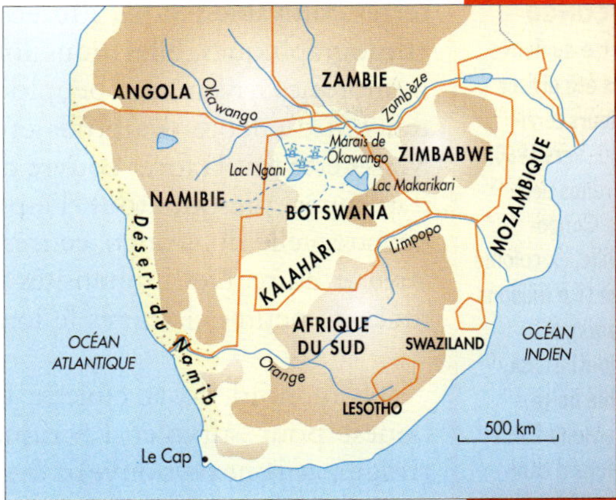

Vaste cuvette, le Kalahari s'étend surtout au Botswana et, partiellement, en Namibie où se trouve un vrai désert, le Namib, situé le long de la côte Atlantique. Celui-ci est dû à la présence d'un courant marin froid (pluie en mer).

Toujours est-il que, dans une Afrique que l'on dit sans ressources pour faire face à la croissance démographique, la cuvette du Kalahari offre le plus vaste exemple de gaspillage et de non-mise en valeur de grandes potentialités agricoles. On pourrait amener dans la cuvette du Kalahari, où les sols sont relativement fertiles, une partie des eaux du Zambèze, ce grand fleuve qui lui aussi vient du nord, avant d'orienter son cours vers l'océan Indien. Mais à quoi bon, puisque l'on n'utilise même pas les eaux des fleuves qui vont se perdre dans les marais.

Si nous continuons notre survol au nord du Kalahari, nous passons au-dessus de vastes étendues de savanes presque désertes où serpentent des vallées forestières inhabitées (forêts-galeries). De place en place, de la savane montent des nuages de fumée : ce sont les brûlis. Des paysans mettent le feu aux herbes sèches et aux broussailles pour défricher des

DEUX CONGO
La cuvette du fleuve Congo a été divisée en plusieurs territoires qui, vers 1960, sont devenus deux États : le Congo-Brazzaville, ex-colonie française (2,6 millions d'habitants), et le Congo-Kinshasa, ex-colonie belge, appelé ensuite Zaïre (47 millions d'habitants) puis République démocratique du Congo depuis 1998.

terres cultivables. Si par l'Internet, nous consultons des cartes ethnographiques, elles nous indiquent que sur ces étendues monotones vivent des peuples très divers. Plus au nord, on rencontre encore des brûlis et des peuples tout aussi divers. Mais cette fois la forêt couvre de plus en plus le paysage avant d'occuper presque tout l'espace d'une autre très grande cuvette, celle du Congo, ce très grand fleuve que l'on appelle aussi le Zaïre. Des immensités forestières désertes sont ponctuées de petites clairières le long des pistes.

Si au nord de la cuvette congolaise nous piquons vers l'ouest pour survoler l'Afrique occidentale à distance des rivages, ce sont de nouveau des savanes monotones traversées de vallées forestières. Les cartes ethnographiques nous indiquent encore une grande diversité de populations. En volant moins haut, nous voyons que dans ces savanes, surtout dans les régions où les villages sont les plus nombreux, les sols rougeâtres subissent une terrible érosion : ils ont été entraînés vers les rivières qui ont la même teinte après les grosses pluies. De larges plaques noirâtres s'étendent là où ils ont disparu. Mais on survole aussi de vastes étendues presque désertes.

Peu de régions d'Afrique noire ont échappé aux effets dramatiques de l'érosion. Aujourd'hui, les sols tropicaux sont pauvres et fragiles.

Au total, l'Afrique tropicale apparaît faiblement peuplée (en moyenne 20 à 30 habitants au kilomètre carré), surtout si on la compare à l'Asie tropicale qui est schématiquement deux fois moins vaste, mais trois fois plus peuplée. De nombreux géographes, pédologues et agronomes expliquent que les sols tropicaux (à l'exception des terrains volcaniques) sont pauvres et fragiles, particulièrement ceux qui s'étendent sur la plus grande partie de l'Afrique. Autrefois, pour cultiver, les paysans africains faisaient de longues jachères grâce auxquelles la végétation se reconstituait, et ils protégeaient les sols. Au bout de plusieurs années, on faisait de nouveau des brûlis, ce qui donnait des cendres pour fertiliser le sol. De nos jours, du fait de la croissance démographique, on est obligé d'étendre les cultures et on ne peut plus beaucoup faire de jachère. Aussi les sols cultivés se dégradent-ils rapidement. Cela est vrai dans les régions relativement peuplées. Cependant, même dans ces régions où les sols se réduisent comme peau de chagrin, les vallées sont presque désertes bien qu'il y ait des sols relativement bons. Enfin, il y a de vastes étendues presque vides où, de ce fait, il n'y a guère d'érosion.

Qu'il s'agisse de la cuvette du Kalahari, des savanes ou des forêts, l'Afrique tropicale offre le spectacle d'un continent dont la mise en valeur est très insuffisante, compte tenu de la croissance démographique actuelle. Celle-ci entraîne la dévastation des sols qui sont surexploités dans les espaces relativement peuplés, alors que de vastes étendues inhabitées et, tout d'abord, les vallées pourraient sans doute être utilement mises en valeur. Comment peut-on expliquer de telles incohérences ? Elles résultent des luttes qui, durant des siècles, se sont déroulées en Afrique tropicale.

Bien des régions où la population est aujourd'hui très peu nombreuse étaient autrefois assez peuplées, comme en témoignent les nombreux récits que nous ont laissés les explorateurs européens. Elles ont été presque complètement dépeuplées à la suite d'événements épouvantables. Ce n'est qu'une des conséquences d'une très longue tragédie qui a touché presque toutes les régions de l'Afrique tropicale : la traite des esclaves.

LA MALADIE DU SOMMEIL

Les vallées forestières, surtout celles des régions de savanes, sont le domaine de très graves maladies, la plus célèbre d'entre elles étant la maladie du sommeil (trypanosomiase) qui est transmise par des mouches (glossines). Ces maladies ont sans doute empêché le peuplement, mais on peut dire à l'inverse qu'elles se sont maintenues parce que les vallées n'ont pas été défrichées. La maladie du sommeil a été efficacement combattue par les médecins français de la colonisation dans de nombreux pays d'Afrique de l'Ouest, mais elle sévit encore dans les savanes de l'hémisphère Sud.

Les conséquences du plus long crime contre l'humanité

Il importe de bien comprendre ce qui s'est passé pendant près de dix siècles en Afrique tropicale. Les conséquences y sont encore très graves. La déportation d'un très grand nombre d'Africains au-delà de l'Atlantique fait qu'aujourd'hui leurs descendants sont nombreux aux États-Unis – plus de 30 millions – et sans doute autant en Amérique latine, notamment dans les départements français d'outre-mer (Martinique, Guadeloupe, Guyane, mais aussi à l'île de la Réunion dans l'océan Indien). Ce que l'on appelle aux États-Unis le « problème noir » est sans doute aujourd'hui l'un des plus graves de la première puissance mondiale.

« TRAITE », « ESCLAVE », « NÉGRIER »
C'est au XVIIe siècle que « traite », qui vient du mot « tirer », apparaît en français au sens de retirer des esclaves d'un pays. Le mot « esclave » vient du latin *slavus*, d'où vient aussi le mot « slave » qui désigne les populations d'Europe orientale parmi lesquelles furent capturés, dans l'Antiquité et au début du Moyen Âge, de nombreux esclaves. Le terme de « négrier » (qui vient de « nègre ») désigne tout ce qui a trait à la traite des Noirs, leur capture, leur transport et leur vente.

L'Afrique noire a subi durant des siècles une malédiction : la traite des esclaves

En effet, la quasi-totalité de l'Afrique tropicale, y compris les régions très éloignées des côtes (comme l'actuelle République centrafricaine proche du lac Tchad), a été ravagée durant presqu'un millénaire et jusqu'à la fin du XIXe siècle par ce que l'on a appelé la traite des esclaves. Par esclavage, il faut entendre, au sens précis du terme, la réduction de l'être humain au statut de l'animal domestique que l'on achète et que l'on vend pour le faire travailler ou pour en obtenir certaines satisfactions. La traite est la première étape de cette réduction à l'état d'animal. C'est d'abord la capture d'êtres humains que l'on retire de la société où ils vivaient pour les vendre ailleurs comme esclaves – assez loin pour qu'ils ne puissent se sauver et retourner chez eux.

Autrefois, l'esclavage a caractérisé bien d'autres sociétés sur tous les continents, et même il a été à la base des plus brillantes, comme celle de la Grèce antique ou de l'Empire romain. En Europe occidentale, il a lentement disparu au Moyen Âge, puis avec l'islam dans le monde arabe. Mais, bien que dans ses principes l'islam ait proclamé la libération d'un grand nombre d'esclaves puisqu'ils devenaient musulmans, les négociants arabes sur les côtes africaines de l'océan Indien ont, dès le IXe siècle, commencé à faire le commerce d'esclaves noirs même s'ils devenaient musulmans. Au sud du Sahara, où l'islam s'est propagé dès le Moyen Âge, les marchands arabes (ou berbères) achetaient des esclaves à divers royaumes africains restés animistes ou devenus musulmans qui capturaient d'autres Noirs en principe non musulmans; s'ils l'étaient déjà, le prétexte de la capture était que ce n'étaient sans doute pas de vrais musulmans.

Le transport des esclaves africains vers le Nouveau Monde témoigne de la réalité d'un commerce affreux. Ils étaient habituellement étroitement enchaînés à l'intérieur du bateau, sur plusieurs niveaux, et ne pouvaient se tenir debout.

À partir du XVIe siècle, à la traite organisée par les marchands arabes vers le Machreq ou le Maghreb s'est ajoutée la traite organisée depuis les côtes de l'Atlantique vers l'Amérique par des marchands européens (portugais, espagnols, anglais, français, hollandais, danois, etc.). En effet, sur les côtes tropicales d'Amérique du Nord, aux Antilles et au Brésil, des marchands européens avaient organisé des plantations de tabac, coton, café, cacao et surtout de sucre, produits tropicaux qui se vendaient très cher en Europe. Mais il fallait de la main-d'œuvre car les autochtones avaient disparu, victimes de massacres et surtout des maladies involontairement apportés du

LA PACOTILLE
Les navires négriers partaient d'Europe avec de la « pacotille », c'est-à-dire une série de paquets (contenant chacun des tissus, de l'alcool, de la poudre, des sabres, des mousquets, etc.) que l'on échangeait sur les côtes d'Afrique contre des esclaves pour aller les vendre en Amérique, en échange de coton, de tabac et de sucre.

Vieux Monde par les Européens. Ce fut d'ailleurs le sort de la majeure partie des populations du Nouveau Monde, que l'on avait appelées « indiennes » (car on croyait d'abord avoir découvert les Indes). La solution fut pendant près de trois siècles d'aller continuellement acheter des esclaves sur les côtes d'Afrique, car il en fallait beaucoup. En effet, sans compter tous ceux qui mouraient durant les semaines de navigation (les conditions du transport sur les navires négriers étaient en effet épouvantables), beaucoup, une fois arrivés en Amérique, mouraient à la tâche ou de diverses maladies. Pendant que, au XVIIIe siècle, la traite organisée par les négriers européens battait de sinistres records et rapportait des sommes considérables aux négociants de Bordeaux ou de Nantes, par exemple, celle des négriers arabes continuait surtout dans l'océan Indien, mais avec des moyens plus limités.

Or le XVIIIe siècle en Europe, c'est l'époque des « Lumières », c'est-à-dire des philosophes qui parlent du progrès de l'humanité, de la justice, des droits de l'homme. Mais comme Voltaire qui gagne de l'argent dans le « commerce triangulaire » (entre l'Europe, l'Afrique et l'Amérique), la quasi-totalité d'entre eux ne se soucient pas du sort des esclaves, puisqu'ils sont noirs. L'opinion européenne (et arabe), y compris la plus cultivée ou la plus éclairée, les considère comme des sauvages, encore proches de l'animal, mais pas vraiment comme des êtres humains. Certains théologiens osent même dire que la couleur noire est sans doute la preuve que Dieu dut punir ces hommes pour avoir commis de grands péchés.

Pour que cet état d'esprit commence à changer en Europe, il va falloir que survienne dans l'empire anglais, à la fin du XVIIIe siècle, le contrecoup d'un événement majeur : l'indépendance des États-Unis. Les Britanniques émigrés en Amérique, et notamment les riches planteurs de coton du Sud, se sont révoltés contre Londres qui les empêche de commercer avec qui bon leur semble, afin de conserver le monopole commercial de l'Angleterre. De la guerre qui s'ensuit, les *insurgents* américains sortent victorieux. Mais la riposte de l'Angleterre sera aussitôt de condamner la traite des esclaves. En effet, le gouvernement britannique veut empêcher les planteurs du sud des États-Unis (comme George Washington) de développer avec leur coton et leurs esclaves une industrie textile rivale de celle de l'Angleterre. Mais bientôt les intérêts géopolitiques entraînent peu à peu une prise de conscience du caractère injustifiable (surtout pour des chrétiens) de la mise en esclavage d'êtres humains, quelle que soit la couleur de leur peau. Dès lors, le gouvernement britannique va mener une campagne inlassable contre la traite des esclaves et obtient qu'elle soit solennellement interdite par les chefs des puissances européennes réunis en 1815, au congrès de Vienne, où ces derniers réorganisent l'Europe après la tourmente napoléonienne.

Désormais, les frégates anglaises veillent sur l'Atlantique afin que cette interdiction soit rigoureusement appliquée et qu'aucun navire négrier ne puisse clandestinement atteindre les côtes d'Amérique et surtout celles des États-Unis. L'esclavage y restera pourtant pratiqué jusqu'au milieu du XIXe siècle. D'ailleurs, la question de l'esclavage sera l'un des détonateurs de la guerre de Sécession (1861-1865) entre le Nord libéral et le Sud esclavagiste.

De son côté, l'Afrique n'en avait, hélas, pas encore fini avec la traite des esclaves. En effet, si la traite était désormais interdite par les Anglais vers d'autres continents, elle continua d'être pratiquée au XIXe siècle et plus massivement encore : les royaumes négriers africains qui avaient depuis des siècles pris l'habitude de capturer des esclaves parmi les peuples voisins continuèrent de le faire pour les vendre directement ou indirectement à d'autres Africains qui les employaient à de multiples tâches. Les négriers africains sont alors plus puissants que jamais, car ils ont pu se faire livrer en contrebande par des trafiquants européens des stocks de vieux fusils utilisés en Europe

NANTES, BORDEAUX, LA ROCHELLE

Les grandes maisons de traite de Nantes, La Rochelle et Bordeaux livrent la main-d'œuvre servile réclamée par les premiers colons. Le commerce des Noirs fera, tout au long du XVIIIe siècle, les grosses fortunes des ports français de l'Atlantique. Ainsi, la ville de Nantes a organisé à elle seule plus de 42 % des 3 400 expéditions de traite recensée en France entre 1700 et 1800.

UNE ABOLITION TARDIVE
En France, l'esclavage dans les possessions françaises des Antilles (Martinique, Guadeloupe) et à la Réunion est interdit en 1848. Les esclaves furent donc libérés, tandis que leurs propriétaires furent indemnisés par le gouvernement.

durant les guerres révolutionnaires. Ces négriers sont alors à la tête de véritables empires esclavagistes, qui sont des royaumes itinérants car il faut se déplacer une fois qu'une région a été vidée de sa population. Les esclaves sont capturés en tel nombre que leur prix devient dérisoire, surtout s'il s'agit de femmes. Des régions entières sont alors dépeuplées. Outre les esclaves, hommes et femmes, que les troupes des négriers entraînent au loin et qui mourront pour une part en cours de route, il faut ajouter ceux qui sont morts pendant les combats et tous ceux qui mourront ensuite de faim, car les négriers attaquent les villages après la récolte de façon à pouvoir s'en emparer et la faire transporter par les captifs. Ce sont les puissances coloniales européennes qui, à la fin du XIXe siècle, mettront fin à la traite des esclaves sur les territoires dont elles se sont emparées, au nom de la lutte contre l'esclavage. Leurs principaux adversaires furent le plus souvent les royaumes esclavagistes africains que le petit nombre de conquérants européens purent combattre en recrutant des troupes africaines parmi les peuples victimes de la traite. Celle-ci ne doit pas être confondue avec le système du travail forcé que les colonisateurs imposeront ensuite aux populations africaines. En effet, les Africains réquisitionnés par la force pour aller effectuer différents travaux parfois fort loin de leurs villages peuvent, un ou deux ans après, retourner chez eux, du moins s'ils ne sont pas entre-temps morts de maladies. Le paradoxe est donc qu'en Afrique noire, c'est la conquête coloniale avec ses brutalités et son racisme qui a mis fin à cette abomination que furent, durant des siècles, la capture et le commerce d'êtres humains réduits de force à l'état d'animaux domestiques.

Aujourd'hui, le lourd bilan géopolitique de la traite des esclaves

Si dans l'histoire de l'humanité l'esclavage a été le fait autrefois de la plupart des civilisations, c'est seulement en Afrique noire qu'il a duré le plus longtemps. On peut dire que

Vente aux enchères d'un jeune couple d'Africains et de leur enfant en Virginie (États-Unis), dans les années 1840.

ce sont au total plusieurs dizaines de millions d'hommes et de femmes qui ont été victimes des pires violences, chassés comme du gibier et vendus comme du bétail pour être soumis aux besognes les plus dures ou les plus humiliantes. Il s'agit sans aucun doute dans l'histoire d'un des plus grands crimes contre l'humanité.

Aujourd'hui, certains défenseurs des droits de l'homme (et pas seulement des Africains) voudraient que l'on dénonce et que l'on juge ce crime, devant un tribunal international, tout comme d'autres crimes contre l'humanité ont été unanimement condamnés. On sait, hélas, qu'il y en a eu d'autres : l'extermination en Europe de six millions de juifs par les nazis durant la Seconde Guerre mondiale est un des pires et il est juste qu'on en médite la portée.

Cependant, la logique de la traite des esclaves ne fut pas celle du génocide : il s'agissait en effet de capturer des hommes et d'aller les vendre ailleurs ; la logique ne fut pas de les exter-

RACE : UN MOT DANGEREUX
Il est très difficile d'aborder l'idée de race depuis qu'elle a été utilisée pour soi-disant justifier les abominations perpétrées contre la « race » juive, terme sous lequel les nazis regroupaient des hommes et des femmes très différents de langue et d'allure, les uns de type germanique ou slave, les autres de type méditerranéen.

miner parce qu'ils étaient noirs, même si la traite entraîna la mort de millions d'entre eux. Au contraire, la Shoah, le génocide perpétré contre les juifs, a eu pour but immédiat de les exterminer parce que juifs, et non d'exploiter totalement leur force de travail jusqu'à ce que mort s'en suive.

On peut se demander si la logique de la traite des esclaves n'est pas celle des régimes concentrationnaires qui se sont établis en Europe, sous la tyrannie hitlérienne de 1933 à 1945 ou sous celle de Staline, à partir des années 1920 jusqu'en 1956. En URSS, dans les camps du goulag, sont morts des millions de prisonniers politiques réduits à l'état d'esclaves-forçats. La logique de ce système est cependant tout à la fois d'exploiter totalement leur force de travail, mais aussi d'éliminer « utilement » des opposants politiques ou prétendus tels. Et cela n'était pas la logique de la traite des esclaves. Toujours est-il que l'on dénonce de plus en plus aujourd'hui le terrible crime qu'elle fut contre l'humanité. Le pape Jean-Paul II y a fait allusion de façon explicite lors d'un de ses voyages en Afrique. Mais certains voudraient faire un grand procès de la traite des esclaves, un procès qui serait celui de la civilisation européenne et de l'homme blanc que l'on accuserait d'une volonté d'extermination des Noirs et de la destruction de la civilisation africaine. On peut certes accuser l'Europe (et les Arabes) et les penseurs européens d'une très longue indifférence au sort des Africains réduits en esclavage par un petit nombre de riches commerçants et de planteurs. Mais ceux-ci n'ont pu acheter et user ces esclaves noirs que dans la mesure où des négriers eux-mêmes noirs les avaient capturés, acheminés vers la côte et vendus aux Blancs. Alors qu'elle était enfin interdite par les Européens, la traite négrière n'en a pas moins continué au XIXe siècle dans le seul cadre de l'Afrique.

Si la condamnation de la traite devait être aussi celle de l'Europe et de l'homme blanc contre l'Afrique et l'homme noir, les conséquences en seraient graves car cela renforcerait l'idée dangereuse d'une lutte sur le plan mondial entre civilisations et celle de la guerre entre les races. L'histoire montre qu'il n'y a pas de solidarité de race : si l'on juge insensé que des négriers noirs aient capturé et vendu ceux qu'ils ne considéraient justement pas comme des « frères de race », il faudrait tout autant déclarer impossible que des Blancs se fassent la guerre. Et pourtant, ils se sont maintes fois combattus avec une violence sans pareille. La traite des esclaves menée dans une grande mesure par des Africains a certes été la grande malédiction de l'Afrique, mais l'Europe a sans doute perdu autant, sinon davantage, d'hommes de femmes et d'enfants dans les deux guerres mondiales que se sont faites les Européens. La dernière de ces tragédies a fait en Europe plus de vingt millions de victimes !

Cependant, ces carnages eurent des effets moins désorganisateurs dans les sociétés européennes que la traite des esclaves dans les sociétés africaines. Les guerres entre Blancs ne duraient que quelques années et les États européens s'y préparaient minutieusement avec toutes leurs forces industrielles, alors que les razzias d'esclaves qui ont duré des siècles ont empêché les sociétés africaines de progresser et de former de véritables États.

Les conséquences de cette longue tragédie qu'a été la traite des esclaves sont en Afrique tropicale beaucoup plus graves qu'on l'imagine habituellement. En effet, les souvenirs qu'en ont les peuples africains qui en ont été les victimes et les pouvoirs dont disposent encore certains groupes africains qui en ont tiré profit expliquent dans une grande mesure les rivalités qui existent dans la plupart des États. Ceux-ci en sont gravement affaiblis, quand ils ne sont pas plongés dans des guerres civiles, ce qui explique leur inefficacité. Les rivalités actuelles, qui résultent de celles des XVIIIe-XIXe siècles, sont d'autant plus pernicieuses que, dans la plupart des États africains, on n'en

L'hostilité entre les peuples qui chassaient les esclaves pour le compte des trafiquants et les peuples soumis est encore vivace, de nos jours, dans certains pays africains.

parle guère ouvertement, les groupes ethniques qui sont au pouvoir ne tenant pas à être dénoncés par les peuples qui ont été autrefois les principales victimes de la traite. Mais les pires rumeurs circulent et elles s'en prennent assez injustement à des groupes qui n'ont été jadis que des intermédiaires entre les chasseurs d'esclaves et leurs lointains clients. En revanche, des peuples guerriers, organisés en royaumes esclavagistes, se sont disputé férocement des «territoires de chasse» aux esclaves. Ce fut, par exemple, le cas en Afrique du Sud entre les Zoulous et d'autres peuples négriers, avant l'arrivée des Européens.

Une des grandes tâches d'éducation civique à laquelle devraient participer non seulement des historiens africains, mais aussi européens, arabes et américains, serait de préparer dans chaque État de grandes assemblées de réflexions et de réconciliation : après avoir établi ce qui s'est passé et montré les responsabilité des uns et d'autres, et d'abord celle des Européens (et des Arabes), les représentants des différents peuples concernés se demanderaient mutuellement pardon pour se réconcilier dans une vraie nation. Certes, tout cela est bien difficile, mais pour que les États africains puissent entreprendre les grandes tâches de développement qui sont indispensables, ne serait-ce que la mise en valeur rationnelle de nouveaux espaces agricoles (les vallées et les régions dépeuplées), il est nécessaire que les peuples qu'ils rassemblent du fait du tracé des frontières se réconcilient pour agir ensemble.

Différentes sortes de racisme

On appelle racisme un ensemble de considérations politiques pour la plupart irrationnelles et plus ou moins confuses qui affirment qu'existent des inégalités intellectuelles entre des « races » et qu'il faut préserver la pureté de prétendues « races supérieures ». Les populations africaines ne sont pas les seules à avoir été victimes de telles idées. Ce fut le cas également des Chinois en Asie durant la première moitié du XXe siècle : les Japonais, qui se considéraient comme une « race supérieure », ont traité durant la conquête de la Mandchourie, puis au cours de la Seconde Guerre mondiale, les Chinois comme une « race inférieure ». De même, le pire racisme a existé entre les Blancs. Ainsi, sous le prétexte de la supériorité de la race aryenne, les nazis ont cherché à exterminer non seulement les juifs, mais aussi de nombreux Slaves (Polonais, Russes, etc.).

Pour ce qui est des juifs, les nazis parlaient d'une « race inférieure », mais ils dénonçaient pourtant le pouvoir considérable dans le domaine financier. Le discours des racistes n'est donc pas très logique et il est surtout très dangereux pour les peuples qu'ils cherchent à mobiliser. C'est ainsi que l'Allemagne et le Japon, dont les dirigeants s'étaient fixé comme but la conquête du monde et l'oppression des autres « races », ont connu en 1945 la pire catastrophe et des pertes humaines considérables.

Par ailleurs, la couleur de la peau n'est pas le seul critère de différenciation entre les groupes humains. C'est ainsi qu'en Afrique, des peuples dont la peau est très foncée, comme les Éthiopiens, les Soudanais, mais aussi beaucoup d'Égyptiens et même des Touareg au Sahara se considèrent comme des Blancs faisant partie de l'« Afrique blanche » et non de l'« Afrique noire ». La couleur de la peau n'est donc

DES COULEURS CONTROVERSÉES
Les appellations « Blanc », « Noir » et « Jaune » sont discutables, car on ne dit pas l'Europe « blanche » ou l'Asie « jaune ». Il y a par ailleurs en Asie beaucoup de populations qui se disent blanches (Moyen-Orient), même quand leur peau est très foncée, comme c'est le cas dans le sud de l'Inde.

L'ABOLITION AUX ÉTATS-UNIS
La proclamation d'émancipation prononcée par le président Abraham Lincoln en 1863 permettra d'affranchir tous les esclaves.
Le 13e amendement à la Constitution, adopté en 1865, abolit l'esclavage sur tout le territoire des États-Unis.

pas l'essentiel et il y a bien d'autres traits à prendre en considération. Mais ils ne signifient absolument pas une quelconque supériorité ou infériorité biologique entre les groupes humains. L'idée de supériorité ou celle d'infériorité sont tout à fait irrationnelles et subjectives. Ainsi, aux États-Unis, un grand nombre de Blancs estiment que les métis, même ceux dont la peau est très claire, sont des Noirs (12 % de la population). À l'inverse, au Brésil, où le métissage a été très important, les mulâtres et les métis (35 % de la population) sont plutôt considérés comme des Blancs ; ceux que l'on regarde comme des Noirs (11 %) sont surtout ceux qui sont les plus pauvres. Il n'y a guère de problème de racisme au Brésil, bien que l'esclavage ait été aboli tardivement (1888).

Aux États-Unis, où l'esclavage a subsisté dans le Sud jusqu'au milieu du XIXe siècle, le sort des Noirs qui travaillaient sur les plantations est resté très précaire, car s'ils sont devenus théoriquement libres, ils n'ont pas reçu de terre à cultiver, et les Blancs, par divers moyens, sont parvenus à les tenir à l'écart des écoles et de la vie politique. C'est seulement depuis quarante ans que ces mesures discriminatoires ont été officiellement abolies, mais les Noirs, non sans raison, se sentent toujours plus ou moins tenus à l'écart. Trop souvent persuadés qu'ils ne pourront pas réussir dans ce qu'ils entreprennent, leur comportement est trop souvent assez négatif.

L'Afrique noire est sans doute le berceau même de l'humanité et il importe de souligner les grandes valeurs artistiques des civilisations africaines et des peuples noirs dans le monde. De grands penseurs noirs de langue française comme Léopold Sédar Senghor (ancien président du Sénégal et membre de l'Académie française) ou le poète antillais Aimé Césaire célèbrent ce qu'ils appellent la « négritude », tout comme les jeunes Africains et Antillais qui vivent en France disent « Black is beautiful ».

L'Asie des grands États et des rizières

Le Fil rouge va maintenant nous conduire dans un grand voyage, des côtes de l'océan Indien jusqu'aux rivages de la mer du Japon, c'est-à-dire au-dessus des façades méridionales et orientales de l'Asie, depuis les terres tropicales de l'Inde jusqu'à des péninsules et des archipels d'Extrême-Orient où il fait très froid l'hiver.

C'est sur ce grand arc long de dix à douze mille kilomètres que se trouvent concentrés environ trois milliards d'hommes et de femmes, c'est-à-dire la moitié de l'humanité. Et c'est peu d'écrire qu'ils sont concentrés, car, comme nous pouvons le voir à très haute altitude, de nombreuses parties de cet arc (large de 1 500 km environ) sont formées de régions montagneuses ou de collines qui semblent presque vides. Ces trois milliards d'hommes se trouvent surtout localisés dans plusieurs vallées et d'assez petites plaines côtières qui sont donc extraordinairement peuplées.

Le contraste est extrême avec l'Afrique aux étendues monotones et faiblement occupées. Comment ces Asiatiques peuvent-ils trouver de quoi vivre sur des espaces aussi restreints ? Sont-ils plus pauvres encore que les Africains ? En fait, sur cette façade de l'Asie, se trouvent non seulement l'Inde et la Chine, soit les deux plus grands États du monde par la population, mais aussi la deuxième puissance économique mondiale, le Japon.

Si nous volons moins haut, depuis l'Inde jusqu'au Japon en passant par la Chine, il apparaît que ces plaines côtières se ressemblent. Elles sont, en effet, finement quadrillées et elles luisent sous la lumière du soleil : ce sont les rizières. Nous avons déjà vu ces champs inondés principalement par l'eau de pluie, lorsque nous étions au-dessus du Bangladesh et de l'Indoné-

HYDRAULIQUE ET HYDROLOGIE
« Hydraulique » ne s'écrit pas comme « hydrologie », bien que ces deux termes savants aient l'un et l'autre rapport avec l'eau. En grec, « eau » se dit *hydro*, mot souvent abrégé en *hydr-*. (l'hydre était un animal fabuleux à plusieurs têtes qui sortait des fontaines et des rivières). L'hydrologie est la science qui étudie les eaux, qu'elles soient fluviales ou marines. « Hydraulique » – *aulos*, en grec « tuyau » – désigne des techniques qui utilisent l'eau grâce à des tuyaux ou des canaux. Par travaux hydrauliques on entend la construction des barrages, des digues et des canalisations pour les égouts ou les adductions d'eau.

sie. Mais il n'y a pas qu'en Asie tropicale que l'on trouve des rizières avec le quadrillage géométrique des diguettes qui les bordent. Elles couvrent aussi les plaines littorales et les vallées de la Chine du Nord, de la Corée et du Japon, c'est-à-dire des contrées où l'hiver est plus ou moins froid.

Les sociétés hydrauliques

Qu'est-ce qu'une société hydraulique ? C'est une expression assez savante qui désigne une société (soit plusieurs millions d'hommes) principalement organisée pour construire, utiliser et entretenir les ouvrages hydrauliques nécessaires au bon fonctionnement des rizières, mais surtout à la lutte contre les dangers d'inondation. En effet, ces sociétés qui pratiquent principalement la culture du riz se trouvent pour une grande part dans les vallées des fleuves qui prennent leur source dans d'imposants massifs montagneux. Ceux-ci reçoivent, en été, les énormes pluies qu'apporte la mousson en provenance de l'océan Indien ou du Pacifique. Toute cette eau dévale vers les plaines où elle provoque de très fortes crues. Les risques d'inondation sont bien réels.

De surcroît, les pluies de mousson provoquent sur les hauteurs une importante érosion. Aussi le ruissellement entraîne vers les cours d'eau de volumineuses quantités de boues, de sables et de cailloux. Ces alluvions sont si abondantes que, dans la plaine où la pente est faible, le fleuve a du mal à les transporter : ces alluvions tendent à s'accumuler au fond du lit fluvial. Par conséquent, celui-ci s'exhausse progressivement et le cours d'eau coule parfois plusieurs mètres au-dessus du niveau de la plaine, comme sur une sorte de remblai. Aussi, à l'état naturel, c'est-à-dire avant une quelconque intervention de l'homme, lors des crues les fleuves débordent d'autant plus sur la plaine en contrebas qu'ils décrivent de nombreux méandres : la force du courant fait que les eaux se déversent à chaque changement de direction. À l'état naturel, ces vallées et ces plaines côtières où débouchent les fleuves sont inhabitables. Or c'est pourtant là que se concentrent l'essentiel des populations avec d'énormes densités de peuplement pour des régions rurales (800 à 1 000 habitants au kilomètre carré). Ce sont ces populations qui, au cours des siècles, ont progressivement construit des digues en terre compactée (faites avec les alluvions). D'une hauteur de six à sept mètres, ces digues sont édifiées de l'amont vers l'aval sur chaque rive des fleuves dont elles contiennent les crues, évitant, sauf accident, qu'elles se déversent sur les plaines en contrebas. On l'a dit, celles-ci seraient inhabitables sans la construction de ces ouvrages. Mais, pour accomplir un travail si considérable, il a fallu une main-d'œuvre nombreuse et disciplinée. Afin de diriger les travaux et mobiliser les paysans, chaque pays a dû mettre en place une organisation technique et politique, c'est-à-dire se doter d'un gouvernement et d'une administration, bref, constituer un véritable État.

Avec ses rizières soigneusement aménagées, le Viêt-nam offre un exemple type de société hydraulique.

Il ne s'est pas agi de n'importe quel type d'État, mais d'un État pour lequel la construction et l'entretien des digues ont représenté un souci majeur: permettre l'extension et l'augmentation de la population. En résumé, les sociétés hydrauliques qui savent l'importance des digues sont dirigées par des États qui ont les mêmes préoccupations.

INDOCHINE
On regroupe sous le terme « Indochine » les pays qui se trouvent entre l'Inde et la Chine, c'est-à-dire la Birmanie (47 millions d'habitants), la Thaïlande (60 millions), le Cambodge (11 millions), le Laos (5 millions), le Viêt-nam (75 millions) et la Malaisie (21 millions).

Si les alluvions apportées par les fleuves ont l'inconvénient de provoquer leur surélévation et donc d'accroître les risques de débordement, elles ont en revanche l'avantage de donner des sols relativement fertiles. En effet, ces alluvions, qui ont été arrachées à des montagnes couvertes de neige et de glace, sont beaucoup plus riches que les sols tropicaux des basses terres. Ceux-ci ont perdu leurs éléments fertiles du fait d'une forte décomposition chimique (climat chaud et humide).

Les digues ne sont pas les seules réalisations des sociétés hydrauliques : il faut aussi aménager et aplanir les rizières, les entourer de diguettes pour y maintenir un certain niveau d'eau de pluie, mais aussi en évacuer l'excédent (qui noierait les plants de riz) grâce à un réseau de canaux de drainage. Ces canaux doivent également apporter de l'eau durant la saison sèche, afin d'irriguer une seconde récolte dans l'année. Cette seconde récolte, que l'on peut faire en Asie tropicale, est en revanche impossible à cause du froid de l'hiver dans les sociétés hydrauliques d'Asie tempérée (Chine du Nord, Corée et une grande partie du Japon).

Les sociétés hydrauliques ont en commun des ressemblances considérables : d'une part, elles ont connu dans un passé plus ou moins lointain des États puissants et bien organisés qui ont commencé à faire édifier des digues. Cela a permis un début de peuplement dans les vallées. Ces premiers peuplements ont augmenté la main-d'œuvre disponible pour bâtir de nouvelles digues en aval et accroître encore l'espace habitable et cultivable. D'autre part, afin de vivre sur des espaces relativement restreints, ces populations si nombreuses ont dû apprendre et mettre en œuvre progressivement des méthodes de culture de plus en plus intensives permettant d'obtenir sur les rizières des rendements de plus en plus importants. Ainsi, les États asiatiques ont des traditions beaucoup plus solides que les États africains.

D'ailleurs, dans la plupart des pays asiatiques, la population, grâce à la présence d'un groupe ethnique dominant, présente une cohésion beaucoup plus grande que celle des États africains. Cependant, les sociétés hydrauliques ne sont pas uniformes et chacune d'elles présente des caractéristiques originales.

Les particularités de l'Inde

À certains égards, l'Inde présente des caractéristiques qui ne sont pas exactement celles des autres sociétés hydrauliques. D'abord, la localisation du peuplement. Alors qu'en Indonésie, en Indochine, en Chine et au Japon l'essentiel du peuplement est concentré dans les plaines, la population est également répartie sur les vastes plateaux du Dekkan. Toutefois, ceux-ci sont moins peuplés que la grande vallée du Gange, où les densités de population sont considérables.

Ces plateaux ressemblent à ceux de l'Afrique tropicale, leurs sols ne sont pas riches, mais leur peuplement est beaucoup plus important. Cela tient au fait que, à la différence de l'Afrique, où les vallées sont désertes, sur le Dekkan, les petites vallées sont peuplées et bien mises en valeur. De nombreux lacs et étangs artificiels (avec de petits barrages) ont été aménagés sur le plateau pour retenir une partie des pluies de mousson, ce qui permet d'irriguer à la saison sèche. De plus, une partie des plateaux du Dekkan sont couverts de vastes étendues de laves volcaniques qui ont donné des sols fertiles.

L'Inde offre un trait bien particulier par rapport aux autres sociétés hydrauliques : l'importance de son élevage bovin. Alors qu'en Chine, en Indochine ou en Indonésie, les seuls bovins sont les buffles domestiques, peu nombreux, qui tirent la charrue dans les rizières, en Inde, les vaches se comptent par centaines de millions. Elles tirent la charrue et les charrettes, fournissent du lait (dont on fait du beurre) et des bouses que l'on

LE DEKKAN
Le Dekkan forme la partie sud de L'Inde. L'intérieur de la région est généralement sec avec des savanes. À l'est de Bombay s'étendent les sols noirs volcaniques. Ces derniers portent de riches cultures de coton, d'oléagineux et de blé. Le Nord-Est, plus arrosé, est le domaine des rizières. Sur les pentes du Sud poussent le thé, le café et les hévéas.

fait sécher pour obtenir un combustible de cuisine apprécié, et surtout qui servent à fertiliser les champs. Mais apparemment beaucoup de ces vaches ne font rien, car elles sont considérées comme « sacrées » par les hindouistes. Cette importance de l'élevage bovin rappelle un peu celui de certaines régions d'Afrique où il a aussi une fonction sentimentale pour les tribus de pasteurs dont c'est la fierté.

L'Inde, enfin, ressemble à l'Afrique tropicale par l'extrême diversité linguistique de ses populations : on a recensé en Inde plus de 1 600 langues, dont 67 sont des langues d'enseignement. Les trois quarts de ces langues relèvent de la famille linguistique indo-aryenne (qui a également donné les langues indo-européennes, qui sont parlées par la plupart des sociétés européennes), la principale d'entre elles étant l'hindi. Mais dans le sud de l'Inde se trouvent des populations au teint foncé qui parlent des langues dravidiennes. Cette diversité de langues a eu des conséquences politiques : à l'époque coloniale, les Anglais avaient laissé certains pouvoirs à un grand nombre de princes (raja, maharaja) à la tête de royaumes et de principautés. Depuis l'indépendance, ils ont perdu l'essentiel de leurs prérogatives, mais l'Union indienne a une structure fédérale. Elle est formée de 25 États différents qui, pour la plupart d'entre eux, correspondent chacun à un groupe de populations ayant une langue particulière. L'énormité de la population de l'Inde (près d'un milliard d'individus) fait que la plupart des États qui la constituent ont chacun des effectifs très importants.

L'arrivée de la mousson près de Calcutta, la capitale de l'État du Bengale-Occidental.

On pourrait penser qu'avec des États aussi nombreux, parlant pour beaucoup des langues différentes, l'Union indienne (comme bien d'autres États fédéraux) présenterait le risque d'être menacée de dislocation par différents mouvements séparatistes réclamant l'indépendance. En fait, ce n'est pas le cas, du moins pour le moment. En effet, à la différence de la diversité linguistique de chacun des États d'Afrique tropicale, celle de l'Inde s'accompagne d'une grande unité de civilisation et de religion.

Les peuples de l'Inde sont très différents par leurs langues, mais ils sont pour la plupart hindouistes. Toutefois, cette unité religieuse ne suffit pas à expliquer la faiblesse des mouvements séparatistes – en Europe, des nations catholiques comme l'Espagne, la France, l'Autriche et l'Italie se sont longtemps fait la guerre. Il faut tenir compte du système des castes qui caractérise l'hindouisme. Cette religion est une des rares à ne pas proclamer l'égalité des fidèles, mais au contraire leur inégalité, selon une stricte hiérarchie : à son sommet, la caste des brahmanes (les prêtres) et au-dessous de toutes les autres castes, au-dessous même des paysans, les « parias » que l'on appelle aussi les intouchables. Or les brahmanes des différents États défendent, dans une solidarité de caste, leurs intérêts communs, bien qu'ils parlent des langues différentes ; pour le moment, les intouchables des différents États linguistiques font de même. Aussi l'unité géopolitique de l'Inde n'est pas encore menacée.

La Chine, un gigantesque ensemble politique et culturel

En comparaison de la très grande diversité linguistique de l'Inde, la Chine présente une extraordinaire unité. Pour plus de 90 %, sa population – un milliard deux cent cinquante millions d'hommes et de femmes – ont la même civilisation.

Les Hans, c'est ainsi que se dénomment ceux qui se considèrent comme les vrais Chinois, sont conscients de leur unité culturelle. Celle-ci ne s'exprime pas exactement par le biais d'une langue partagée, mais plutôt grâce à une écriture commune très particulière. Celle-ci, à la différence de la majorité des autres langues, n'utilise pas les quelque 25 à 30 lettres d'un alphabet, mais des idéogrammes, c'est-à-dire des dizaines de milliers de signes différents, chacun exprimant un mot ou une idée.

Les Hans sont encore aujourd'hui persuadés de la supériorité de leur civilisation. Lorsqu'ils disent que la Chine est l'empire du Milieu, ils pensent qu'elle est vraiment le centre du monde et qu'autour d'elle les autres populations forment des groupes beaucoup moins importants et plus ou moins barbares. La plupart des Chinois estiment que la Chine a certes connu une période de déclin, de désordres et de domination étrangère du milieu du XIXe siècle au milieu du XXe siècle, mais que les progrès économiques spectaculaires qu'elle réalise depuis une quinzaine d'années sont la preuve du renouveau de sa puissance et de la supériorité de sa civilisation. C'est la plus puissante des sociétés hydrauliques.

CANTON
Capitale du Guangdong, la ville de Canton a été le centre d'un commerce particulièrement florissant avec l'Inde et l'Empire musulman dès le VIIe siècle. Les premiers contacts des Occidentaux avec ce port marchand remontent au début du XVIe siècle.

Comment expliquer que cette civilisation unisse depuis des siècles une masse considérable d'êtres humains ? Voyons d'abord où elle se localise plus précisément. La Chine est, depuis très longtemps, un grand empire (4 000 km d'est en ouest) qui s'étend jusqu'au centre du continent asiatique. Bien que sa surface soit de 9,6 millions de km² (soit autant que les États-Unis), les Hans, c'est-à-dire l'essentiel de la population, se trouvent surtout dans le tiers oriental du pays, en bordure de l'océan Pacifique. C'est en effet entre Pékin, au nord, et Canton, au sud, (soit sur une distance de quelque 2 000 kilomètres) que s'étend la vraie Chine aux plaines et aux vallées fortement peuplées, la Chine des Hans.

Les deux autres tiers du territoire sont, en comparaison, faiblement peuplés par des populations qui, pour n'être pas véritablement chinoises, n'en sont pas moins sous l'autorité de Pékin : le Nord-Ouest est la région des Mongols (25 millions environ) ; l'Ouest voit se concentrer les Ouïghours musulmans (7 millions) et de langue turque ; le Sud-Ouest, encore moins peuplé, est le domaine des Tibétains (2 millions). Les deux tiers du territoire de l'Empire chinois et aujourd'hui de la République populaire de Chine (RPC) sont formés d'immenses étendues plus ou moins arides, surtout des steppes, en Mongolie et au Tibet, et, tout à l'ouest, au Sinkiang, de véritables déserts. C'est en quelque sorte l'extrémité orientale de la grande zone désertique qui s'étend depuis le Sahara et le Moyen-Orient et qui sépare la zone tempérée, au nord, et la zone tropicale, au sud.

La « vraie » Chine, celle de l'Est, celle où vivent plus d'un milliard de Hans, correspond justement à une situation très particulière à la surface du globe : c'est la seule contrée au monde où l'on peut passer de la zone tempérée à la zone tropicale sans avoir à franchir des déserts. En effet, comme on peut le voir en bordure du Pacifique, les pluies de la mousson forment de l'une à l'autre un passage verdoyant. C'est justement sur ce passage de la zone tempérée à la zone tropicale que s'est faite l'expansion territoriale du peuple chinois. Le peuple des Hans s'est en effet constitué au nord, il y a quatre mille ans, à l'endroit où le Huang Ho, le fleuve Jaune, débouche sur la grande plaine du Nord. Les Hans, ces cultivateurs de céréales (surtout du millet et du blé), s'y sont progressivement étendus en raison même de la bonne organisation de leur État qui dirige la construction des digues pour contenir les crues du fleuve.

LE FLEUVE JAUNE
C'est ainsi que l'on nomme le Huang Ho en raison des énormes quantités de sédiments jaunâtres qu'il charrie. Avec 4 830 kilomètres, c'est le deuxième fleuve de Chine après le Yang Tse Kiang. Son cours s'achève dans un vaste delta qui avance de plusieurs centaines de mètres par an.

Cette expansion des Hans et de l'empire qu'ils constituent va se faire progressivement, non vers les plaines du Nord, qui sont de plus en plus froides, ni vers celles de

La Cité interdite, à Pékin, réservée à l'empereur et à sa cours, fut élevée en 1406 et restaurée du XVIIe au XIXe siècle. On distingue ici la porte centrale d'accès à la cour du palais impérial.

l'ouest, qui sont trop sèches, mais vers le sud, le long des côtes, puis en remontant les vallées qui descendent vers la mer, celle du grand fleuve Yang Tse Kiang. En s'étendant progressivement vers le sud, les Hans changent de zone climatique : ils trouvent des plaines sans hiver rude et au climat de plus en plus chaud et humide ; ils rencontrent aussi des populations qui pratiquent la culture du riz et qui savent comment faire pour obtenir deux récoltes par an : en commençant à semer sur de petites pépinières le riz pour la seconde récolte, alors que la première récolte n'est pas encore faite sur la rizière.

Ces diverses populations du Sud garderont leur langues particulières, mais les Hans, qui seront de plus en plus nombreux dans les plaines, leur apprendront leur écriture, les idéogrammes. Aujourd'hui, plus de la moitié des Hans se trouve, grâce à la culture intensive du riz, dans les petites plaines et les vallées de la Chine du Sud extrêmement peuplées.

L'expansion progressive des Hans du nord vers le sud et leur conquête des immensités presque vides d'une sorte de Far West chinois sont le résultat de la puissance de leur empire. Celui-ci repose, depuis des siècles, sur une administration très hiérarchisée, celle des mandarins. Ces derniers ont appris un grand nombre d'idéogrammes pour faire des rapports et établir des statistiques destinées à recenser le nombre d'habitants par province et le volume de ce qu'ils produisent – c'est en Chine qu'apparaissent, il y a plus de 2 500 ans, les premières statistiques. Ces fonctionnaires de la Chine impériale veillent au bon fonctionnement de la société hydraulique, font bâtir de nouvelles digues et creuser des canaux qui relient les provinces les unes aux autres et permettent le transport des marchandises par voie d'eau, notamment vers les grandes villes et la capitale de l'empire.

Cet empire, en temps normal, fonctionne bien grâce aux ressources de l'agriculture : les terres appartiennent en principe à l'empereur et chaque village paie l'impôt au mandarin qui est chargé de l'administration d'un canton de la province. Mais, périodiquement, le système impérial se bloque : les mandarins envoient de moins en moins d'impôts vers la capitale, car ils cherchent à s'approprier des terres et à transformer les paysans en métayers ou en serviteurs. Alors, les paysans finissent par se révolter contre les mandarins et contre un empereur qu'ils jugent incapable. Aussi, à peu près tous les deux siècles, l'empire entre en crise, ou plutôt il se paralyse, jusqu'à ce qu'une révolte paysanne provoque un changement de dynastie et mettent au pouvoir un nouvel empereur qui rétablira son autorité sur les mandarins.

Il s'est trouvé qu'au début du XIXe siècle la dynastie au pouvoir en Chine depuis deux siècles avaient ainsi commencé de s'affaiblir. Mais les empereurs chinois étaient au courant de la façon dont aux Indes l'empereur du Grand Moghol était passé sous la coupe des Anglais, arrivés tout d'abord comme commerçants. Aussi l'empereur de Chine décida-t-il de fermer la Chine pour la préserver de cette si dangereuse pénétration étrangère. Mais l'empire était déjà trop affaibli pour pouvoir résister efficacement et, peu à peu, grâce à la complicité d'un grand nombre de notables chinois, la pénétration des diverses puissances étrangères réduisit la Chine à un sort misérable, pire que celui d'une colonie. Au lieu d'être livrée au pillage des uns et des autres

LE YANG TSE KIANG
C'est le plus long fleuve de Chine avec 5 980 kilomètres. À partir de Yichang, il constitue la principale voie navigable du pays, passant par Wuhan et Nankin avant de se jeter dans la mer de Chine orientale par un estuaire. C'est juste au sud de cet estuaire que s'est développée la ville de Shanghai.

LES MANDARINS
Les mandarins sont des fonctionnaires de la Chine impériale choisis par concours parmi les lettrés. Ces concours, réputés très difficiles, portaient sur des connaissances littéraires et mythologiques. Il existait toutes sortes de catégories et de rangs au sein du mandarinat.

LE PARTI COMMUNISTE CHINOIS
Le Parti communiste chinois est fondé en juillet 1921. Sous la direction de Mao Zedong, il entra en conflit avec les nationalistes de Tchang Kaï-check. Les deux partis font cause commune contre l'envahisseur japonais, mais reprennent les combats après la défaite de Tokyo en 1945. Finalement, les communistes l'emportent en 1949, et les nationalistes se réfugient dans l'île de Taïwan.

comme elle le fut, la Chine aurait pu être officiellement colonisée à l'instar de l'Inde. Mais il y avait désormais un grand nombre de puissances impérialistes (Angleterre, Russie, France, Allemagne, Japon, États-Unis) et aucune d'elles ne parvint à supplanter les autres et à établir sur la Chine une autorité durable. La décomposition de la Chine aurait sans doute été moins grave.

Le Japon, après sa soudaine modernisation à la fin du XIXe siècle, parvint presque à établir sa domination sur l'ensemble de la Chine qui était alors en pleine guerre civile. Mais il en fut empêché par les États-Unis, ce qui provoqua finalement l'entrée des Japonais dans la Seconde Guerre mondiale.

Au lendemain de celle-ci, le Parti communiste chinois parvint en 1949 à rétablir l'unité de la Chine et à en écarter les puissances étrangères. Après avoir tenté d'établir pendant plus de vingt-cinq ans une société totalement collectivisée, les dirigeants communistes chinois se sont finalement résolus à rétablir le système capitaliste tout en maintenant le monopole politique et culturel du Parti communiste. La Chine, surtout celle des régions côtières, connaît depuis une dizaine d'années un véritable essor économique qui montre la puissance que peut atteindre la plus grande des sociétés hydrauliques en se combinant avec les progrès industriels.

Le Japon, le seul grand pays industriel de culture non européenne

En comparaison de l'énorme Chine, l'archipel japonais semble bien petit avec ses 377 000 km² et ses 126 millions d'habitants. Il est pourtant devenu la deuxième puissance économique mondiale, rivalisant avec les États-Unis. Pourtant, le Japon ne possède guère de ressources naturelles. Et il a de surcroît subi une terrible défaite militaire en 1945, et un bom-

Le Japon est régulièrement le théâtre de séismes plus ou moins graves. Le dernier en date a frappé la ville de Kobé en 1995.

bardement atomique sur Hiroshima et Nagasaki. Le redressement économique du Japon, qui est aujourd'hui plus fort que jamais (malgré quelques difficultés qui sont dues à d'excessives spéculations financières), montre quelles sont les capacités de développement des sociétés asiatiques. Si le Japon a été le seul État de culture non européenne a réaliser au XIXe siècle sa révolution industrielle, il est de nos jours imité par d'autres pays asiatiques, ceux que l'on appelle les «nouveaux dragons» (la Corée du Sud, Taiwan, la Thaïlande et bientôt le Viêt-nam) qui savent combiner leurs divers savoir-faire traditionnels avec les technologies les plus modernes.

Au début du XIXe siècle, le Japon est un pays apparemment coupé de l'extérieur, car ses dirigeants veulent éviter qu'il connaisse le sort de la Chine soumise aux ingérences des puissances européennes. Mais un petit nombre de responsables japonais, soucieux de préparer l'avenir, se tient au courant de ce qui se passe dans l'ensemble du monde et des progrès techniques que réalisent les Européens.

Le Japon est une société hydraulique, mais d'un type particulier, dans la mesure où les rizières y sont la propriété non de l'empereur, mais de différents seigneurs, les daimyos, qui rassemblent sous leur tutelle les samouraïs (hommes de guerre). Aussi, fait capital, les notables japonais (à la diffé-

LES SAMOURAÏS
Dans le Japon ancien, les samouraïs sont des membres de la caste des guerriers. Au service d'un seigneur, les samouraïs constituent une caste fermée qui se voue au culte de ses traditions et des valeurs héroïques. La suppression du système féodal entraîne leur apparente disparition en tant que classe vers 1878. Mais ils constituent encore les cadres dirigeants du Japon.

rence de ceux de l'Inde ou de la Chine) n'ont pas à se mettre sous la dépendance d'une puissance européenne pour instaurer à leur profit la propriété des terres cultivables, puisqu'ils l'ont déjà.

Mais les samouraïs sentent qu'il faut absolument moderniser le Japon pour préserver son indépendance. Autre fait capital, ce sont eux qui font une révolution sous l'égide de l'empereur pour transformer le système féodal en renonçant à leurs propres privilèges. Mais ce sont aussi eux qui restent à la tête d'une société dont ils vont diriger l'industrialisation de façon efficace et accélérée. Avec l'aide d'habiles artisans, ils favorisent d'abord la création de petites entreprises textiles, puis métallurgiques, pour enfin constituer de grands groupes industriels (Mitsui, Mitsubishi) dirigés par de grandes et vieilles familles de commerçants. Dans le même temps, les techniques agricoles traditionnelles, déjà intensives, se perfectionnent encore pour augmenter la production de façon à faire face à l'accroissement rapide de la population.

Mais les samouraïs, par tradition, sont des guerriers. Après être devenus les officiers d'une armée moderne qui enrégimente les paysans, ils lancent le Japon dans une série de conquêtes militaires, d'abord sur la Corée voisine, puis sur la Chine. Enfin, grâce à une flotte de guerre moderne, ils contrecarrent les appétits de puissance des Russes en Extrême-Orient. C'est l'épisode fameux de la bataille navale de Tsushima qui, le 27 mai 1905, voit la flotte russe de l'amiral Rojdestvenski défaite par la flotte nippone placée sous les ordres de l'amiral Tojo. Cet épisode de la guerre russo-japonaise aura un formidable retentissement en Asie, car, pour la première fois, l'homme blanc a été vaincu par l'homme jaune. D'ailleurs, cette série de victoires – contre la Corée, la Chine et la Russie – conduit le Japon à se lancer contre les États-Unis dans la Seconde Guerre mondiale en attaquant la flotte américaine du Pacifique alors au mouillage à Pearl Harbor en décembre 1941. Après une série de victoires – en quelques semaines, la quasi-totalité du Pacifique et de l'Asie du Sud-Est est aux mains des troupes de Tokyo. Mais les Américains se lancent dès 1942 dans la reconquête : c'est la guerre du Pacifique dont le tournant est incontestablement la bataille de Midway que remporte la flotte des États-Unis en juin 1942. Trois ans plus tard, le Japon semble littéralement anéanti. Il est vrai que l'explosion de la bombe atomique sur Hiroshima, puis sur Nagasaki, a mis fin à tout espoir de résistance. Commence alors pour le Japon le temps de l'occupation américaine sous la houlette du général Douglas MacArthur. La Constitution de 1946, qui instaure une monarchie constitutionnelle, est l'œuvre des États-Unis. L'archipel retrouve sa pleine souveraineté en 1951.

Après avoir fait de notables réformes sous l'autorité des États-Unis, le Japon s'est redressé, plus puissant que jamais. L'armée japonaise officiellement n'existe plus, mais les « samouraïs » associés aux grands groupes industriels continuent de jouer le rôle dirigeant au sein d'une société de plus en plus occidentalisée.

LE FEU NUCLÉAIRE SUR HIROSHIMA

Le 6 août 1945, la première bombe atomique de l'histoire explose à la verticale de la ville d'Hiroshima. On dénombre, en 1945, quelque 140 000 victimes. Trois jours plus tard, c'est au tour de Nagasaki d'être visée par le feu nucléaire. La puissance de ces nouvelles armes contraint le Japon à la capitulation.

Les mondes « européens »

L'Amérique et les Américains

Notre Fil rouge nous mène maintenant vers l'ouest, vers le Nouveau Monde dont le nom, l'« Amérique », rappelle le prénom d'un grand navigateur, Amerigo Vespucci. Au XVI*e siècle, celui-ci fut en effet le premier à être persuadé que Christophe Colomb n'avait pas atteint les Indes, comme on le croyait, mais un continent jusqu'alors inconnu. On continua toutefois d'appeler « Indiens » les indigènes d'Amérique.*

Cependant, durant le survol de cet immense continent tout en longueur – il couvre près de 18 000 kilomètres du nord au sud –, les noms sur les cartes que nous consultons sont bien rarement d'origine indienne – font exceptions Alaska, Canada, Québec, Mississippi ou Mexique en Amérique du Nord et Guatemala, Andes, Pérou, Paraguay, Chili ou Chili en Amérique du Sud. La conclusion s'impose : sur le continent américain, l'essentiel des noms de villes, de provinces, de montagnes et de rivières sont d'origine européenne.

En effet, l'Amérique du Nord comme celle du Sud font partie de ce que l'on peut appeler les « mondes européens », c'est-à-dire l'ensemble des pays dont les populations parlent des langues européennes. Il s'agit évidemment tout d'abord de l'Europe (730 millions d'habitants) y compris la Russie, dont le territoire s'étend jusqu'à l'océan Pacifique sur tout le nord du continent asiatique, et, d'autre part, de l'Amé-

AMERIGO VESPUCCI
Entre 1497 et 1504, ce navigateur italien (1454-1512) effectue plusieurs voyages vers le Nouveau Monde. Ses récits permettent aux géographes de conclure à l'existence, dans l'Atlantique, d'un vaste continent jusqu'alors inconnu. En 1507, le géographe Martin Waldseemüller lui attribue la découverte du Nouveau Continent nommé d'après son prénom.

rique (800 millions d'habitants), ce « Nouveau Monde » opposé à l'« Ancien Monde » constitué de l'Europe, l'Afrique et l'Asie. Font également partie des mondes européens, sur l'autre face du globe, l'Australie (12 millions d'habitants seulement sur 7,6 millions de km^2) et la Nouvelle-Zélande (3,6 millions d'habitants). Ce qui aboutit à un total de plus d'un 1,5 milliard de personnes dont la culture est européenne, tant par les langues – l'anglais, l'espagnol, le portugais, le russe, le français, pour l'essentiel – que par des traditions majoritairement chrétiennes.

L'expansion des populations d'Europe occidentale vers l'Amérique a commencé il y a cinq siècles. De petits groupes ont tout d'abord commencé à créer des colonies de l'autre côté de l'océan Atlantique. Par « colonies » il faut alors entendre un groupe d'hommes partis d'un pays pour aller s'installer dans un autre – comme les colonies grecques de l'Antiquité. Par la suite, le mot « colonie » a désigné un pays dont la population indigène est dirigée et dont les ressources sont exploitées par les ressortissants d'une puissance étrangère plus ou moins lointaine. Cela a été le cas de la plupart des pays d'Asie et d'Afrique qui sont devenus, au XVIIIe et XIXe siècles, des colonies d'exploitation. En Amérique, les indigènes – on parle aujourd'hui des « Amérindiens » – ont péri en grand nombre, au cours des XVIe et XVIIe siècles, sous l'effet de maladies involontairement amenées par les Européens. Ces derniers ont alors constitué, sauf en Amérique centrale et dans les Andes, l'essentiel du peuplement de l'Amérique.

LES PRINCIPALES TRIBUS INDIENNES AUJOURD'HUI
Cherokees : 308 000
Navajos : 219 000
Chippewas : 104 000
Sioux : 103 000
Choctaws : 82 000
Pueblos : 53 000
Apaches : 50 000
Iroquois : 49 000
Lumbees : 48 000
Creeks : 44 000

Les possessions européennes sur ce continent sont alors devenues des colonies de peuplement. Par la suite, à la fin du XVIIIe siècle, les Européens qui y vivaient se sont rebellés contre l'autorité des métropoles européennes. Seule l'Angleterre parvint à conserver le Canada. Pour marquer leur volonté d'indépendance, les « Américains » du Nord et du

Sud ont instauré, au début du XIXe siècle, toute une série de républiques vers lesquelles ont ensuite afflué – et jusqu'à nos jours – un grand nombre d'émigrants européens.

LE CANADA
État fédéral d'Amérique du Nord, le Canada est le deuxième pays du monde par la superficie (9 975 000 km²), après la Russie. S'étendant sur 5 000 kilomètres, de la côte atlantique aux rivages du Pacifique, il est couvert pour une grande part de forêts. Sa faible population – 29 800 000 habitants, environ le dixième de celle des États-Unis – est essentiellement concentrée le long de la frontière méridionale.

Aujourd'hui, le contraste est considérable entre l'Amérique du Nord et celle que l'on baptise depuis la fin du XIXe siècle du nom d'« Amérique latine » en raison de l'origine de ses colonisateurs espagnols et portugais, c'est-à-dire le Mexique, les pays d'Amérique centrale, les îles des Antilles et les pays d'Amérique du Sud. Cette dernière, qui représente un peu plus de la moitié de la superficie du continent, est au total nettement plus peuplée (500 millions d'habitants) que l'Amérique du Nord, qui comprend les États-Unis et le Canada (300 millions d'habitants).

Mais c'est surtout du point de vue économique et politique que le contraste Nord-Sud est saisissant. Bien qu'elle soit tout aussi européenne que sa voisine du nord, l'Amérique du Sud, qui est morcelée en vingt-cinq États de tailles variées, appartient au tiers-monde, dont elle n'est certes pas la partie la plus pauvre. En Amérique du Nord, le Canada fait partie du peloton de tête des pays riches et les États-Unis sont, quant à eux, devenus la première puissance mondiale. Ils constituent aujourd'hui l'unique superpuissance depuis la dislocation, en 1991, de l'Union soviétique qui fut sa rivale. Les États-Unis sont tellement prépondérants en Amérique que, depuis longtemps, lorsque dans le monde entier on parle des « Américains », on sait très bien qu'il s'agit des citoyens de cet État.

Comment et pourquoi les États-Unis sont-ils devenus une superpuissance ?

Il y a deux siècles, les États-Unis d'Amérique, en dépit de la notoriété que leur valait leur victoire dans la guerre d'indépendance contre l'Angleterre (1775-1783), sont

Les gratte-ciel de la presqu'île de Manhattan, à New York, sont bâtis à l'emplacement d'un ancien village indien dont les terres ont été achetées au XVIIe siècle par le gouverneur hollandais, Peter Stuyvesant.

encore assez peu de chose : treize petites colonies regroupant 2,5 millions d'habitants, situées sur les rivages de l'Atlantique et vivant de leurs plantations de tabac et de coton, et qui n'acceptent de se fédérer qu'à la condition de pouvoir conserver chacune sa propre législation. En 1789, George Washington est élu premier président des États-Unis d'Amérique – United States of America. À la même époque, les colonies espagnoles, notamment le Mexique, dont la mise en valeur est beaucoup plus avancée, semblent promises à un meilleur avenir.

L'expansion vers l'ouest du nouvel État est d'abord grandement facilitée par le fait que l'Espagne et l'Angleterre, les deux puissances coloniales en Amérique du Nord, vont se trouver très occupées par les guerres que provoque en Europe l'éclatement de la Révolution française. Les États-Unis en profitent pour acheter l'immense Louisiane à la

France – qui ne savait qu'en faire –, puis la Floride à l'Espagne. Dans l'ouest du territoire nord-américain se trouvent de vastes étendues faiblement peuplées par des tribus indiennes qui se déplacent pour suivre la migration d'immenses troupeaux de bisons à travers la Prairie, car elles vivent surtout de la chasse. Ces tribus sont plus ou moins rivales les unes des autres et ne forment donc pas un peuple solidaire. Les pionniers européens qui se lancent dans la « conquête de l'Ouest » avec leurs grands chariots n'ont donc pas trop de mal à les repousser davantage vers l'ouest pour s'installer sur des terres extrêmement fertiles puisqu'elles n'ont jamais été cultivées.

LE CHEVAL
Pour cultiver les grandes surfaces de terre mises à leur disposition, les fermiers américains utilisaient des machines agricoles tirées par des attelages de plusieurs dizaines de chevaux. Le cheval a été le précieux auxiliaire de l'homme pour la conquête et l'exploitation de l'Ouest. Toutefois, les chariots des pionniers n'étaient pas tirés par des chevaux, comme on le voit souvent dans les westerns, mais par des bœufs.

Par la suite, lorsqu'ils entreprendront de refouler plus loin encore les Indiens ou même de les faire disparaître, les Blancs trouveront une méthode radicale : détruire les troupeaux de bisons qui satisfaisaient l'essentiel des besoins des tribus indiennes – le fameux Buffalo Bill en massacrera plusieurs milliers. Des opérations militaires auront raison des plus récalcitrants. Les survivants seront enfermés dans des « réserves » installées dans les régions les plus arides. C'est grâce à ce véritable génocide que s'est d'abord réalisée l'expansion territoriale aux États-Unis, au fur et à mesure de la création de nouveaux États de l'Union.

Cet immense réservoir de terres « vierges » – après qu'on en a chassé les Indiens – attire bientôt un grand nombre d'immigrants européens. Une décision qui se révélera capitale pour l'avenir des États-Unis a été d'accorder presque gratuitement les terres équitablement réparties – sauf les plantations du Sud qui étaient déjà exploitées – à ceux qui souhaitaient les mettre en culture. Ainsi, dans le Middle West, les terres fertiles du centre-ouest des États-Unis, chaque nouvel exploitant reçut environ 64 hectares de bonnes terres, soit dix fois plus qu'une exploitation moyenne en Europe.

À l'inverse, en Amérique latine, les terres ont été progressivement accaparées par un petit nombre de propriétaires. Les nouveaux immigrants n'ont pas pu acquérir de terres et sont restés relativement pauvres, travaillant comme ouvriers agricoles ou comme métayers sur les grands domaines baptisés « estancias » dans les pays de langue espagnole et « fazendas » au Brésil. La pauvreté d'une grande partie de la population a freiné la croissance économique. Les grands propriétaires, plutôt que d'investir leurs profits dans l'économie nationale peu dynamique, ont préféré les transférer à l'étranger. C'est ainsi que l'Amérique latine est peu à peu entrée dans le sous-développement.

LA GUERRE DE SÉCESSION
Le sud-est des États-Unis aurait pu connaître une évolution comparable à celle de l'Amérique latine car, comme au Brésil, l'esclavage y était toujours pratiqué au milieu du XIXe siècle dans les plantations. Aussi les « Sudistes » décidèrent-ils de se retirer de l'Union – de faire « sécession » – quand les « Nordistes » voulurent leur imposer l'abolition de l'esclavage. Il en résulta une guerre civile – la « guerre de Sécession » (1861-1865) qui aboutit à la victoire du Nord.

L'expansion territoriale et l'expansion économique vont de pair

Dans le même temps, les capitaux européens affluaient aux États-Unis, attirés par la perspective de retirer de gros bénéfices des capitaux investis dans la mise en valeur d'un pays aussi vaste – 4 500 kilomètres d'est en ouest –, doté d'aussi bonnes conditions agricoles et où l'on découvrait peu à peu de grandes ressources minières. Outre les capitaux – provenant des banques anglaises, notamment –, l'Europe fournit des ingénieurs et des techniciens qui viennent s'installer aux États-Unis où ils réaliseront bientôt d'importantes découvertes qui enrichiront le pays. Une masse d'émigrants européens pauvres venus d'Irlande, d'Allemagne, de Russie, de Pologne, d'Italie, attirés par les salaires proposés outre-Atlantique, fournissent la main-d'œuvre dont l'industrie américaine a besoin. Tous ces Européens de langues différentes qui débarquent dans le Nouveau Monde apprennent à parler anglais et se fondent progressivement dans le même creuset – les Américains parlent de « melting pot ». Le rôle dirigeant revient toutefois aux tout premiers arrivants, les Blancs anglo-saxons et protestants – « White Anglo-Saxon Protestants » (WASP).

Devenant plus puissants économiquement, les États-Unis, qui ne disposent pourtant pas, alors, d'une grande armée, exercent une pression de plus en plus grande sur le Mexique qui doit leur abandonner des territoires considérables qu'il n'a pas les moyens de contrôler : tout ce qui forme aujourd'hui le sud-ouest des États-Unis, du Texas à la Californie. Par ailleurs, les États-Unis font l'acquisition, en 1867, de l'Alaska, qui était une possession russe depuis le XVIIIe siècle, mais dont le tsar ne savait que faire. L'importance stratégique de ce territoire, grand comme trois fois la France, apparaîtra beaucoup plus tard.

La superficie des États-Unis passe à 9 millions de km^2. Une fois installés sur les côtes de l'océan Pacifique, les Américains vont s'intéresser à ce qui se passe encore plus à l'Ouest : en 1898, ils annexent les îles Hawaii situées au milieu de l'immense océan.

Le porte-avions nucléaire « USS George-Washington » est l'un des instruments du « gendarme du monde » que sont devenus les États-Unis.

La suprématie américaine naît des deux conflits mondiaux et de la « guerre froide »

Le premier conflit mondial (1914-1918) va révéler l'importance des États-Unis parmi les puissances européennes qui se livrent une guerre acharnée. Les Américains ne s'engagent sur le terrain qu'à partir de 1917, au côté des Anglais et des Français. Mais leur participation avait déjà commencé sous forme de fourniture d'armements et de prêts financiers. Alors qu'en 1914, les États-Unis étaient débiteurs du Royaume-Uni, ils en sont devenus les créanciers en 1918.

Le second conflit mondial (1939-1945) est encore plus décisif dans l'affirmation de la puissance américaine sur l'ensemble du globe. Les États-Unis n'y participent qu'à partir de 1942. En effet, les Américains ne voulaient pas s'engager de nouveau dans une guerre entre Européens. Paradoxalement, c'est l'Asie qui jette les États-Unis dans la guerre. En effet, le 7 décembre 1941, la flotte américaine du Pacifique est frappée et en grande partie détruite par l'attaque japonaise sur Pearl Harbour, dans les îles Hawaïi. Le Japon étant allié de l'Allemagne nazie, cette dernière déclare alors la guerre aux États-Unis. Six mois auparavant, elle avait déjà attaqué l'Union soviétique. Les forces armées que les Américains parviennent à mettre sur pied en un temps record combattent et vainquent les puissances de l'Axe, Allemagne et Italie en Europe, puis Japon dans le Pacifique.

En 1945, l'Europe est un champ de ruines. Les États-Unis vont l'aider à se redresser. Mais dès 1947 s'exacerbe, entre les États-Unis et l'Union soviétique, les deux grands vainqueurs de la guerre contre l'Allemagne hitlérienne, une rivalité qui va durer près de cinquante ans : c'est ce que l'on appellera la « guerre froide » – « froide » car les Américains et les Soviétiques veilleront à ce que leur antagonisme ne dégénère pas en une troisième guerre mondiale. En effet

L'ÉMIGRATION JUIVE

Pour de nombreux juifs européens persécutés par l'Allemagne hitlérienne qui s'apprête à conquérir l'Europe, les États-Unis, de l'autre côté de l'Atlantique, apparaissent comme le seul refuge possible. De 1933 à 1941, de nombreux juifs, et notamment de nombreux artistes – comme Fritz Lang – et de nombreux scientifiques – comme Albert Einstein –, se réfugieront aux États-Unis.

LES PROBLÈMES INTÉRIEURS AUX ÉTATS-UNIS
Grande puissance mondiale, les États-Unis n'en connaissent pas moins de graves problèmes intérieurs. Ceux-ci sont en partie dus à l'immigration, tant officielle que clandestine, qui continue d'être importante. Au problème des Noirs, descendants des esclaves africains, s'ajoutent désormais celui des hispaniques, immigrants d'Amérique latine, et celui des Asiatiques – Coréens, Vietnamiens, etc –, nombreux sur la côte Ouest. Ces minorités ainsi qu'une partie sans cesse croissante de la population blanche sont confrontés aux phénomènes d'exclusion qui frappent les laissés-pour-compte de la société libérale.

celle-ci aurait risqué d'être fatale, chacune des deux superpuissances ne cessant, durant cette période, d'accroître son arsenal de vecteurs balistiques capables de porter des têtes nucléaires à l'autre bout du monde. Les États-Unis regroupent sous leur protection, dans le cadre de l'Organisation du traité de l'Atlantique Nord (Otan) créée en 1949, les pays d'Europe occidentale – plus le Canada et la Turquie – qui sont sous la menace de l'URSS. Par ailleurs, de l'autre côté de l'océan Pacifique, les États-Unis s'engagent, de 1950 à 1975, dans une série de conflits en Corée puis au Viêt-nam, pour contrer la poussée communiste de l'URSS et de la Chine.

Les Américains sortiront finalement vainqueurs, en 1985, grâce à leur puissance économique et financière, de la formidable et ruineuse course aux armements de plus en plus sophistiqués, principalement dans le domaine spatial, que se livrent les États-Unis et l'Union soviétique. En effet, les Soviétiques ne pourront faire face aux énormes dépenses qu'implique la préparation de la « guerre des étoiles » – un système de bouclier spatial antimissile. Cette impuissance à répliquer aux États-Unis sur ce terrain est l'une des causes de l'éclatement de l'URSS en 1991.

Les États-Unis sont désormais l'unique superpuissance mondiale. Malgré la disparition de la menace soviétique, les Américains ont décidé de maintenir l'Otan en l'état, tandis que l'US Army conserve des bases en Allemagne et que les navires de l'US Navy continuent de croiser en Méditerranée. Les États-Unis, avec le soutien plus ou moins avéré de leurs alliés du pacte Atlantique, apparaissent aujourd'hui comme les gendarmes de la planète : non seulement au Moyen-Orient, comme on l'a constaté lors de la guerre du Golfe contre l'Irak (1990-1991), mais également dans le sud-est de l'Europe, dans l'ex-Yougoslavie notamment, où ils conduisent les négociations en Bosnie et au Kosovo.

L'Europe et les Européens

L'avion du Fil rouge nous ramène d'Amérique: nous volons vers l'est au-dessus de l'Atlantique. De très haut, l'Europe nous apparaît d'abord comme un ensemble d'îles, de caps, de péninsules et de presqu'îles, qu'il s'agisse des îles Britanniques, de la Bretagne, des péninsules Ibérique et scandinave, ou de grands isthmes, comme celui que forme la France, entre l'océan Atlantique et la mer Méditerranée.

Le découpage des côtes est souligné par les formes du relief: des chaînes de montagnes séparent des plaines qui paraissent petites, ou encore s'avancent pour former la longue « botte » italienne ou la péninsule déchiquetée de la Grèce. Mais au fur et à mesure que nous volons vers l'est, toujours très haut, ces plaines deviennent de plus en plus vastes: celles d'Allemagne et de Pologne s'élargissent au point de former un seul ensemble depuis la Baltique jusqu'à la mer Noire: l'immense plaine russe que traversent de longs fleuves. Pour la plupart, ceux-ci coulent vers le sud, comme la Volga, en direction de la mer Caspienne.

Nous avons parcouru six mille kilomètres en direction de l'est depuis que nous avons quitté les rivages de l'Atlantique. D'après les dictionnaires et les manuels de géographie, nous nous trouvons en principe aux limites orientales du continent européen. Mais rien ne l'indique dans le paysage: les monts Oural ne constituent pas une barrière, mais une simple ligne de hauteurs. Les forêts qui les couvrent se poursuivent sans discontinuer vers les plaines de l'est, à perte de vue. Ce sont les forêts de Sibérie où l'on aperçoit de rares clairières le long des vallées. Nous survolons toujours la Russie, comme l'indiquent les noms russes des localités que l'on situe sur la carte: par exemple Novossibirsk

LES TROIS SIBÉRIES
On distingue la Sibérie occidentale, aux vastes plaines, où se trouvent de grands gisements de gaz; la Sibérie centrale, qui s'étend entre les fleuves Ienisseï et Lena, qui présente notamment des plateaux boisés ; enfin, la Sibérie orientale, au relief montagneux, qui se situe à l'est de la Lena.

L'UNION DES RÉPUBLIQUES SOCIALISTES SOVIÉTIQUES
Les deux adjectifs accolés, « socialiste » et « soviétique » semblent faire double emploi. « Socialiste » désigne un type de régime économique caractérisé par la propriété collective – étatisée – des moyens de production – terres, usines, mines, etc. « Soviétique » désigne un type d'organisation politique. Le terme vient de *soviet* qui signifie, en russe, « assemblée », « conseil », nom des comités d'ouvriers et de soldats qui exerçaient le pouvoir dans les villes et à la tête du pays pendant la Révolution de 1917. Ceux-ci ont été bientôt supplantés par les organes du Parti communiste qui a maintenu leur existence en leur retirant l'essentiel de leur pouvoir.

– « Nouvelle Sibérie ». Les fleuves et les rivières, en revanche, portent souvent des noms mongols donnés par les premiers occupants de ces vastes contrées presque vides, comme le grand fleuve Amour qui signifie « calme ». Les Russes, depuis cent cinquante ans, y sont les plus nombreux. Ce paysage forestier monotone continue vers l'est par de vastes plateaux surmontés de lourdes montagnes, jusqu'aux rivages de l'océan Pacifique, où se trouve le grand port russe de Vladivostok – le « Maître de l'Orient ».

Après un grand virage au dessus de la mer du Japon, l'avion de notre Fil rouge nous ramène vers l'ouest, vers les régions peuplées du continent européen, à l'ouest de l'Oural, dont la plaine russe recouvre une grande partie de la superficie. La Russie, qui compte plus de 180 millions habitants, abrite d'ailleurs le peuple européen le plus nombreux, loin devant l'Allemagne (82 millions d'habitants), le Royaume-Uni, la France et l'Italie (60 millions d'habitants chacun, soit trois fois moins que la Russie).

Un très grand empire aujourd'hui en plein marasme

Jusqu'au tournant des années 90, la Russie formait le principal État d'une très grande puissance : l'Union des républiques socialistes soviétiques (URSS). L'URSS constituait le plus vaste de tous les États à la surface du globe : 22 millions de km², soit plus du double de la superficie des États-Unis ou de la Chine (9 millions de km²). C'était l'autre superpuissance, la seule capable de rivaliser avec les États-Unis dans le domaine militaire et spatial. L'URSS entretenait notamment des forces armées très nombreuses, réunies au sein de l'« Armée rouge ». Disposant d'une flotte considérable de sous-marins nucléaires et d'un grand nombre de fusées intercontinentales, elles étaient susceptibles de menacer les forces occidentales.

De surcroît, les Soviétiques – comme on disait alors – exerçaient depuis 1945 leur autorité, à l'ouest de leurs frontières, sur six États qu'ils avaient contribué à libérer de l'occupation allemande, notamment sur une partie de l'Allemagne qui, à l'image de l'Europe, était coupée en deux.

Or, sans avoir été attaquée par quiconque, cette superpuissance s'est disloquée en 1991 : non seulement elle a abandonné sa zone d'influence en Europe, mais l'URSS elle-même a éclaté. Les quinze républiques de nationalité différente qui la constituaient sont devenues indépendantes, de façon soudaine et inattendue. Les nouveaux dirigeants russes venaient de décider la liquidation de l'URSS. Depuis cette date, la Fédération de Russie connaît de graves difficultés. Mal conduite, sa transition vers l'économie de marché l'a menée à la faillite. Elle est incapable de payer sa dette extérieure ainsi même que ses fonctionnaires et ses militaires. La Russie vit de l'aide financière des pays occidentaux et, surtout, de celle de son grand rival, les États-Unis. Cela n'empêche pas un petit nombre de Russes de s'enrichir considérablement : ce sont les membres des diverses mafias qui gèrent aujourd'hui l'économie russe pour leur seul profit personnel, dilapidant les plus intéressantes ressources de la Russie. Comment expliquer la dislocation de cet empire ?

La forteresse Pierre-et-Paul, à Saint-Petersbourg, occupe une des îles du delta de la Néva sur lesquelles l'ancienne capitale impériale est bâtie.

LA NOMENKLATURA
Le terme de « nomenklatura » en est arrivé à désigner l'ensemble des dirigeants communistes à tous les niveaux. Ceux-ci exerçaient toutes les fonctions dans tous les domaines – armée, industrie, agriculture, arts, sciences, etc. Toutefois, entre les membres de la nomenklatura existaient, en dépit d'une apparente d'unité, de violentes rivalités de point de vue et d'intérêts. À la tête du Parti communiste, les rivaux s'accusaient volontiers de trahison des « principes sacrés du socialisme », comme dans une secte religieuse.

L'Union soviétique paraissait être un État très organisé. Toutes les activités économiques de cet immense pays étaient dirigées par un organisme central de planification baptisé « Gosplan ». Ce dernier fixait chaque année le prix et le volume des productions de chacune des usines du pays. Il prévoyait les échanges auxquels celles-ci devaient procéder pour fonctionner. Cette planification minutieuse était arbitraire, car elle décidait du prix des produits sans tenir compte du « marché », c'est-à-dire de la loi de l'offre et de la demande. Elle dissimulait en fait un grand désordre, mais aussi, depuis plus de quarante ans, des malversations diverses – vols, détournements de fonds – opérées au profit de certains dirigeants – également membres du Parti communiste. Dans un État occidental doté d'un régime démocratique, une telle gabegie dans le fonctionnement des entreprises d'État aurait été dénoncée par les partis politiques de l'opposition. Mais le régime constitutionnel soviétique était fondée sur l'existence d'un parti unique, le Parti communiste. Ses membres, qui ne regroupaient qu'une minorité de la population, constituaient une sorte de groupe privilégié qui détenait les rênes de toutes les activités du pays. Le Parti communiste était une organisation soigneusement hiérarchisée dont les chefs, à chaque niveau, figuraient, en regard des avantages qui leur étaient accordés – salaire, dimension de la maison et catégorie de la voiture, nombre de serviteurs, etc. – sur une liste dénommée « nomenklatura ».

Comment le régime soviétique s'est-il instauré ? Pourquoi s'est-il effondré ?

Comment un régime conférant de tels pouvoirs et de tels avantages aux seuls membres d'un parti unique a-t-il pu se mettre en place et surtout subsister pendant près de trois quarts de siècle, alors que cela était absolument contraire aux principes démocratiques fondamentaux dont il se proclamait, par ailleurs, le défenseur, au nom du socialisme et de la Révolution ? Pour comprendre ce paradoxe, il faut tenir compte des circonstances dans lesquelles les communistes ont pris le pouvoir en Russie, mais aussi des caractéristiques très particulière de ce pays par rapport aux autres États européens.

La Russie constitue, tout d'abord, un immense empire qui s'est peu à peu élargi vers l'est à partir de Moscou, au XVIe-XVIIe siècles, en annexant la Sibérie qui était très peu peuplée. La Russie est aussi un empire où le système du servage des paysans a duré officiellement jusqu'au milieu du XIXe siècle (1861), alors qu'en Europe occidentale il avait disparu à la fin du Moyen Âge. En fait, le servage a été établi tardivement en Russie. Les paysans, qui étaient restés plus ou moins libres, sont devenus la propriété du tsar ou de grands seigneurs à partir des XVIe-XVIIe siècles, malgré diverses révoltes. Ils devaient travailler pour eux et n'avaient pas le droit de quitter leur terre. Mais, à la différence des esclaves, les serfs ne pouvaient être vendus ni déplacés vers une autre région, à moins d'avoir été condamnés à la déportation en Sibérie. Enfin, un certain nombre de serfs sont devenus soldats à vie, ce qui a aidé le tsar à constituer une armée nombreuse grâce à laquelle il pouvait écraser les révoltes paysannes et conquérir des territoires, en Asie comme en Europe. À la fin du XIXe siècle, la Russie était donc un empire puissant, quoique économiquement et socialement arriéré. La bourgeoisie y était encore peu nombreuse et les prérogatives de la noblesse demeuraient importantes. Se rendant compte qu'il fallait effectuer des réformes, le tsar décida de supprimer le servage. Les paysans, désormais libres mais dépourvus de terre, donc encore plus pauvres, fournissent une main-d'œuvre bon marché à une industrie que le tsar veut voir rapidement se développer.

LA FIN DU SERVAGE

Le « statut des paysans libérés du servage » adopté en 1861 offre un lopin de terre à tous les anciens serfs, moyennant un rachat dont l'État avance la somme.
Une minorité de paysans, que l'on appellera « koulaks », va s'enrichir en achetant la terre des nobles ou des moujiks ruinés.
L'abolition du servage fait entrer la Russie de plain-pied dans l'ère du capitalisme.

C'est dans ce contexte que se développent des mouvements politiques qui exigent davantage de réformes au profit de la bourgeoisie naissante, ainsi que des mouvements révolutionnaires qui veulent renverser le régime du tsar tout en empêchant la bourgeoisie de prendre le pouvoir. La Révolution éclate en 1917 dans le contexte de la Première Guerre mondiale, après que les armées du tsar ont subi de graves défaites face à une armée allemande bien mieux équipée. Les communistes, que l'on appelaient alors les « bolcheviks », partisans du maximum de changements, sont parvenus à rallier à leur cause les ouvriers mais aussi un grand nombre de soldats mutinés. Ils parviennent, au terme de plusieurs années d'une terrible guerre civile, à vaincre les partisans du tsar ainsi que ceux de la bourgeoisie.

Toutefois, après leur victoire, les dirigeants communistes ont continué à appliquer les méthodes de la guerre civile, qui sont à l'inverse de celles de la démocratie, pour écraser dans l'œuf toute forme de contestation, et notamment pour contraindre les paysans à la collectivisation. De plus, après la mort de Lénine, qui avait été leur chef, les dirigeants communistes se sont opposés les uns aux autres dans une lutte farouche pour le pouvoir. C'est finalement Staline qui l'a

Bordée par le mur du Kremlin, la place Rouge, à Moscou, au centre de laquelle s'élève la cathédrale Basile-le-Bienheureux, était le lieu des impressionnants défilés militaires de l'ère soviétique.

emporté après avoir éliminé tous ses rivaux et leurs partisans. Un grand nombre de communistes ont ainsi été exécutés sous prétexte de trahison ou condamnés, comme des centaines de milliers d'opposants, aux travaux forcés en Sibérie dans les camps du goulag.

En 1956, trois ans après la mort de Staline, les méthodes communistes se sont adoucies, des centaines de milliers de prisonniers politiques continuant toutefois à travailler dans les camps. Ce sont surtout les rivalités entre membres de la nomenklatura qui se sont désormais déroulées de façon plus feutrée qu'autrefois. Ceux-ci ont appris à s'entendre pour se partager, par les moyens du chantage et de la corruption, les profits retirés du développement économique de l'URSS, fruit de méthodes de coercition.

Ce régime a commencé à s'effondrer lorsque certains de ses dirigeants ont voulu le réformer, préoccupés par des résultats économiques de plus en plus médiocres. En 1985, Mikhaïl Gorbatchev, qui venait d'être élu secrétaire général du Parti communiste par le Politburo – sommet de la nomenklatura – engagea une restructuration du régime et de son fonctionnement baptisée « perestroïka ». Il entreprit, dans le même temps, de pratiquer une plus grande transparence dans l'exercice du pouvoir : c'est ce que l'on appela la « glasnost ». Cette politique représentait une complète rupture avec le passé. Jusqu'alors, en URSS, seuls les « dissidents » se risquaient, souvent au péril de leur liberté, à dénoncer les abus et le mauvais fonctionnement du régime. La rapidité de l'effondrement de celui-ci a toutefois dépassé toutes les prévisions.

On pensait que la nomenklatura, aidée de l'armée, s'opposerait à ce que les réformes soient menées à leur terme. Or ce sont certains cadres du Parti communiste qui ont conduit ce changement total de régime qui devait aboutir

MIKHAÏL GORBATCHEV
Né en 1931, il accède au poste de secrétaire général du Parti communiste en 1985 et tente de réformer le système socialiste en prônant une politique d'ouverture et de transparence. Mais il se heurte à de nombreuses résistances : en août 1991, un putsch conservateur manque de le renverser. Politiquement affaibli, il ne parvient pas à empêcher la dislocation de l'URSS. Il démissionne en décembre 1991.

à la fin du socialisme. Ce sont eux qui ont obtenu que les usines d'État les plus rentables et surtout les exploitations pétrolières soient « privatisées », c'est-à-dire qu'elles soient vendues à des banques privées avec lesquelles ils étaient en rapport. La population a laissé faire, inconsciente des enjeux que ces tractations recouvraient et incapable de mesurer les conséquences d'un tel changement de régime. Le socialisme, dont les effets fâcheux avaient pu être constatés, ne disposait pas de beaucoup de défenseurs. C'est ainsi qu'un grand nombre de dirigeants du Parti communiste sont paradoxalement devenus, avec l'aide de banques étrangères, de riches hommes d'affaires capitalistes après s'être fait céder à bas prix le potentiel économique de l'Union soviétique. Celle-ci a éclaté en 1991 sans que grand monde en Russie ne se dresse pour la défendre.

LA FIN DE L'URSS
La perestroïka avait aboutit à la désignation d'un gouvernement et d'un président dans chacune des républiques fédérées. Mikhaïl Gorbatchev avait été élu président de l'URSS. Son adversaire politique Boris Eltsine, devenu président de la Russie, s'entendit avec les présidents de l'Ukraine et de la Biélorussie, républiques où vivent de nombreux Russes, pour proclamer la fin de l'URSS. Personne ne défendit Gorbatchev que l'opinion rendait responsable de la détérioration des conditions de vie d'une grande partie de la population.

L'Europe et l'Occident

À l'ouest de l'ex-Union soviétique se trouvent plus de trente États très différents les uns des autres, présentant chacun une langue et des traditions politiques particulières. Le contraste est donc frappant entre deux parties de l'Europe : à l'est, une partie formée par l'immense territoire de l'ancien Empire russe qui s'étendait sur toute la Sibérie ; à l'ouest, une partie où se sont constituées de nombreuses nations. Si la France, l'Angleterre, l'Espagne et le Portugal sont depuis longtemps des États indépendants, l'unité de l'Allemagne et celle de l'Italie sont plus tardives – elles datent de la fin du XIXe siècle – et de nombreux pays ont acquis leur indépendance encore plus tardivement. Tout cela ne s'est pas fait pacifiquement et ces nations voisines se sont faits maintes fois la guerre depuis la fin du Moyen Âge.

La plus terrible de ces guerres européennes fut la dernière, la Seconde Guerre mondiale, qui a duré de 1939 à 1945. Elle a provoqué en Europe d'énormes pertes humaines, peut-être

25 millions de morts. Les pertes civiles et militaires ont été particulièrement élevées en Russie, en Pologne et en Allemagne. Et la communauté juive d'Europe a perdu plusieurs millions de ses membres, de diverses nationalités, exterminés dans les camps nazis. Les dégâts matériels ont été également considérables.

Parmi toutes les nations européennes délivrées du joug nazi, certaines ont alors subi la domination de l'Union soviétique dont les armées avaient libéré le territoire en 1945. Les Soviétiques ont alors imposé leur régime à ces nations. Durant tout le temps de la « guerre froide » entre les États-Unis et l'Union soviétique, l'Europe s'est donc trouvée coupée en deux par ce qu'on a appelé le « rideau de fer ». Du fait de la rivalité mondiale des deux superpuissances dont chacune contrôlait une vaste zone d'influence, la planète entière donnait l'impression d'être divisée entre ce que l'on appelait l'« Est » et l'« Ouest ».

Pendant près de cinquante ans se sont donc opposées une Europe de l'Ouest placée sous la protection militaire des États-Unis et une Europe de l'Est placée sous le contrôle de l'Union soviétique. La plupart des populations de cette Europe de l'Est aurait bien voulu vivre en Occident afin de profiter de davantage de libertés et d'un meilleur niveau de vie. Des milliers d'hommes « passèrent à l'Ouest », souvent au péril de leur vie. Depuis le tournant des années 90, l'opposition des deux Europes n'a plus lieu d'être : non seulement les États qui étaient sous contrôle de l'Union soviétique en sont libérés, mais plusieurs républiques, qui faisaient partie de l'Union soviétique, se sont trouvées indépendantes du fait de la dislocation de celle-ci. Les uns et les autres souhaitent faire partie de l'Union européenne et entretenir, de plus, des relations directes avec les États-Unis en intégrant l'Otan, afin de se protéger contre le réveil de l'impérialisme russe.

LES ACCORDS DE YALTA

La division de l'Europe résulte pour partie des accords de Yalta conclus par les États-Unis et l'Union soviétique en 1945, avant la défaite nazie. Les futurs vainqueurs étaient convenus que chacun d'eux occuperait pendant un certain temps les territoires que leur armée avait libérés. Mais la durée de l'occupation n'était pas fixée. Il n'était pas non plus prévu que les libérateurs imposeraient leur régime aux pays occupés. Pourtant, la Pologne, la Hongrie, la Tchécoslovaquie, la Roumanie, la Bulgarie, mais aussi la partie orientale de l'Allemagne se retrouvèrent soumises à des régimes communistes imposés par l'Armée rouge. En Yougoslavie et en Albanie, ce sont des partis communistes nationaux qui s'imposèrent.

L'OCCIDENT
Le terme d'« Occident » ne désigne plus la direction du soleil couchant, mais un type de civilisation. Il s'oppose implicitement au terme d'« Orient » que les Européens utilisent depuis plus de deux siècles dans son sens culturel. Pour les Français ou les Anglais du XVIIIe siècle, l'Orient commençait en Méditerranée et incluait des civilisations aussi différentes que celles du monde arabe, de la Perse, de l'Inde, de la Chine ou du Japon.

MADE IN USA
La mode mondiale du Coca-Cola, des jeans, des films de Hollywood et de l'anglo-américain commercial n'est qu'un phénomène mineur et sans doute éphémère de l'évolution de la civilisation occidentale.

Entre les pays d'Europe de l'Ouest et les États-Unis, les relations économiques, financières, culturelles et militaires sont étroites. Ceux-ci constituent un même ensemble riche et puissant que l'on nomme l'« Occident ». C'est ainsi que le considèrent les Chinois, les Indiens, les musulmans. Les Russes voudraient bien intégrer l'Occident, puisqu'ils sont eux aussi des Européens.

Certes, les pays d'Europe et les États-Unis ont beaucoup de points communs. Ils regroupent des populations d'origine européenne, ils sont économiquement développés, ils partagent des traditions religieuses chrétiennes, ils connaissent une croissance démographique faible et se caractérisent, de nos jours, par des régimes politiques démocratiques. Toutefois, entre la superpuissance que sont les États-Unis et chacun des États européens, même les plus prospères, il y a une consiodérable différence de poids économique. Les conséquences risquent d'en être d'autant plus graves que les relations se multiplient et s'accélèrent entre les deux rives de l'océan Atlantique. En dépit de la mise en place d'organismes internationaux de régulation comme l'Organisation mondiale du commerce (OMC), les États-Unis abusent encore trop souvent de leur puissance financière pour imposer des réglementations commerciales favorables aux seules firmes américaines.

Le seul moyen d'atténuer cette inégalité de poids est le de renforcer l'Union européenne. Mais ce n'est pas chose facile. Malgré la mise en place d'une monnaie commune et le développement des échanges, chacune des nations européennes qui constituent cette Union est fort attachée à sa langue comme à ses particularités sociales, culturelles et politiques. La formation d'une véritable nation européenne dotée d'une langue commune demandera certainement beaucoup de temps. Aussi, l'Union européenne demeurera longtemps l'Union des nations européennes.

La France et les Français

La vue d'ensemble de l'Europe au-dessus de laquelle nous mène le Fil rouge au terme de nos voyages permet de saisir la position très particulière de la France. Elle se trouve non seulement sur un grand isthme géologique entre la Méditerranée et l'Atlantique, mais, qu'on le veuille ou non, elle occupe désormais une position centrale au sein de l'Union européenne.

Pour aller par avion ou par la route d'Italie en Angleterre (via le tunnel sous la Manche) ou d'Allemagne en Espagne, il faut passer par la France. Son territoire est un carrefour européen, ce qui n'est pas sans inconvénient car nos auto-

La cathédrale de Chartres dominant la plaine de la Beauce est un des aspects les plus connus du paysage français.

UNE SITUATION STRATÉGIQUE DÉLICATE
La situation de la France sur l'isthme européen a été longtemps un grave inconvénient stratégique, car elle pouvait être attaquée sur deux ou trois côtés par plusieurs adversaires : ce qui s'est produit à plusieurs reprises. L'Angleterre, en revanche, avait l'avantage de son isolement insulaire qui la protégea de beaucoup d'invasions, sauf de celle des Normands en 1066.

routes comme les voies aériennes sont de plus en plus empruntées par le trafic international. Fort heureusement, notre territoire est, en Europe occidentale, l'un des plus vastes. C'est aussi un des mieux équipés, avec tout un réseau de routes et de voies ferrées (les fameux TGV) qui convergent sur Paris. Notre capitale est, avec Londres, la plus importante des grandes villes européennes. Elle n'a pas son équivalent en Allemagne ou en Italie : l'agglomération parisienne dépasse les dix millions d'habitants, soit à elle seule l'équivalent de la population de toute la Belgique, bien plus que celle de l'Autriche ou de la Suisse, le double de celle du Danemark !

Un vaste territoire au peuplement relativement faible

Cependant, et c'est bien singulier, le territoire français, l'un des plus vastes, répétons-le, en Europe occidentale, est aussi l'un des moins densément peuplés, bien que les conditions naturelles y soient particulièrement favorables : en moyenne, un peu plus de 100 habitants au kilomètre carré – 106 exactement –, soit deux fois moins qu'en Allemagne ou qu'en Italie, trois fois moins qu'en Belgique, presque quatre fois moins qu'aux Pays-Bas ou qu'en Angleterre. En France, ce sont dans des régions fertiles, au climat favorable, que des étendues considérables n'ont plus que 4 ou 5 habitants au kilomètre carré. Les autres, comme on dit, sont partis à la ville (exode rural). Mais la France, à l'exception de Paris, est surtout un pays de villes moyennes ; au XIXe siècle, les grandes villes n'ont pas pu y grossir autant que dans les pays voisins où la croissance démographique était beaucoup plus forte.

En Europe occidentale, où les guerres et les rivalités territoriales ont été si nombreuses, la taille inégale des États n'est pas une simple donnée naturelle. Il s'agit d'une donnée géopolitique qui résulte de leurs forces respectives. Il faut également garder présent à l'esprit que les États actuels se sont constitués il y a plus ou moins longtemps : alors que l'Allemagne et l'Italie n'ont réalisé leur unité qu'à la fin du XIXe siècle, la France possédait, à peu de chose près, ses frontières actuelles depuis deux ou trois siècles. Cela est en d'autant plus étonnant que le royaume de France s'est étendu dès le Moyen Âge au détriment d'autres États (ou d'autres organisations politiques) sur des territoires où l'essentiel de la population ne parlait pas le français, mais l'occitan ou le provençal dans les régions méridionales, et aussi le breton, le flamand, l'alsacien, sans oublier le corse, le basque et le catalan.

Pour comprendre le regroupement dans un même État d'une telle diversité culturelle, il nous faut remonter assez loin dans l'histoire. Les Allemands, bien qu'ils parlent une même langue, ont été divisés jusqu'au XIXe siècle en un grand nombre de petits royaumes et de principautés. Cet éparpillement est resté la règle, en dépit de l'existence du Saint Empire romain germanique, dont l'autorité était assez faible. De plus, les guerres de religion ont accentué ce phénomène de division. La péninsule italienne, malgré une grande unité de langue et de culture, a été, elle aussi, morcelée pendant des siècles en de multiples principautés dépendant même pour plusieurs d'entre elles de puissances étrangères. Il faut également souligner le rôle du pape qui n'a jamais considéré avec bienveillance l'éventuelle constitution d'un grand État en Italie qui aurait cherché à réduire le poids des États pontificaux. En revanche, le pape et l'Église catholique, dont l'influence était très grande au Moyen Âge, apportèrent souvent leur soutien au roi de France. C'est l'Église qui favorise l'établissement en France de la monarchie héréditaire – auparavant le roi devait être élu par de grands seigneurs souvent plus puissants que lui. C'est le pape qui, au XIIIe siècle, pousse le roi de France, qui régnait

L'OCCITAN
L'occitan, ou langue d'oc est, au Moyen Âge, la langue d'une civilisation particulière. L'occitan n'a toutefois pas pu s'unifier en raison des circonstances historiques.

LE BASQUE
Le basque est parlé au sud-ouest de la France. C'est une des rares langues d'Europe qui ne soit pas d'origine indo-européenne. On estime que le basque a été parlé dans un vaste territoire avant l'expansion des langues romanes.

LA FRONDE
On désigne sous le nom de « Fronde » les troubles qui éclatent en France entre 1648 et 1653, pendant la minorité de Louis XIV. La Fronde populaire consiste en des soulèvements contre les impôts ; la Fronde parlementaire (1648-1649) et la Fronde des princes (1650-1653) marquent la volonté des parlements et des grands du royaume d'affaiblir ou de limiter l'autorité royale.

jusqu'alors au nord, à étendre ses possessions vers la Méditerranée et à conquérir le Languedoc pour y exterminer l'hérésie cathare (c'est la fameuse croisade des Albigeois). L'autorité réelle que les rois sont progressivement parvenus à exercer en France, notamment sur leurs grands vassaux, explique l'extension du royaume et sa relative cohésion, en dépit de périodes d'incertitude dynastique, comme durant la guerre de Cent Ans. Mais l'affirmation de l'autorité royale se heurte, à plusieurs reprises, aux intérêts de la grande noblesse. Les périodes de régence sont propices à la rébellion. Ainsi, durant l'enfance de Louis XIV, les nobles de haut rang en profitèrent pour se rebeller (épisode de la Fronde) quitte à faire appel à l'étranger (en l'occurrence l'Espagne). C'est après être venu à bout de la Fronde et de ses désordres – avec le soutien de la bourgeoisie et de la petite noblesse – que le Roi-Soleil établit la monarchie absolue et qu'il commence à organiser sur Paris la centralisation du royaume.

Louis XIV fait bâtir Versailles moins par munificence exagérée que pour y réunir, sous prétexte de fêtes, les nobles qu'il peut ainsi mieux surveiller. Les importantes conquêtes de son armée délimitent les frontières actuelles de la France, hormis la Corse – qui sera achetée par le roi Louis XV – et la Savoie – rattachée à la fin du XIXe siècle. Au XVIIIe siècle, la France apparaît comme la seule grande puissance européenne.

Les conséquences actuelles de la Révolution de 1789

Notre hymne national, le drapeau tricolore, l'organisation de la France en départements, le principe de liberté et d'égalité, les droits de l'homme proviennent dès débuts de la Révolution française ; de même que la République qui est proclamée pour la première fois en Europe en 1792. On pourrait citer d'autres apports de la Révolution française, comme les unités de mesure – le mètre, le kilogramme et le litre – qui sont utilisées dans le monde entier.

Certes, à la fin du XVIIIe siècle, beaucoup de choses bougent en Europe occidentale. Des techniques et bien des idées nouvelles apparaissent. C'est en Angleterre, et bientôt en France, le début de ce que l'on appellera plus tard la « révolution industrielle ». Mais alors qu'elle s'est déroulée en Angleterre (et dans d'autres pays) sans bouleversement politique dans le cadre traditionnel de la monarchie, en France, au contraire, les changements se sont faits brutalement dans le cadre du grand bouleversement que fut la Révolution. C'est ce que les historiens appellent aujourd'hui «l'exception française». Mais la Révolution française s'est répercutée dans une grande partie de l'Europe, car elle apportait des idées politiques nouvelles. Quelles en sont les conséquences actuelles pour notre pays ?

Ce sont d'abord des conséquences politiques : dès le tout début de la Révolution commence à apparaître l'opposition entre ce que l'on appellera la « droite » et la « gauche » (par allusion à la place des députés à l'Assemblée constituante). Encore aujourd'hui, les Français qui s'intéressent aux questions politiques sont de droite ou de gauche.

La Révolution a aussi fortement contribué aux progrès de la langue française. Certes, au XVIIIe siècle, la plupart des paysans – sauf dans le Bassin parisien – ne comprenaient pas le français. En revanche, dans les villes, même dans celles du Midi, on parlait d'autant plus français que c'était dans cette langue que les journaux rapportaient les idées nouvelles et ce qui se passait à Paris. En 1792, les révolutionnaires marseillais montent à Paris en chantant ce que l'on appellera ensuite *la Marseillaise*.Un des exemples les plus frappants de la francisation qui s'opère alors avec la Révolution est celui

LE FRANÇAIS, FACTEUR D'UNITÉ NATIONALE

Le prestige accordé par Louis XIV à la langue française a d'évidentes répercussions en province. Là où l'on parlait diverses langues ou patois, la noblesse et la bourgeoisie des villes s'attachent à parler et, surtout, à écrire le français qui devient la langue des gens de bien. Racine, Corneille, Molière, La Fontaine ont été, sans le savoir, les outils d'une opération géopolitique d'unification culturelle.

du Corse Bonaparte. Celui-ci voulait d'abord lutter pour l'indépendance de son île, avant d'être un des généraux les plus brillants de la Révolution française, puis de devenir empereur des Français. Les victoires remportées contre toutes les armées européennes renforceront le sentiment national des Français, mais au prix de milliers de morts ! Parmi les autres conséquences de la Révolution française, il en est une qui marque encore les campagnes françaises : la multiplication des petites et moyennes exploitations agricoles. Celles-ci ont, pour la plupart, été regroupées de nos jours dans de grandes exploitations mécanisées, mais il reste dans les villages les solides maisons de ces nombreux petits propriétaires. Ils ont été longtemps une caractéristique de la société française : en effet, la fuite des nobles à l'étranger fit que les domaines de ces derniers furent partagés et vendus aux nombreux paysans qui apportaient leur soutien à la République. La monarchie, malgré sa restauration en 1815, n'osera pas rendre leurs terres aux nobles de retour d'émigration et les Républiques qui se succéderont en France jusqu'à nos jours seront très attentives aux revendications des paysans.

LA BAISSE DE LA NATALITÉ

Il est difficile d'expliquer la baisse précoce de la natalité en France. Peut-être est-ce la conséquence, pour une part, de la multiplication des exploitations agricoles à la suite de la Révolution. Pour ne pas trop les morceler lors des héritages, leurs propriétaires ont décidé d'avoir moins d'enfants. Il faut aussi tenir compte des guerres : non seulement les guerres de la Révolution et de l'Empire ont tenu loin de chez eux un grand nombre de jeunes, mais elles ont aussi provoqué de nombreuses pertes en vies humaines.

L'idée de la nation dans le plus grand pays d'immigration européen

Alors que tous les autres pays européens ont connu au XIXe siècle et dans la première moitié du XXe siècle de très importants mouvement d'émigration, la France se caractérise au contraire depuis un siècle et demi par une importante immigration. Sa croissance démographique a été en effet particulièrement faible, notamment parce que la natalité y a diminué plus tôt que partout ailleurs, au point de devenir, entre les deux guerres, un peu plus faible que la mortalité. Si la France avait connu depuis deux siècles la même évolution démographique que ses voisins, elle serait peut-être trois fois plus peuplée qu'aujourd'hui – ce qui, compte tenu de sa taille, ne poserait pas de problème. Pour sa part, la Grande-Bretagne comptait 9 millions d'habitants en 1789 et 60 millions aujourd'hui, malgré une forte émigration. Si la France n'avait pas accueilli beaucoup d'immigrés, elle serait probablement deux fois moins peuplée qu'elle ne l'est de nos jours. Pendant longtemps – et jusqu'en 1975 –, la France a manqué de main-d'œuvre, d'autant plus que pendant longtemps les petits propriétaires ruraux ne sont guère partis à la ville. Ce sont les immigrés qui viennent accomplir les travaux les plus pénibles et les plus dangereux. De surcroît, sur le plan militaire, la faible croissance démographique de la France posait un sérieux problème par rapport à l'Allemagne. À la fin du XIXe siècle, celle-ci pouvait mobiliser chaque année deux fois plus de conscrits que la France.

C'est la raison pour laquelle les députés français, à la demande de l'état-major, ont voté, en 1890, une loi selon laquelle tous les enfants nés en France deviennent français, quelle que soit la nationalité de leurs parents. Ainsi, les fils d'Italiens, de Belges, d'Espagnols et de Polonais devaient faire leur service militaire. C'est là l'origine de notre « droit du sol » que certains mouvement politiques critiquent aujourd'hui. Mais il fallait intégrer, assimiler comme on disait alors, ces enfants d'immigrés pour éviter qu'ils ne constituent avec leurs parents des communautés étrangères. C'est aussi à la fin du XIXe siècle, après la défaite française de 1870

La centrale thermique de Gardanne, dans les Bouches-du-Rhône, est une des réalisations d'EDF. Elle s'inscrit dans le cadre de l'indépendance énergétique de la France.

contre l'Allemagne, que l'on s'est rendu compte du retard de la France en matière d'enseignement et qu'un grand nombre de gens, à la campagne, en Bretagne, dans le Midi, notamment, ne parlaient toujours pas français.

En 1882, Jules Ferry, un homme de gauche, lance le grand programme de l'instruction primaire laïque et obligatoire. Certes, pour une part, cela résulte du souci de ne pas laisser à l'Église le monopole des écoles et des collèges – une Église qui soutient des idées assez hostiles à la République. Mais l'instruction obligatoire en français, renforcée par les leçons d'histoire-géographie et d'instruction civique, est aussi le moyen d'intégrer à la nation non seulement les nombreux enfants d'immigrés, mais aussi tous ceux dont les

Les grands ensembles concentrent, souvent dans de mauvaises conditions, une part importante des immigrés. Ci-dessous, la ville nouvelle de Créteil.

parents, pourtant français, ne parlaient guère la langue nationale. Le problème de l'immigration, aujourd'hui, se situe dans le contexte du chômage qui sévit en France depuis plus de vingt ans.

Ce sont surtout les musulmans qu'une partie de l'opinion rend responsables, pour une grande part, du chômage et de l'insécurité et on ne comprend pas que les immigrés soient si nombreux alors qu'il y a officiellement trois millions de chômeurs. Comme près de la moitié de ces musulmans sont nés en France et sont donc de nationalité française, les mouvements nationalistes réclament que l'on fasse la distinction entre les « vrais » Français, les Français « de souche » et les autres, ceux qui soi-disant ne seraient pas vraiment Français. Mais les démographes ont calculé qu'environ un tiers des citoyens français ont au moins un grand-père qui est né à l'étranger. Il est donc bien difficile de définir des Français « de souche ». Vouloir faire une différenciation selon les origines mécontentera tous les Français qui portent des noms d'origine italienne, espagnole, polonaise, etc. Faire la différence entre les Français selon leur religion pour exclure les musulmans est contraire aux principes de laïcité affirmés dans la Constitution et auxquels la grande majorité des Français sont très attachés. Toute exclusion selon une caractéristique religieuse suscite l'opposition de ceux qui sont juifs ou protestants, car eux-mêmes, leurs parents ou leurs ancêtres ont été victimes autrefois de ce genre de discrimination. Enfin, exclure les musulmans, comme le veut le parti nationaliste, pour les obliger à retourner dans leur pays d'origine ne peut qu'aggraver les problèmes : dans un État comme la France, ce genre d'expulsions est irréalisable car elles susciteraient de violentes protestations. Le rappel des années sombres d'un pays voisin comme l'Allemagne suffirait à montrer que le racisme est un phénomène extrêmement dangereux pour la société où il se développe. De surcroît, prétendre mettre à part les

L'APPORT CULTUREL DE L'IMMIGRATION

L'immigration n'a pas seulement fourni de la main-d'œuvre, elle a été aussi une chance pour le développement de la science et de la culture française. En effet, au XIXe siècle et au début du XXe siècle, de nombreux étrangers, qui avaient un bagage intellectuel très important, sont venus en France, parce qu'elle était le pays de la Révolution et des droits de l'homme. Ce fut notamment le cas des juifs ashkénazes qui fuyaient l'antisémitisme régnant en Europe orientale. Leurs descendants ont contribué au développement des sciences, de la médecine et de la culture dans notre pays.

LES LANGUES RÉGIONALES
Certes, il importe que les langues que l'on appelle « régionales » ne disparaissent pas, car elles représentent une réelle richesse culturelle. Mais elles devraient être enseignées en même temps que le français. En effet, un jeune Breton ou un jeune Corse ne passera sans doute pas sa vie dans sa région ou dans son île : il serait donc fort handicapé de ne pas bien parler le français.

musulmans comme le souhaitent les nationalistes fait tout à fait le jeu des mouvements islamistes hostiles aux idées occidentales. Ceux-ci s'opposent en effet à l'intégration des Maghrébins dans la société française, parce qu'ils risqueraient d'y perdre leur ferveur religieuse. Le danger est que les musulmans se regroupent plus encore que maintenant dans certains quartiers et que les islamistes y jouent un rôle de plus en plus important, qu'ils obtiennent que les filles n'aillent pas au collège et que dans les écoles l'enseignement soit fait en arabe. Ce genre de projet risque d'être soutenu par ceux qui en France veulent que selon les régions l'enseignement soit fait en breton, en corse, etc. La population qui vit en France est certes d'origine diverse, mais de nos jours, dans sa quasi-totalité, à l'exception d'immigrés de fraîche date, elle parle le français car tous les jeunes vont à l'école ; les enfants d'immigrés y parlent français et, pour la plupart, continuent à le faire à la à la maison, ce qui amène les parents qui ne sont pas encore francophones à comprendre cette langue.

L'intérêt d'une nation ne se mesure pas seulement au jour le jour, mais aussi à plus long terme. D'ici une dizaine d'années, la France, comme les autres pays d'Europe occidentale, connaîtra sans doute de nouveau de grands besoins en main-d'œuvre. En effet, les Français qui sont nés en grand nombre au lendemain de la Seconde Guerre mondiale (c'est-à-dire ceux et celles qui ont eu vingt ans entre 1965 et 1970) vont bientôt partir à la retraite. Mais ils vont être remplacés par des générations de moins en moins nombreuses, car la natalité a beaucoup diminué dès les années 50 et 60. Pour faire face à ces nouveaux besoins de main-d'œuvre, la France devra faire appel à l'immigration et celle-ci viendra sans doute principalement des pays du Maghreb où la croissance démographique est restée importante. Si les facteurs qui, en France, ont commencé à disloquer l'unité nationale (le chômage et la délinquance liée aux trafics de drogue) continuent de s'aggraver, cette nouvelle immigration risque de ne pas s'intégrer du tout et donc de grossir des quartiers musulmans. Une telle ségrégation ethnique existe déjà dans certains pays européens (en Angleterre, notamment) qui n'ont pas l'expérience déjà ancienne de la France en matière d'immigration. Mais si l'on préserve les facteurs qui, dans le cas particulier de la France, ont assuré tant bien que mal depuis des décennies l'intégration d'une importante immigration, les nouveaux immigrés pourront sans doute s'intégrer dans de bonnes conditions. L'école et le collège sont donc plus que jamais des enjeux très importants pour la préservation de l'unité nationale. Celle-ci est d'autant plus nécessaire et difficile à assurer que la France fait partie de l'Union européenne et qu'elle participe à tous les phénomènes de mondialisation. Elle est pour le moment la quatrième puissance économique mondiale. Elle peut sans doute rester dans ce peloton de tête si elle parvient à combiner efficacement les efforts et les talents de tous ceux qui vivent dans ce pays. ■

Le TGV, qui s'engouffre ici dans le tunnel sous la Manche, est un des fleurons de l'industrie française.

POINTS CLÉS

Pour maîtriser
les sujets de cours

Le cours et ses difficultés dans le détail, sujet par sujet, classe par classe. La classe concernée est indiquée par un repère visuel : ❻, ❺, ❹ ou ❸. Les mots difficiles sont identifiés et expliqués dans le dico.

Points clés

Les continents

6

Avec toutes les îles, grandes et petites, les continents couvrent seulement 29 % de la surface du globe. Les étendues marines sont deux fois plus vastes, mais c'est sur les terres émergées que vivent les hommes.

Quelle est la différence entre les îles et les continents ?

Les continents peuvent être considérés comme de très grandes îles. Les géographes ont ainsi longtemps considéré que l'Australie n'était pas vraiment un continent, mais une très grande île. La dimension des continents dépasse la dizaine de milliers de kilomètres. Ils sont donc du premier ordre de grandeur, alors que les îles sont du deuxième, troisième ou même quatrième ordre de grandeur, comme Sri Lanka, les grandes îles indonésiennes, le Japon, Madagascar ou Cuba. On pourrait aussi soutenir que le continent américain est constitué de deux grandes îles, reliées par le grand isthme qu'est l'Amérique centrale. ■

Une exception : l'Europe

L'Europe est, tout d'abord, le plus petit des continents – moins de 5 000 kilomètres d'ouest en est. C'est aussi le seul qui ne soit pas complètement entouré par la mer. Sa limite orientale est constituée par l'Oural, mais ces montagnes ne sont pas élevées et le passage de l'Europe à l'Asie se fait insensiblement par de vastes plaines. De plus, tout le nord de l'Asie est surtout peuplé d'Européens venus de l'ouest de la Russie. Mais le climat est moins froid et la population est beaucoup plus nombreuse à l'ouest de l'Oural. ■

Ce paysage de Bachkirie, dans le sud de l'Oural, montre que ces montagnes ne constituent pas vraiment une frontière naturelle entre l'Europe et l'Asie.

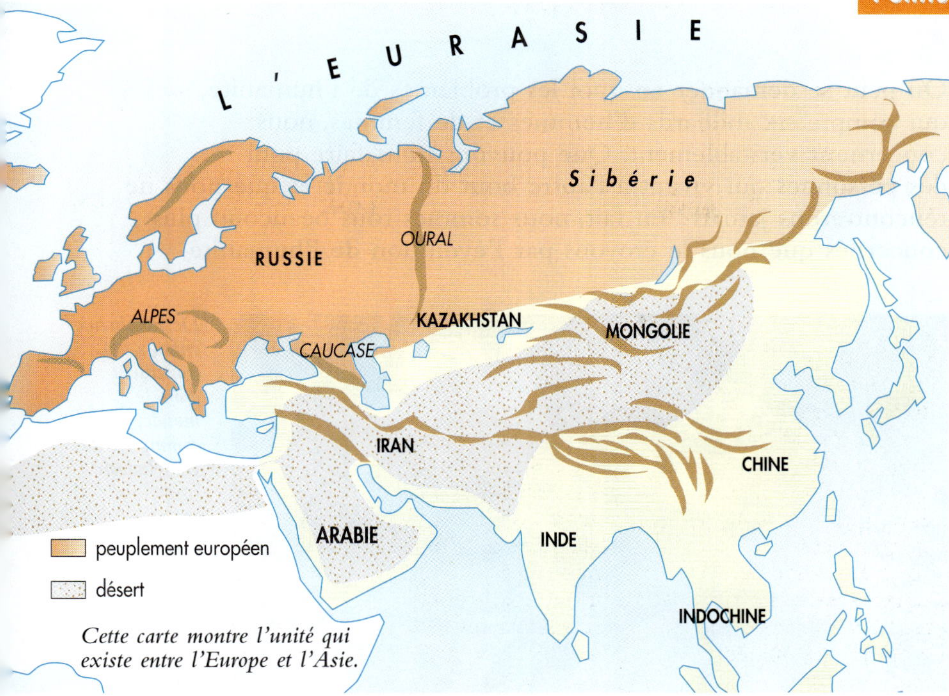

Cette carte montre l'unité qui existe entre l'Europe et l'Asie.

Les continents sont très inégalement peuplés

L'Antarctique est couvert de glaces, l'Australie est constituée en grande partie de déserts et se trouve loin des principaux foyers de peuplement. Le quart de l'Afrique est occupé par le désert du Sahara. Le cas de l'Europe est, une fois encore, particulier. Ce petit continent est très peuplé. Il n'y existe aucun désert. Il a été le foyer à partir duquel la révolution industrielle s'est propagée. Cela explique en partie l'accroissement de la population européenne depuis le XIXe siècle. En Asie, des États anciens ont organisé la mise en valeur des milieux hostiles et le contrôle des grands fleuves. La construction de digues a permis à des populations nombreuses de cultiver le riz et d'être à l'abri relatif des inondations ainsi que de certaines maladies. Les peuples d'Afrique n'ont pas connu d'évolution comparable et sont restés divisés en petites sociétés qui n'ont pas beaucoup transformé les milieux naturels. ■

La population des continents

Europe : 700 millions, dont 147 millions pour la seule Russie.
Asie (sans Russie) : 3,6 milliards, dont 1 milliard en Inde et 1,25 milliard en Chine.
Amérique : 800 millions.
Afrique : 750 millions.
Océanie : 30 millions.

Dico → désert • île • isthme • ordre de grandeur

Points clés

Votre famille et l'humanité

6

On peut se demander en quoi les problèmes de l'humanité, qui compte six milliards d'hommes et de femmes, nous concernent véritablement. Que pouvons-nous faire pour des personnes qui vivent à l'autre bout du monde et que nous ne rencontrerons jamais ? En fait, nous sommes tous beaucoup plus concernés que nous le croyons par l'évolution de l'humanité.

De nombreux enfants travaillent dans le monde, comme ici au Bangladesh.

La mondialisation peut évoluer en bien ou en mal

Le développement des échanges économiques entre tous les pays de la planète risque d'entraîner une aggravation du chômage dans les pays riches où l'on ferme des usines pour acheter des marchandises fabriquées à meilleur marché dans les pays pauvres. Ces marchandises sont produites par des travailleurs à qui l'on verse des salaires misérables, et souvent même par des enfants. Les gouvernements des pays riches agissent, dans le cadre des instances internationales, notamment pour que les autorités politiques et économiques des pays pauvres appliquent des réformes sociales et interdisent le travail des enfants afin que ceux-ci retrouvent le chemin de l'école. L'augmentation consécutive du prix des marchandises exportées par les pays pauvres réduira leur concurrence et, donc, le chômage dans les pays riches. ■

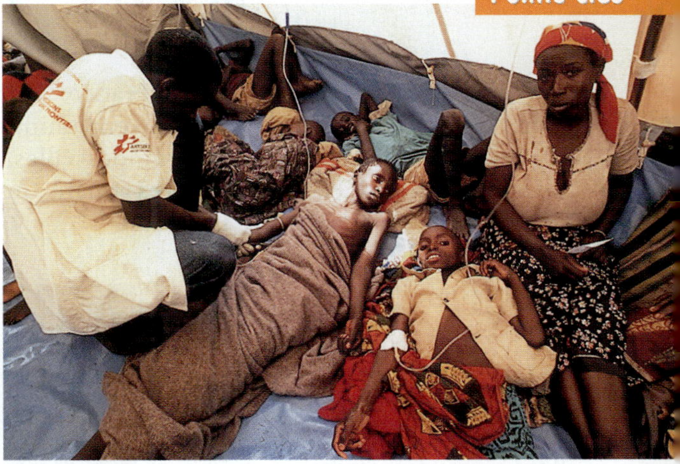

Des réfugiés rwandais sont soignés au Zaïre par l'association caritative Médecins sans frontières.

La solidarité médicale est nécessaire

On sait que l'usage des antibiotiques depuis près de cinquante ans a entraîné l'apparition de microbes toujours plus résistants qui deviennent donc plus difficiles à combattre. La carence en équipements médicaux dans les pays chauds – très fréquentés par les touristes, de surcroît – aggrave les problèmes dus à la prolifération des microbes et des virus. En raison du risque de diffusion au plan mondial de maladies nouvelles comme le sida, les différents pays doivent devenir véritablement solidaires. Les pays riches, pour se protéger, doivent davantage participer à la lutte contre la misère dans les pays pauvres, afin que ces derniers puissent lutter efficacement contre les maladies. ■

Les enfants scolarisés des pays riches apparaissent comme des privilégiés.

Les images et les musiques du monde entier

Alors qu'autrefois, il fallait des jours et parfois même des semaines pour que les journaux fassent connaître des événements importants survenus dans des pays lointains, les chaînes de radio et de télévision nous font aujourd'hui assister presque en direct à ce qui se passe à l'autre bout de la planète.
Les musiques du monde sont à la mode, non seulement celles des États-Unis, des Antilles et d'Amérique du sud, mais aussi, depuis moins longtemps, les musiques africaines ou le raï du Maghreb. Les musiques asiatiques se populariseront peut-être bientôt à leur tour. Les jeux Olympiques ou le Mondial de football sont regardés par des milliards de téléspectateurs. Lorsqu'il s'agit de Coca-Cola, de Nike, de Volkswagen, de Toyota ou de Disney, les affiches ou les publicités sont les mêmes dans le monde entier. ■

Dico → maladie • mondialisation • solidarité

Votre collège et la nation

6

Il y a des milliers de collèges en France. Dans les petites villes, ils sont souvent uniques. Il y en a des dizaines dans les grandes villes. Comme les écoles primaires et les lycées, les collèges jouent un rôle important dans le développement de la nation.

Les collèges et l'éducation

Un collège dans une ville de province, en France. Le terme «collège» est issu d'un mot latin qui désigne un groupe d'hommes chargés d'une fonction honorifique.

En 1959, l'âge de la scolarité obligatoire a été porté à 16 ans pour les garçons et les filles. Il y a encore deux siècles, en France, comme encore aujourd'hui dans les pays pauvres, la plupart des gens ne savaient ni lire ni écrire. Seuls faisaient exception ceux qui avaient été éduqués par le curé de leur village et les privilégiés qui avaient fréquenté les écoles religieuses. Ce sont les lois de 1881-1882, élaborées par le ministre de l'Instruction publique Jules Ferry, qui ont imposé la scolarité obligatoire de 7 à 13 ans. Chaque commune fit construire une école et un logement pour un instituteur payé par l'État. C'est dans ces premières écoles communales qu'un grand nombre de Français ont appris la langue française. Chez eux, on parlait en effet encore souvent le patois ou une langue régionale telle que le breton, l'occitan ou le corse. À l'école, les élèves apprenaient à lire, à écrire et à compter. On leur enseignait des principes de morale et de propreté ainsi que quelques connaissances relatives à leur patrie, la France. Un petit nombre d'élèves seulement, en général les enfants des familles aisées, poursuivaient des études. Les autres entraient sur le marché du travail. C'est pour offrir de meilleures perspectives à l'ensemble des jeunes, même ceux des familles modestes, ainsi que pour former plus de personnes capables de mettre en œuvre des technologies nouvelles que l'âge de la scolarité obligatoire a été porté à 16 ans. ■

Le collège et l'apprentissage de la vie de citoyen

De nos jours, en raison du chômage, les perspectives d'avenir pour les jeunes sont beaucoup moins dégagées qu'autrefois. Nombre d'entre eux en viennent à penser qu'il ne sert à rien de faire des études, puisque les diplômés eux-mêmes sont souvent à la recherche d'un emploi. Pourtant, en règle générale, plus on a fait d'études et plus on a de chances de trouver du travail. Certes, l'enseignement n'apprend pas un métier, mais il donne les bases pour mieux choisir sa future profession. Les professeurs, chacun dans leur discipline (mathématiques, français, langues, sciences naturelles, histoire-géographie, etc.), apprennent principalement aux élèves à réfléchir et à raisonner, ce qui est indispensable, quel que soit le métier auquel on se destine. Le collège est également le cadre dans lequel on apprend à devenir citoyen et à envisager les problèmes de la nation. Les collégiens ont en effet l'occasion de discuter avec des jeunes qui expriment des opinions différentes des leurs. La nation est formée de citoyens qui ne pensent pas tous de la même façon. L'une des premières fonctions de la démocratie consiste à les laisser discuter de façon paisible. Aujourd'hui, un des problèmes les plus graves pour la nation est celui de l'insécurité et de la violence. Ce problème se manifeste de plus en plus souvent dans les collèges ou à leurs abords immédiats. C'est aux élèves et à leurs professeurs d'en discuter pour y faire face. Vous vivez en France et vous serez à 18 ans des citoyennes et des citoyens. Aussi vous faut-il au collège réfléchir sur l'avenir de ce pays où vous allez vivre, aimer et travailler pendant de nombreuses années. Il est certes difficile de prévoir son évolution. Il est toutefois certain que celle-ci est indissociable de celle de l'Europe et de l'ensemble du monde. ■

Le collège demeure le lieu privilégié de formation des futurs citoyens.

Dico → **citoyenneté • démocratie • nation**

Points clés

Différentes façons de voir le monde

6

Avant d'examiner plus attentivement la France et les pays avec lesquels celle-ci entretient le plus de relations, il convient de se faire une idée de l'ensemble du monde. Le Fil rouge a permis d'en survoler les principaux paysages et d'évoquer quelques grands problèmes. Il demeure toutefois nécessaire d'examiner successivement les grandes catégories de phénomènes qui se combinent à la surface du globe, car chacune d'elles mérite l'attention et fait l'objet d'une science particulière.

Les catastrophes comme le passage du cyclone Mitch au Honduras en 1998 font partie des données naturelles.

Les données naturelles

Il n'est pas possible de comprendre le monde sans tenir compte, tout d'abord, des grandes données géologiques, c'est-à-dire de la répartition des mers et des continents ainsi que des grands traits du relief. On ne peut pas ignorer les contrastes entre les zones climatiques et les conséquences que ceux-ci induisent sur les ressources en eau, les sols, les formes de végétation et l'agriculture. Les géologues contribuent à la découverte de nouvelles richesses minières. Ils étudient également les séismes et les éruptions volcaniques afin de tenter de les prévenir. Les climatologues étudient l'évolution des climats. Ils s'inquiètent notamment des conséquences possibles du lent réchauffement de l'atmosphère. Les pédologues s'inquiètent de l'érosion des sols et les écologistes mettent en garde contre la dégradation des équilibres naturels et contre la pollution des eaux et de l'atmosphère. ■

Les phénomènes humains

Les démographes étudient un phénomène devenu primordial, celui de l'accroissement du nombre d'humains à la surface de la Terre. L'humanité a vu son effectif total passer de un à six milliards entre 1820 et la fin du XXe siècle. La population mondiale atteindra sans doute le nombre de neuf milliards d'ici à 2050. Non seulement les hommes sont de plus en plus nombreux, mais ils se répartissent très inégalement à la surface du globe et ils se concentrent dans les villes. Les urbanistes (du latin *urbs,* « ville ») s'efforcent de faire face à la croissance d'agglomérations dont la taille devient gigantesque. D'autre part, les habitants de la planète vivent dans des conditions économiques extrêmement différentes, selon qu'ils naissent dans des pays riches, peu nombreux et peu peuplés, ou dans des pays pauvres qui regroupent la plus grande partie de l'humanité. Toutefois, les phénomènes économiques n'expliquent pas tout. Il convient aussi de tenir compte des différences entre les civilisations et aussi entre les religions. Les économistes s'efforcent de proposer les moyens d'augmenter la croissance économique et de réduire le chômage. Les sociologues analysent l'évolution des sociétés et étudient, par exemple, la multiplication des phénomènes de violence dans tous les pays. ■

Géographie et éducation civique

Faire la description géographique d'un pays nécessite de tenir compte de diverses sortes de phénomènes, naturels ou humains. Mais pour mieux comprendre les problèmes qui se posent à une population, il faut aussi tenter de se mettre à la place des hommes et des femmes qui la composent et de raisonner comme si l'on était citoyen de leur nation. Certes, les habitants de la planète vivent dans des conditions matérielles très différentes selon les pays. Mais autant que des revendications économiques (avoir du travail, vivre décemment), ce sont des exigences politiques que la plupart d'entre eux mettent en avant. L'oppression est aujourd'hui considérée comme un fléau aussi grave que la pauvreté. La liberté et l'égalité politique sont devenus des principes fondamentaux pour toutes les nations. Un jour viendra où la solidarité économique entre les hommes et entre les nations sera elle aussi considérée comme indispensable. ■

La devise de la République, « Liberté, Égalité, Fraternité », orne le fronton de toutes les mairies de France.

Dico → croissance • cyclone • démographie • nation • république

Points clés

Les océans

6

Les océans et les mers couvrent 71 % de la surface de la Terre, mais il faut différencier les uns des autres. Des passages les relient, qui sont empruntés par les grandes voies de navigation. De tailles variables, les océans jouent un grand rôle dans les mécanismes du climat.

Une différence d'ordre de grandeur

Les océans représentent des espaces plus vastes que les mers. Ils mesurent plus de 10 000 kilomètres dans leur plus grande dimension, mais leurs limites ne sont pas aussi nettes que celles des continents. Au large des côtes, les océans se morcellent souvent en plusieurs mers bordées ou non de terres. On distingue l'océan Atlantique, l'océan Pacifique, l'océan Indien et l'océan Arctique, au Pôle Nord. La question de l'existence d'un océan Austral ou Antarctique reste posée, car ses délimitations, et notamment sa frontière avec l'océan Pacifique, ne sont pas précises. ■

Le canal de Suez relie l'océan Atlantique, via la mer Méditerranée, à l'océan Indien, par la mer Rouge, évitant de contourner l'Afrique.

Les océans communiquent entre eux

La communication interocéanique s'effectue par des détroits, comme celui de Gibraltar entre l'océan Atlantique et la mer Méditerranée, ainsi que par des canaux creusés par les hommes, comme celui de Suez qui permet de relier la mer Rouge à la mer Méditerranée, ou le canal de Panamá, entre les océans Atlantique et Pacifique. Les routes maritimes se croisent en grand nombre dans ces détroits et ces canaux.
Les routes de la marine à voile étaient dépendantes des vents dominants. La marine à vapeur répond à d'autres exigences : les navires sont aujourd'hui beaucoup plus grands (certains mesurent plusieurs centaines de mètres) ; ils suivent des routes préétablies et font escale dans les mêmes grands ports adaptés à leur taille. ■

Le plus vaste des océans : le Pacifique

Pourquoi « Pacifique » ? Parce que le premier qui l'a traversé, Magellan, au XVIe siècle, n'y a pas rencontré de tempête. L'extrême sud de l'océan Pacifique est pourtant sans cesse balayé de terribles vents qui soufflent vers l'est. Le détroit de Magellan, à la pointe de l'Amérique du Sud, permet de les éviter en partie. Le Pacifique influe sur le climat de la planète du fait de sa taille – il n'est parsemé que de petites îles. L'évaporation de ses eaux fournit la matière d'une grande partie des pluies qui arrosent la Terre.

Les perturbations dues au courant marin froid qui longe les côtes pacifiques de l'Amérique du Sud ont des conséquences sur le climat des pays asiatiques qui bordent le Pacifique et jusque dans des régions très éloignées de l'Amérique. ■

Le détroit de Magellan ou le canal de Panamá permettent d'éviter le cap Horn, ci-dessus, au sud du continent américain.

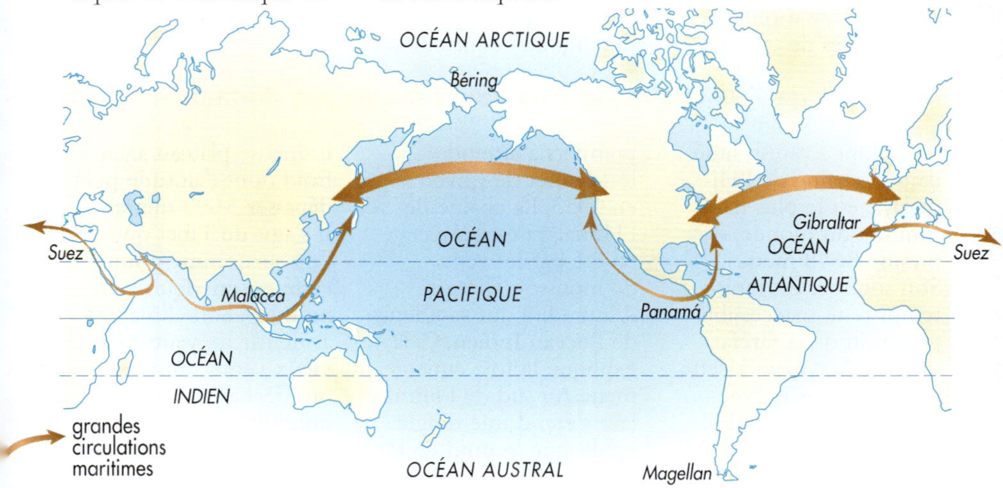

Dico → climat • détroit • vent

Points clés

Les grandes montagnes

6

Les grandes montagnes offrent des paysages très spectaculaires. Elles occupent une faible part des terres émergées qui sont principalement constituées de grandes plaines.

Dans les montagnes, il fait plus froid que dans les plaines

Dans les montagnes, la température diminue avec l'altitude. Elle perd environ 1 degré tous les 1000 mètres. Les plus hautes sont couvertes de neiges «éternelles»: il ne fait jamais assez chaud à leur sommet pour y faire fondre la neige. Les glaciers qui en descendent fondent à basse altitude, donnant naissance à des torrents qui vont rejoindre les rivières puis les fleuves qui coulent dans les plaines. L'Antarctique est formé de montagnes recouvertes de quelque 3000 mètres de glace. Il existe aussi de hauts sommets presque sans neige dans les régions proches de l'équateur. ■

La vallée Blanche et les aiguilles des Grandes Jorasses, dans le massif du Mont-Blanc.

La chaîne de l'Himalaya : la plus haute montagne du monde

Le mont Everest, situé dans la chaîne de l'Himalaya, est le plus haut sommet du monde. Il mesure 8848 mètres. Son sommet est longtemps resté inaccessible en raison de la raréfaction de l'oxygène à cette altitude. C'est le Néo-Zélandais Edmund Hillary et le sherpa Tensing Norgay qui réussirent les premiers à atteindre le sommet de l'Everest, en 1953. La chaîne de l'Himalaya est balayée en été par les vents de mousson chargés d'humidité qui soufflent de l'océan Indien. Cela explique le fort enneigement. Au sud de l'Himalaya s'étend une jungle tandis que le nord de la chaîne est bordé par un immense plateau aride et froid dont l'altitude peut dépasser 5 000 mètres. Il s'agit du Tibet que l'on surnomme pour cette raison «le toit du monde». Son climat est aride car les vents pluvieux venus du sud ont déchargé leur humidité sur la chaîne himalayenne avant de l'atteindre. ■

L'étagement des zones de végétation

La végétation évolue avec l'altitude, décroissant en taille : les arbres cèdent peu à peu la place à l'herbe. Dans nos régions tempérées où les hivers sont tout de même rigoureux, les pentes, au-dessus de 3000 mètres, sont presque toujours dépourvues de végétation. La roche y est à nu ou recouverte de neige. Plus bas se trouve une zone de prairies, les alpages, qui est enneigée l'hiver et qui sert de pâturage l'été. Plus bas encore apparaît la forêt. Les villages et les champs occupent le fond des vallées. Aux premières neiges, les bergers font descendre les troupeaux dans la vallée : c'est la transhumance. Les versants exposés au sud – l'adret – sont plus ensoleillés que ceux tournés vers le nord – l'ubac. Dans l'hémisphère Sud, aux mêmes latitudes, c'est l'inverse, tandis que dans les régions tropicales, cette différence n'apparaît presque plus. Dans ces dernières, le pied des montagnes est recouvert de forêts tropicales et leurs pentes plus élevées de steppes. ■

La chaîne des Aravis, dans les Alpes de Haute-Savoie, présente tous les stades de la végétation de montagne.

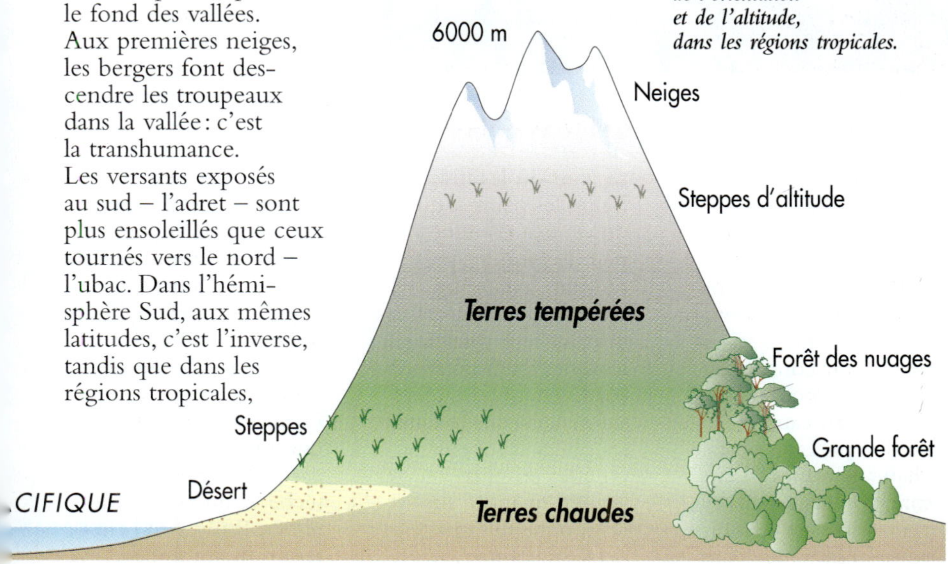

L'étagement des zones de végétation en fonction de l'orientation et de l'altitude, dans les régions tropicales.

Points clés

Les climats

6

Les climats déterminent les différences de végétation d'une région de la Terre à une autre. Leurs caractères – températures et précipitations – revêtent donc une grande importance pour la vie des hommes et pour l'agriculture.

La forêt tropicale ou équatoriale se distingue par sa hauteur, sa densité et sa luxuriance.

Les températures et les précipitations

Le climat d'une région résulte de la combinaison des températures qui y règnent et des précipitations qui y tombent. Les régions qui connaissent une longue saison sèche sont couvertes de steppes peu gourmandes en eau ou de déserts. Là où il fait chaud et où les pluies sont nombreuses, la végétation est épanouie, voire luxuriante. Dans les régions où les hivers sont longs, les plantes, qui doivent se contenter de peu de lumière, présentent une taille plus réduite qu'ailleurs. Elles disparaissent totalement lorsque la température baisse encore. Le relief influe aussi sur le climat : les pluies tombent en effet en plus grande quantité sur les montagnes que dans les plaines. ■

La zone tropicale : un monde sans neige

Entre les deux tropiques s'étend une vaste zone où il ne fait jamais très froid. Sauf en haute montagne, les hommes qui y vivent ne voient jamais la neige. Cette vaste zone au climat chaud est partagée entre des déserts secs toute l'année et, autour de l'équateur, des zones fortement arrosées. C'est dans ces dernières que se situent les plus grandes forêts de la planète – quand elles n'ont pas été défrichées. Sur les montagnes du nord de l'Inde, il pleut dix fois plus qu'à Paris. Ces pluies tombent en été.
Dans ces pays tropicaux humides, l'année est partagée entre une saison sèche et une saison des pluies. Il n'y a ni printemps ni automne. ■

Les zones polaires : le monde du froid

La température moyenne diminue au fur et à mesure que l'on se rapproche du pôle Sud ou du pôle Nord. Dans les régions polaires, le soleil ne s'élève jamais très haut dans le ciel et ses rayons, obliques par rapport au sol, chauffent peu – « climat » vient d'un mot grec qui signifie « inclinaison ». Ces régions septentrionales connaissent des saisons aux caractères tranchés. L'hiver, les nuits s'allongent, le froid augmente, la végétation se raréfie et les précipitations s'accroissent. L'été, les jours rallongent, les températures augmentent et l'humidité diminue à cause de l'évaporation. Le printemps et l'automne constituent des transitions entre ces deux extrêmes. Les climats exercent une influence considérable sur la répartition des populations. Les déserts et les régions très froides sont faiblement peuplés car l'agriculture y est limitée. Mais certaines régions très pluvieuses, comme les grandes forêts tropicales impénétrables et inhospitalières, sont tout aussi peu habitées. ■

La banquise, qui caractérise le paysage polaire, est formée d'eau de mer gelée.

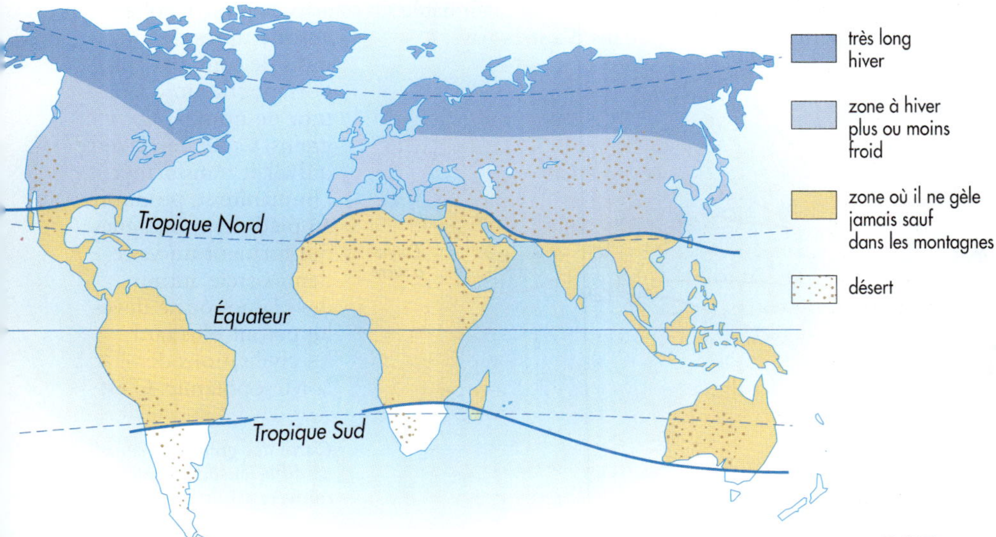

Dico → climat • désert • tropique

La géo-histoire des plantes cultivées

6

Les rapports du climat et de la végétation sont bien connus. On sait, par exemple, qu'on ne peut pas récolter des bananes dans un pays froid. Mais la géographie des plantes ne résulte pas seulement des contrastes climatiques à la surface du globe. Pour les plantes cultivées, il faut aussi tenir compte du rôle joué par les hommes depuis des époques fort anciennes de leur histoire.

D'où viennent les plantes cultivées ?

Les hommes ont de tout temps transporté, et parfois sur de grandes distances, des plantes dont la culture leur paraissait particulièrement intéressante. Raconter, avec l'aide des botanistes, la géo-histoire des plantes cultivées consiste d'abord, pour chacune d'entre elles, à indiquer la région du monde d'où elle est originaire. Là, il y a parfois très longtemps, des paysans ont sélectionné telle plante sauvage et l'ont peu à peu transformée pour qu'elle donne plus de graines ou de plus gros fruits. La géo-histoire permet ensuite de raconter quand, comment et pourquoi cette plante transformée par l'homme a été transportée sur de grandes distances et acclimatée dans d'autres pays. ■

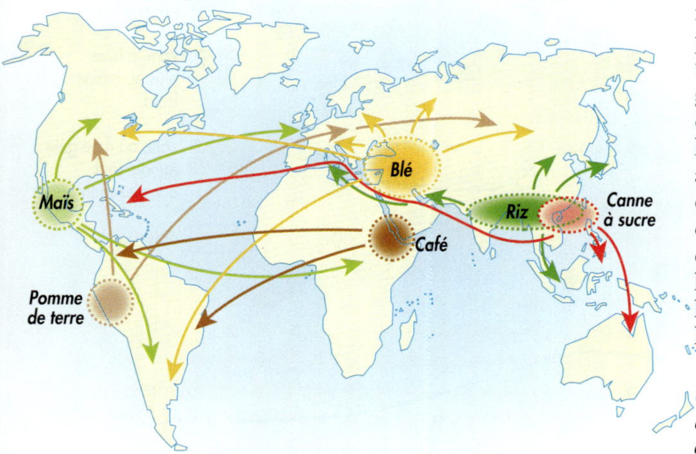

Carte des grands réseaux de diffusion des plantes cultivées.

Des plantes cultivées originaires du Moyen-Orient

C'est au Moyen-Orient que l'agriculture est apparue, il y a quelque 8000 ans pense-t-on. Jusqu'alors les hommes vivaient de chasse et de la cueillette des graines de plantes sauvages. Souvent nomades, ils n'avaient pas encore eu l'idée de semer des graines, de les arroser pour récolter ensuite, après de longs mois de soin, des épis portant chacun à leur tour de nombreux grains. Cette découverte qui allait transformer l'humanité se produisit au pied des montagnes qui forment un vaste demi-cercle autour des plaines où se développeront plus tard les civilisations de la Mésopotamie. C'est

Rizières en terrasse dans la province de Guizhou, en Chine.

dans ce que l'on appelle « le croissant fertile », dans les vallées de la Syrie, de l'Irak, de la Turquie et de l'Iran actuels, qu'a débuté la culture du blé et de l'orge. Celle-ci s'est ensuite lentement propagée vers l'est, vers le nord de l'Inde et de la Chine, puis vers l'ouest, en direction de la Méditerranée et de l'Europe il y a environ 4000 ans. C'est aussi à partir de ces régions du Moyen-Orient que s'est propagée, plus tard, la culture de la vigne ainsi que celle de divers arbres fruitiers, comme le pommier, le poirier ou le cerisier. ■

Le riz et les autres plantes issues d'Inde et de Chine du Sud

L'autre grande culture céréalière, celle du riz, qui nécessite eau et chaleur, est apparue il y a environ 5000 ans en Inde et dans les régions chaudes et humides du sud de la Chine. C'est aussi en Inde qu'a tout d'abord été cultivé le coton. Sa culture s'est ensuite propagée en Égypte il y a 4000 ans, puis vers l'Asie orientale et, plus tard encore, vers l'Amérique. C'est de Chine du Sud que sont originaires les oranges, les bananes et la canne à sucre. Cette dernière a été largement diffusée vers les régions chaudes et humides d'Amérique, après la conquête de ce continent par les Européens. Il en a été de même pour le café. Originaire des montagnes du sud de l'Arabie et de l'Éthiopie, sa culture s'est surtout développée en Amérique du Sud et sa consommation est devenue mondiale. Le thé, plante originaire de Chine, reste surtout cultivé en Extrême-Orient et en Inde. ■

De nombreuses plantes sont d'origine américaine

La conquête de l'Amérique par les Espagnols et les Portugais, aux XVe et XVIe siècles, a entraîné la diffusion d'un grand nombre de plantes indigènes vers d'autres continents et d'autres climats. Une grande culture céréalière, celle du maïs, provient d'Amérique centrale et plus précisément du Mexique. Elle a tout d'abord été exploitée en Europe, du moins dans des pays à été chaud, puis en Afrique et en Asie. La pomme de terre est, quant à elle, originaire des hauts plateaux du Pérou où il ne fait pas chaud. Elle a été cultivée en Europe, dans les pays de climats froids. D'Amérique tropicale sont également issus les haricots, la tomate, le tabac ou le cacao, dont la culture s'est surtout développée en Afrique. Enfin, une plante à tubercule d'origine américaine, le manioc, qui sert à produire le tapioca, s'est surtout propagée en Afrique. ■

Les grands fleuves

6

Les grands fleuves prennent leur source dans les hautes montagnes. Ils permettent de se déplacer sur de longues distances, mais ils sont aussi redoutables par leurs inondations.

Des fleuves qui viennent de loin

Il y a une trentaine de grands fleuves dans le monde dont le cours avoisine ou dépasse les 2000 kilomètres de long. Les plus grands – plus de 5000 kilomètres de long – se trouvent en Afrique (le Nil), en Amérique (l'Amazone), en Chine (le Yang Tse Kiang) et en Sibérie. La Volga et le Danube sont les fleuves les plus longs d'Europe. Lorsque les neiges ou les glaciers fondent ou lors de la saison des pluies, le niveau des eaux monte : c'est la crue. Son origine est parfois très lointaine. Certains fleuves traversent plusieurs zones climatiques. Le Nil prend ainsi sa source dans les montagnes tropicales d'Afrique orientale, traverse le lac Victoria et termine sa course en Méditerranée après avoir traversé le désert du Sahara. Ses eaux sont plus hautes lorsqu'il pleut sur les montagnes tropicales. Elles parviennent donc en Égypte en été, durant la saison sèche. Les fleuves de Sibérie, qui coulent vers le nord, dégèlent d'abord en amont. L'eau est bloquée vers l'embouchure par les glaces encore présentes au début de l'été, et cela provoque des inondations dans le cours aval. ■

Des axes de peuplement et de civilisation

En Asie, et surtout en Chine, les hommes se sont protégés des inondations par d'énormes travaux d'endiguement entrepris il y a des siècles de cela et soigneusement entretenus depuis. Les ruptures de digues sont en effet dramatiques car les fleuves coulent en remblai au-dessus du niveau de la plaine. Protégés de la plupart des inondations et disposant d'un système d'irrigation performant, les riverains des fleuves asiatiques font pousser le riz qui nourrit les nombreux habitants de ces vallées. Le Nil est le berceau des civilisations égyptiennes. D'autres fleuves comme l'Amazone ou les fleuves de Sibérie traversent au contraire des régions faiblement peuplées. L'Amazone a été jadis la principale voie de pénétration dans l'épaisse et inhospitalière forêt équatoriale. ■

Les crues du Nil fertilisaient les rives du fleuve en y déposant le précieux limon.

Des fleuves qui fournissent eau et électricité

Les grands fleuves font souvent l'objet d'aménagements pour amener l'eau dans les villes et les usines et pour produire de l'hydroélectricité. Les barrages permettent de stocker l'eau des crues et de contrôler la quantité qu'on laisse couler vers l'aval. La crue du Nil est «stockée» par un barrage au sud de l'Égypte. En 2003, le cours moyen du Yang Tse Kiang sera doté d'un énorme barrage construit dans les gorges d'Ichang. Cet ouvrage doit transformer les 600 kilomètres de vallée situés en amont en un grand lac. Il nécessitera le déplacement d'un million de personnes. Ce sera la plus grosse installation hydroélectrique du monde. ■

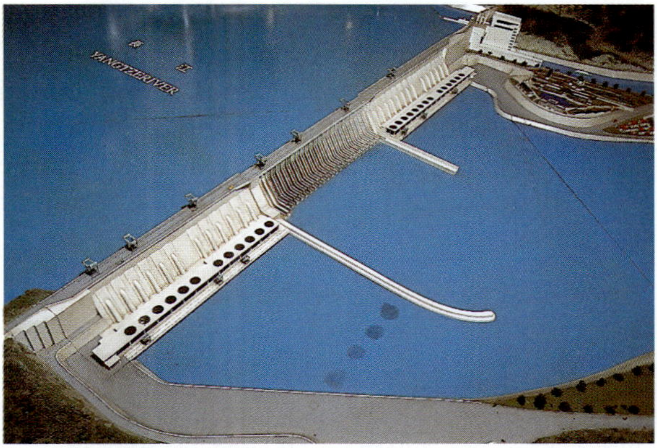

La maquette du barrage des Trois Gorges en construction sur le Yang Tse Kiang, en Chine.

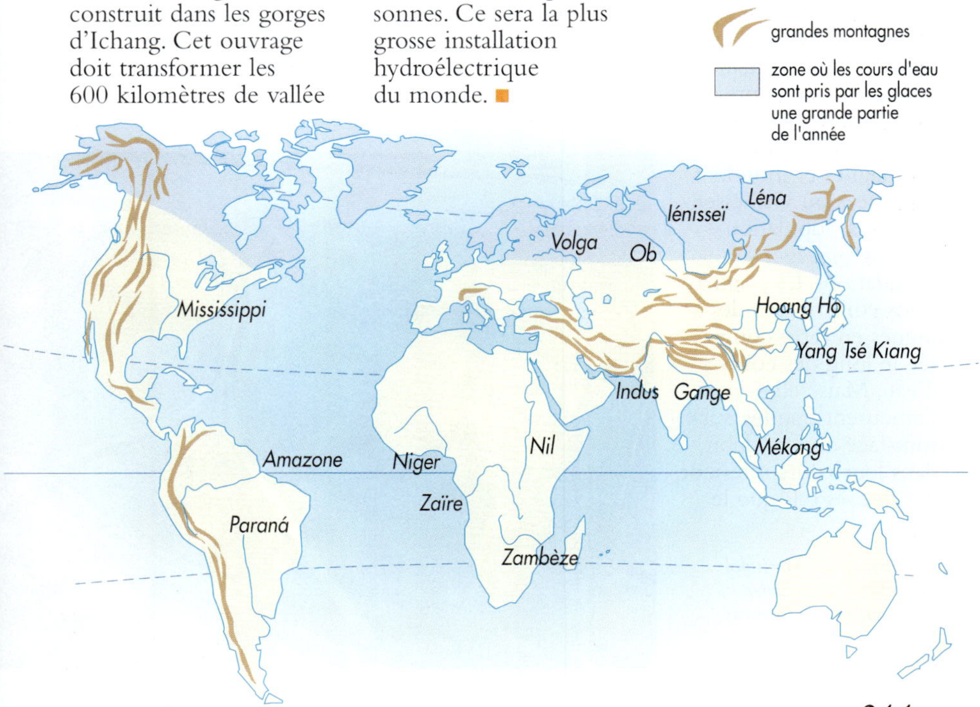

Points clés

Les problèmes de l'eau

6

L'eau est indispensable non seulement pour l'agriculture, mais aussi pour les industries et le bon fonctionnement des villes. L'augmentation rapide de la population mondiale au XXe siècle a considérablement accru les besoins en eau de la planète. Au point que l'on craint aujourd'hui de manquer d'eau.

Dans certains pays, on redoute pourtant les inondations

Les inondations frappent surtout les pays asiatiques les plus peuplés, c'est-à-dire la partie de l'Asie qui s'étend de l'Inde à la Chine, en passant par l'Indochine. Ces pays où sévit la sécheresse pendant une partie de l'année reçoivent en été des quantités considérables de précipitations. Les eaux de pluies dévalent des montagnes et inondent les vallées où vit l'essentiel de la population. Pour se protéger des inondations, les populations construisent des digues en terre compactée le long des cours d'eau. Mais celles-ci demeurent fragiles, surtout face au fort débit, dans leur cours inférieur, des fleuves tels que le Gange, le Brahmapoutre, le Yang Tse Kiang ou le fleuve Rouge. De surcroît, les deltas de ces fleuves sont périodiquement submergés par la mer lorsque éclatent des typhons, ces terribles tempêtes qui poussent vers la terre les flots de l'océan. Lorsque les digues côtières se rompent, l'inondation est à la fois fluviale et marine. C'est ce qui arrive périodiquement dans l'énorme delta commun du Gange et du Brahmapoutre, au Bangladesh, où, de plus, les digues sont encore presque inexistantes. ■

Le barrage de Mérindol (Vaucluse) et la prise du canal de Carpentras qui alimente des canaux d'irrigation.

Irrigation de bananeraies dans la vallée du Jourdain.

Les difficultés de l'irrigation

Le manque de pluies est tout aussi redoutable que les inondations. L'irrigation permet en partie de pallier la sécheresse. Le plus souvent, elle consiste à capter l'eau des rivières grâce à de petits canaux qui alimentent les cultures. La chaleur s'ajoute souvent à l'absence de précipitations. Les rares pluies s'évaporent alors aussitôt. La sécheresse varie selon les années. Les périodes d'aridité durent parfois plusieurs années, entraînant la disette ou même la famine. Pour faire face à de tels fléaux, les pays soumis à la sécheresse construisent des barrages derrière lesquels est stockée l'eau des rivières. De grands canaux permettent alors de la transporter sur de grandes distances à des fins d'irrigation. Les grands barrages ne résolvent toutefois pas tous les problèmes. En effet, dans les régions arides, d'épaisses couches de sel occupent le sous-sol des vallées. L'eau d'irrigation dissout le sel qui remonte à la surface lors des périodes de sécheresse. Le sol cultivé devient de plus en plus salé et perd sa fertilité. ■

L'alimentation en eau des grandes villes

Les grandes villes consomment d'énormes quantités d'eau. Il en faut notamment beaucoup pour alimenter le réseau d'égouts qui évacue les eaux usées. Le mauvais fonctionnement des égouts pose de graves problèmes sanitaires. On peut aujourd'hui construire de grosses canalisations sur de très grandes distances. Ces travaux hydrauliques suscitent parfois des rivalités entre les grandes villes et parfois même entre les États. ■

Dico → barrage • delta • typhon

Points clés 6 L'eau dans les pays méditerranéens

La mer Méditerranée sépare l'Europe de l'Afrique.
Elle est bordée, au nord, par l'Espagne, la France, l'Italie et la Grèce; au sud par les pays d'Afrique du Nord et, à l'est, par ceux du Moyen-Orient. Situé entre le Sahara, au sud, et l'Europe tempérée, au nord, l'ensemble des pays qui composent les paysages méditerranéens sont soumis à des conditions climatiques particulières qui risquent d'évoluer dangereusement.

En été, l'expansion vers le nord de l'air saharien

Un paysage typiquement méditerranéen : une oliveraie dans le Péloponnèse, en Grèce.

Les pays méditerranéens sont envahis, en été, par l'air chaud et sec venu du Sahara. Celui-ci s'étend jusque sur l'Europe occidentale qui connaît alors un beau temps chaud et sec. Au sud de la Méditerranée, la sécheresse peut durer plusieurs mois.
À l'automne, l'air saharien redescend vers le sud et les vents humides qui viennent de l'océan Atlantique apportent jusqu'au printemps des pluies sur l'ensemble des pays méditerranéens. Les précipitations tombent parfois en violentes averses qui attaquent d'autant plus les sols que ceux-ci ne sont guère protégés par la végétation naturelle. Cette dernière a été, le plus souvent, défrichée par l'homme ou détruite par des incendies. La longue sécheresse de l'été est une période difficile pour la végétation qui a ensuite du mal à repartir. Les paysages méditerranéens restent marqués par la sécheresse, même dans les régions qui reçoivent beaucoup de précipitations à la saison froide. Ces pluies ruissellent rapidement vers la mer et sont perdues. Depuis des siècles, les paysans méditerranéens pratiquent l'irrigation pour lutter contre la sécheresse. Pour stocker l'eau, il faut construire encore plus de barrages. Ceux-ci sont d'autant plus nécessaires que l'aridité risque de s'accroître grandement dans cette partie du monde. ■

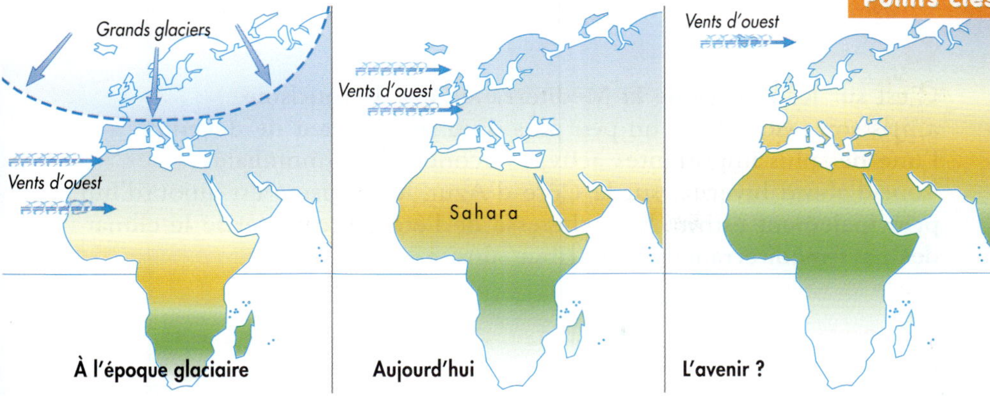

En remontant vers le Nord, l'air désertique aggraverait la situation des pays méditerranéens.

Le risque d'aggravation de l'aridité

Les climatologues pensent que le climat risque de subir d'importantes modifications dans les décennies à venir.
La quantité de gaz carbonique présente dans l'atmosphère a beaucoup augmenté au XXe siècle du fait de la croissance de la consommation du charbon et du pétrole. Cette tendance risque encore de s'accentuer dans l'avenir. La couche de gaz carbonique concentre la chaleur solaire, comme le fait le vitrage d'une serre. C'est pourquoi on parle d'« effet de serre » pour désigner ce phénomène qui devrait provoquer l'élévation de la température moyenne de l'atmosphère, dans les prochaines décennies.
Pour tenter d'évaluer ses conséquences, il est nécessaire d'examiner les effets des grands changements climatiques que la Terre a connus. Dans les temps préhistoriques, les glaciers recouvraient le nord de l'Europe. On ne connaît pas les causes de ce refroidissement. D'énormes éruptions volcaniques ont peut-être projeté dans l'atmosphère de grandes quantités de cendres qui auraient obscurci le soleil. À cette époque, les vents d'ouest soufflaient plus au sud. Ils apportaient des pluies sur l'actuel Sahara qui était alors verdoyant – le désert se situait alors plus au sud. Le réchauffement prévu de l'atmosphère risque de faire remonter l'air désertique vers le nord, ce qui aggraverait la situation des pays méditerranéens. ■

Que faire devant de telles menaces?

Les pays du pourtour méditerranéen sont très peuplés. Pour stocker les eaux de pluie, la construction de nombreux barrages est nécessaire. Mais ce n'est pas une solution suffisante.
La désalinisation de l'eau de mer est un procédé coûteux. L'eau ainsi obtenue est trop chère pour être utilisée à l'irrigation des cultures. Elle sera donc réservée à la consommation urbaine et aux activités rentables et productives d'emplois telles que l'industrie et le tourisme. ■

Dico → barrage • climat • Sahara • sécheresse

Points clés

Tourisme et rivages méditerranéens

6

C'est sur les rivages de la Méditerranée que le tourisme a pris son essor, il y a un peu plus d'un siècle, avant de devenir l'une des plus importantes activités économiques mondiales. Tout d'abord hivernal sur la Côte d'Azur, le tourisme est aujourd'hui principalement estival. La sécheresse de l'été qui caractérise le climat des pays méditerranéens contribue ainsi à leur richesse.

De beaux paysages, des péninsules et des îles nombreuses

Souvent dominées par des hauteurs escarpées, les côtes méditerranéennes sont, pour une grande part, rocheuses et bien découpées. Elles présentent une succession de caps et de petites baies au fond desquelles se trouvent des plages de taille réduite. Pour accueillir la masse croissante des vacanciers, on a donc mis en valeur, en bordure des plaines, les côtes basses et plates où les plages sont beaucoup plus longues, comme dans le Languedoc ou dans les deltas du Rhône ou du Pô qu'il a fallu d'abord débarrasser des nuées de moustiques qui les infestaient. L'avantage des côtes méditerranéennes pour les activités balnéaires réside dans le climat et dans l'absence de marée, contrairement aux côtes de l'Atlantique, par exemple, où la mer se retire à marée basse. Cette absence de marée en Méditerranée présente aussi des inconvénients. La faiblesse des courants côtiers ne favorise pas la dispersion au large des déchets déversés par les égouts des localités côtières. Ces dernières, qui voient leur population s'accroître considérablement en été, ne sont pas toutes dotées de stations d'épuration. De surcroît, la Méditerranée est une mer presque complètement fermée (son nom signifie « au milieu des terres ») qui ne communique avec l'Atlantique que par le détroit de Gibraltar. Ce caractère aggrave encore les phénomènes de pollution, causés par le développement des industries sur ses rives et le trafic des navires pétroliers. ■

Le massif de l'Estérel s'achève en corniche sur la Méditerranée.

L'histoire explique aussi l'importance du tourisme

Des millions de touristes européens sont aussi attirés par les prestigieux vestiges historiques qui s'élèvent dans les régions côtières de la Méditerranée. La Grèce, dont l'influence s'étendit autrefois de l'Asie Mineure à la Sicile, est le berceau de la civilisation européenne. La péninsule italienne a été le centre de l'Empire romain qui a élevé des monuments dans tous les pays du pourtour méditerranéen sur lesquels s'exerçait sa puissance. L'accroissement du niveau culturel d'une grande partie de la population a amené de plus en plus de touristes autour de célèbres ruines. C'est surtout dans les pays de la façade nord de la Méditerranée que le tourisme balnéaire et culturel est le plus important. En effet, sur sa façade sud, les populations musulmanes considèrent parfois avec hostilité les touristes qui se dénudent sur les plages. Toutefois, le grand pays arabe qu'est l'Égypte attire en temps normal chaque année des millions de touristes qui viennent admirer les pyramides et les temples de la vallée du Nil, qui sont les héritages de l'une des plus anciennes et des plus grandioses civilisations de l'humanité. ■

Ce sont les riches Anglais, habitués à venir passer l'hiver sur les rives de la Méditerranée, qui lancèrent le tourisme sur la Côte d'Azur.

Le tourisme mondial, une véritable industrie géographique

Autrefois, le terme d'« industrie » désignait l'ensemble des activités concourant à la production et à la circulation des richesses. C'est bien le cas du tourisme qui est devenu l'un des secteurs économiques les plus importants. Celui-ci nécessite des investissements (hôtels, magasins, aéroports, routes, installations sanitaires, etc.) et exige l'exploitation permanente de nouveaux sites. Ces derniers doivent offrir des conditions géographiques favorables (côtes, climat, etc.), de beaux paysages et de prestigieux héritages historiques. Le développement de cette activité nécessite d'attirer à la fois une clientèle de masse et une clientèle aisée, auxquelles des services différents sont proposés. Les premiers flux touristiques se sont développées de l'Europe du Nord vers l'Europe du Sud, puis de l'Amérique du Nord vers l'Amérique du Sud, les Antilles et les îles du Pacifique ou du Sud-Est asiatique que fréquentent maintenant aussi les Japonais. ■

Dico → climat • sécheresse • tourisme

Points clés

Les déserts

6

Les grands déserts sont de vastes étendues quasiment dépourvues de végétation, qui se mesurent en centaines ou en milliers de kilomètres (deuxième ou troisième ordre de grandeur). Les régions qui sont aujourd'hui désertiques ne l'ont pas toujours été.

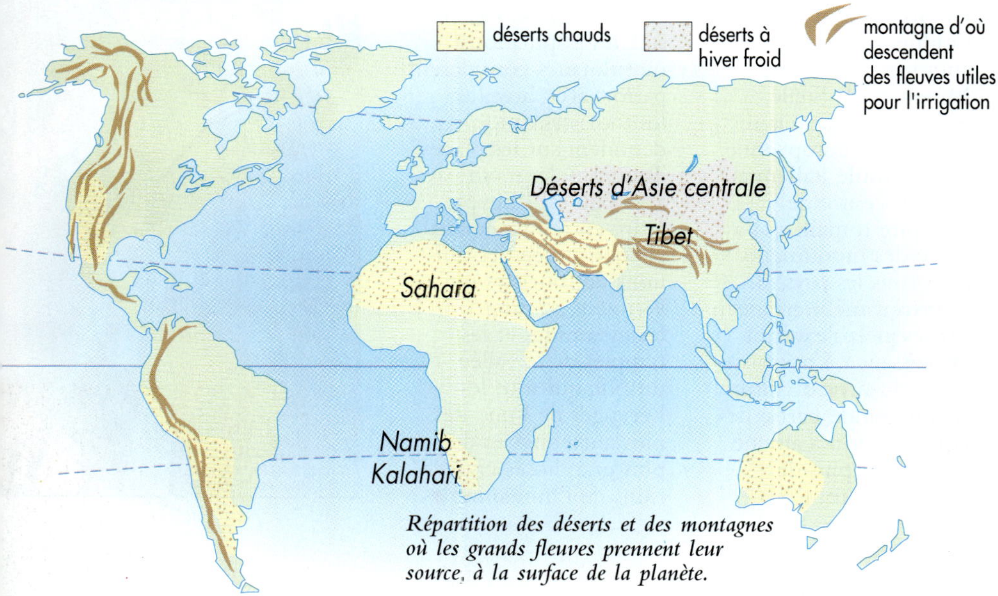

Répartition des déserts et des montagnes où les grands fleuves prennent leur source, à la surface de la planète.

Des déserts chauds et des déserts aux hivers froids

Les déserts occupent le tiers de la surface des terres émergées. Ce sont de vastes espaces où le manque de pluie rend impossible toute culture non irriguée. Ils ne présentent quasiment pas de végétation, sauf sur leur marges. Les plus importants déserts se situent en Afrique, dans la péninsule arabique, au nord de l'Himalaya et en Australie.
Les déserts d'Afrique, d'Arabie et d'Australie sont très chauds. Les températures de la journée peuvent avoisiner 50 degrés. Également torrides en été, les déserts d'Asie centrale connaissent, en revanche, des hivers très froids car ils sont plus éloignés des régions tropicales et les altitudes y sont plus élevées.
Les chameaux que l'on y trouve sont des animaux sobres adaptés au froid; les dromadaires, pour leur part, supportent la chaleur et peuvent rester longtemps sans boire. ■

La diversité des paysages désertiques

Les dunes de sable – ou « ergs » – ne couvrent qu'une partie des déserts. On y trouve aussi de vastes étendues balayées par les vents, baptisées « regs », ainsi que des montagnes de taille variée. Les « oueds » sont des cours d'eau qui descendent de ces montagnes. Ils ne coulent que de temps en temps, après une averse, et leurs eaux s'évaporent avant d'arriver à la mer. Les oasis sont des endroits où la présence d'une nappe d'eau peu profonde a permis le développement de la végétation. Ils sont souvent habités car la culture irriguée y est possible. La vie y est très différente selon qu'il s'agit d'oasis naturelles situées dans les pays pauvres ou de grandes oasis artificielles alimentées par de puissants barrages, comme aux États-Unis ou en Australie. Sur les marges des déserts, le climat est semi-aride. Il y pleut plus régulièrement. C'est surtout dans ces steppes que circulent les nomades accompagnés de leurs troupeaux. ■

Le Sahara, un des plus grands déserts du monde

Le Sahara est grand comme seize fois la France. Dans l'Antiquité et surtout au Moyen Âge, il était traversé par de grandes routes commerciales. Les caravanes guidées par des nomades transportaient vers les régions méditerranéennes l'or provenant de pays situés au sud du désert. Les oasis, qui sont nombreuses dans le Sahara, servaient d'escales pour les caravanes. Aujourd'hui, beaucoup ont disparu et les nomades se sédentarisent dans les régions semi-arides des marges méridionales du désert. Cette zone limitrophe, appelée « Sahel » – « rivage », en arabe –, qui est située au sud du Sahara, souffre de sécheresses de plus en plus longues et fréquentes. Certains scientifiques pensent que le désert est en expansion. ■

Le Sahara n'est pas qu'un océan de dunes. Il comporte aussi des plateaux arides et des montagnes.

Dico → climat • désert • oued • reg

Points clés

6

La grande forêt tropicale

La forêt tropicale varie selon la quantité de précipitations qu'elle reçoit. On la trouve en Afrique, en Amérique du Sud, couvrant de grands ensembles de plusieurs milliers de kilomètres carrés. Elle est moins présente en Asie tropicale, où elle a été défrichée par des populations très nombreuses à la recherche de surfaces à cultiver. Le problème de sa préservation se pose désormais au niveau mondial.

La source du fleuve Zaïre, à la frontière zambienne, au cœur de la forêt tropicale.

La forêt tropicale n'est pas la même partout

Les pluies ne sont pas également réparties dans les régions tropicales. Les forêts y présentent donc des formes différentes. Sous l'équateur, où les pluies sont importantes et constantes (il n'y a pas de saison sèche), les arbres mesurent plus de 40 mètres de haut et le sous-bois, très sombre, est presque dépourvu de végétation. Plus on se rapproche des tropiques, plus la saison sèche est marquée. Les arbres sont moins hauts, leurs feuilles tombent une fois par an et il y a davantage de végétation au sol car la lumière est moins arrêtée par le feuillage. Les principales forêts équatoriales sont celles du bassin de l'Amazone (en Amérique du Sud), du bassin du Zaïre (en Afrique) et celles qui couvrent les grandes îles peu peuplées de l'Asie du Sud-Est. ■

Une exploitation importante des ressources forestières

Les forêts tropicales sont faiblement peuplées parce qu'on y circule mal et que les conditions de vie y sont rudes, et parce qu'elles sont difficiles à cultiver en raison de la densité de végétation et de la pauvreté des sols. De plus, certaines abritent des animaux particulièrement dangereux pour l'homme. Aujourd'hui, toutefois, la forêt recule. La croissance de la population des pays tropicaux entraîne le défrichement de la forêt pour étendre les cultures. Par ailleurs, les progrès de la mécanisation augmentent l'exploitation des forêts, mais aussi du pétrole et des divers minerais contenus dans son sous-sol. ■

L'Amazonie, une forêt à protéger

La forêt amazonienne est la plus grande forêt tropicale du monde. Elle a été baptisée «l'enfer vert» car les conditions de vie y sont très pénibles. La forêt amazonienne appartient en grande partie au Brésil qui a entrepris d'en exploiter les ressources. On y a ouvert des routes. Des villes industrielles y ont été bâties dans des clairières dégagées au bulldozer. De vastes propriétés y regroupent des millions de têtes de bétail. Mais des voix de plus en plus nombreuses s'élèvent pour dénoncer les défrichements. La forêt amazonienne est en effet l'un des milieux les plus riches en espèces vivantes. L'arrêt du déboisement est toutefois envisageable car les alentours de la forêt amazonienne sont faiblement peuplés. ■

La canopée – le sommet des arbres – de la forêt tropicale abrite la plupart des animaux qui y vivent.

Le défrichement en cours de la forêt amazonienne est destiné à y développer un type d'élevage extensif.

Dico → **Amazonie** • **défrichement** • **mécanisation** • **tropique**

Le problème des sols tropicaux

6

L'avenir des sols tropicaux pose un grave problème : pauvres et fragiles, ceux-ci sont détruits au fur et à mesure que la population agricole augmente.

Le ruissellement des abondantes pluies tropicales provoque un fort ravinement qui rend la terre impropre à la culture.

Les sols dépendent des milieux climatiques

Le sol est le résultat de la décomposition des roches du sous-sol et de celle des herbes, des feuilles et des branches qui se trouvent à sa surface. Ces décompositions sont plus rapides si le climat est humide et chaud que s'il est froid ou sec. La chaleur et l'eau accélèrent en effet les processus chimiques. De plus, sous les climats humides et chauds, la luxuriante végétation fournit une abondante matière végétale. La zone tropicale étant partagée entre des régions sèches et des régions humides, elle présente une grande variété de sols. Dans les régions pluvieuses couvertes d'arbres, les sols sont très épais car les roches sont décomposées sur plusieurs mètres de profondeur. Dans les régions plus arides, les sols sont plus minces. ■

Des sols peu fertiles et très fragiles

Les sols tropicaux ne sont pas très riches. La décomposition chimique y est trop intense et les eaux abondantes entraînent les substances fertiles. De ce fait, les plantes ne trouvent guère d'éléments nutritifs en profondeur. En outre, dès que la forêt est défrichée, les sols qui ne sont plus protégés par la végétation sont rapidement entraînés par le ruissellement que provoquent les averses tropicales. Les sols qui ne sont pas couverts de forêts sont plus pauvres et retiennent mal l'eau qu'ils reçoivent. Dans la zone marquée par de longues saisons sèches, on trouve, à faible profondeur sous le sol meuble, des cuirasses rougeâtres très dures qui rendent impossible toute culture. Dès que l'érosion entraîne ce sol meuble, les cuirasses latéritiques stériles apparaissent. ■

L'accroissement de la population accélère la destruction des sols

La plupart des pays de la zone tropicale connaissent un accroissement démographique rapide. Faute de moyens pour améliorer les rendements, les habitants doivent donc cultiver plus de terres pour se nourrir et, pour cela, défricher de nouveaux espaces. La destruction des sols est un phénomène très grave. La baisse de la production agricole qu'elle entraîne est en effet irréversible. Pour défricher puis pour fertiliser la terre, les paysans brûlent la végétation naturelle avant de semer. En 1998, ces incendies incontrôlés, favorisés par une sécheresse exceptionnelle, ont duré plusieurs semaines et fait disparaître des milliers d'hectares de forêt en Indonésie. Les étendues ainsi dénudées sont particulièrement sensibles à l'érosion qui accélère la disparition des sols. En revanche, l'aménagement des vallées en rizières entourées de petites digues protège les sols de l'érosion. ■

La culture sur brûlis

La culture sur brûlis consiste à exploiter une terre qui a été préalablement débarrassée par brûlage de la végétation qui la recouvrait. Cette technique est notamment pratiquée dans les régions tropicales où, du fait du climat, la végétation croît rapidement sur les vastes étendues laissées longtemps en jachère, comme l'exige l'agriculture primitive traditionnelle.

Une famille mexicaine prépare le champ où sera planté le maïs.

Dico → **brûlis • cuirasse • défrichement • érosion • tropique**

Points clés

Les volcans, dangers et bienfaits

6

Les volcans, ces montagnes qui crachent le feu et semblent habitées par des forces surnaturelles, ont, de tout temps, frappé l'imagination des hommes. Pourtant, ceux-ci se pressent sur leurs pentes en dépit du danger car les sols y sont particulièrement fertiles.

Des coulées de laves descendent les pentes de l'Etna en éruption. Ce volcan méditerranéen a connu 135 éruptions depuis l'Antiquité.

Tous les volcans ne se ressemblent pas

Les volcans sont des montagnes d'où s'échappe de la lave brûlante lors d'éruptions plus ou moins violentes. En coulant, la lave se refroidit et se fige. Elle est recouverte par de nouvelles coulées lors des éruptions suivantes. Un volcan est donc une montagne de lave. Les éruptions volcaniques ne sont pas toutes identiques : certaines sont des explosions qui projettent des pierres et des cendres dans le ciel. C'est ainsi qu'en l'an 79, la ville romaine de Pompéi a disparu, tout comme l'île-volcan de Krakatoa, en Asie du Sud-Est, en 1883. L'éruption de Krakatoa provoqua, sur les côtes proches, le déferlement de vagues immenses capables de projeter des locomotives par-dessus des maisons de plusieurs étages. Elle donna naissance à des nuages de cendres brûlantes qui s'étendirent sur des centaines et des centaines de kilomètres. D'autres volcans crachent des laves qui descendent lentement (quelques kilomètres à l'heure), consumant tout sur leur passage. Les nuées ardentes sont une sorte de mousse composée de gaz et de poussières dont la température avoisine 900 degrés et qui glisse à près de 200 kilomètres à l'heure en détruisant tout sur son passage. ■

Les volcans sèment la mort, mais leurs sols sont fertiles

Les éruptions volcaniques peuvent être très meurtrières, surtout les nuées ardentes et les explosions. Il peut donc sembler étrange que des villages s'installent sur les pentes des volcans. La raison en est que les laves et les cendres se décomposent en sols fertiles. C'est pourquoi ces terrains sont très appréciés des agriculteurs, surtout dans les régions méditerranéennes et tropicales où les sols sont assez pauvres. Mais les volcans ne sont pas toujours en activité. Plusieurs générations peuvent se succéder sur leurs pentes sans subir d'éruption grave. ■

La même répartition que les tremblements de terre

Les volcans actifs se trouvent pour la plupart situés à la jonction des plaques continentales, dans les grandes montagnes de l'Amérique, en Méditerranée, en Afrique de l'Est et, surtout, au large des côtes asiatiques (Japon, Philippines, Indonésie), où les densités de population sont très élevées. Ainsi, Java est une île volcanique sur laquelle vivent plus de 800 personnes au kilomètre carré. La prévision des éruptions suppose l'installation d'un observatoire sur les flancs de chaque volcan à surveiller. Mais des volcans se dressent aussi au milieu de certaines plaques continentales – c'est le cas du Hoggar, au Sahara – et, surtout, au milieu des océans – c'est le cas de l'Islande et d'autres îles situées dans l'Atlantique. Ces volcans se trouvent en bordure de la longue fissure sous-marine dont l'ouverture périodique provoque l'élargissement de l'océan. ■

La plus haute montagne du Japon, le Fuji-Yama, est un volcan.

Le Fuji-Yama

Le Fuji-Yama élève son cône parfait à 3 776 mètres d'altitude dans le ciel du Japon. Aujourd'hui éteint, ce volcan est un lieu de pèlerinage dont il ne faut plus attendre aucune manifestation de la colère divine. Une centaine de petits cratères répartis le long de ses pentes témoignent toutefois de sa vigueur passée. Il existe par ailleurs, dans l'archipel nippon, 77 volcans en activité.

Dico → densité • Sahara • volcan

Points clés

Les grandes migrations

6

Les grandes migrations ont beaucoup influé sur la répartition des hommes sur les cinq continents. Les courants migratoires ont évolué au cours de l'Histoire.

Les migrations depuis le XIXe siècle

Grâce au développement des moyens de transport depuis le XIXe siècle, les hommes se déplacent de plus en plus et sur de longues distances. Ils émigrent en général pour des raisons économiques – pour aller chercher du travail dans d'autres pays que le leur – ou pour des raisons politiques – pour échapper aux persécutions dans leur pays. Certaines régions, certains continents, sont des zones d'émigration: les habitants en partent. Ce fut le cas de l'Europe, autrefois; c'est aujourd'hui celui de l'Afrique, de l'Amérique latine et de l'Asie du Sud-Est où l'offre de travail ne suit pas le rythme rapide de l'accroissement démographique. Les régions industrialisées et urbanisées où, de surcroît, la croissance de la population est faible, sont les lieux de destination des émigrés. Mais, depuis que le chômage affecte aussi les pays riches, les immigrés y sont moins bien accueillis. ■

Le cas particulier des diasporas

En principe, on devrait réserver le terme de «diaspora» à des peuples dont la majorité vit dispersée hors de son pays d'origine. Il y a, par exemple, aux États-Unis, plus de juifs qu'en Israël; plus d'Irlandais qu'en Irlande; plus d'Arméniens qu'en Arménie. Mais le mot «diaspora» est souvent employé pour désigner les courants migratoires anciens et importants, comme ceux des 25 millions de Chinois implantés principalement dans les pays d'Asie du Sud-Est et en Amérique du Nord. Les membres de la diaspora exercent une influence décisive sur l'économie de la Chine par les investissements considérables qu'ils réalisent dans leur pays d'origine. ■

Les diasporas se regroupent dans les mêmes quartiers – ici, le Nouvel An chinois dans le XIIIe arrondissement de Paris.

Le cas de l'Amérique

L'Amérique a été peuplée par les Européens: les Espagnols et les Portugais ont émigré vers l'Amérique du Sud où l'on parle aujourd'hui leur langue; les Anglais, suivis par d'autres Européens, ont émigré vers l'Amérique du Nord où l'on parle donc anglais. Malgré la cession par la France de ses terres canadiennes aux Anglais, au XVIIIe siècle, le Québec est resté francophone. À partir du XIXe siècle, les États-Unis sont devenus une terre d'accueil pour les Européens fuyant la pauvreté (Allemands, Polonais, Italiens et Irlandais) ou les persécutions, dans le cas des juifs. Arrivèrent ensuite les Chinois. Aujourd'hui, beaucoup de Latino-Américains vivent aux États-Unis où l'espagnol est devenu la seconde langue parlée. Dans certains États, il est devenu langue officielle. ■

Aux États-Unis, la minorité latino-américaine rattrape aujourd'hui en nombre la minorité noire.

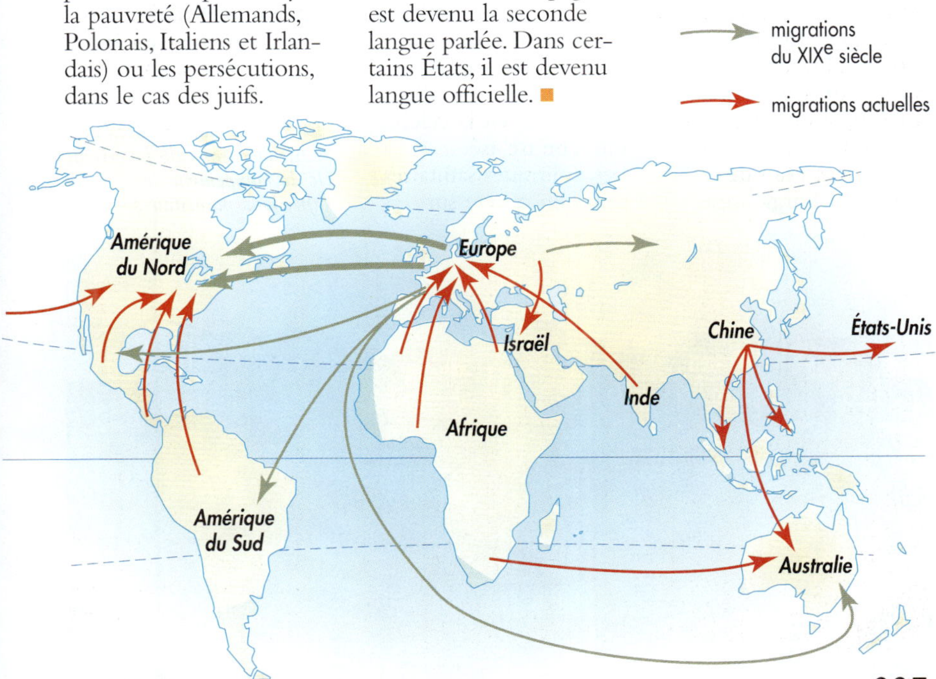

Dico → **immigré • migration • minorité**

Points clés

La géographie des maladies

6

Les maladies ne sont pas également réparties à la surface de la Terre. Les conditions qui déterminent leur apparition sont très complexes. La répartition des maladies traduit aussi la différence entre pays riches et pays pauvres.

Des milieux naturels plus ou moins favorables aux virus et aux microbes

Les maladies sont transmises par des microbes et des virus qui se développent dans les milieux qui leur sont favorables. Ils sont particulièrement nombreux dans les régions chaudes et humides, alors que les froids de l'hiver leur sont généralement mortels. Les régions tropicales sont les plus touchées par les affections parasitaires. Certaines ont des effets mortels, d'autres affaiblissent considérablement l'organisme humain. On observe, à l'intérieur de grandes zones, des différences locales très importantes. En effet, les maladies ne se développent que dans des espaces restreints qui réunissent des conditions très précises : eaux stagnantes, forêts, etc. La maladie du sommeil, par exemple, sévit en Afrique dans les vallées boisées où vit la célèbre mouche tsé-tsé. Les politiques sanitaires mises en œuvre sur tout leur territoire par les États parviennent à atténuer les contrastes géographiques. Toutefois, il subsiste une répartition géographique des maladies qui reflète souvent des différences économiques entre les États de la même région, et cela même dans les régions développées. ■

Les zones marécageuses de l'Afrique tropicale favorisent le développement des affections parasitaires.

Des différences entre pays riches et pays pauvres

Dans les pays riches où la vaccination des enfants est obligatoire, de nombreuses maladies ont été quasiment éradiquées. À l'inverse, ces mêmes maladies affectent cruellement d'autres parties du monde où la faiblesse de l'État et la pauvreté des moyens à sa disposition ne permettent pas la mise en œuvre d'actions sanitaires pour l'ensemble de la population. La rougeole et la diarrhée tuent encore beaucoup d'enfants dans le monde. Le sida affecte en premier lieu l'Afrique tropicale, puis l'Asie, loin devant les pays d'Europe ou d'Amérique du Nord. Dans ces derniers pays, les États dépensent des sommes importantes pour combattre le virus tandis que leurs populations ont un niveau d'éducation suffisant pour comprendre et appliquer les mesures préventives. Les pays riches connaissent, eux aussi, des maladies qui peuvent être mortelles, comme les cancers dont certains sont dus à la consommation du tabac, d'alcool ou à une alimentation trop riche en graisse. Les maladies cardiaques sont également liées à des modes de vie propres au monde moderne. Si ces maladies sont moins importantes dans les pays pauvres, c'est qu'elles n'ont peut-être pas le temps de se développer parmi des populations qui vivent moins longtemps que dans les pays riches. ■

Les guerres en Afrique provoquent des exodes de populations qui s'entassent dans des camps où l'absence d'hygiène favorise l'apparition d'épidémies.

Endémies et épidémies

Il faut faire la différence entre, d'une part, les endémies, maladies qui existent en permanence dans certaines régions, et, d'autre part, les épidémies, qui sont des crises durant lesquelles une maladie se répand brusquement dans des contrées où elle n'existait guère. Autrefois, la peste était endémique en Inde, mais épidémique en Europe. Lors d'événements catastrophiques, un tremblement de terre ou une guerre par exemple, des épidémies de choléra, notamment, se développent rapidement. Une maladie qui a disparu d'une région peut y réapparaître si les conditions évoluent. Le réchauffement climatique pourrait ainsi ramener le paludisme dans de nombreuses régions où il avait disparu. La variole est probablement la seule maladie que l'on a, pour l'instant, réussi à faire complètement disparaître de la planète. ■

Les progrès de l'instruction

6

Pour mesurer l'écart entre les conditions de vie des pays riches et celles des pays pauvres, la valeur moyenne du produit intérieur brut par habitant (PIB/hab.) n'est pas suffisante. Le taux d'alphabétisation – la proportion des habitants sachant lire et écrire – apprend beaucoup sur la richesse d'un pays.

Savoir lire et écrire a longtemps été un privilège

Autrefois, en France comme dans tous les pays, la grande majorité de la population ne savait ni lire ni écrire, ce qui, à l'époque, ne les gênait guère. La proportion des personnes instruites, généralement issues de familles aisées, était très réduite. Celles-ci constituaient la catégorie des « lettrés » et exerçaient les fonctions de direction : c'était par écrit qu'étaient établis les lois et les règlements, les transactions financières et commerciales ; c'était par écrit qu'étaient transmis les ordres du souverain. C'est en Europe occidentale, au XVIIIe siècle, avec le développement des activités économiques et les transformations politiques, que la proportion des personnes sachant lire et écrire a sensiblement commencé de s'accroître. Au XIXe siècle, dans les pays les plus industrialisés, l'instruction primaire est devenue obligatoire pour les enfants, afin que ceux-ci puissent être plus efficaces dans les fonctions qu'ils auraient à exercer. Mais parmi les adultes, ceux qui n'avaient pas pu aller à l'école quand ils étaient jeunes ont alors été de plus en plus déconsidérés. ■

Lorsque l'instruction est devenue obligatoire et gratuite, à la fin du XIXe siècle, la France s'est couverte d'écoles de ce type.

Les progrès tardifs de l'instruction dans le tiers-monde

Dans les pays d'Afrique et d'Asie qui furent colonisés par des Européens jusqu'au milieu du XXe siècle, et même dans les pays d'Amérique latine dont l'indépendance remonte au début du XIXe siècle, l'enseignement s'est fait dans une langue européenne, celle des colonisateurs. Toutefois, depuis l'indépendance des colonies, l'instruction a fait de nets progrès dans les pays du tiers-monde. Les nouveaux dirigeants se sont rendu compte que l'instruction était une condition indispensable au développement économique et constituait la preuve des changements politiques qu'ils voulaient réaliser. Dans leur lutte contre l'analphabétisme, les pays du tiers-monde ont été fortement aidés par l'Unesco (Organisation des Nations unies pour l'éducation, la science et la culture). Cette organisation internationale, dont le siège est à Paris, s'est efforcée de mettre au point des méthodes plus efficaces pour la formation accélérée des maîtres et pour la scolarisation des enfants et des adultes, en utilisant par exemple les ressources de la télévision. ■

Une école à Maseru, capitale du Lesotho.

Dans les pays riches, des difficultés scolaires nouvelles

En Europe et en Amérique du Nord, pays où l'effort d'éducation remonte à plus d'un siècle et où, en principe, tout adolescent et tout adulte sait lire et écrire, on constate un progrès de l'illettrisme dans la frange la plus modeste de la population. L'usage généralisé du téléphone diminue les occasions d'écrire et le spectacle quotidien de la télévision dispense de lire. Cet illettrisme moderne rend bien des adultes inaptes à exercer de multiples fonctions. Ils sont notamment incapables d'aider ou de participer à l'éducation de leurs enfants. Ils renoncent ainsi inconsciemment à un outil intellectuel fondamental. Il en résulte une grave régression intellectuelle pour une partie de la population, alors que le niveau technique et culturel de la société est de plus en plus élevé. À une époque où trop de jeunes d'un bon niveau d'études connaissent pour un temps le chômage et des conditions de vie difficiles, les illettrés n'ont guère d'espoir à avoir pour l'avenir. ■

Dico → **alphabétisation • éducation • illettrisme • Unesco**

Points clés 6

Votre avenir parmi des activités de plus en plus différenciées

Autrefois, en France comme dans tous les autres pays, la majorité de la population était paysanne. Les garçons savaient qu'ils resteraient dans le village où ils étaient nés et qu'ils succéderaient à leur père. Les filles savaient qu'elles épouseraient un cultivateur voisin ou d'un village proche. Il en était à peu près de même dans les autres catégories sociales.

Les progrès de la division du travail et la personnalité de chacun

Dans beaucoup de pays, le nombre des cultivateurs a sensiblement diminué et la plupart des gens exercent désormais des métiers très différents les unes des autres. C'est ce que l'on appelle le développement de la division du travail en de multiples activités complémentaires les une des autres. Chacun se spécialise ainsi dans un métier en fonction de ses capacités personnelles et de la concurrence – il ne peut, par exemple, y avoir un grand nombre de boulangers ou de médecins dans une petite ville. Plus le développement économique d'un pays est important, plus celui-ci est riche. Plus la division du travail est poussée, plus les activités différenciées et spécialisées sont efficaces. Chaque activité vend ses services aux autres et leur achète ce qui lui est nécessaire pour fonctionner, l'État intervenant pour réguler ce système de l'offre et de la demande.
La personnalité de chacun est liée, pour une grande part, au métier qu'il exerce. En fonction de ses goûts et de ses talents, on devient électricien, médecin, boulanger, policier, professeur, chanteur ou plombier. Les études ont une grande importance car elles orientent vers un métier. Le chômage a de graves conséquences car il empêche des jeunes de faire ce qu'ils voulaient et ce qu'ils étaient capables de faire. Il reste que nombre de personnes n'exercent pas le métier qui les aurait intéressés. ■

Chaque secteur professionnel dispose d'une école spécialisée: ici, l'École supérieure d'ingénieurs en électrotechnique et électricité de Marne-la-Vallée.

Quasiment toutes les formes de loisirs, même celles qui, comme le golf, semblaient réservées à des pratiquants aisés et oisifs, se sont démocratisées et sont aujourd'hui accessibles au plus grand nombre.

La réduction du temps de travail et le développement des loisirs

Dans les pays riches, le progrès technique a rendu possible, et même nécessaire, la réduction du temps de travail des salariés, sans réduction de salaire. Dans l'industrie, par exemple, la tâche qui nécessitait autrefois plusieurs travailleurs est aujourd'hui effectuée par un seul employé. Comme on ne pourrait pas vendre sans acheteurs ce que l'on peut produire et comme on ne peut pas mettre au chômage une part de la population active, l'État, les représentants du patronat et les syndicats concluent des accords limitant la durée hebdomadaire du travail : en France, de 40 heures, elle est passée à 39 heures, puis à 35 heures. Il y a un siècle, on travaillait dix heures par jour pour des salaires bien moindres qu'aujourd'hui. La durée des congés payés s'est, elle aussi, allongée. En France, c'est en 1936 que les salariés ont obtenu, pour la première fois, des congés payés par leur employeur. Initialement de deux semaines, ils atteignent aujourd'hui cinq semaines. La réduction du temps de travail et l'augmentation du niveau de vie comme la généralisation des vacances ont accéléré le développement des activités de loisirs. Accessibles à beaucoup et non plus réservées aux privilégiés, elles constituent aujourd'hui un secteur en plein essor. Chaque famille, chaque individu, choisit les types de loisirs qui lui plaisent. Il y a des loisirs passifs, comme regarder la télévision ou aller au cinéma par exemple, et il y a des loisirs actifs, comme pratiquer un sport, faire de la peinture ou de la musique, etc. Certaines personnes accordent une telle importance à l'activité de loisir qu'elle pratiquent que cette passion artistique ou sportive en vient à marquer profondément leur personnalité. ■

Dico → **division du travail** • **durée du travail** • **loisirs**

Pays riches et pays pauvres

6

Le revenu par habitant du pays le plus riche est plus de 500 fois supérieur à celui du pays le plus pauvre. Comment de telles disparités peuvent-elles coexister avec les moyens de communication et de production modernes?

Les pays riches le sont devenus au XIXe siècle

Au XIXe siècle, la progression des connaissances scientifiques et la multiplication des inventions (chemin de fer, machines industrielles, etc.), associées au développement d'un système de production regroupant les travailleurs en usines, ont transformé l'Europe et les États-Unis en pays industriels. Les villes se sont développées. Au début pauvres et exploités, les ouvriers ont pu s'acheter, plus tard, les biens qu'ils fabriquaient. Ces sociétés ont produit de plus en plus de richesses, tandis que la croissance de la population ralentissait. La France fait ainsi partie des pays où le revenu annuel moyen par habitant est le plus élevé. ■

Hollywood, le quartier résidentiel riche de Los Angeles, aux États-Unis.

Les conditions du milieu n'expliquent pas tout

De nombreux pays pauvres disposent d'importantes richesses naturelles: gisements de pétrole et de gaz, mines, climats favorables à l'agriculture en milieu tropical humide. Certains pays riches disposent, en revanche, de conditions naturelles défavorables: les Pays-Bas, par exemple. Pendant une partie du XIXe siècle et la première moitié du XXe, un nombre important des pays actuellement pauvres ont été colonisés ou placés sous l'influence de grandes compagnies de pays riches. Leurs matières premières étaient exportées à faible prix. Ils sont à présent indépendants depuis plusieurs dizaines d'années. Et pourtant, leur situation, loin de s'améliorer, s'est plutôt dégradée. L'un des facteurs importants de cette pauvreté est la forte croissance démographique de ces pays. ■

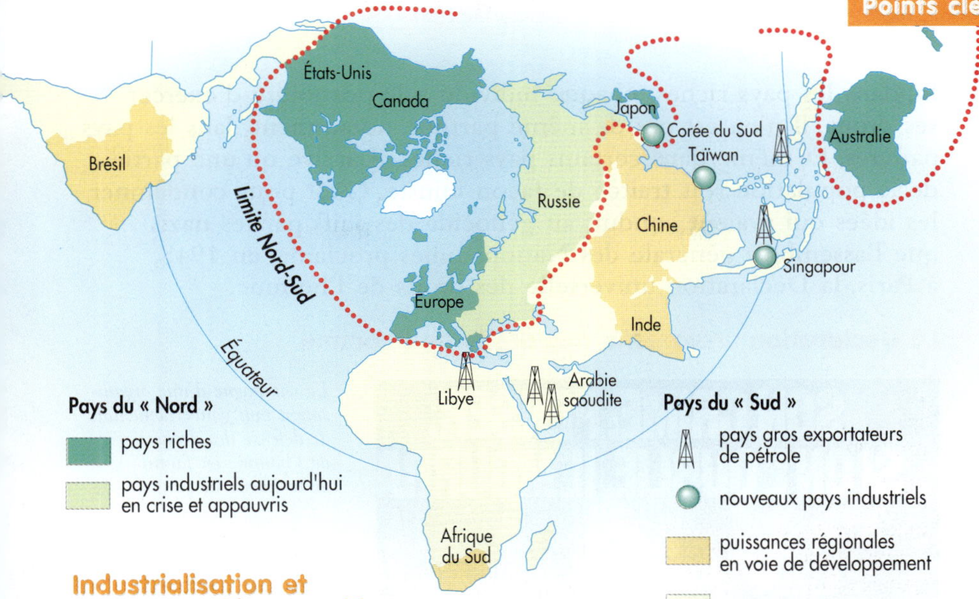

Industrialisation et croissance démographique

Depuis que les colonies sont indépendantes, elles ont connu des évolutions très différentes. Certains pays se sont lancés dans la voie d'une industrialisation très rapide et leur revenu par habitant a fortement augmenté. Dans d'autres pays, la population est demeurée principalement rurale. Or les revenus apportés par la vente de produits agricoles sont inférieurs à ceux provenant des produits manufacturés. Dans de nombreux pays pauvres, l'accaparement des richesses par la riche minorité qui détient le pouvoir constitue un facteur aggravant de la mauvaise répartition des revenus entre les habitants et de la pauvreté du plus grand nombre. ■

Un quartier pauvre de Rio de Janeiro, au Brésil.

Dico → **densité** • **développement** • **sous-développement**

Points clés

Les droits de l'homme

6

Si, dans les pays riches, chaque individu a la possibilité d'exercer ses droits, il n'en est pas de même partout, notamment dans les pays pauvres. Et même dans certains pays riches, il arrive qu'une partie de la population soit traitée de façon injuste. C'est pour condamner les idées qui avaient conduit au génocide des juifs par les nazis que l'assemblée générale des Nations unies proclama, en 1948, à Paris, la Déclaration universelle des droits de l'homme.

La Déclaration universelle des droits de l'homme

La campagne d'une organisation non gouvernementale de défense des droits de l'homme en faveur de la liberté de penser.

« Tous les êtres humains naissent libres et égaux en dignité et en droits. Ils sont doués de raison et de conscience et doivent agir les uns envers les autres dans un esprit de fraternité […]. Tout individu a droit à la vie, à la liberté, à la sûreté de sa personne […]. Nul ne sera soumis à la torture, ni à des peines ou traitements cruels, inhumains ou dégradants […]. Tous sont égaux devant la loi et ont droit sans distinction à une égale protection de la loi […]. Toute personne a le droit de circuler librement et de choisir sa résidence dans un État […]. L'homme et la femme, sans aucune restriction quant à la race, la nationalité ou la religion, ont le droit de se marier […]. Toute personne a droit à la propriété […], à la liberté de pensée, de conscience et de religion […], à la liberté d'opinion et d'expression […]. Toute personne a droit de prendre part à la direction des affaires publiques de son pays, directement ou par l'intermédiaire de représentants librement choisis […]. Toute personne a droit au travail, au libre choix de son travail […] et à la protection contre le chômage […]. Toute personne a droit à l'éducation gratuite au moins en ce qui concerne l'enseignement élémentaire et fondamental […] » Cette Déclaration universelle n'est pas encore appliquée dans de nombreux pays. Mais elle permet à nombre d'hommes de revendiquer leurs droits et d'espérer pour leurs enfants un avenir meilleur. ■

Au Pakistan, des enfants travaillent dans une fabrique gouvernementale de tapis.

Les droits des femmes

La Déclaration universelle des droits de l'homme concerne l'être humain en général, homme ou femme. Or, dans la plupart des pays, les femmes ne sont pas considérées comme égales des hommes et, dans certains, elles sont particulièrement mal traitées. Certes, elles ne sont pas identiques aux hommes puisque ce sont elles qui mettent au monde les enfants. Mais en dépit de cette fonction primordiale pour la société, elles ont été longtemps, dans tous les pays, considérées comme inférieures en droit aux hommes. C'est encore le cas dans les pays musulmans.

En Europe, autrefois, les femmes n'avaient pas de droits politiques sous prétexte que cela ne les intéressait pas ou qu'elles n'effectuaient pas de service militaire. En France, elles n'ont obtenu le droit de vote qu'en 1944, et 10% seulement des députés sont des femmes.
Si, dans les pays développés, les femmes peuvent accéder en principe à toutes les professions, il n'en reste pas moins que c'est encore surtout à elles qu'incombent les tâches ménagères familiales qui viennent s'ajouter au poids de leur activité professionnelle. ■

Et les droits des enfants ?

Dans la plupart des pays du tiers-monde, les enfants participent en grand nombre aux travaux des champs. Beaucoup sont aussi loués comme ouvriers par leurs parents pour effectuer de durs travaux. Il en était de même autrefois en France et dans les autres pays européens. Mais depuis le milieu du XIXe siècle, le travail salarié des enfants a été interdit par la loi et l'école primaire est devenue obligatoire, ce qui a réduit la participation de ceux-ci aux travaux des champs. La lutte contre le travail des enfants est l'une des tâches essentielles de l'Unicef, l'une des agences des Nations unies. Toutefois, les enfants qui travaillent rapportent à leur famille des revenus que l'on ne peut supprimer brusquement, au risque de plonger celle-ci dans une misère plus grande encore. D'autre part, leur scolarisation implique la construction d'écoles et la formation d'instituteurs. ■

Dico → chômage • ONU • tiers-monde • Unicef

Points clés

Les très grandes villes

6

Près de la moitié de la population mondiale habite les villes. Les très grandes villes posent des problèmes sociaux et écologiques difficiles à résoudre. Pourtant, de nombreux ruraux veulent malgré tout aller vivre en ville.

Manhattan, le quartier central de New York.

L'exode rural dans les pays pauvres

La croissance urbaine est plus rapide que la croissance moyenne de la population. À l'excédent normal des naissances par rapport aux décès s'ajoute, en ville, l'arrivée d'une nombreuse population venue de la campagne. Celle-ci est attirée par le travail et les services (santé, loisirs, etc.) que la ville est censée dispenser. Ce mouvement des campagnes vers les villes constitue ce qu'on appelle l'« exode rural ». Ce phénomène est récent. Jusqu'aux années 1950, il n'y avait que huit agglomérations de plus de 5 millions d'habitants en Europe, en Amérique et au Japon : on en compte actuellement plus de quarante. Aujourd'hui, les plus grandes villes dépassent, 10 millions d'habitants. Elles sont nombreuses en Asie (Séoul, en Corée du Sud ; Bombay, en Inde ; Jakarta, en Indonésie ; Shanghai, en Chine) et en Amérique latine (Mexico, au Mexique ; Rio de Janeiro et São Paulo, au Brésil). Elles s'étendent sur des superficies de plus en plus vastes. La frontière entre la ville et la campagne s'estompe. D'immenses banlieues entourent les quartiers centraux. Les villes proches des grandes métropoles se confondent peu à peu avec celles-ci jusqu'à finir par constituer un seul ensemble continu urbanisé. ■

Un marché au Caire, en Égypte.

Une croissance rapide difficile à gérer

Les grandes villes génèrent des problèmes difficiles à résoudre. L'étendue de la zone urbanisée oblige les habitants à parcourir de grandes distances pour aller travailler. Cela provoque un accroissement de la circulation automobile que les transports en commun, peu développés, ne suffisent pas à contenir. Les gaz d'échappement ajoutés aux rejets des industries entraînent de forts taux de pollution. Enfin, l'exode rural provoque une crise du logement. Les nouveaux venus sont réduits à se bâtir des maisons à l'aide de matériaux de récupération (tôle, carton...). Ils attendent, parfois fort longtemps, que l'on construise les réseaux d'eau potable, de gaz, d'électricité et d'évacuation des eaux usées. ■

Des centres de communication et de commerce

Les très grandes villes concentrent un grand nombre d'infrastructures de transports : les autoroutes convergent vers elles ainsi que les voies ferrées, les lignes aériennes et les réseaux de télécommunication. Ce sont également des centres financiers (nombreuses banques, Bourses...), industriels et souvent politiques, bien que les plus grandes villes ne soient pas toujours des capitales.

Bientôt, des villes gigantesques

Dans les pays du tiers-monde, la population des très grandes villes double tous les douze à quinze ans. Ainsi, une ville comme Mexico pourrait atteindre 30 millions d'habitants, soit le triple d'une capitale européenne comme Paris. Or le ravitaillement en eau de la population actuelle pose déjà des problèmes. L'eau est indispensable au bon approvisionnement de la population, mais aussi au bon fonctionnement des égouts, c'est-à-dire à la salubrité urbaine. ■

La City, le quartier des affaires de Londres.

Dico → **banlieue • infrastructure • mégalopole • migration**

Points clés

La géographie du blé

6

Le blé est une céréale de base de l'alimentation d'une grande partie de la population mondiale. Il fait l'objet d'un commerce très ancien entre les régions qui en produisent le plus et les pays consommateurs.

La zone tempérée est le berceau de la culture du blé

Les États-Unis, ici la Californie, sont l'un des plus gros producteurs de blé.

Le blé a été cultivé pour la première fois il y a quelque 8000 ans, dans la région méditerranéenne. Aujourd'hui, sa culture s'étend bien au-delà. Les progrès de la science, notamment en matière de génétique, ont permis de créer de nombreuses variétés de blé, adaptées à toutes sortes de climats. Dans les pays à hivers longs, on utilise un blé à croissance rapide: semé tard et récolté avant le retour de la neige, il fournit tout de même de bons rendements. Le blé cultivé en Inde du Nord supporte, quant à lui, davantage d'humidité. Les plus grandes régions productrices sont l'Amérique du Nord, l'Europe, la Russie, la Chine, l'Inde, l'Argentine et l'Australie. Toutefois, les quantités produites par les agriculteurs européens sont plus importantes, d'une part parce que leurs rendements sont supérieurs, de l'autre parce que le climat est favorable aux meilleures variétés. ■

Une agriculture industrialisée

Dans les États qui produisent le plus de céréales, la culture est très mécanisée. On y utilise également beaucoup d'engrais et de pesticides afin de lutter contre les maladies et les parasites. L'amélioration des techniques de culture a permis de doubler les rendements depuis la Seconde Guerre mondiale. C'est l'industrie chimique qui fournit engrais et pesticides, tandis que l'industrie mécanique produit les machines agricoles. En revanche, dans les pays les moins industrialisés, les rendements restent très faibles. En Amérique, le maïs, originaire de ce continent, est la principale céréale cultivée, après le blé. En Afrique, le manioc et les autres tubercules constituent une grande partie de l'alimentation. En Europe, le blé et l'orge représentent les trois quarts des céréales récoltées. ■

Le produit alimentaire le plus échangé dans le monde

Un chargement de blé dans le port céréalier de Rouen.

On transporte chaque année près de cent millions de tonnes de blé d'une région du monde à l'autre. Ces échanges sont très anciens. Déjà, dans l'Antiquité, les céréales d'Afrique du Nord approvisionnaient l'Empire romain. Mais c'est surtout à partir du début du XIXe siècle que le commerce du blé connaît un essor considérable. En effet, la construction des voies ferrées dans l'ouest des États-Unis et du Canada s'est accompagnée d'une extension des cultures céréalières. Parallèlement, l'amélioration des transports maritimes a permis aux Américains d'exporter de grandes quantités de céréales vers l'Europe. Aujourd'hui, la consommation de blé se développe parmi la population urbaine de nombreux pays d'Afrique et d'Asie. Le nombre de pays producteurs a considérablement augmenté et des accords internationaux règlent les échanges. Les prix s'établissent dans des Bourses du blé en fonction des stocks et des prévisions de récolte. Quelques très grandes compagnies multinationales contrôlent le marché des céréales. Toutefois, en dépit des techniques modernes, ce commerce dépend grandement des variations climatiques. ■

Dico → Bourse • céréales • engrais • maïs

Points clés

La géographie du riz

6

Le riz nourrit près de la moitié de l'humanité. Les neuf dixièmes des récoltes de riz proviennent de l'Asie des moussons où sa culture, qui compose des paysages originaux, fait vivre de très nombreuses populations.

Des rizières en terrasses, en Indonésie.

Une céréale qui présente de nombreux avantages

Le riz est une céréale qui nécessite beaucoup d'eau et de chaleur pour pousser. Il s'adapte toutefois à des milieux climatiques très divers. Originaire des pays chauds, il pousse aussi dans les pays à hivers froids, dès lors que l'été est chaud. On trouve même exceptionnellement du riz qui supporte la neige, dans des régions situées au nord du 50e parallèle. Le riz, plante qui respire par les feuilles, pousse naturellement dans les sols imbibés d'eau. Dans des sols non inondés, il a besoin d'être irrigué. Il existe près de 70000 variétés de riz. Les recherches en génétique ont permis d'améliorer les espèces les plus utilisées. La grande souplesse de culture de cette céréale et le développement des techniques agricoles expliquent que les hommes soient parvenus à cultiver le riz dans des milieux très divers, depuis les plaines inondées jusqu'aux versants des montagnes grâce à la construction de terrasses irriguées. ■

Le repiquage permet plusieurs récoltes par an

La rizière est un champ plat entouré de petites digues : l'eau de pluie peut ainsi couvrir uniformément sa surface. C'est la culture inondée qui domine en Asie. Ce mode de culture permet de bons rendements, même sur des sols peu fertiles, et protège les champs de l'érosion. Le repiquage permet d'obtenir plusieurs récoltes par an sur une même parcelle. On plante d'abord les semences en rangs très serrés sur de petites pépinières, puis on repique les jeunes plants de riz dans la rizière, juste après la récolte précédente. Pendant que ceux-ci achèvent de croître, on plante dans la pépinière les semences qui seront repiquées dans la rizière dès la récolte du semis précédent, etc. On peut donc faire ainsi deux ou trois récoltes de riz par an sur le même champ. Dans les pays où la riziculture est très mécanisée (États-Unis, Amérique du Sud, Espagne), on pratique une culture extensive sans repiquage. ■

La riziculture rend possibles les forts peuplements des vallées et des deltas d'Asie

La présence de rizières dans les vallées et les deltas d'Asie permet non seulement de nourrir des populations nombreuses, mais aussi de protéger celles-ci de certaines maladies tropicales comme le paludisme. Cette maladie est quasiment absente des régions de rizières. L'eau boueuse qui recouvre le sol labouré ne constitue pas un milieu favorable pour le développement des larves de moustiques. Les plaines et les vallées d'Asie, très densément peuplées, sont sous la menace des inondations provoquées par la crue des fleuves gonflés par les pluies de mousson. Contre ce danger, les populations, incitées par l'État, ont élevé des digues en terre le long des fleuves. Ces constructions ont permis d'établir des réseaux d'irrigation pour les rizières. Le riz est, pour l'essentiel, consommé dans les pays producteurs et son commerce international est très limité. Les principaux pays importateurs de riz se situent en Afrique. ■

Récolte du riz en Inde.

Dico → érosion • irrigation • mousson • paludisme • riz

La géographie des langues

6

En dépit du phénomène de mondialisation, les hommes sont encore loin de se comprendre d'un pays à l'autre car l'humanité reste divisée en de multiples peuples qui parlent des langues différentes. On en recense un millier, parlées par des groupes peu nombreux pour la plupart. L'une d'entre elles, l'anglais, est aujourd'hui considérée comme la langue de la mondialisation. Elle n'est pourtant pas la langue la plus parlée dans le monde.

975 millions de Chinois écrivent le chinois

Les idéogrammes chinois, à la fois art et écriture.

Si la langue chinoise se prononce différemment selon les régions, elle s'écrit de la même façon à travers toute la Chine. À la différence de la plupart des autres langues vivantes, elle n'utilise pas un alphabet mais d'innombrables dessins, chacun d'eux signifiant une chose, une personne ou une idée. Ce sont des idéogrammes. Les plus simples sont faciles à comprendre : ainsi, un carré signifie « maison ». Mais les idées élaborées s'expriment à l'aide d'idéogrammes très complexes, alors que l'alphabet latin permet d'écrire tous les mots des langues qui l'utilisent. Les idéogrammes simples pouvaient être compris par des populations englobées dans l'Empire chinois, mais qui parlaient des langues différentes. Seuls les fonctionnaires de haut rang, qui étaient des lettrés, connaissaient des milliers d'idéogrammes. Vers 1950, les autorités ont établi une liste de 1750 caractères simplifiés pour faciliter l'enseignement. Les Vietnamiens ont depuis longtemps inventé un système de transcription des idéogrammes par des lettres de l'alphabet latin combinées à des signes supplémentaires qui permettent d'exprimer différents tons. Un système analogue existe en Chine, le pinyin, mais les Chinois restent très attachés aux idéogrammes qui sont l'expression même de leur civilisation très ancienne. ■

L'anglais est la langue maternelle d'environ 450 millions de personnes

L'anglais est compris et occasionnellement parlé dans tous les pays du monde par des gens dont ce n'est pas la langue maternelle ou même nationale. L'anglais doit tout d'abord sa diffusion à l'extension des colonies britanniques aux XVIIIe et XIXe siècles : Amérique du Nord (États-Unis, Canada), Afrique du Sud, Australie et Nouvelle-Zélande. Dans tous ces pays, l'anglais est la langue principale. C'étaient autrefois des territoires peu peuplés. Pour se comprendre entre eux, les immigrants venus d'Europe ont adopté l'anglais qui était la langue des premiers conquérants. Dans les autres anciennes colonies britanniques, en Inde ou en Afrique, où le peuplement indigène était important, l'anglais n'est parlé que dans les milieux dirigeants et les classes moyennes, concurremment avec la langue maternelle. La diffusion de l'anglais dans les autres pays résulte de l'importance commerciale, au XIXe siècle, de l'Angleterre dont la marine, la première du monde, sillonnait toutes les mers. Au XXe siècle, c'est la puissance économique et militaire des États-Unis qui a assuré la suprématie de l'anglais comme langue internationale au détriment du français. ■

L'« Union Jack », symbole de la langue anglaise à travers le monde.

Les langues des anciens empires coloniaux sont très répandues dans le monde

L'espagnol est parlé par 400 millions de personnes (dont 40 millions en Espagne), principalement dans les anciennes colonies espagnoles d'Amérique, depuis le Mexique jusqu'à l'Argentine. Le Portugais est parlé par 185 millions de personnes (dont 10 millions au Portugal), surtout au Brésil ainsi que dans les anciennes colonies portugaises d'Afrique. L'extension du russe, parlé par 184 millions de personnes (dont environ 150 millions en Russie), correspond à celle de l'empire tsariste au XIXe siècle. L'arabe est la langue de 225 millions de personnes habitant dans le nord de l'Afrique et au Moyen-Orient. C'est en arabe qu'est écrit le Coran. Le français est parlé par 160 millions de personnes (dont 59 millions en France). Dans les nombreux pays africains qui ont été des colonies françaises, 90 millions de personnes l'utilisent, avec diverses langues africaines ou avec l'arabe. On parle également français au Québec (7 millions d'habitants), province du Canada, qui est une ancienne colonie française. ■

Le drapeau du Brésil, seul pays de langue portugaise en Amérique.

Dico → colonisation • empire • mondialisation

Points clés

La géographie des religions

6

Dans l'étude des religions, il convient de distinguer les sociétés où la religion ne joue plus un rôle fondamental de celles où elle dicte encore de façon importante le comportement des fidèles. Il y a eu dans le passé de nombreuses guerres religieuses, entre des communautés différentes ou au sein de la même communauté. Il en existe encore de nos jours.

Le christianisme est principalement pratiqué par les peuples d'origine européenne

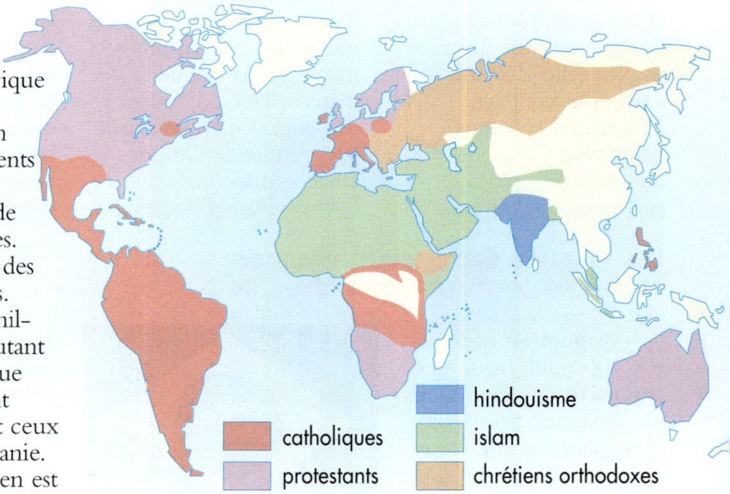

Carte des principales religions pratiquées dans le monde.

L'essentiel des populations d'Europe et d'Amérique (du Nord comme du Sud), soit environ un milliard quatre cents millions d'hommes et de femmes, sont de traditions chrétiennes. Ce ne sont pas tous des chrétiens pratiquants. On arriverait à un milliard et demi en ajoutant les chrétiens d'Afrique tropicale, notamment d'Afrique du Sud, et ceux d'Australie et d'Océanie. Cet ensemble chrétien est divisé en religions parfois rivales. Le groupe le plus important en nombre, celui des catholiques (750 millions de fidèles), est principalement implanté en Europe : Espagne, Portugal, Italie – le Vatican se trouve à Rome –, Pologne, Irlande, France (pour une part) et, surtout, en Amérique latine, autrefois colonisée par les Espagnols et les Portugais. Les différents groupes protestants (450 millions de fidèles) se situent en Europe du nord : Angleterre, Scandinavie, Allemagne. On les trouve donc naturellement aussi dans les anciennes colonies britanniques (sauf l'Irlande) : États-Unis, Canada (sauf le Québec), Australie, Afrique du Sud. Le troisième groupe, celui des chrétiens orthodoxes (250 millions de fidèles), se trouve surtout implanté en Russie ainsi qu'en Europe orientale : Grèce, Serbie, Bulgarie, Roumanie. ■

L'islam est surtout pratiqué en Afrique et en Asie

On compte aujourd'hui plus d'un milliard de musulmans. Leur nombre s'accroît rapidement, tant en raison de la forte natalité des peuples qui pratiquent l'islam que des progrès de cette religion en Afrique. L'Islam, dont le centre est La Mecque, en Arabie saoudite, s'étend sur la plus grande partie du continent africain au nord de l'équateur et sur le Moyen-Orient. Les Arabes ne forment plus que le quart des musulmans: les Indonésiens, musulmans, sont plus nombreux qu'eux. La religion tient plus de place dans la vie de la plupart des musulmans qu'elle n'en tient dans celle des chrétiens. Il existe tout d'abord de nombreux pays où l'islam est religion d'État. De plus, dans les pays musulmans, des groupes islamistes extrémistes cherchent à faire appliquer pleinement la *charia,* c'est-à-dire la loi coranique. L'un des principaux points de tension religieuse dans le monde est la Palestine. En 1948, une partie des juifs jusqu'alors dispersés en Europe y créa un État, Israël, en expulsant de nombreux Arabes qui vivaient sur ce territoire. Il en résulta une succession de guerres entre Israël (soutenu par les Américains) et les États arabes voisins. L'un des principaux points de désaccord réside dans le statut de Jérusalem, ville sainte à la fois pour les juifs, les musulmans et les chrétiens, dont Israël a fait sa capitale. Un autre conflit sanglant oppose, en Inde, les musulmans, très minoritaires, aux hindouistes. ■

La grande mosquée de La Mecque, en Arabie saoudite, est le lieu de pèlerinage par excellence des musulmans de la terre entière.

L'hindouisme ne dépasse pas les limites de l'Inde

À la différence du christianisme, de l'islam et même du judaïsme, qui s'étendent sur un très grand nombre de pays, l'hindouisme (900 millions de fidèles) est une religion qui se confond avec la civilisation et avec l'organisation sociale originale (castes) de l'Inde. Ce pays fut aussi le berceau du bouddhisme. Mais cette religion incompatible avec le système des castes a presque disparu de son pays d'origine. Elle est aujourd'hui principalement pratiquée dans l'Asie du Sud-Est non musulmane, au Tibet, en Corée et au Japon. Quant au milliard de Chinois, leurs croyances ne forment pas une véritable religion. Le confucianisme constitue plutôt une sorte de morale, un code de bonne conduite établi par Confucius, il y a 2500 ans. ■

Dico → caste • christianisme • confucianisme • hindouisme • islam

Points clés

Un pays de laïcité

6

En France, des catholiques, des protestants, des juifs, des musulmans pratiquent leur religion. Dans leur immense majorité, les Français respectent la liberté de croyance. L'État ne favorise aucun culte, même si la France reste un pays de tradition catholique. Mais dans les villages, l'église est le plus souvent fermée, par manque de curé, voire de fidèles. Dans beaucoup d'autres pays, la religion tient une plus grande place qu'en France.

Sous la Révolution française, beaucoup d'églises furent saccagées.

D'où vient le terme de « laïcité » ?

Le terme de « laïcité » n'est apparu qu'à la fin du XIXe siècle. Il provient de l'adjectif « laïque » qui, au Moyen Âge, qualifiait tous ceux qui n'étaient pas prêtre ou moine. L'esprit laïque apparaît à la fin du Moyen Âge : les princes refusent de se soumettre au pape dans les affaires qui les concernent. Mais la grande rupture entre religion et laïcité, en France, date de la Révolution française. Au XVIIIe siècle, une partie du clergé s'oppose à la philosophie des Lumières. Pendant la Révolution, la hiérarchie ecclésiastique favorable à l'Ancien Régime est prise à partie. Les rangs royalistes comptent alors de nombreux paysans qui défendent leurs convictions religieuses, notamment dans l'ouest du pays. Durant tout le XIXe siècle, le clergé continue de soutenir la royauté. Une fois la République définitivement proclamée, en 1871, ses partisans s'efforcent de réduire l'influence de l'Église, notamment sur l'éducation, tout en prenant garde à ne pas susciter de révolte dans les régions restées très catholiques. Pour s'opposer à l'enseignement alors principalement dispensé par les prêtres et les religieux, les républicains les plus résolus obtiennent la création d'écoles laïques, c'est-à-dire non religieuses. En 1882, le ministre de l'Instruction publique Jules Ferry fait voter les lois qui instituent l'instruction primaire gratuite et obligatoire et font obligation à toutes les communes de construire et d'entretenir une école primaire. Les instituteurs chargés par l'État d'enseigner dans ces écoles laïques ont pour mission de promouvoir le principe de laïcité. Les parents peuvent toutefois envoyer leurs enfants dans les écoles religieuses que les catholiques qualifient de « libres » car elles ne dépendent pas de l'État. ■

Pourquoi la France est-elle devenue un pays laïque?

Pendant une longue période, en fait jusqu'à la Seconde Guerre mondiale, une polémique oppose les partisans de l'école «libre» soutenus par les royalistes et par l'Église, à droite, aux défenseurs de l'école laïque, favorables à la République et à la laïcité, à gauche. La gauche est soutenue dans son combat par nombre d'intellectuels, mais aussi de protestants, devenus très influents – on en compte environ un million et demi, aujourd'hui, en France. Les protestants ont longtemps subi les persécutions catholiques. En 1685, Louis XIV décide d'abolir l'édit de Nantes proclamé un siècle auparavant par Henri IV (1598) en vue de mettre fin aux guerres de religion. L'édit de Nantes garantissait en effet la liberté de culte aux protestants.
Le principe de laïcité est aussi soutenu par de nombreux juifs – environ 600 000 aujourd'hui – qui accusent certains catholiques d'entretenir l'antisémitisme. Le choc du génocide perpétré contre les juifs par le régime nazi durant la Seconde Guerre mondiale met un frein à la polémique sur la laïcité. En effet, nombre de catholiques se rendent compte que l'antisémitisme, comme le rejet de la République, étaient de terribles erreurs. L'Église abandonne alors le soutient des idées royalistes. Afin de mettre fin à la querelle scolaire, l'État octroie d'importantes subventions aux écoles privées. Aujourd'hui, nombre de Français, même s'ils se disent catholiques, ne fréquentent plus les églises et estiment que chacun a le droit de pratiquer la religion de son choix.
Le paysage religieux français continue d'ailleurs à se modifier. Avec 4 millions de croyants vivant sur le territoire, l'islam est désormais la deuxième religion pratiquée en France. ■

La laïcité redevient un sujet de débat en France avec l'arrivée de la gauche au pouvoir, en 1981. En 1984, des milliers de manifestants défendent l'école «libre» dans les rues de Paris.

Dico → islam • judaïsme • laïcité • protestantisme • République

Points clés

6

Nationalité et citoyenneté à la française

La citoyenneté, ce sont les droits et les devoirs de la population d'un pays et la façon dont ils sont attribués et exercés. La citoyenneté ne se confond pas nécessairement avec la nationalité. Près d'un quart des Français ont au moins un grand-père d'origine étrangère, ce qui signifie que la France a connu une forte immigration et que nombre d'étrangers qui sont venus en France sont devenus français.

Depuis plus d'un siècle, une politique systématique de francisation

À la différence des autres pays européens dont la croissance démographique est restée forte jusqu'au début du XXe siècle, ce qui incitait leurs habitants à émigrer, la natalité a diminué en France plus tôt que partout ailleurs. Pour faire face aux besoins de l'économie, il a donc fallu faire appel à la main-d'œuvre étrangère. Beaucoup de ces étrangers – Belges, Italiens, Polonais, Espagnols – sont restés en France, s'y sont mariés et ont demandé la nationalité française qui leur a été le plus souvent accordée. Il a été de surcroît décidé, il y a un siècle, que tous les enfants nés sur le territoire français devenaient citoyens français à leur majorité, même si leurs parents étaient étrangers. C'est ce que l'on appelle «le droit du sol».

Ces enfants de Belges, d'Italiens, de Polonais, d'Espagnols sont devenus des Français dotés des mêmes droits que tout citoyen né en France de parents français.

Les immigrants arrivés en France par vagues successives se sont généralement bien intégrés. Ils ont participé à la défense de la France. Loin de se regrouper en clans d'origine nationale, ils ont participé à la vie politique française. ■

De nombreux immigrés polonais sont venus travailler dans les mines du nord de la France.

Aujourd'hui, des difficultés croissantes d'intégration

Manifestation à Paris en faveur des étrangers en situation irrégulière surnommés les « sans-papiers ».

Tant qu'il a eu, en France, de pressants besoins de main-d'œuvre – ce fut le cas dans les années d'après-guerre, au moment de la reconstruction et de la modernisation du pays –, on a fait venir de nombreux travailleurs immigrés, notamment des Portugais et des Algériens. Mais, à partir de 1974-1975, l'augmentation brusque du chômage a incité le gouvernement à prendre des mesures en vue de stopper l'immigration. Aux étrangers qui étaient employés en France depuis plusieurs années on a accordé le droit de faire venir leur famille. Ce système du « regroupement familial » rend possible encore aujourd'hui une certaine immigration officielle, à quoi s'ajoute l'immigration clandestine qui transite par les pays voisins. Alors que la plupart des immigrés qui venaient travailler en France autrefois étaient originaires de pays européens – et de surcroît catholiques –, ce qui facilitait leur intégration dans la société française, la majeure partie des immigrés qui sont arrivés en France depuis une vingtaine d'années viennent d'Afrique du nord et d'Afrique noire. Ce sont surtout des musulmans. Leur intégration est d'autant moins facile que ces travailleurs sont, pour la plupart, faiblement qualifiés et particulièrement frappés par le chômage. Les naturalisations leur sont accordées beaucoup moins facilement qu'autrefois. Toutefois, leurs enfants nés en France et qui y ont vécu au moins cinq ans bénéficient du droit du sol et deviennent officiellement français à leur majorité. L'immigration pose aujourd'hui un grave problème politique en France. Nombre de Français considèrent que ces musulmans ou ces Africains, bien que naturalisés, ne sont pas de « vrais » Français et qu'ils sont la cause du chômage et de l'insécurité. À l'inverse, les jeunes immigrés, principalement musulmans, se disent victimes du racisme et s'estiment rejetés de la société française. Ils ont en effet beaucoup de mal à trouver un emploi et accumulent les situations d'exclusion, ce qu'accroît encore leur regroupement dans les banlieues défavorisées des grandes villes. ■

Dico → chômage • citoyen • immigration • natalité • naturalisation

Points clés

Les peuples et leurs patrimoines

6

Le patrimoine, pour une personne, ce sont les biens dont elle hérite de ses parents. Pour un peuple, le patrimoine regroupe l'ensemble des réalisations remarquables qui appartiennent à son héritage historique.

Le patrimoine national et régional

C'est la Révolution française qui créa au Louvre le premier musée national. On s'intéressait alors surtout aux œuvres d'art et aux bâtiments (châteaux, forteresses) qui évoquaient une période glorieuse de l'histoire nationale. Au XIXe siècle, l'État a acheté des œuvres d'art, a fait restaurer des monuments, des cathédrales ou des châteaux forts qui tombaient en ruine. Et il en est toujours ainsi. L'État protège les monuments classés comme « historiques ». Mais aujourd'hui, la notion de patrimoine s'étend au niveau régional. Elle s'est élargie aux coutumes, aux chansons populaires, aux contes d'autrefois ainsi qu'aux langues régionales. Les Bretons, les Basques, les Corses notamment considèrent leur langue comme le fondement même du patrimoine de leur peuple. ■

Le patrimoine européen

Même lorsque les Français et les Allemands étaient en guerre, la cathédrale de Chartres, dans la Beauce, ou celle de Cologne, dans la vallée du Rhin, leur paraissaient l'une et l'autre comme des œuvres du patrimoine européen, à l'égal de Venise ou des châteaux de la Loire. Tout autant que ces monuments célèbres, les musiques de Bach, de Mozart ou de Beethoven sont considérées depuis longtemps comme faisant partie du patrimoine européen. On estime aussi que la langue d'un peuple constitue une part essentielle de son patrimoine. Transmise d'une génération à l'autre, chaque langue continue à se transformer. Mais il faut veiller à ce qu'elle ne disparaisse pas, du fait, notamment, de l'invasion de mots américains. La cuisine de chaque peuple, de chaque région, fait aussi partie de son patrimoine. ■

Le bassin de Neptune et le château de Versailles.

Le site du temple d'Abou Simbel, sur les rives du Nil.

Le patrimoine de l'humanité

Dans tous les pays, l'idée de patrimoine revêt aujourd'hui une grande importance. On prend conscience que, dans le passé, on a stupidement détruit ou laissé disparaître des monuments ou des œuvres d'art dont on ne se souciait pas de la valeur historique. L'essor des échanges intellectuels entre les peuples et le développement du tourisme ont aidé à la prise en compte de la richesse artistique des œuvres du passé ou des civilisations étrangères. L'Unesco recense et protège aujourd'hui les monuments et même les paysages dont l'intérêt est aujourd'hui reconnu au plan mondial. La première très grande opération de sauvegarde menée par l'Unesco a été celle du temple d'Abou Simbel dans la vallée du Nil, qui devait être englouti par les eaux retenues derrière le barrage d'Assouan. L'idée que l'humanité tout entière possède un patrimoine en commun s'étend aujourd'hui à la protection des conditions naturelles nécessaires à la survie d'un peuple ou à celle de l'ensemble des habitants de la planète. Dans ce domaine de réflexion, le rôle des écologistes a été considérable. On lutte aujourd'hui contre la destruction des forêts, car celles-ci sont nécessaires à la diversité des êtres vivants. Par ailleurs, on a découvert qu'une couche de la très haute atmosphère était composée d'un gaz particulier, l'ozone, qui filtre une partie des rayons solaires, en particulier les rayons ultraviolets dont l'excès provoque de graves conséquences climatiques et médicales. Or il est apparu qu'au-dessus du pôle Nord et du pôle Sud, cette couche d'ozone présentait deux grand trous qui s'élargissent sous l'action d'autres gaz utilisés notamment dans les bombes aérosols et les réfrigérateurs, les chlorofluorocarbures (CFC). C'est pourquoi on tente à présent d'en limiter l'usage. ■

Dico → **atmosphère • ozone • patrimoine**

Points clés 5

L'Afrique, de la grande forêt tropicale aux déserts

D'une superficie de 30 millions de kilomètres carrés, l'Afrique offre de grands contrastes naturels puisqu'elle contient à la fois l'une des plus grandes forêts de la planète et le plus grand désert du monde.

Les forêts tropicales denses

La forêt tropicale qui recouvre le massif de Mayombe, au Congo.

Dans la zone équatoriale de l'Afrique s'étend la forêt dense, avec ses arbres immenses. Leur feuillage maintient le sous-bois dans la pénombre. Les températures y sont élevées et constantes – de 20 à 30°C – et les précipitations particulièrement importantes – 3 000 à 4 000 millimètres par an. Dans les régions moins humides se trouve une zone de forêt claire qui a repoussé à l'endroit où les hommes avaient défriché pour pratiquer l'agriculture sur brûlis. La forêt dense n'est pas épargnée par les défrichements et sa superficie diminue peu à peu, au fur et à mesure de l'accroissement de la population. ■

De la savane à la steppe

Au nord et au sud de la zone équatoriale couverte de forêts denses, la température demeure élevée, mais les précipitations diminuent nettement. Le climat se diversifie : une saison sèche alterne avec une saison humide. Les forêts cèdent alors la place à la savane, constituée de hautes herbes, vertes pendant la saison humide et jaunes en saison sèche. Seuls quelques arbres se dressent sur ce paysage monotone. La savane recule avec l'extension des terres cultivées. Lorsque la sécheresse s'accroît encore, la savane dégénère peu à peu en steppe. La végétation y est formée de touffes d'herbe coriaces et de buissons. La steppe est principalement le domaine des pasteurs nomades qui guident de grands troupeaux de bœufs. ■

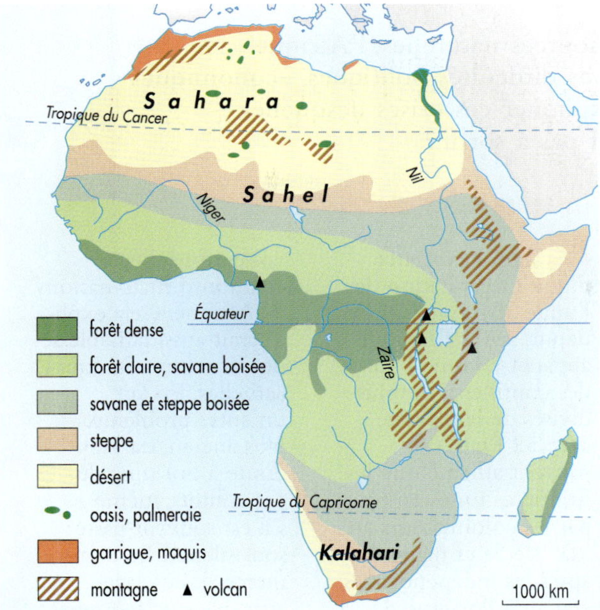

Les divers types de végétation du continent africain.

Les étendues arides de la savane sont parsemées de quelques arbres.

Les déserts et la désertification

La végétation est presque inexistante dans les déserts, sauf dans les oasis. Le Sahara est célèbre pour ses immenses champs de dunes, mais il s'y trouve aussi de grands volcans. Les déserts du Kalahari et du Namib, situés dans l'hémisphère Sud, sont moins vastes et moins arides. Dans les déserts, les températures sont très élevées dans la journée, mais basses la nuit. Les pluies sont rarissimes. Le peuplement et l'agriculture irriguée se limitent aux oasis. Quelques peuples nomades parcourent le désert d'oasis en oasis avec leurs troupeaux, tels les Touaregs en Afrique de l'Ouest, au Mali et au Niger. On appelle « désertification » l'extension des espaces où la végétation a disparu. Ce phénomène touche les bordures du Sahara, notamment le Sahel où, en raison de la croissance de la population, les troupeaux et les – maigres – cultures se sont multipliés. ■

Dico → brûlis • nomade • oasis • Sahara • tropique • volcan

Les difficultés de l'Afrique

5

En dépit de grandes ressources naturelles, l'Afrique est confrontée à de graves difficultés politiques, économiques et sociales. Comment expliquer ces crises desquelles ce continent ne parvient pas à sortir ?

La lenteur du développement économique

La majorité des pays d'Afrique subsaharienne sont confrontés à de grandes difficultés : pauvreté, malnutrition, faiblesse des équipements sanitaires et scolaires, dégradation des sols. Il est vrai que la plupart des sols sont pauvres. Mais même le pétrole, dont on a récemment découvert des gisements au large des côtes de l'Atlantique, ne parvient pas à entraîner un véritable développement économique. On explique souvent cette «panne» de développement par les effets de «l'échange inégal» avec les pays industrialisés ou encore par l'échec des politiques d'aide internationale. Il faut aussi tenir compte des conflits ethniques et politiques. ■

La malnutrition, voire la famine, frappent de nombreuses populations africaines.

Un continent divisé

Malgré l'existence d'une Organisation de l'unité africaine (OUA) depuis 1963, l'Afrique apparaît comme l'un des continents les plus divisés de la planète, avec 52 États. On a souvent affirmé que les frontières mises en place par les colonisateurs au XIXe siècle et maintenues après les indépendances étaient à l'origine de conflits ethniques parce qu'elles faisaient cohabiter dans un même État des peuples différents. Cela aurait ralenti, voire empêché, la création d'États-nations en Afrique. Cela expliquerait aussi la faiblesse des structures étatiques actuelles. En fait, un autre problème, plus ancien, est sans doute à l'origine de ces conflits, même s'il est souvent passé sous silence. Le commerce des esclaves africains par les Arabes a commencé au Moyen Âge au sud du Sahara et sur les côtes de l'océan Indien. Au XVIe siècle a débuté la traite opérée

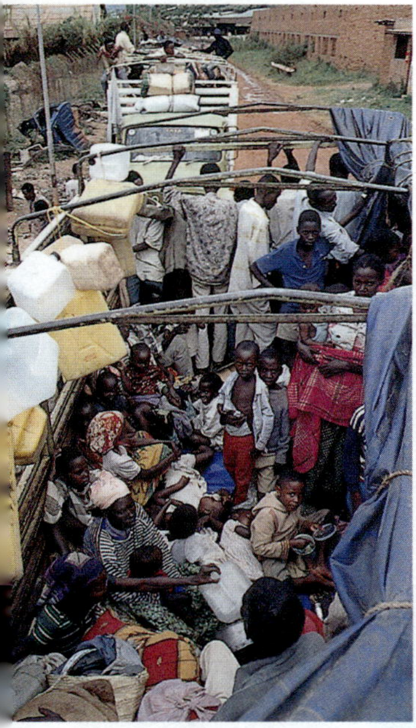

Des réfugiés fuient la guerre au Rwanda, en 1994.

par les négriers européens pour fournir de la main-d'œuvre aux plantations d'Amérique. Or la capture des esclaves était effectuée par des Africains. Et malgré l'interdiction du commerce des esclaves à destination de l'Amérique au début du XIXe siècle, un commerce intra-africain d'esclaves a perduré pendant des décennies. D'où l'hostilité actuelle entre des peuples qui capturaient les esclaves et ceux dont les ancêtres furent capturés. ■

Un terrible conflit dans deux petits États

Le Rwanda et le Burundi sont l'un et l'autre déchirés par un conflit qui oppose les Hutus et les Tutsis, deux parties de la population pourtant de même langue. L'antagonisme entre le groupe dirigeant des éleveurs tutsis et les cultivateurs hutus asservis a été accentué par les colonisateurs. À cette rivalité s'est ajouté un problème de surpeuplement et de conflit pour la terre, ainsi que la revendication politique des Hutus majoritaires. L'assassinat simultané des deux présidents, en 1994, a déclenché des massacres de 500 000 à 1 million de Tutsis par les extrémistes hutus. Au terme d'une guerre qui a provoqué l'exode de plus de deux millions de personnes, les Tutsis ont repris le pouvoir. ■

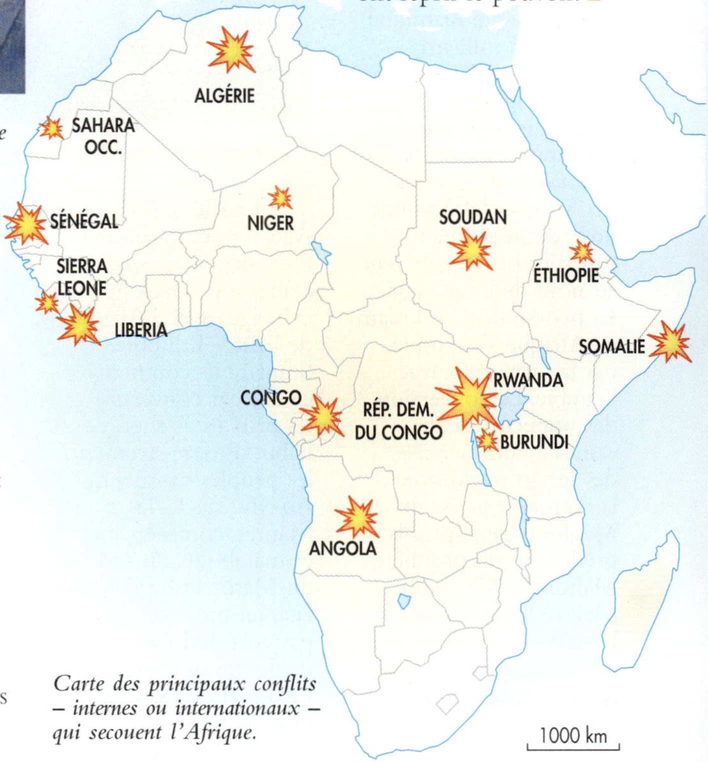

Carte des principaux conflits – internes ou internationaux – qui secouent l'Afrique.

Points clés

5

L'Afrique musulmane et l'Afrique chrétienne

On parle souvent d'Afrique noire et d'Afrique blanche : une telle distinction ne vient pas à l'esprit pour les autres continents. La distinction entre l'Afrique musulmane et l'Afrique chrétienne paraît plus convaincante.

La grande mosquée de Sidi Uqba, fondée en 670 à Kairouan, en Tunisie.

L'Afrique musulmane

L'islam est aujourd'hui la deuxième religion du monde, avec 1,3 milliard de fidèles (selon la ligue islamique), contre 1,5 milliard de chrétiens. L'islam de la périphérie est devenu majoritaire par rapport au centre historique de l'Arabie. En Afrique, les 350 millions de musulmans se trouvent principalement au nord de l'équateur. La pénétration de l'islam en Afrique s'explique par la proximité avec l'Arabie. La conversion des populations africaines a commencé dès le VIIe siècle, avec la conquête arabe du Maghreb, peu après la prédiction du prophète Mahomet (570-632). Malgré la résistance berbère, la religion islamique s'est durablement installée en Afrique du Nord. ■

L'extension de l'islam en Afrique

Tout au long du Moyen Âge, les grands navigateurs puis les négociants arabes ont développé des échanges avec l'Afrique de l'Est – Éthiopie, Soudan. Ils commençaient par convertir les princes et chefs de tribus. Progressivement, les peuples suivaient. Au XIVe siècle, les Maures, commerçants et marabouts du sud du Maroc et de la Mauritanie, ainsi que des pasteurs de Libye et d'Algérie ont introduit l'islam au sud du Sahara. Dans le nord de l'Afrique, la grande majorité des populations parlent l'arabe qui est la langue de l'islam. Au sud du Sahara et sur les côtes de l'océan Indien, les musulmans parlent de multiples langues africaines, mais ils savent tous un peu d'arabe pour lire ou réciter le Coran. L'islam ne cesse de progresser vers le sud où les animistes – qui croient à de multiples dieux correspondant aux forces de la nature – se convertissent progressivement à l'islam. ■

La basilique Notre-Dame-de-la-Paix bâtie sur les plans de Saint-Pierre de Rome, à Yamoussoukro, capitale de Côte-d'Ivoire, par le président Félix Houphouët-Boigny.

L'Afrique chrétienne

Le Maghreb a été christianisé dès le début de l'ère chrétienne, à l'époque de la domination romaine. Il a fourni, à cette époque, des saints, des martyrs et un grand théologien comme saint Augustin. Toutefois, par la suite et pendant longtemps, il n'y a eu qu'un seul pays chrétien en Afrique, l'Éthiopie, où le christianisme a été introduit au Moyen Âge.
Le christianisme s'est surtout propagé en Afrique depuis 150 ans, par la conversion des animistes et des musulmans effectuée par les missionnaires au moment de la colonisation. Les 330 millions de chrétiens d'Afrique se partagent entre des communautés catholiques et protestantes, la répartition correspondant approximativement aux anciens empires coloniaux français et anglais, mais les deux Églises sont souvent représentées dans un même pays. ■

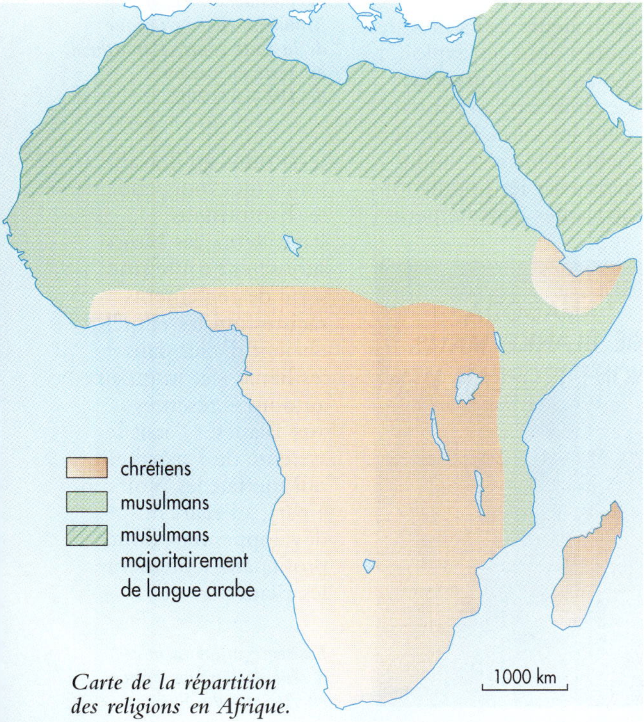

Carte de la répartition des religions en Afrique.

Dico → animisme • arabe • christianisme • islam

Points clés 5

L'Afrique du Sud, les Noirs et les Blancs

Les Blancs sont installés depuis le XVIIe siècle en Afrique du Sud. Ce furent d'abord des Hollandais et des protestants français chassés par Louis XIV, puis des Britanniques. Ils ne représentent qu'un sixième de la population mais, jusqu'en 1990, ils ont dominé les Noirs qui n'avaient aucun droit politique.

Le président Nelson Mandela, chef historique de la lutte contre l'apartheid, est resté en prison de 1964 à 1990.

L'accaparement des ressources par les Blancs

À une époque où les Noirs étaient beaucoup moins nombreux qu'aujourd'hui, les Blancs se sont emparés de la plupart des terres (ils possèdent 87% du territoire), en refoulant les Noirs sur les terres les plus pauvres et dans les montagnes. Lorsque les grands gisements d'or et de diamants ont été découverts, les Blancs ont fait venir des travailleurs noirs près des mines pour les exploiter. Quand les Noirs sont devenus trop nombreux dans les villes, le gouvernement blanc a voulu repousser les populations africaines dans de petits territoires qu'il avait proclamés indépendants, les bantoustans.
Par ailleurs, les Noirs subissaient toute une série de règlements racistes qui les empêchaient d'aller dans les lieux – et jusqu'aux autobus – réservés aux Blancs. C'était le système de l'apartheid, qui mettait les Noirs à part, à l'écart du développement dont profitaient seulement les Blancs. ■

La ségrégation raciale a sévi de longues années en Afrique du Sud.

La fin de l'apartheid

Ce système d'oppression risquait de provoquer une terrible révolte des Noirs. Aussi des Blancs, conscients du danger, décidèrent de mettre fin à l'apartheid en 1991, sous la pression aussi de l'embargo international. Les Noirs reçurent enfin le droit de vote et élirent le premier président noir, Nelson Mandela. Celui-ci a choisi le réformisme plutôt que la révolution en essayant de réconcilier les Noirs et les Blancs. La commission Réconciliation et vérité tente de faire toute la lumière sur les crimes perpétrés durant la période de l'apartheid, en arrêtant la spirale de violence et de règlements de comptes qui s'était engagée dans les dernières années. La justice intervient pour faire appliquer l'abolition de l'apartheid, contribuant ainsi à inscrire celle-ci dans les mentalités autant que dans les faits. ■

Vivre ensemble

Les Noirs d'Afrique du Sud sont aussi impatients de jouir des droits économiques et sociaux dont ils ont été privés pendant si longtemps. Or, même si une classe moyenne noire se développe, la plupart des Noirs attendent toujours des logements décents, du travail et des terres. Certes, l'Afrique du Sud est une puissance régionale. Elle produit un tiers de toutes les richesses du continent dans lequel elle étend ses activités. Mais elle doit restructurer son économie après des années d'embargo, faire face à une crise dans certaines industries comme celle de l'or et recomposer sa société. ■

En Afrique du Sud, dix ans après la fin du pouvoir blanc, les Noirs connaissent encore des conditions de vie difficiles.

Dico → **apartheid • bantoustan • embargo**

Points clés 5

Les principes d'égalité et le refus des discriminations

Les principes d'égalité existent en droit dans de nombreux États ainsi qu'au niveau international. Mais la réalité est souvent bien différente. Les nombreuses discriminations qui subsistent entre les hommes justifient aujourd'hui encore de réels combats.

La Déclaration universelle des droits de l'homme (1948)

Elle affirme clairement le principe d'égalité et le refus des discriminations entre les hommes: «Article 1er: Tous les êtres humains naissent libres et égaux en dignité et en droits. [...] Article 2: Chacun peut se prévaloir de tous les droits et de toutes les libertés proclamés dans la présente déclaration, sans distinction aucune, notamment de race, de couleur, de sexe, de langue, de religion, d'opinion politique ou de toute autre opinion, d'origine nationale ou sociale, de fortune, de naissance ou de toute autre situation.»

Le système des castes en Inde

La religion hindouiste, largement majoritaire en Inde, divise la société en castes. Une caste est un groupe dans lequel on naît et dont on ne peut sortir; on se marie et on exerce son métier au sein de sa caste. Les castes sont hiérarchisées selon des critères de pureté supposés. Au sommet se trouvent les brahmanes, caste dominante des prêtres, puis celle des guerriers, celle des commerçants et des paysans, puis les castes d'artisans: blanchisseurs, potiers, forgerons, etc. Tout en bas de cette échelle sociale se trouvent les intouchables, groupe considéré comme impur et inférieur à la plus basse des castes. Il est composé d'ouvriers agricoles, à l'origine ouvriers du cuir. Abolie en droit, cette discrimination se perpétue dans les faits. ■

La société indienne est particulièrement rigide et hiérarchisée.

Les Indiens d'Amérique sont socialement et économiquement marginalisés.

Les Indiens d'Amérique

Les Indiens d'Amérique subissent encore une forte discrimination qui se double de la spoliation d'une grande partie de leurs terres. En effet, depuis la découverte et la conquête des « Indes » – les premiers découvreurs prirent l'Amérique pour les Indes –, les « Indiens » ont été privés de leurs terres et de leurs droits. Les épidémies, les massacres et le travail forcé ont autrefois décimé leurs rangs, et les indépendances les ont souvent oubliés. Ils revendiquent aujourd'hui leur reconnaissance. ■

Le racisme en France

Depuis 1972, il existe en France une loi contre le racisme, mais elle se révèle insuffisante. Les plaintes enregistrées sous ce motif sont peu nombreuses en raison de la difficulté à fournir des preuves de tels actes ou propos. Pourtant, les manifestations de racisme se multiplient. Certains patrons évitent, par exemple, d'embaucher des jeunes d'origine maghrébine. De nombreuses associations et parlementaires réclament la rédaction d'une nouvelle loi, plus facilement utilisable, et qui permettrait de sanctionner ce genre de discrimination. ■

Nombre d'associations comme SOS-Racisme luttent en France contre toutes les discriminations.

L'Égypte et la vallée du Nil

5

À la limite entre Afrique et Asie, entre Maghreb et Machrek – «Occident» et «Orient» –, l'Égypte offre un contraste saisissant entre les 96% de son territoire occupés par le Sahara et les 4% restants baignés par les eaux du Nil.

Le plus peuplé des États arabes

Avec 65 millions d'habitants, l'Égypte est le plus peuplé des États arabes, loin devant l'Algérie (30 millions) et le Maroc (29 millions). Le pays traversé par le canal de Suez – construit au XIXe siècle avec l'aide des Français – occupe une position stratégique entre l'Afrique et le Moyen-Orient. ■

La montée de l'islamisme

À l'intérieur du pays, l'État doit faire face depuis quelques années à une montée de l'islamisme, dont la manifestation la plus spectaculaire a été la multiplication des attentats contre les touristes. Le secteur touristique constitue un des piliers de l'économie nationale, grâce au riche patrimoine historique et culturel, dont l'élément le plus connu est les pyramides, mais aussi grâce à la variété de ses paysages: désert, oasis, vallée du Nil. Cette crise est délicate à résoudre pour l'État égyptien, qui est pourtant un des plus anciens États-nations de la région. ■

Le Caire compte près de 12 millions d'habitants.

La vallée du Nil, une grande oasis

Depuis toujours, la population égyptienne s'est concentrée dans la vallée et le delta du Nil, seule source d'eau douce dans ce pays par ailleurs désertique. Depuis l'Antiquité, les paysans utilisaient la crue du Nil qui inondait les terres agricoles et les couvrait de limon avant de se retirer. À partir du XIXe siècle, l'État égyptien a entrepris des aménagements hydrauliques: canaux d'irrigation et de drainage, barrages. Ces aménagements se sont poursuivis au XXe siècle, avec notamment la réalisation du célèbre barrage d'Assouan, construit avec l'aide de l'URSS sous la présidence de Nasser et mis en eau en 1964. Ce barrage empêche dorénavant toute inondation des terres, mais permet de les cultiver toute l'année et d'obtenir ainsi jusqu'à trois récoltes par an sur une même parcelle. Il a amélioré l'irrigation, mais il empêche désormais le dépôt du limon qui fertilisaient les terres. Sa construction était toutefois indispensable: le nombre des Égyptiens a déjà doublé dans les trente dernières années du XXe siècle et risque d'atteindre les 100 millions dans les vingt premières années du XXIe siècle. ■

La pyramide à degrés de Meidoum, au sud de Gizeh, dans la vallée du Nil.

Hérodote ou l'agriculture nilotique sans effort

Au Ve siècle av. J.-C., l'historien grec antique Hérodote faisait une description idyllique de l'agriculture sur les bords du Nil: «Quand le fleuve, de lui-même, est venu arroser leurs champs et qu'après les avoir arrosés il s'est retiré, chacun ensemence son champ et y lâche ses porcs: ceux-ci, en piétinant, enfouissent le grain et le paysan n'a plus qu'à attendre le temps de la récolte.»
En fait, dés l'Antiquité, les Égyptiens devaient aménager les berges du fleuve pour pouvoir les cultiver.

Points clés

Le Maghreb: la Tunisie

5

Le Maghreb – en arabe, «l'Occident» – se compose de trois États: l'Algérie, le Maroc et la Tunisie. Ceux-ci font partie du monde arabe et musulman. Ils ont tous trois connu une période de colonisation française.
Au-delà de ces ressemblances, les trois pays connaissent aujourd'hui des destinées différentes.

Les activités touristiques, deuxième source de devises après le pétrole, occupent une place importante dans l'économie.

Trois États d'Afrique du Nord

L'Algérie, avec 2382000 km² – pour les trois quarts sahariens –, est beaucoup plus étendue que le Maroc (446000 km²) et que la Tunisie (155000 km²). Toutefois, les trois pays ont en commun un même climat méditerranéen au nord et la présence du désert du Sahara au sud ainsi que les mêmes formes de relief constitué de hautes montagnes comme l'Atlas et de plaines côtières. Les premiers habitants du Maghreb étaient les Berbères; les Arabes ne sont arrivés qu'au Moyen Âge, peu après la prédiction du prophète Mahomet. Au XIXe siècle, la France a colonisé l'Afrique du Nord. De nombreux Français sont venus peupler l'Algérie, plus qu'au Maroc et en Tunisie où la France avait établi des protectorats. Par-delà les indépendances, la France a conservé d'importantes relations avec les trois pays du Maghreb où le français reste encore la seconde langue enseignée après l'arabe. ■

Trois pays à forte croissance démographique

La population de l'Algérie a triplé depuis son indépendance, en 1962. La population jeune est nombreuse au Maghreb: de 35% à 40% de moins de 15 ans contre 4% à 5% de plus de 64 ans. Si cette répartition est caractéristique des pays en développement, il faut toutefois noter que la croissance démographique est aujourd'hui moins forte au Maghreb que dans le reste de l'Afrique – mis à part l'Afrique australe –, et que l'on observe dans ces pays une baisse du taux de fécondité, plus ancienne et plus marquée en Tunisie, où les femmes n'ont aujourd'hui en moyenne que trois enfants. ■

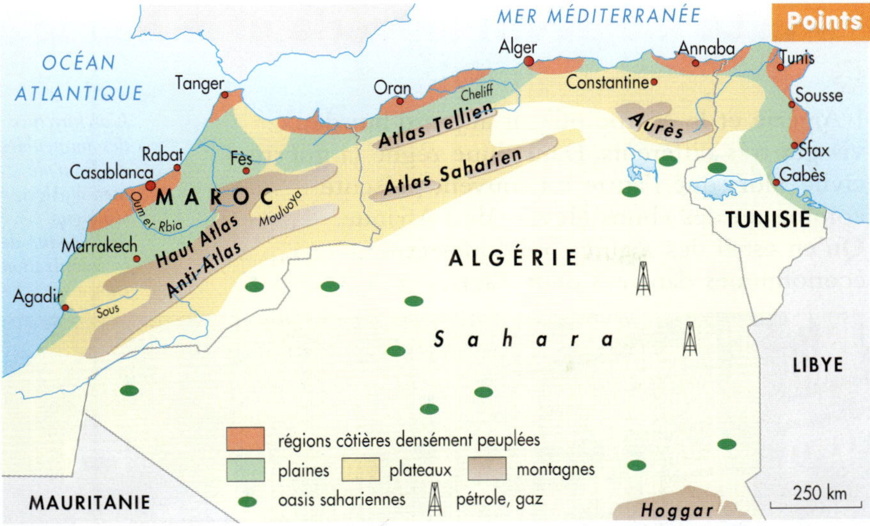

Les trois pays du Maghreb présentent une certaine unité géographique.

La Tunisie, pays démocratique

Le plus petit et le moins peuplé des trois pays du Maghreb – environ 10 millions de Tunisiens pour 30 millions d'Algériens et 29 millions de Marocains – est celui qui semble le plus avancé dans la mise en place d'une réelle démocratie. La place faite aux femmes y est, par exemple, meilleure que celle des Marocaines et des Algériennes. Le Code du statut personnel tunisien interdit la polygamie et la répudiation. Il prévoit le divorce par consentement mutuel et donne les mêmes droits parentaux aux hommes et aux femmes. Les femmes tunisiennes participent largement à la vie économique et sociale du pays où s'est notamment développé un important tourisme balnéaire. Toutefois, alors qu'elle apparaît comme la plus occidentalisée des nations arabes, la Tunisie connaît elle aussi un courant fondamentaliste musulman depuis les années 1970, que les autorités cherchent à endiguer par une politique de fermeté et de réconciliation nationale dans le cadre du multipartisme. ■

Les activités rurales, et notamment pastorales, conservent une grande place dans l'économie tunisienne.

Dico → **Sahara • taux de natalité • tourisme**

Points clés Le Maghreb : l'Algérie et le Maroc

5

L'Algérie et le Maroc offrent aujourd'hui deux visages très différents. Dans l'une règne la guerre civile, alors que l'autre est souvent présenté comme un des «bons élèves» de l'Afrique. Qu'en est-il des réalités politiques et économiques dans ces deux États?

L'architecture des immeubles du front de mer, à Alger, témoigne de l'époque de la colonisation française.

L'Algérie, des départements français à l'indépendance

Durant la période de la colonisation française, qui a débuté au XIXe siècle, l'Algérie était constituée de «trois départements français». En 1962, les Algériens ont obtenu leur indépendance au terme de sept années d'une guerre meurtrière. Même si elles se sont améliorées depuis cette date, les relations entre Paris et Alger restent profondément marquées par cette guerre et par les conséquences de la présence d'une forte communauté d'origine algérienne en France.

Les atouts économiques dont dispose l'Algérie, sous la forme de grands gisements de gaz naturel situés dans le sous-sol du Sahara, l'ont aidée à s'imposer comme État indépendant. ■

L'Algérie en proie à la guerre civile

Depuis 1992, l'Algérie est en proie à la guerre civile. Des organisations islamiques relayées, après avoir été interdites, par des « groupes islamistes armés », s'opposent au gouvernement militaire et tentent de prendre le pouvoir au nom de l'islam. Les islamistes exploitent le mécontentement d'une jeunesse très nombreuse confrontée à un fort chômage. La situation économique algérienne est en effet très dégradée, en dépit des revenus des gisements de pétrole et de gaz naturel. Nombreux sont les Algériens qui rendent le pouvoir en place responsable de ces difficultés. Les islamistes critiquent également les influences occidentales et les relations que le pays conserve avec l'ex-puissance coloniale, notamment par le biais des émigrés qui vivent en France – environ 1 million de personnes au total –, qui disposent généralement de la nationalité française, tout en restant très conscients de leurs origines. ■

Les « groupes islamistes armés » cherchent à intimider la population en perpétrant des attentats à la bombe, comme ici dans la banlieue d'Alger.

Le Maroc

Le Maroc a, lui aussi, été colonisé par la France, mais beaucoup moins longtemps et sous un régime de protectorat qui a renforcé les pouvoirs du sultan. À l'indépendance, celui-ci est devenu roi. Il est aussi chef religieux, l'islam étant religion d'État. Le Maroc ne possède pas de pétrole, mais la présence de montagnes bien arrosées a permis de construire des barrages en vue de développer de grands programmes d'irrigation dans les plaines. Le pays est également parvenu à développer son activité touristique. Internationalement reconnu comme un État de 450 000 kilomètres carrés, le Maroc revendique une superficie de 659 000 kilomètres carrés. Le royaume revendique en effet le territoire du Sahara occidental, possession de l'Espagne jusqu'en 1975 et sur lequel les populations sahraouies souhaitent imposer leur souveraineté. Les négociations internationales en vue d'un règlement politique du conflit piétinent. ■

La grande place de Marrakech, au Maroc.

Dico → colonisation • islamisme • pétrole • Sahara

Points clés

L'Afrique et l'Europe, les migrations

5

Dans la seconde moitié du XXe siècle, les migrations de l'Afrique vers l'Europe, et notamment vers la France, se sont développées. Les pays européens qui avaient d'abord encouragé cette immigration ont ensuite cherché à l'arrêter.

Trois décennies d'immigration

L'Europe, et surtout la France, a fait appel à des travailleurs originaires du Maghreb dans la période de la reconstruction, après-guerre, et durant les Trente Glorieuses qui ont suivi, afin de combler un déficit de main-d'œuvre. Plus tard sont arrivées en Europe des populations d'Afrique de l'Ouest, tandis que l'émigration intereuropéenne se poursuivait, avec l'arrivée de populations turques en Allemagne et la poursuite de l'émigration méditerranéenne. À cette époque, même les immigrés clandestins obtenaient une régularisation a posteriori de leur situation administrative. En Europe, les immigrés occupent les postes de travail les plus pénibles que délaissent les Européens et connaissent des conditions de vie difficiles. ■

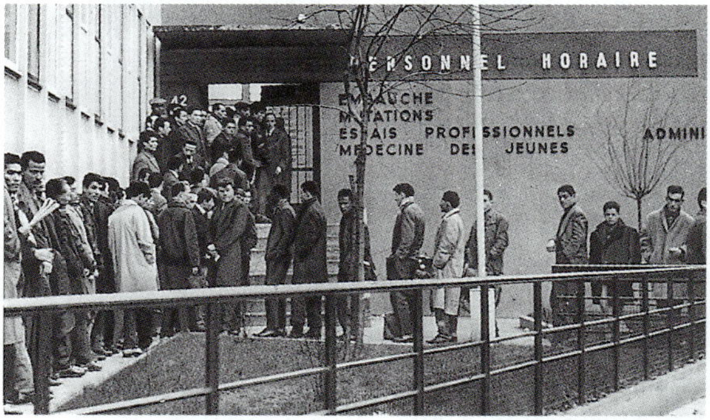

Le bureau d'embauche de Renault, dans les années 1960, attirait de nombreux travailleurs émigrés maghrébins.

Les travailleurs d'origine maghrébine, à présent naturalisés, travaillent, par exemple, sur les voies du métro parisien.

La fermeture des frontières européennes

À partir des années 1970, les réglementations se sont durcies et l'immigration a diminué. En 1974, la France a officiellement fermé ses frontières aux travailleurs étrangers. Toutefois, les immigrés déjà installés ont été autorisés à faire venir leur famille – c'est ce que l'on appelle le « regroupement familial ». Mais de nombreux étrangers en possession d'un simple visa de trois mois ne quittaient pas le territoire au terme de ce délai. Dans les années 1980, dans le cadre du traité de Maastricht, les pays de l'Union européenne ont décidé de fermer leurs frontières extérieures. Cette décision a entraîné une recrudescence de l'immigration clandestine. Ceux que la misère chasse de leur pays sont en effet prêts à tout pour tenter de s'installer en Europe. ■

Le quartier de la Goutte-d'Or, dans le 18e arrondissement de Paris, abrite une importante population d'origine africaine.

Les causes de l'émigration

Si, malgré ces difficultés, les migrations se poursuivent, c'est que les raisons d'émigrer n'ont pas disparu. Les étrangers qui cherchent à émigrer vers l'Europe souhaitent y trouver un travail ainsi que des conditions de vie qui seront malgré tout meilleures que dans leur pays. Certains cherchent à échapper à des persécutions politiques. Le passage à la démocratie de plusieurs pays d'où sont traditionnellement originaires de nombreux immigrés n'y a rien fait. Les pratiques sont en effet plus longues à changer que les institutions. La répression se poursuit, tandis que la misère persiste. L'existence de filièles organisées, souvent aux mains de la pègre, favorise aussi l'émigration clandestine. Ce phénomène a fait naître en Europe des sentiments de rejet que certaines forces politiques entretiennent. ■

Dico → Maghreb • main-d'œuvre • Union européenne

Points clés

5

La solidarité entre les nations et entre les hommes

L'idée que les nations doivent s'entraider s'est développée au XXe siècle. Cette solidarité, institutionnalisée par l'Organisation des Nations unies (ONU), se développe également par l'action des organisations non gouvernementales (ONG) et des associations de bénévoles.

Les organismes de l'ONU lancent des campagnes d'information, comme ici l'Unicef, par le biais de son bateau.

Les organismes de l'ONU

L'Organisation des Nations unies a été créée au lendemain de la Seconde Guerre mondiale en vue de mettre en place de nouvelles relations entre les États et d'éviter ainsi le retour d'un conflit généralisé. À côté des organes politiques et diplomatiques, des organismes dédiés à l'aide humanitaire ont été institués, tels que l'Unicef, voué à la protection de l'enfance, l'Unesco, à l'éducation, la science et la culture, la FAO, à l'agriculture et à l'alimentation, le PNUD, aux projets de développement, l'OMS, à la protection de la santé. La Banque mondiale a pour charge d'aider financièrement les pays en développement; mais en contrepartie, elle contrôle strictement leur budget. L'ONU se trouve confrontée à un problème de financement qui compromet son efficacité. Certains pays ne paient pas leur contribution à l'ONU. D'autre part se développe l'aide humanitaire d'urgence, dont les fonds sont gérés par les ONG. ■

Les organisations non gouvernementales

Les organisations non-gouvernementales, comme la Ligue des droits de l'homme, Amnesty International ou Médecins sans frontières, jouent un rôle de plus en plus important dans la mise en place d'actions de solidarité internationale. Ce rôle accru pousse à s'interroger sur leur fonction exacte et la limite de leur mandat, ainsi que sur le désengagement des États dans le domaine de la solidarité internationale. ■

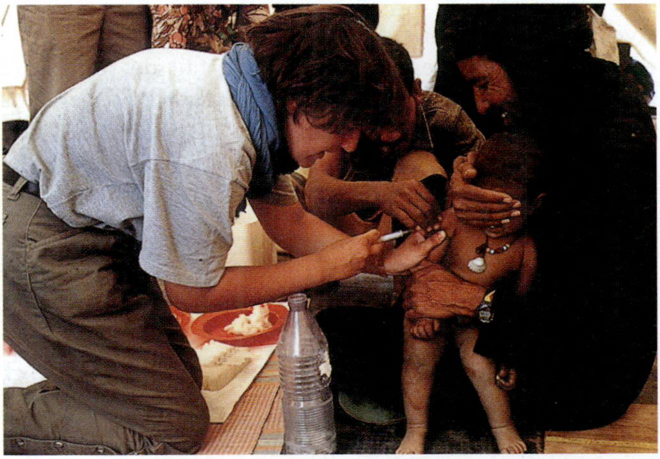

Les ONG à vocation humanitaire interviennent pour assister les populations frappées par la guerre ou la famine.

Le secteur associatif

Les associations d'assistance et de solidarité, que des bénévoles aident à faire fonctionner, tentent de pallier les lacunes de l'aide publique. Elles s'appuient souvent sur le parrainage de personnalités, comme les Restos du cœur, créés en 1985 par l'humoriste Coluche pour fournir des repas aux plus déshérités pendant l'hiver en France. Ces opérations trouvent de plus en plus de volontaires pour les soutenir et y participer. Elles donnent l'exemple d'une solidarité plus directe et plus concrète, accessible à chacun. Elles rappellent surtout que la solidarité est une valeur que chacun peut aussi exercer dans son entourage immédiat, comme par exemple au collège. ■

Les Restos du cœur, dont l'initiative revient à Coluche, sont devenus rapidement une institution.

Points clés

L'Asie

5

Avec ses 44 millions de kilomètres carrés, l'Asie est le plus vaste des continents. Du fait de son étendue, pratiquement tous les climats et toutes les formes de relief y sont représentés. C'est aussi le plus peuplé des continents, avec 3,6 milliards d'habitants qui vivent concentrés sur sa bordure méridionale et orientale.

L'un des sommets de l'Himalaya, la plus haute chaîne de montagnes au monde.

L'Asie des montagnes et des hauts plateaux

Au centre du continent asiatique se dresse un puissant ensemble de hautes terres de 3000 kilomètres de long et de 150 kilomètres de large, l'Himalaya. Cette chaîne de montagnes, dont le nom signifie «séjour des neiges», est la plus élevée du monde. Elle est recouverte de neiges éternelles à partir de 5000 mètres d'altitude. Son plus haut sommet, l'Everest, culmine à 8848 mètres. L'Himalaya sépare le sous-continent indien du reste de l'Asie. Au Nord de la chaîne himalayenne se trouvent les hauts plateaux du Tibet où naissent le Yang Tse Kiang et le Mékong. D'autres grands fleuves du continent asiatique, dont le Gange, l'Indus, le Brahmapoutre, prennent également leur source dans l'Himalaya. En raison de l'altitude, le climat est froid et le peuplement est faible, sauf dans les fonds de vallée et dans les bassins qui sont cultivés. On y pratique aussi l'élevage des yacks, des chèvres et des moutons. ■

L'Asie des grandes forêts

Sur la moitié nord du continent asiatique s'étendent de grands plateaux peu élevés, entaillés par les vallées de grands fleuves – l'Ob, l'Iénisseï, la Léna – et par de grandes plaines au nord-ouest. Dans cet immense espace, le climat est très froid l'hiver. Il devient plus rude en se rapprochant du cercle polaire, avec des précipitations et des températures en diminution – jusqu'à -50°C l'hiver. À la forêt de conifères (pins, mélèzes) – la taïga –, succède, près de l'océan Glacial Arctique, la toundra – autre mot russe qui désigne une végétation plus rare formée de mousses, de

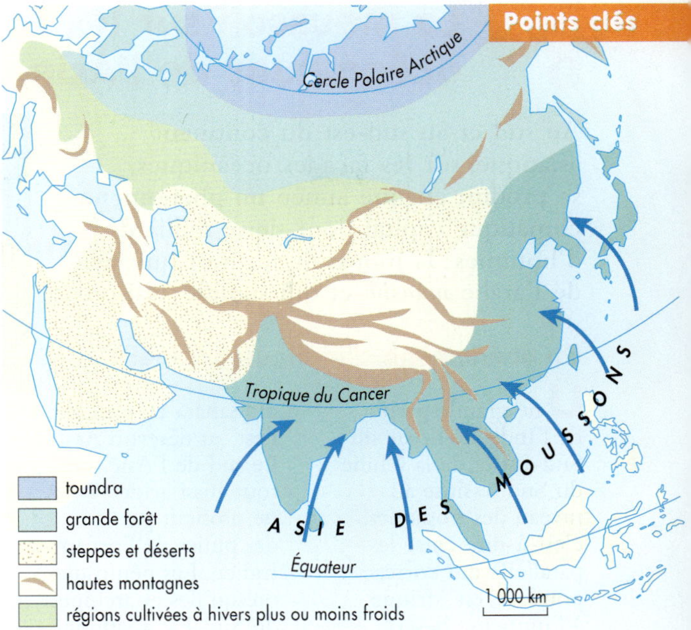

Carte des végétations de l'Asie.

lichens. La majeure partie de cet espace, très faiblement peuplé, forme la Sibérie, qui appartient à la Russie, le plus grand État du monde. Celui-ci a en effet la particularité de s'étendre sur deux continents, l'Europe et l'Asie. En effet, la chaîne de l'Oural est, avec la mer Caspienne au sud, la seule séparation entre les deux continents, qui forment, de fait, une grande masse continentale que l'on appelle l'Eurasie. ■

L'Asie des steppes et des déserts

Au centre et au sud-ouest du continent, le plateau iranien et la péninsule Arabique sont marqués par une forte aridité et des températures élevées. Toutefois, depuis l'Antiquité, les peuples de ces régions du Moyen-Orient ont développé des techniques pour dériver l'eau des rivières et pomper celle des nappes souterraines. Cette irrigation a permis de créer des oasis dans le désert. Depuis le XXe siècle, les pays du golfe Persique et de la mer Caspienne exploitent leurs gisements de pétrole. À cette Asie sèche s'oppose, au sud-est de la région, l'Asie des moussons qui abrite les zones les plus peuplées du continent. ■

Le haut plateau iranien, entre Qom et Ispahan.

Dico → désert • mousson • pétrole • plateau • steppe • taïga • toundra

Points clés

5

La mousson sur les façades océaniques de l'Asie

Au sud et au sud-est du continent asiatique, sur les façades océaniques, se produit chaque année un phénomène climatique capital pour deux milliards d'hommes : la mousson, un mot qui vient de l'arabe *mausim* et qui signifie « saison ».

Les violentes pluies de mousson forçent hommes et animaux à s'abriter.

Un phénomène climatique original

Une grande partie de l'Inde, de l'Asie du Sud-Est et de la Chine du Sud se situe au niveau des tropiques, c'est-à-dire entre les parallèles qui correspondent, en Afrique, à l'immense désert du Sahara et, plus à l'est, au désert d'Arabie. Le sud de l'Asie serait tout aussi aride s'il ne profitait pas des pluies de l'océan Indien. Les péninsules, presqu'îles et archipels du Sud-Est asiatique, régions sèches pendant une grande partie de l'année, bénéficient au début de l'été, grâce aux vents de la mousson, de pluies abondantes qui ont permis le développement de l'agriculture. La cause de ce phénomène est une vaste dépression atmosphérique qui se forme en été sur l'Asie centrale, alors surchauffée. Cette zone de basses pressions, qui s'explique par la plus grande légèreté de l'air chaud, crée un important phénomène d'aspiration : les alizés de l'hémisphère Sud sont déviés vers l'hémisphère Nord. Ces vents ne pénètrent pas au cœur de l'Asie car ils se heurtent à de grandes barrières montagneuses, mais ils apportent beaucoup de pluie sur la façade sud et est du continent. ■

La mousson affecte tout le sud-est du continent asiatique.

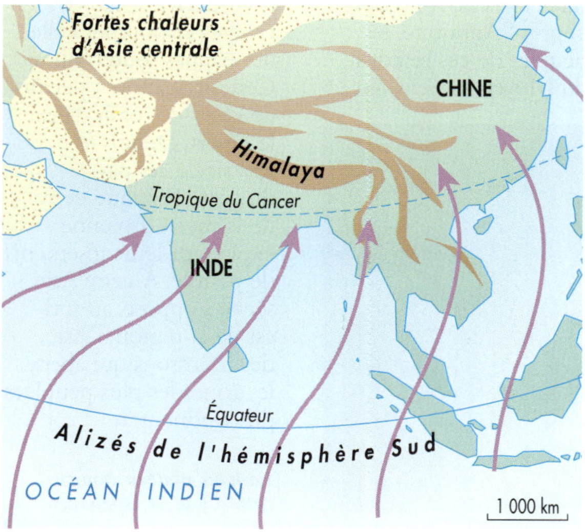

Le fort peuplement de l'Asie des moussons

Les pluies abondantes et régulières de la mousson d'été ont permis, depuis des millénaires, le développement de l'agriculture inondée ou irriguée en Asie, notamment la culture du riz – ou riziculture. Elles ont rendu possible le fort peuplement de la région. Aujourd'hui, plus de la moitié de la population mondiale vit dans l'Asie des moussons, surtout en Inde et en Chine, dans les vallées des grands fleuves et dans les plaines alluviales côtières. On explique cette concentration démographique par la conjonction de deux facteurs. D'une part, les récoltes abondantes de la riziculture permettent de nourrir une population importante. D'autre part, la riziculture nécessite une main-d'œuvre nombreuse et bien organisée pour entretenir digues et canaux et effectuer les travaux agricoles. En effet, outre les labours, les semailles et les récoltes, il faut souvent aplanir les champs et les entourer de petits murs de terre pour éviter que l'eau ne s'en écoule. Il faut encore repiquer les plants qui ont commencé à pousser en pépinière pendant la première récolte afin d'en obtenir une seconde. ■

La mousson peut aussi être meurtrière

Si la mousson est bénéfique quand elle arrive après la saison sèche, elle peut aussi entraîner de terribles inondations si les pluies sont trop abondantes. D'autre part, ces pluies entraînent souvent des glissements de terrain et s'accompagnent parfois de cyclones. En 1991, le sud du Bangladesh a été ravagé par un cyclone qui a tué plus de 120000 personnes. ■

Les inondations du delta commun au Gange et au Brahmapoutre, au Bangladesh.

Dico → **alizés • cyclone • mousson • riz • tropique**

Points clés L'Inde, un milliard d'hommes

4

À l'aube du XXIe siècle, l'Inde approche le milliard d'habitants, talonnant le pays le plus peuplé du monde, la Chine. La croissance de sa population a été considérable puisqu'elle a triplé depuis le milieu du XXe siècle.

Une croissance démographique considérable

Depuis son indépendance et sa séparation du Pakistan, en 1947, l'Union indienne a connu une telle croissance de sa population que l'on peut véritablement parler d'« explosion démographique » : de 1951 à 1998, la population est passée de 360 millions d'habitants à près de 1 milliard. Cette croissance s'explique par les progrès de la médecine et la multiplication des campagnes de vaccination, mais aussi par l'amélioration de l'alimentation et de l'hygiène. Ces circonstances ont entraîné une forte diminution de la mortalité, tandis que la natalité se maintenait à un niveau très élevé. Comme dans la plupart des autres pays en développement, le rythme de croissance de la population indienne commence à ralentir grâce à une baisse de la fécondité. Cette diminution est toutefois moins rapide que dans la plupart des pays du tiers monde. ■

L'hindouisme, religion dominante en Inde, coexiste difficilement avec d'importants foyers musulmans.

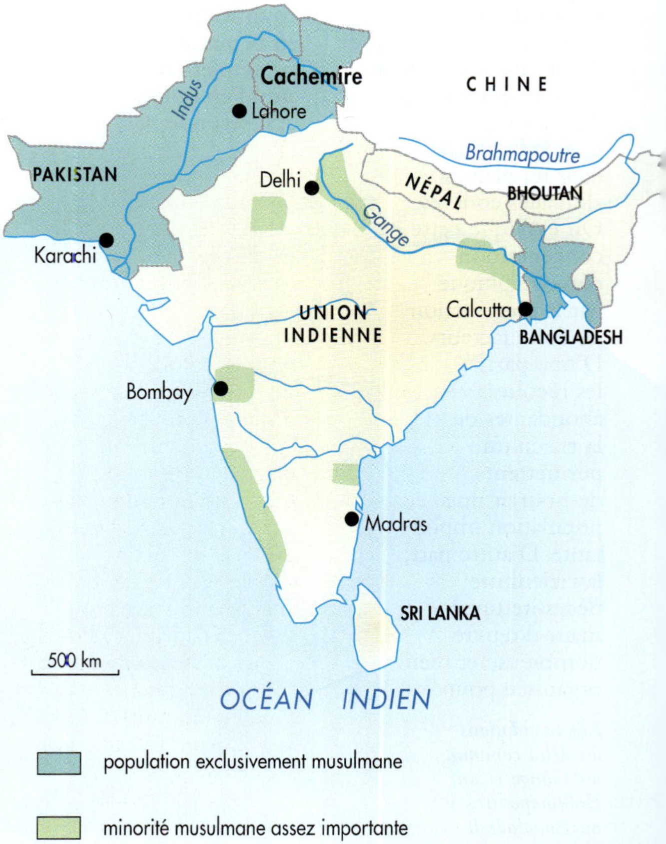

Les difficultés d'une politique de limitation des naissances

L'enjeu de cette politique démographique est considérable en termes d'équilibre alimentaire, mais aussi, de façon plus globale, en termes de développement et de niveau de vie pour l'ensemble des Indiens. Un bon tiers d'entre eux vit aujourd'hui encore dans une très grande pauvreté. Mais les idées de planning familial et de limitation des naissances sont mal perçues dans la population en raison des stérilisations forcées qui ont été tentées dans les années 1970. C'est pourquoi les autorités cherchent maintenant à développer d'autres méthodes, seulement incitatives, comme des campagnes d'affichage, qui misent davantage sur l'information et l'éducation, notamment celle des filles. Cette politique se heurte à de nombreux obstacles: la pauvreté, l'analphabétisme et le statut d'infériorité des femmes dans la société indienne. ■

Bombay compte près de 15 millions d'habitants.

La «partition» du sous-continent indien

Le grand triangle de 2 500 kilomètres de côté que forme l'Inde au sud de l'Himalaya et qui s'avance dans l'océan Indien est souvent appelé «sous-continent» par rapport à l'immense masse asiatique. En 1947, ce triangle qui formait un même empire depuis des siècles, y compris durant la colonisation britannique qui avait débuté au XVIIIe siècle, s'est trouvé divisé en trois États, au moment du retrait des Anglais. En effet, le sous-continent peuplé surtout d'hindouistes, mais aussi de musulmans a connu, à l'occasion de la décolonisation, de terribles massacres dus aux combats entre fidèles de ces deux religions. Un grand nombre de musulmans qui vivaient en Inde ont alors fui vers le nord-ouest et vers le nord-est où l'islam était déjà majoritaire. Ces deux territoires musulmans forment aujourd'hui le Pakistan (150 millions d'habitants) et le Bangladesh (120 millions d'habitants). Mais il reste encore de nombreux musulmans dans l'Union indienne (plus de 100 millions aujourd'hui). Les rapports entre Indiens et Pakistanais restent très tendus. Ces deux pays – qui sont des puissances nucléaires – se sont déjà fait trois fois la guerre. Le conflit principal porte sur la région du Cachemire, située dans l'Himalaya. Surtout peuplée de musulmans, elle a pourtant été annexée en 1947 par l'Union indienne qui ne veut pas la rendre au Pakistan. ■

Dico → **hindouisme • islam • planning familial • sous-continent**

Points clés

La civilisation indienne

5

Depuis des millénaires, l'Asie est un grand foyer de peuplement et de civilisations. Parmi celles-ci, la civilisation indienne se confond avec une grande religion, l'hindouisme. L'Inde a aussi été le berceau d'une autre religion moins ancienne, le bouddhisme (500 av. J.-C.). Celui-ci n'existe quasiment plus en Inde, alors qu'il s'est diffusé dans tout l'Extrême-Orient.

L'hindouisme, fondement de la civilisation indienne

Quatre-vingts pour cent des Indiens sont hindouistes. Cette religion polythéiste (plusieurs dieux) très ancienne est aussi un système de pensée et le fondement de la civilisation indienne, même si le pays est devenu une république laïque. L'hindouisme est également une vision de l'homme et de la société qui préside toujours aux rapports sociaux. Il est fondé sur le dharma – loi cosmique imposée à tous et devoir propre à chacun – qui détermine la place de chaque homme dans la société ainsi que ses relations avec les dieux et le cosmos. Il existe plusieurs formes d'hindouisme, avec des dogmes et des pratiques religieuses différentes, mais toutes ont en commun les mêmes croyances fondamentales : une divinité à la fois unique et plurielle, la réincarnation de l'homme après sa mort selon ses mérites, la hiérarchie des buts de l'homme et la quête d'une délivrance ultime. ■

Le temple hindouiste de Ranakpur, au Rajasthan.

Le système des castes

Les castes sont en principe des groupes professionnels héréditaires et hiérarchisés : on naît dans une caste, on s'y mariera et on exercera durant toute sa vie les fonctions particulières que celle-ci doit remplir dans l'intérêt des autres castes.
Avec son milliard d'habitants, l'Union indienne est le seul État au monde à ne pas se référer, dans les faits, au principe d'égalité des droits de l'homme.
Théoriquement abolies en 1950, les castes perdurent dans les faits et alimentent en partie la nationalisme hindou.

Les castes supérieures sont celles des brahmanes – les prêtres –, puis viennent celles des guerriers, des commerçants et des artisans. Au bas de la hiérarchie, les Intouchables sont chargés des tâches impures. Les noms des castes varient d'une partie du pays à l'autre. Mais il existe, dans différents États de l'Union, des mouvements de défense des intérêts conjoints des castes comparables, notamment celles des brahmanes. Ils sont souvent inspirés par le nationalisme hindou et rencontrent une réelle audience – le Bharatiya Janata Party (BJP), parti nationaliste hindou, dirige le pays. Les 20% d'Indiens non hindous se partagent entre plusieurs autres religions dont la plus représentée est l'islam que pratiquent 10% des Indiens (soit 100 millions de musulmans). ■

Les membres de la caste des intouchables effectuent les travaux pénibles.

La diversité linguistique

La langue dominante, l'hindi, est parlée dans le Nord par près de 500 millions de personnes. Le bengali (200 millions) est parlé dans le Nord-Est et surtout au Bangladesh. Dans le sud du pays, on parle tamoul. Si l'anglais resta la langue de communication nationale en raison du passé colonial du pays, l'hindi devint, lors de l'indépendance du pays, en 1947, la seule langue officielle de l'Union indienne. Cette langue est parlée dans les États du Nord qui forment l'*hindi belt* – la « ceinture de l'hindi ».
Ce choix entraîna une forte réaction des autres États de l'Union contre l'hégémonie linguistique des États du Nord.
Le gouvernement dut reculer. De nouvelles lois officialisèrent le maintien de l'usage de l'anglais, tandis qu'entre 1953 et 1976 fut opéré un redécoupage de l'Inde en États linguistiques. Cependant, l'hindi continua à développer son influence dans toute l'Union par l'intermédiaire des médias publics – télévision – et privés – cinéma commercial produit dans les studios de Bombay. ■

Dico → caste • hindouisme • islam

L'inégalité entre les hommes et les femmes

En Inde, le statut des hommes est déjà très inégal selon les castes auxquelles ils appartiennent. Mais, dans chacune des castes, le statut des femmes reste inférieur à celui des hommes. Idéalisée par la mythologie et la poésie, sacrée dans les rites hindous, la femme indienne connaît à tous les âges des conditions de vie difficiles, surtout dans les États les plus conservateurs.

Dans la mythologie hindoue, Durga, épouse de Shiva, incarne l'énergie féminine. C'est une féroce guerrière qui terrasse ici le démon buffle.

Un statut inférieur

Dès leur naissance, les garçons sont préférés aux filles, notamment parce qu'ils resteront auprès de leurs parents alors que les filles partiront dans la famille de leur mari. De surcroît, les parents d'une fille doivent verser une dot souvent ruineuse. Ceci explique que les filles soient perçues comme une charge. Elles sont moins nourries, moins soignées et moins scolarisées que leurs frères. Enfin, ce sont les garçons qui subviennent aux besoins de leurs parents âgés. Et seuls les garçons peuvent leur rendre les rites funéraires (incinération). ■

La femme, sacrée et victime

Pourtant, dans la pensée hindoue, la femme est sacrée, détentrice du secret de la vie et garante de l'ordre matériel et moral de la maisonnée. Son quotidien n'en est pas moins d'une grande dureté, à tous les âges de la vie. Les filles sont même souvent victimes d'infanticide, notamment

Les préparatifs d'un somptueux mariage, à Bombay.

dans les États les plus conservateurs comme le Rajasthan ou le Tamil Nadu. On y considère que la venue d'une fille supplémentaire entraînerait trop de frais, notamment le versement d'une dot. La grand-mère est alors souvent chargée d'éliminer le bébé indésirable par étouffement – obtenu en introduisant un grain de riz dans la trachée – ou par empoisonnement, à l'aide d'une décoction de plantes toxiques.
Il en est de même en Chine : l'État interdisant aux couples d'avoir plus d'un enfant (exceptionnellement deux), on préfère éliminer les bébés de sexe féminin.
En Inde comme en Chine se développe, tout au moins dans les familles aisées, la pratique de l'échographie pour connaître le sexe du fœtus et l'éliminer s'il est féminin. Cette politique entraîne, dans ces États, un déséquilibre entre les populations masculine et féminine. Ainsi, dans l'Uttar Pradesh, l'État le plus peuplé du pays, on compte moins de 900 femmes pour 1 000 hommes. ■

Une discrimination omniprésente

Cette discrimination entre les hommes et les femmes est donc omniprésente à tous les âges de la vie. Ainsi, les sages-femmes sont-elles payées dix fois plus après avoir mis au monde un garçon que lorsqu'il s'agit d'une fille.
On note une surmortalité infantile féminine due aux mauvais traitements infligés aux filles.
À l'heure d'être mère, la femme indienne se trouve là encore pénalisée. La mortalité en couche, qui atteint 5 %, est l'une des plus élevées au monde.
Elle s'explique par des grossesses répétées et souvent précoces chez des femmes anémiées et fragilisées par un travail éreintant aux champs et dans la maison. Enfin, les « accidents » domestiques sont fréquents.
Il s'agit en réalité d'assassinats déguisés dont la justification peut être, par exemple, l'insuffisance de la dot et le désir d'épouser une autre femme qui apportera une nouvelle dot. ■

Dico → caste • hindouisme • mortalité

Points clés

5

Deux grands fleuves : l'Indus et le Gange

L'Indus et le Gange sont deux grands fleuves qui descendent de l'Himalaya et traversent, pour le premier, le Pakistan, et pour le second, le nord de l'Union indienne.

L'Indus, axe du Pakistan

L'Indus, fleuve long de 2735 kilomètres, prend sa source sur les hauts plateaux du Tibet. Après le piémont de l'Himalaya, il traverse les grandes plaines arides qui font aujourd'hui partie de l'État musulman du Pakistan. En 346 av. J.-C., c'est sur les rives de l'Indus que s'arrêtèrent Alexandre le Grand et son armée qui venaient de Grèce et avaient traversé l'actuel Iran (Perse) et l'actuel Afghanistan. À l'époque de la colonisation britannique, puis après l'indépendance, des travaux d'aménagement du fleuve, pour l'irrigation et la production d'énergie hydroélectrique grâce à la construction de barrages ont été engagés. ■

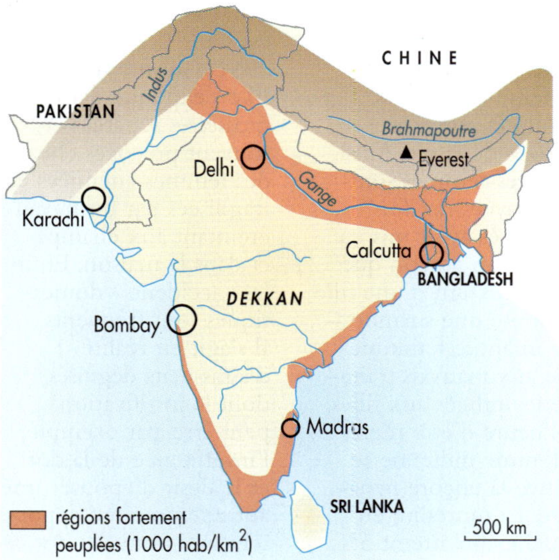

Le Gange, fleuve sacré des hindous

Le Gange s'écoule vers l'est sur 2427 kilomètres dans le couloir de plaines que domine l'Himalaya. Il rejoint le golfe du Bengale par un delta commun à un autre grand fleuve himalayen, le Brahmapoutre. Cet immense delta occupe le territoire d'un autre État musulman, le Bangladesh, de petite taille, mais extrêmement peuplé (120 millions d'habitants). La vallée du Gange, où vivent encore de nombreux musulmans, a formé longtemps un axe de pénétration et de conquête. Les Britanniques y fixèrent leur première capitale, d'abord à Calcutta puis à l'autre extrémité du pays en construisant l'actuelle capitale, New Delhi. Pour les hindous, le Gange est un fleuve sacré, une divinité à laquelle ils peuvent demander bénédiction ou pardon. Ils y prennent des bains, en prélèvent de l'eau et lui offrent des fleurs et de la nourriture. ■

Le grand plateau du Dekkan

Le Dekkan constitue la majeure partie du territoire de l'Inde (3,1 millions de km²). Il s'étend au sud des plaines que traverse le Gange. Alors que celles-ci sont très fortement peuplées en raison de la fertilité des sols alluviaux, le Dekkan présente des densités de peuplement beaucoup plus faibles, sauf dans ces zones côtières. Le Dekkan est formé de terrains anciens qui donnent des sols assez pauvres. Mais dans ses régions du nord-ouest, d'anciennes coulées de laves volcaniques donnent des sols fertiles. Bombay, sur la côte occidentale du Dekkan, est la principale ville de l'Inde ainsi qu'un important centre industriel. ■

Au Bangladesh, dans le delta commun au Gange et au Brahmapoutre, les crues provoquent de gigantesques inondations.

Les Indiens vivent en communion avec leur fleuve sacré, le Gange.

Dico → Dekkan • delta • plateau

Points clés

5

L'Asie des archipels, de l'Indonésie au Japon

L'extrémité orientale de l'Asie est bordée, dans l'océan Pacifique, par une guirlande d'archipels volcaniques, qui s'étendent de l'Indonésie, dans le sud, au Japon, dans le nord, en passant par les Philippines. Malgré des points communs comme la mousson, ces trois archipels sont très différents.

L'Indonésie, le plus grand État du monde musulman

L'Indonésie est un État très étendu, le plus grand archipel du monde. Il mesure 5000 kilomètres d'est en ouest et couvre une surface de plus de 1,9 millions de kilomètres carrés. Il est composé de milliers d'îles dont les principales sont Java, Sumatra, Sulawesi (les Célèbes) et Kalimantan (la partie indonésienne de Bornéo). C'est aussi l'un des États les plus peuplés du monde, avec 205 millions d'habitants en 1998, ce qui le place au cinquième rang mondial. Devenue indépendante en 1945 après avoir été une colonie hollandaise, l'Indonésie est un pays en développement qui a connu de rapides progrès économiques dans les dernières décennies, grâce à ses ressources énergétiques et minières dont le Japon est le principal acheteur. Depuis 1997, l'Indonésie connaît, comme tout le Sud-Est asiatique, une grave crise économique qui se double ici d'une crise politique. L'Indonésie est le plus grand pays musulman du monde. L'islam qui y est pratiqué est original, moderne et relativement tolérant. ■

Les trois archipels asiatiques, japonais, philippin et indonésien.

Points clés

La ville de Tokyo, capitale du Japon.

Le Japon, géant économique de l'Asie

Le pays du Soleil-Levant est un archipel formé de près de sept mille îles dont les quatre principales sont, du nord au sud, Hokkaido, Honshu, Shikoku et Kyushu. Son territoire est formé essentiellement de montagnes volcaniques bordées par de petites plaines côtières. Le Japon est pauvre en ressources énergétiques et minières. La mousson a favorisé la culture du riz dans le Sud; en revanche, elle n'atteint pas le nord du pays où l'on cultive le blé. Le Japon constitue un État très ancien, parmi les plus vieux du monde, qui a connu un très fort développement économique depuis la fin du XIXe siècle. C'est aujourd'hui la deuxième puissance économique mondiale derrière les États-Unis, en dépit de la crise asiatique qui frappe aussi le Japon. Géant économique, le Japon reste un nain politique depuis sa défaite devant les États-Unis à la fin de la Seconde Guerre mondiale; ses forces armées sont strictement contrôlées. ■

Les Philippines et l'héritage colonial

Les Philippines semblent être le moins asiatique des États de la région, tant y a été forte l'influence du colonisateur espagnol qui lui a donné son nom – en l'honneur du roi Philippe II – et, plus encore, des États-Unis dans la première moitié du XXe siècle. Victime d'un morcellement territorial exceptionnel – son territoire compte plus de sept mille îles –, d'une grande vulnérabilité face aux catastrophes naturelles, c'est aussi un pays qui souffre de retards importants sur les plans politique et économique, ainsi que d'une forte corruption des élites. L'héritage colonial y est encore très perceptible, par l'importance de la langue anglaise, de la religion catholique et des structures agraires inégalitaires que l'État tente de réformer. ■

Dico → archipel • islam • mousson

Points clés

5

Le problème de la sécurité et des risques naturels

Les populations asiatiques sont confrontées à des risques naturels particulièrement importants comme les inondations, les séismes, les éruptions volcaniques et les typhons.

Des soldats chinois élèvent une digue avec des sacs de sable pour tenter de contenir les crues dans le Hubei.

Des risques importants

En raison des pluies violentes de la mousson qui dévalent des hautes montagnes, l'Asie du Sud et du Sud-Est est exposée à d'importants risques de catastrophes telles que les inondations. De surcroît, les cyclones se lancent à l'assaut des côtes depuis le Pacifique ou l'océan Indien. Ils sont particulièrement dangereux sur le delta du Gange et du Brahmapoutre. Par ailleurs, l'est et le sud-est du continent asiatique sont une des parties du monde les plus exposées aux risques de séismes et d'éruptions volcaniques car plusieurs plaques de l'écorce terrestre se heurtent les unes aux autres dans cette région. Comme l'Asie est le plus peuplé des continents et que ces catastrophes frappent la partie la plus densément peuplée, dans le Sud et le Sud-Est, les bilans humains et matériels sont souvent très lourds. ■

Les inondations en Chine

Durant l'été 1998, les fleuves de Chine ont connu des crues très importantes, surtout le Yang Tse Kiang, causant des dégâts considérables, et des victimes dont le nombre a certainement été volontairement sous-évalué par les autorités chinoises. Celles-ci ont pris la décision de détruire des digues de façon que la crue se déverse sur les campagnes et n'atteigne pas les grandes villes. Cette question des inondations est d'autant plus sensible que la Chine a entrepris depuis des années des chantiers colossaux pour construire des barrages sur le fleuve Jaune et sur le Yang Tse Kiang. Mais les écologistes chinois, qui commencent à s'exprimer, se demandent dans quelle mesure ce ne sont pas ces travaux qui ont entraîné les inondations, en diminuant la vigilance et les moyens nécessaires à l'entretien des digues. ■

Partout sous les tropiques, les ouragans font des dégâts.

Les séismes au Japon

L'archipel japonais se trouve à la limite entre deux plaques de l'écorce terrestre : la plaque pacifique et la plaque eurasiatique. Cela entraîne de graves tremblements de terre comme celui de 1923 qui détruisit Tokyo – la rupture des canalisations de gaz avait, de plus, provoqué d'énormes incendies. Plus récemment, le tremblements de terre de Kobé, en janvier 1995, a été vécu par les Japonais comme la plus grave catastrophe endurée par le pays depuis la Seconde Guerre mondiale. Ce séisme a montré l'insuffisance des constructions antisismiques qui devaient en principe résister à de très fortes secousses. Elles ont été en grande partie détruites par des secousses d'assez faible intensité, alors que les Japonais vivaient dans le « mythe de la sécurité », c'est-à-dire dans la croyance que, grâce à son avancée technologique et à son développement économique, l'archipel avait réglé ce problème. Ils pensaient avoir construit les routes et les immeubles les plus solides du monde ; or ceux-ci se sont écroulés en quelques secondes, causant 5 074 morts, une soixantaine de disparus et des centaines de milliards de francs de dégâts. De même, les systèmes d'alerte et d'organisation des secours se sont révélés peu efficaces. ■

Le tremblement de terre de Kobé, en 1995.

Dico → **crue • inondation • risque naturel • séisme**

Le Moyen-Orient

5

Si l'expression «Extrême-Orient» désigne, pour les Européens, les pays d'Asie les plus éloignés, le terme de «Moyen-Orient» est, toujours pour les Européens, une façon de dénommer des pays qui ne sont pas trop éloignés de l'Europe. Ils s'étendent de l'est de la Méditerranée à l'océan Indien, les Indes se trouvant entre le Moyen et l'Extrême-Orient.

Le centre du monde musulman

C'est au Moyen-Orient que se trouve ce que l'on peut appeler le centre historique de l'islam. En effet, La Mecque et Médine, les deux villes saintes de l'islam, sont situées près des côtes de la mer Rouge. C'est d'Arabie qu'est partie, au VIIe siècle, la conquête arabe qui a propagé la religion musulmane et la langue arabe. Si la majorité des peuples qui parlent l'arabe habitent le Moyen-Orient – notamment l'Égypte, le plus peuplé des pays arabes –, en revanche, tous les peuples du Moyen-Orient ne parlent pas l'arabe: c'est le cas des Turcs, qui parlent le turc, et des Iraniens, qui parlent le persan. ■

Une grande partie des ressources pétrolières mondiales

Entre la «plaque» que constitue l'Arabie et les montagnes d'Iran s'étend, sur quelque 2500 kilomètres, une longue dépression. Celle-ci englobe, vers le nord-ouest, la Mésopotamie et, vers le sud-est, le golfe Persique, nommé ainsi car des populations parlant le persan habitent sur ses deux rives, y compris sur les côtes orientales de l'Arabie saoudite. C'est dans cette longue dépression qu'est concentrée la plus grande partie des ressources pétrolières mondiales. On les a découvertes il y a plus d'un siècle sur la côte iranienne, mais c'est

La langue dominante est l'arabe, mais on parle le persan en Iran.

Ruines romaines dans la plaine de la Bekaa, au Liban.

au XXe siècle que l'« or noir » a réellement été exploité en Irak, en Arabie saoudite, au Koweït et dans ces nombreux petits États qui bordent le golfe Persique, les Émirats arabes unis. Cette richesse a suscité bien des convoitises, non seulement entre les compagnies pétrolières anglaises, françaises, américaines, mais surtout, de nos jours, entre les différents États de la région. Ainsi, en 1990, l'Irak a envahi le Koweït, déclenchant la guerre du Golfe. Depuis sa défaite, un an plus tard, l'Irak est soumis à un blocus économique rigoureux de la part de l'ONU. ■

Le conflit israélo-arabe

Le pétrole n'est pas la seule source de tension dans la région, comme en témoigne le conflit israélo-arabe. En 1948, après l'abandon par le Royaume-Uni de son mandat sur la Palestine et le vote par l'ONU d'un plan de partage du pays entre deux États, un juif et un arabe, les Juifs proclament l'État d'Israël. Cet acte unilatéral déclenche une première guerre avec les États arabes de la région. Voulant recréer l'antique royaume des Hébreux, les Juifs en chassent les Arabes palestiniens et agrandissent leur territoire au gré de leurs victoires militaires successives en 1956, en 1967 (guerre des Six-Jours) et en 1973 (guerre du Kippour). L'armée israélienne occupe notamment les territoires arabes de Cisjordanie et de Gaza, ce qui provoque des tensions permanentes avec de jeunes Palestiniens. Les violences sont particulièrement meurtrières durant l'Intifada – la « guerre des pierres » – à partir de 1987. En 1991, la conférence de Madrid instaure un processus de paix qui aboutit, en 1993, aux accords d'Oslo. Ceux-ci énoncent le principe de l'autonomie palestinienne dans une partie des territoires occupés au terme du retrait progressif des troupes israéliennes. ■

Dico → **arabe • dépression • islam • Palestine • pétrole**

Points clés

La Chine : plus d'un milliard d'habitants

5

Les dirigeants communistes chinois se sont inquiétés quand leur pays a atteint le seuil du milliard d'habitants. En 1979, ils ont mis en place une politique autoritaire de limitation des naissances. Cette politique coercitive fait aujourd'hui sentir ses effets pervers.

Le pays le plus peuplé du monde

Avec 1,25 milliard d'habitants, la Chine est le pays le plus peuplé du monde. La masse de la population (90%) est constituée par l'ethnie han. Ces «vrais» Chinois, pourrait-on dire, ceux qui écrivent en idéogrammes une langue commune, le mandarin, qu'ils prononcent toutefois différemment selon les régions. La plupart des Hans habitent les provinces orientales proches du Pacifique. La Chine compte également 55 minorités – soit 100 millions de personnes –, dont les cultures sont très variées. L'indice de fécondité est aujourd'hui inférieur à 2 enfants par femme, même si certaines minorités, comme les Ouïgours musulmans du Kinjiang, dans l'ouest du pays, sont plus prolifiques, avec encore près de 5 enfants par femme. Les minorités ont en effet échappé à la politique coercitive de limitation des naissances mise en place depuis 1979, qui touche donc principalement les Hans. ■

Le peuplement de la Chine varie beaucoup entre l'est et l'ouest, entre les plaines et les déserts ou les montagnes.

Indices démographiques

Taux de natalité : 17‰ *(24‰)*.
Indice de fécondité : 1,8 enfant par femme *(3)*.
Taux de mortalité : 7‰ *(9‰)*.
Taux de mortalité infantile : 31‰ *(59‰)*.
(1997 ; *entre parenthèses, la moyenne mondiale.*)

Shanghai est la plus grande ville de Chine, avec près de 15 millions d'habitants.

La politique de l'enfant unique

Dans les années 1960, la Chine a connu une croissance démographique rapide. Après une première campagne lancée en 1971, la loi dite de l'enfant unique est promulguée en 1979, alors que la population chinoise est sur le point d'atteindre le seuil du milliard d'habitants. Depuis cette date, les Chinois n'ont, en théorie, droit qu'à un enfant par couple. En réalité, cette loi n'est appliquée à la lettre que pour les Chinois de l'ethnie han qui résident en ville. Les ruraux ont obtenu en 1984 le droit d'avoir un second enfant si le premier-né est une fille. Des avantages sont consentis à ceux qui appliquent ces directives, tandis que des sanctions punissent ceux qui les transgressent: amendes, séparations des couples, parfois avortements et stérilisations forcés, voire, dans les années 1980, élimination du nouveau-né. ■

Les effets pervers de cette politique

Si cette politique doit permettre la stabilisation de la population chinoise autour de 1,5 milliard d'habitants au milieu du XXIe siècle, elle a aussi des effets pervers. Outre l'apparition d'« enfants-rois » dans les villes, elle a entraîné un sous-enregistrement des naissances, par dissimulation ou falsification. On estime ainsi à environ 100 millions le nombre de Chinois aujourd'hui sans identité officielle pour ces raisons. La loi a également entraîné un déséquilibre hommes-femmes dans la population. En effet, les Chinois préfèrent traditionnellement avoir des garçons, d'autant plus qu'en l'absence d'un système de retraite généralisé ce sont eux qui veillent sur les vieux jours de leurs parents. Plusieurs pratiques se sont développées pour avoir un garçon à coup sûr chez les gens riches – échographie et avortement si le fœtus est de sexe féminin – comme chez les gens pauvres – infanticide ou abandon des fillettes à leur naissance, mauvais traitements entraînant une surmortalité des filles avant l'âge de 5 ans. Le marché matrimonial est déséquilibré et va continuer à l'être. À l'âge du mariage, les femmes sont trop peu nombreuses par rapport aux hommes. ■

Dico → accroissement démographique • fécondité • minorité

Points clés

5

La Chine : une très grande civilisation

Les habitants de l'empire du Milieu se sont longtemps considérés comme au centre des choses, au milieu du monde. L'agriculture intensive, l'écriture en idéogrammes et une philosophie – le confucianisme – sont les fondements essentiels de cette civilisation très ancienne.

La culture du riz occupe une grande partie de l'importante population paysanne de Chine.

L'agriculture intensive

Les Chinois ont développé, dans l'est du pays, une des régions les plus anciennement peuplées et cultivées du globe, une agriculture très intensive, c'est-à-dire qui cherche à obtenir la production la plus importante possible sur une surface donnée. Cette agriculture est déterminée par le rythme de la mousson et par de fortes densités de population dans les vallées des grands fleuves comme le Huang Ho au nord, le Yang Tse Kiang au sud ou la rivière des Perles à l'extrême sud. Malgré la mise en place du contrôle des campagnes par l'État communiste depuis 1949 et les expériences de collectivisation totale comme celle des communes populaires à la fin des années 1950, la vie rurale qui est celle de 7 Chinois sur 10 est restée organisée autour du groupe familial et centrée sur les anciens bourgs-marchés. Aujourd'hui, la collectivisation est de fait abandonnée, même si l'État reste théoriquement propriétaire du sol au nom de la collectivité. ■

L'intérieur du palais de la Pureté céleste, dans la Cité interdite, à Pékin.

Un empire très ancien

Depuis des millénaires, l'État et l'administration jouent un rôle essentiel dans la vie des habitants de la Chine. L'empire chinois, qui a commencé à s'organiser il y a quelque 5000 ans, est presque aussi ancien que celui des pharaons d'Égypte, mais ceux-ci ont disparu il y a plus de 2000 ans. La Chine, tout en connaissant plusieurs dynasties, a conservé une forme impériale jusqu'au début du XXe siècle. Le régime communiste qui s'est mis en place en 1949 ressemble, à bien des égards, aux anciens régimes impériaux, notamment en raison de la puissance de son administration. Les lettrés qui en constituaient autrefois les rouages sont simplement devenus aujourd'hui communistes. Grâce à la puissance de cette administration, la civilisation chinoise s'est progressivement étendue depuis le nord jusqu'au sud de l'immense Chine. ■

Un peuple de bâtisseurs

Une même écriture, les idéogrammes, permettait que l'on comprenne les ordres du pouvoir central dans l'ensemble de l'empire. Dans chacune de ses 18 provinces, l'administration tenait un compte précis du nombre des habitants afin de leur faire payer l'impôt et de les mobiliser dans la réalisation de grands travaux hydrauliques : construction et entretien de milliers de kilomètres de canaux et de digues. L'extension des surfaces cultivées est, depuis des millénaires, la tâche prioritaire et la fierté de l'empire chinois. ■

Le confucianisme ou le respect de l'autorité légitime

Confucius (571-479 av. J.-C.) a édicté une morale reposant sur des conseils pratiques, transmis à ses disciples qui les publièrent sous le titre d'*Analectes.*
Le confucianisme, plus largement, est une philosophie politique et pratique qui prône la soumission de l'individu à l'ordre existant, qu'il s'agisse de la famille, de la société ou du souverain, et préconise une existence réglée, dans la recherche du bien, Cette morale continue d'imprégner la civilisation chinoise, même si elle est aujourd'hui en partie contestée.

Dico → administration • confucianisme • empire • mousson

Points clés

Chine du Nord et Chine du Sud

5

L'essentiel de la population chinoise est massée dans la partie orientale du pays. Le pays présente également un grand contraste entre le Nord et le Sud. Depuis 1980, l'État mise surtout sur l'ouverture des régions côtières à l'économie de marché, alors que l'intérieur du pays est encore très pauvre.

La Chine, un pays immense aux contrastes variés.

La Chine du Nord : une grande plaine, des hivers froids

Deux sous-ensembles se distinguent nettement en Chine du Nord. Au nord-ouest, des steppes, au nord-est dans la plaine et sur les plateaux recouverts de lœss, s'est développée la culture de céréales de région tempérée comme le blé et le millet. Les hivers peuvent y être très rigoureux. La grande plaine du Nord est formée par les alluvions transportées par le grand fleuve Huang Ho qui est surnommé le Fleuve jaune en raison de la couleur des sédiments qu'il charrie.
Ses inondations peuvent être terribles. Les deux grandes villes de la Chine du Nord sont la capitale, Pékin (10 millions d'habitants), et le port de Tianjin. ■

La Chine tropicale : des vallées, des milliers de collines

Dans le sud-est de la Chine se pratique la riziculture intensive, plus encore que dans le nord du pays. Dans ces régions subtropicales, les hivers ne sont pas froids, et il est possible de faire deux, voire trois récoltes par an. Les densités de population sont très élevées dans ces plaines cultivées, surtout au sud du Yang Tse Kiang où elles peuvent atteindre plus de 1 000 habitants au kilomètre carré.
La Chine du Sud est la région la plus riche et la mieux équipée du pays. On y trouve trois grandes villes : Shanghai, à l'embouchure du Yang Tse Kiang, Canton et Hong Kong, ancienne colonie britannique restituée à la Chine en 1997. ■

Un littoral en plein essor, un arrière-pays très pauvre

Après l'installation des Européens dans plusieurs villes littorales, à la fin du XIXe siècle, un développement commercial et industriel s'était ébauché dans les grands ports côtiers. La Chine communiste a tout d'abord privilégié l'essor des régions intérieures. Toutefois, au début des années 1980, les autorités ont mis en place une nouvelle politique économique qui a consisté à promouvoir l'ouverture économique partielle du pays par sa façade orientale. Sur ce littoral en plein essor économique se trouvent les grandes villes, de plus en plus ouvertes aux investissements et aux influences occidentales. La plus grande partie de la Chine, l'intérieur du pays, est encore très pauvre. Le nord-ouest du pays, la Mongolie et les régions musulmanes du Xinjiang, sont constitués d'un ensemble de steppes et de déserts où le gouvernement cherche à implanter de nombreux Chinois. ■

L'intérieur de la Chine demeure principalement rural.

Le contraste est vif entre la Chine de l'intérieur, économiquement attardée, et les grands ports de la côte est, ouverts aux influences occidentales.

Dico → **alluvions • densité • investissement • lœss • riziculture • steppe**

Points clés

5

Comparaison de l'Inde et de la Chine

L'Inde et la Chine sont les deux pays les plus peuplés de l'Asie et du monde, avec 1,25 milliard d'habitants en Chine et près de 1 milliard en Inde. Au-delà de leur poids démographique, ces deux États en développement sont-ils comparables?

La Chine reste un pays où la consommation est peu développée.

Deux civilisations anciennes mais différentes

En Chine, le pays a été très anciennement unifié dans le cadre d'un puissant empire caractérisé, notamment, par un système unique d'écriture et une conception laïque de l'État. La Chine n'a jamais été colonisée, même si des commerçants européens se sont installés sur ses côtes à la fin du XIXe siècle. L'Inde, à l'inverse, est restée longtemps divisée en de nombreux royaumes. Aujourd'hui encore, la diversité des langues et des religions reste très forte entre les régions. L'hindouisme occupe un rôle très important dans le fonctionnement de la société indienne, notamment par le biais du système des castes. Enfin, l'Inde est devenue une colonie britannique au XVIIIe siècle. Elle a accédé à l'indépendance en 1947, date de son unification politique. ■

Une démocratie et un État autoritaire

Depuis son indépendance, l'Inde est une démocratie parlementaire, une république fédérale et laïque où les principes constitutionnels sont respectés. Les élections y sont libres. Toutefois, l'hostilité entre hindous et musulmans suscite des troubles réguliers. D'autre part, les inégalités sociales y restent très importantes. La Chine est, elle aussi, une république – une république populaire – où les communistes ont pris le pouvoir en 1949 et mis en place un État socialiste autoritaire. Après la mort de Mao Zedong (1976), le pays a connu d'importantes réformes économiques, inaugurant une «voie chinoise» vers le capitalisme. On a pu croire que ces réformes

La ville industrielle chinoise de Shenzen, proche de Hong Kong.

économiques entraîneraient une libéralisation politique du régime. La terrible répression du «printemps de Pékin», en 1989, et la poursuite d'une politique de répression à l'encontre des dissidents ont prouvé qu'il n'en était rien. ■

Des choix économiques différents

Certains secteurs de haute technologie, comme l'informatique, se développent en Inde.

Depuis l'arrivée au pouvoir des communistes, en 1949, la Chine a connu plusieurs politiques économiques très différentes. Le régime communiste a tout d'abord imposé la collectivisation des terres dans le cadre des communes populaires. Il est toutefois revenu sur ses positions, par la suite, autorisant de nouveau les exploitations familiales. Depuis 1978, la Chine a abandonné la collectivisation et s'est ouverte au capitalisme dans le cadre de ce que les autorités appellent l'«économie socialiste de marché».
En Inde, les choix économiques ont été moins radicaux. L'industrialisation a été stimulée par l'État qui est à la tête d'un vaste secteur public. Un secteur privé a toutefois été maintenu. La réforme agraire n'a toujours pas été appliquée et il reste de très nombreux paysans sans terre. Depuis quelques années, l'État encourage davantage le secteur privé ainsi que les investissements étrangers. ■

Dico → caste • colonisation • fédération • hindouisme • réforme agraire

Points clés 5

Les Amériques : pourquoi ce pluriel?

Le continent américain est formé de deux grands ensembles, l'Amérique du Nord et l'Amérique du Sud. Ces deux plaques continentales sont reliées par un isthme qui forme l'Amérique centrale. De fortes différences historiques, culturelles, politiques et économiques séparent l'Amérique du Nord de l'Amérique latine. L'archipel des Antilles sépare l'Atlantique de la mer des Caraïbes.

La Bourse de Wall Street, à New York, symbole de la puissance des États-Unis.

L'Amérique du Nord

L'Amérique du Nord regroupe deux vastes pays : les États-Unis et le Canada. Leurs populations d'origine étaient probablement venues d'Asie à la fin de la préhistoire. Ces terres ont été découvertes par les Anglais et les Français, au XVIe siècle, puis colonisées. La colonisation britannique s'est imposée dans la quasi-totalité de ces territoires qui ont été peuplés par des vagues successives d'immigrants venus d'Europe. La religion protestante qui dominait chez les colons s'y est implantée. En 1776, les États-Unis ont proclamé leur indépendance. Au XIXe siècle s'est achevée la conquête du pays, de l'Atlantique au Pacifique, et a débuté l'essor industriel d'un État qui est aujourd'hui devenu la première puissance économique mondiale. ■

L'Amérique latine : l'Amérique centrale et l'Amérique du Sud

Du Rio Grande à la Terre de Feu s'étend l'Amérique latine, ainsi désignée car cette partie du continent fut conquise par des Espagnols et des Portugais. Le Portugal et l'Espagne se sont ensuite partagé ces espaces. Le premier a hérité de ce qui deviendra le Brésil, la seconde du reste des territoires. Les populations dénommées « indiennes » – Mayas, Aztèques, Incas – ont tout d'abord été utilisées comme main-d'œuvre dans les plantations de produits tropicaux et dans les mines d'or et d'argent, mais ces populations ont vite été décimées par les mauvais traitements et des épidémies. Les colons ont alors fait appel à des

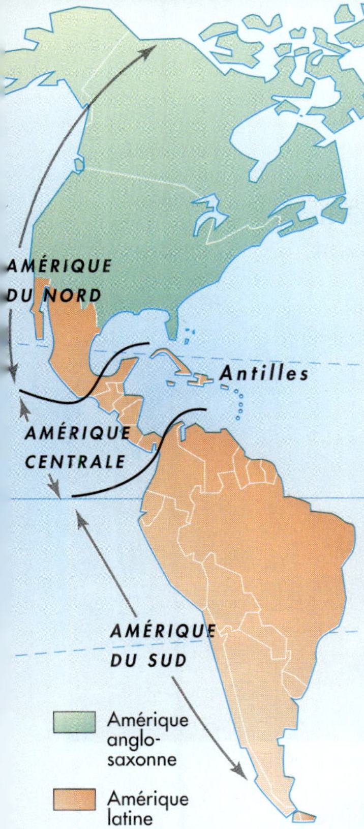

La division physique correspond à des différences économiques et culturelles.

esclaves noirs venus d'Afrique. Au XIXe siècle, une importante vague d'immigration a amené de nouveaux habitants originaires surtout du sud de l'Europe.
Les pays d'Amérique latine ont obtenu leur indépendance au début du XIXe siècle, mais ils n'ont pas connu l'essor économique des pays d'Amérique du Nord. ■

Points clés

De forts contrastes entre le Nord et le Sud

L'Amérique du Nord et l'Amérique du Sud s'opposent tout d'abord par leur niveau de développement. Les États-Unis et le Canada font partie des pays les plus riches du monde, alors que l'Amérique latine est composée de pays en développement, même si certains d'entre eux comme le Brésil, l'Argentine, le Chili ou le Mexique ont réussi leur décollage économique. Les différences sont ensuite ethniques et culturelles. L'Amérique du Nord est peuplée en majorité de Blancs anglophones et protestants désignés sous le diminutif de « Wasp » *(White Anglo-Saxon Protestant)*. Les populations d'Amérique latine sont très métissées, hispanophones ou lusophones ; leur religion dominante est le catholicisme. L'Amérique latine est divisée en 30 États de taille variable. Les États d'Amérique centrale et des Antilles ont une superficie réduite, tandis que le Brésil est l'un des plus vastes pays au monde. En Amérique du Nord s'étendent deux grands États, le Canada et les États-Unis. À la frontière des deux mondes, le Mexique appartient autant à l'Amérique du Nord qu'à l'Amérique latine. ■

Un marché au Chiapas, province du Mexique.

Dico → colonisation • développement • immigration • Indiens

Points clés

L'Amérique anglo-saxonne

5

L'Amérique du Nord a été peuplée en majorité par des Anglo-Saxons venus du nord-ouest de l'Europe. Le Canada, un grand espace peu densément peuplé, subit fortement l'influence de son puissant voisin, les États-Unis d'Amérique, la première puissance économique mondiale.

Le Canada, un espace quasiment vierge sur la plus grande partie de sa superficie.

Le Canada, un très vaste pays peu peuplé

Le Canada couvre près de 10 millions de kilomètres carrés – plus que les États-Unis –, soit presque le quart de la surface totale du continent américain. Mais le pays ne compte que 30 millions d'habitants. Ce chiffre peu élevé de la population s'explique par la rudesse du climat.
Sur la plus grande partie du territoire, dans le Nord, s'étend une vaste forêt qui fournit le bois destiné à fabriquer la pâte à papier. Les hommes se sont installés au sud, sur les rives des Grands Lacs, dans la vallée du fleuve Saint-Laurent, ainsi que dans la « prairie ».
Au XVIIIe siècle, le Canada a d'abord été colonisé par les Français puis par les Anglais qui se sont emparés de la province française du Québec.
Il subsiste toutefois au Canada une importante communauté francophone regroupée autour de Montréal, la plus grande ville du pays.
Le Canada produit du blé, du minerai de fer, de l'aluminium et du pétrole.
Les relations avec le Royaume-Uni demeurent importantes, mais les activités industrielles et tertiaires sont largement tournées vers les États-Unis avec lesquels le Canada entretient d'étroites relations économiques. Celles-ci se développent dans le cadre de l'Accord de libre-échange nord-américain (Alena) mis en place en 1994, qui associe les États-Unis, le Canada et le Mexique. ■

Les États-Unis d'Amérique

Les États-Unis constituent une fédération de 50 États. Étendus sur 9,3 millions de kilomètres carrés, ils comptent 270 millions d'habitants. La capitale fédérale est Washington, sur la côte Est, mais New York, plus au nord, est la ville la plus importante et le centre de l'économie mondiale. À l'origine, le pays était composé de 13 petites colonies britanniques implantées sur la côte atlantique. Ces colons ont proclamé leur indépendance en 1776 et l'ont obtenue en 1783, au terme d'une guerre d'indépendance contre l'Angleterre. Les Américains ont ensuite progressivement conquis tout le territoire situé entre les côtes Est et Ouest. Cette poussée vers l'ouest, vers la Californie et la côte de l'océan Pacifique s'est faite au détriment les Indiens qui ont été exterminés ou refoulés dans des réserves. Au fur et à mesure de cette conquête, de nouveaux États étaient créés. En 1867, l'Union a racheté à la Russie le vaste territoire de l'Alaska, au nord-ouest du Canada, dont le territoire se trouve en grande partie au nord du cercle polaire. En 1959, les îles Hawaii, situées au milieu de l'océan Pacifique, sont devenues le cinquantième État des États-Unis. L'essentiel de la population est formée d'immigrants venus d'abord d'Europe puis d'Afrique – les esclaves noirs. Aujourd'hui, les nouveaux arrivants viennent d'Amérique latine, mais aussi d'Asie. Si l'anglais, la langue des premiers immigrants, reste dominante, l'espagnol y est de plus en plus parlé. ■

La statue de la Liberté accueille les arrivants dans la rade de New York.

En 1939, des émigrés qui ont fui l'Allemagne contemplent Manhattan.

Dico → Alena • colonisation • immigration • Indien • prairie

Points clés

L'Amérique latine

5

L'Amérique latine est plus fragmentée que l'Amérique anglo-saxonne. Les États y sont nombreux et de tailles très différentes, comme en témoignent l'immense Brésil et les minuscules États des Antilles. Tous sont confrontés au problème du développement économique, d'autant plus que leur croissance démographique est pour la plupart encore rapide.

Usine Volkswagen à São Paulo, au Brésil.

Des États confrontés au problème du développement

L'Amérique latine, où l'on parle majoritairement portugais – au Brésil – et espagnol – dans les autres pays –, se compose d'une trentaine d'États avec les petits États insulaires des Caraïbes. L'ensemble compte environ 500 millions d'habitants. Les ressources naturelles n'y manquent pas. Ces pays exportent leurs produits agricoles – café, sucre, cacao, bananes, agrumes, viande, poissons et crustacés –, mais aussi leurs minerais – fer, cuivre, bauxite – ainsi que du pétrole. Mais l'essor des industries et des services y a été tardif, d'où un notable retard de développement. La majorité de la population a longtemps connu des conditions de vie difficiles – pauvreté, chômage, malnutrition, maladies, logement précaire, analphabétisme. Les diverses parties de la région présentent de grandes différences naturelles : l'archipel des Antilles connaît un climat tropical chaud et humide, alors qu'il fait froid sur les hautes terres de la cordillère des Andes. ■

La récolte du café par des ouvriers agricoles saisonniers, au Brésil.

Un sous-continent qui se transforme

Depuis les années 1960, l'Amérique latine connaît une croissance économique rapide. Les productions agricole et minière ont augmenté, tandis que se développaient les activités industrielles et les services. Toutefois, tous les pays n'ont pas également bénéficié de ces changements. En ont surtout profité les pays dits émergents dont le Brésil, l'Argentine, le Chili, le Mexique et, grâce au pétrole, le Venezuela. À l'intérieur de cet ensemble, les pays du cône sud (Chili, Uruguay, Argentine), avaient, quant à eux, amorcé ce décollage dès les années 1930. D'autre part, les activités économiques sont souvent contrôlées par des firmes étrangères, nord-américaines ou européennes. Cette croissance économique a entraîné des progrès sensibles pour la population : élévation du niveau de vie, alphabétisation, augmentation de l'espérance de vie, baisse de la mortalité infantile. ■

Des progrès fragiles

Le développement de l'économie n'a pas réglé tous les problèmes. Les inégalités sociales restent, en Amérique latine, parmi les plus fortes du monde. Ainsi, les terres sont accaparées par un petit nombre de grands propriétaires fonciers. La plupart des paysans, qui ne possèdent pas de terre, doivent se louer comme ouvriers agricoles et vivent dans la misère. De même, les entreprises sont tenues par quelques grands patrons ; les ouvriers ou les petits employés gagnent très peu. La classe moyenne demeure très minoritaire. De nombreuses personnes vivent encore dans une grande misère, comme les habitants des bidonvilles installés autour des grandes métropoles. La richesse reste accaparée par une petite minorité. La population augmente sans que s'opère un réel partage des bénéfices de la croissance. Enfin, la conjoncture mondiale est particulièrement préoccupante pour des économies largement tournées vers l'exportation : les prix des matières premières baissent et les investissements diminuent. ■

Plate-forme pétrolière au large de Macaraibo, au Venezuela.

Points clés 5

L'Amérique centrale, le Mexique et les Antilles

L'isthme qui relie l'Amérique du Nord à l'Amérique du Sud compte un pays émergent plus grand que les autres, le Mexique, et de nombreux petits pays qui traversent de graves difficultés politiques, économiques et sociales, tout comme ceux des archipels des Antilles.

Les petits États d'Amérique centrale et des Antilles

Le canal de Panama traverse l'isthme centro-américain.

L'Amérique centrale forme un isthme montagneux soumis à de fréquentes catastrophes naturelles: cyclones, tremblements de terre, éruptions volcaniques. Dans les sept petits pays de la région – Belize, Costa Rica, Guatemala, Honduras, Nicaragua, Salvador et Panama –, les populations amérindiennes vivent surtout dans les montagnes de la culture du maïs. Les plaines sont occupées par de grandes plantations de café ou de fruits tropicaux. Ce sont des pays pauvres où la majorité des habitants connaissent de grandes difficultés économiques et sociales. Les îles et archipels des Antilles rencontrent les mêmes problèmes, comme en Haïti par exemple, un des États les plus pauvres du monde. Les Antilles sont surtout peuplées de Noirs et de métis, descendants des esclaves africains qui travaillaient autrefois dans les plantations, et de créoles. Selon la nationalité de l'ancien colonisateur, on y parle espagnol, anglais, français ou néerlandais. ■

Cuba

Cuba est la plus grande île des Caraïbes. Colonie espagnole jusqu'en 1898, elle produit du sucre et fabrique des cigares. En 1960, Fidel Castro y a instauré un régime marxiste et s'est allié avec l'URSS. Cette décision a provoqué le blocus de l'île par les États-Unis. Aujourd'hui, le tourisme se développe avec les pays d'Europe et d'Amérique du Nord.

Le Mexique

Le Mexique est le plus grand des pays d'Amérique centrale, avec près de 2 millions de kilomètres carrés, et le plus peuplé, avec près de 100 millions d'habitants qui vivent surtout dans les hauts plateaux du centre. L'empire indien des Aztèques a été détruit au XVIe siècle par les conquistadores espagnols qui ont ensuite exploité les mines d'argent du pays en y faisant travailler les Indiens asservis. Les grands propriétaires ont accaparé les terres, mais les paysans se sont révoltés au début du XXe siècle, ce qui a entraîné une redistribution partielle de celles-ci. Indépendant depuis 1821, le Mexique a mené une politique d'autonomie économique et de modernisation. Si le Mexique obtient aujourd'hui de meilleurs résultats que ses voisins d'Amérique centrale, son indépendance économique est encore limitée. Fragilisée par la crise financière de 1994, l'économie mexicaine reste dépendante de celle des États-Unis, comme le montre l'Accord de libre-échange nord-américain (Alena) qui lie le pays aux États-Unis et au Canada. ■

« Maquiladoras »

Au Mexique, le long de la frontière avec les États-Unis, se multiplient les *maquiladoras*. Ce sont des usines d'assemblage installées par de grandes firmes des pays industrialisés pour bénéficier, dans des zones franches, d'une main-d'œuvre peu coûteuse et non syndiquée. Plus d'un million de personnes, surtout des femmes, travaillent aujourd'hui dans ces usines, dans des conditions souvent pénibles.

L'Amérique centrale appartient à une zone volcanique.

Points clés Le Brésil, le Nord et le Sud

5

Le Brésil, où l'on parle portugais, est le géant de l'Amérique du Sud. Il s'étend sur 8,5 millions de kilomètres carrés, couvrant à lui seul la moitié de la superficie de ce continent, et compte plus de 160 millions d'habitants. Il offre de grands contrastes économiques et sociaux.

Au nord-ouest, les fronts pionniers

L'Amazonie, au nord, et le Mato Grosso, à l'ouest, forment deux ensembles très étendus. Très riches en ressources minières, mais peu peuplés, et encore peu développés, ils couvrent 60% de la surface du pays. Depuis les années 1960, le gouvernement brésilien a fait de grands travaux d'aménagement pour exploiter leurs richesses et faire avancer les fronts pionniers. La forêt équatoriale amazonienne a ainsi été percée de routes transamazoniennes. L'objectif est double : tout d'abord exploiter les ressources abondantes – minerais, bois, eau –, mais aussi défricher de vastes étendues pour créer de grands domaines d'élevage. Ces aménagements posent plusieurs problèmes : concurrence pour les terres entre éleveurs et petits cultivateurs, déforestation et sort des populations indiennes autochtones. Dans les plateaux du Mato Grosso, les mêmes objectifs économiques sont poursuivis. Pour encourager le déplacement des habitants des régions très peuplées vers cette partie du pays qui est encore vide, une nouvelle capitale a été créée à Brasilia à partir de la fin des années 1950. ■

Géant de l'Amérique du Sud, le Brésil occupe la moitié de la superficie.

Le Nordeste

Au nord-est du Brésil se trouve la région la plus anciennement peuplée, qui a été mise en valeur par les planteurs européens et leurs esclaves. Le littoral chaud et humide permet la culture de la canne à sucre et celle du coton. L'intérieur du pays, le Sertão, est beaucoup plus sec, avec une végétation semi-aride. Faute d'irrigation, seul l'élevage extensif y est possible. C'est la région la plus pauvre du pays et l'une des plus peuplées, ce qui explique qu'elle connaisse une forte émigration interne. ■

Le Sud développé

Cette région est le centre de peuplement et d'activité du pays.
La côte atlantique est la partie la plus densément peuplée du pays.
Le développement économique s'y est fait progressivement, du nord vers le sud. Sur le plan agricole, la culture du café, sur les hauts plateaux, a fait la richesse de São Paulo, tandis que l'extrême sud au climat plus clément a pu développer une agriculture de régions tempérées : blé, vigne, élevage.
C'est dans le Sud que se trouve le cœur de l'activité économique du pays. Les industries et les services sont concentrés dans la région formée par les deux plus grandes agglomérations du pays : Rio de Janeiro, sur la côte (environ 10 millions d'habitants) et, dans l'intérieur des terres, São Paulo (environ 17 millions d'habitants). Ces deux mégapoles présentent de profondes inégalités, comme l'ensemble de la société brésilienne qui fait toutefois preuve d'une grande unité nationale. ■

Contraste, à São Paulo, entre les bidonvilles et les immeubles résidentiels.

Développement économique et démocratie

Les pays les plus pauvres abritent certes des gens riches, mais la plus grande partie de leur population connaît des conditions de vie très pénibles. Dans les pays les plus riches vivent aussi des pauvres, mais la grande majorité de leur population a de quoi se loger et se nourrir. Comment expliquer de telles inégalités?

La révolution industrielle en Europe et le rôle de la bourgeoisie

Au Moyen Âge, en Europe occidentale, le commerce a commencé à se développer grâce aux marchands. Dans les villes et les bourgs, une catégorie d'hommes nouveaux est apparue, celle des bourgeois. À la différence des serfs, les bourgeois étaient des hommes libres et, notamment, libres de faire du commerce.
Il y a deux siècles, en Angleterre notamment, certains bourgeois ont compris qu'ils pouvaient augmenter encore leurs profits en remplaçant la main-d'œuvre par des machines capables de produire en plus grande quantité. L'augmentation de la production et l'amélioration des transports ont transformé la société à un point tel que, par la suite, on a résumé ces progrès par l'expression «révolution industrielle». Mais l'époque a aussi connu de grands changements politiques qui ont permis ce développement économique. ■

C'est l'évolution des machines, notamment, qui a permis la révolution industrielle. Ici, un marteau-pilon en action en Angleterre, au début du XIXe siècle.

Un jardin villageois au Burkina.

La démocratie favorise le développement économique

Les producteurs n'augmentent leur offre de biens que s'ils estiment pouvoir vendre plus. Il faut pour cela que la demande augmente, c'est-à-dire que les consommateurs aient les moyens d'acheter plus. Au XIXe siècle, profitant des changements politiques et sociaux, les paysans les plus aisés ont commencé à consommer des produits de l'industrie. Avec le développement de l'activité économique, le travail s'est spécialisé. Parallèlement, les travailleurs se sont organisés en syndicats pour défendre leurs revendications. Mieux payés, ils ont pu augmenter leur consommation et les entreprises produire davantage. C'est ainsi que se sont progressivement réalisés le développement économique et le développement social. Aux États-Unis, le développement économique a été important et rapide. Au XIXe siècle, le pays recélait d'immenses espaces vierges.
Les immigrants venus d'Europe qui partaient vers l'ouest recevaient chacun gratuitement une grande étendue de terre cultivable qu'ils devaient mettre en valeur. Produisant beaucoup pour la population des villes en plein essor, ils consommaient également beaucoup, ce qui a favorisé un très rapide développement de l'industrie. ■

Les pays pauvres sont ceux où la démocratie s'est peu développée

En Amérique latine, où les terres sont accaparées par de grands propriétaires, les ouvriers agricoles sont encore très mal payés. Aussi ne consomment-ils guère, ce qui freine le développement des industries. En Afrique et en Asie, les colonisateurs européens, avec l'aide de notables indigènes, se sont emparés des ressources les plus rentables. La pauvreté des populations opprimées a empêché le développement économique. Cet obstacle n'a guère été levé depuis la fin de la colonisation. De grands pays européens comme la Russie connaissent aujourd'hui la misère, car le régime communiste qui avait autrefois éliminé les grands propriétaires a fait obstacle au développement de la démocratie. La fin de la « guerre froide » a provoqué l'arrêt des industries d'armement, concourant à accroître encore le chômage. ■

Dico → colonisation • communisme • consommation • production

4 L'Europe : les différents sens du mot « Europe »

Parmi les cinq grands continents, l'Europe présente une nette spécificité. De l'Antiquité à l'époque contemporaine, elle a fait l'objet de nombreux débats portant à la fois sur son organisation, son identité et ses limites territoriales. Cela est dû à sa géographie et à son histoire.

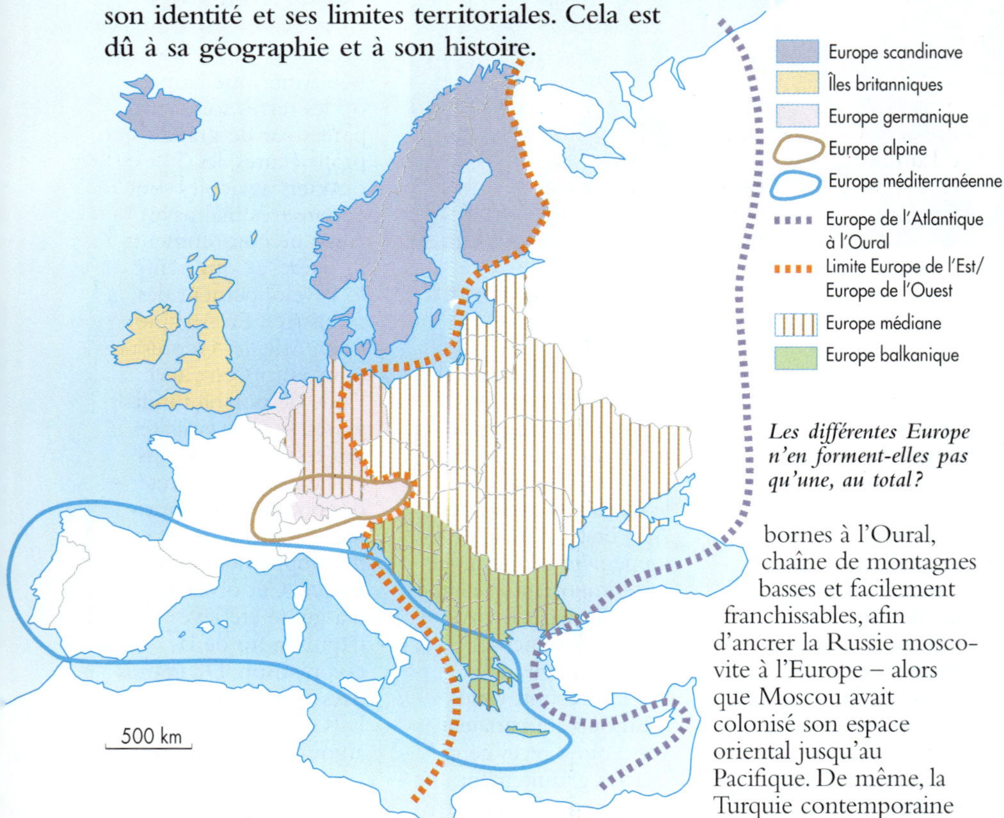

Les différentes Europe n'en forment-elles pas qu'une, au total?

L'Europe géographique : contenu et limites

Définie comme la partie occidentale et péninsulaire du continent eurasiatique, l'Europe présente des limites septentrionales, occidentales et méridionales claires car maritimes. Sa limite orientale est plus difficile à déterminer au sein de la masse continentale eurasiatique. Les géographes du tsar Pierre le Grand en fixaient les bornes à l'Oural, chaîne de montagnes basses et facilement franchissables, afin d'ancrer la Russie moscovite à l'Europe – alors que Moscou avait colonisé son espace oriental jusqu'au Pacifique. De même, la Turquie contemporaine justifie son appartenance européenne et sa candidature à l'Union européenne par la possession d'un petit territoire à l'ouest des détroits – Bosphore et Dardanelles – qui servent de limite entre l'Europe et l'Asie. ■

Unité et diversité de l'Europe

L'Europe est un continent plus hétérogène que l'Amérique. Sur un espace restreint se juxtapose une grande diversité de peuples et de milieux naturels – bouclier scandinave, îles occidentales, plaine d'Europe du Nord, chaîne alpine ou massifs hercyniens. Les aires linguistiques, culturelles et religieuses y sont très variées – scandinave, germanique, slave, anglo-saxonne ou latine. La constitution précoce de nombreux État-nations aux rapports historiques souvent conflictuels a encore accentué cette diversité interne unique au monde. ■

De nombreuses représentations géopolitiques

L'Europe est l'objet de représentations géopolitiques nombreuses et conflictuelles. Elle constitue une notion historique aux frontières non limitées dans un cadre géographique précis, comme en témoignent les nombreux adjectifs qu'on lui accole: Europe centrale, occidentale, orientale, balkanique, etc. Dès le Moyen Âge, l'Europe a été identifiée à la chrétienté, malgré sa division entre orthodoxes, catholiques et, plus tard, protestants, par opposition au monde musulman ou ottoman. Les grandes découvertes puis les conquêtes coloniales ont contribué au rayonnement de l'Europe en présentant sa civilisation comme un modèle universel – le verbe «européaniser» apparaît en 1830 – dont l'éclat s'est toutefois terni – on oppose ainsi la Vieille Europe au Nouveau Monde. La «guerre froide» a débouché sur la constitution d'une Europe de l'Ouest et d'une Europe de l'Est. À cette dernière s'est substituée, depuis la fin du bloc communiste, une Europe médiane en transition socio-économique. Le mot «Europe» désigne également l'Union européenne. ■

Istanbul, la plus grande ville turque, s'étend de part et d'autre du détroit du Bosphore (à l'arrière-plan, vu depuis la rive européenne).

Dico → détroit • Europe centrale et orientale • Union européenne

Points clés

L'Union européenne

4

L'Europe occidentale s'est lancée à partir des années 1950 dans une ambitieuse tentative d'intégration économique et politique. L'Union européenne doit aujourd'hui faire face à trois défis: renforcer sa cohésion interne, réformer ses institutions et s'ouvrir à de nouveaux membres.

La cohésion interne

Avec l'adhésion successive de nombreux pays – quinze au total aujourd'hui –, l'Union européenne juxtapose des territoires et des économies de plus en plus différents. Certains sont très riches, d'autres plus pauvres. Les aides régionales destinées à compenser ces disparités représentent 30 % du budget communautaire, soit 1 300 milliards de francs pour la période 1994-1999. Si les économies des États se rapprochent progressivement les unes des autres – on dit qu'elles convergent –, cette tendance reste fragile. Au niveau local et régional, on constate en effet le contraire. Les régions très riches continuent de s'enrichir, creusant l'écart avec les régions pauvres. Dans certains États, on utilise même un terme médical – on parle de « fracture » territoriale – pour souligner ces oppositions, comme en l'Italie, entre le Nord et le Sud, en Belgique, entre la Flandre et la Wallonie, en Allemagne, entre l'Est et l'Ouest. La cohésion et la solidarité interne de l'Union restent ainsi bien fragiles.

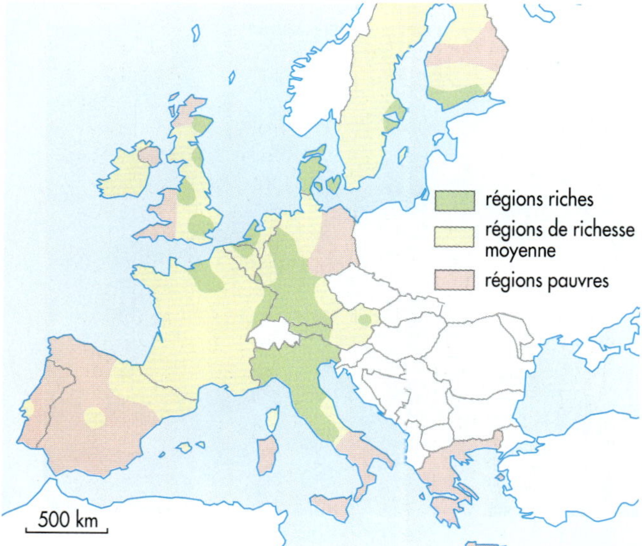

PNB par habitant

Allemagne :	28 910
Autriche :	28 370
Belgique :	26 250
Danemark:	31 920
Espagne :	14 300
Finlande :	22 820
France :	26 230
Grèce :	11 420
Irlande :	15 970
Italie :	19 870
Luxembourg :	44 080
Pays-Bas :	25 860
Portugal :	10 430
Royaume-Uni :	19 670
Suède :	25 690

(en dollars en 1996)

La République tchèque fait partie des pays d'Europe centrale et orientale candidats à l'entrée dans l'Union.

Comment gouverner quinze États ?

Fondées initialement par six États membres, les institutions communautaires ont du mal a bien fonctionner à quinze. L'organisation est complexe avec une Commission, sorte de gouvernement central non élu, un Conseil européen, qui réunit périodiquement les chefs d'État ou de gouvernement, et un Parlement élu sans beaucoup de pouvoir. Les adhésions programmées doivent faire passer l'Union à vingt et un ou vingt-six membres. Les institutions sont donc à revoir, mais un accord est difficile à conclure à ce sujet. De graves questions se posent pour l'avenir. Qui va détenir le pouvoir et pour quoi faire? Quel sera le poids des petits États face aux grands? Quelle langue utiliser? À quinze, nombre de décisions doivent être prises à l'unanimité. Mais la majorité peut-elle imposer sa volonté à celle d'un État particulier? ■

L'Irlande, un pays «pauvre» de l'Union européenne en croissance constante.

Accueillir de nouveaux membres

De nombreux États d'Europe centrale et orientale sont candidats à l'adhésion dans l'Union européenne, au premier rang desquels Chypre, l'Estonie, la Hongrie, la Pologne, la République tchèque et la Slovénie. Cela pose beaucoup de problèmes politiques et économiques. Si les États candidats sont suffisamment peuplés, leurs économies sont pour la plupart faibles et demandeuses d'aides de la part des pays les plus riches. Tout ceci va donc coûter cher et l'Union doit faire des économies. Les aides européennes aux agriculteurs doivent notamment beaucoup baisser. Les aides aux régions pauvres doivent aussi être réduites, alors que la moitié de la population de l'Union européenne habite aujourd'hui dans des régions aidées. C'est pourquoi ces questions, importantes pour la vie quotidienne de demain, provoquent de vifs débats. ■

Dico → Commission européenne • Conseil européen • Parlement européen

Points clés 4 — Les identités nationales en Europe de l'Ouest

Peut-on remettre en cause l'unité et l'indivisibilité de la République affirmée dans les Constitutions françaises successives ? En 1992, le Conseil constitutionnel refusa que le peuple corse soit reconnu comme une composante à part du peuple français. Pourtant, d'autres États européens admettent l'existence de différents peuples en leur sein.

En France : un État, une nation

Les rois ont peu à peu réuni les différents peuples de France qui parlaient d'autres langues que le français d'Île-de-France : le breton, le basque, le flamand, l'alsacien, l'occitan. Cultures et coutumes étaient aussi très diverses. Mais la présence de l'administration royale en province a permis à ces différents peuples de se reconnaître comme sujets d'un même royaume, d'autant plus que le roi, surtout sous le règne de Louis XIV, centralisait à Paris tous les pouvoirs. Puis la Révolution française a accéléré l'unité des Français, devenus citoyens de la nation française. Enfin, depuis la fin du XIXe siècle, l'enseignement obligatoire en français a entraîné un fort recul des langues régionales, qui ne survivent souvent que dans les accents. Cependant, depuis vingt ans, des militants régionalistes cherchent à faire revivre ces dialectes ou langues, dans le souci de préserver ce qu'ils considèrent comme une partie de la richesse culturelle de leur région et de la France. Ce mouvement s'est radicalisé en Corse ou en Bretagne au point de donner naissance à un mouvement autonomiste, voire indépendantiste. ■

Propagande en faveur de la Catalogne, province qui jouit d'une forte autonomie en Espagne.

En Europe, de nombreux États multinationaux

Les Allemands, longtemps divisés en plusieurs États, ont trouvé dans une culture partagée, notamment dans la langue qui leur est commune, le ciment qui a présidé à leur tardive unification, en 1870. Le cas de l'Espagne est inverse. C'est l'un des plus vieux États d'Europe, ses frontières sont fixées depuis le XVIe siècle, elle a connu très tôt une unité

En Bretagne, la spécificité culturelle se traduit aussi dans les fêtes et les processions.

religieuse et pourtant, l'unité nationale des Espagnols n'est pas achevée. La Constitution de 1978 reconnaît l'existence de quatre « nationalités » : les Espagnols, les Basques, les Catalans et les Galiciens. Chacune de ces nationalités parle une langue particulière. Le castillan est la langue officielle de quatorze des 17 communautés autonomes. Mais le basque, le catalan et le galicien sont langues officielles dans leur communauté respective même si, au Pays basque et en Galice, la majorité de la population ne les parle pas. La Belgique est également un Etat binational divisé entre une majorité flamande et une minorité francophone, dont l'unité est menacée par l'antagonisme entre les deux communautés. Le Royaume-Uni est formé de quatre nationalités : Anglais, Écossais, Gallois et Irlandais du Nord. La Suisse est une confédération de 23 cantons très autonomes partagés en trois régions linguistiques : la Suisse alémanique où l'on parle un dialecte proche de l'allemand, la Suisse romande où l'on parle le français et le Tessin où l'on parle italien. ■

Points clés

Les causes du renouveau des identités nationales

Ce renouveau est lié au développement de la démocratie. La très grande liberté d'expression permet aux autonomistes d'énoncer publiquement leurs revendications. D'autre part, les rivalités qui existent entre les différents mouvements accroissent la radicalisation de leurs positions. Enfin, la construction de l'Union européenne favorise ces revendications régionalistes, la région apparaissant comme la collectivité locale qui a le plus d'avenir en Europe. ■

L'enseigne de ce café de Bruxelles illustre le bilinguisme pratiqué dans la capitale belge.

Dico → citoyenneté • nation • région

Points clés 4

Des libertés et des valeurs communes

Malgré les guerres qui les ont opposés, les pays d'Europe occidentale ont développé, au cours de l'Histoire, un certain nombre de valeurs qui leur sont devenues progressivement communes avant de se diffuser plus largement encore.

Abondante et libre, la presse européenne défend les mêmes valeurs démocratiques.

Une relative unité culturelle

L'Europe occidentale bénéficie d'héritages historiques considérables qui dessinent un espace de civilisation spécifique. L'Empire romain lègue des apports linguistiques et juridiques, des valeurs et modes de pensée. Ensuite, la religion chrétienne, dominante depuis le IVe siècle, constitue un puissant facteur d'unité avant de se segmenter en espace orthodoxe à l'est (XIe siècle), protestant au nord (XVIe siècle) et catholique au sud.
Au XVIIIe siècle, la philosophie des Lumières diffuse ses modes de pensée scientifiques et rationnels et ses revendications démocratiques. Enfin, la révolution industrielle, qui naît au Royaume-Uni avant de gagner l'Europe continentale, transforme profondément les économies et les sociétés. ■

La démocratie parlementaire

Historiquement, l'Europe est le berceau de la démocratie, c'est-à-dire le gouvernement par des représentants élus du peuple. Au-delà de l'héritage des cités grecques de l'Antiquité, l'établissement de la démocratie telle qu'elle est aujourd'hui pratiquée est le fruit d'un long combat mené depuis le Moyen Âge.
Le XXe siècle a été marqué par de terribles retours en arrière avec la dictature nazie qui a régné en Allemagne de 1933 à 1945 et la présence de dictatures en Espagne, au Portugal ou en Grèce jusque dans les années 1970.
La démocratie exige des citoyens une vigilance constante. L'Europe

occidentale est aujourd'hui organisée sur un modèle de démocratie parlementaire dans le cadre de républiques ou de monarchies constitutionnelles. Les opinions et les élections y sont libres. Il y a séparation des pouvoirs entre les pouvoirs exécutif (gouvernement), législatif (Parlements) et judiciaire. L'exécutif est responsable devant le législatif et doit rendre des comptes. Enfin, le suffrage est universel. ■

L'Encyclopédie *de Diderot et d'Alembert illustre l'esprit des Lumières.*

Les droits de l'homme

Ce combat pour la démocratie est inséparable de l'affirmation des droits fondamentaux reconnus aux hommes, comme le souligne la devise de la Révolution française puis de la République: «Liberté, Égalité, Fraternité». Historiquement, le premier combat a été de nature politique: il s'agissait d'imposer la souveraineté populaire face au pouvoir royal et aristocratique. Ce combat demeure inséparable de la conquête de l'égalité entre les citoyens et entre les hommes et les femmes. Aujourd'hui, la défense des droits de l'homme impose donc de lutter avec énergie contre le racisme et l'antisémitisme qui demeurent vivaces. Depuis 1945 s'affirment de nouveaux droits comme le droit au travail et à la dignité ou le droit à la santé et à l'éducation. Mais ce progrès du droit impose aussi de nouveaux devoirs et responsabilités aux États ainsi qu'aux hommes et aux citoyens. ■

Dico → citoyenneté • démocratie • république

Points clés

4

Europe de l'Ouest et Europe de l'Est

L'Europe fut divisée par le déclenchement de la «guerre froide» (1947) en deux blocs géopolitiques opposés, l'Europe de l'Ouest et l'Europe de l'Est, en raison des rivalités de puissance entre les deux grands vainqueurs de la Seconde Guerre mondiale, les États-Unis et l'URSS. Cette coupure disparaît avec la chute du mur de Berlin (1989), la réunification allemande (1990) et la disparition de l'URSS (1991).

Deux systèmes stratégiques

Dès 1947, la logique d'affrontement entre les deux superpuissances – comme on disait alors – entraîne la construction de deux systèmes antagonistes que structureront, quelques années plus tard, des alliances militaires – l'Organisation du traité de l'Atlantique Nord (Otan) et le pacte de Varsovie –, politiques, diplomatiques et économiques – marché commun et Conseil d'assistance économique mutuelle(Caem).
Le système occidental est sous influence et protection militaire américaine. Le système oriental est sous domination soviétique, malgré les tentatives d'autonomie de la Roumanie et de la Yougoslavie. Si la Finlande et l'Autriche, neutralisées, servent de relais, l'Allemagne est au cœur de l'affrontement. Il faut attendre les années 1970 pour qu'une certaine détente apparaisse. ■

Deux systèmes économiques rivaux

Après la Seconde Guerre mondiale, à l'ouest, l'aide américaine (plan Marshall) permet un relèvement rapide dans un cadre libéral et capitaliste symbolisé par la création de l'Organisation européenne de coopération économique (OECE) qui devient, en 1961, l'Organisation de coopération et de développement économiques (OCDE). À l'est, on assiste au transfert brutal du modèle soviétique (collectivisation et étatisation, réformes agraires, parti dominant ou unique, etc.) dans le cadre de démocraties populaires. Malgré quelques résultats spectaculaires, le système accumule les blocages: mode de développement extensif qui sacrifie hommes et environnement, système productif tronqué qui survalorise l'industrie lourde, système politique autoritaire qui bafoue les attentes démocratiques. Les tentatives de réformes sont étouffées par les armes (Budapest, 1956; Prague, 1968). Ce dispositif implose au tournant des années 1990 après de timides tentatives de réforme en URSS et en Europe de l'Est. ■

Deux ensembles géopolitiques durant près d'un demi-siècle

La césure en deux blocs produit deux ensembles territoriaux régionalement intégrés qui se tournent le dos, au détriment des régions frontalières du «rideau de fer». On assiste à la refonte des systèmes de transports, à la réorganisation des terres et des marchés agricoles, au remodelage des réseaux de villes et des hiérarchies urbaines, à la réorientation des flux économiques, industriels et humains. Mais, depuis le tournant des années 1990, les transformations géopolitique reconnectent l'est et l'ouest du continent dans un cadre novateur, avec des États d'Europe médiane en transition à la recherche de nouveaux équilibres. ■

Le redécoupage de l'Europe au lendemain de la Seconde Guerre mondiale.

Dico → Caem • communisme • OCDE • Otan

Points clés

L'Allemagne

4

Grande puissance européenne, l'Allemagne est engagée dans une difficile refondation de ses structures économiques, sociales et territoriales. Après sa réunification en 1990, elle doit cimenter une unité nationale récente par un compromis acceptable par tous, démocratique, stabilisateur et intégrateur. L'Allemagne est une république fédérale formée de plusieurs Länder (pays).

Un des plus récents États de l'Union européenne

La nation allemande est ancienne, mais elle a longtemps été divisée entre de nombreux royaumes et principautés. Leur regroupement dans le cadre d'un même État date de la fin du XIXe siècle. La création de l'État allemand actuel a été marquée par une succession d'étapes douloureuses pour les Allemands eux-mêmes et pour l'Europe : IIe Reich, République de Weimar, IIIe Reich nazi, Allemagne de l'Ouest (RFA) et Allemagne de l'Est (RDA). Ces constructions géopolitiques sont inséparables d'un projet interne et externe, à la fois économique, monétaire et social. L'initiative populaire et démocratique ayant toujours été maintenue en retrait, ces constructions étatiques centralisées ne deviennent nationales que par une adhésion populaire a posteriori. Chaque échec débouche sur une refonte territoriale, d'où le paradoxe actuel : jamais les Allemands n'avaient jusqu'en 1990 vécu dans l'ensemble (ré)unifié formé par la RFA et la RDA. ■

La RDA a vu les combinats se multiplier sur son territoire, témoins de sa vocation industrielle.

L'évolution de l'État allemand au XXe siècle.

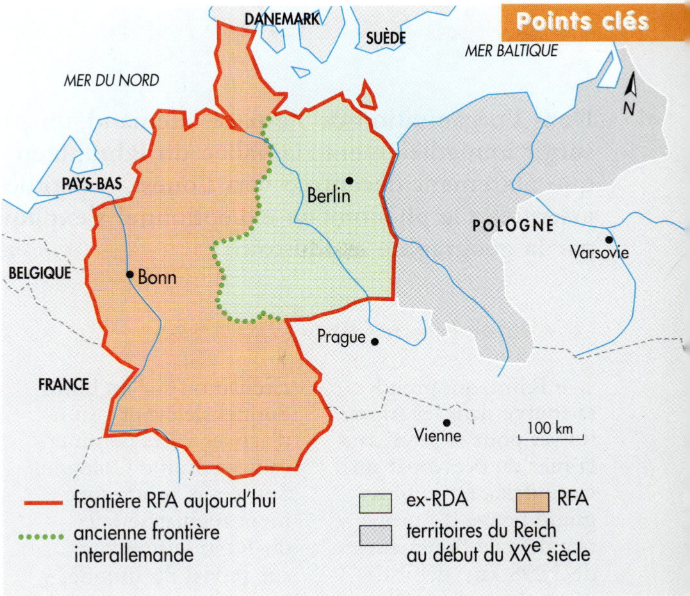

De la RDA et de la RFA aux anciens et nouveaux Länder

De 1945 à 1989, l'Allemagne, divisée après la défaite, a développé deux identités et deux modèles socioéconomiques antagonistes : la RFA, avec sa démocratie parlementaire, son système fédéral, son économie sociale de marché et ses *Konzerne* ; la RDA, avec son parti-État, son système communiste autoritaire, son collectivisme et ses *Kombinats.* En 1989, le processus révolutionnaire en œuvre en RDA a glissé d'une revendication démocratique à une revendication nationale, ce qui a débouché sur l'unification. Le rejet de la RDA se fonde sur un rapport ambigu entre démocratie, liberté, unité nationale, bien-être et haut niveau de vie. L'unification s'est avérée coûteuse financièrement, économiquement et socialement, surtout à l'Est (7 % du PIB, 23 % de la population, taux de chômage de 20 %). Le chancelier Helmut Kohl a été sanctionné par les urnes en 1998. ■

Les enjeux de la question nationale

Du fait de l'histoire, la concordance entre État, nation et territoire a toujours été délicate en Allemagne. Le pays constituait déjà un espace complexe du fait du chevauchement de multiples entités (historiques, politiques, culturelles et religieuses). Il a hérité, depuis l'unification de 1990, des profondes divergences existant entre les anciens et les nouveaux Länder de la fédération ainsi que d'une grave crise identitaire de la nation allemande. Enfin, la conception ethnique fondée sur le droit du sang, qui régissait l'appartenance à la nation allemande, est progressivement entrée en contradiction avec les évolutions socioéconomiques et géopolitiques des dernières décennies. Le traitement de la crise à l'Est et la réforme du code de la nationalité devraient permettre de définir une nouvelle identité nationale et de normaliser une certaine « exception » allemande dans un cadre territorial enfin stabilisé entre les frontière marquées par le Rhin, à l'ouest, et par la ligne Oder-Neisse, à l'est. ■

Dico → **État • fédéralisme • nation • nationalité**

Points clés Le Rhin et la Ruhr

4

Dans l'organisation de l'espace allemand, un paradoxe surgit immédiatement : la vallée du Rhin, bien que nettement décentrée vers l'ouest, constitue un axe essentiel. Ce phénomène exceptionnel s'explique par la géographie et l'histoire.

Le « Vater Rhein » (le « père Rhin »)

Le Rhin, qui prend sa source dans les Alpes suisses pour se jeter dans la mer du Nord par un vaste delta, est le plus grand fleuve d'Europe occidentale (longueur de 1 298 km ; débit de 2 200 m^3/s). Sa vallée présente une succession de riches couloirs et de bassins agricoles au climat favorable (vignobles) séparés par d'étroits défilés comme celui de la Lorelei.
Le Rhin constitue une voie de communication nord-sud unique dans cette partie de l'Europe où le Massif rhénan et les Alpes isolent les régions les unes des autres. L'importance du Rhin est attestée depuis longtemps. Dès l'Antiquité et le Haut Moyen-Âge, le fleuve devient donc un axe de circulation sur les bords duquel s'élèvent d'actives villes commerçantes comme Cologne. Son cours progressivement régularisé fait du Rhin le premier axe fluvial du monde, avec un trafic de 150 millions de tonnes par an. Le fleuve dessert un riche arrière-pays, et Rotterdam, proche de son embouchure, est le premier port mondial. ■

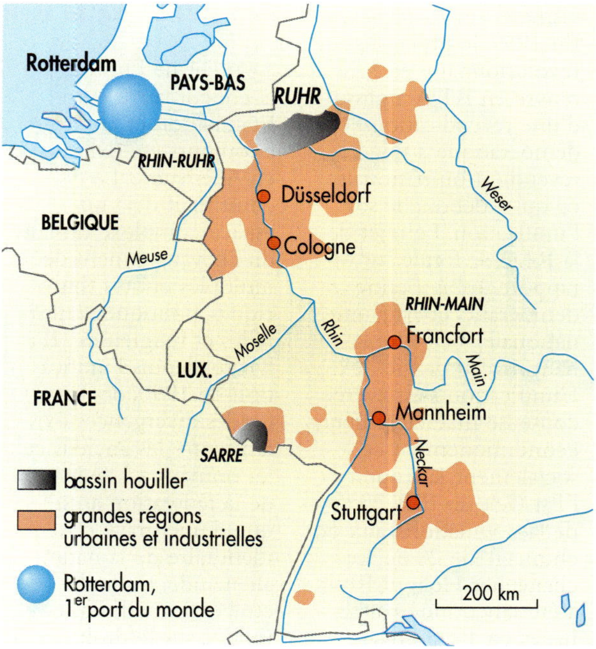

L'axe rhénan irrigue de riches régions industrielles.

L'axe rhénan

L'axe rhénan est donc une voie de communication bien équipée et sans cesse modernisée. Sa position s'était encore renforcée avec la division du pays entre 1945 et 1990 : Bonn devint à cette occasion la capitale et Francfort la grande place financière au détriment de Berlin. L'axe rhénan traverse une succession de riches régions industrielles et urbaines centrées autour de grandes firmes comme Thyssen, Krupp, Hoechst ou Mercedes. Les carrefours constituent des centres économiques majeurs : Rhin-Neckar (Mannheim, Ludwigshafen, Stuttgart), Rhin-Main (Francfort, Wiesbaden) et Rhin-Ruhr (Essen, Dortmund, Düsseldorf, Cologne). Le Rhin apparaît ainsi comme le symbole d'une Allemagne des villes, commerçante et démocratique. ■

Desservi par le Rhin, le port de Rotterdam, aux Pays-Bas, est le premier port mondial.

La Ruhr

La région demeure un pôle démographique (11 millions d'habitants), industriel (premier rang européen) et urbain d'une exceptionnelle densité. La Ruhr s'est développée, lors de la révolution industrielle, grâce à l'exploitation d'un des plus importants gisements de charbon d'Europe occidentale et grâce à la production d'acier. Les commandes passée par IIe Reich impérial puis par le IIIe Reich nazi aux entreprises comme Krupp ou Thyssen jouent un grand rôle dans l'essor des « maîtres des forges ». L'activité minière se déplace du Sud vers le Nord du fait de l'épuisement des veines. La production diminue, de 142 millions de tonnes en 1960 à 49 en 1996. Mais la reconversion est engagée (aires de loisirs, industries de haute technologie) : 61 % des actifs travaillent dans les services, contre 38 % dans l'industrie. La Ruhr bénéficie de nombreuses infrastructures, de la proximité des marchés, d'aides publiques à la reconversion et de l'amélioration du cadre de vie, même si le chômage y est encore important. ■

Dico → infrastructure • Ruhr

Points clés

La Belgique et les Pays-Bas

4

Ces deux petits États occupent, dans un contexte naturel médiocre, une situation stratégique comme lieu de rencontre entre la terre et la mer. Premier carrefour mondial, ils jouent un rôle considérable dans la construction européenne.

Plat pays et delta du Rhin

Un polder aux Pays-Bas et sa digue de protection.

Paradoxalement, ces États densément peuplés et dynamiques disposent d'un cadre naturel peu favorable. La grande plaine d'Europe du Nord présente des sols médiocres et des ressources naturelles limitées. Le littoral, bas et régularisé, est menacé par les tempêtes dévastatrices de la mer du Nord. À la suite de la catastrophe de 1953, une vaste opération de protection est engagée, le plan Delta. Cette zone de creux tectonique, ou « subsidence », explique un phénomène exceptionnel : la convergence du Rhin, de la Meuse et de l'Escaut dans un vaste delta. Les fleuves, endigués, y coulent au-dessus du niveau des basses terres gagnées sur la mer, les polders. La mise en valeur repose sur une précoce maîtrise des eaux et un travail acharné dans un cadre collectif (État, municipalités). ■

Le premier nœud logistique mondial

Dès le Haut Moyen Âge, une vocation maritime, marchande et urbaine s'affirme avec la ligue Hanséatique puis le rayonnement successif de Gand, Bruges, Anvers et Amsterdam, avant de déboucher sur la constitution de grands empires coloniaux. Carrefour de routes maritimes, fluviales et terrestres exceptionnelles, ces deux États se retrouvent au cœur de la Northern Range, première façade maritime du monde avec Anvers et Rotterdam (premier port du monde). Cette position de carrefour favorise la concentration d'industries (Philips, Shell, Unilever), de services (transports, assurances), de capitaux (Bourses, banques) et de grandes villes. Elle y explique le degré d'ouverture et les traditions libre-échangistes (Benelux). ■

Le risque d'éclatement de la Belgique

L'intensité des échanges économiques et commerciaux n'empêche pourtant pas la Belgique d'être de plus en plus divisée en deux ensembles linguistiques et politiques: d'une part, les Flamands qui parlent une langue proche du néerlandais, dans l'ouest et le nord du pays, d'autre part, les Wallons, qui parlent le français dans la moitié sud et est de la Belgique. Au XIXᵉ siècle, c'étaient les Wallons qui jouaient le rôle le plus important en Belgique, grâce, notamment, aux industries du bassin houiller. Depuis 1950, ce sont les Flamands qui font preuve du plus grand dynamisme économique et démographique. De nombreux Flamands manifestent aujourd'hui leur volonté de se séparer des Wallons. La Belgique est déjà divisée en deux grandes régions, mais leur éventuelle séparation complète pose le problème de Bruxelles. La capitale se trouve certes dans la partie flamande du pays, mais la plupart des Bruxellois parlent français, alors que les Flamands veulent imposer leur langue et exclure l'usage du français sur tout leur territoire. De leur côté, les Wallons sont de plus en plus nombreux à manifester leur volonté de se rapprocher de la France ■

La Grand-Place de Bruxelles, capitale de la Belgique.

La Belgique, un pays partagé entre deux communautés linguistiques.

Dico → inondation • libre-échange • polder

Points clés 4

Le Royaume-Uni : Angleterre, Écosse, pays de Galles, Ulster

Puissance mondiale dominante au XIXe siècle puis allié privilégié des États-Unis au XXe siècle, le Royaume-Uni est à la recherche d'une nouvelle identité européenne et de nouveaux équilibres géopolitiques internes entre une Angleterre dominante et les périphéries.

Élisabeth II, reine depuis 1952.

Une puissance en déclin

Relativement modeste par sa taille et sa population, le Royaume-Uni est devenu la première puissance mondiale au milieu du XIXe siècle grâce à la constitution d'un vaste empire colonial et à une vigoureuse et précoce révolution industrielle. Jusqu'en 1914, il a été l'atelier, le banquier et le gendarme du monde avant d'amorcer, dès l'entre-deux-guerres, son déclin économique, industriel et géopolitique.
Il a aujourd'hui perdu de son influence en Europe et dans le monde. Il tente de compenser cette perte de puissance en maintenant des rapports stratégiques et économiques transatlantiques, privilégiés mais dépendants, avec les États-Unis. ■

Un État, trois nations

Insulaire, le Royaume-Uni de Grande-Bretagne et d'Irlande du Nord s'est constitué autour de l'Angleterre (54% de la superficie, 83% de la population). Celle-ci a progressivement intégré ses périphéries galloise en 1536 (8% de la superficie, 5% de la population), écossaise en 1707 (32% de la superficie, 9% de la population) et irlandaise en 1800 (Ulster : 6% de la superficie, 3% de la population) – le sud de l'Irlande, catholique, obtient son indépendance par les armes en 1921.
La monarchie constitutionnelle britannique dirige un ensemble étatique multinational. Les nationalismes régionaux se réveillent dans les années 1970 du fait, notamment, des graves crises régionales qui y sévissent. Après vingt années de conservatisme, l'alternance politique de mai 1997 met en place un nouveau gouvernement – travailliste – qui adopte une attitude pragmatique. Plusieurs réformes viennent accroître les autonomies régionales : pacification du conflit en Ulster, Parlement autonome pour l'an 2000 au pays de Galles et en Écosse. Mais en Écosse, l'influence croissante du Scottish National Party et le renforcement de l'identité politique, sociale et économique (pétrole de la mer du Nord) risquent de menacer ce fragile équilibre. ■

La société des «30-30-40»

Transformé dans les années 1980 en laboratoire européen de l'ultralibéralisme par la révolution conservatrice de Margaret Thatcher, le Royaume-Uni est devenu la société des «30-30-40»: 30% d'exclus, 30% de précaires et 40% de privilégiés qui travaillent à temps plein. Les inégalités sociales ont explosé: les 20% de ménages les plus riches disposent de 45% du revenu national, tandis que les 60% de ménages les plus pauvres disposent de 34% du revenu national. La dérégulation et la déréglementation se sont accompagnées d'une forte hausse du chômage et d'une paupérisation de masse (25% de la population). Enfin, les disparités régionales s'accroissent au profit du «grand bassin londonien» et au détriment des anciennes régions industrielles centrales et des périphéries. ■

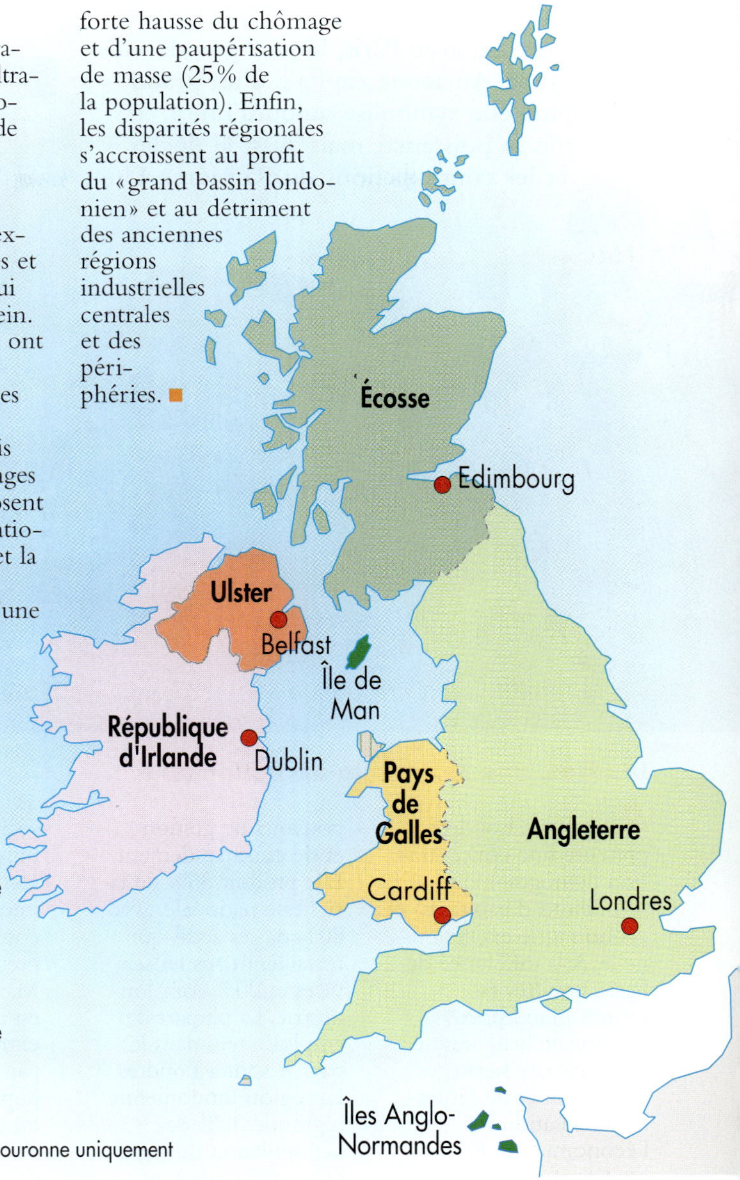

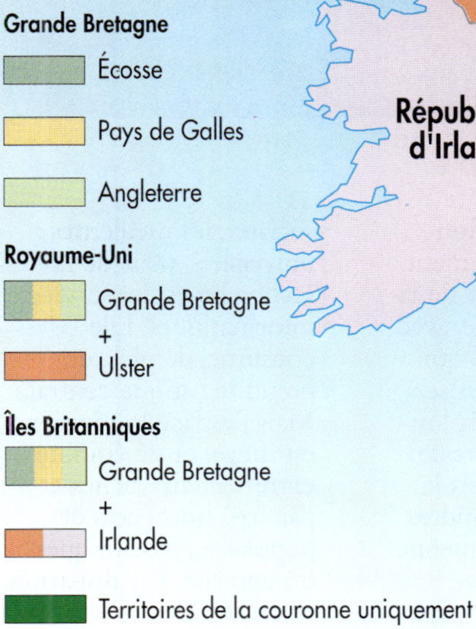

Londres

4

Londres est, avec Paris, la plus grande ville d'Europe. Ancienne capitale d'un grand empire, elle symbolise aujourd'hui à la fois la puissance, mais aussi le déclin et les contradictions du Royaume-Uni.

La vue générale des quartiers centraux de Londres illustre le contraste entre les fastes du passé et l'ambition actuelle.

Londres, une métropole exceptionnelle

Avec Paris, Londres présente une concentration démographique (8 millions d'habitants) et économique exceptionnelle. À la différence de Paris, Londres est un très grand port. La capitale britannique bénéficie des héritages impériaux et de l'internationalisation de l'économie qui lui confèrent de vastes pouvoirs de gestion et de commandement. Elle produit 36% de la richesse nationale, avec 80% de ses actifs qui travaillent dans les services et 20% dans l'industrie. La plupart des emplois créés dans le pays le sont à Londres. La région londonienne regroupe 30% de la population du pays, l'essentiel des sièges sociaux, les meilleures universités, 60% de la recherche et des services informatiques. Elle constitue, de plus, un nœud logistique central. Mais l'espace londonien est inégal et déséquilibré entre secteurs riches et pauvres, bourgeois et populaires, dynamiques ou en crise. Les disparités y sont très fortes sur de courtes distances. ■

Le vaste bassin de Londres

L'influence londonienne rayonne sur un grand bassin, région la plus riche et la plus dynamique du pays. Le bassin de Londres accumule de nombreux avantages: riches terres agricoles, réseau urbain dense et équilibré, fortes densités démographiques (24 millions d'habitants), hautes qualifications et salaires élevés, faible taux de chômage (7,7%). Ce bassin est organisé en cercles concentriques autour de Londres. Il bénéficie du transfert des activités économiques et de la population de la zone centrale vers la périphérie. ■

La City, à Londres: quartier des affaires et de la haute finance.

La City, première place financière de l'Europe occidentale

Le quartier de la City, au centre de Londres, bénéficie de la mondialisation des marchés financiers. Face à la désindustrialisation du pays, elle est un des facteurs du rayonnement international de l'Angleterre. Ce secteur très dynamique occupe un million d'emplois, dont plus de la moitié à la City. Il réalise 7% de la richesse nationale et gère des sommes énormes de capitaux, 2700 milliards d'euros. 587 banques étrangères y sont représentées. La City réalise 65% du commerce mondial sur les changes de monnaies, gère la moitié du marché des dettes mondiales, 60% des transactions sur les actions des entreprises internationales et 20% des prêts bancaires. Son rôle est essentiel sur le marché de l'or et des matières premières comme le cacao (57% du négoce). Enfin, elle est un des principaux centres des assurances (110 milliards d'euros de primes) grâce à la compagnie Lloyds, fondée dès 1688. Les cadres supérieurs de la City vivent dans un monde clos. Ils sortent des mêmes grandes écoles, fréquentent des clubs très fermés, pratiquent des loisirs où ils se retrouvent entre eux et habitent les mêmes quartiers huppés du centre-ville. ■

Dico → **agglomération • dette • marché**

Points clés

4

Les enjeux de l'information, les médias anglo-saxons

Disposer d'informations devient un impératif stratégique, politique et culturel rendu possible par les progrès et le développement des télécommunications. Mais ce processus modifie en profondeur le fonctionnement et la représentation que les acteurs (politiques, citoyens, entreprises) se font du monde.

La crise du Golfe sur CNN.

Des besoins nouveaux

La production, la circulation et la vente d'informations (textes, données, sons, images) représentent un enjeu de plus en plus considérable. D'abord militaires (espionnage, surveillance, contrôle), les réseaux se sont perfectionnés (débit, fiabilité) et «civilisés». Ils permettent d'organiser et de contrôler en temps réel les sociétés et les économies (minerais, produits agricoles, marchés financiers, banques de données). L'agence Reuters, qui a informatisé dès 1964 la transmission des cours boursiers, achemine un tiers des opérations mondiales des cambistes. En abolissant l'espace et le temps, ces flux transforment les hiérarchies et les dynamiques territoriales. ■

Un monopole anglo-saxon

Environ 80% des informations mondiales sont produites par quelques agences, essentiellement anglo-saxonnes (CNN, BBC, Reuters, Dow Jones, Associated Press). Elles exercent une influence économique (indice de l'agence Dow Jones) et politique considérable. Les «directs» de Cable News Network (CNN) envahissent le petit écran (conflits militaires, crises...). Par leurs réseaux, ces acteurs sont souvent mieux informés que la moyenne des États: Reuters emploie plus de 10000 salariés dans 160 pays. Les intérêts financiers sont énormes et l'information devient une marchandise (scoops et audience), ce qui pose des questions éthiques et déontologiques – on a évoqué la manipulation des opinions pendant la guerre du Golfe. ■

L'arrivée des forces américaines en Somalie, en 1992, a été très médiatisée.

Une vision déformée du monde

Le monopole anglo-saxon sur l'information introduit de profondes hiérarchies entre les centres de décision et les populations. Tout d'abord, la domination des moyens anglo-saxons déforme la vision du monde avec la diffusion d'un modèle culturel et d'une vision du monde dont plus de la moitié de l'espace planétaire et environ 70% de sa population sont exclus. Son centre se situe entre Londres et New York, tandis qu'entre deux famines ou deux guerres le Sud est oublié.

Le programme du Nouvel ordre mondial de l'information (Nomic), lancé entre 1975 et 1985 par l'Unesco, a été abandonné (création d'une agence propre aux pays du Sud). De plus, cette ubiquité et cette instantanéité de l'information (dramatisation, mise en scène) réduisent les marges de manœuvre dont disposent les États pour gérer les crises au profit de la dictature de l'affect et de l'instantané. Ce processus inquiétant peut modifier la gestion des crises et des relations internationales (coup de bluff en direct, personnalisation outrancière des rapports diplomatiques) en limitant le temps de la réflexion et de l'analyse. En résumé, le monopole de l'information pose des questions essentielles de démocratie, de souveraineté et d'équilibre. ■

Carte de la couverture de la planète par les 14 satellites de CNN.

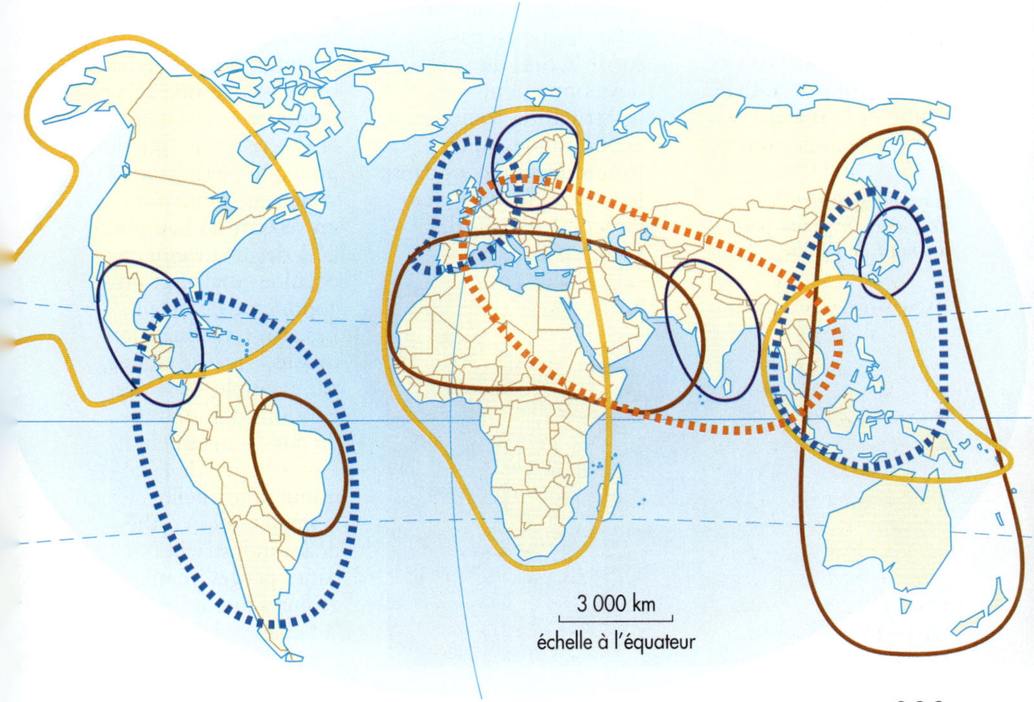

L'Italie, le Nord et le Sud

4

L'Italie est le pays d'Europe occidentale qui juxtapose les contrastes régionaux les plus accentués. Les différences entre le Nord et le Sud, le Mezzogiorno, alimentent des revendications autonomistes qui vont jusqu'à constituer une menace pour l'unité même de l'État et de la nation.

Une unité nationale inachevée

Le dualisme entre le Nord et le Sud plonge ses racines dans l'unification tardive (1859-1870). Celle-ci se réalise autour du royaume de Piémont-Sardaigne, situé au nord, que rejoignent progressivement les autres États de la péninsule. L'État unifié et le marché qui en découle sont évidemment dominés par les intérêts politiques et économiques du Nord. La politique d'aide des années 1950-1980, malgré quelques résultats spectaculaires, ne parvient toutefois pas à sortir le Sud du sous-développement : les structures socio-économiques sont moins développées dans le Mezzogiorno qu'en Grèce, au Portugal, voire en Turquie. ■

La zone industrielle de Gênes, le grand port du nord de l'Italie.

De grands déséquilibres régionaux

Si le Nord se rattache à l'Europe développée, le Sud fait partie des régions les plus retardataires : fort chômage (Sud : 21 % ; Nord : 5 %), hypertrophie agricole (Sud : 12 % des actifs ; Nord : 5 %), pauvreté (Sud : 20 % ; Nord : 5 %). Le Sud représente 40 % de la superficie du pays et 37 % de sa population, mais seulement 25 % du PIB et des investissements et 7 % des dépenses de recherche. On y trouve une agriculture peu productive et en crise, une fonction publique pléthorique vouée au clientélisme, un secteur du bâtiment lié à des financements occultes (mafia) et du commerce de détail. Les transferts financiers massifs – le Sud draine, par exemple, 46 % des pensions d'invalidité du pays – masquent l'importance de l'économie informelle, la fragilité des « cathédrales industrielles » bâties par les grands groupes publics et la faiblesse du développement endogène. ■

Le Sud demeure très agricole : séchage du tabac dans les Pouilles.

Quel avenir national ?

Malgré les mutations politiques des années 1990, la nécessité d'un État de droit moderne, efficace et démocratique demeure. Celui-ci est indispensable au traitement d'un « maldéveloppement » qui perdure. Les blocages socio-économiques constituent un terrain favorable aux revendications sécessionnistes de certaines régions du Nord. La Ligue lombarde réclame ainsi « l'indépendance » de la Padanie – nom qu'elle a donné à cette province. Face à ses difficultés internes, l'Italie s'est lancée dans une fuite en avant européenne. Les réformes envisagées pour le Sud sont le développement touristique et la régionalisation des salaires. Une baisse des coûts de la main-d'œuvre méridionale rendrait la région plus attractive pour les investisseurs. Le gouvernement s'est aussi engagé à lutter contre la mafia pour favoriser le développement des régions méridionales. ■

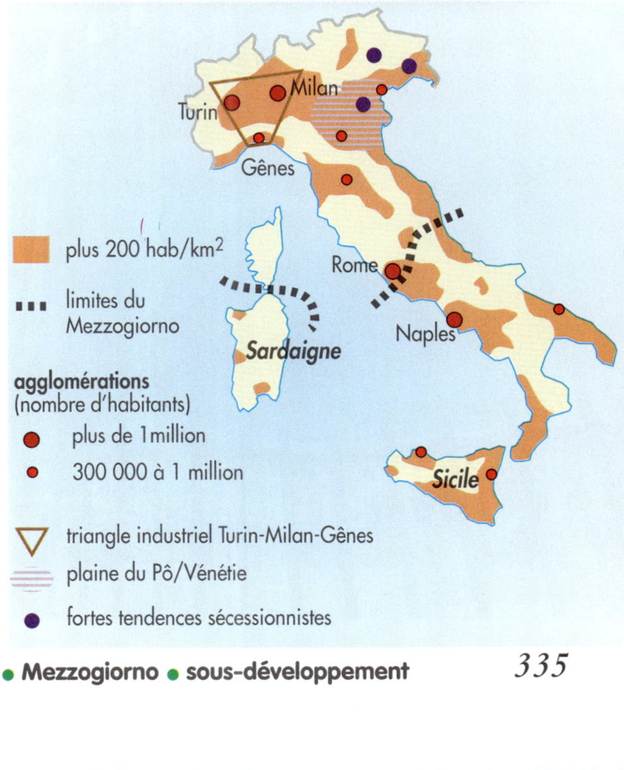

Dico → **développement** • **Mezzogiorno** • **sous-développement**

L'Espagne

4

Ancienne puissance impériale, l'Espagne connaît de nets progrès depuis son retour à la démocratie (1975) et son adhésion à l'Union européenne (1986). À la recherche de nouveaux équilibres intérieurs et extérieurs, elle s'ouvre sur l'Europe, le bassin méditerranéen et l'Amérique latine.

De la puissance à la marginalisation

L'Espagne est un vieil État constitué en 1479 par l'union de deux royaumes, la Castille et l'Aragon. En 1492 s'achève la « Reconquête » catholique du pays occupé par les musulmans depuis le VIIIe siècle. La même année, Christophe Colomb découvre le Nouveau Monde. Grâce à l'or que l'on y découvre, l'Espagne devient une grande puissance européenne, économique, financière et culturelle. Mais l'afflux des métaux précieux entraîne une forte hausse des prix (inflation) qui ruine l'économie espagnole. L'Espagne entame une longue période de déclin politique et économique au XVIIIe siècle. Au début du XXe siècle, c'est un des pays européens les plus retardataires, où les tensions internes s'accroissent rapidement. Celles-ci débouchent, entre 1936 et 1939, sur une terrible guerre civile et l'établissement de la dictature du général Franco. La démocratie s'est grandement développée depuis 1975, avec le rétablissement de la monarchie. ■

Le Palais royal, à Madrid, symbolise l'influence de la monarchie incarnée par le roi Juan Carlos.

Les 17 communautés autonomes d'Espagne.

Un État, des nations et des autonomies

Paradoxalement, si la monarchie espagnole fut puissante à l'extérieur, elle ne fut pas à l'intérieur une monarchie absolutiste sur le modèle français. Centrée sur la Castille, Madrid passa des compromis successifs avec certaines provinces périphériques, la Catalogne et le Pays basque, qui ont conservé une certaine autonomie. L'Espagne est aujourd'hui constituée de quatre ensembles linguistiques, la Castille – le castillan est la langue officielle – la Catalogne, la Galice et le Pays basque, qui se réclament de nations distinctes. Certains courants politiques, comme l'ETA au Pays basque, revendiquent l'indépendance. Depuis 1978, l'organisation politique repose sur un système de 17 communautés autonomes disposant de leurs propres gouvernements et parlements. Mais ce système est complexe car les statuts diffèrent selon les régions. Celles-ci ne disposent pas toutes des mêmes droits (impôt, éducation, santé, justice...) face à l'État central. ■

Les progrès depuis vingt ans

Depuis les années 1980, avec la démocratie et l'intégration européenne, l'Espagne a connu des bouleversements socioéconomiques considérables : mutation agricole, industrialisation, urbanisation, modernisation des infrastructures, développement du tourisme... Mais ce processus est extrêmement inégal géographiquement et socialement. Les inégalités s'accroissent, le chômage explose, les régions deviennent concurrentes. Si Madrid, Barcelone, les îles touristiques (Baléares, Canaries), la côte méditerranéenne – elle aussi très touristique – se développent et bénéficient de l'intégration européenne, une bonne partie du pays demeure en marge du progrès général, notamment l'Andalousie, dans le Sud. Ainsi, Madrid et Barcelone polarisent 80% des capitaux étrangers investis en Espagne. ■

Dico → communauté • infrastructures • monarchie

Points clés

4 La Russie et l'ex-Union soviétique

La Russie est l'État le plus vaste du monde (17 millions de kilomètres carrés, soit trente fois la France). Il fut à la tête d'un empire encore plus vaste, celui des tsars, puis d'un « empire » communiste, l'Union des républiques socialistes soviétiques (URSS, 22 millions de km²). Mais l'URSS s'est disloquée en 1991 et la Fédération de Russie traverse de très graves difficultés.

Le Kremlin et la cathédrale Basile-le-Bienheureux, sur la place Rouge, à Moscou.

L'expansion russe

Depuis Moscou, l'État russe s'étendit d'abord, à partir du XVIIe siècle, vers l'est (Sibérie) puis vers l'ouest (mer Baltique et mer Noire). Face aux gigantesques solitudes sibériennes, le peuplement russe européen ne représente qu'une étroite bande méridionale à travers le continent asiatique jusqu'à l'océan Pacifique et à Vladivostok.
Les régions occidentales (Ukraine, pays Baltes, Finlande) et méridionales (Transcaucasie, Asie centrale) ont été conquises plus tard, aux XVIIIe et XIXe siècles.
Les rapports entre Moscou et les très nombreuses nationalités de l'empire entraînent des conflits permanents.
Le régime tsariste, autoritaire et appuyé sur la puissante église orthodoxe, a été renversé lors de la Première Guerre mondiale par la révolution bolchevique de 1917. ■

Une superpuissance qui s'effondre

Créée en 1922 après une terrible guerre civile, l'Union des républiques socialistes soviétiques a connu son apogée après la Seconde Guerre mondiale, en dépit des énormes pertes qu'elle venait de subir.
En exploitant massivement les ressources minières d'un très vaste État et les forces de sa nombreuse population (245 millions d'habitants en 1990), les dirigeants soviétiques ont développé une puissante industrie lourde et, surtout, une importante industrie d'armement (y compris les plus perfectionnés).
Mais sous prétexte de défendre le système

communiste contre le système capitalisme, les dirigeants soviétiques ont imposé un régime extrêmement autoritaire et répressif (goulag) au profit d'une minorité de cadres du Parti communiste. Paradoxalement, ce sont eux qui ont provoqué la chute du régime soviétique lorsqu'ils ont voulu y introduire des réformes libérales en vue de dynamiser une croissance économique en déclin. Ce sont les rivalités des dirigeants communistes qui ont provoqué la dislocation de l'URSS et la libération des nombreux pays européens qu'elle dominait depuis 1945. ■

Marasme et fragmentation

Avec l'accès à l'indépendance des quinze anciennes républiques fédérées (Russie, Lituanie, Lettonie, Estonie, Biélorussie, Ukraine, Moldavie, Géorgie, Arménie, Azerbaïdjan, Kazakhstan, Ouzbékistan, Turkménistan, Tadjikistan, Kirghizistan), 25 millions de Russes qui vivaient hors de Russie se sont retrouvé étrangers. Paradoxalement, ce processus de décomposition fut décidé à Moscou alors que certaines républiques ex-soviétiques souhaitaient conserver un minimum de relations avec la Russie comme en témoigne la création de la Communauté des États indépendants. La Fédération de Russie elle même est en voie de fragmentation du fait de la profonde crise politique économique et sociale et de la quasi-disparition de l'État. Après des siècles d'extension, la Russie apparaît aujourd'hui comme une mosaïque de 17 millions de kilomètres carrés et de 149 millions d'habitants, composée d'une centaine de peuples et d'ethnies (81% de Russes) et de vingt républiques autonomes. Plongée dans le marasme, elle dispose toutefois toujours de son armement nucléaire. ■

Dico → CEI • communisme • fédération

Points clés

4

Les libertés et les problèmes des pays ex-communistes

L'Europe de l'Est se caractérise, pour des raisons historiques, par la faiblesse de la vie démocratique. La question des libertés joua un rôle central dans la chute du communisme. De nouveaux équilibres sont à trouver dans les difficultés actuelles.

Des États fragiles et autoritaires

Historiquement, les pays situés dans l'est de l'Europe ont été dominés, jusqu'en 1918, par de vastes systèmes impériaux qui avaient souvent été imposés par la conquête et la guerre : Empire russe, Empire austro-hongrois, Empire allemand.
Ces États autoritaires ne toléraient qu'une vie démocratique très réduite. Toute exigence démocratique débouchait en effet sur une revendication d'autonomie ou d'indépendance qui menaçait leur existence même.
La création d'États indépendants, à la faveur de la défaite des empires centraux en 1918, déboucha sur des constructions fragiles dirigées par des gouvernements souvent dictatoriaux ou peu démocratiques (Pologne, Hongrie, Roumanie), à l'exception de la Tchécoslovaquie.
L'armée, les églises et les grands propriétaires fonciers dominaient souvent la vie politique et économique et défendaient leurs privilèges face à une bourgeoisie faible et des classes populaires dominées. ■

Les démocraties populaires

Après la Seconde Guerre mondiale et les accords de Yalta, l'Europe de l'Est entre dans la zone d'influence de l'Union soviétique qui impose de gré ou de force son système politique et économique.
Dans les démocraties populaires qui sont alors créées, l'État est contrôlé par un parti communiste unique qui «guide» le

En février 1948, les milices communistes prennent le pouvoir en Tchécoslovaquie.

L'ouverture, en 1989, puis la destruction du Mur de Berlin qui partageait en deux l'ancienne capitale du Reich depuis 1961 ont symbolisé la chute des démocraties populaires.

peuple et la nation. Le système politique et social est organisé selon le principe marxiste de la « dictature du prolétariat », ce qui limite étroitement la vie politique, syndicale et parlementaire ainsi que l'expression, l'information et l'intervention des citoyens. Particulièrement répressif, l'appareil policier est puissant et omniprésent. La contestation est incarnée par quelques intellectuels, comme des écrivains ou des universitaires, qui connaissent la prison ou l'exil intérieur et extérieur. ■

Les nouveaux États en transition

L'effondrement des régimes communistes s'explique à la fois par une forte dégradation des conditions économiques et sociales à partir des années 1975-1980 et par une aspiration de plus en plus forte de leur population à une réelle démocratie. Les nouveaux États ont tenté de construire un système politique s'inspirant du modèle occidental : autorisation des partis, syndicats et associations ; liberté d'expression et d'information ; élections représentatives, etc. Mais ces progrès restent fragiles du fait des traditions autoritaires des cercles dirigeants, de la profonde instabilité politique des gouvernements et de la corruption d'une partie de l'appareil d'État. Si la liberté politique est à peu près assurée, la déception est grande en ce qui concerne les conditions de vie qui se dégradent fortement avec la mutation économique en cours. Cette situation souligne le fait que la liberté politique ne peut se développer et s'épanouir que si un cadre économique et social solide existe. La pauvreté, le chômage et l'exclusion menacent la démocratie. ■

Dico → communisme • démocratie populaire • liberté • syndicat

Points clés

L'État et la justice

4

L'exercice de la justice est depuis de nombreuses années un sujet de débat en France. On lui reproche d'être lente, chère, compliquée et de n'être donc pas accessible à tous. Or l'évolution de la société et le souci de chacun de mieux défendre ses droits entraînent un recours de plus en plus fréquent à la justice. Car qui dit droit dit justice.

Fronton et colonnade: le palais de justice de Marseille présente l'architecture néoclassique habituelle de ce type de bâtiments.

La justice, parente pauvre de l'État

Longtemps, la justice est restée un monde discret et méconnu auquel on avait recours le moins possible. Elle était objet de moqueries – que l'on songe à Molière ou à Voltaire. Il faut reconnaître qu'elle a longtemps été maltraitée par l'État, qui se méfiait de ses juges. Ce n'est qu'en 1958 qu'il commença à se préoccuper de ses magistrats. Il créa alors l'École nationale de la magistrature (ENM) pour mieux les former et releva leurs salaires – il arrivait jusque-là que certains dussent exercer une autre activité pour vivre. Mais le budget de la justice restait faible et le nombre de magistrats insuffisant: en 1979, il y en avait moins de cinq mille; et le budget de la justice n'a dépassé 1% du budget de l'État qu'en 1992. Or les affaires à juger sont de plus en plus nombreuses et les charges du ministère de plus en plus lourdes: construction de nouvelles prisons, entretien des tribunaux, augmentation des personnels administratifs et judiciaires, etc. ■

L'organisation de la justice

Toutes les affaires portées devant la justice ne sont pas de même nature. On distingue trois domaines dans l'organisation judiciaire : la justice civile, la justice administrative, la justice pénale. À chacun d'entre eux correspondent des tribunaux différents.

L'indépendance de la justice?

L'indépendance de la justice est inscrite dans la Constitution française. La séparation des pouvoirs exécutif, législatif et judiciaire est, en effet, considérée comme un garant de la démocratie. Dans la réalité, les choses ne sont pas si simples. À l'occasion de certaines «affaires» impliquant le monde politique, on a ainsi assisté à des interventions hiérarchiques du ministère de la Justice – légales mais délicates à justifier sur le plan de la morale – qui visaient à les faire classer. La médiatisation de certaines «affaires» politico-financières a tendu les relations entre les magistrats, le Parlement, le gouvernement et la presse. En discussion depuis plusieurs années, une réforme de la justice vise à garantir une plus grande indépendance des magistrats à l'égard du pouvoir exécutif. Mais ce dernier hésite à abandonner tout contrôle sur les affaires de justice, et notamment sur celles qui touchent au terrorisme ou à la mise en cause de l'ordre public. ■

Des droits plus nombreux, des besoins de justice plus grands

Les bouleversements de la société contemporaine ont entraîné l'élaboration de nombreuses lois destinées à arbitrer des situations nouvelles qui ne peuvent pas se régler sans l'aide de la justice. Les juges sont ainsi devenus les arbitres de la vie en société.

Ils interviennent de plus en plus dans les existences individuelles, dans les divorces, la garde des enfants, les relations entre locataires et propriétaires, entre patrons et salariés, entre consommateurs et producteurs, etc. D'un côté, le Parlement multiplie les lois dans des domaines de plus en plus variés; de l'autre, les citoyens connaissent désormais beaucoup mieux leurs droits. ■

Les magistrats portent la robe, noire ou rouge selon leur fonction. Celle des plus hauts magistrats est bordée d'hermine.

Dico → État • judiciaire

Points clés

4

La France au carrefour des diagonales européennes

La France occupe une position géographique stratégique, à l'extrémité occidentale du continent européen, entre l'Europe du Nord et l'Europe du Sud. Elle est ouverte à la fois sur la Méditerranée, l'Atlantique, la mer du Nord et les grandes plaines du nord de l'Europe. Cette situation fait de la France le carrefour de l'Europe.

Un isthme facile à traverser

La France est le seul pays où l'Atlantique et la Méditerranée ne sont distants que de 400 kilomètres. C'est pourquoi on parle d'isthme. On traverse facilement la France du nord au sud et d'est en ouest, sans rencontrer d'obstacles naturels difficiles à franchir : les hautes montagnes sont situées au sud et au sud-est ; et le Massif central peut être contourné par l'ouest, grâce au seuil du Poitou, ou par l'est, par le couloir rhodanien. Les nombreuses autoroutes facilitent encore la traversée de la France. ■

Un lieu de convergence de plusieurs courants de migration

En raison de sa position à l'extrémité de l'Europe, la France a été le point d'aboutissement des migrations qui ont traversé le continent d'est en ouest jusqu'au milieu du Moyen Âge.
Ces migrations ont repris au milieu du XIXe siècle, mais elles concernaient alors des travailleurs et des réfugiés politiques venus du sud et de l'est de l'Europe, d'Afrique et d'Asie. Ainsi, l'unité nationale des Français ne repose pas sur l'homogénéité de son peuple mais sur l'unité linguistique. Les Français parlent tous et depuis longtemps la même langue. L'unité linguistique est un facteur important de l'unité nationale. Dans les pays européens où cette unité linguistique n'existe pas, comme en Belgique ou en Espagne, par exemple, l'unité nationale est plus fragile. ■

Une position clé dans l'Union européenne

Au sein de l'Union européenne, la France occupe une position charnière, entre Europe du Nord et Europe du Sud depuis l'adhésion de l'Espagne et du Portugal. Le développement du marché intérieur européen accroît les échanges, mouvement que n'a fait qu'accélérer la mise en place de la monnaie unique, l'euro. Ceci se traduit, sur le territoire français, par une augmentation de la circulation terrestre et aérienne, qui aboutit à un encombrement des autoroutes et des couloirs aériens, et par une dégradation de l'environnement sur les axes les plus fréquentés comme le couloir rhodanien ou l'autoroute du Nord. ■

La France entretient un réseau routier à la mesure du trafic qui la traverse.

Distances de Paris à vol d'oiseau

Amsterdam :	420 km
Athènes :	2 100 km
Berlin :	870 km
Bruxelles :	270 km
Copenhague :	1 020 km
Dublin :	780 km
Helsinki :	1 890 km
Lisbonne :	1 450 km
Londres :	310 km
Luxembourg :	270 km
Madrid :	1 040 km
Nice :	690 km
Rome :	1 110 km
Stockholm :	1 570 km
Vienne :	1 040 km

Dico → couloir • infrastructure • isthme • migration

Points clés

4 La France, un pays où il y a encore de la place

La France, par sa superficie (544 000 km²), est le plus vaste État de l'Union européenne. Pourtant, il est loin d'être le plus peuplé puisque sa densité n'est que de 107 habitants par kilomètre carré, contre 231 en Allemagne et 241 au Royaume-Uni. De plus, du fait des grands contrastes dans la répartition de la population, il y a des régions presque vides en milieu rural et des zones très densément peuplées, les grandes agglomérations et les littoraux.

Pourquoi la France a-t-elle un si vaste territoire si peu peuplé?

Une grande partie des territoires qui constituent la France actuelle ont été réunis par les premiers rois. L'État France s'est ainsi constitué dès le Xe siècle, et la plupart de ses frontières sont anciennes. Les rois ont cherché à agrandir ou au moins à préserver le royaume de France. Par comparaison, l'Allemagne, l'Italie ou la Belgique n'ont existé en tant qu'État unifié qu'au XIXe siècle. La diminution du nombre des naissances a été particulièrement précoce en France. Pourquoi? Le droit français, depuis Napoléon, impose le partage de l'héritage entre les enfants. Aussi certaines familles ont choisi de limiter le nombre de leurs enfants pour éviter de trop morceler le patrimoine. Les guerres nombreuses et meurtrières qu'a connues la France ont également entraîné une chute des naissances – la guerre de 1914-1918 a fait 1 500 000 morts, autant d'hommes jeunes qui n'ont pas eu d'enfants. Enfin, la mortalité, en France, est restée longtemps plus forte que dans les autres pays européens. ■

Les cantons ruraux présentent une densité de population moyenne de 17 habitants au km².

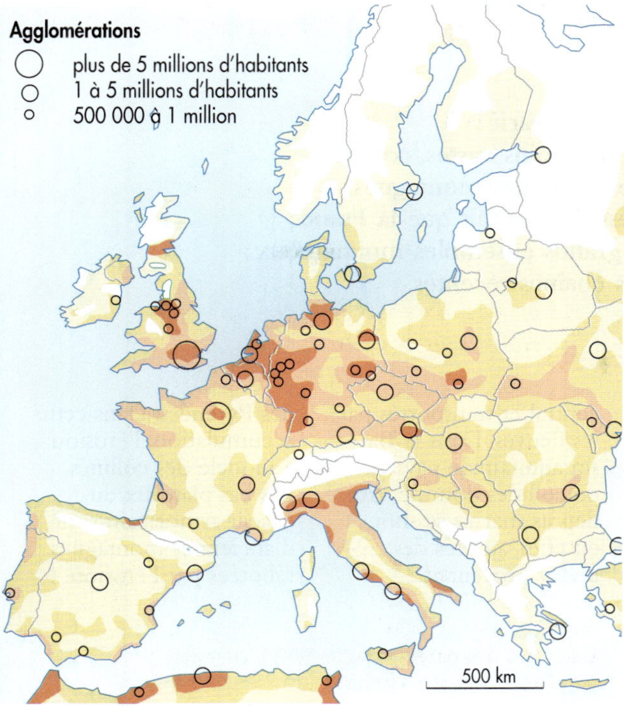

Cette carte des densités illustre notamment la différence entre la France et l'Allemagne.

Depuis 1946, le plus fort accroissement démographique de son histoire

Entre 1946 et 1996, l'accroissement de la population a dépassé 40%, alors qu'entre 1900 et 1946 il n'avait été que de 4%! Cet accroissement est dû à la reprise de la natalité au lendemain de la guerre (baby-boom) et à la baisse rapide de la mortalité, notamment infantile, due à l'amélioration du niveau de vie. L'espérance de vie à la naissance a donc fortement augmenté – il est de 74 ans pour les hommes et 82 ans pour les femmes en 1997. À la même époque, l'économie française, en plein essor, a largement fait appel à la main-d'œuvre étrangère qui est venue augmenter la population. À partir de 1975, du fait du ralentissement de l'activité économique, le gouvernement français a décidé l'arrêt de cette immigration dont le flux est aujourd'hui fortement ralenti. ■

Des vides et des pleins

La population française est très inégalement répartie : 75% des Français vivent aujourd'hui en milieu urbain où les densités sont beaucoup plus fortes qu'en milieu rural. L'Île-de-France reste la région de loin la plus peuplée, mais les départements méditerranéens ont connu un fort accroissement démographique au détriment des vieilles régions industrielles du Nord et de l'Est. Certains cantons ruraux sont particulièrement dépeuplés puisque la densité moyenne y est de 17 habitants par kilomètres carré (Pyrénées, Massif central, Ardennes). Ces zones agricoles assez difficiles d'accès regroupent une population âgée. ■

Les plaines et les montagnes

4

Le relief de la France est très varié : plaines et plateaux plus ou moins vastes, collines, massifs de tailles diverses et hautes montagnes. Cette grande diversité est due au fait que la France est au contact de deux grands ensembles montagneux : les massifs anciens et les chaînes récentes.

Des plaines et des plateaux

Les paysages de plaines et de plateaux calcaires parcourus par de larges vallées caractérisent le Bassin parisien. Dans cette vaste cuvette recouverte par la mer, il y a des millions d'années, se sont déposés des calcaires, des sables, des argiles. Ce sont ces terrains, empilés les uns sur les autres, qui, selon leur dureté, forment les plaines et les plateaux où se sont encaissées les larges vallées de la Seine, de la Loire, de la Marne et de l'Oise. Ces couches sédimentaires sont parfois recouvertes par des dépôts très différents. Certains sont très fertiles, comme le lœss qui recouvre la Beauce et la Picardie, d'autres ne le sont pas, comme les sables et cailloux de la Sologne arrachés autrefois au Massif central et transportés par les fleuves. Dans le Bassin aquitain, le paysage de collines domine. Aux dépôts marins se sont, en effet, ajoutés des débris provenant des Pyrénées. Dans cette accumulation, l'érosion a modelé des collines. Les bas plateaux du Massif armoricain sont d'anciennes montagnes rabotées par l'érosion. ■

Des montagnes anciennes et des plaines récentes

Le Massif central et les Vosges sont aussi des massifs anciens datant de l'époque hercynienne. Ils sont toutefois beaucoup plus élevés car, à la fin de l'ère tertiaire, ils ont subi le contrecoup du soulèvement des chaînes de montagnes des Alpes et des Pyrénées. Ces massifs anciens étant composés de roches très rigides, celles-ci se sont fracturées, parfois si profondément qu'elles ont provoqué des éruptions volcaniques.

Les Alpes, les Pyrénées et la Corse forment de hautes montagnes qui ont subi l'érosion des glaciers, encore active dans les zones les plus élevées. Les glaciers ont creusé de larges vallées à fond plat qui facilitent la circulation, sauf en Corse. L'enneigement, assuré presque chaque année dans les Alpes et Pyrénées, a permis le développement de stations de ski. Cette activité touristique est essentielle à la vie économique de ces hautes montagnes. ■

Des couloirs de plaines

Des couloirs entre ces montagnes élevées facilitent la circulation dans la partie sud de la France. Le couloir rhodanien est ainsi une voie de circulation essentielle entre le sud et le nord de l'Europe. Situé entre le Massif central et les Alpes, il s'ouvre vers le nord, par la porte de Bourgogne, sur la vallée du Rhin et, vers le sud, il débouche sur la Méditerranée par la vallée du Rhône. La plaine d'Alsace où coule le Rhin est un autre couloir de circulation de grande importance économique. Elle correspond à l'effondrement d'une partie du massif ancien des Vosges. ■

La géographie de la France présente une alternance de montagnes et de plaines.

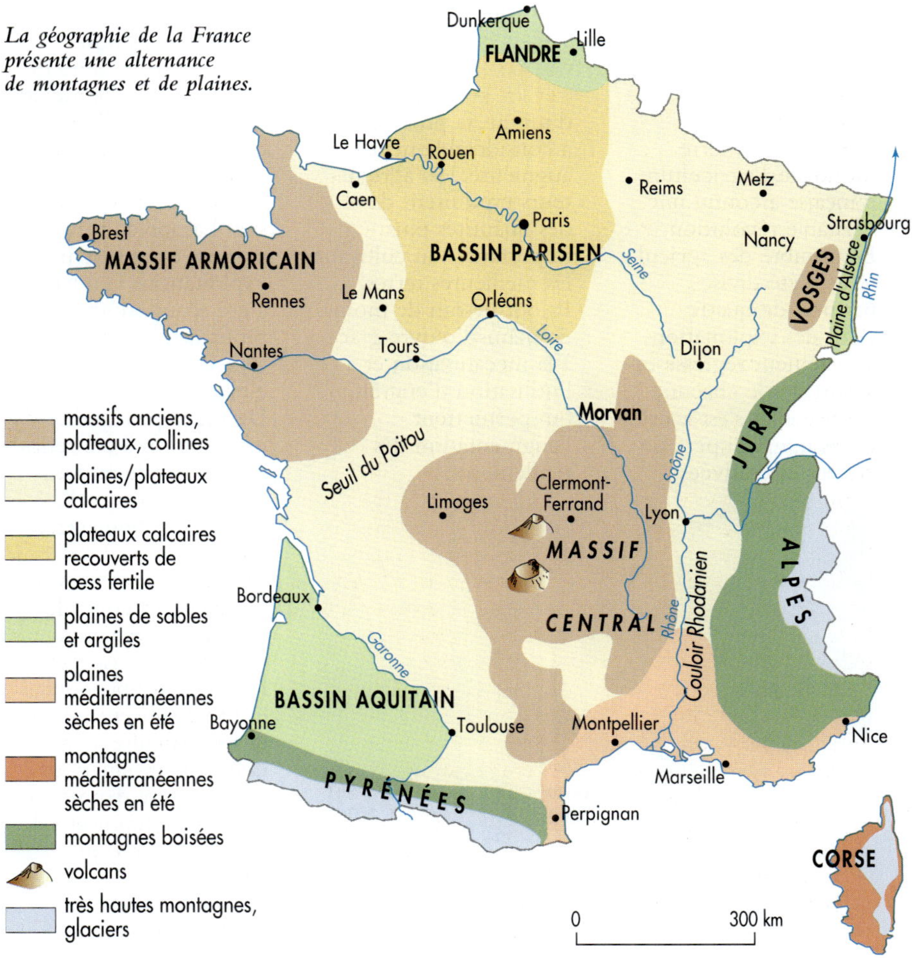

Dico → **bassin** • **couloir**

Points clés

4

La puissance de l'agriculture française

La France est la première puissance agricole de l'Union européenne. Elle occupe les premiers rangs mondiaux pour la production de blé, de vin, de maïs, de betterave à sucre. Pourtant, la France ne compte plus que 600 000 exploitants contre plus de 2 millions il y a cinquante ans.

Une agriculture performante

Depuis la fin de la Seconde Guerre mondiale, l'agriculture française a connu une véritable révolution. Le nombre des agriculteurs a été divisé par près de quatre, celui des exploitations a fortement regressé et la surface de chacune d'entre elles s'est accrue. Alors que la superficie des terres cultivées a diminué, la production a considérablement augmenté. Les agriculteurs produisent donc des quantités plus importantes en cultivant les meilleures terres. Ils ont besoin de moins de main-d'œuvre grâce à la mécanisation et à l'utilisation d'engrais, qui permettent l'augmentation des rendements. ■

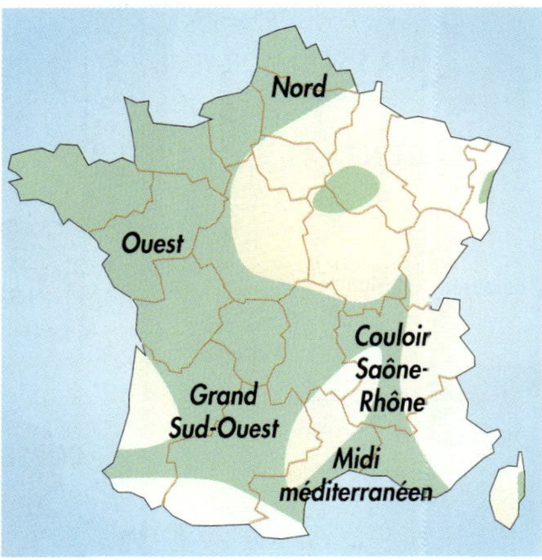

La France des agriculteurs : quelques grandes régions agricoles.

Une agriculture subventionnée par l'État et l'UE

La réussite de l'agriculture européenne doit beaucoup à la mise en place de la politique agricole commune (PAC) dans le cadre de l'Union européenne et au soutien de l'État, qui ont favorisé le développement d'une agriculture productive et intensive. La polyculture pratiquée dans les petites exploitations familiales a été abandonnée au profit de la spécialisation : cultures céréalières, élevages, viticulture, etc. De même, chaque exploitation a été réorganisée par le remembrement des parcelles. Malgré ces bouleversements, les cours des productions agricoles européennes sont plus élevés que les cours mondiaux. Aussi l'Union européenne et l'État subventionnent-ils les agriculteurs pour que leurs productions puissent être exportées sur le marché mondial et pour assurer un revenu minimal dans les exploitations les moins rentables. ■

Longtemps localisée sur les terres limoneuses fertiles du Bassin parisien, la culture du blé s'est étendue à l'est et à l'ouest.

La France laitière dessine un «fer à cheval», mais les principaux cheptels se trouvent en Bretagne et en basse Normandie.

Les performances agricoles remises en question

Cette course aux rendements et à la productivité engendre quelques inconvénients. L'utilisation massive d'engrais et l'augmentation constante des déchets des élevages intensifs polluent l'eau des rivières et des nappes phréatiques. La mécanisation a entraîné la suppression des haies et aggravé l'érosion des sols par les eaux de pluie. De même, la diversité des paysages agricoles s'appauvrit. Le bocage disparaît; du nord au sud s'étendent de vastes parcelles couvertes de céréales, le maïs poussant aussi bien dans le Sud-Ouest qu'en Champagne. Enfin, la mauvaise qualité de certains produits mis sur le marché – poulets aux hormones, bœufs nourris avec des farines animales, etc. – est dénoncée par une partie des consommateurs. Ainsi certains agriculteurs choisissent de produire moins pour mettre sur le marché des produits de meilleure qualité mais plus chers. ■

Les espaces viticoles du Languedoc diminuent. Seuls les vignobles AOC progressent: ceux du Val de Loire, de la Champagne, de l'Alsace et du Bordelais.

Dico → **bocage • céréale • extensif • intensif • mécanisation • PAC**

Paris et l'agglomération parisienne

4

Paris et son agglomération constituent l'une des grandes métropoles mondiales, comparables à Londres, New York ou Tokyo. Ce n'est pas seulement grâce à sa population – nombre de grandes villes du tiers monde sont plus peuplées –, mais surtout parce que s'y trouvent réunies des fonctions de direction économique, politique et culturelle qui s'exercent à l'échelle du monde.

L'ancien cabaret du **Lapin agile**, *à Montmartre, illustre l'image d'un Paris disparu.*

Paris, symbole de la France

Peu de capitales symbolisent autant leur pays que Paris, et les Français sont généralement très fiers de leur capitale, même si les provinciaux lui reprochent une forte concentration des pouvoirs. C'est l'une des plus vieilles capitales du monde. Les rois y ont concentré les activités politiques, militaires et économiques. Après la Révolution, les gouvernants ont renforcé cette politique centralisatrice. La concentration de gens riches a stimulé les activités commerciales et artisanales. Paris est aussi une capitale intellectuelle et le prestige de ses grands écrivains a notamment contribué à assurer sa renommée internationale. ■

La première région industrielle de France

Au XIXe siècle, l'industrie s'est développée dans la région parisienne grâce au charbon importé d'Angleterre par la Seine ou transporté des mines du nord de la France. Les industriels ont choisi de s'installer près d'une clientèle plus nombreuse et fortunée et près d'une main-d'œuvre plus qualifiée qu'en province. L'Île-de-France a conservé son avance sur les autres régions; elle est encore la première région industrielle du pays. Mais les industries polluantes qui emploient de la main-d'œuvre faiblement qualifiée ont quitté la région pour être remplacées par des industries de pointe associées à des centres de recherche. Ces nouvelles activités emploient une main-d'œuvre spécialisée, ce qui relègue les personnels moins qualifiés dans une situation d'exclusion. Des cités qui regroupent des populations frappées par le chômage, souvent d'origine étrangère, se développent dans certains quartiers de banlieue, créant une situation de fortes tensions sociales. ■

Les banlieues de Paris

Paris a longtemps été protégée par des fortifications qui n'ont totalement disparu qu'en 1932. Sur ces anciens terrains militaires ont été construits des équipements sportifs et des logements collectifs, puis, dans les années 1960, le boulevard périphérique. Au-delà commence une banlieue à l'habitat très dense où, dans le nord et dans l'est, se sont installées les industries polluantes qui ont quitté le centre-ville. À l'ouest, dans le prolongement des beaux quartiers parisiens, s'étend une banlieue plus aisée. Désormais, Paris et sa proche banlieue se dépeuplent au profit de la moyenne banlieue et surtout d'une ceinture plus éloignée (30 à 50 kilomètres de la capitale), grâce au développement des liaisons ferroviaires et des autoroutes. ■

Saint-Quentin-en-Yvelines, une des cinq « villes nouvelles » créées dans les années 1970.

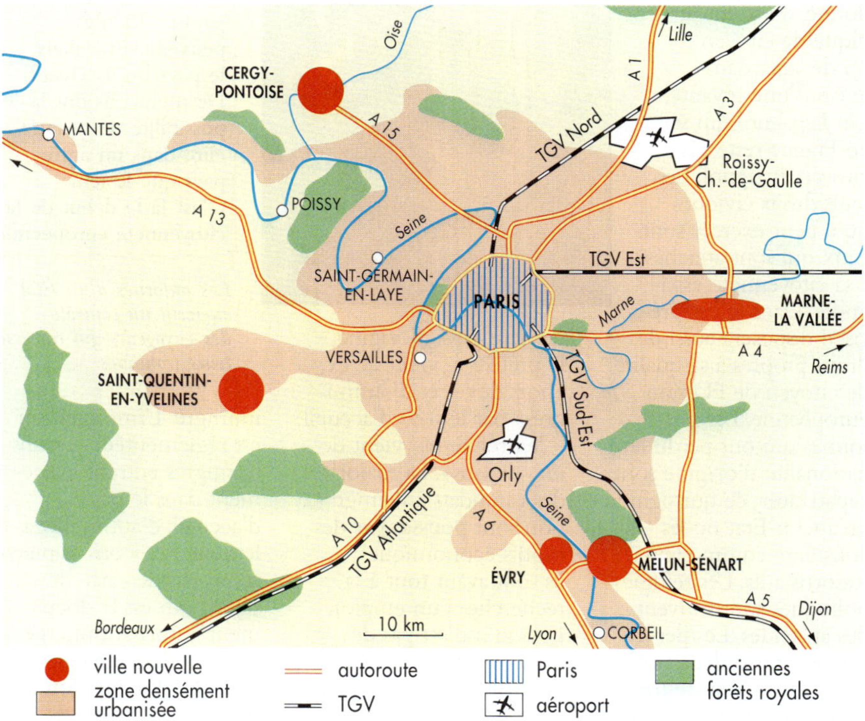

Points clés

Étrangers, immigrés, citoyens

4

Les termes d'«étranger» et d'«immigré» sont souvent employés l'un pour l'autre. Un immigré est un étranger qui souhaite vivre dans un pays qui n'est pas le sien, généralement pour y travailler. Un étranger peut acquérir la nationalité du pays où il s'est installé. En Europe, les conditions d'acquisition de la nationalité variablent selon les différents États.

Être un étranger

La définition juridique de l'étranger est commune à tous les pays du monde. C'est celui qui ne bénéficie pas, dans un pays donné, du statut juridique de citoyen – ou de sujet dans le cas d'une royauté. Un Espagnol qui vit en France reste un citoyen espagnol. Les seuls droits civiques qu'il peut exercer sont ceux qui sont attachés à sa citoyenneté espagnole. Dans le cas précis, il disposera aussi de droits propres à sa qualité de citoyen de l'Union européenne. Les personnes qui ont perdu leur nationalité d'origine sont «apatrides», ce qui signifie qu'aucun État ne les considère comme leurs ressortissants. Les réfugiés politiques sont souvent des apatrides. Les personnes qui souhaitent vivre dans un autre pays sont qualifiés d'«émigrés» par leur pays d'origine – le préfixe *é-* vient de *ex,* «hors de» – et d'«immigrés» par le pays d'accueil – le préfixe *im-* vient de *in,* «dedans». La majorité des candidats à l'émigration sont poussés par des motifs économiques : ils sont avant tout à la recherche d'un emploi. Lorsqu'il n'est pas de passage – en vacances ou en mission professionnelle –, l'étranger est un immigré. L'immigration est règlementée : certains immigrés entrent légalement dans le pays d'accueil, d'autres illégalement. Les «sans-papiers» n'ont pas de carte de séjour qui est le document autorisant une personne à demeurer pendant une longue durée dans un pays tiers.

Les autorités d'un État exercent un contrôle des voyageurs qui traversent leurs frontières.

La citoyenneté européenne

C'est uniquement pour l'élection des députés au Parlement européen que les citoyens des différents pays de l'Union peuvent voter dans le pays où ils vivent. De même, ils ont la possibilité de se faire élire dans un autre pays que le leur. C'est là le début de la citoyenneté européenne.

Être un immigré

L'image de l'étranger est celle d'une personne qui vient d'ailleurs, qui, parfois, parle une autre langue, pratique une autre religion, adopte un autre comportement social. C'est ainsi que l'on prend souvent pour des étrangers des personnes originaires d'un autre pays, mais qui ont acquis la nationalité française ou même des Français originaires des DOM TOM. La même attitude conduit à considérer comme étrangers les enfants nés en France de parents étrangers, bien que ceux-ci soient en fait de nationalité française en vertu du droit du sol qui prévaut dans notre pays. Cette erreur commune amène à surestimer le nombre d'étrangers vivant en France. Il arrive aussi que certains immigrés attachés à leurs origines refusent d'être assimilés, c'est-à-dire de perdre leur identité culturelle pour se fondre dans celle du pays d'accueil, même lorsqu'ils en ont acquis la nationalité. D'autres, au contraire, souhaitent cette assimilation qui peut leur être refusée du fait de l'attitude hostile à leur égard d'une partie de la population du pays d'accueil. Ce comportement discriminatoire, qui est puni par la loi, conduira, par exemple, à refuser de leur louer un appartement ou de leur proposer un emploi. Le refus volontaire de l'intégration par les immigrés comme l'attitude xénophobe – hostile aux étrangers – crée des divisions à l'intérieur de la société. Celles-ci peuvent se traduire sur le plan politique : montée des partis d'extrême droite xénophobes, « ghettoïsation » et repli sur leur communauté de la part des immigrés. ■

Les immigrés illégaux – les « sans-papiers » – réclament leur régularisation sans condition.

Être un citoyen

Le terme de « citoyen » vient de « cité ». À l'origine, un citoyen était l'habitant d'une cité, c'est-à-dire d'une ville constituée en unité politique. C'était le cas de la ville d'Athènes au Ve siècle av. J.-C. Ce fut la première organisation politique dont les citoyens étaient à la fois gouvernants et gouvernés. Ceux-ci se réunissaient tous sur une grande place de leur ville pour voter les lois relatives au fonctionement de la cité. De nos jours, les citoyens n'adoptent pas directement les décisions qui les concernent. Ils élisent des représentants auxquels ils délèguent ce pouvoir : les membres des conseils municipal, général et régional, les députés et le président de la République. Est citoyen la personne majeure qui dispose de tous les droits politiques et civiques, notamment celui de voter dans l'État dont il a la nationalité. Une personne peut être temporairement ou définitivement déchue de ses droits civiques si elle s'en est montrée indigne. ■

Dico → **citoyenneté • droits civiques • immigration • nationalité**

Points clés — Les 22 régions et la décentralisation

4

Jusqu'au début des années 80, la France est un État très centralisé, l'essentiel des centres de décision étant concentré à Paris. Avec la décentralisation s'est mise en place une nouvelle organisation des pouvoirs à l'intérieur de la France. En quoi ce changement d'organisation est-il utile ?

Une réunion du conseil régional.

La lente émergence des régions

Pendant près de 200 ans les départements ont servi de cadre essentiel à l'administration du territoire national. Cependant, la région parisienne dominait tellement le territoire national que les provinciaux ressentaient de la rancœur vis-à-vis de la capitale et estimaient que le développement de la région parisienne nuisait au développement des autres régions. Dans le souci d'atténuer les inégalités économiques du territoire national et d'accroître l'efficacité de son action, l'État a décidé, en 1956, de regrouper les départements jugés trop exigus en 21 régions de programme, d'autant plus que l'accroissement de la rapidité des transports et des communications permettait d'agir sur des territoires plus vastes – la Corse n'a eu le statut de région que plus tard, en 1975. Si cette décision marque le début de la décentralisation, les régions nouvellement créées ne sont pas encore des collectivités territoriales : elles ne le deviendront qu'avec les lois de 1982. ■

Les pouvoirs limités de la région

La région est désormais, comme la commune et le département, une collectivité territoriale. À ce titre, elle dispose d'un conseil élu au suffrage universel et d'un budget autonome. Parmi ses compétences spécifiques figurent notamment l'aménagement du territoire régional ainsi que la promotion du développement économique, social, sanitaire culturel et scientifique de la région. L'État a confié à la région la construction et l'entretien des lycées. Les législateurs ont voulu faire de la région le rouage essentiel de la décentralisation, tout en évitant de donner à la région la moindre autorité sur le département et la commune. Tous les quatre ans, l'État et les élus régionaux négocient un contrat de plan pour définir les actions prioritaires et leur financement. ■

les 22 régions

Alsace
Aquitaine
Auvergne
Bourgogne
Bretagne
Centre
Champagne-Ardenne
Corse
Franche-Comté
Île-de-France
Languedoc-Roussillon
Limousin
Lorraine
Midi-Pyrénées
Nord-Pas-de-Calais
Normandie (Basse-)
Normandie (Haute-)
Pays de la Loire
Picardie
Poitou-Charentes
Provence-Alpes-Côte d'Azur
Rhône-Alpes

La région et l'Europe

La création de régions, qui représente une réforme administrative très importante, s'est faite aussi sous la pression de la Commission européenne. En effet, avec le renforcement de la construction de l'Europe nombre de décisions sont prises à l'échelle de l'Europe. Ce ne sont pas seulement les entreprises qui pensent en termes de marché européen, mais aussi les régions et les métropoles. Il existe désormais un conseil consultatif des régions européennes, les régions frontalières sont appelées « eurorégions », les métropoles sont regroupées dans un réseau d'« eurocités ». Certains élus régionaux veulent voir renforcer les pouvoirs et les budgets des régions françaises à l'image des régions dans des États fédéraux comme l'Allemagne, la Belgique, l'Espagne, où les régions ont des pouvoirs beaucoup plus grands et gèrent des budgets beaucoup plus importants. ■

Dico → décentralisation • région

Points clés

Lille et le Nord-Pas-de-Calais

4

Lille est la capitale régionale d'une des régions françaises les plus densément peuplées – 4 millions d'habitants répartis sur seulement deux départements. Paradoxalement, bien que le poids démographique de la commune de Lille soit faible (175 000 habitants), celle-ci exerce incontestablement son influence sur l'ensemble de la zone dont elle est le centre et même au-delà.

À Lille, la place Charles-de-Gaulle – natif de la ville – est surplombée par le beffroi.

Un drôle de nom

Le Nord-Pas-de-Calais est la seule des vingt-deux régions françaises à porter le nom des deux départements qui la composent. Cette appellation traduit le fait qu'elle ne correspond pas à une ancienne province mais à plusieurs. L'Artois couvre l'essentiel du Pas-de-Calais, la Flandre et le Hainaut se partageant le Nord. À cause de sa situation géographique, au contact de plusieurs ensembles politiques, ce territoire fut, jusqu'à la Seconde Guerre mondiale, très disputé. Convoité par les rois de France, d'Angleterre et d'Espagne jusqu'à son rattachement au royaume de France au XVIIe siècle, il fut de nouveau envahi, cette fois, par les Allemands, lors des deux guerres mondiales. Le sentiment régional y demeure pourtant très ancré, à cause de la prédominance de l'activité industrielle liée à la présence du plus grand bassin charbonnier de France. Ce sentiment n'a toutefois pas suffi à éliminer la vieille rivalité entre les élus des deux départements, ceux du Pas-de-Calais obtenant ainsi d'associer le nom de leur département à celui du Nord. ■

Calais est le quatrième port français pour le trafic de marchandises.

Encore une grande région industrielle

La région Nord-Pas-de-Calais connaît, depuis les années 1970, un profond bouleversement de ses activités industrielles traditionnelles – charbon, sidérurgie, métallurgie textile, chimie – qui ont soit disparu soit considérablement évolué.
C'est toutefois toujours une grande région industrielle, la troisième derrière l'Île-de-France et Rhône-Alpes. Mais ces transformations s'accompagnent de la disparition rapide des emplois non qualifiés qui étaient nombreux dans ces industries. C'est pourquoi les taux de chômage y sont plus élevés que dans le reste de la France. D'autre part, la physionomie des villes reste marquée par leur histoire industrielle. ■

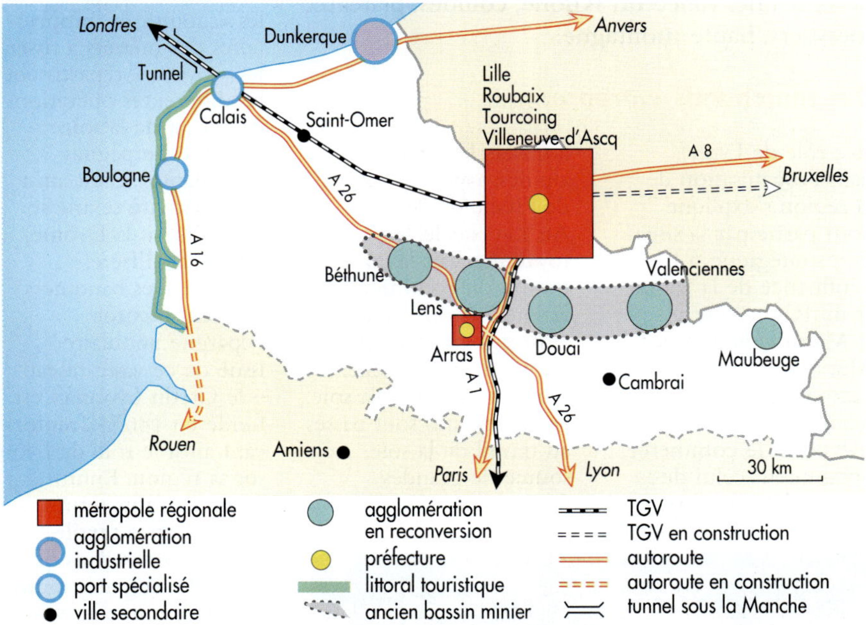

Lille, une métropole régionale depuis peu

Si l'agglomération lilloise compte plus d'un million d'habitants, la ville de Lille proprement dite n'en abrite que 175 000. C'est pourquoi, à la différence de Lyon ou de Bordeaux, les élus lillois ont eu quelques difficultés à imposer leur ville comme la capitale incontestée de la région. En effet, à quelques kilomètres de Lille se situent plusieurs autres grandes villes jalouses de leur autonomie. Mais les difficultés économiques et sociales que connaissent ces villes les ont peu à peu contraintes à reconnaître la domination de Lille. ■

Dico → **démographie • densité • métropole**

La région de Lyon

4

Lyon est la seule ville française, à l'exception de Paris, qui a véritablement organisé sa région, c'est-à-dire qu'elle exerce son influence sur une vaste zone alentour. La région de Lyon ne correspond pourtant pas à un ensemble géographique cohérent puisqu'elle s'étend sur des régions naturelles variées : plaine inondable de la Saône, vallée du Rhône, collines, plateaux forestiers, haute montagne.

Des marchands entreprenants

Le rôle de Lyon dans l'organisation de sa région s'explique pour partie par sa situation stratégique, à la confluence de la Saône et du Rhône, entre le Massif central et les Alpes, mais surtout par l'activité des marchands lyonnais. En effet, dès le XVe siècle, le commerce, notamment celui de la soie, s'est développé, à travers les vallées alpines, avec les villes de l'Italie du Nord. Au XVIe siècle, le pouvoir royal imposait la concentration du commerce de la soie à Lyon, assurant ainsi à la ville une prospérité exceptionnelle. Du commerce de la soie, les marchands sont passés au travail de la soie, source de grandes fortunes. ■

Comment Lyon est devenue une métropole régionale

Le secteur de la soie connaît un grand essor au XIXe siècle. Afin d'éviter toute révolte des ouvriers de ce secteur, les « canuts », les propriétaires des métiers à tisser, les « soyeux », répartissent les différentes opérations du travail de la soie dans les campagnes avoisinantes. C'est ainsi que l'activité textile se répand dans la Drôme, l'Ardèche, l'Isère, la Loire. Des banquiers drainent bientôt l'épargne populaire issue de ce vaste réseau – le Crédit Lyonnais est fondé en 1863 –, renforçant ainsi le rôle de Lyon sur sa région. Enfin, les gros profits retirés de l'industrie textile sont réinvestis dans de nouvelles activités industrielles, comme la chimie. Cependant, du fait de la centralisation parisienne, les capitaux et les sièges sociaux quittent peu à peu la région, amorçant le déclin de la puissance lyonnaise. ■

La ville de Lyon s'étend au confluent du Rhône et de la Saône.

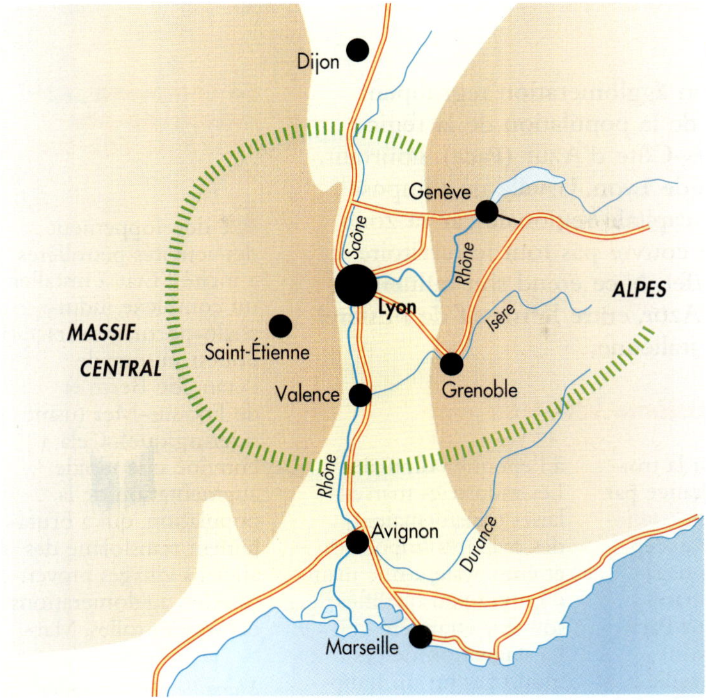

zone d'influence de Lyon

La zone d'influence de Lyon s'étend de part et d'autre du couloir rhodanien, vers les Alpes et le Massif central, et englobe plusieurs villes de moyenne importance.

De la région de Lyon à la région Rhône-Alpes

Le développement de l'hydroélectricité dans les Alpes a permis l'essor d'une nouvelle industrialisation qui ne doit rien, cette fois, aux capitaux lyonnais. La région Rhône-Alpes reste une région industrielle importante (au deuxième rang derrière la région parisienne) et Lyon est incontestablement sa capitale. Seule Genève, à l'est, arrive à limiter sa zone d'influence. Avec la décentralisation et la construction de l'Union européenne, les dirigeants économiques et politiques de la région veulent faire de Rhône-Alpes une des grandes régions européennes, comparable à la Bavière ou à la Catalogne, en cherchant à valoriser sa position de carrefour nord-sud, grâce à la qualité de son réseau de communications. On envisage la construction d'une ligne TGV Lyon-Turin qui permettrait de renouer avec les origines de la richesse lyonnaise. ■

Lyon et sa région

Agglomération de Lyon : 1,2 million d'habitants.

Rhône-Alpes : 5,6 millions d'habitants ; 9,6 % de la population française.

Départements : Ain, Ardèche, Loire, Rhône, Drôme, Isère, Savoie, Haute-Savoie.

Dico → **confluence** • **décentralisation** • **zone d'influence**

Marseille et la Côte d'Azur

4

Marseille et son agglomération regroupent plus du quart de la population de la région Provence-Alpes-Côte d'Azur (Paca). Pourtant, à la différence de Lyon, la ville ne s'impose pas comme la capitale régionale car sa zone d'influence ne couvre pas tout le territoire régional. En effet, Nice étend son influence sur la Côte d'Azur, entre le massif de l'Estérel et la frontière italienne.

Marseille, troisième ville française

Si Marseille est la troisième ville de France par sa population, elle le doit à la taille exceptionnelle de son territoire (22000 hectares contre 8600 pour Paris et 4000 pour Lyon). À l'origine, Marseille s'est développée autour d'une crique, l'actuel Vieux-Port. Longtemps coupée de son arrière-pays par une plaine marécageuse et des montagnes, elle a toutefois profité de sa proximité avec la vallée du Rhône. Comme Lyon, elle a bénéficié de l'aide de l'État : au XVIIe siècle, Colbert lui accorda le monopole du trafic avec les ports méditerranéens étrangers. Aussi, les entrepreneurs marseillais ont concentré leurs activités sur l'avant-pays, surtout l'Algérie, à l'époque coloniale. Les industries marseillaises transformaient des matières importées et employaient une main-d'œuvre peu qualifiée, souvent étrangère. La stagnation de ces industries fut un temps masquée par l'essor du trafic pétrolier. ■

Le complexe industrialo-portuaire de Fos-sur-Mer

Le développement des activités pétrolières a incité l'État à installer un complexe industrialo-portuaire vers l'ouest, autour de l'étang de Berre et de Fos-sur-Mer (usine sidérurgique). Cela a entraîné une rapide augmentation de la population, qui a brutalement transformé des anciens villages provençaux en agglomérations comme Vitrolles, Mar-

Marseille s'est construite autour du Vieux-Port, sous la colline Saint-Jean.

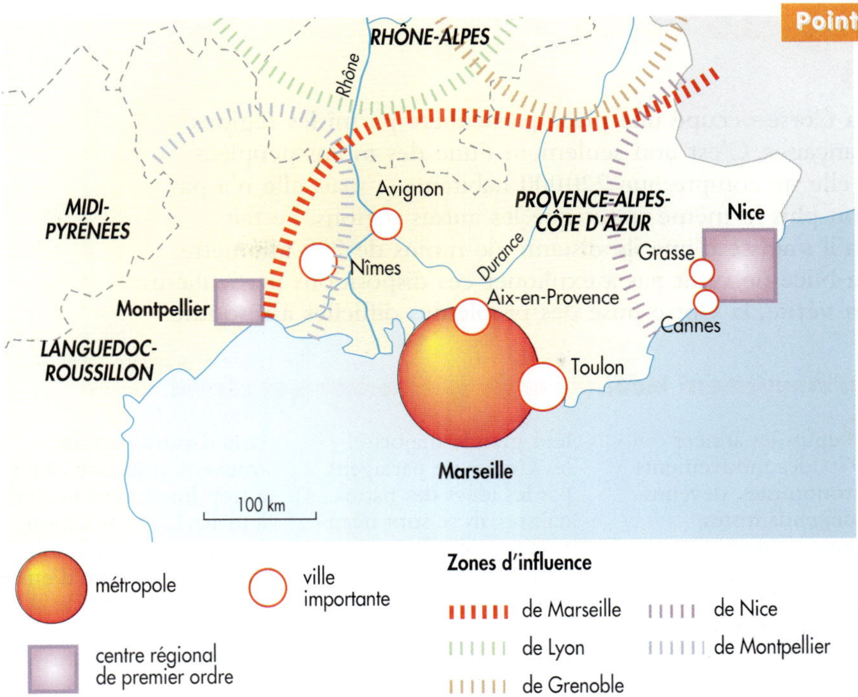

tigues ou Marignane. C'est ainsi que Marseille a perdu plus de 100 000 habitants désireux de se rapprocher de leur lieux de travail. La présence dans cette région d'une forte population d'origine maghrébine suscite des réactions de rejet. Aussi le Front national obtient-il dans ces villes ses meilleurs scores. Cette extension de la zone portuaire vers l'ouest a contribué à limiter la zone d'influence de Marseille à la partie orientale du littoral. ■

La Côte d'Azur, première région touristique d'Europe

Cette région est organisée autour de Nice, dont l'agglomération compte 520 000 habitants. Ses paysages et son climat exceptionnel, avec des hivers doux (les Alpes protègent la côte du mistral, un vent froid) et des étés chauds et secs, ont fait de la Côte d'Azur, qui est bien desservie depuis longtemps, la première région touristique d'Europe. La fréquentation de riches familles françaises et étrangères a tout d'abord donné naissance à un tourisme de luxe (Monte-Carlo, Monaco, Nice, les caps). Après la Seconde Guerre mondiale, la fréquentation des plages de « la Côte » s'est démocratisée, grâce aux congés payés et au camping. Malgré une urbanisation massive et incontrôlée qui a détruit en partie la beauté des paysages, l'attrait de la Côte d'Azur reste fort. ■

Points clés

La Corse

4

La Corse occupe une place particulière parmi les régions françaises. C'est non seulement l'une des moins peuplées – elle ne compte que 220 000 habitants –, mais elle n'a pas non plus le même statut que les autres régions. Le fait qu'il s'agisse d'une île distante de moins de 200 kilomètres de Nice ne suffit pas à expliquer ces dispositions particulières. En vérité, la Corse pose des problèmes difficiles à résoudre.

Un mouvement indépendantiste, minoritaire et récent

Depuis les années 1970, des mouvements autonomistes, devenus indépendantistes, se manifestent surtout sur l'île, plus rarement sur le continent, par des attentats parfois meurtriers. Ceux-ci visent des bâtiments publics, des logements de fonctionnaires de l'État, des complexes touristiques réalisés avec des capitaux étrangers ou non corses. Ces militants nationalistes sont persuadés que la Corse est un espace colonisé par un pouvoir central qui bloque volontairement le développement de leur île. Si, dans leur grande majorité, les Corses ne partagent pas les idées des nationalistes, ils se sont néanmoins montrés compréhensifs à leur égard. D'une part, ils connaissent souvent personnellement tel ou tel militant, d'autre part, ils trouvent aussi que l'État a trop longtemps négligé leur île. Cette situation économique a contraint un grand nombre d'entre eux à émigrer sur le continent et, autrefois, dans les colonies. ■

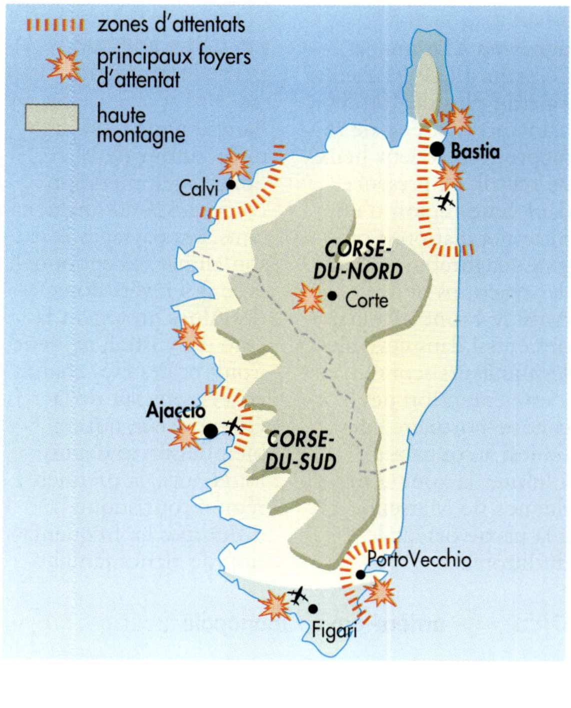

Les principales zones d'attentats sont les deux préfectures, Ajaccio au sud et Bastia au nord, ainsi que les grands sites touristiques, Calvi, baie d'Ajaccio, Porto-Vecchio.

Le Cap corse, longue presqu'île avançant dans la mer est située à l'extrémité nord du territoire. C'est l'une des zones les plus sauvages de l'île qui en compte beaucoup.

Les Corses et l'État

La Corse est devenue française au XVIIIe siècle, vendue à la France par la République de Gênes. Cette dernière n'arrivait pas à mater une révolte qui durait depuis plusieurs dizaines d'années, les Corses cherchant à se libérer de la domination génoise. Les troupes royales réussirent rapidement à écraser les patriotes conduits par Pascal Paoli. Malgré cela, et grâce au destin du plus célèbre d'entre eux, Napoléon Bonaparte, les Corses se sont attachés à la France. Certains occupent de hautes responsabilités au sein de l'État. Or, pour gérer l'île, Paris s'est longtemps appuyé sur les représentants des grandes familles corses plutôt que sur les préfets. Les chefs de « clans », élus grâce aux suffrages de leur « clientèle », servent d'intermédiaire entre l'État et les Corses, situation tout à fait particulière. ■

Des transformations récentes

Dans les années 1960, pour aider entre autres à l'installation d'agriculteurs rapatriés d'Algérie, l'État décide d'investir dans la mise en valeur de la Corse, dans tous les domaines. C'est aussi le début du développement touristique. L'arrivée de nouveaux habitants conforte certains Corses dans leur représentation de la « colonisation » de leur île et provoque la radicalisation de leur mouvement. Malgré une autonomie régionale plus grande et des dépenses de l'État beaucoup plus importantes (13 milliards de francs par an pour 220 000 habitants) que dans les autres régions, les Corses n'ont pas réussi à développer leur économie. Actuellement ne subsiste dans l'agriculture qu'un petit secteur de produits de qualité (vignes, agrumes). L'activité essentielle, le tourisme, ne fonctionne que durant les deux mois d'été. ■

Dico → clientélisme • État • nationalisme • région • tourisme

Points clés

4 Les départements français d'outre-mer

La France a conservé plusieurs territoires outre-mer, tous situés à des milliers de kilomètres de la métropole, mais appartenant à l'ensemble politique que constitue la République française. Or, avec quelques anciennes puissances européennes, la France dispose encore de possessions outre-mer – départements et territoires. Pourquoi avoir conservé ces territoires dispersés, peu étendus et si éloignés de la France ?

« Confettis de l'empire » ou départements français?

Si l'on excepte la Guyane française, en Amérique du Sud, les possessions françaises outre-mer ne sont constituées que de petites îles qui apparaissent comme des points sur les planisphères. C'est pourquoi on les compare à des « confettis », expression qui indique que ces quelques kilomètres carrés ne sont que les résidus d'un vaste empire colonial. Or ces territoires n'ont plus le statut réservé autrefois aux colonies. Depuis 1946, ce sont des départements français. Ils sont donc régis par les mêmes lois que celles qui s'appliquent sur le territoire national et leurs habitants sont citoyens français. Ceux-ci disposent du droit de vote et bénéficient des lois sociales françaises, même s'il a fallu attendre les années 1980 pour que celles-ci soient réellement appliquées. Grâce à l'aide de la métropole, le niveau de vie dans les DOM est plus élevé que, par exemple, celui des États indépendants des Antilles anglophones. C'est pourquoi les mouvements indépendantistes n'y sont pas très puissants. ■

Des enjeux géostratégiques variables

Si la Guadeloupe et la Martinique ne représentent pas de réels enjeux stratégiques, il n'en est pas de même de la Guyane française. En effet, sa situation géographique, à proximité de l'équateur, en fait un endroit particulièrement adapté aux lancements spatiaux. La base de Kourou d'où sont lancées les fusées Ariane est donc un atout majeur pour la France vis-à-vis de ses partenaires européens. Quant à la Réunion, sa position dans l'océan Indien permet à la France d'être présente dans cette partie du monde et de développer ainsi plus facilement des relations avec les États de l'Afrique australe. En outre, ces îles donnent à la France un vaste domaine maritime grâce aux zones économiques exclusives (ZEE). La ZEE s'étend sur une distance de 370 kilomètres au large des côtes; en application de la Convention sur les droits de la mer (1982), leur exploitation est réservée aux États riverains. ■

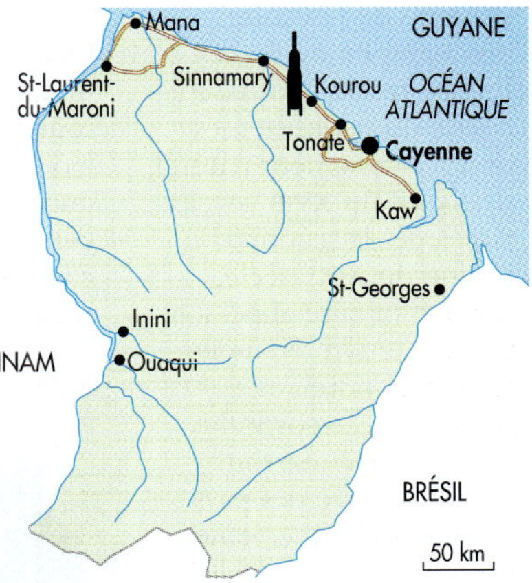

Des départements à la population très diverse

Dans les anciennes îles à sucre que sont la Guadeloupe, la Martinique et la Réunion, la population comprend des Blancs, des créoles et des mulâtres et des Noirs descendants d'esclaves qui travaillaient autrefois dans les plantations. Dans l'île de la Réunion se trouvent aussi des descendants d'immigrants indiens. Du fait du renforcement des liens entre Paris et ces DOM, les métropolitains sont de plus en plus nombreux à y partir. En Guyane, la croissance de la population résulte de l'immigration étrangère (d'Asie mais aussi des États voisins). Dans les DOM, la population est très jeune, car le taux de natalité n'a baissé que récemment. ■

Dico → colonisation • département • natalité

Points clés

Les migrations de population

4

La France connaît depuis plus d'un siècle d'importants mouvements migratoires. Ceux-ci sont de plusieurs types : certains se font sur de très grandes distances, en provenance de l'étranger ; d'autres ont pour cadre la France ; certains enfin, les plus massifs et les plus récents, se font sur des distances encore plus courtes.

Un pays de vieille immigration étrangère

La caractéristique majeure de l'histoire démographique de la France réside dans la précocité du ralentissement de l'accroissement naturel, dès la fin du XVIIIe siècle. Aussi, dès la seconde moitié du XIXe siècle, a-t-il fallu faire appel à la main-d'œuvre étrangère pour répondre aux besoins de l'essor industriel. Celle-ci est tout d'abord venue des pays voisins (Belgique, Italie) ou plus lointains (Pologne, Russie) et de l'Algérie, alors colonie française. Après la Seconde Guerre mondiale sont arrivés les Espagnols, les Portugais, les Maghrébins. Plus récemment, les Asiatiques et les immigrants de l'Afrique noire ont fait leur apparition. À la suite de la crise économique des années 1970, la France a décidé de fermer les frontières aux travailleurs étrangers. Ceux qui étaient déjà installés en France ont toutefois pu faire venir leur famille. C'est pourquoi la population étrangère a pu continuer à croître dans les villes des régions industrialisées. ■

Les immigrés ont notamment travaillé dans le secteur du bâtiment et des travaux publics.

Du sud au nord, puis du nord au sud

Les Français, à la différence d'autres peuples européens, émigrent peu à l'étranger. De plus, jusqu'à la fin de la Seconde Guerre mondiale, beaucoup de Français vivaient encore là où ils étaient nés. Seule une minorité « montait » travailler à Paris. À partir des années 1950, la mobilité des Français s'est accrue régulièrement du fait de la profonde transformation des campagnes et du développement de l'industrie et des services. La majorité des Français vit désormais en ville. Enfin, la crise des vieilles industries (mines, sidérurgie, textile) à partir des années 1970 et la montée rapide du chômage ont inversé les courants de migrations. Longtemps attractives, les régions du nord et de l'est se vident désormais au profit des régions du sud. Celles-ci sont devenues attractives non seulement pour les retraités, mais aussi pour les jeunes, car il faut aussi tenir compte de l'évolution du mode de vie et de l'augmentation du temps consacré aux loisirs. ■

Les Français s'installent à la périphérie des villes

Les Français sont de plus en plus nombreux à travailler dans une autre commune que celle où ils résident. C'est pourquoi les migrations quotidiennes s'accroissent fortement et ne concernent plus seulement la région parisienne. En fait, malgré la crise économique, le niveau de vie moyen des Français a continué de progresser: la majorité d'entre eux possèdent au moins une voiture et beaucoup, pour devenir propriétaire de leur logement, se sont résolus à quitter les centres urbains pour leurs périphéries éloignées où les maisons et les terrains sont moins chers. Les banlieues des grandes villes gagnent ainsi de plus en plus sur les terres agricoles des alentours. Après s'être dépeuplés, les villages voient désormais leur population croître à nouveau. Celle-ci n'est pas composée de ruraux, mais de travailleurs urbains – ou d'adeptes du télétravail – qui se donnent ainsi l'impression de vivre «à la campagne». ■

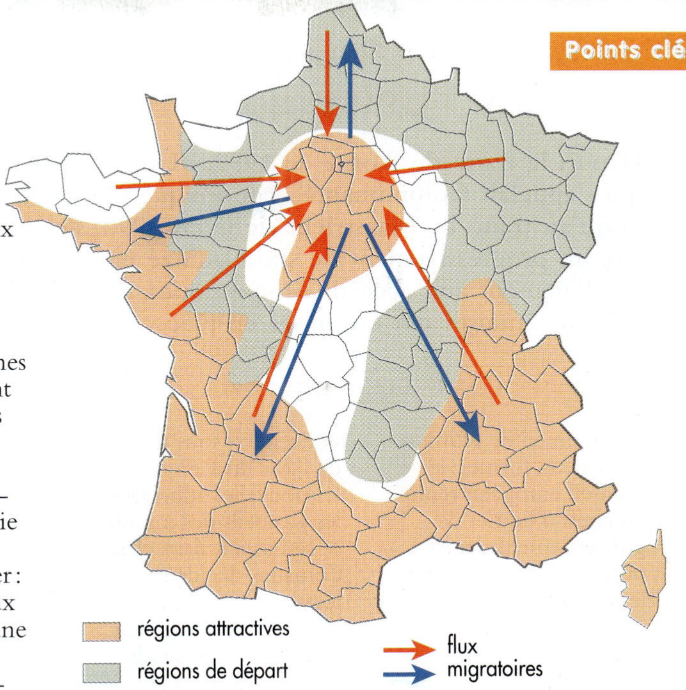

Les 15 premières agglomérations françaises

AGGLOMÉRATIONS	NOMBRE D'HABITANTS (milliers) 1950	NOMBRE D'HABITANTS (milliers) 1990	TAUX DE CROISSANCE (%)
Paris	6362	9319	146
Lille	1036	1296	125
Lyon	804	1262	156
Marseille	793	1231	154
Bordeaux	477	696	145
Toulouse	312	650	208
Nice	274	517	188
Nantes	298	496	166
Toulon	223	438	187
Strasbourg	269	418	155
Grenoble	175	405	231
Valenciennes	340	380	111
Rouen	276	380	137
Cannes	133	336	252
Nancy	225	329	146

Dico → accroissement naturel • migration • région

Points clés

4

Les institutions de l'Union européenne

Depuis le traité de Rome de 1957, l'Union européenne, qui s'appelait Communauté économique européenne (CEE) jusqu'au traité de Maastricht signé en 1992, s'est agrandie, passant progressivement de six à quinze pays membres. Parallèlement aux accords économiques, des institutions communautaires ont été mises en place.

Le Conseil de l'Union, l'organe de décision

Le Conseil de l'Union revêt deux formes : le Conseil européen réunit les chefs d'État et de gouvernement deux ou trois fois par an, fixe les grandes orientations et décide – sous réserve de l'avis du Parlement – les nouvelles adhésions ; les Conseils des ministres se réunissent dans chaque domaine, décident de la législation communautaire avec le Parlement, coordonnent les politiques nationales et règlent les conflits. Les conseils « affaires générales », « économie et finances » ou « agriculture » se réunissent une fois par mois, d'autres tels que le conseil « transports » deux à quatre fois par an. Les réunions se déroulent à Bruxelles, et à Luxembourg en avril, juin et octobre. Tous les six mois, la présidence du Conseil de l'Union est exercée par le chef d'un État différent. ■

L'hémicycle du Parlement européen, au palais de l'Europe, à Strasbourg. Certaines de ses réunions peuvent aussi avoir lieu à Bruxelles.

La Commission européenne, le moteur permanent de l'Union

Au cœur du processus de décision de l'Union, la Commission est composée de vingt commissaires, personnalités indépendantes nommées d'un commun accord par les gouvernements des États membres (2 pour l'Allemagne, l'Espagne, la France, l'Italie et le Royaume-Uni, 1 pour les autres) et soumis à un vote d'approbation du Parlement européen. Ce dernier peut voter une motion de censure et obliger la Commission à une démission collective, mais cela ne s'est jamais produit. La Commission siège à Bruxelles et emploie 15000 personnes. Assistée par le Comité économique et social des communautés européennes, elle propose des lois communautaires, les met en œuvre après décision du Conseil et veille à leur respect. ■

Les locaux du Parlement européen à Bruxelles où siège le secrétariat général de l'assemblée des Quinze.

Le Parlement européen, l'organe démocratique

Entre la Commission qui propose et exécute et le Conseil qui décide, le Parlement européen apparaît comme la voix des citoyens de l'Union. Composé de 626 députés élus au suffrage universel tous les cinq ans depuis 1979, le Parlement siège à Strasbourg en session plénière une semaine par mois. Doté à l'origine d'un rôle purement consultatif, le Parlement exerce aujourd'hui un contrôle sur les autres institutions de l'Union, peut amender et même adopter des textes législatifs, arrête le budget communautaire et partage le rôle de décision avec le Conseil sur de nombreux sujets. Le Parlement est appelé à donner son avis sur les nouvelles adhésions et sur les accords internationaux. ■

Dico → CEE • traité de Maastricht • Union européenne

Points clés

③ Le marché mondial, les pays riches, les pays pauvres

Depuis plusieurs décennies, les économies et les sociétés des pays se sont de plus en plus ouvertes sur l'extérieur. La multiplication des échanges a progressivement créé un marché véritablement mondial. Ce phénomène s'accompagne d'une explosion des inégalités sociales et géographiques.

Les oppositions entre pays riches et les pays pauvres

Alors que la valeur des productions réalisées sur l'ensemble de la planète est 40 fois plus grande aujourd'hui qu'en 1900 et que le niveau de vie moyen a été multiplié par 12,5 depuis cette date malgré la croissance démographique, les inégalités se creusent entre les États et au sein d'un même pays. Un cinquième de l'humanité vit avec moins de 5 francs par jour. En 25 ans, les 20% les plus pauvres de la population mondiale, qui disposaient de 2,3% de la richesse mondiale, n'en contrôlent plus que 1%, alors que la part des 20% les plus riches est passée de 69% à 86%. Le président de Disney gagne 325 000 fois le salaire d'un ouvrier haïtien qui travaille pour lui en sous-traitance. ■

L'indicateur du développement humain de l'ONU représenté ici prend en compte l'espérance de vie, le niveau d'éducation et le niveau de vie (maximum 1).

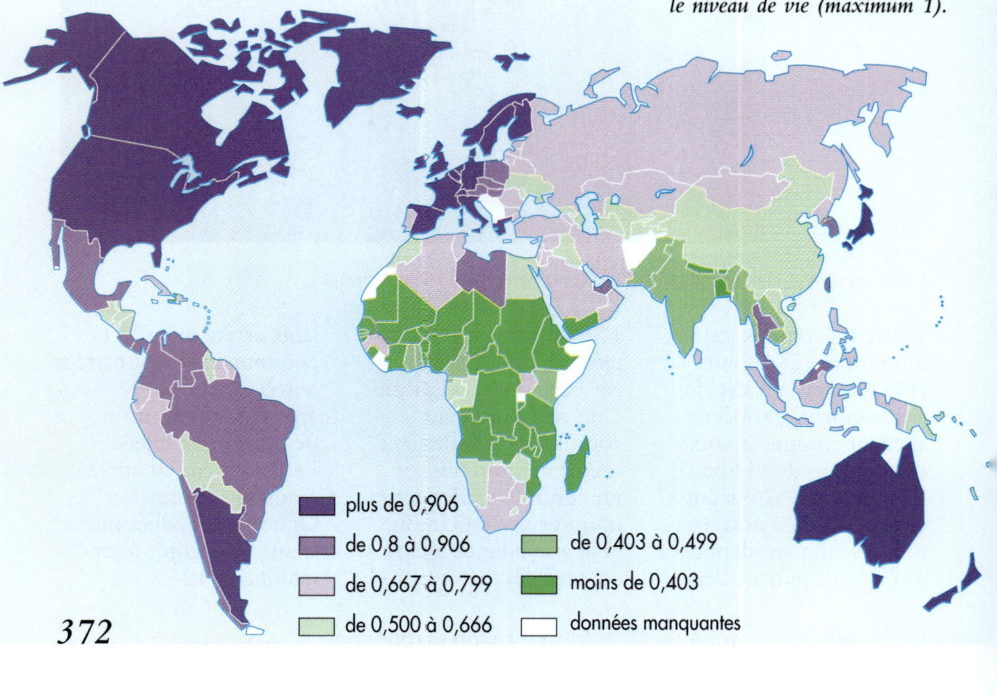

Un monde plus complexe

L'opposition entre pays développés et pays en développement se complexifie. Dans les pays hautement développés comme les États-Unis ou l'Union européenne, on voit apparaître de plus en plus d'exclus (chômeurs, personnes sans domicile fixe). Dans les anciens pays communistes d'Europe de l'Est et en Russie, une partie de la population s'appauvrit brutalement du fait des changements économiques. Par ailleurs, dans les pays pauvres où 1,3 milliard d'hommes n'ont pas accès à l'eau potable, 800 millions ne mangent pas à leur faim et 400 millions d'enfants ne vont pas à l'école, certaines personnes sont immensément riches. Enfin, certains pays sous-développés il y a trente ans ont connu des progrès économiques et sociaux considérables (Corée du Sud, Taiwan, Singapour...). ■

Scène de misère en Russie.

De nouvelles interdépendances

Les mutations technologiques et l'apparition progressive d'un marché mondial pour les produits agricoles, industriels ou même pour les biens culturels se traduisent par de nouvelles relations de dépendance entre les différentes régions du monde et entre les États. C'est tout aussi vrai pour les questions de santé : le fort développement du sida est devenu un problème mondial. Les écarts croissants entre pays riches et pays pauvres expliquent largement, avec les guerres, les flux migratoires qui concernent 130 millions de personnes – environ 2% de la population mondiale – dont les trois quarts sont originaires d'Amérique latine, d'Afrique, du Moyen-Orient et d'Asie. De plus en plus de personnes pensent que le devenir de la planète devrait être géré de manière plus collective face aux risques technologiques et environnementaux : pollution accrue de l'air, augmentation des gaz à effet de serre qui menacent les équilibres climatiques, effets catastrophiques de la déforestation de la zone humide intertropicale, déclin inquiétant des réserves de poissons dans les mers. L'économie doit être remise au service de la société : l'avenir de notre planète passe par le développement de nouvelles solidarités entre les différentes parties du monde. ■

Dico → **environnement** • **effet de serre** • **migration** • **mondialisation**

Points clés

3 Après un demi-siècle de «guerre froide»

L'effondrement de l'URSS en 1991 et la disparition du pacte de Varsovie, face aux États-Unis et à l'Otan, marquent la fin de la «guerre froide». Ce changement modifie en profondeur les équilibres stratégiques, géopolitiques, économiques et sociaux mondiaux, ainsi que la façon dont les hommes se représentaient le monde.

D'un monde bipolaire à un monde multipolaire

Les équilibres mondiaux et les relations internationales ont été bouleversées par la disparition du bloc soviétique au tournant des années 1990. Le monde est alors passé d'une structure relativement stable et prévisible organisée autour de deux superpuissances – on le qualifiait de «bipolaire» – à un système plus lâche, instable et complexe – dit «multipolaire». Progressivement, de nouvelles puissances régionales s'affirment – Brésil, Inde, Afrique du Sud, Iran, Indonésie, etc. – qui prétendent défendre leurs intérêts propres au sein d'une zone d'influence. Par ailleurs, les rivalités entre le Japon, l'Europe occidentale et les États-Unis se sont exacerbées. Ces bouleversements ne doivent cependant pas masquer le fait principal de cette évolution: les États-Unis demeurent aujourd'hui la seule superpuissance. ■

L'usine Renault implantée à Novo-Mesto, en Slovénie, dans l'ex-Yougoslavie.

Nouvelle donne en ex-URSS

L'indépendance des ex-républiques de l'URSS a profondément modifié la donne géopolitique. Celles-ci tissent désormais des liens économiques et diplomatiques dans de multiples directions. Les riverains de la mer Caspienne exploitent leur pétrole avec l'aide de compagnies occidentales. Les républiques musulmanes nouent des contacts avec le monde arabo-persan. Les pays Baltes frappent à la porte de l'Union européenne.

La Bourse de Budapest a ouvert en 1990, un an après la chute du régime communiste en Hongrie.

De la confrontation militaire à la confrontation économique

Durant la « guerre froide », la quantité et la qualité des armées et des armements étaient un facteur essentiel de la confrontation entre les deux blocs. La « guerre froide » se traduisit par une course aux armements qui conduisit à une accumulation par chaque camp d'armes conventionnelles, nucléaires et chimiques. Aujourd'hui, le poids du facteur militaire a beaucoup faibli, comme en témoignent les accords de désarmement et la destruction de certains arsenaux. La compétition entre les États du monde se déroule de plus en plus sur le plan économique, dans le cadre d'une ouverture plus large des marchés. Parallèlement, les inégalités de développement ne cessent de croître dans le monde, notamment entre les pays riches du Nord et les pays pauvres du Sud qui regroupent une partie de l'Afrique, de l'Amérique latine et de l'Asie. On voit enfin se multiplier les associations économiques regroupant plusieurs États de la même région comme, par exemple, l'Union européenne, l'Accord de libre-échange nord-américain (Alena), le Marché commun du Sud (Mercosur) en Amérique latine, l'Association des nations du sud-est asiatique (Asean) ou la Communauté économique des États de l'Afrique de l'Ouest (Cedeao). ■

Les grandes aires linguistiques et culturelles

Enfin, la « guerre froide » reposait également sur une opposition d'ordre politique et idéologique entre les pays communistes, ou marxistes, et les pays capitalistes, ou libéraux. La disparition de cet antagonisme a redonné de l'importance à d'autres lignes de structuration du monde. On insiste aujourd'hui davantage sur les diversités culturelle, linguistique et religieuse de la planète. On tente de déterminer les limites des grandes aires de civilisation pour tenter de comprendre les changements actuels dans telle ou telle région. On met l'accent sur le rôle de la religion dans certains conflits internes – c'est le cas de la guerre civile algérienne qui oppose l'armée aux groupes islamistes armés – ou internationaux – au Proche- et Moyen-Orient ou dans le Golfe. ■

Dico → capitalisme • communisme • mondialisation • superpuissance

Points clés

3

La fin des régimes communistes et ses conséquences actuelles

La disparition des régimes communistes en Europe de l'Est, au tournant des années 1990, s'est traduite par une crise profonde qui s'explique à la fois par le lourd poids de l'héritage et par le caractère violent de ce que l'on appelle la «transition», c'est-à-dire la passage à une économie libérale. L'intégration des nouveaux pays nés de la disparition du bloc communiste dans l'économie mondialisée pose de graves problèmes.

La multiplication de nouveaux États

Alors que les régimes communistes affirmaient avoir réglé la question de la nation dans les régions qu'ils contrôlaient, une des principales conséquences de leur disparition a été la création de nombreux États nouveaux en Europe. Ce phénomène s'est parfois déroulé pacifiquement, comme en Tchécoslovaquie, partagée entre la République tchèque et la Slovaquie. Il s'est souvent accompagné de violences, comme en témoigne la terrible guerre dans l'ex-Yougoslavie. Dans l'ex-URSS, les anciens États fédérés ont accédé à l'indépendance (les trois pays Baltes, Ukraine, Biélorussie, Géorgie, Arménie, Azerbaïdjan, Kazakhstan, Turkménistan, Ouzbékistan, Tadjikistan, Kirghizistan). Le nationalisme se développe dans plusieurs régions et des tensions opposent des États voisins au sujet de minorités nationales – la minorité hongroise présente en Slovaquie et en Roumanie ou la communauté tsigane partagée entre la Roumanie, la Hongrie et la Slovaquie. ■

L'éclatement de la Yougoslavie ex-communiste, en 1991, s'est traduit par l'apparition de cinq États: la Slovénie, la Croatie, la Bosnie-Herzégovine, la République fédérale de Yougoslavie et la Macédoine.

Pays le plus pauvre d'Europe, l'Albanie traverse, de plus, une crise politique.

De graves retards et de profonds déséquilibres

S'installant en 1945 dans des pays souvent peu industrialisés, sauf en Tchécoslovaquie et en Allemagne de l'Est, les régimes communistes se sont inspirés du modèle politique, économique et social soviétique de l'URSS (système centralisé, parti unique, etc.). Entre 1950 et 1975, ces pays ont connu un développement spectaculaire : forte croissance industrielle, modernisation des campagnes, développement des villes. Mais on s'aperçoit aujourd'hui des graves défauts de cette croissance qui a sacrifié bien souvent la population, son approvisionnement et son cadre de vie ou encore l'environnement. De plus, le système gaspillait la main-d'œuvre et les matières premières en produisant des marchandises de mauvaise qualité. Les transports et les communications étaient très faibles. Ces pays ont donc un grave retard à rattraper par rapport à l'Europe occidentale. ■

Une grave crise sociale et économique

Le passage à l'économie capitaliste, pour ces pays, est difficile. Le niveau de vie y demeure très bas et une large partie de la population s'appauvrit alors qu'une petite minorité s'est fortement enrichie grâce à ses positions dans l'État ou à la direction de grandes entreprises. Le chômage, réel ou caché, est important. Les quelques avantages du système communiste (loyers peu chers, protection sociale, emploi assuré) ont disparu. Quelques États connaissent une situation relativement favorable (République tchèque, Hongrie, Slovénie, Pologne) et envisagent d'adhérer à l'Union européenne. D'autres sont en grande difficulté (Slovaquie, Roumanie, Bulgarie), alors que la situation s'aggrave dans l'ex-URSS (Russie, Ukraine, Biélorussie). La région reste donc très instable et les progrès démocratiques très fragiles ou inexistants. ■

Dico → communisme • libéralisme • mondialisation • nationalisme

Les démocraties

3

Il est devenu habituel de différencier les États en fonction de leur régime politique et du fonctionnement de leur société selon qu'ils respectent ou non un certain nombre de droits élémentaires, en particulier politiques. On peut alors distinguer les démocraties des pays aux structures autoritaires, voire dictatoriales.

La démocratie, une conquête permanente

La démocratie – de *demos,* « peuple » et *cratos,* « pouvoir » – est le fruit d'un combat permanent des citoyens pour imposer un certain nombre de droits politiques au bénéfice de tous. Dans l'Antiquité, la « démocratie » athénienne reposait sur l'esclavage, et la « démocratie » française n'a reconnu le droit de vote aux femmes qu'en 1944. En 1948, la Déclaration universelle des droits de l'homme des Nations unies est devenue une référence pour le monde entier. Depuis, la notion de « droit » s'est progressivement étendue aux domaines économiques, sociaux et culturels, et à certaines catégories plus vulnérables de la population – femmes, enfants. Il existe de nombreux États dont les régimes politiques sont démocratiques – les élections y sont libres –, mais où les sociétés sont cependant peu démocratiques du fait des énormes inégalités sociales et économiques qui séparent les différentes classes qui les composent. ■

En 1973, les militaires renversent le régime démocratique de Salvador Allende, au Chili, et instaurent une dictature. Le président Allende (ici, un casque sur la tête) trouve la mort en tentant de défendre son palais les armes à la main.

Des manifestants crient leur joie après la décision du gouvernement britannique, en 1998, de retenir à Londres, à la demande d'un juge espagnol, le général Pinochet. Ce dernier, chef de la junte chilienne au pouvoir de 1973 à 1990 pourrait répondre de crime contre l'humanité.

Les pays démocratiques

Les pays démocratiques se caractérisent par le respect des droits fondamentaux, l'élection libre des représentants du peuple, l'équilibre des pouvoirs (exécutif, législatif, judiciaire), l'égalité des citoyens devant la loi, la liberté d'expression et d'association, l'existence de nombreux partis, syndicats et associations, l'importance des médias (presse, radio, télévision), la vivacité des débats politiques ou de société. Les pays démocratiques ont souvent un haut niveau de vie et des sociétés moins inégalitaires que les pays autoritaires, même s'ils sont loin d'être parfaits. ■

Les pays peu ou pas démocratiques

Ces pays regroupent des situations très hétérogènes selon leur organisation sociale et politique. En Afrique du Sud, l'apartheid exprimait la domination d'une minorité blanche raciste d'origine européenne à la majorité noire de la population. Certains États sont de terribles dictatures civiles ou militaires (le Chili sous le général Pinochet, l'Irak de Saddam Hussein, la Birmanie de la junte). Il existe aussi des États à parti unique comme les pays communistes (Chine, Vietnam, Corée du Nord, Cuba) ou certains États du tiers-monde (Indonésie, Malaisie, Syrie) et où parfois, comme en Afrique noire, la structure ethnique tend à favoriser la domination d'un groupe sur les autres. D'autres, enfin, sont plongés dans la guerre civile et les troubles intérieurs (Algérie, Colombie, Congo) ou voient apparaître des régimes autoritaires au nom d'une religion (les régimes islamistes d'Afghanistan, du Pakistan, du Soudan, d'Iran). Si, à la fin du XXe siècle, les progrès démocratiques ont été importants en Amérique latine où la dictature a quasiment disparu, la situation reste très difficile en Afrique, au Moyen-Orient et en Asie. ■

Dico → colonisation • dictature • droits de l'homme • tiers-monde

Points clés 3

La mondialisation et la circulation des capitaux

De plus en plus ouvertes sur l'extérieur, les économies des États deviennent dépendantes les unes des autres. Mais les relations entre elles sont inégales. Un petit groupe de pays (États-Unis, Japon, Europe occidentale) domine les autres par leur puissance.

Le dollar est la devise reine des échanges internationaux.

Un système mondial de plus en plus « libéral »

Depuis 1950, les pays riches – surtout les États-Unis – tentent d'imposer la suppression des contrôles douaniers et la libéralisation des échanges commerciaux et financiers. Les pays sont appelés à supprimer leurs droits de douane ainsi que les règlements qui protègent leur marché national. Les marchandises et les capitaux étrangers doivent pouvoir circuler partout sans entrave ni contrôle. Ceci est présenté comme un progrès de la liberté. En fait, cette liberté de circulation profite d'abord aux entreprises les plus puissantes qui peuvent ainsi conquérir de nouveaux marchés au détriment d'entreprises plus petites. ■

Le rôle croissant de l'argent

À côté des activités économiques traditionnelles (agriculture, industrie, services), on assiste à la forte croissance des activités financières. Le secteur mobilise des montants énormes de capitaux. Les banques et les assurances gèrent ainsi 12 000 milliards de dollars – presque la moitié de toute la richesse créée en un an sur la planète. Les Bourses du monde brassent quant à elles 25 000 milliards de dollars. Les banques s'enrichissent en prêtant de l'argent, notamment à des États, contre un remboursement final supérieur à la somme avancée (taux d'intérêt). Le seul marché mondial de la dette atteint 35 000 milliards de dollars. Les banques achètent et vendent également des devises – les monnaies des États – avec un bénéfice. Chaque jour, les devises échangées dans le monde pour réaliser des échanges commerciaux et financiers, mais aussi pour spéculer sur la valeur des monnaies, représentent 1 300 milliards de dollars, presque autant que le produit national brut de la France en une année. ■

La presqu'île de Manhattan, à New York, abrite les sièges sociaux des plus grandes entreprises américaines.

Des flux de capitaux incontrôlés

Les opérations spéculatives sont un facteur d'instabilité pour les économies nationales. La multiplication des crises financières en témoigne. Lorsqu'un État risque de ne pas pouvoir rembourser ses dettes dans les délais prévus, par exemple, le système vacille. Les banques retirent alors leurs capitaux du pays en question, car elles ne veulent pas prendre de risque. Il leur faut retirer de leurs placements une somme d'argent supérieure à celle qu'elles ont investie. Si elles perdent confiance, elles retirent brutalement leur argent pour le placer sur un autre marché. C'est pourquoi les grands organismes internationaux comme le Fonds monétaire international (FMI) ou la Banque mondiale se demandent si la libéralisation n'est pas allé trop loin et s'il ne faut pas rétablir certains contrôles sur le mouvement des capitaux. ■

La Bourse de New York, à Wall Street, est la place financière où le volume d'échanges quotidien est le plus élevé.

Dico → **Bourse • capitaux • crise financière • FMI • libéralisation**

Points clés

Les inégalités de puissance

3

Les deux cents États de la planète ne disposent pas des mêmes atouts naturels, démographiques ou économiques. Certains sont minuscules et d'autres très grands. La planète est donc composée de pays de puissances très inégales.

La salle de l'Assemblée des Nations unies, à New York.

Les rapports de force

La puissance d'un État dépend de nombreux facteurs : territoriaux (superficie plus ou moins grande, ressources naturelles), démographiques (effectif de la population), culturels et politiques (cohésion et solidarité nationales), économiques (production, finances, échanges) ou militaires (nombre de soldats et types d'armement). Ainsi, les 20 États les plus peuplés concentrent trois quarts de la population mondiale et les 50 États les plus riches 96 % de la richesse mondiale. Le niveau de vie des habitants du pays le plus riche est plus de 500 fois supérieur à celui du pays le plus pauvre. Certaines régions sont isolées, d'autres très bien reliées à l'ensemble du monde : sur le millier d'aéroports internationaux que compte la planète, les 25 premiers concentrent 83 % du trafic mondial. ■

Petites, moyennes et grandes puissances

Depuis 1945, les États se multiplient du fait de la dislocation des empires coloniaux ou, plus récemment, de l'éclatement des grandes fédérations comme l'URSS ou la Yougoslavie. Ainsi, les États membres de l'Organisation des Nations unies (ONU) sont passés de 51 en 1945 à 125 en 1970, 159 en 1990 et 185 en 1998. On peut classer ces États en trois catégories : les petites, moyennes et grandes puissances.

Les grandes puissances, peu nombreuses, développent leur influence à l'échelle mondiale (États-Unis, Allemagne, France, Japon, Royaume-Uni). Les puissances moyennes, plus nombreuses, jouent un rôle sur une partie seulement d'un continent, comme le Brésil, le Mexique, la Chine, l'Afrique du Sud ou la Russie, qui fut jusqu'en 1991 une puissance mondiale. Enfin, les petites puissances constituent la plus grande masse des États. ■

De nombreuses rivalités

Des États voisins se disputent des territoires. De grands États soutiennent des États plus petits confrontés aux menaces d'autres puissances. C'est le cas des États-Unis qui appuient Israël contre les pays arabes. Ces rivalités entraînent des conflits politiques, économiques ou religieux qui peuvent déboucher sur des combats. De 1947 à 1985, la « guerre froide » entre l'URSS et les États-Unis n'a fort heureusement pas entraîné de lutte militaire directe entre les deux superpuissances car leurs bombes nucléaires auraient pu détruire toute la planète. Mais celles-ci ont indirectement participé à de nombreux autres conflits (Corée, Vietnam, Cuba, Afghanistan, Angola, etc.). En 1991, l'ONU a autorisé une intervention militaire contre l'Irak qui avait envahi le Koweït, petit État voisin très riche en pétrole. Les puissances moyennes mènent, elles aussi, de nombreuses guerres pour défendre leurs intérêts (Israël / pays arabes voisins, Irak / Iran, crise du Congo, Inde / Pakistan, etc.).

Le président irakien Saddam Hussein est présenté comme le principal ennemi des États-Unis.

Carte des tailles comparées du produit naturel brut (PNB) des grands pays.

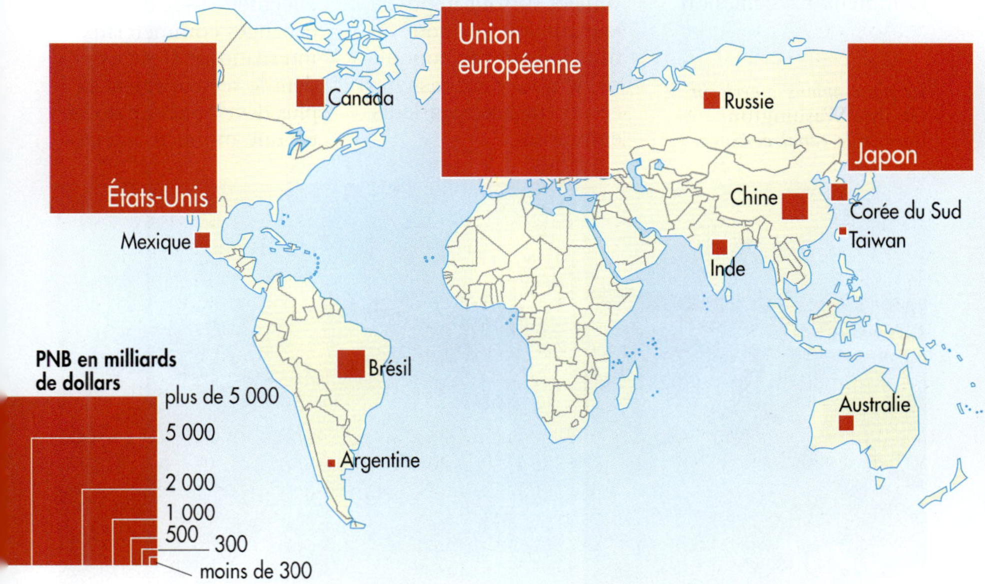

Points clés

Les États-Unis, superpuissance

3

Du fait de l'effondrement de l'URSS en 1991, les États-Unis restent non seulement la première puissance mondiale, mais ils sont pour le moment l'unique superpuissance, disposant d'une influence et d'une liberté d'action sans comparaison.

La seule superpuissance

Après la Seconde Guerre mondiale, le monde s'est trouvé coupé en deux du fait de la rivalité politique entre l'URSS et les États-Unis, que l'on a appelé la «guerre froide». Ces États ont alors été désignés comme les deux «superpuissances», chacune d'elles disposant, dans sa zone d'influence, de nombreux pays alliés ou dépendants. Avec la disparition de l'URSS en 1991, les États-Unis ont étendu à l'ensemble de la planète leur zone d'influence économique et culturelle. Ils n'hésitent pas, sous couvert de missions décidées par les Nations unies, à intervenir militairement contre l'Irak, en Somalie ou en ex-Yougoslavie. Mais ils veulent surtout imposer leur modèle politique au monde entier et conquérir de nouveaux marchés commerciaux pour leurs entreprises. ■

Des moyens nombreux

Les États-Unis dominent le monde dans quatre domaines. Ils disposent de la puissance militaire avec l'armée et les industries d'armement les plus importantes. Dans le domaine économique, les États-Unis réalisent le quart de toutes les productions agricoles et industrielles du monde, effectuent 14% des échanges commerciaux internationaux et possèdent le secteur financier le plus développé. Le dollar est une monnaie interna-

Le porte-avions américain **George Washington** *traverse le canal de Suez.*

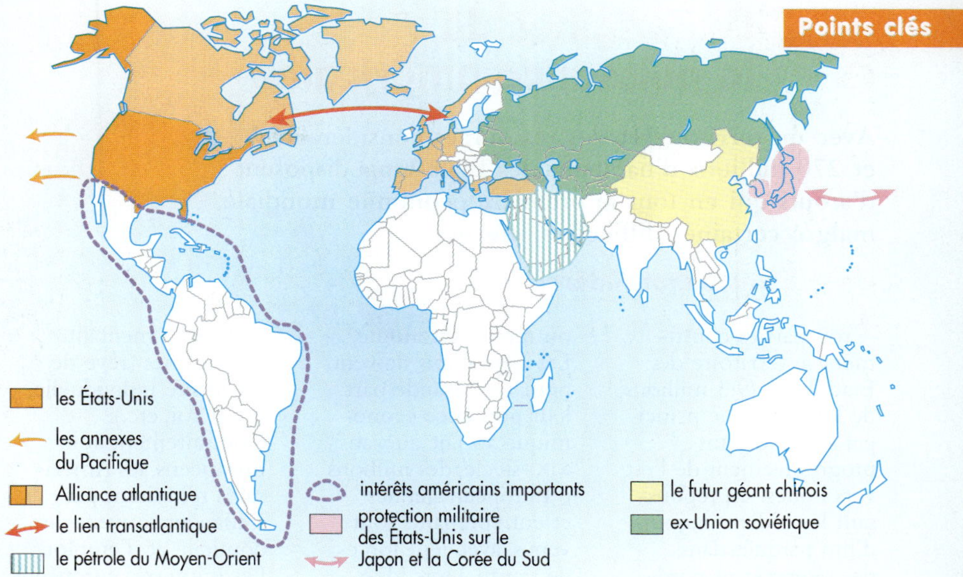

Les États-Unis au cœur d'une organisation planétaire.

tionale qui circule sur toute la planète. Les États-Unis détiennent également la puissance technologique : ils possèdent 40% des laboratoires, des chercheurs et scientifiques du monde entier, ce qui leur permet de développer toujours de nouvelles innovations. Enfin, la puissance culturelle mondiale est également entre les mains des États-Unis. Leur langue – l'anglais – est parlée quasiment dans le monde entier. Grâce à la télévision, au cinéma et au disque, des milliards d'individus partagent leur culture. ■

Un système mondial

Afin d'assurer leur contrôle sur le monde entier, les États-Unis dominent de nombreuses organisations internationales comme le Fonds monétaire international (FMI), la Banque mondiale ou l'Organisation mondiale du commerce (OMC). Ils défendent vigoureusement leurs intérêts face à la concurrence de leurs partenaires occidentaux, japonais ou européens, comme en témoigne la lutte entre Boeing et Airbus dans le secteur de l'aéronautique civile mondiale. Leur vision du monde partage la terre en deux espaces différents. D'un côté se trouvent les alliés européens de l'Organisation du traité de l'Atlantique Nord (Otan) ou des autres continents (Amérique latine, Asie orientale et Pacifique). De l'autre se retrouvent des zones d'instabilité à surveiller (Balkans, Asie centrale), les États « terroristes » à combattre (Irak, Corée du Nord, Libye, Soudan), les pays arabes adversaires d'Israël ou les États en faillite à isoler (Zaïre, Colombie, Liberia). ■

Dico → dollar • FMI • Otan • superpuissance • zone d'influence

Points clés

3

Les origines de la puissance américaine

Avec un territoire et des ressources considérables et 270 millions d'habitants, les États-Unis disposent d'atouts qui en font la première économie mondiale, malgré certaines difficultés internes.

Un très vaste État fédéral

Trois parties constituent le territoire des États-Unis (9,3 millions de km²) : le bloc principal a été conquis progressivement de l'est vers l'ouest en repoussant les Indiens aujourd'hui parqués dans des réserves ; au nord-ouest du continent américain, l'Alaska (1,5 million de km²) est encore faiblement peuplé à cause de son climat rigoureux ; enfin, les îles Hawaii, situées au milieu de l'océan Pacifique. Les États-Unis sont un État de type fédéral dont la capitale politique est Washington (et non pas New York) qui n'est pas la plus grande ville du pays. Les « États unis » américains fédérés sont au nombre de 51 (Hawaii est le 51e). Leur administration est plus ou moins autonome. Les États-Unis doivent, pour une grande part, leur puissance économique au fait que, au XIXe siècle, des millions d'Européens jeunes et entreprenants sont venus, avec leur force de travail, leurs idées et aussi leurs capitaux, mettre en valeur un pays vaste et riche où l'on distribuait les terres dont les Indiens avaient été chassés. Cet esprit de conquête imprègne encore les mentalités américaines (rêve de la réussite individuelle, dollar roi, etc.). Contrairement aux Européens, les Américains n'hésitent pas à changer souvent de domicile et d'emploi. Les immigrés européens voulaient surtout être libres et donc ne pas trop dépendre d'un État. C'est ce qui explique le choix d'une république fédérale. ■

Les relations entre les colons américains et les Indiens ont été tumultueuses.

La bannière étoilée des États-Unis compte autant d'étoiles que d'États fédérés.

La première économie mondiale

Avec 5% de la population mondiale et un niveau de vie élevé, les États-Unis disposent du plus grand marché de consommation du monde. Ils réalisent 25% de la production mondiale, 12% des exportations, 15% des importations, 40% de la recherche et absorbent 44% des produits et services de haute technologie. Ils sont aussi les premiers importateurs et exportateurs mondiaux. Ils disposent enfin du plus grand système financier avec un tiers de la capitalisation boursière mondiale. Le dollar est la monnaie internationale par excellence: 59% des réserves de devises, 47% du commerce et 40% des dettes de tous les États du monde sont réalisés dans sa monnaie. ■

Un ensemble toutefois fragile et dépendant

La formidable puissance des États-Unis reste toutefois fragile. Leurs échanges commerciaux sont déficitaires – c'est-à-dire qu'ils importent plus qu'ils n'exportent – et leur dette envers le reste du monde, essentiellement détenue par le Japon et l'Europe, est énorme (1000 milliards de dollars). Les Américains vivent dans l'instant et à crédit: ils n'épargnaient que 1% de leurs revenus en 1998. Depuis 1945, le poids relatif des États-Unis a diminué: entre 1945 et 1995, leur part dans la production mondiale est passée de 40% à 26% face à la montée en puissance du Japon, de l'Europe occidentale et des nouveaux pays industrialisés (NPI) d'Asie. Le système financier américain connaît des crises. Ainsi, malgré leur puissante base nationale, les États-Unis deviennent de plus en plus dépendants des évolutions mondiales. ■

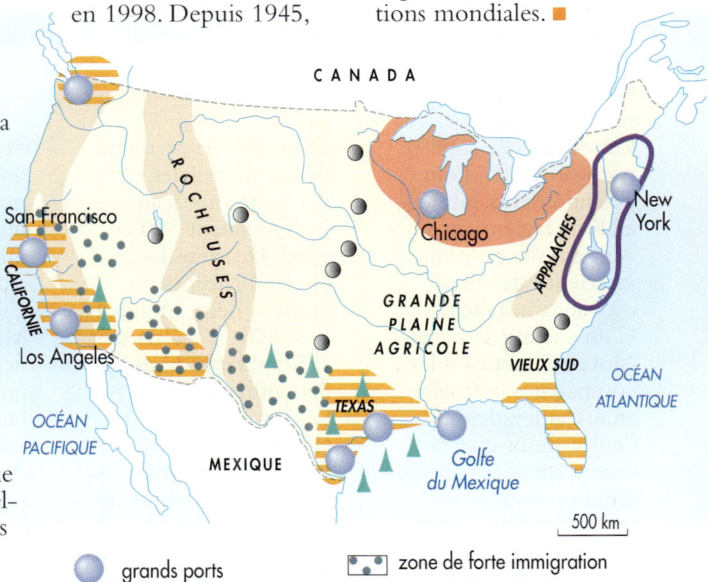

Points clés 3

Les firmes américaines dans le monde

Symboles de la présence des États-Unis dans le monde, les très grandes entreprises américaines constituent un formidable instrument de puissance. Elles sont parfois plus puissantes que les États où elles s'installent.

Coca-Cola (18 milliards de dollars de chiffre d'affaires) produit et commercialise la célèbre boisson dans de nombreux pays.

Un rôle mondial

Nées à la fin du XIXe siècle grâce à l'apport des capitaux européens, les grandes entreprises jouent un rôle important dans la mise en valeur des États-Unis. C'est surtout depuis 1945 qu'elles ont implanté une partie de leurs usines dans de nombreux pays étrangers, surtout en Europe. On dit qu'elle sont transnationales. Pour défendre leurs intérêts, elles interviennent souvent dans la politique intérieure des États où elles s'installent. C'est surtout le cas au Moyen-Orient où les compagnies pétrolières américaines, depuis l'entre-deux-guerres, jouent un rôle considérable, en rivalité avec les compagnies anglaises (Shell et BP). Exxon-Mobil est devenue la première firme mondiale en 1998 (182 milliards de dollars). ■

Pétrole, automobiles, informatique

Sur les 500 premières firmes mondiales, 220 sont américaines – elles étaient 300 en 1965. Derrière Exxon, General Motors est numéro deux mondial avec 650 000 salariés et 178 milliards de dollars de chiffre d'affaires. La troisième est Ford (153 milliards de dollars). Les 18 000 filiales extérieures des firmes américaines réalisent l'équivalent de 25 % de la production nationale des maisons mères (au Japon, la proportion est de 8 % et en Allemagne, de 20 %). Toutefois, seulement 40 % des marchandises que ces filiales vendent dans le monde sont fabriquées aux États-Unis même. L'informatique (IBM, Microsoft) est le troisième fleuron de l'économie des États-Unis. Les entreprises américaines s'imposent aussi dans les services. Les restaurants McDonald's couvrent 60 pays avec 15 000 établissements, dont 9 000 aux États-Unis, pour 23 milliards de dollars de chiffre d'affaires annuel. ■

La concurrence des firmes européennes et japonaises

Ces entreprises jouent un rôle économique (flux commerciaux, technologiques et financiers) considérable en régissant le marché au niveau mondial. Elles sont fortement présentes au Japon, en Europe occidentale (elles emploient 300 000 salariés en France), dans les nouveaux pays industrialisés (NPI : Mexique, Brésil, Sud-Est asiatique, etc.). Toutefois, les firmes américaines doivent de plus en plus compter avec la concurrence des firmes européennes et japonaises : Mitsui, Daimler-Chrysler et Mitsubishi sont aux quatrième, cinquième et sixième rangs mondiaux. ■

En 1990, McDonald's a ouvert son premier restaurant à Moscou.

Carte de la destination des capitaux investis dans le monde.

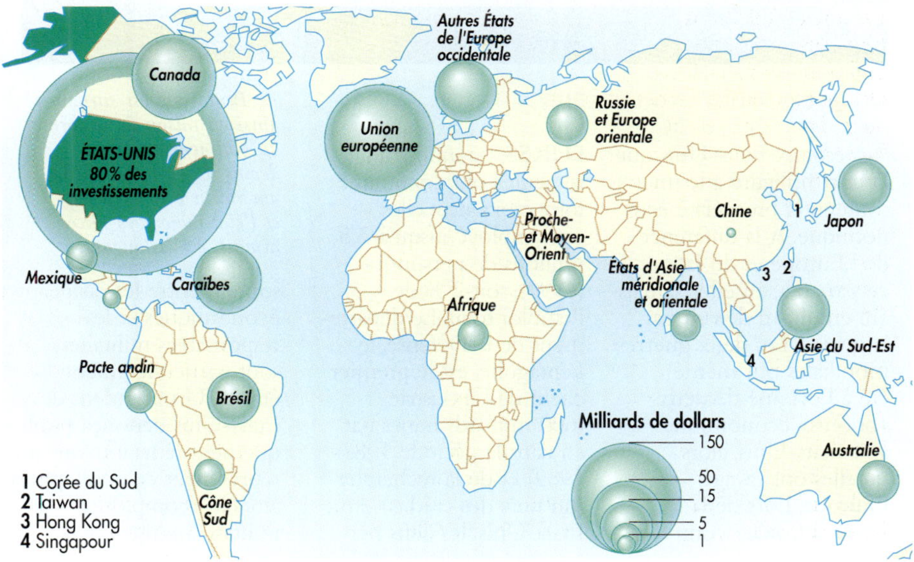

Points clés

3

La technologie et la puissance militaires américaines

Depuis la Seconde Guerre mondiale, la possession et l'utilisation d'un vaste dispositif militaire caractérisent la puissance américaine. Il s'est énormément développé durant la «guerre froide» contre l'URSS.

Le Pentagone est surnommé ainsi en raison de la forme du bâtiment qui abrite depuis 1942 le secrétariat américain à la Défense et l'état-major des forces armées, à Washington.

Un grand rôle économique

C'est aux États-Unis que l'effort militaire a le mieux soutenu la prospérité économique. À la différence de l'Europe et du Japon, ce pays n'a, en effet, jamais été envahi ni détruit par la guerre. Les deux guerres mondiales ont même été à l'origine de deux «booms» économiques aux États-Unis, alors qu'elles ont ravagé l'Europe. Lors de la «guerre froide» contre l'URSS, les industries militaires ont connu une forte croissance: elles ont employé jusqu'à 3,5 millions de personnes (1990), soit 2 % de l'emploi total. Le département de la Défense, le Pentagone, est le premier client de l'industrie (600 milliards francs par an dans la période 1983-1989) et de la recherche (un tiers des crédits). Aux États-Unis, les liens personnels entre les dirigeants économiques et les responsables militaires sont particulièrement étroits. Un président des États-Unis dénonça publiquement leur pouvoir que représentait ce qu'il appela alors le «complexe militaro-industriel». ■

Des armes toujours plus modernes

La fin de la «guerre froide» a entraîné une réduction des budgets militaires (- 40%), une perte de 2 millions d'emplois et la fusion de nombreuses firmes. Mais les États-Unis sont toujours le premier exportateur d'armes avec 55% des exportations. Ils entendent rester le seul fournisseur d'armes complexes face aux pays européens. Malgré les différents accords internationaux de désarmement qui prévoient une réduction des stocks d'armes classiques et nucléaires, les États-Unis continuent à fabriquer des armes toujours plus efficaces. Grâce à l'informatique et à l'électronique, ces armes sont dites «intelligentes» (spatial, laser, missiles, avions furtifs). Dans le même temps, les États-Unis cherchent par tous les moyens possibles à empêcher les autres États de fabriquer des armes nucléaires et surtout chimiques et bactériologiques, c'est-à-dire des armes qui transportent des gaz mortels ou des virus. Les États-Unis veulent garder leur écrasante supériorité technologique militaire face aux autres États. ■

Des armées puissantes et mobiles

Face à ce qu'ils considèrent comme de nouvelles menaces (Irak, mouvements islamistes, etc.), les États-Unis ont réorganisé leur système militaire. Comme l'a montré la guerre du Golfe, ils peuvent transporter rapidement et sur de grandes distances des effectifs importants. Ils conservent beaucoup de bases à l'étranger et disposent de nombreux porte-avions croisant autour du monde. Ils compensent ainsi la diminution de leur puissance économique en développant leur puissance militaire. Maintenir leur rang de «super-gendarme» permet aux États-Unis de défendre leurs intérêts dans le monde. ■

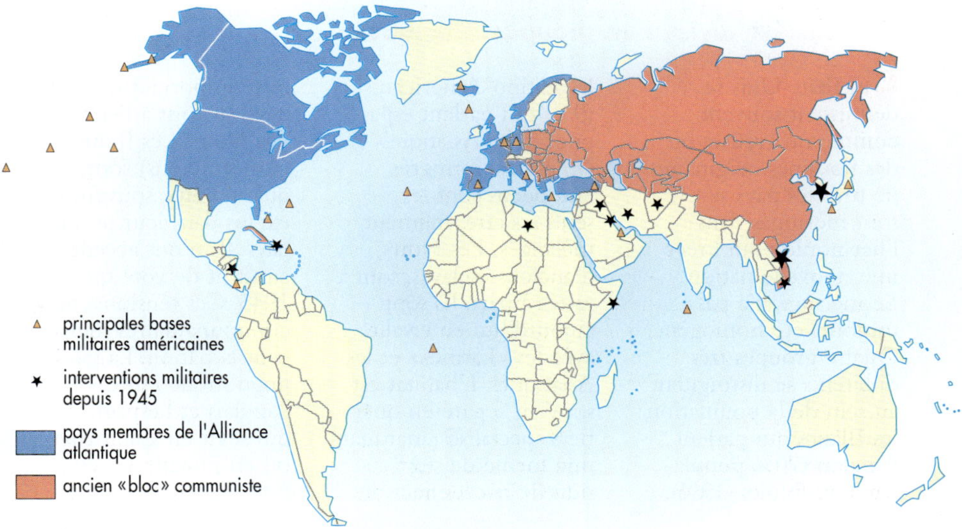

Dico → boom • complexe militaro-industriel • fusion

Points clés

3

Les difficultés intérieures des États-Unis

Première puissance mondiale, les États-Unis sont confrontés à des difficultés intérieures de plus en plus graves. Celles-ci menacent l'unité et la solidarité politique et sociale de l'État et de la nation.

Une rue de Little Havana, le quartier cubain de Miami, en Floride, où vivent 500 000 exilés en provenance de la grande île caraïbe.

Une société divisée en groupes ethniques

Les États-Unis se définissent souvent comme un creuset où des hommes originaires de tous les pays se sont mélangés dans l'harmonie pour créer une nouvelle nation. Le mélange n'a pas toujours été homogène. Quatre groupes très différents se distinguent au sein de la population : les Blancs qui parlent l'anglais (70 % population), les Noirs (12 %), les Latino-Américains (9 %) qui parlent espagnol et les Asiatiques (7 %). Les immigrés européens sont les seuls à s'être vraiment mélangés. Les Noirs, d'anciens esclaves, sont restés à part. Ils sont aujourd'hui en rivalité avec les « Latinos » et les Asiatiques. L'habitat est souvent séparé en quartiers spécialisés, marquant une forme de ségrégation de fait. Le racisme reste important dans le pays, surtout à l'encontre des Noirs. Les Indiens (Amérindiens) sont, quant à eux, souvent des exclus dans leur propre pays. Ils n'ont accédé au droit de vote qu'en 1945. Ces tensions intercommunautaires menacent la nation. La guerre linguistique entre l'anglais et l'espagnol, qui sévit en Californie ou en Floride, en est une preuve. ■

L'explosion des inégalités sociales

L'échelle des richesses est extrême aux États-Unis où 20% des foyers possèdent la moitié de la richesse nationale et 0,5% concentrent 30% du produit national. Par ailleurs, des millions de citoyens sont marginalisés, en particulier ceux qui appartiennent à des minorités ethniques. Il y a, aux États-Unis, 31 millions de pauvres, 23 millions d'illettrés, 26 millions de personnes souffrant de carences alimentaires. Environ 37 millions d'Américains ne disposent pas de retraite ni de prise en charge médicale pour les médicaments et les soins hospitaliers. La société américaine demeure très violente, comme l'illustrent de nombreux films et séries télévisées.
La drogue est à l'origine de la moitié des condamnations et la criminalité est une des plus élevées au monde, dans ce pays où les armes restent en vente libre. La «guerre à la pauvreté» qui avait été déclarée par le président démocrate Lyndon Johnson en 1960 n'a pas encore été gagnée. ■

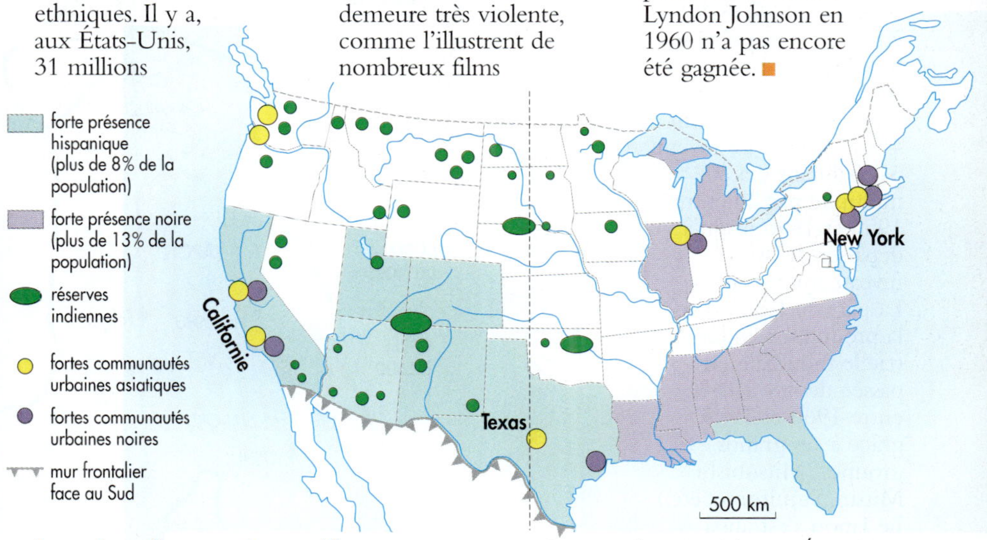

La carte des minorités aux États-Unis.

La crise des centres-villes

Les gratte-ciel des quartiers d'affaires symbolisent la puissance des États-Unis. Toutefois, les villes américaines sont en crise. Depuis 1950, la population des centres-villes a stagné (31% de population totale), mais celle des banlieues est passée de 24% à 45% de la population totale du fait du départ vers les périphéries des couches moyennes et supérieures blanches. Les exclus et les minorités peuplent les ghettos des centres-villes, où le taux de mortalité infantile atteint le double de la moyenne nationale et où l'on compte 43% de pauvres. La violence y est répandue.
Depuis 1970, les villes américaines ont connu plus de 250 émeutes et révoltes urbaines, comme celle qui a causé 59 morts à Watts (Los Angeles), en mai 1992. ■

Dico → creuset • ghetto • Indiens • inégalités • ségrégation

Points clés 3 Le Japon, deuxième puissance économique mondiale

Battu et occupé par les États-Unis à la fin de la Seconde Guerre mondiale, en 1945, le Japon devient leur allié privilégié en Asie durant la «guerre froide». Le «miracle japonais» (1950-1990) permet un redressement économique spectaculaire et débouche sur la constitution de la deuxième puissance économique mondiale.

Les données du «miracle japonais»

Avec seulement 2,5% de la population mondiale, le Japon réalise 18 % du PNB mondial (il en réalisait 4% en 1960). Le revenu par habitant y a été multiplié par 20 entre 1950 et 1990 jusqu'à dépasser de 30% le niveau américain. La part du Japon dans la production industrielle mondiale est passée de 4% à 14% entre 1960 et 1995 grâce à ses grands groupes (Mitsubishi, Mitsui, Sumitomo, etc.). Le Japon s'est aussi diversifié en direction de la finance (Bourse de Tokyo, Kabuto-Cho), des communications, de la culture et des transport. Ses firmes commerciales multi-services, les *Sogo Shosha*, réalisent un tiers du PNB. Elles contrôlent 70% des importations et 45% des exportations. ■

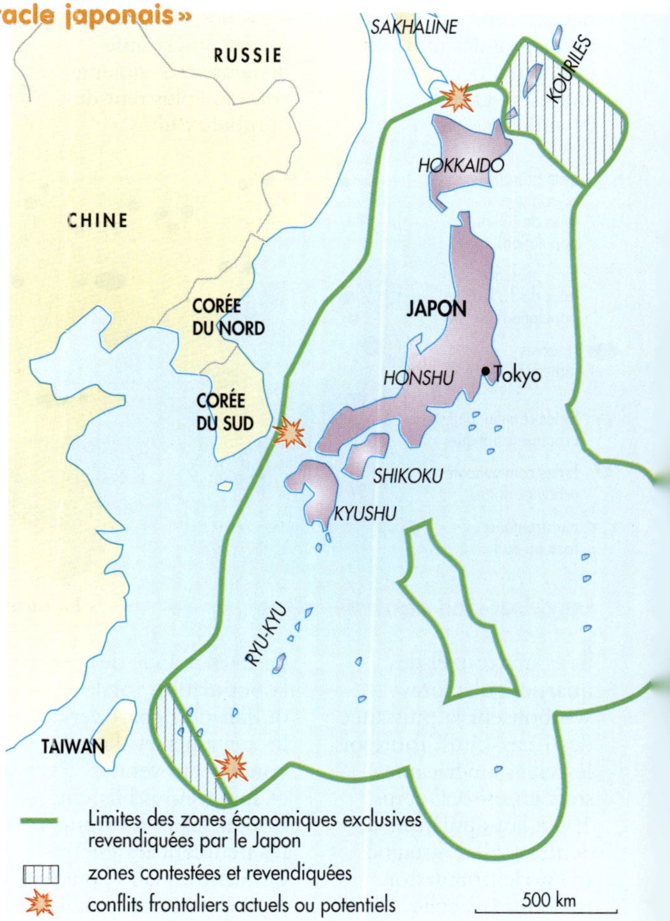

Industrie, commerce, finance

Son essor industriel et le strict contrôle de son marché intérieur ont permis au Japon de devenir le troisième exportateur mondial (ses exportations représentent 82 % du PNB) et de dégager de forts excédents commerciaux (62 milliards de dollars), en particulier avec les États-Unis (50% du déficit américain est dû aux importations japonaises). Avec un tiers de l'épargne mondiale et les plus importantes réserves en devises (200 milliards de dollars), le Japon est le premier créancier de la planète. Il finance les États-Unis où il a investi 270 milliards de dollars en bons du Trésor. Ses actifs à l'étranger, multipliés par 15 entre 1980 et 1990, ont atteint 900 milliards de dollars en 1998 dans l'industrie (automobile, électronique), la finance, l'immobilier et les services (médias, culture). Trois destinations sont privilégiées: la façade asiatique du Pacifique (25% des capitaux investis), les États-Unis (45%) et l'Europe (17%). Cette internationalisation doit cependant être relativisée: les investissements extérieurs du Japon ne représentent que 15% de ses investissements totaux et la production des filiales japonaises à l'étranger est égale à 10% de la production locale (la proportion est de 25% aux États-Unis et de 17% en Allemagne). ■

Troupes japonaises intégrées aux forces de l'ONU au Cambodge.

Une puissance aux pieds d'argile

Malgré sa puissance, le Japon reste fragile. Il reste tributaire d'importations massives de matières premières et d'énergie dont il est peu doté. Il est le premier importateur mondial de produits alimentaires – il couvre moins de 50% de ses besoins. Les menaces de sanctions de la part des autres États l'obligent à ouvrir son marché national très protégé et à limiter ses exportations. Diplomatiquement, il peine à assumer de nouvelles responsabilités internationales malgré l'envoi de soldats hors de l'archipel pour la première fois depuis 1945 (au Cambodge et dans le Golfe dans le cadre de l'ONU). Enfin, les liens tissés avec l'Asie du Sud-Est, en pleine crise financière depuis 1997, dans le cadre de la mondialisation contribuent à la langueur économique qu'il connaît depuis quelques années, malgré les multiples plans de relance destinés à doper l'économie. ■

Dico → déficit • devise • investissement • marché • mondialisation

Points clés

Le Japon et l'Asie

3

Si l'Asie représente un enjeu déterminant pour le Japon, ses relations avec celle-ci restent toutefois empreintes d'ambiguïtés. Ce qu'explique l'ambivalence de ses représentations géopolitiques liées à son passé impérialiste qu'il refuse officiellement de critiquer.

Les trois phases de l'histoire récente du Japon

À partir de 1868 et de la modernisation de l'ère Meiji, le Japon se lance dans une vaste politique de conquête (1895 : guerre sino-japonaise ; 1905 : guerre russo-japonaise ; 1910 : annexion de la Corée ; 1931 : occupation de la Mandchourie). Sa dictature militaro-impériale fonde la « sphère de co-prospérité asiatique ». Après la défaite de 1945, les deux frappes nucléaires sur Hiroshima et Nagasaki lui permettent de se poser en victime en évitant une relecture critique de cette période, ce que ses voisins lui reprochent toujours. Occupé de 1945 à 1952 par les troupes américaines, le Japon entame sa reconstruction dans le cadre de la « guerre froide » – guerre de Corée (1950-1953) et guerre du Viêt-Nam (1963-1975). Tokyo devient alors un allié privilégié de Washington (traité de défense mutuelle de 1954). Enfin, entre 1960 et 1973, la période de la « haute croissance » japonaise permet une certaine normalisation diplomatique. ■

Le bâtiment à la verticale duquel la bombe A a explosé, à Hiroshima, est devenu un musée.

La base américaine implantée sur l'île japonaise d'Okinawa.

Une forte insertion régionale

À partir de 1975, grâce à son poids économique et à l'internationalisation de ses activités, le Japon devient une puissance régionale incontournable. L'Asie polarise 40% de son commerce et 25% de son stock d'investissements extérieurs, qui ne représentent toutefois que 10% de sa production nationale. Ses firmes visent trois objectifs : conquérir de nouveaux marchés, s'approvisionner en matières premières dont elles manquent cruellement et réduire les coûts de production par le biais de la délocalisation afin d'exporter dans le monde entier. ■

Des tensions politiques persistantes

Dans un dispositif régional polynucléaire et instable dont témoignent la crise asiatique et les incertitudes coréenne, russe et chinoise, le Japon entretient encore de nombreux conflits frontaliers avec ses voisins. Ils concernent tous des îles : Senkaku en mer de Chine, Kouriles avec la Russie, Takeshima avec la Corée du Sud. Au moment où l'Asie augmente sensiblement ses potentiels militaire, la richesse halieutique et les gisements de pétrole offshore représentent de forts enjeux. Enfin, l'avenir des bases militaires américaines est l'objet d'un conflit local. ■

La place du Japon en Asie

État	Investis.	% invest. japonais en Asie	Échanges commerciaux	Échanges téléphoniques
Corée du Sud	n° 1	1,3 %	n° 2	n° 1
Taiwan	n° 1	1,6 %	n° 3	n° 1
Hong Kong	n° 1	6,0 %	n° 5	n. c.
Singapour	n° 2	4,4 %	n° 6	n° 1
Indonésie	n° 1	6,6 %	n° 1	n° 2
Thaïlande	n° 1	6,0 %	n° 2	n° 2
Malaisie	n° 1	2,2 %	n° 3	n° 1
Philippines	n° 2	1,1 %	n° 2	n° 2
Chine	n° 2	3,1 %	n° 2	n. c.

Dico → croissance • délocalisation • investissement • marché

Points clés

③ Les difficultés actuelles du Japon

À la fin des années 80, on disait volontiers que le Japon «achetait le monde», faisant ainsi référence à la puissance de son économie. Celle-ci devait ouvrir l'«âge du Pacifique» et prendre ainsi la relève des États-Unis. À la fin des années 90, c'est une autre image qui s'impose sur fond de crise financière asiatique. Le Japon partirait à la dérive, paquebot voguant vers son iceberg dans un Orient défait. Qu'en est-il réellement?

Des maux réels...

La chute de la croissance, la stagnation des investissements, l'endettement des banques, la contraction du crédit, le repli des consommateurs, le chômage en augmentation et les fluctuations du yen constituent les maux objectifs dont souffre la deuxième puissance économique du monde. Ces difficultés récentes – elles ont ouvert les années 90 – sont venues s'ajouter aux problèmes structurels du Japon : clivages traditionnels qui voient s'opposer l'ouest et l'est, l'intérieur et le littoral, ou le «Japon de l'endroit» et le «Japon de l'envers». Enfin, phénomène déjà ancien, l'urbanisation continue de se renforcer au profit de la mégalopolis qui concentre 50 % de la population et 65 % de l'activité économique sur 6 % de la superficie du pays. ■

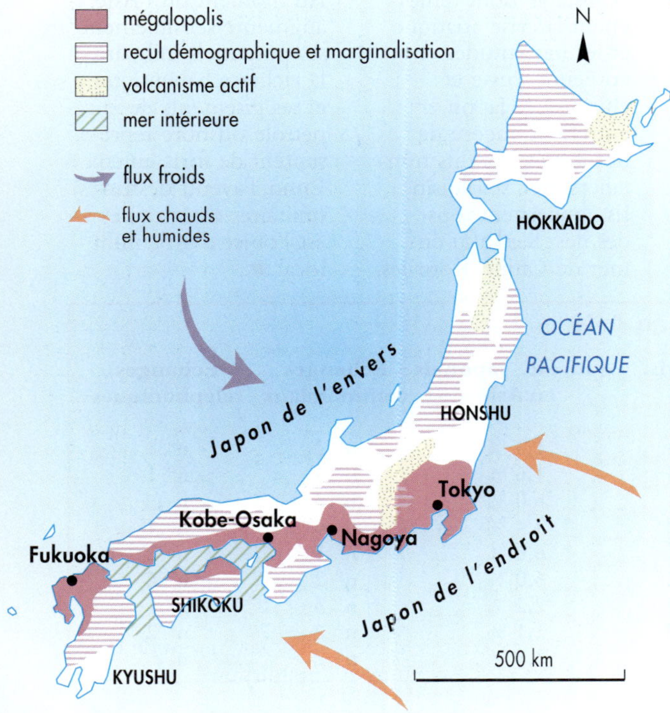

On distingue un «Japon de l'endroit», au fort développement économique, et un «Japon de l'envers». Ce dernier, soumis à des conditions climatiques plus difficiles, a connu un développement moindre.

Bien que l'archipel soit la deuxième puissance économique du monde, il n'en présente pas moins quelques îlots de pauvreté.

... mais de solides atouts

En dépit des maux, réels, évoqués plus haut, le Japon n'a toutefois pas sombré dans la tourmente, tant il est vrai que la récession que traverse l'archipel n'a rien de commun avec les difficultés de ses voisins.
Les différences sont en effet fondamentales. Contrairement aux pays pris dans le tourbillon de la crise financière qui s'est mis à souffler sur l'Asie à partir de l'été 1997, le Japon n'est pas en cessation de paiement. Au contraire, il reste immensément riche en termes de réserves, d'avoirs à l'étranger et d'épargne. Son PIB équivaut aux deux tiers de celui des États-Unis et au double de celui de l'Allemagne. De plus, l'archipel nippon contribue à financer le déficit budgétaire des États-Unis par les bons du Trésor américain qu'il détient. Enfin, son industrie, plus particulièrement les groupes tournés vers l'exportation, demeure très compétitive. ■

Les mutations sociales en cours

La pratique de l'emploi garanti «à vie» a empêché la mobilité des salariés vers les secteurs à forte croissance. Combiné avec le vieillissement de la population, le phénomène explique les gains de productivité de plus en plus faibles du Japon. Pour retrouver le chemin de la croissance, le Japon va devoir s'ouvrir et mettre un terme, notamment, au système de la «préférence nationale» appliqué à tous les niveaux de l'économie. De plus, avec la libération du contrôle des changes (avril 1998), une nouvelle étape est engagée sur la voie de l'ouverture de l'économie : les épargnants peuvent désormais placer leur épargne où bon leur semble, tandis que le pouvoir politique et les banques ne pourront plus, comme par le passé, compter sur une épargne abondante et peu rémunérée pour réaliser des investissements souvent peu rentables. Enfin, en imposant au printemps 1998 son plan de secours pour les banques en semi-faillite, le gouvernement a montré qu'il avait repris l'initiative, même si la classe politique souffre toujours d'un certain discrédit auprès de la population. ■

Dico → mégalopole • minorités • natalité • urbanisation

Points clés

3 L'Union européenne, un projet géopolitique étonnant

Depuis 1995, 15 États appartiennent à l'Union européenne qui regroupe 375 millions d'habitants. Il s'agit d'une construction géopolitique totalement nouvelle dont l'objectif est de devenir une Fédération, comme les États-Unis, c'est-à-dire de former une véritable unité politique. Les différences entre les peuples, les langues, les religions et les histoires nationales constituent autant de freins à cette union.

Les Six, les Neuf, les Douze, les Quinze

Dès la fin de la Seconde Guerre mondiale, quelques hommes dont Robert Schuman, ministre français des Affaires étrangères, et Jean Monnet, commissaire général français au Plan, manifestent la volonté politique d'unir les peuples européens pour empêcher toute nouvelle guerre entre eux. Construire l'Europe, c'était aussi le moyen de s'unir pour mieux résister aux dangers que représentaient les pays communistes du bloc de l'Est. En 1957, les Six (Allemagne, Belgique, France, Italie, Luxembourg, Pays-Bas) signent le traité de Rome qui crée la Communauté économique européenne (CEE), généralement appelée Marché commun. Cette première étape n'a été achevée qu'en 1993. Entre-temps, en 1973, la Grande-Bretagne, le Danemark et l'Irlande adhèrent à la CEE. En 1981, c'est le tour de la Grèce ; puis de l'Espagne et du Portugal en 1986. Enfin, en 1995, l'Autriche, la Suède et la Finlande rejoignent l'Union européenne – le nouveau nom de la Communauté depuis 1993 – qui compte désormais 15 membres.

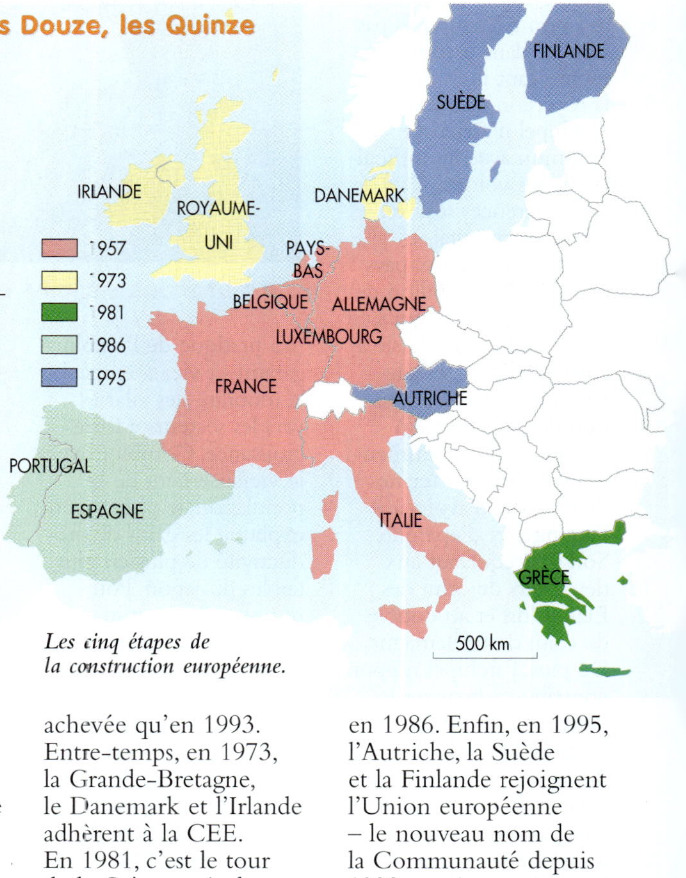

Les cinq étapes de la construction européenne.

L'union économique, l'étape la plus facile

Pendant près de trente ans, la construction européenne n'a guère été active. C'est la crise économique et la crainte de voir les deux premières puissances économiques mondiales, les États-Unis et le Japon, accroître encore leur domination, qui l'ont relancée. La chute du communisme et la réunification de l'Allemagne, en 1989, ont aussi renforcé l'Union européenne (UE). Les anciens pays du bloc communiste souhaitent en faire partie pour bénéficier de ce grand marché et des aides économiques que l'UE verse aux régions les plus pauvres. Ils souhaitent aussi affirmer leur appartenance à l'Europe démocratique et échapper à la zone d'influence russe. Le 1er janvier 1999, une étape importante dans l'union économique a été franchie avec la mise en service d'une monnaie unique, l'euro, par onze États de l'UE. La Grèce n'a pas été admise à l'adopter. La Grande-Bretagne, le Danemark et la Suède l'ont refusé. ■

Le Parlement européen, qui siège à Strasbourg, regroupe les élus des 15 États membres. Son pouvoir demeure limité.

L'union politique, une étape encore lointaine

Les opposants à l'Europe – les « euro-sceptiques » – sont de moins en moins nombreux. L'opinion publique, en particulier les jeunes, est favorable à l'Europe. Et la prospérité économique des pays membres est incontestable, même si une minorité d'Européens vivent dans une extrême pauvreté. Néanmoins, tous les Européens ne partagent pas la même vision de ce que sera l'unité politique de l'Europe. Certains souhaitent que les États restent puissants et que les nations ne disparaissent pas dans ce nouvel ensemble géopolitique. D'autres souhaitent construire une Europe des régions où les États, subordonnés à un ensemble fédéral, n'auraient plus guère de pouvoir. ■

Dico → confédéralisme • fédéralisme • Union européenne

③ Une véritable puissance européenne peut-elle se former ?

Alors que tendent à se constituer des blocs de pays économiquement intégrés (Alena en Amérique du Nord, Mercosur en Amérique du Sud) et que le concept de «triade» symbolise la puissance économique des États-Unis, du Japon et de l'Europe occidentale, l'émergence d'une véritable puissance européenne est en débat.

L'Europe, une grande influence

L'Union européenne et, plus largement, l'Europe occidentale, dispose d'un potentiel tout à fait considérable qui en fait l'un des grands pôles politiques, démographiques et économiques du monde. De par sa position géographique et son histoire, l'Europe est au contact direct de l'Afrique, du Proche- et du Moyen-Orient ainsi que de l'Asie. Elle exerce une forte influence culturelle, linguistique et politique dans l'ensemble du monde. Mais, paradoxalement, elle apparaît souvent inquiète ou frileuse alors qu'elle bénéficie d'incontestables atouts et avantages face aux autres régions du monde. ■

La monnaie unique, entrée en service en 1999, renforce encore l'Union européenne.

États-Unis, Japon, Union européenne

Population
(en millions d'habitants en 1997) :
États-Unis : 270 ; Japon : 126 ; Union européenne : 375.

PNB par habitant
(en dollars en 1996) :
États-Unis : 28 000 ; Japon : 41 000 ; Union européenne : 23 000.

Au sein de l'Europe de Schengen, la circulation des personnes est libre.

L'Europe, quelle puissance?

La vision d'une Europe repliée sur elle-même et menacée ne correspond pas à la réalité. Elle s'explique par un sentiment d'infériorité trop souvent répandu. Certes, l'Europe présente, face aux États-Unis, certains retards, dans les domaines scientifiques, notamment de la communication, mais ceux-ci doivent être relativisés. Ses difficultés sont en fait essentiellement d'ordre politique, stratégique et géopolitique. L'Europe semble en particulier complexée par ses diversités internes, étatiques, nationales ou linguistiques. Cette diversité constitue pourtant un atout essentiel pour s'ouvrir aux autres continents. L'Espagne est largement tournée vers l'Amérique latine qui parle espagnol, la France vers l'Afrique francophone, le Royaume-Uni vers le monde anglo-saxon et son ancien empire… Mais il manque pour cela un projet mobilisateur. Cette absence constitue aujourd'hui un handicap à l'affirmation de l'Europe comme puissance parlant d'une seule voix. ■

L'Europe s'est bâti une place de choix dans le domaine spatial avec Ariane. Ici, la base de Kourou, en Guyane française.

La refonte des liens avec les États-Unis

Depuis le XXe siècle puis avec la « guerre froide », chaque État européen a établi des rapports singuliers avec les États-Unis – Royaume-Uni, Allemagne, Italie, Benelux, Espagne, Grèce… à l'exception notable de la France gaulliste. Ces rapports privilégiés avec les États-Unis continuent d'influencer les choix des grands États européens. L'émergence de l'Europe comme ensemble collectif rassemblé autour d'un projet autonome est une remise en cause de la suprématie américaine. Ceci est particulièrement difficile pour certains États comme le Royaume-Uni car ses objectifs économiques, culturels, de politique étrangère ou de défense sont largement influencés par les États-Unis. Ceux-ci conçoivent les pays européens comme des « alliés » maintenus en position de vassalité. Ce point de vue américain est d'autant plus marqué que le poids relatif de l'Amérique s'amenuise devant le dynamisme européen. ■

Dico → **Alena • géostratégie • Mercosur • triade • zone d'influence**

Points clés

L'entente franco-allemande

3

Après trois terribles guerres en 1870-1871, 1914-1918 et 1939-1945, la France et l'Allemagne ont établi entre elles de nouvelles relations politiques et économiques privilégiées. Le «couple franco-allemand» a notamment joué un rôle important dans la construction de l'Europe communautaire.

Lors de sa première visite officielle en France, en 1963, le chancelier Konrad Adenauer assiste à la messe dans la cathédrale de Reims au côté du général de Gaulle.

Une histoire commune conflictuelle et douloureuse

La France et l'Allemagne, les deux principales puissances européennes continentales, partagent une histoire douloureuse. Leurs rivalités les ont souvent poussés à s'affronter. En 1871, au lendemain de l'annexion par la Prusse de l'Alsace et de la Lorraine, c'est dans la galerie des Glaces du château de Versailles que le IIe Reich allemand a été proclamé, comme pour bien souligner la défaite française. En 1918, c'est dans le même château qu'a été signé le traité de Versailles qui dictait aux Allemand vaincus les conditions des Alliés. Ce diktat sera dénoncé par les nationalistes allemands puis par les nazis. ■

De Gaulle et Adenauer

«En raison même du passé où nos deux nations se sont si souvent combattues, il est salutaire que nos armées se rapprochent dans une estime réciproque pour une étroite collaboration. Mais l'élément essentiel, la chance féconde, la part divine de cette immense entreprise, c'est le sentiment des deux peuples.» (Déclaration du général de Gaulle à Reims, en 1963, à l'issue de la visite de six jours effectuée par le chancelier Konrad Adenauer dans l'est de la France.)

De la « guerre froide » à l'unité allemande

Après la défaite de l'Allemagne nazie, en 1945, les relations franco-allemandes ont été redéfinies et relancées au plus haut niveau de l'État par le traité de l'Élysée de 1963 signé par le président français Charles de Gaulle et le chancelier allemand Konrad Adenauer. Ce traité fonde le « couple franco-allemand » qui va jouer un rôle primordial dans la construction de l'Europe communautaire. Les échanges politiques et diplomatiques entre les deux États deviennent réguliers; leur coopération s'accroît dans tous les domaines: science, recherche, éducation, culture avec la chaîne Arte, espace avec Airbus et Ariane, défense avec la brigade franco-allemande, etc. Mais surtout, les échanges économiques se multiplient. Nettement défavorable à Bonn au départ en raison de la volonté française d'« encadrer » et de « ligoter » l'Allemagne, le rapport de force au sein du couple franco-allemand s'est progressivement rééquilibré avant de s'inverser au profit de l'Allemagne. ■

Le président français Jacques Chirac en conversation avec le chancelier allemand Gerhard Schröder qui a succédé à Helmut Kohl en 1998.

La chaîne de télévision culturelle franco-allemande Arte émet depuis 1992.

Vers de nouveaux équilibres

L'unification de la RFA et de la RDA en un seul État, en 1990, et les bouleversements en Europe centrale ont modifié en profondeur les rapports franco-allemands. Si les deux pays entretiennent toujours de bonnes relations officielles, leurs intérêts politiques et économiques ne sont pas toujours identiques. Ils sont même parfois divergents, notamment dans les domaines de la réforme de l'Union européenne: élargissement, contribution au budget communautaire, politique étrangère, etc. Si la France a toujours besoin d'affirmer des rapports privilégiés avec l'Allemagne, la situation est assez différente à Bonn pour qui Paris n'est qu'un voisin – certes important – parmi d'autres. Le rajeunissement des dirigeants privilégie des approches plus concrètes dans les relations bilatérales. L'Allemagne souhaite tourner définitivement la page de la Seconde Guerre mondiale et réapprend à défendre ses intérêts nationaux. ■

Dico → Union européenne

Points clés 3

Les différents régimes politiques dans l'Union européenne

Les quinze États de l'Union européenne présentent des régimes politiques différents. Ce sont soit des républiques, soit des monarchies parlementaires. L'exercice du pouvoir y prend des formes diverses. Mais tous les pays de l'Union européenne sont des démocraties libérales. Cela signifie que les citoyens élisent leurs représentants dans le cadre d'un régime parlementaire, que l'alternance politique est possible, que la liberté de choix est une valeur fondamentale.

Un commun dénominateur : le régime parlementaire

Dans les quinze États de l'Union, le pouvoir appartient à des assemblées élues au suffrage universel. Celles-ci garantissent par la loi la liberté des citoyens. Les Constitutions assurent dans l'ensemble de l'Union, au-delà de leurs différences, la séparation entre les pouvoirs exécutif, législatif et judiciaire. Dans les régimes parlementaires, la réalité du pouvoir appartient au pouvoir législatif, dans la mesure où les députés proposent et votent les lois. Le parlementarisme, qui est donc le commun dénominateur en Europe occidentale, constitue le cadre formel du fonctionnement des démocraties libérales. Outre les garanties constitutionnelles offertes aux citoyens – notamment la liberté d'expression, de culte, l'accès à l'éducation, le recours à la justice, etc. –, les démocraties libérales partagent un même credo en matière économique : en effet, les États de l'Union sont des pays de marché. Le rôle de l'État – essentiellement régulateur – dans la vie économique et sociale tend à s'unifier en raison, notamment de la mise en place de l'Union économique et monétaire. ■

La reine Élisabeth II d'Angleterre lors de la cérémonie d'ouverture du Parlement.

Huit républiques...

On compte huit républiques parmi les pays membres de la Communauté européenne. Elles sont donc représentées par un président, le chef de l'État. Le plus souvent, celui-ci est dépourvu de pouvoir réel et doit se contenter de désigner un chef du gouvernement (Premier ministre) qui assure la réalité du pouvoir exécutif. Le chef de l'État peut être élu au suffrage direct – la population participe directement au vote – ou être choisi par les parlementaires. La France constitue une exception au sens où le président de la République y détient aussi le pouvoir. On parle dans ce cas d'un régime semi-présidentiel. ■

Le mode d'élection du chef de l'État

Allemagne suffrage indirect (Roman Herzog, 1994)

Autriche suffrage direct (Thomas Klestil, 1992)

Finlande suffrage direct (Martti Ahtisaari, 1994)

France suffrage direct (Jacques Chirac, 1995)

Grèce suffrage indirect (Kostis Stefan, 1995)

Irlande suffrage direct (Mary McAleese, 1997)

Italie suffrage indirect (Oscar Luigi Scalfaro, 1992)

Portugal suffrage direct (Jorge Sampaio, 1996)

Belgique : Albert II (1993)

Danemark : Marguerite II (1972)

Espagne : Juan Carlos Ier (1975)

Grande-Bretagne : Élisabeth II (1952)

Luxembourg : Jean (1964)

Pays-Bas : Beatrix (1980)

Suède : Charles Gustave (1973)

... et sept monarchies constitutionnelles

À l'instar des chefs d'État des régimes républicains, le souverain n'a, dans une monarchie constitutionnelle, que peu de pouvoir. Toutefois, sa permanence lui confère une autorité symbolique à laquelle ne peut prétendre un président de la République dont le mandat est toujours limité dans le temps par la Constitution.
La monarchie constitutionnelle a trouvé avec la Grande-Bretagne son laboratoire et sa forme achevée. La reine choisit le leader du parti qui a remporté les élections législatives pour diriger le gouvernement.
Le chef de l'opposition forme un cabinet fantôme dont il assure la direction ; il est à ce titre rémunéré par l'État. ■

La reine Beatrix règne sur le royaume des Pays-Bas depuis 1980.

Points clés L'État et la nation

3

La France est l'un des plus anciens États d'Europe. La nation française fut pour beaucoup de pays un modèle. Pourtant, l'unité nationale des Français n'allait pas de soi. À l'origine, ceux-ci parlaient des langues et pratiquaient des cultures différentes.

L'État, à l'origine de la nation

La France est un État ancien. Ses frontières sont stables et leur tracé est défini depuis longtemps. La majeure partie des territoires qui la constituent étaient déjà réunis en une entité unique au XVIe siècle et la forme générale de son territoire n'a pas beaucoup changé depuis deux siècles. Pourtant, le royaume de France a été impliqué dans de nombreuses guerres. Son territoire, riche et peuplé, a souvent été convoité par ses puissants voisins, les royaumes d'Espagne et d'Angleterre et le Saint Empire romain germanique. Mais toutes les tentatives de démantèlement du royaume de France ont échoué.
La continuité du pouvoir royal et son implantation précoce à Paris ont facilité la centralisation politique. Après l'éclatement de l'empire carolingien qui a résulté du traité de Verdun (843), Paris s'est retrouvé au centre du royaume. Plus ce dernier s'est agrandi, plus le rôle et les pouvoirs de sa capitale se sont accrus. Toutes les activités économiques, politiques et financières s'y sont retrouvées rassemblées et contrôlées. ■

Valmy

La bataille de Valmy reste le symbole de la victoire de «la nation en armes». Le 20 septembre 1792, dans la Marne, les armées révolutionnaires levées par conscription arrêtent les troupes prussiennes au cri de «Vive la nation!». Les Prussiens renoncent après une brève canonnade. «De ce lieu, de ce jour date une nouvelle époque de l'histoire du monde», écrit Goethe.

La bataille de Valmy telle que la représentaient les images pédagogiques autrefois contenues dans les tablettes de chocolat.

Les étapes historiques de la diffusion du français

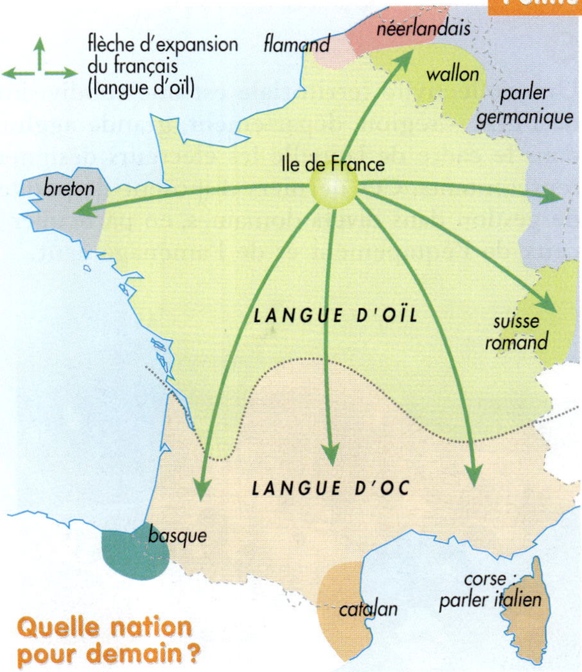

Une nation prestigieuse

La centralisation politique a peu à peu permis d'unifier les peuples du royaume de France. Dès le Moyen Âge, la communauté nationale a commencé à se constituer. À partir de la Révolution française, le sentiment national est partagé par l'énorme majorité de la population, qui est essentiellement paysanne. C'est elle qui a formé les bataillons de l'armée révolutionnaire, victorieuse des troupes étrangères. Dans le reste de l'Europe, la victoire de la nation française sur la royauté a eu un extraordinaire retentissement. D'autres peuples ont alors voulu suivre son exemple, et son modèle s'est répandu. C'est ainsi que la Déclaration des droits de l'homme et du citoyen votée en août 1789 par l'Assemblée nationale a servi de fondement à la Déclaration universelle des droits de l'homme adoptée en juillet 1948 par les Nations unies. ■

Quelle nation pour demain ?

Même si la France est l'une des plus vieilles nations d'Europe, son existence n'est pas assurée indéfiniment. Des facteurs externes et internes peuvent faire évoluer la représentation de la nation. Ainsi, avec la construction de l'Union européenne commence à s'esquisser un sentiment d'identité européenne, surtout chez les plus jeunes et les plus diplômés habitués à se déplacer en Europe. Plus l'Union européenne exercera de pouvoirs régaliens – émission monétaire, justice européenne, défense collective –, moins les États exerceront leur souveraineté nationale. Les Français, comme les autres peuples de l'Union européenne, seront donc de moins en moins gouvernés par les seuls représentants de leur nation. En outre, les revendications régionalistes ou la permanence de l'attachement à leur pays d'origine de Français nés à l'étranger peuvent conduire à privilégier l'attachement à la région ou à un autre ensemble religieux et culturel que la France. ■

Dico → **communauté** • **État** • **identité** • **nation** • **région**

Les collectivités territoriales

3

Une collectivité territoriale est une subdivision de l'État – région, département, grande agglomération – dans le cadre de laquelle les électeurs désignent leurs représentants. Ces derniers disposent de pouvoirs de gestion dans divers domaines, en particulier ceux de l'équipement et de l'aménagement.

La salle du conseil général de la Gironde, à Bordeaux.

La région, une collectivité territoriale récente

« Région » est un mot ancien issu du latin *regere* qui signifie « diriger ». En réalité, pendant longtemps, les régions n'ont rien dirigé. Seul l'État administrait et dirigeait le pays. Dans les années 50, il est apparu nécessaire de regrouper les départements pour pouvoir y mener des actions économiques plus efficaces. Peu à peu, ces régions ont pris de l'importance, les dirigeants régionaux cherchant à acquérir des pouvoirs comparables à ceux de leurs homologues européens. Depuis les lois de décentralisation, les régions sont dirigées par un conseil régional élu au suffrage universel pour six ans. Elles sont dotées d'un budget autonome et de compétences particulières. Mais elles n'exercent aucune autorité sur le département et la commune. ■

Le département, une collectivité bicentenaire

Pour certains, le département serait devenu inutile : les problèmes économiques ne se poseraient plus à cette échelle et la rapidité des transports rendrait obsolète ce maillage serré du territoire. Mais il est difficile d'effacer deux cents ans d'organisation administrative – ce d'autant que les nombreux élus des départements et des cantons tiennent à leur fonction… De plus, les lois de décentralisation ont encore accru les compétences du conseil général, qui est l'assemblée élue du département. Ajoutons que les budgets des départements sont beaucoup plus importants que ceux des régions. ■

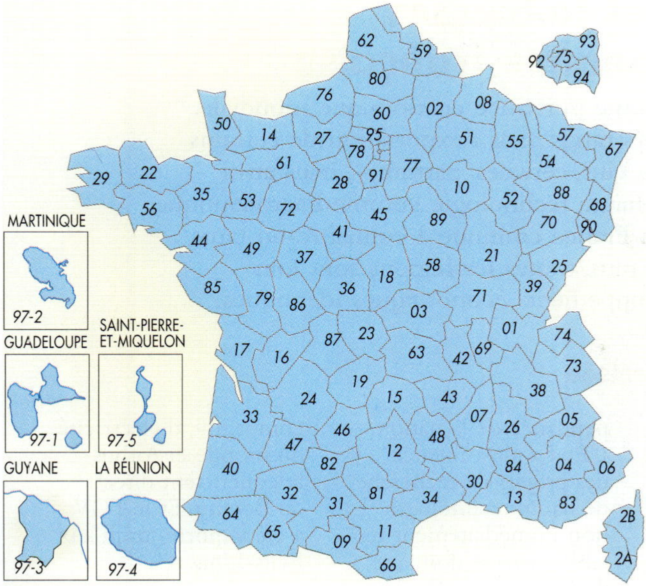

La France compte 96 départements métropolitains – avec les deux de la Corse – et 4 départements d'outre-mer. Saint-Pierre-et-Miquelon est une collectivité territoriale dotée d'un statut particulier.

La loi de 1982 et la régionalisation

Depuis 1982 existe une nouvelle collectivité territoriale, la région, déjà érigée en établissement public en 1972. Cette réforme est importante pour cet État centralisé depuis longtemps qu'est la France, qui avait fait du département, depuis deux siècles, le cadre territorial privilégié de son organisation administrative. C'est désormais le conseil régional qui règle les affaires de la région. Le chef de l'exécutif régional est le président de ce conseil, et non plus le préfet. Ce dernier demeure le représentant de l'État, certains services publics restant du ressort de celui-ci. Mais les conflits entre la région et l'État se règlent devant le tribunal administatif.

La grande agglomération, un ensemble puissant

Les communes sont aussi des collectivités territoriales bicentenaires avec une assemblée élue, le conseil municipal, dirigée par un maire. Mais si les 36000 communes ont les mêmes droits, elles sont loin d'avoir toutes le même poids. Les grandes villes exercent leur influence sur un territoire beaucoup plus vaste que leur seul territoire communal.
Ce phénomène est encore renforcé par la nouvelle organisation de l'économie, puisque les entreprises trouvent la main-d'œuvre qualifiée et les centres de décision indispensables au développement de leur activité (administration, services, commerces, transports) dans les grandes agglomérations. Les élus de ces dernières, conscients de cette évolution, ont créé un réseau pour s'associer avec les autres grandes agglomérations européennes, les eurocités, sur le modèle des eurorégions. Le département seul ne peut construire un tel réseau, car cet échelon n'existe dans aucun autre État européen. ■

Dico → agglomération • décentralisation • zone d'influence

Points clés

3 Forces et faiblesses de l'économie française

La France est la quatrième puissance économique mondiale. Elle occupe les premiers rangs dans l'exportation de certains produits traditionnels – vins, céréales, parfum –, mais aussi dans des domaines de haute technologie comme l'aéronautique et l'espace. Pourtant, la France continue à connaître un taux de chômage élevé. De plus, toutes les régions sont loin de connaître des développements économiques identiques.

Une économie modernisée

Depuis les années 1970, les entreprises françaises ont dû s'adapter à la concurrence des produits étrangers dont elles étaient jusqu'alors protégées par des barrières douanières. La soudaine augmentation des prix du pétrole en 1973 et l'arrivée brutale de produits étrangers de qualité et moins chers ont contraint les patrons à améliorer la productivité de leurs entreprises et la qualité de leurs produits. En outre, les débouchés des entreprises se sont fortement accrus du fait de l'unification du marché européen. La France est l'un des pays qui exportent le plus. De plus, l'État a longtemps joué un rôle de premier plan dans l'industrie française en contrôlant directement les secteurs industriels jugés essentiels à l'indépendance de la nation. L'État a ainsi financé des projets de recherche de haute technologie non immédiatement rentables dans le domaine de l'armement, de l'aéronautique, du nucléaire et de l'espace. EDF est ainsi devenue la première compagnie d'électricité du monde et Airbus le concurrent direct de Boeing. Et le TGV a été exporté jusqu'aux États-Unis. ■

Le lycée ne dispense pas les savoirs nécessaires à une bonne insertion professionnelle.

La fusée Ariane, ici sur son pas de tir de la base de Kourou, en Guyane française, constitue un des modèles de la réussite européenne – et française, à travers Aerospatiale – dans les technologies modernes.

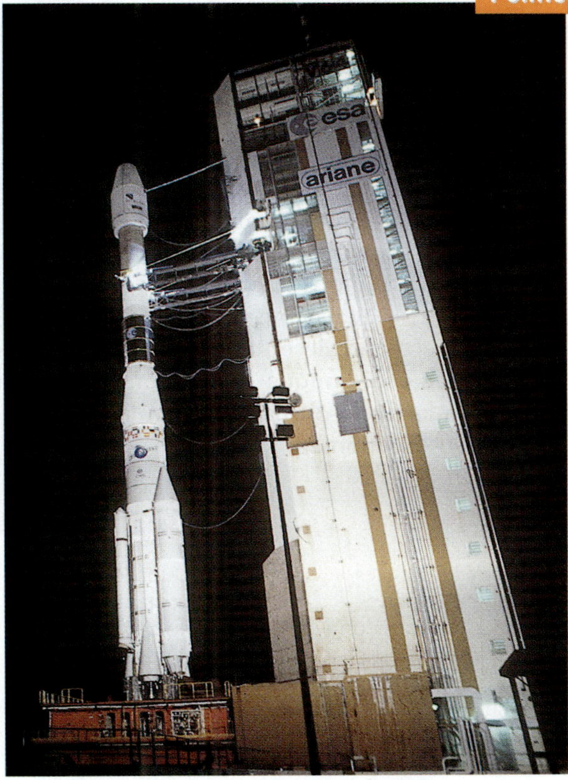

Un réseau de communication performant

Dans les années 1970, les réseaux français des télécommunications (téléphone) ainsi que celui des autoroutes accusaient un certain retard. Ce n'est plus le cas aujourd'hui. Toutefois, l'ensemble du territoire français ne profite pas de façon équivalente du réseau autoroutier et ferroviaire, notamment. Ainsi, seuls les axes majeurs qui canalisent les grands courants d'échanges sont très bien reliés au reste de l'Europe et du monde. Les villes qui sont situées à l'intersection des grands axes constituent des nœuds de communication où se croisent des réseaux de transports différents (aérien, ferroviaire, autoroutier). Ces portions de territoires très bien desservies attirent les entreprises qui travaillent en contact avec les marchés extérieurs. ■

Des handicaps à surmonter

Malgré la modernisation rapide dont elle a bénéficié au cours des vingt dernières années, l'économie française souffre encore de quelques handicaps. Tout d'abord, peu d'entreprises ont le poids nécessaire pour résister à la domination des plus grands groupes mondiaux, en dépit de quelques rapprochements spectaculaires. Ensuite, les investissements français sont insuffisants, ce qui avantage les capitaux étrangers qui prennent ainsi aisément le contrôle des entreprises françaises les plus performantes. Enfin, la formation des jeunes n'est pas toujours suffisamment adaptée aux besoins de l'économie. ■

Dico → chômage • infrastructures • région

Points clés

3 La question du chômage

L'Agence nationale pour l'emploi assiste les personnes à la recherche d'un emploi.

Depuis la fin des années 1970, les Français sont préoccupés par le chômage. Certains le sont plus que d'autres, car le chômage touche surtout les salariés peu qualifiés, les jeunes et les femmes. Son taux varie selon les régions. Alors que la France est la quatrième puissance économique mondiale et que la croissance économique se poursuit, pourquoi n'arrive-t-on pas à régler la question du chômage?

Un problème devenu grave

Pendant les années de forte croissance qui ont suivi la Seconde Guerre mondiale, l'activité économique requérait une main-d'œuvre abondante. Le taux de chômage était alors très faible – moins de 2% de la population active – et les emplois non qualifiés étaient très nombreux. Ces derniers ont tout d'abord été occupés par d'anciens paysans, puis, au gré de l'élévation sociale de ceux-ci, par des étrangers que les entreprises ont fait venir en nombre. Les conditions économiques ont changé assez brutalement. Avec les nouvelles technologies et la fabrication de produits beaucoup plus élaborés, les emplois non qualifiés ont quasiment disparu, ce qui a entraîné l'augmentation du chômage, aggravée encore par le nombre élevé de jeunes et de femmes arrivant au même moment sur le marché du travail. Enfin, pendant les années de plein emploi, la formation professionnelle avait été négligée. C'est pourquoi le taux de chômage en France a longtemps été plus élevé que dans les États européens comparables, notamment chez les jeunes et les femmes. Il atteignait, à la fin de l'année 1998, 11,7 % de la population active. ■

Le chômage dans l'Union européenne

Allemagne : 10,7 %
Autriche : 4,4 %
Belgique : 8,5 %
Danemark : 4,2 %
Espagne : 18,2 %
Finlande : 10,6 %
France : 11,7 %
Grande-Bretagne : 6,2 %
Grèce : 9,4 %
Irlande : 8,5 %
Italie : 12,3 %
Luxembourg : 2,1 %
Pays-Bas : 3,2 %
Portugal : 4,4 %
Suède : 7,6 %

(novembre 1998)

L'exclusion, conséquence du chômage

Dès la fin des années 1970, l'État a renforcé les mesures en faveur des chômeurs. Dix ans plus tard, il constatait que cela ne suffisait pas et créait, en 1988, le Revenu minimum d'insertion (RMI) – environ 2500 francs par mois pour une personne isolée – pour les personnes sans emploi ne touchant pas l'allocation chômage. Toutefois, les diverses mesures sociales destinées à combattre le chômage ne suffisent pas à préserver les plus faibles de l'exclusion.
De plus, comme les demandes d'emploi sont très nettement supérieures à l'offre, les employeurs peuvent imposer leurs conditions. Le statut des salariés s'est donc trouvé précarisé : contrat à durée déterminée (CDD), temps partiel imposé, recours à l'intérim, etc.
Cette situation touche particulièrement les zones où sont concentrés les salariés les moins qualifiés, parmi lesquels les étrangers sont nombreux. L'exclusion y provoque un accroissement des tensions sociales. ■

Une équipe du Samu social intervient auprès de sans-domicile-fixe.

Points clés

Comment résoudre la question du chômage

L'État, les syndicats et le patronat tentent ensemble de réduire le nombre des chômeurs. Ils ont élaboré des dispositifs destinés à créer des emplois en faisant quitter plus tôt le marché du travail aux salariés les plus vieux, par la préretraite et l'abaissement de l'âge de la retraite ; ils ont cherché à dissuader les femmes de rechercher un emploi : on a parlé, un temps, de salaire maternel. Parallèlement, les gouvernements ont pris des mesures pour relancer l'embauche en favorisant les entreprises pour les rendre plus compétitives et accélérer la reprise économique : baisse des impôts sur les bénéfices, exonération des charges sociales sur les emplois les moins qualifiés. Plus récemment ont été prises des mesures relatives à la création des emplois-jeunes et au partage du travail par la diminution légale du temps de travail à 35 heures hebdomadaires.
Mais le meilleur garant contre le chômage reste la qualité de la formation. ■

Dico → chômage • croissance • État • population active • syndicat

Immigration et droit du sol

3

La France est un vieux pays où pourtant l'acquisition de la nationalité se fait de la même façon que dans les « pays neufs » comme les États-Unis ou l'Australie : il suffit d'y être né, même de parents étrangers, pour accéder à la nationalité française. On parle alors de « droit du sol ». Mais dans les pays neufs, tous les citoyens ou presque sont d'origine étrangère, ce qui n'est pas le cas de la France, même si un Français sur quatre a au moins un grand parent étranger. Pourquoi la France a-t-elle choisi le droit du sol ?

Droit du sol et droit du sang, une question délicate

On oppose habituellement la France et l'Allemagne au sujet des conditions d'acquisition de la nationalité. En France, depuis 1889, les jeunes nés en France de parents étrangers acquièrent automatiquement la nationalité française à leur majorité. Toutefois, depuis les années 1980, la présence massive de jeunes étrangers en vertu du principe du regroupement familial a suscité un débat à propos de l'acquisition automatique de la nationalité. C'est pourquoi la loi a été revue en 1993 et en 1997. Désormais, l'acquisition de la nationalité est automatique à 18 ans, à condition que le délai de résidence ait été d'au moins cinq ans à partir de l'âge de 11 ans. En Allemagne, si les enfants de parents allemands nés à l'étranger peuvent être allemands, les jeunes nés sur le territoire allemand de parents étrangers ayant toujours vécu en Allemagne ne peuvent guère prétendre à la nationalité allemande. Mais en raison de la présence de familles turques installées depuis plusieurs dizaines d'années, un débat est né sur la nécessité d'assouplir le droit du sang. Ce débat a été relancé avec l'arrivée au pouvoir des sociaux-démocrates, en 1998. ■

De nombreux Français d'origine étrangère habitent le quartier de la Goutte-d'Or, à Paris.

Le droit du sol, une nécessité démographique et politique

La France, à la différence des autres États européens, a connu un ralentissement précoce de sa croissance démographique. C'est pourquoi, dès le milieu du XIXe siècle, elle a fait appel à de la main-d'œuvre étrangère. Cette faiblesse démographique se retrouvait aussi dans la faiblesse des effectifs de l'armée. Après la sévère défaite des Français contre les Prussiens en 1871, l'état-major a cherché à renforcer les effectifs de l'armée en demandant que l'on accorde la nationalité française aux jeunes étrangers pour qu'ils accomplissent leur service militaire. En 1889, le Parlement a donc voté une loi entraînant la naturalisation automatique des enfants nés en France de parents étrangers. Néanmoins, si les députés ont accepté de voter cette loi, c'est aussi parce qu'ils étaient favorables à ce type de principe. En effet, la Révolution française avait fait de la nationalité la libre adhésion à une communauté politique – ce qu'on appelle la « nation citoyenne ». Mais déjà sous l'Ancien Régime, le territoire était considéré comme la base de la nation, à cause de la diversité des peuples réunis au sein du royaume de France. ■

La nation citoyenne, modèle pour une future nation européenne ?

Le renforcement de l'unité politique des États de l'Union européenne posera, à plus ou moins long terme, la question de l'harmonisation des lois sur les conditions d'acquisition de la nationalité. Cette réflexion aboutira peut-être un jour à la définition d'une citoyenneté européenne qui ne pourra reposer que sur la libre adhésion de chaque individu à la communauté politique que constituera l'Union à ce moment-là. ■

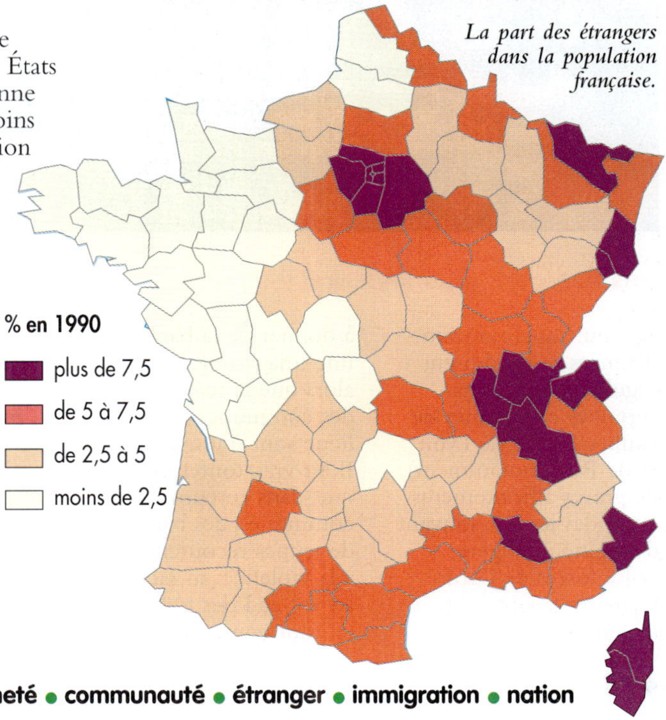

La part des étrangers dans la population française.

Dico → **citoyenneté** • **communauté** • **étranger** • **immigration** • **nation**

Banlieue et insécurité

3

La banlieue évoque souvent les «grands ensembles» de logements, appelés parfois «cités», à l'architecture monotone, à l'environnement dégradé, où il est parfois dangereux de circuler. Pourtant, la majorité des habitants de la banlieue vivent confortablement et n'ont pas le sentiment d'habiter dans des lieux d'insécurité. Pourquoi est-ce donc l'image des cités qui s'impose lorsque l'on parle de la banlieue?

Les grands ensembles font partie du paysage de la banlieue.

Des explosions de violence

Depuis une quinzaine d'années se produisent régulièrement, dans certaines communes de banlieue (près de Lyon et de Paris, notamment), de graves affrontements entre des jeunes, souvent d'origine étrangère, et les forces de l'ordre. Ces événements ont largement contribué à donner de la banlieue une image négative, alors que la majorité des communes de banlieue sont tranquilles. Il est vrai, toutefois, que, dans certaines communes, des bandes de jeunes recourent à la violence, au racket, au vol et à des trafics en tout genre, entretenant ainsi un climat d'insécurité. C'est pourquoi ces cités sont souvent qualifiées de «ghettos», un peu à l'image des quartiers urbains américains, dégradés et dangereux, où sont concentrés les Noirs et les immigrés pauvres. ■

Comment certains ensembles sont devenus des « ghettos » ?

À l'origine, dans les années 1960, les cités de banlieue étaient principalement occupées par des Français appartenant à la classe moyenne ou ouvrière. Ceux-ci les ont délaissés dans les années 1970 pour acquérir des maisons individuelles dans des banlieues plus lointaines. Les familles les moins riches se sont alors trouvées majoritaires dans ces grands ensembles, en particulier les familles étrangères qui se sont agrandies du fait du regroupement familial autorisé en 1975. Les ouvriers peu qualifiés ont été les premiers touchés par le chômage ce qui a contribué à destructurer certaines familles, à fragiliser l'autorité des parents, à accroître l'échec scolaire et la délinquance chez leurs enfants.
Une minorité, parmi ces derniers, devient de grands délinquants, trouvant dans le vol de voitures organisé ou le trafic de drogue des revenus beaucoup plus importants que dans des emplois mal rémunérés. ■

Les troubles dans les cités sont parfois violents.

Des territoires que l'État n'abandonne pas

Des bandes rivales bien organisées font régner la violence dans certains grands ensembles dont elles contrôlent le territoire qui leur est particulièrement familier. Les forces de police hésitent parfois à s'y aventurer afin de ne pas provoquer d'incidents dont la presse se fera l'écho. À la différence des ghettos américains, les cités françaises ne sont abandonnées ni par l'État ni par les municipalités qui ont la charge de ces quartiers. Si les commerces ferment les uns après les autres – leur propriétaire étant lassé des cambriolages à répétition –, les bâtiments sont rénovés et les écoles comme les équipements sportifs sont entretenus. Les encadrements sociaux existent et, même, se développent grâce à la volonté politique d'améliorer le cadre de vie des populations défavorisées. ■

Dico → banlieue • État • ghetto • immigré

Points clés 3 — Les acteurs de la vie politique et sociale

Les Français, qui sont de moins en moins nombreux à aller voter, semblent se désintéresser de la politique. Les jeunes sont les moins motivés. De même, les syndicats français ont de moins en moins d'adhérents, alors que la situation économique reste difficile. Qu'en est-il exactement?

Syndicats et partis: les acteurs traditionnels

Les partis politiques et les syndicats essaient d'exprimer et de défendre, par la concertation et la manifestation, les idées de leurs adhérents et sympathisants. Ils n'ont jamais regroupé, en France, autant d'adhérents qu'en Allemagne ou au Royaume-Uni. Les partis n'ont été officiellement reconnus pour la première fois que par la Constitution de 1958. Les Français ne leur font guère confiance (2% seulement des électeurs adhèrent à un parti). Cette désaffection est en partie due au fait que les promesses faites avant les élections par les partis, de droite comme de gauche, ne semblent pas tenues quand ceux-ci arrivent au pouvoir. De plus, les grands problèmes économiques et sociaux son beaucoup plus difficiles à résoudre que ne l'affirment habituellement les partis. Le nombre des adhérents des syndicats ne cesse également de s'effondrer. La France est le pays le moins syndiqué de l'Union européenne (8%). Peut-être la division traditionnelle du paysage syndical français n'est-elle pas étrangère à cette désaffection. ■

La France est un pays où les problèmes sont de plus en plus politisés et où les citoyens votent de moins en moins.

Les nouveaux acteurs de la vie publique

La diminution du nombre des syndiqués et l'augmentation des abstentions lors des élections ne signifient pas pour autant que les Français se désintéressent de la vie publique. Bien au contraire. Les associations culturelles – plus ou moins politiques – n'ont jamais été aussi nombreuses. Elles essaient de faire face à des difficultés locales – l'insécurité, par exemple – ou de contribuer au succès de causes beaucoup plus générales – comme la défense de l'environnement. Certaines associations se mobilisent en faveur de causes humanitaires et morales. C'est le sens de l'action d'Amnesty International ou de la Ligue des droits de l'homme. Parfois, l'engagement se limite à la participation à de grandes manifestations qui regroupent des milliers de personnes : manifestation antiracistes, pour la défense des sans-papiers, marche en faveur des chômeurs, protestations contre les essais nucléaires. Ces actions prouvent l'existence de préoccupations citoyennes chez les Français. ■

Les manifestations contre la reprise des essais nucléaires par la France, en 1995, ont rassemblé des milliers de participants.

Une société européenne plus démocratique

Cette évolution n'est pas particulière à la France. On la retrouve ailleurs en Europe. Elle correspond à de profonds changements de société qui s'accompagnent d'une nouvelle façon de « faire de la politique ». La société d'aujourd'hui est marquée par l'individualisme, mais aussi par un niveau culturel plus élevé qu'autrefois. L'accès d'un plus grand nombre de jeunes à l'école et à l'université s'est accompagné d'un accroissement de la liberté d'expression. En France comme dans les autres États européens, on peut s'exprimer sur toutes les questions de façon parfaitement libre. Les forums, à la télévision, à la radio, dans les journaux, se multiplient. Le débat politique n'est plus limité aux seules campagnes électorales : c'est toute l'année, sur tous les sujets, que les citoyens participent à la vie politique au sens le plus large du terme, c'est-à-dire à la vie de la cité – *polis,* en grec, signifie « cité ». ■

Dico → **association • citoyenneté • politique • société**

Points clés

La droite et la gauche

3

Dans les pays d'Europe occidentale, quand il est question de politique, on parle souvent de la «droite» et de la «gauche». La première correspond aux idées des partis politiques dits «conservateurs»; la seconde, à celles des partis dits «progressistes». Mais l'échec spectaculaire, en matière politique et économique, de l'Union soviétique a fortement atténué les oppositions entre la droite et la gauche.

La passation de pouvoir, à l'hôtel Matignon, en juin 1997, entre le gaulliste Alain Juppé et le socialiste Lionel Jospin.

Deux notions nées de la Révolution

Les notions de «droite» et de «gauche» sont nées en France, au début de la Révolution, en 1789. Elles correspondaient alors tout simplement à la répartition des députés dans l'hémicycle de l'Assemblée nationale constituante : les députés se regroupant par affinités politiques, il s'est trouvé que ceux qui étaient installés à gauche du président de l'Assemblée étaient plus révolutionnaires que ceux qui étaient à sa droite. Peu à peu, les notions de droite et de gauche sont devenues des qualificatifs politiques appliqués aux partis puis aux électeurs qui les soutiennent. Enfin, ils sont utilisés pour désigner certaines valeurs : le progrès, le changement, l'égalité économique entre les citoyens sont présentés comme des valeurs de gauche ; le souci de l'ordre et de la propriété, l'attachement à la tradition, à la famille et au patrimoine ainsi que la liberté d'entreprise sont considérés comme des valeurs de droite. ■

Électeurs de droite, électeurs de gauche

Les termes de «gauche» et de «droite» viennent de la place des députés à l'Assemblée constituante.

Les comportements électoraux traduisent en partie les caractéristiques économiques et sociales des électeurs. On vote plus à gauche dans les quartiers ouvriers que dans les quartiers aisés. De leur côté, les agriculteurs sont considérés comme conservateurs. Les convictions religieuses peuvent influencer le comportement électoral. Autrefois, les ouvriers catholiques votaient plus à droite que ceux qui n'avaient pas été à l'école religieuse. Aussi l'instauration de l'école laïque a-t-elle longtemps opposé la droite et la gauche : être pour la laïcité, c'était une façon d'être de gauche, car la hiérarchie de l'Église catholique était hostile à la séparation de l'Église et de l'État. Les notions de droite et de gauche ont évolué au cours de l'Histoire. Au XIXe siècle, les royalistes représentent la droite et les républicains la gauche. Dans la seconde moitié du XXe siècle, presque tout le monde est devenu républicain. Toutefois, la gauche reste divisée entre socialistes et communistes, alors que la droite se caractérise par la rivalité entre les gaullistes et les libéraux. Les extrêmes restent isolés des deux blocs entre lesquels le centre se partage. ■

Régions de gauche, régions de droite

Longtemps, la géographie électorale de la France a été marquée par de nets contrastes politiques régionaux : on parlait de «région de droite» et de «région de gauche». On expliquait ce partage par l'importance de la pratique religieuse. Les régions de tradition catholique – Bretagne, Vendée, Alsace, Auvergne, Alpes, Pays basque – étaient conservatrices et les régions déchristianisées très tôt – Limousin, Sud-Ouest, Midi – étaient républicaines. Le Nord est devenu une région de gauche à partir de la fin du XIXe siècle en raison de la très forte industrialisation. Il en a été de même pour la partie industrialisée de la Lorraine. Paris votait jadis à gauche. De nos jours, le vote parisien est plutôt de droite. Les contrastes régionaux se sont atténués avec le vote des femmes, la déchristianisation généralisée et la réduction du nombre des ouvriers. Depuis le milieu des années 1980, l'extrême droite s'est implantée dans les zones urbanisées touchées par la crise économique et caractérisées par une forte population d'origine étrangère. ■

Dico → industrialisation • politique • république

Les responsables politiques

3

Les responsables politiques sont élus ou nommés en vue d'administrer la commune, le département, la région, la nation. Les Français sont toujours nombreux à s'intéresser à la vie politique mais, depuis la fin des années 1980, les responsables politiques ont perdu une partie de la confiance de leur concitoyens.

Les hommes politiques sont indispensables à la démocratie

Une visite de Jacques Chirac en Corrèze lors de la campagne en vue de l'élection présidentielle de 1995, qu'il a remportée.

« Démocratie » est un mot d'origine grecque (*demos*, «peuple»; *kratos*, «pouvoir») que le président américain Abraham Lincoln a défini au XIXe siècle comme «le gouvernement du peuple, par le peuple et pour le peuple». Mais ce beau principe est difficile à mettre en œuvre. Le peuple délègue pour cela ses pouvoirs à des représentants élus qui appartiennent à la classe des hommes politiques. En France, l'importance accordée au jeu politique et aux hommes qui le pratiquent témoigne de l'attachement de la population à la République et à la démocratie. Le premier échelon de la vie publique est la commune. La France compte 36 000 communes et autant de maires élus par leurs concitoyens. Pour la plupart d'entre eux, il s'agit d'une activité bénévole et à temps partiel: leur commune est trop pauvre pour leur verser un salaire et la gestion de ses affaires ne requiert pas une personne à plein temps. Les conseillers municipaux sont également bénévoles. Chacun d'entre eux prend en charge un domaine particulier: les finances, le sport, l'équipement, etc. Dans les grandes villes, le maire et les premiers adjoints perçoivent une rémunération et, dans les très grandes villes, ils se consacrent à plein temps à leur tâche. À l'échelon supérieur du canton, les conseillers généraux qui gèrent le département reçoivent une indemnité. Ils conservent souvent leur activité professionnelle quand ils n'ont pas d'autre mandat électoral. Les conseillers régionaux, comme les députés et les sénateurs, perçoivent des indemnités plus importantes. ■

Les risques du métier

La carrière d'homme politique n'est pas une sinécure ! L'homme politique doit être choisi comme candidat par la direction de son parti, puis affronter les candidats des autres partis pour tenter de l'emporter. On critique beaucoup les partis politiques. En énonçant des propositions en vue de résoudre les problèmes locaux ou nationaux, ils sont indispensables à la démocratie. Depuis les lois de décentralisation de 1982, les élus locaux – maires, conseillers généraux et régionaux – ont plus de pouvoir et donc de responsabilité. Ils souhaitaient cette réforme qui leur permet de mieux répondre aux attentes de leurs électeurs. Dans beaucoup de domaines, la décentralisation a montré son efficacité – il suffit de penser à l'amélioration des locaux scolaires.
Ces nouvelles charges se sont accompagnées de nouvelles responsabilités, notamment financières, et d'une complexification des dossiers. Certains maires ont commis des imprudences en entreprenant des grands travaux qui ont lourdement endetté leur ville, provoquant une forte augmentation des impôts locaux. Une petite minorité d'élus ont même cédé à la tentation de s'enrichir personnellement. Ces « affaires » ont entamé la confiance des citoyens envers les hommes politiques. Avec le temps, les élus apprennent leur nouveau métier de gestionnaire. Ils sont d'ailleurs soumis au contrôle de la Cour des comptes qui veille au bon usage de l'argent public. ■

Raymond Barre, Premier ministre de 1976 à 1981, à la tribune de l'Assemblée nationale.

L'affiche du candidat-président François Mitterrand pour la campagne présidentielle de 1988.

La féminisation de la vie politique

Les Françaises n'ont obtenu le droit de vote qu'en 1944. De tous les pays d'Europe, la France est, avec la Grèce, celui où la féminisation de la vie politique est la plus faible. Après les élections législatives de 1997, 63 femmes siègent à l'Assemblée sur un total de 577 députés, soit 11 %, alors qu'elles représentent 53 % du corps électoral. En Suède, ce taux atteint 40 %. Les Françaises sont mieux représentées à l'échelle de la commune : 22 % des conseillers municipaux sont des femmes. La parité politique entre les hommes et les femmes a fait l'objet d'un projet de loi qui devrait être adopté en 1999. ■

Dico → • conseil général • conseil régional • décentralisation

Points clés

3

Les problèmes de la défense

La fin de la «guerre froide» consécutive à la chute de l'empire soviétique a changé la situation géopolitique de la France sans pour autant faire disparaître la nécessité de garder une armée efficace. Celle-ci s'est réorganisée afin de mieux répondre aux nouveaux problèmes de défense posés par un monde devenu multipolaire.

Les forces de l'Otan chargées de maintenir l'ordre en Albanie.

De nouvelles situations géopolitiques

La France n'est plus militairement menacée par ses voisins directs puisque, avec la fin de la «guerre froide», s'est éloignée la menace d'une guerre en Europe. La France a toujours besoin d'une armée, mais les missions de celle-ci doivent évoluer. Ainsi, l'armée française dispose d'un armement nucléaire, base de la stratégie de dissuasion décidée par le général de Gaulle pour préserver le territoire national de toute attaque. Mais le nouveau contexte géopolitique a conduit les États-Unis et la Russie à limiter l'armement nucléaire. La France, dont l'armement nucléaire est beaucoup plus modeste, s'est contentée d'annoncer l'arrêt des essais nucléaires qui avaient lieu, jusqu'en 1995, dans le Pacifique. Désormais, l'armée française doit être adaptée aux interventions militaro-humanitaires dans le cadre d'opérations multinationales de maintien de la paix. Elle doit pouvoir assurer la protection des intérêts français ou l'évacuation de ressortissants français comme elle l'a fait au Rwanda, en Bosnie ou en Centrafrique. On parle d'armée de projection, c'est-à-dire de force mobilisable rapidement pour se «projeter» sur des théâtres d'opération qui peuvent être lointains. ■

L'appel préparatoire

Le projet de réforme du service national adopté en 1998 crée un «appel préparatoire» d'une journée. Au cours de celui-ci, les jeunes hommes et les jeunes femmes passent des tests d'évaluation scolaire et médicale, bénéficient d'une aide en matière d'orientation professionnelle, reçoivent des informations sur les institutions et se voient présenter les divers aspects du volontariat dans les armées.

Être ou ne pas être dans l'Otan ?

Une question essentielle se pose à l'armée française : doit-elle ou non rejoindre le commandement militaire intégré de l'Organisation du traité de l'Atlantique Nord (Otan).
En 1966, le général de Gaulle, désireux d'affirmer l'indépendance de la France face aux États-Unis, lui avait fait quitter cette instance. Mais depuis les interventions militaires conjointes organisées à l'occasion de la guerre du Golfe ou en Bosnie, la question se pose de nouveau. Une autre interrogation en découle. En Europe, faut-il laisser le commandement de la force militaire intégrée à l'Otan, c'est-à-dire aux Américains, et ne mettre à sa disposition qu'un corps expéditionnaire, ou faut-il construire une armée de défense autonome ? Les responsables politiques et militaires français sont plutôt favorables à la deuxième solution, mais leurs partenaires européens n'en sont pas aussi convaincus. ■

La fin de l'armée de conscription

En 2002, les jeunes Français ne seront plus appelés sous les drapeaux. L'armée française ne comptera plus que des soldats de métier. C'est la fin de la conscription, qui était la base de l'armée républicaine depuis 1798, même si le service militaire n'est devenu obligatoire pour tous qu'en 1905. Certains voient dans ce changement un risque de rupture du lien entre l'armée et la nation et l'abandon par l'armée de son rôle d'intégration. Il est vrai que tous les jeunes Français n'étaient pas exactement égaux face au service militaire, certains étaient exemptés ; d'autres bénéficiaient de report d'incorporation pour achever leurs études. La professionnalisation de l'armée est aussi liée à la complexification de l'armement qui nécessite un personnel qualifié et régulièrement entraîné. La professionnalisation s'accompagnera également d'une réduction des effectifs qui rendra plus difficile la mise en place des opérations de sécurité intérieure, comme le plan Vigipirate destiné à prévenir les attentats terroristes. ■

L'incorporation des appelés : une image du passé.

Dico → conscription • défense • Otan

L'originalité constitutionnelle de la France

Les États de l'Union européenne ont chacun une Constitution, c'est-à-dire un texte solennellement approuvé par le Parlement qui définit les règles de la vie politique et la répartition des pouvoirs. La France est une république démocratique aux institutions originales. Dans les autres États de l'Union, le chef du gouvernement est nommé par le Parlement. En France, il est choisi par le chef de l'État, avec l'accord de l'Assemblée. Celle-ci, comme le président, peut retirer sa confiance au gouvernement.

La Constitution de la Ve République et le général de Gaulle

Sous la IVe République (1945-1958), le président, élu par les députés, n'avait guère de pouvoir.
De plus, les députés pouvaient facilement provoquer un changement de gouvernement.
La Constitution de la Ve République a été adoptée par référendum par 80% des Français en septembre 1958, soit quatre mois après le retour au pouvoir du général de Gaulle dans des circonstances dramatiques. Affaibli par la guerre d'Algérie, le gouvernement venait d'être profondément déstabilisé par le coup de force tenté à Alger le 13 mai 1958 par certains généraux hostiles aux négociations avec les Algériens. L'Algérie, divisée en trois départements, était considérée comme partie intégrante de la République française. Le problème algérien était donc difficile à résoudre. Cristallisant les passions, il menaçait de provoquer une guerre civile en métropole. L'autorité et le prestige du général de Gaulle permirent de ramener le calme et de faire accepter par référendum l'indépendance de l'Algérie. Pour cela, il dut auparavant renforcer les prérogatives du chef de l'État en présentant une nouvelle Constitution. Le général de Gaulle, qui se méfiait de la rivalité des partis politiques, entendait disposer d'une Constitution garantissant la stabilité du pouvoir exécutif. ■

Le général de Gaulle présente la Constitution de la Ve République, place de la République, à Paris.

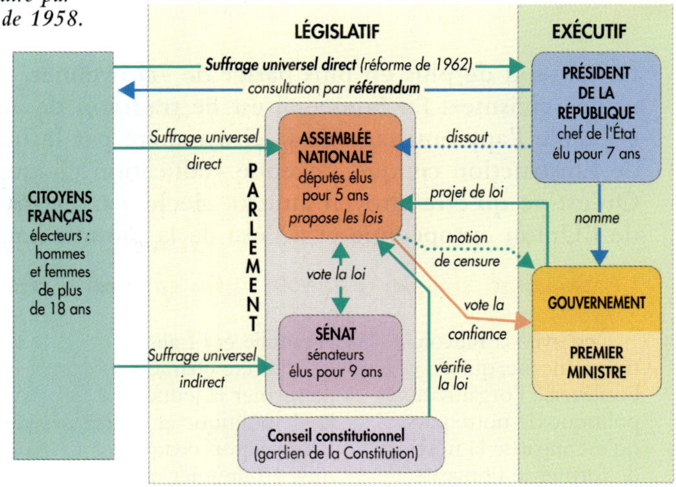

Le système politique instauré par la Constitution française de 1958.

Les pouvoirs très étendus du chef de l'État

Le chef de l'État est le représentant direct de la nation, élu au suffrage universel direct pour un mandat de sept ans renouvelable. Il partage avec le gouvernement le pouvoir exécutif, mais il en est le chef suprême. Il nomme les ministres et met fin à leurs fonctions. Il préside le Conseil des ministres et exerce seul certains pouvoirs comme la dissolution de l'Assemblée nationale ou la consultation directe du peuple par référendum. De même, il lui est possible de recourir aux pleins pouvoirs en cas de menace grave pour la France. De plus, il nomme certains hauts fonctionnaires (préfets, ambassadeurs, hauts magistrats) et désigne trois des neuf membres du Conseil constitutionnel ainsi que son président. Ce Conseil vérifie que les lois sont conformes à la Constitution. Aucun chef de l'État de l'Union européenne ne dispose d'autant de pouvoirs. ■

Les pouvoirs exécutif, législatif et judiciaire

Le pouvoir exécutif est exercé par le chef de l'État ainsi que par le gouvernement dirigé par le Premier ministre et nommé par le président de la République. Le gouvernement est néanmoins responsable devant le Parlement qui peut le renverser. Le gouvernement prépare les lois et a la charge de les faire appliquer. Le pouvoir législatif est exercé par le peuple directement, par référendum, et indirectement, par ses représentants, députés et sénateurs. Les députés sont élus pour cinq ans au suffrage universel direct. Les sénateurs sont élus pour neuf ans au suffrage indirect. Le Sénat, qui représente les collectivités locales, est renouvelé par tiers tous les trois ans. La Constitution sépare le pouvoir exécutif et le pouvoir législatif en vertu du principe que Jean-Jacques Rousseau exprimait en 1762 dans *le Contrat social*: «Celui qui commande aux hommes ne doit pas commander aux lois.» Le pouvoir judiciaire est exercé par des juges, au nom du peuple et théoriquement en toute indépendance du pouvoir exécutif qui nomme les juges. La Constitution de 1958 a fait ses preuves, y compris dans des situations politiques particulières comme la cohabitation. ■

Dico → Constitution • gouvernement • Parlement • référendum • république

Points clés

Être citoyen aujourd'hui

3

On entend de plus en plus parler de «citoyenneté» et de «civisme». En France, il est de tradition de confier à l'école l'apprentissage de la citoyenneté par le biais de l'instruction civique, devenue «éducation civique». Qu'est-ce qu'être citoyen au XXIe siècle, dans le cadre de l'Union européenne et à l'ère de la mondialisation?

L'instruction civique à l'école : une spécialité française

C'est avec la Révolution française, qui a bouleversé l'organisation politique de notre pays, qu'est apparue la nécessité de former le nouveau citoyen pour une société naissante afin d'ancrer les valeurs renouvelées du système politique : la république. Dans les autres pays, ce sont la famille et l'Église qui ont été chargées de former la jeunesse à la vie politique et sociale. L'instruction civique est mise au premier rang des disciplines enseignées à l'école avec les lois Jules Ferry, en 1882. Il s'agit alors de renforcer l'attachement patriotique à la nation. Le souvenir de la défaite de 1870 – que l'on attribue volontiers à la faiblesse du sentiment patriotique – est encore vif. Mais depuis le fin de la Seconde Guerre mondiale, l'instruction civique a peu à peu perdu de son importance au point d'être négligée par les enseignants. ■

Après la défaite de 1870, patriotisme et civisme se mêlent : les livres d'images de l'oncle Hansi entretiennent le souvenir et, donc, l'esprit de revanche.

Citoyen, de la commune à l'humanité

Si les discours sur la nation semblent quelque peu dépassés, à l'heure de l'Europe et de la mondialisation, l'éducation civique n'en n'est pas moins nécessaire. Aujourd'hui, on peut en effet se sentir citoyen de différentes façons. Ainsi, depuis les lois de décentralisation, la vie politique locale a pris de l'importance dans la mesure où les maires disposent de pouvoirs plus étendus, ce qui accroît en retour leur responsabilité. En conséquence, ils doivent tenir compte de l'avis de leurs concitoyens. Ce phénomène, que l'on observe aussi au niveau du département et de la région, modifie l'exercice de la citoyenneté en France. Sous prétexte que ses dirigeants s'appuyaient, à l'Assemblée, sur une majorité de députés élus, la Ve République a longtemps décidé de tout pour tous. D'autre part, l'Europe est de plus en plus présente dans notre vie : le passeport européen et l'euro en sont les signes les plus visibles. Les Français deviennent conscients qu'ils sont aussi des Européens. Certains font même appel au droit européen pour défendre leurs intérêts contre une décision de l'État qu'ils estiment injuste. Enfin, certains se veulent « citoyens du monde » au nom de l'universalité des droits de l'homme et des déclarations sur les libertés fondamentales communes à tous les peuples de la terre. ■

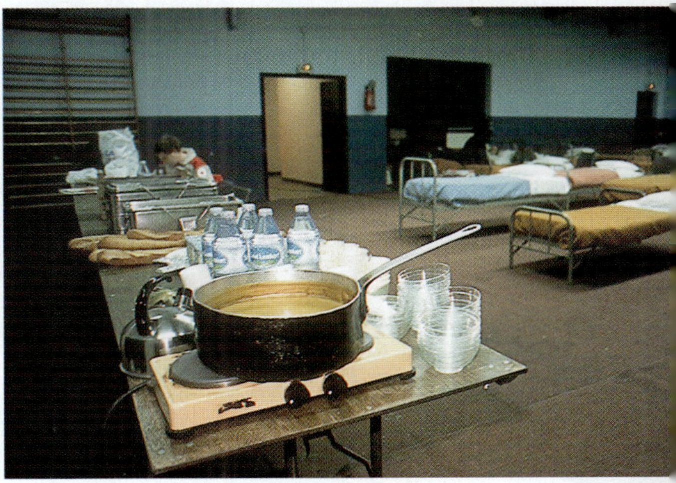

Un gymnase d'Alfortville (Val-de-Marne) aménagé pour les sans-abri durant l'hiver 1991-1992.

La nation, fondement de la solidarité

La citoyenneté européenne et le militantisme universaliste ne disqualifient pas pour autant la citoyenneté au sein de la nation. En effet, la nation reste l'idée-force sur laquelle se fonde la solidarité entre les citoyens. Les problèmes les plus graves, même à l'échelon de la ville, ne peuvent pas être surmontés sans l'aide de toute la nation. On s'en rend compte lors des grandes catastrophes naturelles. Mais pour que l'idée de nation conserve la charge affective qui est la sienne pour la majorité des citoyens, il faut lutter contre les inégalités les plus injustes qui fragilisent l'unité nationale. ■

Dico → décentralisation • inégalités • nation • solidarité

Atlas International
DER NEUE WELTATLAS
FRONTIERE DU ROUSSILLON QUI COMPREND

FICHES PRATIQUES

Pour se documenter

Un guide pour s'orienter dans l'univers de la géographie – voyages, cartographie, multimédia – et de l'éducation civique – la politique au quotidien, élections, recensement…

Utiliser le CDI

Les centres de documentation et d'information (CDI) des collèges permettent de trouver la documentation nécessaire à la réalisation d'exercices divers et variés. De plus, leurs fonds sont une invitation à découvrir, sur différents supports, le monde et ses secrets. La vie civique n'est pas oubliée, et l'on y découvrira les arcanes de la République.

Le CDI du collège est plus qu'une simple bibliothèque. On peut en effet y travailler en groupe.

La géographie et l'éducation civique sont-elles bien représentées au CDI?

La géographie et l'éducation civique sont souvent moins représentées que l'histoire dans les CDI, et les ouvrages sont souvent dépassés, excepté dans les collèges les plus récents où le fonds de documentation a été créé récemment.
On peut trouver plusieurs explications à cette situation. La géographie est par définition une des matières dans lesquelles les changements sont les plus rapides et les plus fréquents. Il suffit de penser par exemple à des pays comme l'ex-URSS ou l'Allemagne pour mesurer les changements qui peuvent se produire en quelques années et, par conséquent, l'obsolescence d'un livre écrit sur ces pays à la fin des années 80. Il est difficile dans ces conditions de trouver des ouvrages qui résistent à l'épreuve du temps. Et il est également difficile pour le documentaliste de trouver les crédits suffisants au renouvellement perpétuel de ces ouvrages.
L'éducation civique, quant à elle, après avoir été la première des matières dans l'école de la IIIe République, a été longtemps délaissée, jusqu'à ce que la réforme Chevènement de 1984 ne la réintroduise dans les programmes. Depuis, la place de cette discipline

s'accroît, d'autant que le civisme et la citoyenneté font aujourd'hui un retour en force dans l'enseignement secondaire, avec le soutien de l'ensemble de l'équipe éducative, documentaliste compris. De ce fait, les documents sur le sujet sont à nouveau en augmentation, mais les décennies d'abandon ont creusé un vide dans les rayonnages de bien des CDI. En revanche, comme ces matières sont très liées à l'actualité, elles occupent souvent une place de choix dans les dossiers thématiques ou les dossiers de presse, par définition en renouvellement permanent. De même, le collégien peut trouver de nombreuses informations actualisées dans les périodiques auxquels les CDI sont souvent abonnés, comme par exemple la revue *TDC* (*Textes et documents pour la classe*), éditée par le CNDP (Centre national de documentation pédagogique) dont les thèmes sont très souvent liés à la géographie et à l'éducation civique, ou encore les mensuels *Géo* ou *Okapi*. Enfin, les nouveaux supports multimédias permettent d'accéder à de nombreuses informations dans ces domaines.

Comment trouver une information dans un ouvrage général en géographie et en éducation civique ?

Comme pour les autres matières, les élèves peuvent tout d'abord utiliser des ouvrages généraux : les dictionnaires des noms communs pour les définitions, et les dictionnaires des noms propres pour les recherches biographiques ou sur un nom de lieu. S'y ajoutent les encyclopédies et, pour la géographie, les atlas. Les CDI, de plus en plus souvent, sont équipés d'ordinateurs et de lecteurs de disques optiques compacts (DOC) qui permettent de consulter atlas et encyclopédies sur écran. L'atlas *Encarta,* par exemple, offre des cartes de qualité, et permet de « cliquer » sur un pays, une ville ou une région pour mieux les connaître, grâce à des fiches avec textes, photos, bandes-son et même vidéo. Les collégiens consultent ces DOC par pur plaisir, et découvrent de façon interactive des paysages et des modes de vie insoupçonnés.

Comment trouver une information plus précise ?

Comme pour les autres matières, les ouvrages consacrés à la géographie ou à l'éducation civique sont classés selon un système de cotes figurant sur la tranche des livres ou des DOC et répertoriés dans un fichier (papier ou informatique) par sujets. Cette classification universelle se retrouve dans toutes les bibliothèques. Pour la géographie, il faut se référer aux cotes 910 à 919. Pour l'éducation civique, c'est plus compliqué, car cette matière fait appel à plusieurs types de savoirs. Il faut chercher dans les cotes des sciences sociales, à partir de 300 : 320 pour la science politique, 340 pour le droit, 350 pour l'administration, 360 pour les problèmes sociaux. Les DOC sur des questions spécifiques se développent également. Ainsi, le Sénat a créé son DOC, édité par Le Seuil-Multimédia. On trouve aussi des produits ludiques dont le thème recouvre plusieurs disciplines, dont la géographie et l'éducation civique, par exemple celui intitulé *Découvrir la planète Terre, notre environnement*, édité par le Centre national de documentation pédagogique.

Savoir se servir d'un atlas

L'atlas est un recueil de cartes géographiques. Il en existe de différents types et sur différents thèmes. L'atlas nous apporte de nombreuses informations qui nous aident à situer dans l'espace un lieu ou un phénomène. Pour le travail scolaire, un atlas courant suffit. Mais il existe de nombreux atlas spécialisés.

L'organisation interne d'un atlas

L'organisation d'un atlas repose sur deux types de classement des cartes présentées, dont rend compte l'index : un classement par échelles et un classement par thèmes. L'atlas débute généralement par des cartes d'ensemble à petite échelle. Celles-ci permettent de présenter une vue d'ensemble du globe, d'un continent, d'un pays. Suivent des cartes à échelle de plus en plus grande qui présentent des « zooms » successifs. On passe ainsi de l'Europe à la France puis à la région. Parfois même, certains atlas présentent des cartes détaillées d'espaces plus petits tels que les grandes agglomérations, les grandes villes, les grands ports, les vallées de montagne les plus peuplées, les deltas de grands fleuves, etc. Les cartes sont aussi classées par thèmes. Sont successivement présentés le milieu naturel – avec les types de reliefs et de climats –, puis la population, puis l'organisation en États pour finir par les activités humaines (agriculture, industrie, transports, etc.).

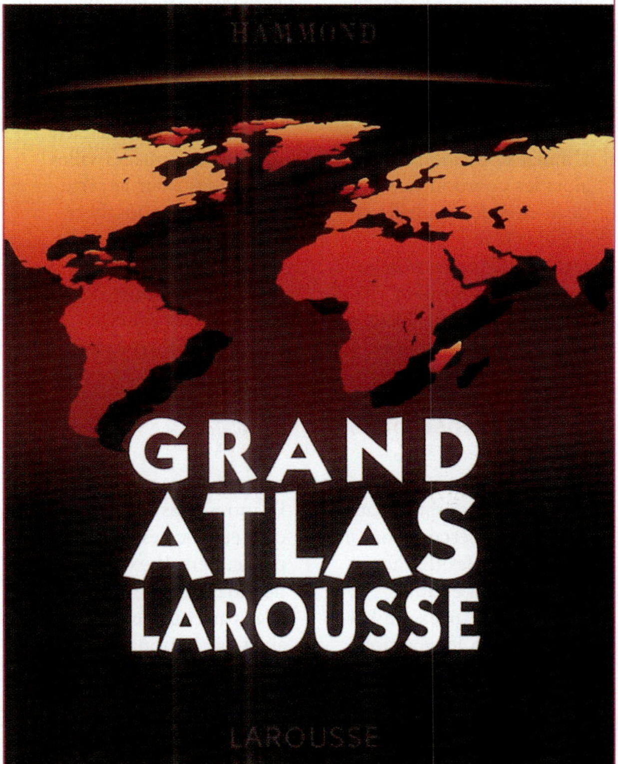

Les meilleurs atlas géographiques disponibles sur le marché sont des livres de grande taille, lourds et généralement onéreux.

Savoir se servir d'un atlas

Comment utiliser un atlas

Si tu veux obtenir des informations sur un lieu précis, tu chercheras son nom dans l'index qui t'indiquera la page de la carte où se trouve ce lieu. Si la carte est grande, elle sera divisée en cases à l'aide d'un quadrillage repéré verticalement par des chiffres et horizontalement par des lettres. L'index te précisera alors les coordonnées de la case du quadrillage où se trouve le lieu recherché. Ne recherche pas de lieu trop petit, comme un village où la rue d'une grande ville. Un atlas du monde ne peut présenter un degré extrême de précision pour l'ensemble des pays. Il doit sélectionner les informations qu'il contient et ne représente généralement que les lieux importants dans le cadre de la carte concernée : les pays pour un planisphère ; les capitales pour la carte d'un continent ; les villes moyennes pour la carte d'un pays ; les quartiers pour la carte d'une ville. L'index occupe parfois la moitié du volume de l'atlas. Il faut prendre garde à l'orthographe des noms étrangers : un même lieu peut s'écrire de diverses façons selon la langue utilisée. Certains atlas francisent les noms de lieux – « Londres » pour *London*, par exemple. D'autres conservent l'orthographe de la langue du pays ou respectent la transcription en vigueur dans ce pays – *Beijing* pour « Pékin » ou *Myanmar* pour « Birmanie ». Enfin, il faut faire attention à la date de parution de l'atlas consulté. Trop ancien, il risque d'être dépassé : les noms des villes changent et des États apparaissent ou disparaissent.

Des atlas spécialisés

À côté des atlas généraux, il existe de nombreux atlas spécialisés. Certains sont consacrés à des thèmes particuliers. Les atlas historiques, par exemple, présentent la localisation des États, des peuples ou des civilisations à diverses étapes de leur développement, ainsi que les cartes des migrations ou des invasions. Les atlas économiques localisent les grandes productions agricoles ou industrielles et illustrent les principaux courants d'échanges entre régions et pays. D'autres atlas spécialisés concernent des espaces particuliers. Il existe ainsi des atlas maritimes, des atlas par continent, mais aussi par région ou par département. La consultation d'un atlas n'est pas seulement le moyen de vérifier la localisation exacte d'un État ou d'une ville pour un devoir ou un exposé. L'atlas est surtout un outil de connaissances qui permet de mieux comprendre le monde dans lequel nous vivons.

Quelques définitions

L'index est une table alphabétique des principaux noms de lieux et de thèmes figurant dans les cartes de l'atlas.

La préface est le petit texte d'introduction que les auteurs écrivent pour présenter l'ouvrage au lecteur.

La table des cartes indique le titre des cartes de l'atlas, l'ordre de présentation de celles-ci et la page où elles se trouvent.

Lire une revue de géographie et de géopolitique : « Hérodote »

Les problèmes géopolitiques sont de plus en plus nombreux, divers et compliqués, au point que, parfois, on renonce à les comprendre. Or, *Hérodote*, revue de géographie et de géopolitique, les analyse justement pour aider ses lecteurs à les comprendre. C'est de loin la plus importante revue française de géographie par le nombre de ses lecteurs et sa notoriété internationale. *Hérodote* est aussi la seule revue qui consacre chaque numéro à une question géopolitique.

Pourquoi avoir choisi le nom d'Hérodote ?

Il y a vingt-cinq siècles, ce Grec d'Asie Mineure considéré comme le « père de l'histoire » fut aussi le premier géographe. Ses enquêtes sur l'immense Empire perse qui menaçait alors les cités grecques témoignent de préoccupations géopolitiques au sens où les animateurs de la revue l'entendent. Hérodote ne s'est pas seulement efforcé d'établir la vérité et de montrer l'enchaînement des effets et des causes dans les événements qu'il évoque – les guerres médiques – mais il a mis l'accent sur le cadre géographique, les conquêtes territoriales et les rivalités de pouvoir qui s'y exerçaient. En effet, la géopolitique telle que conçue par l'équipe d'*Hérodote* n'est pas une science avec des lois de l'espace qui s'appliqueraient quelles que soient les circonstances. À l'aide du raisonnement géographique, il s'agit d'analyser les rivalités de pouvoirs sur des « territoires » qui, dans les sociétés démocratiques, sont l'objet de débats entre citoyens. Par exemple, dans sa livraison du premier trimestre 1999, l'équipe d'*Hérodote* met en évidence l'inégalité territoriale de la santé publique en France. Il est possible de dresser une cartographie des inégalités territoriales de la santé des Français. Avec les progrès des libertés démocratiques, les problèmes géopolitiques sont de plus en plus nombreux. C'est pourquoi le champ de la géopolitique est de plus en plus vaste et divers.

La livraison du premier trimestre 1999 de la revue Hérodote.

Lire une revue de géographie et de géopolitique : «Hérodote»

L'immense champ des questions géopolitiques

Généralement, le terme géopolitique est appliqué à des conflits territoriaux interétatiques, comme la guerre du Golfe ou l'affrontement entre l'Inde et le Pakistan à propos du Cachemire. Mais nombre de conflits, de rivalités de pouvoirs ont pour cadre un même État. On peut parler dans ce cas de géopolitique interne. Cette notion de géopolitique peut être appliquée à des situations très différentes. Ainsi, dans nombre de pays d'Afrique existent de graves tensions internes liées à la traite des esclaves, des ethnies en ayant capturé d'autres pour les vendre aux négriers arabes ou européens. Le souvenir vivace de ces pratiques qui ont sévi jusqu'à la fin du XIXe siècle est un des facteurs qui bloquent la formation du sentiment d'unité nationale. *Hérodote* a consacré plusieurs numéro à ces questions.

Dans le cadre même de l'Union européenne, plusieurs États sont confrontés à de difficiles problèmes de géopolitiques internes : revendications régionalistes autonomistes ou indépendantistes, telle la France avec la minorité indépendantiste corse, l'Espagne face aux mouvements indépendantistes basque et catalan, la Belgique fragilisée par le mouvement indépendantiste flamand, le Royaume-Uni remis en question par les partisans d'une plus grande autonomie de l'Écosse.

«Hérodote», revue de géographie et de géopolitique aux éditions La Découverte

Les derniers numéros d'*Hérodote* parus sont :

- «Indonésie, l'Orient de l'Islam» ;
- «Italie : la question nationale» ;
- «Méditerranée, nations en conflits» ;
- «La question de l'Espagne» ;
- «Santé publique et géopolitique».

Les prochains numéros :

- «Le littoral : frontières marines» ;
- «L'Asie du Nord-Est» ;
- «Afrique du Nord, Europe du Sud» ;
- «Géopolitique de l'antisémitisme».

Une nouvelle question géopolitique : la santé publique

En 1999, *Hérodote* a publié un numéro consacré à la santé publique. Il y a longtemps que la santé publique est l'objet d'un débat entre partisans et adversaires, mais sans que l'on prenne en compte sa dimension «territoriale». Par la suite, la représentation selon laquelle la France avait le meilleur système de santé du monde a bloqué tout débat. Mais des affaires récentes – le sang contaminé, les hormones de croissance – ont montré les faiblesses du système de santé publique français. La discussion a été d'autant plus vive que, grâce aux observatoires régionaux de la santé, on a découvert l'importance des inégalités spatiales - on meurt plus tôt et en plus grand nombre dans le Nord-Pas-de-Calais, la Haute-Normandie ou l'Alsace qu'en Provence-Alpes-Côte d'Azur ou dans le Languedoc-Roussillon.

La découverte de ces graves inégalités spatiales peut aider à imposer les réformes essentielles, car les cartes où apparaissent les inégalités les plus choquantes peuvent faciliter la prise de décision politique indispensable pour y remédier.

La géographie dans la bande dessinée Tintin et Milou, d'Hergé

Tintin est un personnage à la renommée mondiale puisque ses aventures racontées dans 23 albums ont été traduites dans un très grand nombre de langues. Ces albums ont rencontré partout un immense succès, de l'Inde au Brésil, de la Chine aux États-Unis, auprès de lecteurs âgés de «7 à 77 ans».

Les aventures de Tintin

Tintin et Milou apparaissent pour la première fois en Belgique le 10 janvier 1929 dans les cases d'une bande dessinée, publiée dans *le Petit Vingtième,* le supplément hebdomadaire jeunesse du quotidien *Vingtième Siècle.* Pendant un an, chaque semaine, les lecteurs retrouvent *Tintin au pays des Soviets.* Le jeune Hergé (de son vrai nom Georges Rémi), journaliste au *Vingtième Siècle,* avait pris le goût du terrain en étant scout (un mot qui désignait, dans la cavalerie américaine, l'éclaireur, celui qui avait donc une bonne connaissance du terrain et qui savait se repérer). Son héros, un adolescent de 15 ans, est reporter – ce qu'on appelle aujourd'hui un envoyé spécial. Ainsi, grâce à lui, Hergé devient en quelque sorte reporter par procuration. Tintin enquête pour son journal dans des pays différents et devient, par la force des choses, géographe : il doit en effet savoir observer, se repérer rapidement, comprendre le milieu auquel il est confronté pour savoir déjouer les pièges que ses adversaires lui tendent. Il faut prendre le terme «milieu» au sens large, milieu physique (conditions naturelles) et humain (conditions politiques, économiques, culturelles, sociales).

Les aventures de Tintin sont lues dans le monde entier; ici au Zaïre.

Tintin et la géographie

Tintin est un véritable globe-trotter car ses aventures le conduisent à travers le monde entier, sauf en Australie où il a failli se rendre *(Vol pour Sydney)* et dans l'Antarctique (pôle Sud). Mais il affronte l'océan glacial Arctique dans *l'Étoile mystérieuse* et découvre même la Lune (*Objectif Lune* et *On a marché sur la Lune*). Ainsi, les aventures de Tintin se déroulent dans des milieux géographiques physiques et humains très variés, qui sont soigneusement représentés : du désert au monde tropical, des milieux froids au milieu tempéré, du littoral au cœur des continents,

La géographie dans la bande dessinée Tintin et Milou, d'Hergé

de la haute montagne à la douce plaine française, de la ville américaine au village africain, de la ville chinoise à la cité arabe. L'exotisme, le dépaysement, la découverte de mondes très différents, expliquent en partie le succès mondial de Tintin. Hergé, à partir du *Lotus bleu,* son quatrième album, a le souci de décrire avec précision le milieu dans lequel Tintin vit ses aventures. C'est pour lui le moyen de corriger certaines représentations simplistes. Ainsi, alors que l'image du peuple chinois rusé, fourbe est très courante à l'époque, Hergé choisit de montrer l'oppression qu'exerce les Japonais sur le peuple chinois. On sait que cette connaissance par Hergé de l'univers chinois doit beaucoup à son ami Tchang Tchong Jen, étudiant à Bruxelles qui a servi de modèle au personnage de Tchang. Le succès toujours grandissant de Tintin poussait Hergé à plus d'exigence. Il se documentait très sérieusement, consultait des experts, par exemple de la civilisation Inca pour *le Temple du Soleil,* des grands reporters, des photographes, et, enfin, lisait beaucoup d'ouvrages.

Des aventures dans des contextes très géopolitiques

Le thème du premier reportage de Tintin est éminemment politique, puisqu'il s'agit de montrer la tyrannie qu'exercent les bolcheviques (communistes russes). Ce thème avait été choisi par le rédacteur en chef du journal qui était un abbé particulièrement hostile à la révolution russe. Paradoxalement, bien que ses aventures soient destinées à de jeunes lecteurs, le contexte politique des aventures de Tintin est souvent très marqué : contexte colonial dans *Tintin au Congo* qui était à l'époque une colonie belge, sans d'ailleurs la moindre critique du colonialisme ce qui s'explique en partie par le contexte de l'époque, dénonciation de la dureté du capitalisme américain dans *Tintin en Amérique,* ou encore de l'occupation japonaise de la Chine dans *le Lotus bleu.*

Des BD pour faire de la géographie ?

Certaines BD ont la réputation d'être de bons outils pédagogiques. C'est le cas des *Aventures d'Alix,* de Jacques Martin, dont la publication a commencé dans le journal *Tintin.* On le dit moins de Tintin, sans doute à cause d'une plus grande fantaisie et de la présence de personnages comme le capitaine Haddock, dont l'intempérance est peu recommandable. Pourtant, la qualité documentaire de certains albums peut s'avérer utile aux professeurs comme aux élèves, y compris pour faire découvrir le décalage qui existe entre un document géographique authentique et son utilisation par Hergé. Les aventures de Corto Maltese, d'Hugo Pratt, font également une large place aux paysages.

À l'occasion du 70e anniversaire de sa création, *Tintin au pays des Soviets* a été réédité.

Une biographie d'Hergé est disponible :
Pierre Assouline, *Hergé,* éditions Plon, 1996.

Les paysages et le cinéma : le western

Aucun autre genre cinématographique n'est autant marqué par un type de paysage que le western. Il n'est pas de western sans chevauchée dans de vastes espaces arides, sans embuscade dans des canyons étroits et silencieux. Des centaines de films ont été tournés dans les paysages montagneux de l'ouest des États-Unis.

Le Grand Canyon du Colorado, dans l'Arizona.

Les grands espaces

Si les cinéastes de Hollywood ont choisi de tourner dans les espaces arides proches de Los Angeles et des grands studios, ce n'est pas seulement pour la possibilité que ceux-ci offrent de tourner toute l'année en décor naturel. C'est avant tout parce que ces paysages sont particulièrement spectaculaires et cinégéniques. Les immenses glacis d'érosion en pente douce dénudés d'où émergent des pitons et des buttes escarpées sont des reliefs résiduels auxquels les géographes ont donné le noms d'« inselberg » – c'est-à-dire « montagne-île ». Le lieu incarnant le mieux ce type de paysage est Monument Valley, qui figure dans toutes les publicités de voyage pour l'Ouest américain. Situé au nord de l'Arizona, en territoire navajo, Monument Valley est classé comme monument national. John Ford y a tourné *la Chevauchée fantastique* (1939), King Vidor *Duel au soleil* (1947) et Raoul Walsh *la Vallée de la peur* (1947).
Les films en couleurs sur grand écran ont ainsi imposé une nouvelle représentation du désert. À l'image classique du désert de sable parcouru

Les paysages et le cinéma : le western

de caravanes de chameaux, image née au XIXe siècle du récit des explorateurs du Sahara, a succédé l'image d'un désert de pierre aux couleurs violentes : le rouge des grès, le violet des roches volcaniques, le blanc des espaces salés ou des espaces sableux. La zone aride du sud-ouest des États-Unis n'est pas totalement dépourvue de végétation. Le cactus chandelier en est la plante emblématique, mais il en existe d'autres, comme l'arbre de Josué.

Filmographie

La Piste des géants, Raoul Walsh, 1930 ;
Pacific Express, Cecil B. De Mille, 1938 ;
la Chevauchée fantastique, John Ford, 1939 ;
les Pionniers de la Western Union, Fritz Lang, 1941 ;
la Rivière rouge, Howard Hawks, 1952 ;
Fort Apache, John Ford, 1948 ;
la Captive aux yeux clairs, Howard Hawks, 1952 ;
les Cheyennes, John Ford, 1964 ;
Little Big Man, Arthur Penn, 1970 ;
Jeremiah Johnson, Sydney Pollack, 1971.

La « frontière »

En fait, les paysages où ont été tournés les westerns les plus célèbres ne correspondent pas aux lieux où se sont véritablement déroulés les événements qui ont inspiré les scénaristes. Les hauts faits de la conquête de l'Ouest se sont déroulés dans des régions beaucoup moins arides. C'est pour le contrôle de terres fertiles et de gras pâturages que les pionniers et les Indiens se sont affrontés. Mais qu'importe si les lieux de tournage ne correspondent pas aux véritables lieux historiques. Le choc que provoque le paysage du western provient du caractère majestueux des grands espaces et de la force d'une nature hostile qui met en valeur l'immense courage des pionniers. En outre, le paysage est partie prenante de la mise en scène : les canyons servent de repaire aux bandits ou aux Indiens, les gorges sont des lieux d'embuscade idéaux, l'immense espace sans végétation permet à la charge de la cavalerie de se déployer, etc. Ce sont les émigrés venus d'Europe qui ont repoussé toujours plus loin ce que l'on a appelé la « frontière ». Ce terme ne désigne pas, comme en Europe, une ligne de séparation entre deux États, mais une zone qui n'est pas encore mal définie et mal contrôlée. La « frontière » attire les aventuriers, les hors-la-loi et les pionniers. Elle ne deviendra une véritable zone de droit que lorsque les villes et les voies de communication s'y seront développées. La grande époque des westerns est achevée. Les plus récents ont plus souvent été tournés dans le sud de l'Espagne qu'aux États-Unis. Les derniers grands westerns ont été réalisés par des cinéastes italiens dont Sergio Leone est le principal représentant – les « westerns-spaghettis ». Les grands espaces n'ont pas, pour autant, disparu du cinéma américain. Ils sont présents dans les films qui retracent l'histoire de jeunes à la recherche de leur identité, fuyant la grande ville et « taillant la route » au milieu des vastes espaces – c'est pourquoi on les appelle les « road movies », d'*Easy Rider* (Dennis Hopper, 1969) à *Thelma et Louise* (Ridley Scott, 1991). Le héros y est toujours solitaire, mais il chevauche désormais une Harley-Davidson ou conduit un pick-up truck.

Les métiers de la géographie

Les métiers de la géographie ne se limitent pas à la fonction de «prof d'histoire-géo». La géographie n'est pas qu'une matière scolaire. C'est une science très utile dans la vie de tous les jours. Elle permet à l'État ou à la commune, à l'entreprise ou au citoyen de mieux connaître, comprendre et agir sur l'espace dans lequel ils vivent. C'est pourquoi les métiers de la géographie s'accroissent sans cesse en nombre et en diversité.

Un géomètre effectuant des mesures de distances dans le désert d'Arabie saoudite.

Un débouché traditionnel : l'enseignement

Depuis 1871 et la défaite de la France face à l'Allemagne, l'État a décidé que l'enseignement de la géographie serait obligatoire au lycée puis au collège, estimant que cette matière devait jouer un rôle plus important dans la formation des citoyens. Depuis cette date, la géographie fait l'objet d'un enseignement régulier, couplé avec celui de l'histoire dans le cadre des cours d'«histoire-géo». L'enseignement demeure un débouché professionnel important pour les études de géographie. Plusieurs centaines de professeurs sont recrutés par concours chaque année. Ils reçoivent une formation de plusieurs années à l'université. Celle-ci recrute donc aussi de nombreux géographes qui y exercent à la fois comme enseignants et comme chercheurs. Mais aujourd'hui, les nouveaux métiers de la géographie se multiplient.

De nouveaux métiers pour les géographes

La géographie constituant un moyen précieux de compréhension et surtout d'action sur l'espace dans lequel nous vivons, ses connaissances sont sollicitées par des métiers toujours plus nombreux. Le progrès technologique fait naître de nouveaux outils dont l'utilisation nécessite des savoir-faire inédits qui définissent des métiers, parfois inconnus quelques années plus tôt: images satellites, télédétection, photographie aérienne, cartes automatiques, calculs informatiques et statistiques, création de banques de données et d'informations, etc. Les systèmes d'information géographique (SIG), par exemple, consistent en une sélection d'informations destinées à être traitées par ordinateur. Ils permettent de réaliser sur écran

Les métiers de la géographie

de nouveaux documents cartographiques de plus en plus complexes. Les SIG permettent de redessiner les territoires en modifiant leur échelle de représentation, de faire évoluer une situation dans le temps ou de mettre en interaction différents phénomènes intéressant un territoire donné.
Par exemple, on sait que de fortes pluies en montagne peuvent, selon la forme des bassins hydrographiques, entraîner des crues dévastatrices dans les zones basses situées en aval, qui sont souvent très peuplées. On peut aujourd'hui modéliser ce phénomène et prévoir ainsi ses conséquences afin d'aménager l'espace et de protéger les populations et les infrastructures.
L'aménagement du territoire crée également de nombreux emplois. Avant d'implanter une autoroute, une centrale nucléaire, un nouveau barrage ou une ligne TGV (train à grande vitesse), il faut mener une étude d'impact (coût financier, bruits, nuisances, transformation du paysage, efficacité).
En ville, l'ouverture d'un équipement public (piscine, école, hôpital, bibliothèque), d'un centre commercial ou d'une nouvelle ligne de transport doit être étudiée avec soin pour répondre au mieux aux besoins de la population. De même, la protection de l'environnement peut nécessiter la création d'un parc naturel ou d'une réserve.

De nombreux métiers ont besoin de la géographie

De nombreuses autres activités nécessitent le traitement d'informations de type géographique et emploient pour cela un personnel spécialisé. Ainsi, les agents immobiliers qui vendent des terrains et des maisons doivent connaître le marché, c'est-à-dire l'évolution du prix des surfaces destinées au logement dans les communes alentour. Avant d'implanter une usine ou des bureaux dans leur pays ou à l'étranger, les grandes entreprises analysent la situation géographique (clientèle, fournisseurs, concurrents, prix, instabilité sociale ou politique) afin d'investir efficacement leurs capitaux.
Les diplomates et les militaires ont également recours aux outils de la géographie. De nombreuses cartes sont dressées avant de lancer une intervention armée ou une opération de maintien de la paix.
Enfin, de nombreuses professions font souvent de la géographie sans en avoir conscience, comme les journalistes quand ils mènent une enquête sur une ville ou un pays, les économistes et les financiers quand ils étudient une situation nationale ou même les hommes politiques quand, avant une élection, ils cherchent à déterminer dans quel quartier ou dans quelle ville ils peuvent gagner des voix, quel type de population il faut convaincre et donc quels arguments il faut employer.

Quelques adresses

Conseil national de géographie.
191, rue Saint-Jacques, 75005-Paris.

Association des géographes professionnels.
Institut de géographie.
5, allée Antonio-Machado, 31058-Toulouse.

Institut géographique national.
136 bis, rue de Grenelle, 75007-Paris.

Comprendre la cartographie

Nous avons tous besoin de connaître le monde dans lequel nous vivons et, pour cela, de le représenter. La carte géographique est donc de plus en plus souvent utilisée, à la télévision ou dans la presse, comme dans la vie familiale ou professionnelle. De nombreux types de cartes existent. Toute carte doit être accompagnée d'un titre, d'une orientation, d'une échelle et d'une légende.

Orientation, représentation et langage

Dès l'Antiquité, l'homme a voulu représenter l'espace dans lequel il vivait pour mieux le connaître et le comprendre. Afin d'y vivre (habitat), de s'y déplacer (transport), de le contrôler (armée) et de le transformer (travaux publics), l'homme réalise des cartes. La carte est une représentation, généralement plane, de la répartition dans l'espace de certains phénomènes – physiques, sociaux, économiques, etc. La réalisation d'une carte se heurte à plusieurs problèmes. Tout d'abord, le transfert d'un espace sphérique, celui de la Terre, sur un espace plan est malaisé. Il entraîne des déformations importantes – on s'en aperçoit quand on essaye d'appliquer sur la table la peau d'une orange que l'on vient de peler. Selon l'usage envisagé ou la zone représentée que l'on privilégie, on utilisera des types de projection différents de la sphère sur un plan. La projection de Mercator est la plus connue : les méridiens y sont représentés comme équidistants et les parallèles comme perpendiculaires aux méridiens. Une autre difficulté consiste à orienter correctement la représentation de la réalité à l'aide de repères. Sur les cartes figurent toujours les points cardinaux – nord, sud, ouest, est –, parfois même les parallèles et les méridiens afin d'indiquer la position exacte à la surface du globe du territoire représenté. Sur certaines cartes détaillées, on indique aussi la déclinaison magnétique, le nord géographique ne correspondant pas au nord magnétique indiqué par la boussole. Pour réaliser leurs cartes, les topographes et les géomètres utilisent des repères stables dans le paysage tels que sommets ou clochers qui leur permettent de

Réalisation électronique d'une carte à l'Institut géographique national.

calculer les distances grâce au procédé trigonométrique de la triangulation. Le troisième problème consiste à faire passer le message, l'information que la carte est censée illustrer. Il faut pour cela lui adjoindre une légende établie suivant un code qui utilise des symboles conventionnels. Ceux-ci doivent être simples pour être compris rapidement par le lecteur. Mais ce langage codé varie toutefois dans le temps ou dans l'espace. Enfin, la légende doit être classée en rubriques hiérarchisées, du plus gros ou du plus important au plus petit ou au moins important.

Quelques adresses

Association cartographique internationale. Site Internet: www.abdn.ac.uk/ica

Institut géographique national (boutique): 107, rue La Boétie, 75008-Paris.

Bibliothèque nationale de France, département Cartes et Plans. Quai François-Mauriac, 75013-Paris. Site Internet: www.bnf.fr.

Le problème de l'échelle

La réalisation d'une carte se heurte à une difficulté majeure qui naît de la nécessité d'opérer une réduction de la réalité. On utilise pour cela ce que l'on appelle une «échelle», c'est-à-dire un rapport mathématique entre les distances réelles sur le terrain et la taille de leur représentation sur la carte. Ainsi, une carte à l'échelle 1/25 000 signifie que 1 centimètre sur la carte représente 25 000 centimètres dans la réalité, soit 250 mètres. Dans une carte au 1/1 000 000, 1 centimètre sur la carte représente 10 kilomètres dans la réalité. On distingue donc des cartes à petite (1/1 000 000), moyenne (1/250 000) ou grande échelle (du 1/2 000 au 1/50 000). Une carte à petite échelle représente une surface plus vaste; une carte à grande échelle est plus détaillée. Pour appréhender l'ensemble des phénomènes à la surface du globe, il faut utiliser des cartes de différentes échelles et effectuer entre elles un va-et-vient permanent. C'est cet emboîtement d'échelles qui constitue une des bases du raisonnement géographique.

Les différentes sortes de cartes

Autrefois chères et rares, les cartes sont aujourd'hui variées et d'un prix accessible. Les premières cartes ont été dressées par les explorateurs qui cherchaient les limites du monde. Les militaires de toutes les époques en ont été de grands utilisateurs – les cartes d'état-major décrivent avec exactitude un petit espace. Aujourd'hui, les cartes sont devenues thématiques, que ce soit en géographie physique – cartes géologiques, hydrographiques, climatiques, etc. – ou en géographie humaine – cartes démographiques, de l'emploi, des revenus, etc. Le développement du tourisme est une des causes de la multiplication des cartes grand public: carte routière, de randonnée, des églises romanes, etc. L'essor de l'image favorise la carte comme outil d'information à la télévision ou dans la presse. Enfin, l'informatique détache désormais la carte de son support papier. Celle-ci apparaît en trois dimensions et devient interactive.

S'initier à la toponymie

On appelle «toponymie» l'ensemble des noms de lieux ainsi que la science qui les étudie. Ce mot est forgé sur le grec *topos*, «lieu», et *onuma*, «nom». Dans notre pays, la plupart des noms de lieux sont très anciens. Certains remontent à des époques antérieures à la conquête romaine.

Le château de La Ferté-Milon, dans l'Aisne, a donné son nom au lieu: «ferté» vient de «forterresse».

L'histoire des lieux à travers leurs noms

De nombreux noms de lieux remontent au Moyen Âge, époque d'accroissement démographique au cours de laquelle les hommes ont défriché la campagne pour ouvrir des champs et bâtir des villages – ainsi, le terme «les essarts» présent dans plusieurs noms de villes signifie «terrain défriché». Peu de noms de lieux, en revanche, datent des XIXe et XXe siècles. Les noms de lieux sont inspirés par le relief – «Mont»-de-Marsan, «Le Puy» –, par des particularités locales – la fontaine de «Font»-Romeu –, par la nature du sol – le terme «gravelle» rappelle la présence d'un sol pierreux, «marnière» celle d'un sol argileux –, par la végétation – La Houssaye illustre un lieu planté de houx.

La toponymie étudie aussi les noms de rues – dans la rue de l'Arbre-Sec, à Paris, se trouvait le gibet. Le recours à la linguistique permet de dater les noms de lieux. Les peuples celtes installés sur le territoire avant la conquête romaine ont laissé des noms dans lesquels se distinguent des éléments de leur langue comme *nant*, qui signifie «vallée» – origine de Nantes – ou *briga*, qui signifie «mont». Les noms de lieu qui se terminent par *dun*, comme Verdun, sont issus du latin *dunum* qui signifie «colline»; les noms en *euil*, comme Nanteuil, viennent de la transformation de *ialo* qui signifie «clairière». Le terme *der* renvoie à «forêt», *dubron* – qui a donné Douvres – à «ruisseau». Les toponymes romains ont été souvent formés à partir d'un nom propre auquel est rajouté un suffixe: *acum* dans Aurillac ou *ieu* dans Ambérieu. Certains noms ont été à peine transformés: Conflans est une déformation du mot signifiant «confluent», Somme vient de *summus*, «source», Castres de *castrum*, «camp».

S'initier à la toponymie

Les noms ne se répartissent pas au hasard

Après l'époque romaine, aux Ve et VIe siècles, les peuples germains se sont installés dans le nord et l'est de la France puis, aux IXe et Xe siècles, en Normandie. On trouve dans ces régions des noms à consonnance germanique, terminés en *ing, thun, thal ou burg.*
Les noms en *erre* (Tonerre) ou *eurre* dans le nord et l'est de la France ont évolué en *oire* dans le midi, en *ac* (Padirac) dans le sud-ouest ou en *obre* (Sidobre). La terminaison en «y» se trouve en Bretagne, en Normandie (Isigny), dans le Centre (Aubigny). Les noms en «ieux» (Ambérieux) sont fréquents à l'est du Rhône. Dans certaines régions comme autour de Lyon, on trouve des noms de lieux arabes (Azergue) qui remontent à l'occupation de la région par des musulmans.
Les toponymes sont marqués par les langues régionales : le basque au Pays basque, le catalan dans le Roussillon, le patois germanique en Alsace, le breton en Bretagne où les éléments *ker* et *plou,* ajoutés à de nombreux toponyme signifient respectivement «hameau» et «paroisse».

Des étymologies parfois cachées et très variées

La difficulté de la toponymie réside dans les déformations importantes des mots d'origine et dans le nombre élevé des dérivés. Ainsi, dans le Béarn, il existe une dizaine de noms issus du latin *spelunca,* «caverne», pour désigner les grottes et les abris sous roches : «espingues», «esplungues», «espoulinguères», «espeluncas», «espelingue».
Les mots qui sont à l'origine de nombreux toponymes médiévaux – *fara* pour «famille», *thal* pour «vallée», *bah* pour «ruisseau», *thun* pour «ferme», *flet* pour «crique», *budh* pour «abri» – ne se retrouvent que rarement tels quels : La Fère vient de *fara,* Honfleur de *flet,* Criquebeuf de *budh.*
De plus, les peuples s'étant peu à peu mêlés, il existe des étymologies mixtes comme celles que l'on appelle « germano-romaines», avant le Xe siècle, et d'où viennent les noms en *court,* de *curtis,* ou «ville», comme Romainville, de *villa.*

Aides à la recherche

Le recueil des noms, la découverte de leur signification et l'étude de leur répartition ne requièrent pas de grandes connaissances préalables. Il suffit d'être un bon enquêteur. Dans le monde rural, l'enquête peut être menée auprès de la population. Il existe des répertoires alphabétiques départementaux qui font la liste des toponymes et de leurs variantes et qui les datent. Des recherches au service du cadastre, à la mairie, dans les archives communales et départementales, dans des écrits anciens sur la région aideront le toponymiste en herbe.

Bibliographie :
A. Dauzat, *la Toponymie française,* (1930, rééd. 1948-1950).
E. Nègre, *les Noms de lieux en France*, collège d'Occitanie (1977).
Un bon exemple d'enquête toponymique est fourni par le livre de Marcelin Berot, *la Vie des hommes de la montagne dans les Pyrénées racontée par la toponymie* (Parc national des Pyrénées et éditions Milan, 1998).

Préparer un voyage en France

Quel que soit le lieu de destination, que l'on envisage son voyage sous l'aspect d'une grande mobilité ou, au contraire, comme une halte temporaire, on aura tout intérêt à consulter guides, cartes, services Minitel pour éviter d'éventuelles déconvenues.

Découvrir la France à pied offre bien des avantages. Loin des sentiers battus, on devient un voyageur privilégié.

Quelle France découvrir ?

La France est un des pays du monde qui accueillent chaque année le plus de touristes. Cet engouement tient avant tout à la très grande variété de sites, paysages naturels et hauts lieux culturels. On peut s'y promener dans les paysages calcaires en Provence et dans les Causses, cheminer dans des paysages de granit en Bretagne ou diriger ses pas en direction de la montagne. À moins que l'on préfère gravir la plus haute dune littorale d'Europe, près d'Arcachon, ou flâner au bord des calanques rocheuses de la côte marseillaise. L'eau de l'Atlantique est plus froide, mais l'alternance entre les marées hautes et basses a beaucoup de charme. La Méditerranée n'a presque pas de marée, mais l'eau y est plus chaude. Le soleil attire beaucoup de touristes et les plages sont plus souvent noires de monde que sur l'Atlantique.
On peut découvrir en France un panorama des grandes époques de l'art et de l'architecture européenne, dans les régions d'art roman (Poitou, Bourgogne) ou gothique (Île-de-France). Il existe 180 000 kilomètres de chemins de randonnée pédestre pour parcourir notre pays à pied, et de nombreuses routes pour les cyclistes bénéficient d'un balisage efficace.
Il est également possible de se loger chez l'habitant, dans des fermes qui offrent pour des prix modiques des chambres aux vacanciers (chambres d'hôte).

L'outre-mer

Les départements d'outre-mer sont des régions françaises bien différentes. Le climat est tropical, il n'y fait jamais très froid. Il y a une saison sèche et une saison humide. Dans les Antilles françaises, il fait beau et sec en hiver. On peut passer des vacances de janvier ou de février sur leurs plages baignées de l'eau tiède de la mer des Caraïbes. Mais le prix du billet d'avion demeure élevé.

Préparer un voyage en France

Penser au temps qu'il va faire pour préparer sa valise

Le climat français est assez variable selon les régions. L'Ouest et la plaine du Nord sont ouverts à l'influence de l'océan Atlantique. En été, les températures ne sont pas excessivement élevées, et il y pleut fréquemment. Les différences sont grandes entre le nord et le sud (plus ensoleillé) de la Bretagne, les Charentes et la côte basque. Dans les régions méditerranéennes et dans le Sud-Ouest, il fait très chaud en été et les nuages sont rares (Ajaccio, en Corse, est la ville la plus ensoleillée de France). Aux abords de la Méditerranée, il faut cependant se méfier du printemps et surtout de l'automne : en principe, les températures sont plus douces que dans le Nord, mais c'est souvent à cette époque qu'il pleut. Si l'on va en montagne, il faut s'équiper contre le froid car la température diminue avec l'altitude. En hiver, c'est là qu'il neige le plus. Dans les régions de plaine éloignées des côtes et de l'influence adoucissante de la mer, il fait très froid en hiver et très chaud en été.

Renseignements pratiques

- Féderation française de randonnée pédestre : 14, rue Riquet 75019-Paris. Tél. 01 44 89 93 93. Minitel 3615 RANDO : information de la Fédération de randonnée.
- Gîtes de France 59, rue Saint-Lazare, 75439-Paris Cedex 09 Tél. 01 49 70 75 75 Minitel 3615 GÎTE DE FRANCE. e.mail : info@gîtes-de-france.fr ; Internet : http://www.gîte-de-france.fr
- La Maison des gîtes de France et du tourisme vert édite un guide.
- Ligue de cyclotourisme de l'Île-de-France. 8, rue Jean-Marie-Jégo, 75013-Paris. Tél. 01 44 16 88 88.
- Pour les itinéraires Mintel 3615 ITI; 3615 PARTIR.
- Pour les cartes se renseigner à l'IGN : 107 rue La Boétie, 75008-Paris Tél. 01 43 98 80 00

Préparer l'itinéraire

Si l'on se déplace en voiture, il est nécessaire de se munir d'une carte de France. Elle doit être récente (la date de sa publication est imprimée dessus), car on continue à construire des routes et des autoroutes qui ne sont pas indiquées sur les anciennes éditions. De nombreux services sur le Minitel proposent des itinéraires routiers, associés à une évaluation du temps et du prix du voyage. On peut consulter de nombreux guides régionaux qui proposent des itinéraires selon le temps dont on dispose. On peut choisir une route qui traverse de beaux paysages, des villes intéressantes et qui évite les grands axes encombrés. Il est bon de posséder une carte à plus grande échelle (montrant une région et non plus toute la France) pour savoir comment se présentent précisément les lieux où l'on veut s'arrêter. Savoir lire une carte, et imaginer les paysages que l'on va traverser, est donc très utile pour préparer un itinéraire. Enfin, pour qui veut voyager en vélo, la compréhension des courbes de niveaux indiquant le relief est indispensable. Il existe également des guides de randonnées.

Préparer un voyage à l'étranger

Vous pouvez aller chercher de la documentation sur différents pays dans une agence de voyages. Mais, auparavant, vous devez bien réfléchir vers quelle partie du monde vos projets de voyage vont se concrétiser.

Les agences de voyages offrent une gamme étendue de destinations et les conseils de professionnels du tourisme.

Quel pays choisir ?

Les raisons pour lesquelles on choisit une destination à l'étranger peuvent être très variables. Si l'on veut changer de climat et de paysages naturels, il faut regarder la carte des grandes zones climatiques : pendant notre hiver, c'est l'été dans les pays de l'hémisphère Sud et les températures sont très clémentes dans les régions tropicales (par exemple aux Antilles). En revanche, durant notre été, dans les régions tropicales de l'hémisphère Nord, c'est la saison des pluies; et il fait froid dans l'hémisphère Sud, au Chili ou en Australie. Même si l'on reste en Europe, les différences sont très grandes entre les pays du Nord, très pluvieux, y compris en été, et ceux de la Méditerranée, où il ne pleut pas pendant cette période. Si l'on cherche le contact avec des cultures distinctes de la nôtre, on peut choisir un pays dont la religion est différente (islam, hindouisme, par exemple). Dans cette perspective, repérer dans un atlas historique les lieux qui ont été des grands foyers de civilisation offre un grand intérêt. La langue qu'il faudra employer est un autre critère de choix, car on ne fera pas un voyage identique si l'on peut parler aux gens du pays ou non : la plupart des États d'Amérique latine, sauf le Brésil, parlent espagnol. Toute l'Amérique du Nord utilise l'anglais. En Inde, il existe une multitude de langues différentes, mais une grande partie de la population possède au moins des rudiments d'anglais. Dans les anciennes colonies françaises d'Afrique ou d'Asie, on rencontre encore beaucoup de personnes connaissant notre langue. En revanche, en Chine, le contact sera plus difficile. Enfin, la quantité d'argent dont on dispose est un élément très important : le coût de la vie diffère en effet selon que l'on se rend dans un pays pauvre ou dans un pays riche.

Préparer un voyage à l'étranger

De la mappemonde à la carte

Une fois que l'on a choisi sa destination, il faut acquérir quelques connaissances plus détaillées.
Du point de vue du climat, il peut y avoir des différences énormes d'un point à un autre d'une zone climatique : si, en général, il ne pleut pas en été dans les régions méditerranéennes, il faut savoir que, selon les endroits, les pluies seront regroupées au printemps ou en automne. La température y est clémente, sauf si l'on voyage en montagne.
En Asie, les pluies de mousson n'arrivent pas à la même date selon les régions, et dans certaines zones comme le Bangladesh, les cyclones meurtriers sont assez fréquents à la fin de l'été. L'expression de la religion varie aussi d'un pays à l'autre : dans le monde musulman, les pratiques, l'architecture, les coutumes vestimentaires, changent selon que l'on va dans un État arabe, turc ou asiatique (Indonésie). Enfin, il faut se renseigner sur la situation politique – tensions, voire conflits – à l'époque où l'on veut faire le voyage.

Les détails techniques : chèques de voyage, cartes de crédit, logement

Si l'on voyage en Europe, onze pays de l'Union européenne auront en 2002 une seule monnaie et il ne sera plus nécessaire de changer de l'argent avant de partir. Pour le reste et pour tous les pays hors de l'Union européenne, il est nécessaire de changer des quantités d'argent en fonction du coût de la vie dans le pays visité. En Amérique latine, le dollar américain est accepté partout et certaines sommes importantes (pour régler un billet d'avion, par exemple) peuvent être payées en dollars. Il est bon de se munir aussi de moyens de paiement que l'on peut se faire rembourser en cas de perte ou de vol, comme les chèques de voyage qui sont au nom du voyageur, ou bien les cartes de crédit internationales qui permettent de payer sans argent liquide et dans certains cas d'utiliser les guichets automatiques.
Les auberges de jeunesse permettent de se loger à bas prix et de rencontrer d'autres globe-trotters.

Renseignements pratiques

FUAJ : Fédération unie des auberges de jeunesse
27, rue Pajol, 75018-Paris.
Tél. 01 44 89 87 87.
Internet : http://www.fuaj.org.
Regroupant 193 auberges en France, 6 000 dans plus de 63 pays, la FUAJ publie une brochure sur les voyages d'été.

La carte Inter-rail
Elle permet de voyager en train dans toute l'Europe. Il y a 8 zones (A : Irlande, G.-B. ; B : Finlande, Norvège, Suède ; C : Allemagne, Autriche Danemark, Suisse ; D: Croatie, Hongrie, Pologne, République tchèque, Slovénie ; E: Belgique, France, Luxembourg, Pays-Bas ; F: Espagne, Maroc, Portugal ; G: Italie, Grèce, Slovénie, Turquie ; H: Bulgarie, Macédoine, Roumanie, Yougoslavie. Un mois de voyage dans une zone coûte 918 francs pour les moins de 13 ans. Il existe un forfait pour toutes les zones de 1 550 francs à 3 100 francs, selon l'âge.

Suivre une course à la voile autour du monde

Les mers et les océans occupent les trois quarts de la surface du globe. Dès l'Antiquité, l'homme a cherché à franchir ces espaces en utilisant les vents comme force motrice. Si la marine à voile a disparu avec le progrès technologique, la course à la voile en haute mer demeure un sport de compétition et une extraordinaire aventure humaine. Être un bon navigateur exige une excellente connaissance du milieu marin et de sa géographie.

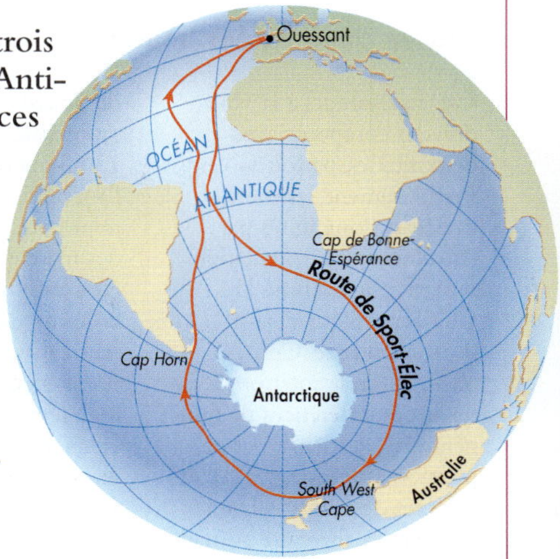

L'aventure d'une course à la voile

Au cours du XIXe siècle, l'apparition d'une force motrice mécanique utilisant le charbon puis le gas-oil détrône progressivement la marine à voile commerciale dont les derniers représentants sont les grands clippers. Parallèlement se développe la course à la voile comme activité sportive, initialement réservée à une élite sociale. En 1851, le voilier *America* bat ses adversaires anglais dans une course autour de l'île de Wight. La prestigieuse Coupe de l'America est née. La première course transatlantique a lieu en 1866 à la suite d'un pari. Au XXe siècle, les courses au large se sont multipliées : le Fastnet, en Atlantique, créé en 1925 ; la Sydney-Hobart dans le Pacifique, créée en 1945 ; la Giraglia en Méditerranée, créée en 1953 ; l'Admiral's Cup, dans le Solent, créée en 1957 ; la Route du rhum, transatlantique créée en 1977. Mais le phénomène le plus spectaculaire réside dans la création des courses autour du monde, avec ou sans escales, en équipage ou en solitaire, qui exigent de passer le cap de Bonne-Espérance, au sud de l'Afrique, et le cap Horn, à l'extrême pointe de l'Amérique du Sud. La Whitbread est une course en équipage avec escales créée en 1973. La première édition de l'Around Alone, course en solitaire avec escales, a eu lieu en 1998-1999.

Les courses autour du monde sont, en fait, des contournements de l'Antarctique. Ici, le trajet de Sport-Élec, *le bateau barré par Olivier de Kersauson qui a établi le record du tour du monde en équipage en 1997, en 71 jours et 14 heures.*

Le Vendée Globe, créé en 1989, est une course en solitaire sans escales. Cette dernière représente un trajet de 23 600 milles marins parcouru en 130 à 140 jours. L'amélioration technique des bateaux permet de battre régulièrement des records de vitesse. En 1989, Olivier de Kersauson réalisait le tour du monde en solitaire en 125 jours et 19 heures. Cinq ans plus tard, Bruno Peyron l'a effectué en 79 jours et 6 heures.

Suivre une course à la voile autour du monde

Utiliser deux fluides, maritime et atmosphérique

Les navigateurs à la voile doivent composer avec deux fluides, parfois violents. Premièrement, les mers et océans sont agités par des courants de circulation superficielle comme le Gulf Stream, ou dérive nord-atlantique. Ceux-ci résultent de la rotation de la terre, des différences de températures, de densité et de pression ainsi que des régimes des vents zonaux comme les alizés. Le courant de Somalie, le plus violent au monde, s'écoule à 13 kilomètres par heure. À l'approche des côtes, il faut tenir compte des courants des marées.Le second fluide est constitué par les grands systèmes de vents qui brassent l'atmosphère terrestre de manière plus ou moins régulière. Le régime des vents dépend du jeu des masses d'air et de la pression atmosphérique. Le contact entre les anticyclones et les dépressions détermine des fronts aux vents violents. Les vents sont plus ou moins réguliers. L'échelle de Beaufort permet de déterminer leur force : l'échelon 0 correspond au calme plat, la force 7 à des vents de 50 à 60 kilomètres par heure, la force 11 à la tempête. L'absence complète de vent, comme dans le « pot au noir », le long de l'équateur, est également préjudiciable pour les navigateurs.

Que le meilleur gagne

Pour remporter une course, il faut utiliser au maximum les ressources offertes par les courants et les vents en prenant garde à ne pas casser le matériel. Le choix de l'itinéraire géographique est déterminant. Différentes routes maritimes existent pour traverser l'Atlantique, entre Plymouth et New York par exemple. On qualifie de « directe » la route la plus courte (5 224 km). Ce n'est pas forcément la plus rapide car c'est la plus dure. Pour la suivre, il faut affronter les tempêtes de l'Atlantique Nord, lutter contre le Gulf Stream qui circule en sens contraire, puis traverser les brumes et zones d'icebergs au large de Terre Neuve, où le *Titanic* fit naufrage. La route dite des Alizés, plus au sud, est plus longue (7 778 km), mais plus calme et ensoleillée, avec des brises portantes de puissance moyenne, mais régulières. Aujourd'hui, le marin ne fait plus seul le choix de sa route. Il dispose à bord, pour l'aider, d'équipements perfectionnés qui lui permettent de connaître sa position exacte et de prévoir l'état de la mer et des vents. De plus, les participants aux courses océaniques sont aujourd'hui en relation avec des « routeurs » restés à terre, qui leur conseillent le cap à suivre en fonction des informations météo qu'ils étudient. La meilleure technique ne remplacera toutefois jamais l'expérience.

America's Cup

En 1851, le yacht *America* bat les 14 yachts anglais engagés dans la coupe de la Reine qui se court autour de l'île de Wight. Depuis cette date, le détenteur de la coupe – le plus vieux trophée sportif du monde – rencontre un seul challenger, victorieux des épreuves éliminatoires. Les États-Unis ont été invaincus jusqu'en 1983.

L'Internet et la géographie

Réservé à l'origine aux militaires et à quelques chercheurs privilégiés, l'Internet est passé, depuis la fin des années 80, de quelques milliers à quelques millions d'utilisateurs, puis à des dizaines de millions et devrait même dépasser les 200 millions en l'an 2000. L'Internet, par la diversité des informations qu'il peut fournir, est devenu un outil précieux pour les géographes.

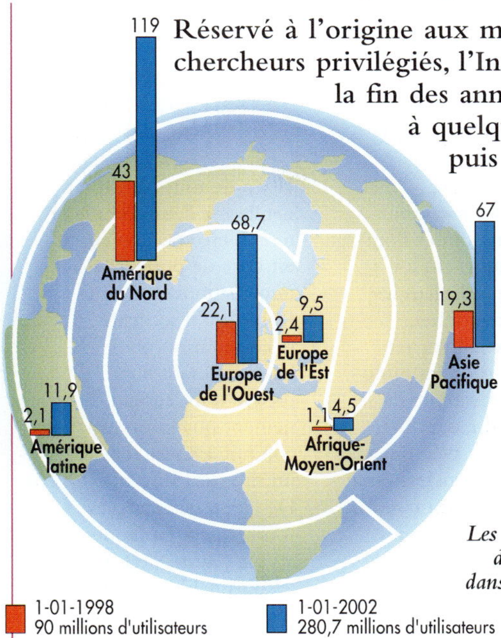

Les utilisateurs de l'Internet dans le monde, en 1999.

Un accès encore très inégal

Internet (*net* en anglais signifie «filet») est un réseau de réseaux, une sorte de toile d'araignée planétaire, faite de câbles et d'ordinateurs, qui permet de transmettre en temps réel du son, de la vidéo, du texte et des images. Conçu à la fin des années 60 par le Pentagone (ministère de la Défense américain), ce réseau avait pour but de maintenir les communications même en cas de guerre nucléaire. Son principe veut que si la communication est coupée en un endroit, les données qui voyagent en petits paquets séparés ont la possibilité d'emprunter un autre chemin pour atteindre leur destinataire. Cette conception initiale rend la circulation des données bien difficile à contrôler.
Ce sont les grandes puissances économiques et, au premier chef, les États-Unis qui décident du développement technique du réseau. Aussi, les possibilités d'accès à l'Internet sont-elles très inégalitaires entre pays riches et pays pauvres. C'est pourquoi le monde ressemble bien peu à un «village global», même avec la connexion à l'Internet par satellite, qui évite l'installation d'un réseau de lignes téléphoniques. Ce sont essentiellement les pays d'Amérique du Nord et d'Europe qui disposent de cet outil, tandis qu'il est quasiment absent dans les pays de l'Afrique subsaharienne.
Au sein des pays riches, les inégalités existent car les utilisateurs sont très majoritairement des citadins aisés ayant fait des études. Malgré tout, l'Internet permet à des individus, des groupes voire des pays coupés du monde géographiquement ou politiquement de sortir de leur isolement.

L'Internet et la géographie

Un instrument géopolitique

L'Internet permet de voir, de savoir et de communiquer à distance et en temps réel. Or, la possibilité de disposer d'une information avant les autres peut se révéler parfois d'une extrême importance. Ainsi, qu'il s'agisse de la guerre (savoir où et quand les frappes aériennes vont commencer) ou de l'économie (savoir si le yen va dévaluer), l'accès à une information, dans un délai le plus réduit possible, est bien un atout. L'information est donc le nouveau nerf de la guerre.
D'ailleurs, la capacité de perturbation des communications, de falsification des informations ou, au contraire, de traitement instantané et intelligent de masses d'informations sont déjà des éléments déterminants dans les conflits armés. En outre, c'est la capacité d'un groupe à s'organiser, à faire connaître ses revendications et à mobiliser l'opinion publique qui lui assure un poids dans les luttes géopolitiques.
À cet égard, l'Internet offre à des groupes minoritaires la possibilité de se faire entendre dans le monde entier avec très peu de moyens financiers et en s'affranchissant du contrôle des pouvoirs politiques. Ainsi, le gouvernement chinois essaie, vainement, d'interdire à ses concitoyens l'accès direct à l'Internet. Pour contrôler l'accès des populations à l'Internet, il faudrait que le gouvernement décide de couper toutes les lignes téléphoniques !

Quelques sites intéressants

IGN : http://www.ign.fr

INSEE :
http://www.insee.fr

MeteoFrance :
http://www.meteo.fr

Tous les journaux du monde :
http://www.webdo.ch

Cartes des États-Unis (John Hopkins University)
http://fermi.jhuapl.edu/states/states.html

Une source exceptionnelle de renseignements géographiques

Il y a de tout sur l'Internet, le meilleur comme le pire. Il est vrai que chacun est libre de donner les informations vraies ou fausses qu'il souhaite.
C'est la raison pour laquelle il faut faire preuve d'un certain discernement quand on est conduit à consulter un site sur l'Internet.
De façon générale, les sources géographiques les plus sûres, c'est-à-dire les plus fiables, restent les sites officiels des gouvernements et ceux des organisations reconnues. Il est ainsi possible de trouver des banques de données sur la population des différents pays, sur la météorologie, un choix d'images satellites. On peut aussi consulter des cartes de différents pays avec le relief, mais également les données démographiques et économiques, parfois le résultat des dernières élections.
Enfin, de nombreux journaux sont désormais consultables sur l'Internet, et l'on peut aussi correspondre par ce moyen avec des interlocuteurs les plus différents qui soient.

Au cœur de l'IGN

L'Institut géographique national (IGN) est un établissement public surtout connu pour les cartes qu'il édite. Mais c'est aussi un service de documentation, une structure scientifique et un établissement de formation.

L'héritier d'une tradition française

Dès 1666, Colbert demande à l'Académie des sciences qu'il vient de fonder de dresser des cartes du royaume plus précises. C'est la famille des cartographes Cassini qui s'y emploie, au XVIIIe siècle. Les militaires du service géographique des armées prennent le relais au XIXe siècle. S'aidant du cadastre napoléonien, ils établissent la deuxième carte topographique de la France, dite carte d'état-major, au 1/80 000. De 1887 à 1940, le Service géographique des armées, utilisant de nouvelles techniques, entreprend la réalisation d'une nouvelle carte au 1/50 000.
En 1940, l'IGN est créé. Grâce à la photographie aérienne, il achève en 1980 la troisième série de cartes de la France au 1/25 000 en 2 200 feuilles. Devenu un établissement public sous tutelle du ministère de l'Équipement, l'IGN retire aujourd'hui près de la moitié de ses revenus de ses produits cartographiques grand public. Les satellites et l'informatique lui permettent de développer de nouvelles cartes.

À la cartothèque de l'IGN.

Au cœur de l'IGN

Les techniques utilisées par l'IGN

Pour mesurer les distances et déterminer la forme de la Terre, on recourt à la géodésie. Cette mesure de l'espace se faisait traditionnellement à l'aide d'un instrument d'optique, le théodolite. L'implantation de bornes de granit marquaient les points de référence. Un nouveau maillage est en cours, à partir de balises électroniques réparties sur le globe et repérées à l'aide de satellites. La carte de base est fabriquée à partir de photos aériennes, l'IGN disposant de quatre avions photographes et d'un avion de recherches, basés à Creil (Oise). Des topographes vérifient ensuite sur le terrain et corrigent, éventuellement, les données établies à partir des prises de vue. Commence alors la rédaction de la carte – relief, végétation, habitat, hydrographie – grâce à des couleurs, des lignes et des symboles expliqués dans la légende. Le renouvellement des cartes est permanent. Chaque année, l'IGN publie en moyenne 900 nouvelles éditions et mises à jour qui représentent quelque 10 millions de cartes imprimées. L'IGN développe aussi des bases de données informatiques et des cartes numériques destinées à faciliter la circulation routière ainsi que les travaux d'équipement, d'aménagement, d'urbanisme, de transport, de sécurité et de protection de l'environnement. L'IGN a par exemple mis en place le Système d'informations géographiques (SIG) de la préfecture de police de Paris.

Les différents sites de l'IGN

Le site de production des cartes de l'IGN se trouve à Saint-Mandé (Val-de-Marne). Tous les ans, il édite 300 nouvelles cartes, fournit 4 bases de données géographiques et imprime 10 millions de cartes. Le même site abrite un service de documentation internationale – il regroupe 1 500 000 cartes, 4 000 000 photos aériennes et un serveur de données géographiques –, un service de géodésie, quatre laboratoires de recherche employant 80 personnes. Une unité de production et de traitement d'images spatiales, IGN-Espace, se trouve à Toulouse. L'IGN dispose de six centres interrégionaux de production, de 16 agences régionales et de 10 000 points de vente. À Paris, la boutique de l'IGN se trouve rue La Boétie. L'École nationale des sciences géographiques forme à Marne-la-Vallée (Seine-et-Marne) les personnels techniques de l'IGN et d'autres institutions. L'IGN dispose d'une représentation auprès de l'Union européenne.

Quelle carte de l'IGN choisir ?

Pour les déplacements à pied, l'IGN publie des cartes au 1/25 000 (série bleue). Pour les trajets sur route en vélo, on choisira une carte au 1/100 000 (série verte). Les cartes au 1/250 000 (série rouge) suffisent pour les voyages en voiture. Enfin, les cartes pliables au 1/1 000 000 et les cartes murales au 1/1 400 000 couvrent la France entière. Le monde tient en trois cartes ou sur un seul planisphère.

Reconnaître les emblèmes et les symboles de la République

La République est le régime politique de la France. Depuis l'époque révolutionnaire qui a donné le jour à la Ire République, jusqu'à la Ve République actuelle, ce régime s'est doté d'emblèmes et de symboles.

Les emblèmes hérités de la Révolution française

Le drapeau bleu blanc rouge – le blanc est couleur du roi, le bleu et le rouge étant celles de la ville de Paris – est un des emblèmes de la République. Sa devise – «Liberté, Égalité, Fraternité» –, figure au fronton des édifices publics depuis le XIXe siècle. Apparue épisodiquement pendant la Révolution française, disparue sous le Consulat et l'Empire, elle réapparaît sous la IIe République, en 1848, et figure ensuite dans toutes les constitutions de la France. Sous le régime de Vichy (1940-1944), elle fut remplacée par la formule «Travail, Famille, Patrie», chère au maréchal Pétain. L'hymne national, *la Marseillaise,* fut composé en 1792 pendant la Révolution française par Rouget de Lisle, sous le nom de *Chant de guerre pour l'armée du Rhin*. Mais les fédérés marseillais qui l'adoptèrent comme chant de marche vers Paris rendirent la chanson populaire dans la capitale et elle fut rebaptisée en leur honneur. Abandonnée après la Révolution, *la Marseillaise* ne devint le seul hymne national que dans les IVe et Ve Républiques.

La fête nationale du 14 Juillet trouve elle aussi son origine dans la Révolution française : elle commémore la prise de la prison de la Bastille par les révolutionnaires parisiens en 1789. Choisie comme date de la fête de la Fédération en 1790, la célébration du 14 Juillet fut ensuite interdite sous la Restauration, et ne devint fête nationale que sous la IIIe République, en 1880.

Le buste de Marianne. Ce surnom de la République française est apparu pour la première fois en 1792.

Renseignement pratique

Pour répondre à toutes les questions que se pose le futur citoyen, consulter le *Guide pratique du citoyen,* édité par le CRDP (Centre régional de documentation pédagogique) de Poitou-Charentes, qu'on peut se procurer au CRDP de chaque région, ou au CDDP de son département.

Reconnaître les emblèmes et les symboles de la République

Les valeurs de la République

Les valeurs essentielles de la République sont contenues dans deux textes essentiels : la Déclaration des droits de l'homme et du citoyen de 1789 qui stipule que « les hommes naissent et demeurent libres et égaux en droits » (article Ier), et le Préambule de la Constitution de 1946, qui indique, entre autres, que « le peuple français proclame à nouveau que tout être humain, sans distinction de race, de religion ni de croyance, possède des droits inaliénables et sacrés ».

Apprendre la République en jouant

L'Association pour la promotion de la citoyenneté des enfants et des jeunes (APCEJ), composée principalement de juristes et de magistrats, a créé un « Jeu de lois » pour permettre aux jeunes de découvrir le fonctionnement juridique de notre pays en s'amusant. Le jeu, qui peut se pratiquer à quatre joueurs ou par équipes, propose un parcours. Arrivé sur une case, le joueur doit répondre à une question posée par un adversaire sur un des thèmes suivants : droit scolaire, vie quotidienne, famille, citoyenneté, avec, dans ce dernier thème, l'évocation de plusieurs symboles de la République. Un livret développe les réponses aux 800 questions, en citant le texte de loi applicable en l'espèce, ainsi qu'un commentaire juridique. L'association propose également des animations dans les classes de Seine-Saint-Denis pour présenter la justice aux élèves, et organise des visites du tribunal de Bobigny pour les scolaires, avec préparation et réalisation de procès de cours d'Assises simulés par les élèves.

Pour se procurer le « Jeu de lois », au prix de 300 francs, s'adresser soit au tribunal pour enfants de Bobigny, soit par correspondance (en ajoutant 50 francs de frais de port), à l'APCEJ, 21, rue Hoche, 93500-Pantin.
Tél. 01 48 95 13 93, poste 5415.

Les symboles de la République

Marianne est une figure allégorique de la République française depuis la Révolution. C'est en effet un décret de la Convention qui a décidé que le sceau du nouveau régime serait une image de la femme représentant la déesse Liberté. Son buste orne les mairies depuis les débuts de la IIIe République. Sous la Ve République, ce sont des actrices célèbres qui ont été choisies comme modèles : Brigitte Bardot, puis Catherine Deneuve. On retrouve cette figure sur de nombreux timbres, et elle figurera, avec l'arbre et la semeuse, sur la face nationale des euros mis en circulation en 2002.

Le bonnet phrygien vient lui aussi de la Révolution, durant laquelle il symbolisait la liberté, en référence au bonnet des esclaves récemment affranchis dans la Rome antique.

Le coq gaulois a été choisi par les révolutionnaires français comme symbole de la vigilance du peuple français. Ce choix repose sur un jeu de mot en latin, entre *galus* pour « gaulois », et *gallus*, le « coq ».

Connaître son collège

Le collège est une étape du parcours scolaire. Après l'école maternelle et l'école primaire, filles et garçons suivent au collège quatre années de leur scolarité, dans les classes de 6ᵉ, 5ᵉ, 4ᵉ et 3ᵉ. C'est donc bien le lieu où les jeunes se rencontrent presque chaque jour. Mais qui gère le collège, de qui dépend-il et qui fixe le travail qu'on y fait ?

Collèges publics, collèges privés

L'enseignement est sous la responsabilité de l'État. Le ministre de l'Éducation définit les orientations de la politique éducative pour l'ensemble du pays. En France, il existe deux types d'établissements scolaires : publics et privés. Les premiers sont gérés par l'État et les collectivités territoriales, depuis les lois de 1982. Les seconds peuvent être des établissements privés sous contrat, en association avec l'État qui assure les traitements des personnels, ou hors contrat. Les deux écoles sont souvent reconnaissables au nom du collège. Alors que les collèges publics honorent par le choix de leur patronyme une personnalité politique, intellectuelle, scientifique ou artistique, souvent parce que l'établissement est construit à l'époque de leur disparition, comme pour Jacques Prévert ou Georges Brassens, les établissements privés, majoritairement d'obédience catholique en France, honorent plutôt un saint ou une sainte du calendrier chrétien, comme Sainte-Anne ou Saint-Pierre, ou encore un haut dignitaire de l'Église comme le pape Jean XXIII. Si les programmes sont les mêmes dans les collèges publics et dans les collèges privés sous contrat, les seconds se distinguent souvent des premiers par l'existence d'un enseignement moral et/ou religieux, autrefois assuré par des religieux, aujourd'hui le plus souvent par des laïcs. Le collège public est par définition laïc et ne dispense donc pas d'enseignement religieux.

Le collège, c'est aussi une imposante « machine » administrative.

Connaître son collège

Les collèges sont gérés par le ministère de l'Éducation nationale et les départements

Le ministère de l'Éducation nationale est organisé en services appelés «directions», dont une direction des collèges, qui prévoit chaque année le nombre d'élèves, les postes de professeurs à pourvoir et les crédits. L'Inspection générale est au service du ministère pour assurer l'évaluation des professeurs, participer à leur recrutement et à leur formation pédagogique et veiller à l'application des programes. Le territoire français est divisé en 28 académies, chacune étant dirigée par une recteur. Chaque division du rectorat s'occupe d'un secteur précis: affectations, examens, etc. Dans chaque département, un inspecteur dirige l'inspection académique. Les inspecteurs pédagogiques régionaux inspectent les professeurs des collèges et des lycées. Le département, qui est la collectivité territoriale chargée des collèges depuis les lois de décentralisation de 1982, s'occupe notamment des bâtiments, de leur extension et de leur entretien.

Qui fait quoi au collège ?

Dans l'enceinte du collège, une équipe d'adultes encadre les élèves, à plusieurs titres.

Le principal, représentant de l'État, est le chef d'établissement. Avec l'aide de son adjoint, c'est lui qui veille au bon déroulement de l'enseignement, du contrôle des connaissances, de l'information, de l'orientation et au maintien de l'ordre dans le collège. Il fixe les emplois du temps, préside le conseil d'administration, la commission permanente et les conseils de classe. Il représente l'établissement en justice et dans tous les actes de la vie civile, est ordonnateur des dépenses et recettes de l'établissements, prépare et exécute les décisions du conseil d'administration, conclut tout contrat ou convention décidés en conseil d'administration, transmet les actes de l'établissement au représentant de l'État, à l'autorité académique et au département.

Les professeurs assurent l'enseignement des différentes matières, suivant les programmes, les instructions et les horaires fixés par le ministère.

Les documentalistes permettent aux élèves de travailler et d'accéder à différentes sources documentaires au CDI (centre de documentation et d'information).

Le conseiller principal d'éducation (CPE) s'occupe de la vie scolaire, et notamment des absences et retards.

Les surveillants, qui surveillent les élèves, et **les aides éducateurs,** qui sont là pour leur apporter un soutien scolaire, ont souvent une relation plus directe et plus facile avec les élèves.

L'intendant, ou gestionnaire, **les secrétaires, les personnels de service** (Atos), ainsi que **le médecin scolaire, l'infirmière, l'assistante sociale et le conseiller d'orientation-psychologue** complètent cette équipe.

Pour les représenter, notamment aux conseils de classe, les élèves de chaque classe élisent deux **délégués** et leurs suppléants.

Connaître sa classe

Une classe de collège compte un effectif compris entre 20 et 30 élèves. Ceux-ci passent ensemble quelque 25 heures par semaine, et ne se séparent que durant les vacances scolaires. Si leur emploi du temps est commun, chaque élève garde son identité propre. Mais comment se forme une classe de collège, comment fonctionne-t-elle ?

Entrer dans une classe de collège

En arrivant au collège, les élèves de 6e sont souvent désorientés et intimidés, alors que ceux de 4e et de 3e paraissent très à l'aise. Que de différences, en effet, avec l'école primaire, où on a toute la journée le même maître, dans la même salle et pour toutes les matières. Au collège, la classe est accueillie le jour de la rentrée par le professeur principal, mais prend ensuite connaissance d'un emploi du temps où se succèdent les séquences de une ou deux heures de cours, avec à chaque fois un professeur différent, et, pratiquement à chaque heure un changement de salle, qui, souvent, s'accompagne d'un changement de bâtiment. Les collèges, dont les tailles sont cependant très inégales, comptent souvent beaucoup plus d'élèves qu'une école primaire. Les jeunes qui se retrouvent dans une classe de 6e de collège ne retrouvent souvent que peu ou pas de camarades du primaire. La carte scolaire, qui fixe le collège dans lequel l'enfant doit s'inscrire en fonction de son lieu d'habitation, et les options linguistiques de chacun entraînent cet éparpillement. L'inscription au collège est une démarche que les parents doivent faire au mois de juin de l'année de CM2 de leur enfant, dans le collège de leur secteur. Il existe des établissements particuliers pour les jeunes qui maîtrisent une langue étrangère dès leur entrée au collège. On trouve aussi des classes d'accueil pour les élèves non francophones, avec des cours de soutien linguistique. En cas de déménagement, l'élève peut obtenir l'autorisation de rester dans sa classe si ses parents et lui-même le désirent. Mais si cela entraîne des déplacements trop longs, il peut entrer dans une classe du coll!ège de son nouveau secteur.

La salle de classe est un lieu de brassage social.

Connaître sa classe

Le fonctionnement d'une classe de collège

Le collège fournit à chaque élève les manuels scolaires pour toutes les matières. Il doit en prendre soin et les restituer dans un état correct à la fin de l'année scolaire, afin que les nouveaux arrivants puissent les utiliser à leur tour. Les collèges proposent aussi aux élèves de toutes les classes un service de demi-pension, dont les tarifs sont proportionnels au quotient familial, certains départements proposant aussi des aides à la demi-pension. Certains collèges fonctionnent en internats, les élèves ne retrouvant leur famille que le week-end. L'entrée dans la classe de 6e entraîne aussi souvent des dépenses en fournitures et en vêtements, plus importantes que pour l'école primaire. Les collégiens sont plus sensibles à leur apparence et à la mode de leurs semblables. Les classe des établissements classés en ZEP (zone d'éducation prioritaire) ou en zone sensible bénéficient de moyens supplémentaires et d'un encadrement plus important. Ces zones se situent en banlieue et sont définies à partir de critères sociaux. La vie des élèves de collège est organisée par un règlement intérieur qui depuis deux ans a valeur de loi. Ce texte définit les règles de bon comportement que chaque collégien doit adopter dans l'établissement – horaires, ponctualité, assiduité, travail – et les sanctions auxquelles il s'expose en cas d'infraction à ces règles. L'ensemble de l'équipe éducative veille au respect de ces règles. Chaque élève d'une classe a un carnet de correspondance et de liaison qui permet une bonne transmission des informations entre les enseignants, la vie scolaire, le principal et son adjoint, et la famille de l'élève. Les CPE (conseillers principaux d'éducation), les surveillants et les aide-éducateurs sont là pour encadrer les élèves en dehors des heures de classe, pendant la demi-pension, les récréations, les heures de permanence, les sorties et entrées dans l'établissement.

Des classes laïques, obligatoires

Depuis la réforme Haby, dans les années 70, la France a mis en place un collège public unique, mixte, laïc, et qui entre dans le cadre de la scolarité obligatoire jusqu'à 16 ans. La quasi-totalité des jeunes Français font leurs classes de collège entre 11 et 15 ans, de la 6e à la 3e. Tous les jeunes vivant en France ont le droit d'aller en classe au collège public, sans discrimination, mais cela entraîne de leur part le respect des règles établies. Les élèves reçoivent tous au collège le même enseignement, défini par le ministère de l'Éducation nationale. Le but de l'enseignement reçu en classe est la formation intellectuelle du jeune, et l'acquisition des outils lui permettant de faire ensuite le choix de son orientation et de son projet personnel.

Bibliographie

Sur ce sujet, on consultera avec bénéfice le livre de Corinne Deshors, *Guide du collège,* paru dans la collection «Les essentiels Milan», aux éditions Milan.
Cette collection propose de nombreux titres en rapport avec les programmes d'éducation civique du collège, comme, par exemple, le *Mini-guide de la justice, les Partis politiques,* le *Guide de la commune, le Guide du département, le Guide de la région,*etc.

En direct du conseil municipal

La France compte 36 771 communes, dont 34 855 ont moins de 5 000 habitants. La commune est la plus petite et la plus ancienne des collectivités territoriales du pays. C'est également la plus petite circonscription administrative. Elle est gérée par le maire et le conseil municipal.

Une réunion du conseil municipal à Bordeaux.

Le maire est élu par le conseil municipal

Tous les six ans, les conseillers municipaux sont élus au suffrage universel lors des élections municipales. Chaque commune élit un nombre de conseillers municipaux proportionnel au nombre de ses habitants : de neuf conseillers pour les communes de moins de 500 habitants, à soixante-neuf pour celles de plus de 300 000 habitants. Une fois élus, les conseillers se réunissent en assemblée publique, le conseil municipal, qui doit se tenir au moins une fois par trimestre. Il peut se réunir plus souvent, en fonction des événements, à la demande du maire ou de plus de la moitié des conseillers. Lors de sa première réunion après son élection, le conseil municipal élit le maire de la commune et les maires adjoints. La première réunion du conseil est présidée par le conseiller municipal le plus âgé. Le maire élu ne préside le conseil qu'à partir de la séance suivante. Les maires adjoints peuvent remplacer le maire quand celui-ci est absent et prennent chacun en charge un secteur précis, tels que l'éducation, l'équipement, l'urbanisme, la voirie. Nommé par le maire mais non membre du conseil municipal, le secrétaire de mairie – qui est un secrétariat dans les grandes villes – est chargé des tâches administratives de la mairie. Les habitants de la commune doivent être informés des élections par voie d'affichage, tout comme ils peuvent être, en application de la loi de 1992, informés sur toutes les décisions de la commune. Toute personne s'estimant lésée par une décision du conseil municipal ou encore le préfet du département peuvent contester cette décision devant le tribunal administratif dans un délai de deux mois. Les séances du conseil sont consignées par écrit et les habitants peuvent en lire les comptes rendus.

En direct du conseil municipal

Des compétences accrues depuis les lois de décentralisation

Les compétences des communes en tant que collectivités territoriales ainsi que leurs possibilités d'intervention ont été accrues par les lois de décentralisation de 1982, notamment par le biais de délégations de pouvoir auparavant attribuées aux préfets. Leur gestion est décentralisée, c'est-à-dire que les communes ne subissent plus de tutelle administrative et financière, ni de contrôles a priori des décisions communales. En revanche, les préfets contrôlent la légalité et la mise en œuvre du budget de la commune. Les infractions aux lois sont portées devant les tribunaux administratifs, et les problèmes de budget devant la chambre régionale des comptes, qui vérifie par ailleurs a posteriori tous les comptes des collectivités territoriales. La responsabilité pénale et financière des maires ayant été accrue, les procédures à leur encontre se sont multipliées, d'où un certain découragement qui pousse un nombre important d'entre eux à ne pas briguer un nouveau mandat.

Le maire représente l'État dans la commune

Le maire d'une commune revêt une double fonction. Il incarne l'organe exécutif d'une collectivité territoriale et représente l'État dans la circonscription administrative que constitue également une commune. À ce titre, la mairie conserve et tient à jour les registres d'état civil de la commune. En tant qu'officier d'état civil, le maire célèbre les mariages et reçoit les déclarations de naissance et de décès. Le maire et ses adjoints ont également la qualité d'officiers de police judiciaire, sous l'autorité du préfet, ce qui peut les amener à constater des infractions, rassembler des preuves et procéder à une enquête préliminaire avant que la justice ne soit saisie. Le maire doit également veiller à la publication des lois et des règlements dans sa commune. Administrateur du cadastre, il s'occupe aussi des actes de propriété et délivre les permis de construire.

Un moment important : le vote du budget

La part la plus importante des délibérations du conseil municipal consiste à débattre des grandes orientations de la politique municipale, par le biais du vote du budget, puis du contrôle de son exécution. Préparé par le maire, le projet de budget répartit les dépenses en fonction de l'intérêt des habitants et veille à ce qu'elles n'excèdent pas les recettes. Le projet de budget doit être adopté avant le 31 mars de chaque année.
Il permet d'assurer les services communaux touchant aux différents aspects de la vie des habitants : administration, sécurité, éducation, sports, loisirs, santé, social, environnement, enlèvements des ordures, etc.
Les ressources proviennent des impôts locaux et des taxes, ainsi que des dotations de l'État : dotation générale de fonctionnement, dotation globale de décentralisation, dotation globale d'équipement.

La journée d'un député

Les 577 députés que compte l'Assemblée nationale exercent, en France, le pouvoir législatif, avec le Sénat. L'ensemble des deux chambres forme le Parlement. Comment les députés sont-ils désignés ? Et comment se déroule concrètement le travail d'un député ?

Élections, groupes et session

Les députés sont élus lors des élections législatives qui ont lieu tous les cinq ans. Toutefois, si le président de la République exerce son pouvoir de dissolution, des élections anticipées sont organisées. Les élections législatives se déroulent au suffrage universel direct, selon un scrutin majoritaire uninominal à deux tours. Les partis présentent chacun un candidat dans chaque circonscription électorale. Si un candidat obtient la majorité absolue dès le premier tour, il est élu. Au second tour s'affrontent généralement les deux candidats les mieux placés. Les autres peuvent se désister ainsi en faveur d'un candidat mieux placé, c'est-à-dire demander à leur électorat de voter pour celui-ci. La majorité relative suffit pour l'emporter au second tour. Un suppléant est élu en même temps que chaque député. Il le remplace si celui-ci meurt ou est nommé à d'autres fonctions telles que celles de ministre.

L'Assemblée nationale siège depuis 1829 au palais Bourbon, construit au XVIIIe siècle par la duchesse de Bourbon, fille légitimée de Louis XIV.

Juridiquement, les parlementaires sont des « représentants de la nation », titulaires à ce titre d'un « mandat représentatif ». Au début de chaque législature – la période de cinq ans pour laquelle ils ont été élus –, les députés forment des groupes parlementaires. Ceux-ci regroupent au moins vingt députés appartenant le plus souvent au même parti politique ou « apparentés » à cette formation. Sont qualifiés de « non-inscrits » ceux qui ne rejoignent aucun groupe. Les travaux de l'Assemblée sont régis par un règlement. Lors de sa première séance, l'Assemblée élit pour la durée de la législature son président qui dirige les débats et les votes. Les députés élisent pour un an les autres membres du bureau de l'Assemblée : six vice-présidents, trois questeurs chargés des services financiers et administratifs et douze secrétaires. La session parlementaire dure neuf mois, d'octobre à juin.

La journée d'un député

Visiter l'Assemblée

Des visites guidées gratuites du palais Bourbon sont organisées chaque samedi à 10, 14 et 15 heures.
Elles durent une heure et sont limitées à 30 personnes. L'entrée se fait au 33, Quai-d'Orsay, 75007 Paris.

Pour assister à une séance publique, il faut arriver avec de l'avance sur l'heure de la séance – l'accès est assuré aux 10 premières personnes qui se présentent – ou demander une invitation à un député. Les séances ont lieu les mardi, mercredi et jeudi.

On peut se renseigner sur l'Assemblée nationale au 01 40 63 99 99, sur Minitel (3617 ASNAT), sur Internet (http://www. assemblee-nat.fr) ou sur place, au kiosque de l'Assemblée nationale, 4, rue Aristide-Briand, 75007 Paris.

Pour les groupes, les visites ou l'assistance à une séance nécessitent de réserver à l'avance au 01 40 63 64 08.

Le travail en commission

Les députés sont les représentants de la nation chargés d'élaborer les lois et de voter le budget du pays. L'initiative d'une loi appartient conjointement au gouvernement – on parle de « projet de loi » – et au Parlement – ce sont alors des « propositions de loi ». C'est le gouvernement qui est le maître de l'ordre du jour, c'est-à-dire qui décide des textes à débattre et de la date du débat. L'élaboration de la loi et la préparation des délibérations à son sujet se font dans des commissions permanentes où se déroule l'essentiel du travail parlementaire. Il existe six commissions permanentes à l'Assemblée : Affaires culturelles, familiales et sociales ; Affaires étrangères ; Défense nationale et forces armées ; Finances, Économie générale et Plan ; Lois constitutionnelles, Législation et Administration générale de la République ; Production et Échanges. Afin de l'aider à préparer son travail en commission, à conserver le contact avec sa circonscription, mais aussi pour répondre aux nombreuses lettres et sollicitations diverses qu'il reçoit, le député s'adjoint les services d'un ou plusieurs attachés parlementaires.

Les séances dans l'hémicycle

C'est le rapporteur de la commission qui présente le résultat des travaux de celle-ci en séance plénière, dans l'hémicycle. Il rédige préalablement un texte de présentation de la loi, qui est distribué aux députés. Les amendements, c'est-à-dire les modifications proposées par un ou plusieurs députés à une loi en préparation, doivent avoir été déposés préalablement auprès de la commission pour être recevables. En séance, un débat s'instaure sur le texte de la loi et sur ses amendements. La loi est ensuite votée article par article, puis dans son ensemble. Elle doit être votée dans les mêmes termes par l'Assemblée nationale et par le Sénat. En cas de désaccord, elle effectue une nouvelle « navette » entre les deux chambres, l'Assemblée conservant le dernier mot. Le vote le plus important est celui du budget.

Visite guidée du conseil régional

État traditionnellement très centralisé sous la monarchie absolue ou la république, la France fut longtemps organisée sur la base des communes et des départements. Mais aujourd'hui, les 26 régions françaises – 22 en métropole et 4 dans les départements d'outre-mer – prennent de plus en plus d'importance dans la vie politique et administrative du pays. Elles sont dirigées par les conseils régionaux où siègent 1 829 conseillers régionaux, élus au suffrage universel.

La région, une institution récente

En France, pour des raisons historiques, la mise en place des régions comme instances administratives et politiques autonome est tardive. Elle est inséparable de l'évolution des mentalités et des conceptions politiques générales. Ainsi, si les départements sont regroupés en «régions administratives» en 1955, il faut attendre 1964 pour que ces régions soient dirigées par un préfet et une administration régionale. C'est ce découpage géographique qui demeure encore en vigueur aujourd'hui, bien qu'il soit régulièrement remis en cause. Ce n'est qu'en 1972 que les régions deviennent des établissements publics et que sont créés les conseils régionaux. Mais ces conseils régionaux sont alors composés de parlementaires, de maires des grandes villes et de représentants des conseils généraux et, surtout, ils n'ont qu'un rôle consultatif. Il faut attendre les lois sur la régionalisation et la décentralisation de 1982 et 1983 pour que la région devienne enfin un des lieux où s'exercent d'importants pouvoirs politiques sanctionnés par la légitimité du suffrage universel direct depuis le 16 mars 1986. Le conseil régional est élu pour administrer les régions.

La région, qui a vu ses pouvoir s'accroître en 1982, est une collectivité territoriale, avec le département et la commune.

Visite guidée du conseil régional

Les conseillers régionaux

Le conseiller régional, qui doit avoir plus de 21 ans et habiter la région pour se présenter, est élu pour six ans au suffrage universel afin de siéger dans une assemblée appelée conseil régional. Il se présente devant les électeurs sur une liste de candidats : c'est le scrutin par liste. Pour être validé comme vote, aucun nom ne doit être barré, car il n'y a ni panachage, ni vote préférentiel. La répartition des sièges s'effectue selon la représentation proportionnelle, c'est-à-dire selon le nombre de voix obtenues par chaque liste. Mais pour éviter un éparpillement total des votes, seules les listes ayant obtenu plus de 5 % des suffrages exprimés sont représentées au conseil régional. Une fois répartis par listes, les sièges sont attribués aux candidats dans l'ordre de la liste, du premier au denier. Pour être élus, il faut donc en général être placé dans les premiers rangs. Mais attention, les circonscriptions électorales sont départementales. Et si chaque département bénéficie d'office d'un siège au conseil régional, les autres sont répartis proportionnellement à la population du département.

Le conseil régional et ses pouvoirs

Le conseil régional est une collectivité territoriale de plein exercice. Une fois élu, le conseil régional élit sa direction qui est composée d'un président, qui joue un rôle très important car il est l'organe exécutif de la région, de vice-présidents auxquels le président délègue une partie de ses fonctions et d'un bureau. Puis il établit son règlement intérieur. Cette assemblée, qui doit se réunir au moins une fois par trimestre sur un ordre du jour déterminé, peut siéger à l'initiative de son président, à la demande de son bureau ou d'un tiers de ses membres. Le conseil régional dispose de pouvoirs importants et exerce une influence non négligeable sur la vie quotidienne des citoyens : développement régional et économique, financements d'équipements collectifs sociaux ou de transport, formation professionnelle continue et apprentissage, enseignement public (lycées), culture, recherche et développement technologique, aide à la pêche côtière, aux entreprises de cultures marines et aux ports fluviaux... Il dispose pour cela de ressources financières (carte grise, taxes sur permis de conduire, droits de mutations, impôts directs locaux...). C'est pourquoi ces dernières années l'élection puis le fonctionnement des conseils régionaux ont été sous les feux de l'actualité. Cet intérêt témoigne du rôle grandissant des conseils régionaux.

Le nombre de conseillers régionaux par régions

Alsace	47	Limousin	43
Aquitaine	85	Lorraine	73
Auvergne	47	Midi-Pyrénées	91
Bourgogne	57	Nord-Pas-de-Calais	113
Bretagne	83	Normandie (Basse-)	47
Centre	77	Normandie (Haute-)	55
Champagne-Ardenne	49	Pays de la Loire	93
Corse	51	Picardie	57
Franche-Comté	43	Poitou-Charentes	55
Île-de-France	209	Provence-Côte d'Azur	123
Languedoc-Roussillon	43	Rhône-Alpes	157

Organiser des élections

Les élections sont un des temps forts de la vie politique, puisque les citoyens désignent leurs représentants. L'élection considérée comme la plus importante est celle du président de la République, élu pour sept ans, puis viennent les élections législatives (les députés élus pour cinq ans), les élections municipales (maires et conseillers municipaux élus pour six ans) et les élections européennes.

L'isoloir, instrument indispensable de toute opération électorale, garantit à l'électeur le secret du scrutin.

Qui vote ?

En France, tous les citoyens âgés de plus de 18 ans ont le droit de vote. Pour exercer ce droit, il faut être inscrit sur les listes électorales et ne pas être privé de ses droits civiques. L'inscription sur les listes électorales se fait à la mairie de sa commune ou, dans les grandes villes, dans les bureaux de la mairie de son arrondissement. Depuis 1998, pour les jeunes qui atteignent l'âge de 18 ans, l'inscription sur les listes électorales est automatique. Parfois, seules certaines personnes appelées grands électeurs ont le droit de voter, c'est par exemple le cas pour l'élection des sénateurs. Ce sont les députés, les maires, les conseillers généraux et régionaux et des délégués des conseils municipaux. C'est ce qu'on appelle le suffrage universel indirect. En France, le vote n'est pas obligatoire (il l'est en revanche en Belgique). Aussi, quand l'enjeu des élections ne semble pas important, le taux d'abstention est élevé : c'est notamment le cas lors des élections européennes. En effet, le Parlement européen ne joue pas encore un rôle très important dans la détermination de la politique de l'Union européenne.

La campagne électorale

Le Conseil des ministres décide de la date précise des élections et du début de la campagne électorale. Les élections peuvent être avancées dans deux cas : soit à la mort du président de la République avant la fin de son mandat – le président du Sénat qui assure alors l'intérim fixe la date des élections –, soit quand le président de la République dissout l'Assemblée nationale. Ce fut le cas après les élections de François Mitterrand en 1981 et 1988 et

aussi en 1997 à l'initiative de Jacques Chirac, élu depuis seulement deux ans. Durant la campagne électorale, les candidats aux élections ont le droit de défendre leur programme auprès des électeurs par tous les moyens légaux autorisés – débats publics, tracts, affiches, journaux, mais surtout la radio et la télévision. Les partis n'ont pas tous les mêmes moyens : le nombre de leurs militants est plus ou moins grand ; de même, leurs ressources financières, indispensables pour payer affiches, tracts et locations de salles, présentent de grandes disparités. L'État rembourse aux formations politiques une partie des frais de campagne, du moins à ceux qui ont obtenu plus de 5 % des suffrages exprimés.
Lors des scrutins nationaux, les thèmes de la campagne électorale sont décidés par les instances nationales des partis politiques, et le matériel (affiches, tracts, journaux) est en partie fourni aux fédérations départementales. Cependant, les plus riches et les mieux organisées y ajoutent leurs propres documents. Depuis 1988, le financement des campagnes électorales est réglementé, il y a un plafond à ne pas dépasser.

Le sondage électoral

Tout au long de la campagne électorale, des instituts de sondages demandent à un échantillon représentatif du nombre total des électeurs pour quel candidat ils ont l'intention de voter. La qualité de l'échantillon et du traitement des données permet de prévoir avec une relative précision le résultat de l'élection. De même, le jour du vote, dès la fermeture du scrutin, les présentateurs de télévision peuvent donner le nom du nouveau président de la République ou la composition de l'Assemblée à quelques sièges près. C'est possible grâce aux sondages réalisés à la sortie des urnes.

Le déroulement des opérations de vote

Les élections ont lieu à la mairie ou dans les écoles primaires. Elles ont toujours lieu un dimanche et se déroulent parfois sur deux dimanches successifs (élections au scrutin majoritaire à deux tours). Il faut la majorité absolue des voix (plus de 50 %) et le quart des suffrages pour être élu au premier tour, la majorité relative suffit au deuxième tour (avoir un peu plus de voix que chacun des autres candidats). Chaque bureau de vote comprend un président et deux ou quatre assesseurs. Le président surveille l'urne, et les assesseurs tiennent les cahiers d'émargement, pour éviter que l'on vote deux fois. Sur ces cahiers sont inscrits les électeurs qui votent dans ce bureau. Le vote est toujours à bulletin secret, il faut donc installer des isoloirs. L'urne est surveillée par le président. L'électeur montre sa carte d'identité et sa carte d'électeur, l'assesseur vérifie qu'il est bien inscrit sur la liste des électeurs de ce bureau de vote ; l'électeur glisse son bulletin dans l'urne et signe le cahier d'émargement en face de son nom, c'est la preuve qu'il a voté. Après la fermeture du scrutin, les membres du bureau aidés d'électeurs qui se sont proposés commencent le comptage des enveloppes (dépouillement) qui doit être strictement égal au nombre de votants. Puis on procède à l'ouverture des enveloppes et au comptage des bulletins. Les résultats sont inscrits sur une feuille spéciale.

Le 1er janvier 1999, l'euro est devenu la monnaie de onze des quinze pays de l'Union européenne. Mais les pièces et les billets en euros ne seront dans les porte-monnaie qu'en janvier 2002.

Le marché unique

Pour comprendre la démarche qui a conduit à l'euro, il faut remonter en 1986.
Cette année-là, les États de la Communauté économique européenne ont signé un texte, «l'Acte unique», dont l'objectif était d'accélérer la construction de l'Union, notamment en mettant en place la libre circulation des personnes, des biens, des services et des capitaux, au sein d'un marché unique prévu pour janvier 1993. Cela posait la question de la monnaie : si tout Européen pouvait travailler, investir, acheter, vendre, placer de l'argent dans n'importe quel pays de l'Union, l'existence de monnaies différentes compliquait ces transactions, entraînant une coûteuse multiplication des opérations de change.

50 euros

100 euros

200 euros

500 euros

Les pièces et les billets

Le 1er janvier 2002 commenceront à circuler les billets et les pièces en euros et en cents (1 cent =1/100e d'euro).
Les sept billets de format et de couleur différents représenteront, au recto, un dessin de portes, portails ou fenêtres et, au verso, une carte et le drapeau de l'Europe. Les pièces auront une face commune à l'ensemble des pays de l'Union et une face nationale.

Comprendre l'euro et ses enjeux

Le calendrier de l'euro

Le traité de Maastricht, signé le 7 février 1992 et ratifié ensuite par chaque État, a mis en place l'Union européenne avec, entre autres, la création de l'Union économique et monétaire (UEM) dotant l'Union européenne d'une monnaie unique au plus tard le 1er janvier 1999. En mai 1998, les quinze pays de l'Union européenne se sont réunis pour décider ou non de leur entrée dans l'«Eurolande», c'est-à-dire la zone où serait mise en circulation la monnaie unique, en fonction de la santé économique des pays. La situation économique de la Grèce ne lui a pas permis de rejoindre la zone euro. Pour leur part, trois autres pays – le Royaume-Uni, le Danemark et la Suède – ont préféré attendre 2002. Le 1er janvier 1999, l'euro est donc devenu la monnaie officielle de onze pays de l'Union européenne. Ces derniers ont immédiatement traduit en euros les paiements en monnaie scripturale (inscrite sur les comptes bancaires) tels que les paiements entre banques ou encore les cours des titres cotés en Bourse. Les chéquiers spécifiques et les cartes bancaires permettent d'ores et déjà aux particuliers d'effectuer des paiements en euros si les commerçants les acceptent. Les euros «concrets», en espèces sonnantes et trébuchantes, pièces et billets, seront mis en circulation le 1er janvier 2002. Les utilisateurs bénéficieront ensuite d'un délai de six mois durant lesquels on pourra payer en euros ou en monnaie nationale. Enfin, le 1er juillet 2002, tout paiement devra s'effectuer en euros.

En euros, ça fait combien?

Le taux de conversion de l'euro a été fixé le 31 décembre 1998. Un euro vaut 6,55957 francs. Des calculatrices spéciales sont en vente pour aider les consommateurs. Mais le double affichage des prix par les commerçants devrait se généraliser et permettre aux acheteurs de s'habituer aux prix en euros d'ici à 2002.

Les avantages de l'euro

À l'échelle du consommateur, la mise en place de l'euro représente une grande simplification pour ceux qui voyagent à l'intérieur de l'«Eurolande», ou zone euro. Il n'est désormais plus nécessaire d'effectuer des calculs pour comparer les prix, puisqu'ils seront tous exprimés en euros.

À l'échelle de l'Union européenne, l'objectif est de renforcer la puissance économique de celle-ci. La suppression des frais de change devrait stimuler les échanges commerciaux, et accélérer la mise en place réelle d'un marché européen unifié, qui compte près de 300 millions de consommateurs.

L'euro deviendra probablement, avec le dollar et le yen, l'une des monnaies de référence internationales, ce qui devrait permettre d'accroître le poids économique et financier de l'Union européenne, qui apparaît d'ores et déjà comme la première puissance commerciale mondiale.

Comment s'organise un recensement ?

Disposer d'indications démographiques chiffrées exhaustives et fiables permet de comprendre l'évolution d'une société, d'appréhender ses besoins présents et de préparer l'avenir. Dans un pays démocratique, la réussite du recensement repose sur la participation civique de tous les citoyens.

Qu'est-ce qu'un recensement ?

Un recensement est une opération administrative qui consiste à effectuer le dénombrement officiel des habitants d'un pays. Il est important pour tout État de connaître le nombre et les caractéristiques de sa population. Les premiers recensements modernes de la population ont eu lieu en 1665 au Québec et en 1749 en Finlande. En France, le principe du recensement tel que nous le connaissons a été introduit sous la Révolution, en 1791, et le premier a lieu en 1801. Effectués tous les 5 ans pendant longtemps, leur rythme a changé en raison des guerres en particulier pour s'établir entre 6 et 9 ans depuis 1946. Deux conditions sont en effet nécessaires pour effectuer un recensement : la stabilité et la confiance. Depuis la fin de la Seconde Guerre mondiale, le recensement de la population française est réalisé par un organisme public, l'Institut national de la statistique et des études économiques (Insee), avec l'aide des communes. La France a connu de nombreux recensements. Cette opération représente un travail considérable. Elle est préparée plusieurs mois à l'avance et se déroule en général sur une durée d'un mois. Un recensement coûte cher. Le prix de celui lancé en 1999 est de 1,5 milliard de francs.

Stock de données sur bandes magnétiques dans les locaux de l'Insee.

Par qui et comment est-il réalisé ?

Le recensement est organisé dans chaque commune avec l'aide de la mairie sous la direction et le contrôle de l'Insee. Chaque commune est partagée en quartiers qui sont eux mêmes découpés en groupes de logements rassemblant environ 200 habitants, appelés « districts de collecte » – il y en a 320 000 dans tout le pays. Tous les logements reçoivent la visite d'un agent recenseur (il en

Comment s'organise un recensement ?

existe 115 000). Cette personne distribue dans chaque foyer un questionnaire détaillé qui comprend de nombreuses questions auxquelles il faut répondre le plus précisément possible. Puis ces agents les collectent et les déposent à la mairie qui les transmet à l'Insee. Selon la loi, toute personne est obligée de répondre aux questions posées par le questionnaire sous peine d'amende. La loi garantit la confidentialité des réponses. Le questionnaire reste anonyme et les agents sont tenus au secret professionnel. Ces documents ne peuvent pas être utilisés pour des contrôles administratifs ou fiscaux. Une fois les questionnaires collectés par la commune, ils subissent un traitement informatique qui fournit des indications générales. Un quart seulement des questionnaires, tiré au hasard, est complètement dépouillé. Cet échantillon permet de connaître en détail la situation locale, puis départementale, régionale et nationale. Les résultats complets d'un recensement ne sont pas disponibles avant un délai de deux ans.

À quoi sert le recensement ?

Les recensements fournissent des d'informations sur le nombre des habitants, leur sexe et leur âge, la composition des ménages (famille nombreuse ou pas), la nationalité, le niveau d'études, la qualification (ouvrier, ingénieur, employé), l'emploi (actifs, chômeurs), la richesse (revenus et salaires), le niveau de vie et de confort (ancienneté du logement, présence d'une salle de bains, de l'eau courante, nombre d'automobiles ou de télévisions), le lieu de travail, les modes de transport, etc. Ces renseignements représentés sous forme de tableaux statistiques et de cartes géographiques permettent de connaître les besoins de la population et de prévoir l'avenir. Si la ville compte beaucoup d'enfants, on programmera des crèches, des écoles, des collèges ou des lycées, des équipements de santé ou de transport. Les entrepreneurs ont également besoin de connaître leur clientèle potentielle et la disponibilité en main-d'œuvre avant d'implanter une usine ou un centre commercial. De plus, le nombre d'habitants par quartier et par ville détermine le nombre de conseillers municipaux, le mode de scrutin électoral, l'organisation de la collecte des ordures, les impôts et les taxes, le nombre de pharmacies autorisées ainsi que les subventions et les aides de l'État aux départements et aux communes.

Le recensement pratique

Les derniers recensements depuis 1945 en France ont eu lieu en 1946, 1954, 1962, 1968, 1975, 1982, 1990, 1999.

Lexique :
Insee (Institut national de la statistique et des études économiques) : organisme public repon-sable du recensement.

Districts de collecte :
groupe de 200 habitants visité par un agent recenseur. 320 000 districts pour toute la France.

Agent recenseur :
personne recrutée par la commune et rémunérée pour distribuer et ramasser les questionnaires dans les logements.

Lire un quotidien régional, lire un quotidien national

La lecture de la presse constitue un acte citoyen. S'informer sur les événements qui surviennent dans sa région, dans son pays et dans le monde, c'est se donner les moyens de mieux comprendre son environnement. Les pays démocratiques offrent un large éventail de titres de presse. En France, la presse régionale est particulièrement développée.

Le Monde *est l'un des titres les plus prestigieux de la presse nationale française.*

L'information est extrêmement variée

Un journal quotidien est divisé en rubriques géographiques – international, national, régional, voire local – et thématiques – économie, société, sciences, sports, loisirs, culture, faits divers –, auxquelles s'ajoutent les programmes de télévision et de radio, le carnet annonçant les naissances, les mariages et les décès, et les petites annonces. Certains journaux disposent d'un site Internet à partir duquel on peut accéder au contenu des articles – en payant – ainsi qu'à d'autres informations générales. Certaines rubriques – littérature, mode, tourisme, gastronomie, etc. – sont hebdomadaires ou mensuelles. La plupart des journaux contiennent aussi une page de libres opinions dans laquelle des personnalités – professeurs, hommes politiques, scientifiques, philosophes, etc. – donnent leur point de vue sur une question. Le journal publie un ou plusieurs articles dénommés «éditoriaux» qui énoncent le point de vue de la rédaction. Qu'il soit ou non signé, ce type d'articles, qui figure fréquemment en première page, engage l'ensemble des journalistes et le directeur de la rédaction. Le dessin satirique ou humoristique qui illustre souvent, lui aussi, la première page du quotidien constitue également une forme d'éditorial. On distingue ainsi les rubriques destinées à l'information, dans lesquelles c'est la véracité et la précision des faits rapportés qui est importante, des pages consacrées au débat, dans lequelles c'est l'avis des auteurs qui est intéressant. Un journal permet ainsi de s'informer sur des thèmes extrêmement variés et de réfléchir sur certains problèmes complexes.

Lire un quotidien régional, lire un quotidien national

Une lecture critique du journal

En principe, les journalistes ne délivrent que des informations dont ils ont vérifié l'exactitude. Un journal n'est pas, pour autant, le reflet de la vérité. L'éditorial montre bien que les journalistes ont un avis personnel, et variant d'un journal à l'autre, sur l'actualité. Il y a des journaux «de droite» et des journaux «de gauche».
Le choix de l'information, les mots choisis pour l'exprimer, les événements passés sous silence, sont autant d'éléments qui donnent un ton et font passer certaines idées dans l'esprit du lecteur, parfois inconsciemment. L'information sur la délinquence des jeunes sera différente si le journal évoque le détail des actes commis chaque jour dans ce domaine ou s'il en donne une synthèse chiffrée annuelle. Dans le premier cas, le lecteur aura le sentiment que la violence est omniprésente ; dans le second, il disposera d'une information plus distante et sera moins affecté par le phénomène. Le choix du vocabulaire influe également : certains nommeront «casseurs» ceux que d'autres désigneront comme des «jeunes en colère».
Les titres non plus ne sont pas conçus de la même manière par tous les journaux : certains présentent l'information générale contenue dans l'article, d'autres privilégient un élément dramatique.

Quelques chiffrres

Les journaux quotidiens les plus diffusés (1996) sont, au plan national : *le Monde* (495 000), *le Parisien-Aujourd'hui-la France* (460 000), *le Figaro* (382 000), *l'Équipe* (377 000), *France-Soir* (187 000), *Libération* (166 500), *les Échos* (129 000), *Paris-Turf* (116 000), *la Croix* (97 000) ; en province : *Ouest-France* (Rennes, 792 000), *le Progrès* (Lyon, 431 000), *Sud-Ouest* (Bordeaux, 356 000), *la Voix du Nord* (Lille, 351 000), *le Dauphiné libéré* (Grenoble, 275 000), *la Nouvelle République du Centre-Ouest* (Tours, 263 000), *Nice-Matin* (Nice, 246 000), *la Montagne* (Clermont-Ferrand, 230 000).

Maquettistes au travail au Progrès, *à Lyon.*

Le quotidien régional offre des informations locales

Le quotidien régional consacre une large place aux questions qui intéressent ses lecteurs dans leur vie de tous les jours : la météo locale, la fermeture d'une petite entreprise, les menus des écoles, les résultats sportifs des équipes locales, des entretiens avec des personnalités politiques locales. Les articles sur des particuliers y sont nombreux, souvent accompagnés de photographies. Les sujets nationaux y sont en général encore assez développés, mais les sujets internationaux le sont beaucoup moins que dans les quotidien nationaux.

DICO

Pour retrouver une définition, une notion

De A à Z, l'explication des mots difficiles et des notions importantes.

Accroissement démographique

Évolution du nombre de la population.

● L'accroissement mesure la variation de l'effectif de la population, en positif ou en négatif. Il s'exprime généralement en pourcentage.

● L'accroissement de la population d'un pays dépend du nombre de naissances et du nombre de décès : on parle d'«accroissement naturel». Il dépend aussi des mouvements de population – émigration et immigration – mesurés par la «balance migratoire».

● Le taux de croissance mondial est de 1,6 %. Il est de 3,8 % en Syrie (le plus important du monde) et de moins 0,2 % en Hongrie (1993).

➜ **pages : *19, 292, 293, 368.***

Administration

Ensemble des services publics.

● L'administration a pour fonction d'« administrer » l'État, c'est-à-dire d'exécuter les lois et d'appliquer les politiques décidées par les organes exécutifs dont elle dépend.

● On distingue les administrations centrales de l'État – comme les ministères, qui peuvent disposer de services extérieurs – les directions départementales, par exemple –, et les administrations décentralisées – comme les établissements publics ou les collectivités locales.

● Créée en France dans sa forme actuelle sous le Consulat et l'Empire, l'administration n'a cessé, depuis lors, de s'étendre à de nouveaux secteurs d'activités et de se complexifier.

➜ **page : *294.***

Agglomération

Ensemble formé par une ville et ses banlieues.

● Le développement de l'urbanisation et la transformation des centres-villes ont fait éclater la ville. Dès lors, la notion d'« agglomération » rend mieux compte que celle de « ville » de la superficie et de la population d'une métropole moderne.

● La ville de Paris, à l'intérieur du boulevard périphérique, compte environ 2 millions d'habitants. L'agglomération parisienne, qui s'étend sur toute la petite couronne, dépasse 9 millions d'habitants.

● À la différence de l'agglomération, la conurbation regroupe des villes d'importances comparables.

➜ **pages : *43, 330, 410.***

Aide humanitaire

Ensemble des actions d'assistance aux populations en détresse.

● L'aide humanitaire est pratiquée par des organisations internationales publiques, dans le cadre de grands programmes (Unicef), ou non gouvernementales (Médecins du monde), qui interviennent ponctuellement.

● L'aide humanitaire est principalement destinée aux populations des pays en développement confrontées à des guerres, à des catastrophes naturelles ou à des épidémies. Elle vise également les populations marginalisées des pays industriels développés.

➜ **pages : *272, 273.***

Alena

Accord de libre-échange nord-américain.

● L'Alena (Nafta en anglais) a été signé en décembre 1992 par les États-Unis, le Canada et le Mexique. Son objectif est l'élimination des barrières tarifaires entre ces trois pays en quinze ans. La zone de libre-échange qu'il instaure est en vigueur depuis janvier 1994. L'Alena regroupe une population de 365 millions d'habitants.

→ **pages :** ***302, 306, 307, 375, 402, 403.***

Alizé

Vent régulier soufflant des tropiques vers l'équateur.

● L'alizé résulte de la présence de hautes pressions au niveau des tropiques et de basses pressions au niveau de l'équateur. Un courant d'air régulier se crée entre ses deux zones stationnaires.

● L'alizé souffle du nord-est vers le sud-ouest dans l'hémisphère Nord et du sud-est vers le nord-ouest dans l'hémisphère Sud.

→ **pages :** ***26, 276, 277.***

Alluvions

Sédiments déposés par un cours d'eau.

● Les cours d'eau transportent des particules de roches qu'ils arrachent au sol. Celles-ci prennent la forme de boue, de sable, de graviers ou de galets. Lorsque la pente ou le débit du cours d'eau diminuent, ces particules se déposent pour former des alluvions.

● Les limons qui se déposent sur les rives du Nil lors de la décrue du fleuve sont des alluvions. Certains terrains situés dans des deltas ou dans les lits d'anciens fleuves ou encore proches des estuaires sont d'origine alluvionnaire.

→ **page :** ***296.***

Alpage

Pâturage d'altitude utilisé en été.

● L'alpage – ou l'alpe – est le pâturage où les troupeaux séjournent durant l'été avant de regagner, à la première neige, les lieux d'hivernage situés dans la vallée. Le déplacement entre la vallée et l'alpage s'appelle la transhumance.

● Sur l'alpage, des châlets abritent les bergers qui fabriquent souvent le fromage sur place.

Alphabétisation

Enseignement de la lecture et de l'écriture.

● Le terme d'« alphabétisation » s'emploie pour l'ensemble d'un groupe social et concerne généralement des adultes qui n'ont pas reçu d'éducation dans leur jeunesse ou qui n'ont pas entretenu leurs connaissances dans ce domaine.

● La lutte contre l'analphabétisme dans le monde constitue l'une des tâches principales de l'Organisation des Nations unies pour l'éducation, la science et la culture (Unesco), dont le siège est à Paris. De 1950 à 1990, le taux d'analphabétisme dans le monde a régressé de 44 % à 26 % de la population de plus de 15 ans. Mais dans la moitié des pays, il est encore supérieur à 50 %.

➜ **page :** ***230.***

Altitude

Élévation par rapport au niveau de la mer.

● Sur Terre, l'altitude la plus élevée est celle du mont Everest qui culmine à 8 846 mètres dans la chaîne de l'Himalaya.

● La progression en altitude s'accompagne d'une raréfaction de l'oxygène, d'une augmentation du froid, d'une disparition progressive de la végétation. Les sommets les plus élevés sont en permanence couverts de neige.

➜ **page :** ***205.***

Amazonie

Région de l'Amérique du Sud.

● L'Amazonie comprend l'ensemble du bassin du fleuve Amazone, l'un des plus importants du monde. Sa plus grande partie se trouve au Brésil, dont elle couvre 60 % de la superficie (4,5 millions de km^2).

● L'Amazonie est presque entièrement couverte par une forêt tropicale humide très dense. Elle est très peu peuplée.

● L'Amazonie fait l'objet, depuis les années 1970, de programmes de développement. La déforestation massive menace aujourd'hui l'équilibre de ce vaste espace d'une diversité biologique sans égal.

➜ **pages :** ***210, 211, 221, 308, 309.***

Amont

Partie d'un cours d'eau située du côté de la source, par rapport au point où se trouve l'observateur.

● Les éléments de toute nature susceptibles d'être transmis par le cours d'eau et qui interviennent en amont d'un point considéré ont une influence sur ce point. C'est le cas de la fonte des neige, des rejets polluants ou des modifications apportées au cours d'eau – pompage, dérivation, canalisation, ouverture des vannes d'un barrage, etc.

● L'amont s'oppose à l'aval.

➜ **pages :** ***14, 15.***

Animisme

Conception religieuse qui attribue une âme aux animaux, aux objets et aux phénomènes.

● L'animisme est une forme de religion traditionnelle répandue en Océanie, en Afrique et en Asie. Elle se caractérise par le culte rendu aux ancêtres et aux forces de la nature, par la croyance aux agissements des morts et en l'existence d'un être suprême aux pouvoir magiques.

● Le vaudou qui est pratiqué à Haïti est une forme d'animisme d'inspiration africaine.

➜ **pages :** ***258, 259.***

Apartheid

Régime de ségrégation raciale appliqué en Afrique du Sud de 1911 à 1991.

● L'apartheid – mot afrikaans qui signifie « séparation » – est un régime juridique mis en place dès

1911 et renforcé lors de l'arrivée au pouvoir du parti nationaliste en 1948. Assoupli à partir du milieu des années 1970, il est aboli en 1991.

• Son principe reposait sur le « développement séparé » des diverses communautés ethniques devant aboutir à la création d'États pour chacune d'elles. Dix bantoustans – non reconnus par l'ONU – destinés à la population noire avaient ainsi été créés dans les années 1960 et 1970.

• L'apartheid impliquait une ségrégation des groupes ethniques dans tous les secteurs de la vie publique – transports, logement, emploi, mariage, etc. – et, parfois, privée – sexualité –, au profit de la minorité blanche.

➜ **pages :** ***260, 261.***

Arabes

Peuple issu d'Arabie actuellement implanté au Moyen- et au Proche-Orient ainsi qu'en Afrique du Nord.

• À partir de la fondation de l'islam par le prophète Mahomet (570/580-632), l'histoire des Arabes se confond avec celle de l'expansion de cette religion. Partis de la péninsule Arabique, les Arabes conquièrent la Syrie, la Mésopotamie, la Perse, l'Égypte et l'Afrique du Nord avant de pénétrer en Europe. À l'est, ils sont arrêtés devant Constantinople en 717 et, à l'ouest, devant Poitiers en 732. L'empire arabe reflue alors, éclatant en royaumes indépendants.

• Au Moyen Âge, la civilisation arabo-musulmane était l'une des plus riches du monde. L'islam continue jusqu'à nos jours à s'étendre en Afrique et en Asie.

• Actuellement répartis en vingt-deux pays appartenant presque tous à la Ligue arabe, les Arabes ont le sentiment de former une nation. 230 millions de personnes parlent arabe dans le monde.

➜ **pages :** ***258, 259, 290.***

Archipel

Ensemble d'îles formant un groupe.

• Un archipel peut présenter des tailles très diverses. L'archipel des Seychelles, dans l'océan Indien, compte quatre îles ; celui des Cyclades, en mer Égée, 220 ; le Japon comprend quatre îles principales, mais 3 922 îles ou îlots au total.

➜ **pages :** ***286, 287.***

Arrière-pays

Partie d'une région côtière qui s'étend à l'intérieur des terres.

• L'arrière-pays se définit par rapport à une ville côtière (l'arrière-pays niçois, pour la ville de Nice). Il désigne l'environnement physique et humain de cette ville.

• L'arrière-pays d'un port industriel constitue sa zone d'influence économique (l'arrière-pays de Dunkerque).

➜ **page :** ***363.***

Association

Groupement de personnes agissant, en vertu d'un contrat, dans un but commun et à des fins non lucratives.

● L'association s'oppose à la société qui est aussi un groupement contractuel de personnes, mais dont l'objectif est le partage de bénéfices.

● Les associations ont toujours été considérées avec méfiance par le pouvoir, de l'Ancien Régime jusqu'à la IIIe République. La liberté totale d'association a été reconnue par la loi de 1901.

● Il existe des associations dans tous les domaines : professionnel, sportif, humanitaire, culturel, etc. La capacité juridique des associations augmente avec leur statut : association non déclarée, association déclarée, association reconnue d'utilité publique.

→ **pages : 420, 421.**

Assolement

Rotation des cultures sur les différentes parcelles d'une exploitation.

● La pratique de l'assolement résulte de l'étude de la façon dont plusieurs types de cultures peuvent se succéder sur la même parcelle sans épuiser les ressources de la terre.

● L'assolement triennal qui était pratiqué dans la France du nord depuis le haut Moyen Âge, et qui a contribué à la révolution agricole de cette époque, consistait à alterner sur la même parcelle la jachère, la première année, le froment ou le seigle, la deuxième année, et l'orge ou l'avoine la troisième année.

● En France du Sud, on pratiquait un assolement biennal. Le rythme de l'assolement était laissé à la volonté du propriétaire des terrains dans le bocage, mais était souvent imposé dans les régions de champs ouverts.

● Dans les agricultures modernes, l'assolement est principalement lié à des contraintes d'organisation de la production et non plus à la nécessité d'entretenir les ressources du sol.

Atmosphère

Couche de gaz entourant une planète.

● L'épaisseur de l'atmosphère terrestre varie de 400 à 800 kilomètres selon l'activité solaire. Sa composition dépend de l'altitude. Dans sa partie la plus basse, elle est principalement constituée d'azote et d'oxygène. Plus haut, l'hélium puis l'hydrogène dominent.

● L'atmosphère terrestre est partagée en plusieurs strates qui sont définies, notamment, en fonction de la température. On distingue, en partant du sol, la troposphère, la stratosphère, la mésosphère, la thermosphère et l'ionosphère.

● L'atmosphère d'autres planètes, Mars, Vénus, Jupiter, a été étudiée.

→ **page : *253.***

Autosuffisance

Situation d'un pays qui se suffit à lui-même sur le plan économique.

● Au Moyen Âge, le domaine seigneurial était autosuffisant par nécessité, pour des raisons de sécurité et d'absence de communications.

● L'autosuffisance économique a été érigée en doctrine sous l'appellation d'« autarcie » par certains régimes totalitaires qui ne souhaitaient dépendre d'aucun autre État. L'Allemagne nazie et l'Italie fasciste avaient développé des économies autarciques tout comme l'URSS de Staline ou l'Albanie d'Enver Hoxha.

● L'autosuffisance est, plus généralement, recherchée par les pays pauvres qui exportent peu et ne disposent pas de devises pour financer des importations. La multiplication des aides internationales et l'action du Fonds monétaire international ont toutefois fait perdre de son intérêt à cette politique au profit de solutions libérales.

Aval

Partie d'un cours située du côté de l'embouchure, par rapport à l'endroit où se trouve l'observateur.

● Le cours d'eau transmet vers l'aval les effets des événements qui l'affectent : pollution, variation de son cours en fonction des saisons ou des intempéries, etc.

● L'aval s'oppose à l'amont.

➜ **pages : *14, 15***

Axe

Couloir emprunté par différents moyens de transport (route, rail, voie navigable).

● En Europe, la modernisation des moyens de transport (TGV, autoroutes, transports aériens) a renforcé les principaux axes qui relient les pôles urbains entre eux.

● Les principaux axes de circulation actuels correspondent aux routes commerciales reliant autrefois le nord au sud et l'est à l'ouest en suivant les grandes vallées fluviales – Danube, Rhône et Rhin, notamment.

➜ **pages : 324, 344, 352, 358, 360, 362.**

Baby-boom

Fort accroissement de la natalité.

● Le terme de « baby-boom » a tout d'abord été utilisé pour désigner la brusque reprise de la natalité qui a suivi, en Amérique et en Europe, la fin de la Seconde Guerre mondiale.

➜ pages : *346, 347.*

Banlieue

Ensemble des communes entourant une grande ville et formant avec celle-ci un pôle d'activités unique.

● L'augmentation du nombre des personnes venant habiter dans les grandes villes provoque l'urbanisation progressive des communes limitrophes. L'espace bâti s'étend sans discontinuité de la ville à ce qui devient ses banlieues. La transformation des centres-villes où l'habitat traditionnel cède la place à des bureaux et à des logements chers renforce ce phénomène.

● La ville et sa banlieue entretiennent des liens économiques qui se traduisent notamment par d'importants déplacements quotidiens de populations.

● On distingue principalement des banlieues résidentielles, correspondant à différents niveaux sociaux, et des banlieues industrielles.

➜ pages : *418, 419.*

Bantoustan

« État » réservé aux Noirs créé en Afrique du Sud sous le régime de l'apartheid.

● « Bantoustan » vient de « Bantous », nom d'un ensemble de peuples indigènes d'Afrique australe. « Bantoustan » est synonyme de « homeland ».

● Dans les années 1960 et 1970, le pouvoir blanc sud-africain a créé dix bantoustans pour y regrouper la population noire, dans le cadre de sa politique de « développement séparé ».

● Le pouvoir blanc les avaient déclarés indépendants en vertu du *Bantu Homelands Act* de 1971. Au moment de leur suppression, en 1994, quatre étaient indépendants – le Bophuthatswana, le Ciskei, le Transkei et le Vanda – et six étaient encore autonomes – le GazaNkulu, le KaNgwané, le Lebowa, le Qwaqwa, le KwaZulu-Natal et le KwaNdebele.

● Ces « États » n'ont jamais été reconnus par la communauté internationale.

➜ pages : *260, 261.*

Barrage

Construction destinée à retenir un volume d'eau.

● On distingue les barrages à niveau constant et les barrages-réservoirs.

● Les premiers sont destinés à rendre un cours d'eau navigable en y assurant un tirant d'eau suffisant.

● Les seconds, généralement situés en travers d'une vallée, permettent d'accumuler un volume d'eau en vue de l'irrigation, de la régulation du débit du cours d'eau en aval ou de la production d'énergie.

➜ pages : *211, 212, 213, 214.*

Bassin

Région formant une dépression, remplie de sédiments.

● Le Bassin parisien et le Bassin aquitain sont les deux principaux bassins sédimentaires français.

● Un bassin désigne aussi la région drainée par les eaux d'un fleuve ou d'une rivière et de ses affluents.

● On parle de bassin d'emploi ou de main-d'œuvre, par analogie avec le sens précédent, pour définir la zone de recrutement liée à une activité économique, à une entreprise, ou à l'attraction d'une ville.

➜ **page :** ***348.***

Bauxite

Roche sédimentaire chargée d'alumine.

● La bauxite est le principal minerai d'aluminium. Son nom provient des Baux-de-Provence (Bouches-du-Rhône) où elle a été découverte en 1821.

● La production mondiale de bauxite est d'environ 113 millions de tonnes (1994) dont près de 43 millions de tonnes proviennent d'Australie. La Guinée en produit 14,5 millions de tonnes, la Jamaïque 11, le Brésil 10.

Blé

Céréale employée dans l'alimentation humaine.

● Le blé est l'une des plus anciennes céréales du monde. Il sert surtout à la fabrication du pain, de la semoule et des pâtes alimentaires. Il se développe particulièrement bien dans un climat tempéré, mais il est cultivé dans de nombreux pays.

● Il est aujourd'hui principalement produit et, surtout, exporté par les pays développés. Les principaux producteurs sont la Chine (108 millions de tonnes sur un total de 580 en 1996), l'ex-URSS (65), l'Inde (63), les États-Unis (62), la France (36), le Canada (30).

➜ **pages :** ***208, 240, 241.***

Bocage

Paysage composé de petites parcelles séparées par des haies.

● Le bocage constitue un assemblage de terrains de taille réduite et de formes diverses, cultivés ou en pâture, séparés par des haies où peuvent pousser de hauts arbres et souvent bordés de chemins creux.

● Le paysage de bocage était très répandu dans l'ouest de la France.

● Les politiques de remembrement l'ont fait en partie disparaître. On constate aujourd'hui que cette disparition favorise l'érosion et l'assèchement des terres et provoque des effets néfastes sur certains écosystèmes animaux ou végétaux.

➜ **pages :** ***350, 351.***

Boom

Accroissement rapide et important d'une valeur économique.

● Un boom financier désigne une brusque et forte augmentation des valeurs en Bourse.

● Un boom économique correspond, pour un pays ou une entreprise, à une période de croissance rapide.

• « Boom » est aussi synonyme de développement soudain et important : le boom du téléphone portable, par exemple, ou le baby-boom en démographie.

→ **page :** *391.*

Bouclier

Socle des continents.

• Un bouclier est constitué de vastes étendues de roches datant de l'époque précambrienne, qui ont été aplanies par l'érosion au cours des âges et qui servent aujourd'hui de fondement aux continents.

Bouddhisme

Religion fondée en Inde par le Bouddha au VIe siècle av. J.-C.

• À la recherche d'une voie pour guérir les souffrances, Bouddha (v. 560-v. 480 av. J.-C.) reçut une illumination alors qu'il se trouvait en méditation. Dès lors, il passa le reste de son existence à enseigner sa doctrine (dharma). Le bouddhisme constitue autant une philosophie qu'une religion. Elle se résume ainsi : l'existence est souffrance causée par le désir, qu'il convient de vaincre grâce à une bonne conduite et à la méditation.

• Le bouddhisme n'est quasiment plus pratiqué en Inde. Il s'est répandu dans toute l'Asie (Mongolie, Tibet, Thaïlande, Birmanie, Sri Lanka, Cambodge, Laos, Viêt-nam, Japon).

• On compte 324 millions de pratiquants (1995) dans le monde dont 321 en Asie.

→ **page :** *280.*

Bourse

Institution organisant le marché des valeurs mobilières ou des produits commerciaux.

• Les Bourses de valeurs, appelées également « places financières », sont nombreuses dans le monde. Les principales sont New York, Londres et Tokyo. Les Bourses européennes disposent à présent d'une organisation commune. Les Bourses émettent un indice représentatif des mouvements sur les valeurs des plus grosses sociétés : l'indice Dow Jones à New York, l'indice CAC 40 à Paris, l'indice Nikkei à Tokyo.

• Les Bourses de commerce sont spécialisées dans les marchés des matières premières (céréales, textiles, métaux, etc.).

• Les valeurs et les produits s'échangent en Bourse selon la loi de l'offre et de la demande – dite « loi du marché » –, la quantité de l'une et de l'autre déterminant la cote.

→ **pages :** *241, 381.*

Brûlis

Pratique agricole consistant à brûler la végétation recouvrant une parcelle avant de cultiver celle-ci.

• Le brûlis est notamment employé pour éliminer le chaume dans les champs de céréales avant le labour, pour régénérer des pâturages ou pour nettoyer les terrains laissés en jachère. On le pratique beaucoup en zone tropicale.

→ **pages :** *223, 254.*

Caem

Conseil d'assistance économique mutuelle.

● Le Caem est plus connu sous le signe anglais « Comecon » (Council for Mutual Economic Assistance).

● Le Caem est l'ancien organisme de coopération économique des pays du bloc communiste. Créé en 1949 et dissous en 1991, il regroupait autour de l'URSS, l'Albanie (de 1950 à 1960), l'Allemagne de l'Est (de 1950 à 1990), la Bulgarie, la Hongrie, la Pologne, la Roumanie et la Tchécoslovaquie, ainsi que Cuba, la Mongolie et le Viêt-nam.

➜ page : *320.*

Café

Graine qui, une fois torréfiée, sert à la confection de la boisson du même nom.

● Originaire des hauts plateaux d'Abyssinie, le café s'est répandu en Orient au XVe siècle et en Europe au XVIIe. Il est cultivé en Amérique latine depuis le XVIIIe siècle.

● La production mondiale de café atteint 91,5 millions de sacs par an, dont 73,9 millions de sacs sont exportés (1 sac = 60 kg). Les principaux pays producteurs sont le Brésil (16,6 millions de tonnes) et la Colombie (12,8 millions de tonnes) (1995-1996). Le café est exploité dans de nombreux pays latino-américains, ainsi qu'en Afrique (Burundi, Ouganda, Éthiopie, Guinée équatoriale) et en Asie (Indonésie, Inde, Viêt-nam, Thaïlande).

➜ page : *309.*

Capitalisme

Système économique fondé sur l'entreprise privée et la libre concurrence.

● Le capitalisme se caractérise essentiellement par la recherche du profit dans les activités de production – privée – et d'échange – libre. Ces activités sont souvent réglementées par les États et les organisations internationales.

● Selon la doctrine marxiste, le capitalisme désigne la recherche d'une plus-value par les détenteurs des moyens de production qui exploitent pour cela le travail du prolétariat. Une partie de cette plus-value est transformée en capital afin d'augmenter encore les plus-values à venir. Selon Karl Marx (1818-1883), le capitalisme, condamné par ses contradictions internes, doit déboucher sur la dictature du prolétariat et conduire à un État communiste.

● Le capitalisme se développe en Europe de l'Ouest au XVIe siècle sur une base commerciale liée aux échanges maritimes. Au XIXe siècle, la révolution industrielle fait naître le capitalisme industriel fondé sur la concentration du capital et la division du travail. Le capitalisme financier, caractérisé par la seule recherche de la rentabilité des capitaux investis en Bourse, tend aujourd'hui à se développer.

● Depuis la chute du bloc soviétique, le capitalisme constitue le régime économique de la plupart des pays dans le monde.

➜ pages : *374, 375.*

Capitaux

Somme d'argent investie en vue de dégager un profit.

● Les capitaux servent au fonctionnement de l'entreprise. Les locaux, les machines, représentent des capitaux fixes; les matières premières, l'énergie, les salaires, sont des capitaux circulants.

● Les capitaux désignent également des sommes d'argent investies sur les places financières afin d'y être rentabilisées au mieux. On parle alors de capitaux spéculatifs. Ces capitaux sont déplacés au gré de la fluctuation des marchés.

➜ **page** : *380.*

Caste

Groupe social très fermé fonctionnant dans le cadre d'un système organisé.

● Les castes peuvent avoir une base ethnique, religieuse, professionnelle ou politique.

● En Inde plus qu'ailleurs, le système des castes, rigide et hiérarchisé, constitue le fondement même des structures politiques, économiques et sociales du pays. Il a été officiellement aboli en 1947, mais subsiste dans les faits. Les quatre principales castes indiennes sont celle des brahmanes (prêtres), celle des guerriers, celle des marchands et des fermiers et celle des artisans.

➜ **pages** : *247, 262, 280, 281, 282, 298.*

CEE

Sigle de Communauté économique européenne.

● La CEE est l'une des organisations visant à l'intégration des économies des pays européens. Elle fait partie des Communautés européennes, avec la Communauté européenne du charbon et de l'acier (CECA, 1951) et la Communauté européenne de l'énergie atomique (Euratom, 1957).

● La CEE a été instituée par le traité de Rome de 1957 en vue d'établir un «marché commun», sous la forme d'une union douanière, entre les six premiers signataires du traité (Allemagne, Belgique, France, Italie, Luxembourg et Pays-Bas) et de promouvoir un développement harmonieux et équilibré des activités économiques dans la Communauté.

● La CEE a été intégrée sous le nom de Communauté européenne (CE) à l'Union européenne instituée par le traité de Maastricht de 1992. L'Union européenne – et la CE – compte aujourd'hui quinze États membres (les Six plus le Royaume-Uni, le Danemark, l'Irlande, la Grèce, l'Espagne, le Portugal, la Suède, l'Autriche et la Finlande).

➜ **pages** : *370, 371.*

CEI

Sigle de Communauté des États indépendants.

● La Communauté des États indépendants a été créée en décembre 1991 par la Biélorussie, la Russie et l'Ukraine qui constataient ainsi la disparition de l'URSS. Les cinq républiques d'Asie centrale (Kazakhstan, Kirghizistan, Ouzbékistan, Tadjikistan, Turkménistan) ainsi que l'Arménie et la Moldavie s'y sont ralliées. En 1993, l'Azerbaïdjan et la Géorgie l'ont rejointe à leur tour.

● La CEI a pour objectif l'intégration économique et militaire des pays qui la composent. Dans les faits, son fonctionnement est bloqué par les nombreuses divergences qui opposent ses douze membres.

➔ **page** : *339.*

Céréales

Ensemble des plantes cultivées destinées à l'alimentation humaine et animale.

● Les céréales appartiennent généralement à la famille des graminées. Elles présentent des grains qui sont, le plus souvent, réduits en farine, puis transformés pour être consommés. Les principales céréales sont le blé, l'avoine, l'orge, le seigle, le riz, le maïs, le millet, le sarrasin, le sorgho.

● Les céréales sont parmi les plantes les plus anciennement cultivées dans le monde.

● La production mondiale approche les 1 900 millions de tonnes par an (1995). Son commerce annuel mondial porte sur plus de 200 millions de tonnes (1995). La France produit 53 millions de tonnes par an dont 24 millions sont exportées (1995).

➔ **pages** : ***208, 209, 240, 241, 350, 351.***

Chômage

Situation résultant du non-emploi d'un certain nombre de personnes en âge de travailler.

● Le chômage est historiquement lié au développement industriel du XIXe siècle. Il dépend alors de la variation des besoins en main-d'œuvre de la grande industrie. La crise de surproduction de 1929 a conduit à un chômage important dans les pays industrialisés. Après la période de plein emploi qui a suivi la Seconde Guerre mondiale, le chômage augmente de nouveau depuis les années 1960. Il est dû à la stratégie des entreprises qui vise à substituer le capital à la main d'œuvre en vue de rentabiliser leur production dans le cadre de la concurrence internationale. Le chômage frappe également les pays en développement.

● Le chômage est l'un des principaux problèmes qui se posent aujourd'hui aux gouvernements. Il est en effet à l'origine de nombreux dysfonctionnements sociaux.

● Dans les pays développés, les chômeurs reçoivent une aide publique. D'autre part, les pouvoirs publics financent plusieurs mesures en vue d'enrayer le chômage. Le taux de chômage se situe, en France, autour de 12% de la population active.

➔ **pages** : ***236, 251, 353, 411, 414, 415.***

Christianisme

Ensemble des religions fondées sur l'enseignement de Jésus-Christ.

● À l'origine secte issue du judaïsme, le christianisme enseigne à l'homme comment se sauver par la rédemption, en conformité avec la personne et le destin de Jésus-Christ, Dieu incarné.

● Le christianisme s'est développé dans le bassin méditerranéen. Il a connu plusieurs scissions : celle de l'Église orientale au XIe siècle, puis de l'Église protestante au XVIe siècle. Il s'est répandu dans les pays colonisés par les pays de tradition chrétienne.

➜ **page :** ***246.***

Citoyenneté

Qualité de citoyen.

● La citoyenneté désigne la possibilité pour l'habitant d'une communauté politique d'exercer ses droits et ses devoirs civiques. Le droit de vote et le devoir fiscal, par exemple, sont des attributs de la citoyenneté. La Déclaration des droits de l'homme et du citoyen votée par l'Assemblée constituante en août 1789, et qui figure dans le préambule de la Constitution de la Ve République, illustre ces droits et devoirs.

● Plus généralement, la notion de « citoyenneté » est utilisée pour exprimer le contexte positif créé par la pleine reconnaissance du statut de citoyen à une communauté.

➜ **pages :** ***198, 250, 316, 319, 417, 420, 421.***

City

Quartier d'affaires de Londres.

● La City est située au centre de la capitale britannique, sur la rive gauche de la Tamise. C'est le quartier de la finance où la Banque d'Angleterre, notamment, a son siège.

● La City est aujourd'hui quasiment vidée de ses habitants. On appelle « phénomène de City » la tendance au dépeuplement des quartiers d'affaires situés dans le centre des grandes villes. Le départ des habitants vers la périphérie est notamment dû à l'augmentation des prix, liée à la forte demande des sociétés qui souhaitent implanter leur siège dans ces quartiers.

➜ **page :** ***330.***

Clientélisme

Pratique politique visant à gagner des partisans en leur garantissant des avantages.

● La notion de « clientélisme » désigne une pratique politique qui se réduit à une activité de type marchand.

● L'homme politique adepte de cette pratique agit comme le commerçant qui entretient sa clientèle – qui le fait vivre – en la servant bien. Il distribue avantages et faveurs et tient à sa « clientèle » le discours que celle-ci attend de lui.

● Le clientélisme va de pair avec la démagogie qui consiste à flatter les préjugés du plus grand nombre pour en obtenir un soutien.

● La clientèle peut se composer des membres d'un groupe professionnel, d'une classe sociale, d'une communauté ethnique, d'un courant d'opinion, etc.

➜ **page :** ***365.***

Climat

Ensemble des caractéristiques de l'atmosphère en un endroit donné.

• Le climat se définit à partir de données telles que la température, l'humidité, les précipitations, l'ensoleillement, le vent ou la pression de l'air. La prise en compte des constantes et des variations de ces données détermine des tendances qui s'observent à l'identique en différents points du globe soumis aux mêmes conditions atmosphériques.

• Les grands types de climat sont le climat polaire, le climat tempéré, le climat tropical et le climat équatorial.

• L'évolution du climat a des conséquences sur la végétation, sur l'agriculture et sur le peuplement.

→ **pages :** ***27, 202, 203, 204, 206, 207, 214, 215, 216, 218.***

Collectivité territoriale

Circonscription administrative dotée d'une personnalité morale.

• On parle de « collectivité territoriale » ou de « collectivité locale ». On désigne par « collectivités publiques » les collectivités territoriales, l'État et les établissements publics.

• En France, les collectivités territoriales sont les communes, les départements, les régions ainsi que les départements et territoires d'outre-mer (DOM-TOM).

→ **pages :** ***41, 356, 358, 359, 364, 409, 412.***

Colonisation

Fait d'occuper un territoire étranger et de l'administrer ; situation qui résulte de cette action.

• La colonisation est le mode de constitution de tous les empires. Elle présente également une forme strictement commerciale : le comptoir. À partir de l'époque des grandes découvertes (XVIe siècle), le terme s'applique à la conquête de terres outre-mer.

• La première grande phase de colonisation concerne principalement l'Amérique que se partagent les Portugais, les Espagnols, les Anglais et les Français, entre le XVIe et le XVIIIe siècle. Les pays du continent américain obtiennent leur indépendance fin XVIIIe-début XIXe siècle. La deuxième partie du XIXe siècle est l'époque de la constitution, en Afrique et en Asie, des empires coloniaux britannique et français – les deux principaux – puis belge, allemand et italien. La décolonisation débute au lendemain de la Seconde Guerre mondiale.

• La colonisation désigne l'état de dépendance politique, économique, culturelle d'un territoire à l'égard d'une métropole. Dans certains cas, la métropole encourage le peuplement de ses colonies par ses propres ressortissants. D'autres colonies sont administrées et exploitées depuis la métropole qui n'envoie sur place qu'un minimum d'agents. Les habitants indigènes des colonies sont souvent considérés comme des citoyens de seconde zone, voire comme des étrangers.

→ **pages :** ***244, 255, 268, 298, 300, 302, 306, 310, 366.***

Commission européenne

Institution de l'Union européenne.

- La Commission est, avec le Conseil européen et le Parlement européen, l'un des principaux organes de l'Union européenne. Elle est composée de vingt commissaires nommés pour cinq ans qui sont chacun chargés d'un domaine particulier : Affaires monétaires, Immigration, Concurrence, Éducation, etc. Les commissaires élisent le président de la Commission qui est le principal représentant de l'Union.
- La Commission dispose d'un large pouvoir. Elle propose au Conseil les mesures à prendre et exécute les politiques communautaires. Elle est la gardienne des traités. La Commission rend compte de ses travaux dans un rapport annuel soumis au Parlement européen.

→ **pages :** *314, 315.*

Communauté

Groupe social présentant des caractéristiques et des intérêts en commun.

- On parle de communauté d'individus – communauté nationale, religieuse, ethnique, linguistique, etc. –, de communauté de villes – regroupement administratif de communes urbaines ou rurales –, de communauté d'États – communauté internationale, Communauté des États indépendants (CEI), Communauté française de 1958, etc. –, de communautés d'organisations – Communautés européennes de 1965, etc.

→ **pages :** *337, 409, 417.*

Commune

Collectivité territoriale.

- La commune constitue l'entité de base de l'administration décentralisée. Elle est dirigée par un maire élu par le conseil municipal, lui-même élu au suffrage universel pour cinq ans.
- C'est la Révolution française qui a donné, en 1789, un statut uniforme aux communes, qui existaient avant même la constitution en France d'un État centralisé.
- La loi de 1884 charge le conseil municipal de régler les affaires de la commune. La loi de 1982 sur la décentralisation supprime la tutelle administrative et financière exercée en amont par l'État, qui est remplacée par un contrôle.
- Il existe environ 36 000 communes en France, dont plus de 20 000 comptent moins de 500 habitants, et 39 plus de 100 000. Un système de coopération intercommunale pallie la faiblesse des moyens des communes les plus petites. Les problèmes des grandes agglomérations se règlent dans le cadre de districts ou de communautés urbaines.

→ **page :** *43.*

Communisme

Doctrine économique et sociale prônée par certains partis politiques et mise en œuvre de 1917 à 1989 par plusieurs États européens.

● Le communisme repose sur les principes de l'abolition de la propriété privée et de la répartition des biens communs en fonction des besoins de chacun.
● Cette doctrine est élaborée dès l'Antiquité et développée par de nombreux théoriciens aux XVIIIe et XIXe siècles. Au XIXe siècle, Karl Marx définit le communisme comme la phase ultime de l'évolution de la société à laquelle conduit la dictature du prolétariat. Cette dernière constitue la dernière étape de la lutte des classes qui résulte du mode de fonctionnement de la société capitaliste promise à disparaître.
● La doctrine communiste est prônée par les dirigeants de la Russie soviétique, à partir de la Révolution de 1917, et de la Chine, à partir de 1949. Elle inspire les régimes des pays appartenant à la zone d'influence de l'URSS – jusqu'à la disparition du bloc communiste d'Europe de l'Est, dans les années 1989-1991 – et de la Chine. Des régimes communistes existent notamment en Chine, à Cuba, au Viêt-nam, au Laos, en Corée du Nord.
➜ pages : *310, 320, 338, 339, 340, 341, 374.*

Complexe militaro-industriel

Ensemble d'intérêts regroupant les hommes politiques, les militaires et les industriels.
● Cette notion a été forgée par l'économiste américain John Kenneth Galbraith (né en 1908), au moment de la «guerre froide» et de la course aux armements, pour désigner le lieu réel du pouvoir dans les économies industrielles modernes.
● Le complexe militaro-industriel illustre l'alliance existant entre les hommes politiques qui fondent leur pouvoir sur leur politique de défense, les militaires qui exigent des moyens toujours plus importants et les industriels qui cherchent à vendre des matériels militaires plus sophistiqués et plus chers.
➜ pages : *390, 391.*

Confédération

Association d'États souverains qui délèguent certaines compétences à des organes communs.
● La confédération se distingue de la fédération qui désigne le regroupement d'entités plus ou moins autonomes au sein d'un même État fédéral.
● L'Union européenne est une confédération. En 1999, par exemple, ce groupement d'États a délégué l'émission et la politique monétaire à un organe indépendant de chacun d'entre eux, la Banque centrale européenne.
➜ page : *400.*

Confluent

Lieu où deux cours d'eau se réunissent.
● Au confluent, l'affluent se jette dans le cours d'eau principal dont le lit se creuse et s'élargit et dont le débit et la vitesse augmentent.

● Des villes sont souvent implantées au confluent de deux cours d'eau importants, comme Lyon, à celui du Rhône et de la Saône.
→ page : *360.*

Confucianisme

Philosophie élaborée et enseignée par Confucius.

● Confucius (v. 551-v. 479 av. J.-C.) est le plus célèbre philosophe chinois. Sa doctrine développe le principe que la sagesse, qui permet, à force d'étude et d'effort, d'appréhender l'ordre divin, se répand de l'individu à la société et à l'univers. Ses principales valeurs sont la compassion et le sens de l'équité.

● Très influent en Chine où il continue d'inspirer l'idéologie et la vie quotidienne, le confucianisme s'est diffusé dans les pays voisins – Corée, Viêt-nam – ainsi qu'au Japon.
→ page : *295.*

Conseil européen

Institution de l'Union européenne.

● Le Conseil est, avec la Commission européenne et le Parlement européen, l'un des principaux organes de l'Union européenne.

● Il est composé des représentants des gouvernements des quinze pays membres qui se réunissent par domaine : Affaires extérieures, Agriculture, Économie et Finances, Environnement, Affaires sociales, etc. Chacun des Quinze exerce la présidence du Conseil pendant six mois à tour de rôle.

● Le Conseil statue sur les mesures proposées par la Commission, qu'il ne peut amender qu'à l'unanimité. Il prend ses décisions à la majorité simple, qualifiée ou à l'unanimité selon les sujets.

● Il ne faut pas confondre le Conseil européen et le Conseil de l'Europe, fondé en 1949, qui est indépendant de l'Union européenne et qui regroupe quarante États européens.
→ pages : *314, 315.*

Conscription

Système de recrutement militaire.

● La conscription consiste à recenser l'ensemble des citoyens en âge de servir dans l'armée.

● La notion de « conscription » apparaît dans la loi de recrutement de 1798 qui institue un service militaire de 20 à 25 ans durant lequel un certain nombre de conscrits peuvent être appelés à combattre. Bientôt, les conscrits sont tirés au sort et peuvent acheter leur remplacement. Très impopulaire, la conscription s'applique durant tout le XIXe siècle. Le tirage au sort et les diverses dispenses ne sont supprimés qu'en 1905.
→ pages : *427.*

Conseil général

Assemblée départementale élue.

● Le conseil général est composé d'autant de conseillers que le département compte de cantons. Ceux-ci sont élus pour six ans au suffrage universel lors des élections cantonales. Le conseil est renouvelé par moitié tous les trois ans.

● Le conseil général délibère des affaires du département. Depuis la loi de 1982 sur la décentralisation, le président du conseil général, élu par ce dernier, est l'organe exécutif du département. Les décisions du conseil général ne sont plus soumises à la tutelle préalable de l'État. Elles font l'objet d'un contrôle a posteriori.

➜ **pages** : *41, 424.*

Conseil régional

Assemblée régionale élue.

● Depuis la loi de 1982 sur la décentralisation, le conseil régional est élu au suffrage universel pour cinq ans. Le président du conseil régional, élu en son sein, est l'organe exécutif de la région.

● Le conseil régional gère le développement économique et social de la région. Il élabore un plan régional et assure son exécution. Ses actes administratifs et budgétaires font l'objet d'un contrôle a posteriori.

➜ **pages** : *42, 424.*

Consommation

Utilisation d'un bien ou d'un service.

● Dans le système économique, la consommation s'oppose à la production. Les consommateurs font disparaître, en les consommant, les biens et les services offerts par les producteurs, qui les remplacent aussitôt. La société de consommation est une société dont l'économie repose sur une production et donc une consommation de masse : les consommateurs sont sans cesse incités à consommer de nouveaux produits pour assurer un niveau de production élevé. La consommation est un bon indice du niveau de développement des économies.

● Lorsque la consommation est inférieure à la production, il y crise de surproduction : les prix chutent, la production ralentit, le chômage augmente. Le cas inverse provoque une amélioration de la situation de l'emploi, un accroissement des importations, une augmentation des prix et des salaires.

➜ **pages** : *310, 311.*

Constitution

Texte définissant la forme du gouvernement et l'organisation des pouvoirs publics dans un pays.

● On parle également de « Loi fondamentale » pour désigner la Constitution. Celle-ci énonce les règles qui fondent l'État et l'ensemble de ses institutions. Elle constitue l'assise du pouvoir et de l'autorité de l'État.

● La Constitution est généralement élaborée par un pouvoir constituant démocratiquement élu et/ou est ratifiée par référendum. Elle peut aussi être imposée par un pouvoir monocratique ou autoritaire, comme, en France, les lois impériales de l'an VII, de l'an X et de l'an XII, les chartes royales de 1814 et de 1830 et la Constitution impériale de 1852.

● En France, les Constitutions révolutionnaires et républicaines de 1791, de 1793, de l'an III, de

1848, de 1875, de 1946 et de 1958 ont chacune procédé à une réforme complète de l'État.

● La Loi fondamentale actuellement en vigueur en France est la Constitution de 1958 qui a instauré le régime présidentiel de la Ve République.

→ pages : *428, 429.*

Conurbation

Ensemble formé de plusieurs villes qui se rejoignent.

● Le développement de l'urbanisation aboutit parfois à la jonction des banlieues de plusieurs villes. La campagne disparaît au profit d'une continuité de l'espace bâti. On parle de « conurbation » pour désigner un tel ensemble.

● La conurbation diffère de l'agglomération. Elle regroupe des villes d'importances variables – comme Lille, Roubaix et Tourcoing, dans le nord de la France. L'agglomération regroupe, quant à elle, une grande ville et sa banlieue, c'est-à-dire les petites villes qui l'entourent.

→ pages : *238, 239, 398.*

Coton

Fibre textile végétale.

● Le coton est cultivé depuis l'Antiquité en Inde et en Égypte. Son utilisation en Europe se développe avec l'apparition des machines à filer, au XVIIIe siècle. Le cotonnier reste une plante de climat chaud.

● La production mondiale de fibres de coton atteint près de 19 millions de tonnes par an (1995), soit près de la moitié de la production textile mondiale. Les principaux pays producteurs sont la Chine (4,5 millions de tonnes), les États-Unis (4 millions de tonnes), l'Inde (2,3 millions de tonnes), l'ex-URSS (2,1 millions de tonnes) et le Pakistan (1,6 million de tonnes) (1995).

→ page : *209.*

Couloir

Passage entre deux régions.

● En France, on applique ce terme à la vallée du Rhône, située entre les Alpes et le Massif central, parfois baptisée « couloir rhodanien ».

● Le couloir de Dantzig désigne la partie du territoire polonais qui séparait la Prusse orientale du reste de l'Allemagne entre 1918 et 1939.

→ pages : *344, 349.*

Courbe de niveau

Ligne imaginaire reliant les points situés à la même altitude.

● Le traçage des courbes de niveau sur une carte permet d'évaluer le relief d'une région. Plus les courbes de niveau sont rapprochées, plus la pente est raide. Plus elles sont éloignées, plus le terrain est plat. Sur une carte de randonnée au 1/25 000, il y a une courbe de niveau tous les 5 mètres de dénivelé.

Cratère

Dépression circulaire.

● Un cratère est la dépression située au sommet d'un volcan par laquelle s'échappent la lave et les projections lors d'une éruption. Certains cratères secondaires sont parfois situés sur les flancs du volcan.

● Un cratère est aussi la trace laissée par l'impact d'une météorite. La surface de la Lune, par exemple, en est couverte.

Creuset

Lieu où divers éléments se mélangent et s'assimilent.

● L'image la plus commune du creuset est le « melting-pot » américain qui désigne le brassage des immigrants de nationalités diverses et leur intégration dans un modèle de civilisation unique.

→ **pages** : ***392, 393.***

Crise financière

Accident économique sur le marché des capitaux.

● À la différence d'une crise économique classique, une crise financière ne résulte pas directement d'une rupture d'équilibre entre la production et la consommation de biens et services. Elle est due à une perte de confiance des détenteurs de capitaux qui, par crainte d'une chute du marché – dont la valeur est surévaluée en raison de la spéculation – ou dans l'espoir de réaliser de meilleurs profits sur d'autres places, revendent massivement les devises ou les titres qu'ils possèdent. Ce retrait provoque une chute des cours et entraîne une perte de valeur de la monnaie nationale qui doit être dévaluée.

● Les plus récentes des grandes crises financières ont affecté l'économie mexicaine, en 1994, et les économies des pays du Sud-Est asiatique, à partir de 1997.

→ **pages** : ***380, 381.***

Croissance

Augmentation de certains indicateurs économiques sur une certaine durée.

● Une croissance soutenue et régulière est apparue dans les pays industrialisés dans la seconde moitié du XXe siècle. Elle s'est développée par cycles entrecoupés de crises, la plus récente ayant débuté dans les années 1970.

● La croissance d'un pays s'exprime principalement par l'augmentation de la production et de la consommation nationales. Le taux de croissance mesure l'évolution du produit intérieur brut (PIB).

→ **pages** : ***31, 200, 396, 414.***

Crue

Élévation du niveau d'un cours d'eau.

● Les crues sont dues à la fonte des neiges ou à l'abondance des précipitations.

● Les crues peuvent provoquer de graves inondations dans les plaines que traversent les grands fleuves. Elles peuvent être prévenues par l'élévation de digues le long des rives du cours d'eau ou par la construction de barrages en amont des zones inondables.

→ **pages** : ***211, 285, 288.***

Cuirasse latéritique

Carapace formée par le durcissement d'un type de sol propre aux régions tropicales.

• La latérite est une roche de couleur rouge riche en fer et en alumine. Elle recouvre 20 millions de kilomètres carrés dans les régions tropicales, principalement en Afrique et en Amérique du Sud.

• Cette roche assez tendre d'une épaisseur moyenne de 1 mètre durcit en séchant. Formant une carapace, elle devient alors infertile. En favorisant l'assèchement de la surface du sol, la déforestation accélère la formation de cette cuirasse latéritique et donc la stérilité des sols.

→ **page :** *222.*

Cyclone

Violente perturbation atmosphérique.

• Le cyclone est une masse d'air caractérisée par de basses pressions et animée d'un mouvement rotatif, qui s'accompagne de vents forts et de précipitations abondantes. Les cyclones les plus violents sont ceux qui prennent naissance au-dessus de l'océan, dans la zone intertropicale. On les nomme parfois « hurricanes » – ouragans – en Amérique et « typhons » en Asie, « cyclone » étant plutôt réservé à la zone de l'océan Indien.

• Les cyclones tropicaux peuvent provoquer des dégâts très importants dans les zones qu'ils traversent.

→ **pages : 200, 276, 288, 307.**

Débit

Quantité d'eau écoulée pendant une durée déterminée.

● Les fleuves sont classés en fonction de leur débit qui s'exprime en mètres cube par seconde. Le débit dépend de la section du cours d'eau et de sa pente.

● Les fleuves aux plus grands débits moyens sont l'Amazone (180 000 m^3/s), le Congo (41 000 m^3/s), l'Orénoque (31 000 m^3/s), Le Parana (25 000 m^3/s), le Yang Tse Kiang (22 000 m^3/s), le Ienisseï et le Mississippi (18 000 m^3/s). Le débit du Rhône est de 1 800 m^3/s.

Décentralisation

Délégation de pouvoirs à des structures étatiques locales.

● Le processus de décentralisation répond à la nécessité de rapprocher les organes de décision et de gestion des administrés et de décongestionner le « centre » – la capitale – dont le trop grand développement finit par freiner le fonctionnement.

● En France, la plus récente opération de décentralisation a été réalisée par le biais des lois de 1982 et 1983 qui ont érigé la commune, le département et la région en collectivités décentralisées. Celles-ci ont été dotées d'un statut autonome ainsi que de pouvoirs et de moyens financiers dans les domaines administratifs qui leur sont propres. Les établissements publics sont aussi des organismes administratifs concernés par la décentralisation.

● La décentralisation désigne également une politique d'aménagement du territoire qui vise à inciter les entreprises à s'installer en province.

➜ **pages :** ***356, 357, 360, 410, 411, 430.***

Défense

Ensemble des moyens et des organismes œuvrant à la défense du territoire national.

● La notion moderne de « défense » tient compte du processus de mobilisation totale des ressources humaines et matérielles en cas de guerre et de l'existence de l'arme nucléaire qui assimile, pour ses détenteurs, défense et dissuasion.

● La défense reste, pour l'essentiel, assurée par l'armée. En France, la loi de programmation militaire 1997-2002 a décidé la constitution d'une armée de métier aux effectifs réduits. Elle a remplacé le service national par un simple rendez-vous citoyen. L'évolution de la menace militaire explique la réorganisation des forces de défense qui privilégie leur capacité de projection sur des théâtres d'opération extérieurs.

● Garant de l'indépendance nationale et de l'intégrité du territoire, le président de la République est le chef des armées. Il préside les conseils et les comités de défense qui décident la direction générale de la défense nationale. Celle-ci se définit en Conseil des ministres ; elle est mise en œuvre sous la responsabilité du Premier ministre.

➜ **pages :** ***426, 427.***

Déficit

Différence négative entre les recettes et les dépenses.

- Le déficit budgétaire désigne l'excès des dépenses publiques par rapport aux recettes.
- Certains économistes lui attribuaient des vertus économiques, estimant qu'il pouvait favoriser l'accroissement de la demande. Dans le cadre de la politique d'équilibre des comptes publics qui est aujourd'hui préconisée quasi unanimement, le déficit public est considéré comme nuisible. Pour adhérer à l'Union économique et monétaire, les pays membres de l'Union européenne devaient réduire leur déficit budgétaire à un taux inférieur à 3% de leur PIB.

➜ page : *394.*

Défrichement

Suppression de la végétation d'un terrain boisé ou en friche en vue de le cultiver.

- La principale opération de mise en valeur des terres cultivables, en Europe, a eu lieu du Xe au XIIIe siècle. Nécessitée par l'accroissement démographique, elle a été rendue possible par les progrès des techniques agricoles. La physionomie actuelle des paysages européens s'est dessinée à cette époque. Aujourd'hui, en France, toutes les terres agricoles sont exploitées et le défrichement n'est qu'exceptionnellement autorisé.
- Le défrichement est abondamment pratiqué dans les pays en développement de la zone tropicale où il est indispensable de développer les terres cultivables gagnées sur la forêt pour nourrir des populations en forte croissance. Ce défrichement peu contrôlé est dangereux pour la préservation des forêts, la conservation des sols et la protection des espèces animales.

➜ pages : *221, 223.*

Dekkan

Plateau formant la partie péninsulaire de l'Inde.

- Le Dekkan forme un plateau au sud des plaines de l'Indus et du Gange. C'est un morceau du continent primitif qui réunissait, à l'ère primaire, l'Amérique du Sud, l'Afrique, l'Arabie, l'Inde, l'Australie et l'Antarctique. Il est composé de roches précambriennes.
- Le Dekkan se caractérise par un climat tropical de mousson et une végétation de forêts sèches et de brousses.

➜ page : *285.*

Délocalisation

Changement d'emplacement d'une administration ou d'une entreprise.

- Les délocalisations administratives sont effectuées dans le cadre d'un processus de décentralisation. On décentralise une activité en délocalisant les locaux et les personnels qui y sont attachés. Ainsi, l'École nationale d'administration (ENA) et l'École nationale de la magistrature (ENM) ont été délocalisées, la première à Strasbourg, la seconde à Bordeaux.

• Les délocalisations industrielles sont généralement destinées à rapprocher les usines de bassins de main-d'œuvre meilleur marché. L'industrie textile mondiale a ainsi été délocalisée en Asie du Sud-Est – *made in Thailand* – et l'industrie du jouet, en Chine – *made in China.*

➜ **page :** ***397.***

Delta

Zone d'accumulation sédimentaire à l'embouchure d'un fleuve.

• « Delta » est la quatrième lettre de l'alphabet grec – Δ – dont le delta du fleuve imite la forme.

• La formation d'un delta dépend du jeu des courants et des dépôts d'alluvions. Le delta forme une plaine plus ou moins inondée dans laquelle le fleuve se partage en plusieurs bras bordés de levées.

• La plupart des grands fleuves dont le débit façonne l'embouchure depuis des millénaires se terminent en delta : Nil, Gange, Mississipi, Danube, Rhône, etc.

➜ **pages :** ***14, 15, 212, 283.***

Démocratie

Régime politique dans lequel c'est le peuple qui exerce le pouvoir.

• La démocratie s'oppose à l'autocratie – régime où le pouvoir est exercé par un seul homme, comme la monarchie absolue ou la dictature – ainsi qu'à l'oligarchie – où le pouvoir est aux mains d'un groupe, d'un clan, d'une caste.

• La démocratie réalise l'unité entre les gouvernants et les gouvernés. Elle peut être directe, lorsque le peuple prend lui-même les décisions le concernant – comme lors d'un référendum –, ou indirecte, lorsqu'il exerce sa souveraineté par le biais de représentants qu'il choisit – c'est le cas du fonctionnement habituel des régimes parlementaires.

➜ **pages :** ***36, 198, 318.***

Démocratie populaire

Régime populaire des anciens pays du bloc communiste en Europe de l'Est.

• Dans un régime de démocratie populaire, la souveraineté du peuple s'exprime par l'intermédiaire du Parti communiste. Celui-ci a mis fin à la domination de la bourgeoisie possédante et à la lutte des classes en parvenant au pouvoir. Sa qualité de parti unique exclut toute forme de compétition pour le pouvoir qui pourrait s'exercer au détriment du peuple.

• Les démocraties populaires ont été instaurées en Europe de l'Est entre 1946 et 1949. Ces régimes ont pris fin avec la chute du communisme dans cette région, au tournant des années 1990.

➜ **page :** ***340.***

Démographie

Science qui étudie l'état et le mouvement des populations humaines d'un point de vue quantitatif.

• La démographie étudie l'effectif et la composition d'une population en fonction de l'âge, du sexe, de l'habitat, du statut matrimonial, des activités professionnelles, etc. Elle étudie aussi les mouvements naturels (naissances, décès, mariages, divorces) ou migratoires de cette population. La démographie devient qualitative quand elle recherche les facteurs socioéconomiques ou culturels permettant d'expliquer les données quantitatives.

● On dispose de données démographiques collectées dès l'Antiquité. Mais la démographie s'est constituée comme science au XIXe siècle – le mot date de 1855.

➜ **pages :** ***31, 200, 347.***

Densité

Nombre moyen d'habitants par unité de surface.

● La densité se calcule généralement en nombre moyen d'habitants par kilomètre carré. Cet indice renseigne sur le caractère plus ou moins peuplé d'une région, d'un pays et sur l'inégalité de l'occupation de l'espace.

● La densité mondiale moyenne est de 42 hab./km^2. Elle varie d'une valeur proche de zéro – Groenland (0,02 hab./km^2), Mongolie (1,5 hab./km^2) – à plusieurs milliers d'habitants au kilomètre carré – Macao (25 800 hab./km^2), Monaco (16 600 hab./km^2).

● La densité de la France est de 107 hab./km^2 (chiffres de 1995).

➜ **pages :** ***225, 234, 296, 346, 358.***

Département

Collectivité territoriale ou collectivité locale.

● Le département est une collectivité territoriale administrée par un conseil général élu au suffrage universel par canton, dont le président est l'organe exécutif depuis les lois de décentralisation de 1982.

● Le département est aussi une circonscription administrative dirigée par le préfet qui y représente l'État.

● Le découpage de la France en départements date de 1790. Sa création répond à une volonté de décentralisation rompant avec la tradition centralisatrice de l'Ancien Régime; elle permet une simplification de la carte administrative existante en regroupant l'ensemble des services extérieurs de l'État. Les départements sont progressivement replacés sous le contrôle de l'État avec, notamment, la création des préfets par Napoléon en l'an VIII. Au XXe siècle, la loi de 1981 confère au département sa forme actuelle de collectivité territoriale décentralisée. La loi de 1982 a encore étendu les pouvoirs du conseil général.

● Il existe en France 96 départements – avec les deux de la Corse – et quatre départements d'outre-mer – Martinique, Guadeloupe, Guyane et Réunion.

➜ **pages :** ***41.***

Dépression

Enfoncement de la surface du sol.

● Les dépressions géologiques peuvent être dues à des effondrements de terrain, à des cratères ou à des phénomènes d'érosion. Des lacs ou des mers s'y forment souvent.

● À l'échelle de la planète, les grandes dépressions terrestres se reconnaissent à ce que leur altitude moyenne se situe au-dessous du niveau de la mer. La plus grande dépression est celle de la mer Caspienne – 518 000 kilomètres carrés au total – qui se trouve à 28 mètres sous le niveau de la mer. La mer Morte, entre Israël et la Jordanie, se situe à 394 mètres sous le niveau de la mer ; le lac Assal, en Éthiopie, à 120 mètres; la vallée de la Mort, en Californie, à 85 mètres. Dans l'Antarctique, le plateau Hollick-Kenyon se situe à 2 468 mètres sous le niveau de la mer; il est recouvert d'une couche de glace mesurant 4 267 mètres.

→ page : *290.*

Dérégulation

Politique visant à assouplir les règlements régissant une activité économique.

● La dérégulation est l'une des mesures principales de la politique de libéralisation de l'économie. Elle concourt à l'élimination de toutes les contraintes qui entravent le libre fonctionnement du marché. Cela explique que la dérégulation s'applique le plus souvent aux dispositions tarifaires. Le secteur du transport aérien, par exemple, a fait l'objet, dans les années 1980, de mesures de dérégulation qui ont profondément transformé sa structure : les prix ont chuté, les compagnies nationales ont été privatisées, les faillites et les rachats de compagnies ont été nombreux, la concentration du secteur s'est accélérée.

→ page : 328.

Désert

Région très sèche caractérisée par une végétation et un peuplement rares.

● Les déserts se caractérisent principalement par la faible quantité d'eau qu'il reçoivent – moins de 100 millimètres par an pour les zones arides, jusqu'à quatre fois plus dans les zones semi-arides. Cette sécheresse ne permet la présence, hors irrigation, que d'une végétation très maigre.

● Il existe des déserts chauds situés dans les régions tropicales ou subtropicales, comme le Sahara, en Afrique, et des déserts froids situés dans les zones tempérées froides, comme le désert de Gobi, en Asie.

● Leur absence de végétation et leur température classent les déserts, avec la haute montagne et les forêts denses, parmi les régions les plus inhospitalières du globe, ce qui explique leur faible peuplement.

● Le désert proprement dit couvre près de 8 millions de kilomètres carrés dans le monde, et l'ensemble des régions à risque plus ou moins fort de désertification 27 millions de kilomètres carrés, soit, au total, environ 35 millions de kilomètres carrés (18 % des terres). Le Sahara mesure à lui seul 7,5 millions de kilomètres carrés; le désert de Simpson, en Australie, 1,5 million de kilomètres carrés; le désert de Gobi, 1 million de kilomètres carrés ; le désert du Kalahari, en Afrique australe, 500 000 kilomètres carrés ; le désert Roub'al-Khali, en Arabie saoudite, 300000 kilomètres carrés ; le désert d'Atacama, au Chili, 180 000 kilomètres carrés ; le désert du Colorado, aux États-Unis, 80 000 kilomètres carrés.

➜ **pages :** ***26, 194, 195, 207, 218, 219, 275.***

Désertification

Progression des déserts sur les marges semi arides.

● En Afrique, la désertification a fortement gagné du terrain avec les grandes sécheresses des années 1967 à 1973 et 1980 à 1984. Les pluies avaient alors diminué de 40 à 60 % par rapport aux années normales.

● L'action des hommes est également responsable de la désertification. Ainsi, les feux de brousse destinés à défricher et à pratiquer les cultures, la multiplication des troupeaux et l'extension des cultures sur des zones fragiles – le sol s'est vite épuisé et desséché – ont contribué à la progression du désert sur les marges semi-arides du Sahel.

● Le désert du Sahara paraît progresser de 6 km par an à sa périphérie, notamment dans le Sahel tropical.

➜ **pages :** ***214, 215, 218.***

Détroit

Étroit bras de mer entre deux terres.

● Certains détroits constituent de simples seuils entre deux mers ou océans, comme le détroit Bab el-Mandeb, entre Djibouti et le Yémen. D'autres sont de longs canaux, comme le Pas-de-Calais, entre la France et l'Angleterre.

● Les détroits ont une grande importance économique. Ce sont des lieux de passage maritime très empruntés qui évitent aux navires de commerce de contourner les continents ou les archipels – comme le détroit de Malacca, entre la Malaisie et l'Indonésie – ou encore d'accéder à des mers fermées – comme le détroit de Gibraltar, entre l'Espagne et le Maroc. Ce sont aussi des lieux stratégiques car ils peuvent être bloqués facilement en cas de crise. C'est pourquoi ils font l'objet d'un régime particulier au sein du droit maritime international, qui privilégie le principe de la liberté de passage.

● Il existe de nombreux détroits stratégiques dans les archipels asiatiques – Chosen entre Japon et Corée, Malacca et Sonde en Indonésie. Le détroit d'Ormuz, entre le golfe Persique et l'océan Indien, est essentiel sur la route des pétroliers. Les détroits du Bosphore et des Dardanelles, entre la mer Noire et la mer Égée, ont longtemps été des « points chauds » en Europe. Les canaux de Suez et de Panamá constituent des détroits artificiels.

➜ **pages :** ***202, 312, 313.***

Dette

Montant des emprunts financiers effectués par un État.

● La dette de l'État est appelée «dette publique». Elle se décompose en « dette flottante » et en « dette consolidée ». Le première résulte de l'émission par l'État d'emprunts à court terme – rapidement remboursables –, les bons du Trésor, qui permet à celui-ci de se procurer des liquidités. La dette consolidée est constituée de titres à long terme qui proposent de meilleurs taux d'intérêt. Ces titres offrent une plus grande sécurité pour l'État qui fixe le terme de leur remboursement.

● Dans les pays très endettés, le service de la dette – le paiement des intérêts des emprunts – peut absorber une forte proportion du PIB, ce qui conduit à un appauvrissement du pays et à la nécessité pour celui-ci d'emprunter de nouveau pour subvenir aux besoins nationaux: c'est ce que l'on appelle la « spirale » de la dette. Les organismes financiers internationaux tels que le Fonds monétaire international (FMI) aident les pays surendettés à appliquer des programmes d'assainissement de leurs comptes publics. Quand les dettes deviennent trop lourdes, les créanciers les rééchelonnent, c'est-à-dire qu'ils aménagent le calendrier de remboursement, ou les effacent en partie.

→ **page** : *331.*

Développement

Essor durable de l'économie.

● Le développement est une notion utilisée pour apprécier l'état des économies des pays dits du «tiers-monde». Autrefois qualifiés de « sous-développés » – par rapport aux économies des pays industrialisés –, ils ont ensuite été baptisés « pays en voie de développement » avant d'être aujourd'hui désignés sous le terme de « pays en développement ».

● Le développement ne tient pas uniquement compte de la croissance, mais aussi de l'élévation du niveau de la société tout entière.

● La notion de développement est apparue après la Seconde Guerre mondiale, lorsque la décolonisation a mis en lumière le degré d'inégalité entre les pays développés et le tiers-monde. Le développement est devenu un objectif pour les nouveaux États, dans le cadre d'un rapport de force avec les pays industrialisés. Ces derniers ont également, par soucis économique et politique, élaboré des programmes d'aide au développement. Leur montant souhaitable défini par l'ONU est de 0,7 % du PNB des pays «riches». Mais ceux-ci sont rares à respecter ce taux.

→ **pages** : *234, 235, 256, 300, 304, 334.*

Développement humain (indice de)

Macro-indicateur socioéconomique.

● L'indice de développement humain a été défini par le Programme des Nations unies pour le développement (Pnud) en 1990. Il associe au produit intérieur brut (PIB) et au PIB par habitant les critères d'éducation et d'espérance de vie, sur une échelle de 0 à 1.

• L'indice du développement humain de l'Iran est de 0,67, celui du Canada de 0,960. L'indice de la France est de 0,946 (1990).

→ page : 372

Devise

Monnaie nationale considérée par rapport à celles d'autres pays.

• Le terme « devise » est préféré à celui de « monnaie » lorsqu'on évoque le rapport entre plusieurs monnaies par le biais de leur taux de change. Une devise n'est forte ou faible que par rapport à d'autres.

• Une devise est forte quand elle est recherchée en raison de la confiance que l'économie ou le régime auquel elle est attachée inspire aux investisseurs. Elle peut alors devenir un moyen de paiement international comme le dollar des États-Unis.

→ pages : *394, 395.*

Dictature

Régime politique dans lequel le pouvoir est exercé de façon autoritaire par un seul homme ou par une junte.

• L'Antiquité romaine a connu un régime de dictature constitutionnelle de la fin du Ve siècle au début du IIIe siècle av. J.-C.

• Des régimes de dictature s'instaurent en Europe entre les deux guerres mondiales, notamment dans les pays vaincus. Le phénomène est accéléré par la crise économique de 1929. Les régimes personnels d'Amérique du Sud évoluent également en dictatures. À la veille de la Seconde Guerre mondiale, l'Amérique latine et l'Europe orientale et méridionale sont dirigées par des dictatures. En Europe, elles sont pour la plupart défaites par la guerre. Les dernières dictatures d'Amérique du Sud disparaissent dans les années 1980.

• Des formes de régimes dictatoriaux subsistent encore dans le tiers-monde, en Afrique et en Asie.

• Dans la doctrine marxiste, la dictature du prolétariat représente, dans l'évolution de la société, une étape nécessaire destinée à mettre fin à la lutte des classes et ouvrir la voie au communisme.

→ pages : *378, 379.*

Digue

Construction destinée à contenir les eaux d'une rivière ou de la mer ou à s'en protéger.

• Les digues portuaires protègent les bateaux au mouillage de la houle. Aux Pays-Bas, des digues empêchent les eaux d'inonder les polders qui se trouvent au-dessous du niveau de la mer.

• Les digues fluviales préviennent les débordements des fleuves ou guident leur cours. En Chine, des digues élevées à la main protègent des crues des grand fleuves comme le Yang Tse Kiang ou le fleuve Jaune.

→ page : *211.*

Division du travail

Mode d'organisation du travail fondé sur le fractionnement des tâches.

● Dans une entreprise pratiquant la division du travail, l'ouvrier effectue une ou plusieurs tâches qui interviennent à un moment précis du processus de fabrication. Cette organisation née de la révolution industrielle est rendue nécessaire par la complexité croissante des biens produits. Elle conduit à la multiplication de travailleurs peu qualifiés, mais très spécialisés. Les chaînes de montage automobile sont l'illustration de la division du travail. La division du travail est à l'œuvre dans tous les secteurs : industrie, mais aussi commerce, agriculture, etc.

● La division du travail correspond aussi, à l'échelle de la société, à une répartition des fonctions productives. La première forme de division du travail réside dans la séparation entre l'agriculture et l'industrie. Selon la doctrine marxiste, ce phénomène s'accompagne du partage de la société en classes sociales. Dans certaines sociétés traditionnelles, la division du travail s'opère en fonction de l'âge ou du sexe.

➜ **pages** : *232, 233.*

Dollar

Monnaie des États-Unis.

● Le dollar vient du thaler germanique devenu la monnaie des pays sous domination habsbourgeoise, donc de l'Amérique latine par le biais de l'Espagne. Il a été adopté par les États-Unis en 1775.

● Le dollar a supplanté les devises européennes au gré de la croissance de l'économie américaine. En 1944, les accords internationaux de Bretton Woods en font la seule monnaie convertible en or. À partir de la fin des années 1950, la dégradation de la situation américaine provoque une baisse du dollar. En 1971, sa convertibilité en or est suspendue et le dollar est dévalué. Dès lors, les autres devises ne défendent plus leur parité avec le dollar qui continue de fluctuer.

● Le dollar demeure toutefois un moyen de paiement privilégié dans le monde – les cours pétroliers, par exemple, sont exprimés en dollars.

➜ **pages** : *384, 385.*

Drainage

Action de retirer l'eau en excès dans un champ, un marais, un polder.

● Le drainage consiste à recueillir l'eau au moyen de conduits souterrains (drains) ou de tranchées.

● Les plaines marécageuses et malsaines peuvent bénéficier d'un drainage. Ce fut le cas, notamment, en Italie où les marais Pontins, dans le Latium, ont été drainés et asséchés dans les années 30.

➜ **page** : *212.*

Droits de l'homme

Droits dont dispose chaque individu du seul fait de sa nature humaine.

● Les droits de l'homme sont énoncés dans divers textes. Le premier est la Déclaration des droits de l'homme et du citoyen adoptée en 1789. Elle s'inspire notamment des doléances exprimées dans les cahiers et de la philosophie des

Lumières. Son article Ier énonce que « les hommes naissent et demeurent libres et égaux en droits ». Le second grand texte est la Déclaration universelle des droits de l'homme adoptée par les Nations unies en 1948.

• Le problème réside dans le contrôle du respect des droits de l'homme par les États, notamment, ou par des individus agissant pour le compte d'une forme quelconque de pouvoir. La pression internationale, relayée par l'ONU, semble être, à cet égard, le seul moyen d'action. Des tribunaux internationaux ont été érigés, notamment pour l'ex-Yougoslavie, en vue de juger les auteurs individuels de crimes contre l'humanité.

• De nombreuses organisations non gouvernementales, comme Amnesty International, luttent également pour la défense des droits de l'homme et alertent l'opinion.

→ **pages :** *236, 237, 262.*

Durée du travail

Durée légale de présence d'un salarié à son poste de travail.

• La durée du travail a considérablement diminué depuis le XIXe siècle, sous la pression des revendications syndicales. Elle atteignait alors fréquemment 15 heures par jour. Les premières réglementations concernent le travail des enfants, en 1841. En 1848, la IIe République fixe la durée journalière de travail à 10 heures. Celle-ci est ramenée à 8 heures en 1919.

• En 1936, le gouvernement du Front populaire fixe la durée hebdomadaire légale à 40 heures. En 1982, le gouvernement socialiste la fait passer à 39 heures.

• En 1998, le principe de sa limitation à 35 heures a été adopté. Cette mesure controversée est destinée à créer des emplois. Elle doit entrer en application en 2000 ou 2002 selon la taille des entreprises.

→ **pages :** *232, 233.*

Économie de marché

Système d'organisation des échanges dans lequel l'offre et la demande doivent s'équilibrer naturellement.

● L'économie de marché s'oppose à l'économie dirigée. Alors que cette dernière est réglementée par l'État qui vise ainsi à atteindre certains objectifs économiques ou sociaux – en fixant les prix, par exemple –, l'économie de marché laisse faire les mécanismes naturels qui doivent aboutir à l'équilibre de l'offre et de la demande. Le marché boursier en est l'un des meilleurs exemples.

● La disparition du bloc soviétique, qui pratiquait l'économie dirigée, a entraîné la généralisation de l'économie de marché à travers le monde. La Chine elle-même applique le principe de l'« économie socialiste de marché ». Toutefois, aucun marché n'est parfaitement libre. Tous les pays, même les plus libéraux, réglementent le marché et en faussent le fonctionnement par le biais de subventions, de dérogations, d'aides.

Éducation

Mission publique de formation des enfants.

● L'éducation consiste à faire acquérir aux enfants des connaissances, des principes, des méthodes et des pratiques. Cet enseignement est délivré par des maîtres.

● Hormis la part qui relève des parents, l'éducation constitue l'une des missions de l'État. Un premier comité d'instruction publique est créé par la Convention, en 1793. Le ministère du même nom apparaît en 1824. C'est Jules Ferry qui, en 1882, en fait une grande administration. Il devient ministère de l'Éducation nationale en 1932.

● L'éducation constitue un élément déterminant du développement d'un pays. Les taux de scolarité ou d'analphabétisme constituent des indicateurs probants du degré d'évolution d'une société.

→ **page :** ***230.***

Effet de serre

Phénomène de rétention de la chaleur solaire dans l'atmosphère.

● Un certain type de rayonnement solaire qui vient frapper le sol de la Terre n'est pas réfléchi dans l'espace, mais reste prisonnier de la couche de gaz carbonique, notamment, que contient l'atmosphère. Cela contribue au réchauffement de la Terre qui se trouve comme placée derrière les vitres d'une serre. De nombreux gaz à l'origine de ce phénomène sont d'origine humaine – en dehors du gaz carbonique –, comme les chlorofluorocarbones (CFC).

● Le réchauffement de la planète entraîne de graves conséquences. La fonte des glaces des pôles pourrait aboutir à la submersion des côtes basses. Aussi, en 1992, lors du sommet de Rio, la communauté internationale s'est engagée à ramener l'émission des gaz à effet de serre, en 2000, au niveau de

1990. Mais peu de pays œuvrent sérieusement en vue de respecter cet engagement.

➜ pages : *253, 372, 373.*

Embargo

Suspension des exportations à destination d'un pays, à des fins de sanctions.

- L'embargo constitue un moyen de pression sur le pays visé que l'on cherche à faire céder en le privant de produits qui lui sont nécessaires. Le plus célèbre embargo reste l'embargo pétrolier décrété par les pays arabes à l'encontre des pays occidentaux, au lendemain de la guerre du Kippour, en 1973, pour protester contre le soutien apporté par ceux-ci à Israël. L'augmentation des prix du pétrole qui en résulta provoqua une grave crise économique en Occident. Depuis 1960, les États-Unis maintiennent l'île communiste de Cuba sous embargo.
- L'embargo est également décidé par l'ONU afin d'éviter des guerres ou d'en limiter l'extension. Des embargos sur les armes sont ainsi régulièrement décrétés à l'encontre de pays belligérants. Depuis la guerre du Golfe, l'Irak est soumis à un embargo lié à son désarmement. Enfin, certains embargos s'appliquent à tous les pays, comme les interdictions portant sur la diffusion des armes de destruction massive.

➜ page : *261.*

Empire

Ensemble de pays dépendant d'un pouvoir unique.

- La constitution des empires répond à des besoins stratégiques, en termes de sécurité, et économiques, en termes d'exploitation de l'espace. L'empire se caractérise généralement par l'inégalité des relations entre son centre – la métropole dans le cas des empires coloniaux – et ses marges.
- L'empire n'est pas forcément dirigé par un empereur. Il n'est pas non plus forcément soumis à un régime autoritaire.
- On appelle, par exemple, « empire colonial » l'ensemble des pays conquis outre-mer, entre le XVe et le XXe siècle, par les grandes puissances occidentales : Espagne, Portugal, Royaume-Uni, France, Italie, Pays-bas, Allemagne, Russie. Les empires coloniaux ont été démantelés dans les décennies qui ont suivi la Seconde Guerre mondiale, sous la pression de la communauté internationale et des mouvements de libération nationale.

➜ pages : *244, 245.*

Endémie

Maladie qui est constamment présente dans une région donnée.

- Le choléra est une maladie endémique en Inde comme le paludisme l'est dans les régions marécageuses.
- Les habitants des régions frappées par des endémies sont généralement immunisés. Ce sont les voyageurs qui sont les plus menacés par ces infections.
- Une épidémie – transmission à un grand nombre de personnes d'une infection contagieuse – peut

être causée par l'extension d'une endémie. Une pandémie est une épidémie qui touche un très grand nombre de personnes au niveau mondial.

→ page : *229.*

Environnement

Ensemble des éléments qui entourent un individu et qui concourent, au sens large, à ses conditions de vie.

- L'environnement et sa défense sont devenus un enjeu international dans les années 1990. L'Agence européenne pour l'environnement a été créée en 1990.
- La Conférence des Nations unies sur l'environnement et le développement – baptisée « sommet de Rio » – s'est tenue dans la métropole brésilienne en 1992. Les associations s'en préoccupaient depuis plus longtemps : Greenpeace a été fondé en 1971.
- En France, la création d'un ministère chargé de l'environnement date de la même époque.
- Ayant pris conscience des risques humains et des coûts financiers engendrés par la destruction de l'environnement du fait de son exploitation sauvage, les États se concertent désormais afin de protéger la biodiversité – faune et flore –, les ensembles naturels – forêts, océans –, la qualité de l'air et de l'eau, les équilibres climatiques – lutte contre l'effet de serre, protection de la couche d'ozone –, etc.

→ pages : *372, 373.*

Épidémie

Contamination par une maladie infectieuse d'un grand nombre de personnes, sur un territoire limité pendant une période déterminée.

- La Grande Peste tua 75 millions de personnes en Eurasie au XIVe siècle, dont 25 millions en Europe occidentale à la même époque. Le choléra tua 100 000 personnes en France dans les années 1830. La maladie du sommeil fit 200 000 victimes en Ouganda dans les années 1900. Le typhus tua 3 millions de personnes en Pologne et en Russie en 1914-1915. En 1918, la grippe espagnole fit 25 millions de victimes en Europe – plus que la Première Guerre mondiale.
- L'épidémie est souvent causée par l'expansion hors de son lieu d'origine d'une endémie – maladie qui existe de façon permanente dans une région. Une pandémie est une épidémie de vaste ampleur.
- La prévention des maladies infectieuses et les moyens découverts pour les guérir n'ont pas fait disparaître les épidémies. Celles-ci subsistent dans certains pays peu développés – le virus Ebola a provoqué des épidémies au Zaïre à la fin du XXe siècle – et réapparaissent dès que les conditions sanitaires se dégradent – dans les situations de catastrophes naturelles ou dans les camps de réfugiés, par exemple. Enfin, l'épidémie de sida, qui a été révélée dans les années 1980, continue à tuer dans le monde entier.

→ pages : *228, 229.*

Équateur

Ligne imaginaire partageant la Terre en deux hémisphères.

● L'équateur se situe à l'endroit où le plan qui passe par le centre de la Terre et qui est perpendulaire à l'axe des pôles coupe la surface du globe. L'équateur est à équidistance des deux pôles. La latitude, nord ou sud, d'un point situé sur la surface du globe se détermine en fonction de sa position par rapport à l'équateur. La circonférence de la Terre à l'équateur est de 40 000 kilomètres.

● L'Équateur est également un pays d'Amérique du Sud dont le territoire est traversé par l'équateur.

➜ **pages :** ***20, 24, 25.***

Équinoxe

Époque de l'année où le jour et la nuit ont la même durée sur toute la surface de la Terre.

● Il y a deux équinoxes dans une année. Le premier marque le début du printemps, le second le début de l'automne. Six mois les séparent.

● L'équinoxe correspond en effet au moment, dans la course de la Terre autour du Soleil, ce dernier coupe le plan de l'équateur terrestre.

Erg

Région de dunes, dans les déserts de sable.

● Les dunes sont des collines de sables façonnées par le vent.

● Certains ergs, dans le désert du Sahara notamment, sont très vastes. Le Grand Erg oriental et le Grand Erg occidental s'étendent sur plusieurs centaines de kilomètres.

Érosion

Dégradation du sol sous l'effet de l'eau et du vent.

● Les précipitations, le ruissellement des eaux, le mouvement des glaciers, le vent entraînent, dans leur action, des particules de roche. Localement et temporairement, l'érosion peut avoir pour conséquence de creuser le sol – l'eau d'un torrent accentue la profondeur d'une gorge, par exemple. Mais l'effet général de l'érosion est d'aplanir les reliefs. Ainsi, les massifs montagneux plus anciens – le Massif central, par exemple – sont moins élancés que les massifs plus récents – comme les Alpes.

● La déforestation contribue à accélérer l'érosion des sols en leur ôtant leur protection naturelle. À l'inverse, la construction de terrasses le long d'une pente ou l'amélioration du drainage d'un terrain retardent l'érosion.

➜ **pages :** ***222, 242.***

Esclavage

Exploitation d'êtres humains privés de toute liberté.

● L'esclave est une personne non libre, considérée comme un bien économique, qui appartient à un maître. L'esclave s'achète et se vend. Il peut être affranchi par son maître ; alors, il devient libre. Les esclaves étaient des prisonniers de guerre, de personnes très pauvres ou endettées, des enfants vendus par leurs parents ou des populations étrangères soumises – « esclave » vient du latin *slavus,* « slave ».

● L'esclavage remonte à l'Antiquité. Vers le Xᵉ siècle, en Occident, l'esclavage est remplacé par le servage, qui attache le paysan à la terre qu'il cultive. L'esclavage de populations africaines, notamment, se poursuit toutefois en Europe jusqu'au XVIᵉ siècle, date à laquelle il devient la base du développement économique des colonies américaines. L'esclavage est définitivement aboli au Royaume-Uni en 1833, en France en 1848 et aux États-Unis en 1865. La Déclaration universelle des droits de l'homme de 1948 l'interdit. L'Arabie saoudite l'abolit en 1962.

● Des formes d'esclavage subsistent aujourd'hui dans de nombreux pays, sous la forme, notamment, du travail forcé. Il concerne 200 millions d'adultes et 250 millions d'enfants dans le monde (1996).

→ pages : *256, 257, 306.*

Espérance de vie

Durée moyenne de la vie des membres d'une population.

● L'espérance de vie est un indicateur national. On calcule séparément l'espérance de vie des hommes et celle des femmes, qui est généralement plus grande.

● L'espérance de vie constitue un indicateur du degré de développement d'un pays. Elle est en effet directement tributaire de l'équipement sanitaire et médical du pays considéré. La mortalité infantile influe fortement sur le calcul de l'espérance de vie.

● L'espérance de vie au niveau mondial est de 66 ans (données de 1997). Elle était de 46 ans dans les années 1950. En France, elle est de 74 ans pour les hommes et de 82 ans pour les femmes. En Guinée, elle est de 43 ans pour les hommes et de 47 ans pour les femmes.

→ page : *347.*

Estancias

Exploitation agricole de grande taille dans le sud du Brésil ou dans la pampa argentine.

● Les estancias sont essentiellement consacrées à l'élevage, bovin et ovin. Celles qui s'étendent dans la pampa argentine sont dédiées à la production de viande.

● C'est dans la pampa méridionale qu'est localisé le plus gros de l'élevage bovin et donc les plus grandes estancias.

● Les estancias sont nettement plus productives que les exploitations des petits propriétaires.

Estuaire

Embouchure d'un fleuve dessinant une profonde échancrure dans la côte, où la marée fait sentir ses effets.

● Un estuaire est souvent une ancienne vallée submergée par la mer. La marée s'y conjugue avec le flux du fleuve ; l'eau douce s'y mélange à l'eau salée.

● En France, la Somme, la Seine, la Loire, la Garonne, notamment, sont des fleuves terminés par un estuaire.

→ pages : *14, 15.*

État

Entité politique constituée d'un territoire, d'une population et d'un gouvernement souverain.

- L'État est le principal sujet du droit international public qui régit les relations entre les pays. Il se distingue par son indépendance qui s'assimile à sa souveraineté, c'est-à-dire au pouvoir exclusif que possède son gouvernement de gérer les affaires de sa population sur son territoire. Une colonie, un territoire d'outre-mer ou une province, même autonome, ne sont pas considérés comme des États.
- Un État peut être unitaire ou fédéral. Son territoire peut être d'un seul tenant ou éclaté – dans le cas de possessions outre-mer ou d'enclaves rattachées. Sa population peut former ou non une nation – la Belgique est un État binational.
- Le régime de son gouvernement peut être républicain ou monarchique, parlementaire, présidentiel ou autoritaire.
- La notion d'« État » désigne également l'ensemble des pouvoirs publics.

→ **pages :** ***34, 35, 36, 322, 342, 343, 364, 408, 414, 419.***

Ethnie

Groupement humain d'origine commune partageant la même structure sociale, la même langue et la même culture.

- La notion d'« ethnie » se confond souvent avec celles de « race » ou de « peuple ». La race est une subdivision biologique des espèces animales. Au fondement de diverses pratiques d'exclusion, elle n'a aucun fondement scientifique en ce qui concerne l'espèce humaine. Le peuple désigne une communauté moins exclusive que l'ethnie. Le territoire ou la culture ou le mode de vie suffisent à définir un peuple.
- De nombreux conflits internes ou internationaux, notamment en Afrique, ont une origine ethnique. Les luttes entre les ethnies tutsie et hutue, au Rwanda, au Burundi et en République démocratique du Congo, en sont l'illustration.

→ **pages :** ***256, 257.***

Étranger

Personne vivant dans un pays tout en appartenant à une autre nation.

- Pour un Français, un étranger est une personne qui ne possède pas la nationalité française. Un travailleur immigré malien est un étranger. Un Français d'origine malienne – un Malien naturalisé français – n'est pas un étranger. L'image que l'on peut avoir des étrangers vivant en France, par exemple, est trompeuse. Sur un trottoir ou dans le métro, on ne distinguera pas visuellement un Français d'un Anglais, mais on prendra souvent un Français d'origine maghrébine – ou un Tahitien – pour un étranger.
- L'étranger a longtemps et continue parfois à concentrer sur sa personne un certain nombre de soupçons – malhonnêteté, fainéantise, incapacités diverses. Cette attitude xénophobe est le plus

souvent due à l'ignorance et à la crainte instinctive qu'inspire ce que l'on ne connaît pas.

→ **pages** : *39, 415, 417.*

Eurasie

Ensemble formé par l'Europe et l'Asie.

● « Continent » vient du latin *terre continente* qui signifie « terre continue ». Or l'Europe et l'Asie sont les deux seuls continents à ne pas constituer des terres distinctes. Leur frontière – commune – n'est même pas physiquement déterminée. Les monts Oural, en Russie, forment une chaîne basse et aisément franchissable. C'est pourquoi on appelle « Eurasie » la masse « continentale » regroupant l'Europe et l'Asie.

→ **pages** : *275, 312, 313.*

Exécutif

Qualifie un pouvoir ou un organe chargé de faire exécuter les lois.

● Le pouvoir exécutif constitue l'une des fonctions de l'État, à côté du pouvoir constituant – qui élabore la Constitution –, du pouvoir législatif – qui élabore les lois –, du pouvoir judiciaire – qui rend la justice –, du pouvoir réglementaire – qui édicte des règlements administratifs.

● Le pouvoir exécutif ne fait pas que veiller à l'exécution des lois. Il détermine aussi la politique de la nation. C'est donc lui qui est à l'origine de la plupart des lois.

● Le pouvoir exécutif est plus fort dans les régimes présidentiels que dans les régimes parlementaires.

→ **pages** : *406, 407.*

Exode

Émigration massive.

● L'Exode est un épisode de la Bible qui désigne la sortie d'Égypte des Hébreux, sous la conduite de Moïse, pour regagner la Terre promise.

● Les exodes de population se produisent lors des guerres, lorsque les civils cherchent à fuir les zones de combats. En France, en 1940, des centaines de milliers de Français ont fui vers le sud devant l'avancée allemande. Dans les conflits ethniques qui agitent l'Afrique ou l'Europe balkanique, les populations qui craignent d'être massacrées par les assaillants se déplacent en masse.

● L'exode rural désigne, dans les sociétés industrielles, le mouvement des populations quittant la campagne – qui emploie de moins en moins de main-d'œuvre – pour gagner la ville – qui en emploie de plus en plus. Ce phénomène s'observe à partir du XIXe siècle. Il est à l'origine de la désertification des campagnes et du développement, parallèle, de l'urbanisation.

→ **pages** : *256, 257.*

Exportation

Vente d'un produit à l'étranger.

● Une entreprise vend une partie de ses produits sur le marché national et en exporte une autre partie. À l'ère du marché mondial, l'entreprise la plus petite se doit de chercher à vendre ses produits à l'étranger. Le marché mondial est ainsi très concurrentiel puisque de plus en plus d'entreprises y sont présentes.

● Une partie des biens – et des services – produits par un pays sont exportés. Des biens et des services sont également importés pour satisfaire des besoins que les entreprises nationales ne satisfont pas.

● La différence entre les exportations et les importations constitue la balance commerciale. Elle est excédentaire si les exportations sont plus importantes que les importations. Elle est déficitaire dans le cas contraire.

→ **page :** *304.*

Extensif

Qualifie un élevage ou une culture pratiqués sur de grands espaces avec un faible rendement.

● L'agriculture extensive nécessite un faible investissement en travail et en capital, par rapport à la surface considérée, et produit, de fait, de faibles rendements. Elle se pratique généralement sur des terres peu fertiles.

● L'élevage pratiqué dans la pampa argentine ou dans la prairie américaine est de type extensif. La production du fourrage destiné à l'alimentation animale peut être assimilée à un type de culture extensif.

→ **pages :** *308, 309.*

Fécondité (indice de)

Indication du nombre moyen d'enfants par femme dans une population.

● L'indice de fécondité prend en compte les enfants nés vivants et les femmes en âge de procréer.

● L'indice qui permet à une population de maintenir son effectif à niveau égal est de 2,1. L'indice mondial est de 3,1 (1997). En Italie et en Espagne, il est de 1,1 ; au Malawi, il est de 6,7 ; en Éthiopie de 6,6 et au Yémen de 7,2. En France, il atteint 1,7 (1997).

● Le développement des méthodes de contraception dans les pays développés a contribué à réduire l'indice de fécondité. Le mode de vie dans les sociétés urbaines tend à limiter le nombre des enfants par famille. À l'inverse, dans nombre de pays en développement – où la contraception est encore peu répandue –, les enfants constituent un investissement pour l'avenir.

➜ **pages :** *278, 292, 293.*

Fédéralisme

Mode de regroupement de collectivités politiques.

● Le fédéralisme a pour objectif, pour les pays qui y adhèrent, de bénéficier des effets de la solidarité tout en conservant leur particularisme national.

● Les principales formes de fédéralisme sont les fédérations – comme les États-Unis, la Suisse ou l'Allemagne qui constituent des États souverains –, les associations d'États autonomes ou indépendants – tels le Commonwealth ou l'Union européenne – ou les organisations de coopération internationale – comme l'Organisation des Nations unies ou le Conseil de l'Europe.

➜ **pages :** *322, 339, 400.*

Fédération

État composé de plusieurs entités politiques plus ou moins autonomes.

● « Fédération » est synonyme d'« État fédéral ». Une fédération est constituée d'États fédérés.

● Les États-Unis, la Suisse, l'Allemagne, l'Autriche, le Brésil, la Russie, le Canada, l'Australie, l'Inde, les Émirats arabes unis, le Mexique, le Nigeria, sont des fédérations.

● Dans un État fédéral, les États fédérés participent à l'élaboration des lois fédérales par le biais d'un système législatif bicaméral comptant une assemblée qui les représente. Les États fédérés conservent des institutions locales identiques à celles que l'on trouve à l'échelon fédéral : exécutif, législatif, judiciaire. Une Constitution fédérale fixe la répartition des compétences entre l'État fédéral et les États fédérés, et une législation suprême veille à son respect.

➜ **pages :** *298, 339.*

Firme

Entreprise industrielle ou commerciale.

● Les grandes firmes sont en général des sociétés dites anonymes. Leur capital est réparti entre des associés – qui sont au moins à sept – et qui ne supportent les pertes sociales qu'à hauteur de la valeur nominale des actions qu'ils détiennent.

● Les firmes peuvent donner lieu à des concentrations : il s'agit pour une entreprise soit de prendre le contrôle d'entreprises proposant des produits similaires, soit d'élargir ses activités en prenant le contrôle de firmes produisant des biens différents mais remplissant une même fonction économique.

➔ **pages :** ***388, 389.***

FMI

Sigle de Fonds monétaire international.

● Créé à Bretton Woods (États-Unis) en juillet 1944, le Fonds monétaire international est chargé de veiller au bon fonctionnement du système monétaire international. Le FMI doit plus particulièrement harmoniser les politiques des États membres pour les questions de change.

● Une des principales activités du FMI est d'octroyer des crédits aux pays rencontrant des difficultés. Ces crédits sont accordés moyennant des engagements de la part des pays qui les sollicitent – rigueur de la politique économique et financière.

● Pour répondre à ses différentes missions, le FMI dispose de ressources en devises, dont une partie est fournie par la souscription des États membres.

➔ **pages :** ***381, 385.***

Front pionnier

Limite atteinte par des défricheurs qui sont venus occuper des terres vides ou très peu peuplées avant leur arrivée.

● On parle de front pionnier surtout au Brésil pour désigner la progression des hommes et la conquête de nouvelles terres. Ainsi, les limites atteintes par les défricheurs sont en avancée permanente depuis qu'une marche vers l'ouest a été entreprise sous l'impulsion de l'État à la fin des années 50.

● Ainsi, le Brésil poursuit depuis plus de trente ans une politique de mise en valeur des régions peu peuplées du Centre-Ouest et du Nord. Le paysage naturel y est peu à peu remplacé par un paysage aménagé par l'homme.

➔ **page :** ***308.***

Fusion

Groupement de deux ou plusieurs entreprises.

● La fusion peut aboutir à la création d'une société nouvelle ou prendre la forme d'une absorption par l'une d'entre elles de toutes les autres.

● La fusion est une des formes de la concentration des firmes *(voir ce dernier mot).*

➔ **pages :** ***390, 391.***

Garrigue

Végétation typique des plateaux calcaires méditerranéens.

● La garrigue est constituée de buissons bas et d'épineux – cistes, arbousiers, lentisque, myrtes, lavande et romarin – ainsi que d'arbres de petite taille. Parmi ces derniers dominent les chênes kermès.

Géostratégie

Partie de la stratégie prenant en compte les données de la géographie physique et économique et de la démographie.

● La stratégie étant l'art de coordonner l'action des forces militaires, politiques et économiques impliquées dans la préparation d'une guerre ou sa prévention, on comprend l'intérêt qu'il y a pour les gouvernements de maîtriser le plus de renseignements possibles sur les États jugés dangereux. Les données démographiques, psychologiques et géographiques sont donc à cet égard de la plus grande importance.

● Il n'est pas de politique étrangère qui puisse faire l'économie de l'apport de la géostratégie.

● La géostratégie a occupé le devant de la scène internationale tout au long de la «guerre froide».

➜ pages : *402, 403.*

Ghetto

Quartier abritant des habitants de même origine, souvent pauvres.

● Le terme, d'origine italienne, désigne le regroupement dans un même quartier de population de même culture, religion ou ethnie.

● De nos jours, ce terme est utilisé à propos d'une minorité pauvre. Aux États-Unis, on parle de ghettos noirs, comme Harlem à New York.

➜ pages : *353, 393, 419.*

Glacier

Vaste étendue de glace animée de mouvements lents.

● Lorsque, dans les vallées de montagne, un glacier s'étend en aval de la zone où la neige se transforme en glace, on parle de glacier de montagne ou de glacier de vallée; lorsque le glacier s'étale en lobe au sortir de la montagne, on parle de glacier de piémont.

● L'écoulement des glaciers se fait par le glissement de fines couches de glace les unes sur les autres. L'écoulement est facilité par la pente.

● Les glaciers des régions polaires sont appelés «inlandsis» *(voir ce mot).*

➜ pages : *204.*

Gouvernement

Autorité politique qui dirige un pays ; organe qui détient le pouvoir exécutif.

● Dans un régime parlementaire, au sens strict, le gouvernement est l'organe collégial (collectif) composé du Premier ministre, des ministres et des secrétaires d'État.

● La Constitution française de 1958 stipule que le gouvernement (Premier ministre, ministres et secrétaires d'État) « détermine et conduit la politique de la nation», que «le Premier ministre dirige l'action du gouvernement» et que le président de la République «préside le Conseil des ministres». Le président de République, qui est élu au suffrage universel, tend de plus en plus à être considéré comme le véritable chef du gouvernement – du moins hors situation de cohabitation.

● Le gouvernement est chargé de l'application des lois et de la direction politique.

→ page : *428.*

Hindouisme

Religion traditionnelle de l'Inde.

● L'hindouisme est fondé sur un ensemble de connaissances sacrées ou profanes, accompagné d'un mode de vie précis. Le clergé joue un rôle négligeable, les divers rites étant avant tout familiaux.

● On estime à environ 660 millions le nombre des fidèles, situés presque exclusivement en Inde (80 %) et au Bangladesh (15 %). Le reste se trouve dispersé dans le Sud-Est asiatique.

→ pages : *247, 249, 278, 280, 282, 298.*

Horizon

Ligne imaginaire qui limite la vue.

● Lieu où la terre (ou la mer) et le ciel semblent se rencontrer. On parle alors de ligne d'horizon.

Huerta

Terre agricole irriguée.

● Le terme de «huerta» désigne plus particulièrement les terres irriguées en Espagne.

Humanité

Ensemble des hommes, de la collectivité mondiale des êtres humains.

● L'humanité se définit également comme l'ensemble des caractères qui composent la nature humaine et qui font qu'un être vivant appartient à l'espèce humaine et qu'il se distingue donc des autres êtres vivants.

→ pages : *196, 197.*

Iceberg

Bloc de glace continentale de grande taille détaché des glaciers.

- Les icebergs peuvent atteindre plusieurs centaines de mètres d'épaisseur.
- Il faut se garder de confondre les icebergs avec la banquise, toujours mince. La partie émergée d'un icebreg ne représente qu'un cinquième de sa hauteur totale.
- Un iceberg est constitué d'eau douce.

➜ **page** : *207.*

Identité

Sentiment d'appartenance à un groupe social.

- L'identité sociale repose sur le sentiment d'appartenir à une collectivité géographique – pays, région, ville –, linguistique, culturelle.
- Très souvent, l'identité sociale se crée au contact avec un autre groupe. Ainsi, un individu, extérieur au groupe, peut développer un processus d'identification.
- On peut développer un sentiment d'appartenance à un ensemble beaucoup plus grand que le groupe social. Ainsi, il s'esquisse, dans le cadre de l'Union européenne, une identité européenne.

➜ **page** : *409.*

Île

Terre entourée d'eau.

- La formation des îles est très diverse. On distingue généralement les îles précontinentales, simples morceaux de continent, et les îles océaniques, sommets de véritables montagnes enracinées au fond des océans.
- Les îles sont également de tailles diverses. Certaines, comme le Groenland ou l'Australie sont considérées comme des continents.
- L'insularité influence les sociétés humaines. Ainsi certaines populations ont pu, grâce à leur isolement, vivre jusqu'au XXe siècle comme à l'âge de pierre (aborigènes de Bornéo).

➜ **page** : *194.*

Illettrisme

État de ceux qui ont perdu l'usage de la lecture et de l'écriture après l'avoir possédé.

- L'illettrisme concerne essentiellement les pays développés où certaines personnes, d'un très faible niveau scolaire, se sont peu à peu marginalisées sous l'effet des difficultés sociales et économiques (chômage, notamment).
- Dans les pays pauvres, on parle plus volontiers d'analphabétisme pour désigner l'incapacité totale de lire et d'écrire.

➜ **page** : *231.*

Immigration

Arrivée dans un pays d'étrangers qui veulent y demeurer et, le plus souvent, y travailler.

- La réglementation de l'immigration dépend de la volonté du pays d'accueil qui peut la favoriser, la limiter ou modifier sa politique suivant ses besoins économiques.

● De nos jours, la politique d'immigration est fondée sur des accords entre États.

➜ **pages :** ***226, 227, 250, 251, 300, 302, 416, 417, 418, 419.***

Importation

Achat de produits que l'on fait venir de l'étranger.

● Sont importés les biens et les services qui ne sont pas disponibles sur le marché national, afin de satisfaire la consommation intérieure.

● Les importations sont généralement soumises à des taxes de la part de l'État importateur. Ces droits de douane sont censés protéger les productions nationales en élevant le prix des productions étrangères. L'État peut aussi, dans le même but, réglementer la quantité des produits importés en imposant des contingents. Toutefois, la libéralisation croissante des échanges mondiaux tend à faire disparaître ces pratiques qualifiées de « protectionnistes ». Les droits de douane, notamment, sont progressivement abaissés ou abolis au sein des divers « marchés communs » existant dans le monde : Union européenne, Alena, Mercosur, etc.

Indien

Nom donné aux premiers habitants du Nouveau Monde ; on dit aussi « Amérindiens ».

● Les Indiens vivent aujourd'hui, pour la plupart, dans des réserves en Amérique du Nord.

● Les tribus traditionnelles d'Amérique latine sont, pour la plupart, en voie de disparition ou d'acculturation (assimilation).

➜ **pages :** ***300, 301, 302, 306.***

Industrialisation

Équipement en industries d'une région, d'un pays.

● Les industries de base sont spécialisées dans les premières opérations de traitement des matières premières, qu'elles transforment en produits finis, eux mêmes utilisés par d'autres industries : c'est, par exemple, le cas de la sidérurgie qui produit de la fonte, de l'acier.

● Les industries de pointe utilisent les technologies très modernes, comme l'électronique et la robotique.

● L'industrialisation dans les pays du tiers-monde concerne dans la grande majorité des cas les industries de base. À l'inverse, dans les pays riches – on parlait autrefois à leur égard de pays industrialisés –, les industries de pointe, à forte valeur ajoutée, orientent les choix d'industrialisation.

➜ **page :** ***422.***

Inégalités

Disparités matérielles et culturelles entre les individus ou entre les pays.

● À l'intérieur d'un même État existent des inégalités sociales. Ainsi, en France, le principe de l'égalité juridique – proclamé dans l'article premier de la Déclaration des droits de l'homme et du citoyen – n'a pas supprimé les inégalités matérielles et culturelles.

● Il existe aussi de fortes inégalités de développement entre les pays dont témoignent notamment les spectaculaires différences de PIB par habitant : 80 dollars au Mozambique mais 45 360 dollars en Suisse.
➜ pages : *392, 393, 430, 431.*

Information

Renseignements diffusés publiquement.

● Les supports traditionnels de l'information sont la presse écrite, la radio et la télévision.

● Avec le développement du câble, des satellites de télécommunication et de l'Internet, l'information circule de plus en plus vite.

● Devant l'imposante masse d'informations disponibles chaque jour, il est de plus en plus difficile de procéder à un tri intelligent. Aussi le risque est grand d'aboutir à un système de consommation sans hiérarchie dans lequel toutes les informations auraient la même valeur.
➜ pages : *332, 333.*

Infrastructures

Ensemble des installations formant la base du système de communication dans une région.

● Les infrastructures de communication assurent les échanges nécessaires entre les hommes.

● L'absence d'infrastructures constitue un handicap pour de nombreux pays du tiers-monde. Par exemple, un faible réseau d'oléoducs renchérit le coût de l'acheminement du pétrole et pénalise son exportation.

● À l'inverse, les pays fortement industrialisés disposent de solides infrastructures (routes, voies ferrées, ports, etc.). Par exemple, l'Europe a les réseaux de voies de communications et de villes les plus denses du monde.
➜ pages : *239, 324, 336, 345, 352, 353, 413.*

Inlandsis

Glacier continental très épais et très étendu.

● Les inlandsis, qui se sont étendus au cours du quaternaire, ne subsistent plus qu'au Groenland (2 175 600 km² et 3 300 m d'épaisseur maximale) et dans l'Antarctique (13 000 000 km² et 4 700 m d'épaisseur maximale).

● En été, de grands blocs de glace (icebergs) se détachent de l'énorme masse de glace de l'inlandsis.

Inondation

Débordement des eaux sur les terres.

● Les inondations peuvent être périodiques. C'est notamment le cas dans les pays tempérés – au moment de la fonte des neiges – et dans les pays de mousson, pendant la saison des pluies.

● Les inondations peuvent être exceptionnelles lorsqu'elles sont dues à des averses intenses, longues et générales.

● Les inondations peuvent être bienfaisantes grâce à l'apport d'eau et de limon (crue du Nil en Égypte).
➜ pages : *285, 288, 289.*

Intégration économique

Création d'un espace économique commun par plusieurs États.

● L'intégration économique revêt plusieurs formes : union douanière, zone de libre-échange, union économique, marché commun ou encore fusion totale des systèmes économiques.

● On parle usuellement d'« intégration européenne » pour désigner le processus d'élaboration d'une union économique en Europe.

Intensif

Se dit d'un système de production agricole qui assure de forts rendements.

● L'agriculture intensive non industrielle est fondée sur le travail humain et appliquée à des superficies limitées. C'est le type même de l'exploitation familiale encore très répandue en Europe.

● L'agriculture intensive hautement mécanisée implique des investissements importants et des compétences scientifiques. Sa vocation est la commercialisation sur de vastes marchés.

● On parle également d'élevage intensif pour désigner un élevage qui assure de hauts rendements zootechniques.

● L'agriculture intensive s'oppose à l'agriculture extensive.

Investissement

Acquisition de biens de production, par exemple des machines, qui servent eux-mêmes à produire d'autres biens.

● L'investissement s'oppose à la consommation, qui vise à la satisfaction de besoins.

● On parle aussi d'investissement pour désigner la mise en place d'équipements destinés à produire des services répondant à la satisfaction de besoins collectifs, comme la construction d'un hôpital ou d'un établissement scolaire.

➔ **pages :** ***296, 304, 395, 397.***

Irrigation

Alimentation en eau d'un terrain destiné à la culture.

● Les techniques d'irrigation sont multiples : inondation, aspersion, acheminement de l'eau par canaux.

● L'irrigation se pratique depuis l'Antiquité, notamment dans les pays méditerranéens, grâce à de petits canaux, permettant ainsi la culture intensive de fruits et de légumes.

● Environ un sixième des terres arables du globe sont irriguées, dont 73 % se trouvent en Asie, 8 % aux États-Unis, 5 % en Russie, 5 % en Europe, 3 % en Afrique, 3 % en Amérique du Sud, 2 % en Amérique centrale et 1 % en Océanie.

➔ **pages :** ***213, 242, 243.***

Islam

Religion des musulmans ; ensemble de ceux qui adhèrent au message de Mahomet.

● Le monde musulman est majoritairement sunnite (85 %). Il se caractérise par un respect strict de la lettre, les Textes et Traditions du

Prophète. Le chiisme, qui mêle mysticisme et courant protestataire, est un mouvement minoritaire. Il est principalement pratiqué en Irak, en Iran, au Liban et autour du golfe Persique.

● Entre 700 et 800 millions de musulmans vivent dans le monde. Parmi eux, environ 120 millions vivent dans les pays arabes et arabisés du Proche-Orient et d'Afrique du Nord. Les groupes les plus importants sont concentrés dans le sous-continent indien.

● De 30 à 55 millions de musulmans vivent dans les pays de l'ex-URSS, principalement dans les États méridionaux.

➜ **pages** : *247, 249, 258, 259, 279, 281, 286, 290.*

Islamisme

Mouvement visant à faire de l'islam une idéologie politique.

● Le terme d'islamisme, autrefois synonyme d'islam, désigne les courants radicaux de l'islam politique contemporain.

● Les mouvements islamistes sont actifs dans le Maghreb, notamment en Algérie, en Égypte, en Jordanie et en Israël, dans les ex-territoires occupés. L'islamisme radical est devenu un mouvement de masse en Iran.

➜ **pages** : *265, 267, 268, 269.*

Isotherme

Ligne joignant tous les points de la surface terrestre où la température moyenne de l'année est la même

● Les climatologues utilisent les isothermes notamment pour connaître les influences générales qui régissent les climats.

Isthme

Bande de terre plus ou moins étroite entre deux mers.

● Un isthme peut relier deux masses continentales, comme l'isthme de Panamá entre l'Amérique du Nord et l'Amérique du Sud. Il peut relier également la terre à une île, comme l'isthme de Corinthe entre le Péloponnèse et la partie non insulaire de la Grèce.

➜ **pages** : *194, 344.*

Jachère

Pratique agricole consistant à laisser une terre sans culture pendant un certain temps.

● La jachère permet la reconstitution des réserves en eau et en azote du sol laissé ainsi au repos.

● La jachère est une technique ancienne que l'on pratiquait dans le cadre de l'assolement triennal: la parcelle réservée chaque année à la jachère était utilisée pour faire paître les troupeaux.

● Dans les pays tropicaux où l'on pratique l'agriculture sur brûlis, après quelques récoltes le sol est épuisé: il faut abandonner le champ en jachère, parfois pendant plusieurs mois.

Judaïsme

Foi dans un dieu unique, dont le peuple juif, le premier dans l'histoire, a proclamé l'existence.

● Le terme de judaïsme s'applique à partir de la conquête du royaume de Juda et de l'exil à Babylone entre 587 et 538 av. J.-C. aux descendants des Hébreux. Les principes de la religion sont définis entre autres dans la Bible (l'Ancien Testament pour les chrétiens) et le Talmud.

● On estime entre 15 et 18 millions le nombre d'israélites dans le monde. Ils vivent en majorité en Israël et aux États-Unis. Le reste de Diaspora est dispersé en France, en Grande-Bretagne, au Canada et en Argentine.

➜ **pages** : ***248, 249.***

Judiciaire (pouvoir)

Organe exerçant la fonction judiciaire.

● Dans le cadre du principe de la séparation des pouvoirs, le pouvoir judiciaire doit être indépendant des pouvoirs législatif et exécutif. La Constitution de 1958 parle d'« autorité judiciaire indépendante ».

● Au Royaume-Uni, la monarchie parlementaire limite le pouvoir judiciaire des souverains.

● Dans la Constitution des États-Unis, le pouvoir judiciaire est du ressort de la Cour suprême.

➜ **pages** : ***342, 343, 406, 407.***

Lagune
Étendue d'eau salée séparée de la mer par un cordon littoral.

● La barrière – cordon littoral – qui limite la lagune peut être d'origine diverse : barre sableuse, récif corallien.

● Les lagunes sont parfois aménagées par les hommes. Ainsi, en Côte d'Ivoire, elles forment un plan d'eau navigable – et poissonneux – de plus de 300 km de long. Venise est bâtie sur une lagune.

Laïcité
Caractère de ce qui ne fait pas partie du clergé ou qui est indépendant de toute religion.

● La laïcité exclut les Églises de l'exercice du pouvoir politique ou administratif, et en particulier de l'organisation de l'enseignement public.

● En France, au XIXe siècle, l'État se définit comme laïc. Il instaure une école laïque, c'est-à-dire publique et ne dispensant pas d'enseignement religieux.

➜ pages : *248, 249.*

Land
État fédéré de la République fédérale d'Allemagne.

● À la suite de la réunification des deux Allemagnes intervenue en 1989, le pays est composé de seize Länder : Bade-Wurtemberg, Basse-Saxe, Bavière, Berlin, Brandebourg, Brême, Hambourg, Hesse, Mecklembourg-Poméranie-Occidentale, Rhénanie-du-Nord-Westphalie, Rhénanie-Palatinat, Sarre, Saxe, Saxe-Anhalt, Schleswig-Holstein-Thuringe.

● Les Länder sont représentés au niveau fédéral, en proportion de leur population, au Bundesrat qui compte soixante-huit élus. L'enseignement, la sécurité et l'application des lois fédérales sont du ressort des Länder.

● L'État fédéral d'Autriche est également divisé en Länder.

➜ page : *322*

Lande
Végétation caractéristique des sols pauvres et acides des régions atlantiques de l'Europe.

● La lande est composée d'arbrisseaux de la famille des bruyères, d'ajoncs, de genêts, d'herbes, de mousses et de lichens.

● De rares arbres – bouleaux, pins – dominent la végétation basse. Ils sont soit le résidu d'une forêt dégradée en lande, soit le début d'une évolution de la lande en forêt.

Latitude
Distance entre un point de la Terre et l'équateur.

● La latitude se compte de 0° à 90°, nord ou sud selon l'hémisphère.

● La latitude et la longitude forment les coordonnées géographiques d'un point.

Législatif (pouvoir)
Dans un État, organe chargé de faire la loi.

● Dans le cadre de la séparation des pouvoirs, le pouvoir législatif est distinct du pouvoir exécutif et du pouvoir judiciaire.

● Dans les démocraties représentatives – cas de la France –, le pouvoir législatif est dévolu aux représentants du peuple, les députés qui discutent et votent les lois.

→ pages : *406, 407.*

Libéralisation

En économie, diminution des interventions de l'État.

● La libéralisation désigne la tendance à promouvoir une plus grande liberté des échanges commerciaux internationaux.

→ page : *380.*

Libéralisme

Doctrine politique et économique faisant de la libre entreprise sa pierre angulaire.

● En tant que doctrine économique, le libéralisme met en avant la libre entreprise qui ne doit pas être gênée dans le jeu de la concurrence par l'intervention de l'État. Cette doctrine s'est développée au XIXe siècle à partir des théories énoncées par l'Écossais Adam Smith en 1776. Elle s'applique aux salaires, qui sont librement fixés selon la loi de l'offre et de la demande.

● Le libéralisme politique est énoncé dès le XVIIe siècle par le philosophe anglais John Locke. Il préconise les libertés individuelles – d'expression, de presse et de croyance. Dans cette acception, le libéralisme s'est opposé à la monarchie absolue.

● Le libéralisme est la tendance qui caractérise actuellement l'économie mondiale.

→ page : *377.*

Liberté

Faculté pour un citoyen de faire tout ce qui n'est pas contraire à la loi et qui ne nuit pas à autrui.

● Les libertés publiques sont la traduction, en droit français, des droits de l'homme et du citoyen proclamés en 1789, que le préambule de la Constitution de 1958 proclame solennellement « tels qu'ils ont été définis par la Déclaration de 1789, confirmée et complétée par le préambule de la Constitution de 1946 ».

→ page : *340.*

Libre-échange

Principe économique qui prône la suppression des droits de douane et des obstacles au commerce international.

● Le libre-échange s'oppose au protectionnisme.

● Le libre-échange s'est développé à partir de la seconde moitié du XIXe siècle sous l'impulsion de la Grande-Bretagne, alors puissance dominante. Il n'est pas pratiqué dans l'entre-deux-guerres, période marquée par de nombreuses difficultés économiques. Il est alors supplanté par le protectionnisme.

● Après la Seconde Guerre mondiale, le libre-échange est ravivé mais dans le cadre d'organismes internationaux (le FMI, le Gatt) et par la mise en place d'unions douanières (la Communauté économique, en Europe, l'Alena, sur le continent nord-américain).

→ pages : *326, 327.*

Lœss

Dépôt très fin transporté par le vent souvent riche en substances fertilisantes.

● Déposé lors de phases climatiques froides au quaternaire, le lœss recouvre de vastes surfaces en Europe – plaine germano-polonaise, notamment –, en Chine, aux États-Unis et en Argentine.

➜ **page** : *296*.

Loisirs

Temps libre disponible en dehors des activités imposées.

● En économie, les loisirs étaient d'abord considérés comme une consommation non productive du temps.

● À mesure de la réduction du temps de travail, les loisirs ont pris, dans les sociétés avancées, une importance considérable. On consomme du temps libre et les industries liées aux loisirs, dont, principalement le tourisme, prennent une place de plus en plus grande dans l'économie nationale.

● On parle ainsi de « civilisation des loisirs ».

➜ **page** : *233*.

Longitude

Distance entre un point de la Terre et le méridien de Greenwich.

● La longitude se compte de 0° à 180°, à l'est ou à l'ouest du méridien de Greenwich.

● La longitude et la latitude d'un point constituent ses coordonnées géographiques.

Maastricht → Traité de

Machreq

Ensemble des pays arabes d'Asie et de la partie orientale de l'Afrique du Nord – Libye et Égypte –, par opposition au Maghreb.

● Les pays du Machreq ont en commun la pratique de l'islam. Ils présentent de forts contrastes de développement économique et social.

→ pages : *264, 265.*

Maghreb

Pays du nord-ouest de l'Afrique, Maroc, Algérie et Tunisie.

● Les géographes arabes ont d'abord rassemblé sous le nom de Maghreb la partie nord de l'Afrique située à l'ouest de l'Égypte, y distinguant trois grandes régions: l'Ifriqiya (Tripolitaine et Tunisie), le Mahrhib al-awsat (Algérie) et le Mahrib al-aqsa (Maroc).

● Les pays du Maghreb ont en commun une forte croissance démographique, un exode rural marqué et une urbanisation hâtive, une évidente dépendance alimentaire et un analphabétisme avéré.

● Les pays du Maghreb appartiennent à la fois au monde arabe et à l'espace méditerranéen, assurant la jonction entre l'Europe et le monde africain.

→ pages : *264, 265, 270, 271.*

Main-d'œuvre

Travailleurs, en particulier ouvriers, d'une entreprise, d'une région, d'un pays.

● Le besoin de main-d'œuvre est souvent à l'origine de mouvements de migration. La révolution industrielle anglaise (XVIIIe siècle) a ainsi fortement contribué à l'exode rural.

● En France, les besoins de reconstruction au lendemain de la Seconde Guerre mondiale est à l'origine de l'importation d'une main-d'œuvre nord-africaine.

● De nos jours, la machine économique des pays développés a un besoin de main-d'œuvre de plus en plus qualifiée.

→ pages : *270, 271, 306.*

Maïs

Céréale largement cultivée dans le monde.

● Le maïs est, avec le riz, la deuxième céréale dans le monde, venant après le blé du point de vue du tonnage récolté.

● Les États-Unis sont les premiers producteurs de maïs, précédant la Chine, suivie du Brésil.

● Dans les pays riches, le maïs est surtout destiné à l'alimentation du bétail; dans les pays en développement, il entre couramment dans l'alimentation humaine.

→ pages : *240, 241.*

Maladie

Perturbation de l'état de santé.

● De nos jours, il existe peu de maladies infectieuses, qu'elles soient dues à un virus, à une bactérie, à un parasite, que la médecine ne puisse guérir. Ainsi, le choléra ou la peste, contre lesquels on était jadis impuissant, ont quasiment disparu de nos régions.

- En revanche, des maladies dont on connaît les traitements continuent de faire des ravages dans les pays en développement où la santé publique est embryonnaire, voire inexistante.
- La géographie des maladies met en évidence de profondes inégalités devant la maladie, comme en témoigne le taux de mortalité infantile dramatiquement élevé dans les pays pauvres.

→ **pages** : ***196, 197, 228, 229, 373.***

Maquis

Végétation touffue et dense des régions méditerranéennes.

- Le maquis se présente comme une couverture végétale formée d'arbustes épineux serrés – chênes verts, chênes-lièges –, de myrtes, de bruyères, d'arbousiers et de lauriers-roses.
- Les arbustes épineux du maquis sont les témoins de l'existence d'une forêt dégradée.

Marché

Ensemble de clients – réels ou potentiels – susceptibles d'acheter une production, biens ou services.

- Le marché désigne aussi le lieu abstrait où se rencontrent l'offre et la demande. On parle ainsi du marché de l'automobile.
- On appelle économie de marché un système économique dans lequel les mécanismes de l'offre et de la demande jouent sans intervention de l'État. L'économie de marché est au cœur du libéralisme.

→ **pages** : ***330, 388, 394, 395, 397.***

Marée

Mouvement périodique et alternatif du niveau de la mer.

- Les marées sont dues à l'attraction de la Lune et du Soleil sur la masse d'eau des océans. Les marées font monter et descendre chaque jour régulièrement le niveau des eaux.
- L'amplitude des marées, c'est-à-dire la différence entre le niveau de haute et de basse mer, est très variable. Quelques centimètres en Méditerranée et plus de 17 mètres dans la baie de Fundy, au Canada.
- Les marées peuvent être utilisées pour produire de l'énergie. C'est le cas de l'usine marémotrice construite au fond de l'estuaire de la Rance, en Bretagne.

→ **pages** : ***202, 216.***

Mécanisation

Emploi de machines pour réaliser un travail, industriel ou agricole, jusqu'alors exécuté par l'homme.

- On parle essentiellement de la mécanisation agricole qui, à partir de la révolution industrielle au XIXe siècle, a progressivement modifié l'aspect des campagnes, aboutissant à une diminution considérable de la main-d'œuvre tout en contribuant à l'amélioration des rendements.

● De nos jours, la mécanisation de l'agriculture permet à une seule personne de cultiver des espaces immenses, comme dans la Beauce ou dans le Middle-West américain.
● Dans les pays en développement, seule une petite partie de l'agriculture a les moyens de tirer profit de la mécanisation.
➜ pages : *350, 351.*

Média
Support diffusant l'information.
● On rassemble traditionnellement sous le terme de « média » la radio, la télévision et la presse écrite.
● L'apparition de nouvelles techniques – électronique, informatique – et de nouveaux vecteurs – satellite, câble – a bouleversé le monde de l'information. À l'aube du troisième millénaire, l'Internet est en passe de s'imposer comme la plus grande révolution en matière de média depuis la diffusion de la télévision dans tous les foyers.
➜ pages : *332, 333.*

Mégalopole
Très grande agglomération urbaine ou ensemble constitué par des grandes villes voisines.
● La façade du nord-est des États-Unis, de Boston à Washington, constitue une mégalopole de quelque 800 km et de plus de 40 millions d'habitants. De même, au Japon, la côte méridionale de Honshu, de Tokyo-Yokohama à Osaka-Kobe-Kyoto étire son tissu urbain sur 500 km.
➜ pages : *238, 239, 398.*

Mercosur
Marché commun du sud de l'Amérique.
● Créé en 1991, le Mercosur comprend l'Argentine, le Brésil, le Paraguay et l'Uruguay. Depuis 1996, le Chili s'y est associé. Le Mercosur forme une zone de libre-échange pour les biens, les capitaux, les services et les personnes.
● La présence de deux géants (le Brésil et l'Argentine) pose de délicats problèmes d'équilibre.
➜ pages : *375, 376, 402.*

Méridien
Demi-cercles qui partent des deux pôles et qui sont perpendiculaires à l'équateur.
● Les méridiens sont numérotés en degrés, vers l'est ou vers l'ouest, à partir du méridien de Greenwich (0°) jusqu'au méridien opposé (180°). Ils servent à calculer la longitude.
➜ page : *22.*

Métropole
Ville la plus importante d'une région ou d'un pays.
● On appelle métropole d'équilibre une grande agglomération urbaine dont l'importance régionale permet de retenir ou d'attirer des activités susceptibles de s'orienter vers la capitale. Il existe en France huit métropoles d'équilibre : Bordeaux, Lille, Lyon, Marseille, Nantes, Nancy, Strasbourg et Toulouse.
● La métropole désigne aussi le pays dominant dans un système colonial.
➜ page : *359.*

Mezzogiorno

Régions méridionales de l'Italie péninsulaire et insulaire.

● Le Mezzogiorno comprend le sud du Latium, les Abruzzes, le Molise, la Campanie, les Pouilles, le Basilicate, la Calabre, la Sicile et la Sardaigne.

● Le Mezzogiorno se caractérise par un état de sous-développement économique par rapport au nord de l'Italie. Ainsi, le revenu moyen par habitant y est à peine égal à la moitié de celui de l'Italie du Nord.

● Au lendemain de l'unité italienne, le Sud a été confiné dans une économie agricole peu productive et dans un rôle de débouché pour la production industrielle du Nord (apport de main-d'œuvre).

➜ **page** : *335.*

Migration

Déplacement d'individus ou de population d'un pays vers un autre.

● Les migrations de populations ont des motifs économiques – survivre ou s'enrichir –, religieux – en cas de persécution – ou politiques – colonisation, guerre.

● Au XIXe siècle, les grandes migrations concernent principalement les pays neufs (États-Unis, Amérique du Sud, notamment).

● Dans la première moitié du XXe siècle, les migrations les plus importantes concernent les transferts de population sous la contrainte (guerres balkaniques, révolution russe, Seconde Guerre mondiale, ex-Yougolslavie).

● À la fin du XXe siècle, les migrations légales de travail se sont réduites en raison de la politique des pays d'accueil. Mais le regroupement familial, l'immigration clandestine et l'afflux de réfugiés se sont amplifiés.

● Spontanées, favorisées ou forcées, les migrations ont contribué à modeler la population mondiale.

➜ **pages** : *226, 227, 238, 239, 344, 368, 369, 373.*

Milieu

Ensemble des caractéristiques physiques – relief, climat, végétation, etc. – qui influent sur l'existence des êtres vivants.

● On a tendance aujourd'hui à élargir cette définition du milieu naturel. Le milieu géographique prend en compte, outre les caractéristiques physiques, les influences humaines au sens large du terme, politiques, économiques, sociales, culturelles et religieuses.

➜ **pages** : *228, 229.*

Minorité

À l'intérieur d'une nation, groupe non dominant.

● Le groupe minoritaire se distingue de la population par ses particularités ethniques, sa religion, sa langue ou ses traditions.

● Certains pays sont constitués par une véritable mosaïque de minorités : c'est le cas, par exemple, de la Chine.

● Les minorités ethniques font l'objet de discrimination, voire de persécution. Les exemples ne man-

quent pas dans le monde contemporain (Rwanda, Birmanie, entre autres).
→ **pages :** ***226, 227, 293, 399.***

Monarchie

Régime politique où le chef est un roi ou un empereur.

● La monarchie de type Ancien Régime dans laquelle le monarque dispose du pouvoir absolu n'existe pratiquement plus de nos jours. En revanche, il existe encore des monarchies de type constitutionnel, notamment au Proche-Orient, où l'autorité du souverain – qui reste importante – est limitée par une Constitution.

● Dans le cadre de la monarchie parlementaire, le gouvernement est responsable devant le Parlement et le roi n'a guère de pouvoir autre que symbolique; la Grande-Bretagne est l'archétype de la monarchie parlementaire.
→ **pages :** ***38, 337, 406, 407.***

Mondialisation

Terme désignant l'imbrication et l'interdépendance des économies nationales.

● Les différents marchés – par exemple ceux de l'électronique, du textile, de l'automobile –, libérés depuis 1945 des tarifs douaniers et des quotas, s'étendent désormais aux dimensions de la planète.

● Les grands groupes peuvent acquérir des positions dominantes sur certains marchés internationaux, au détriment de leurs concurrents.

● La mondialisation a accéléré les flux financiers, les échanges de biens et de services et la communication. En cas de crise, elle en accélère aussi les effets.
→ **pages :** ***196, 197, 244, 245, 372, 374, 376, 394, 395.***

Monoculture

Culture unique ou largement dominante d'une espèce végétale sur une même exploitation ou dans une même région.

● La monoculture consiste à pratiquer la même culture (par exemple vigne, maïs, café, canne à sucre) sur un même terrain.

● La monoculture conduit à appauvrir les sols et à multiplier les parasites. Ainsi, la monoculture du caféier, au Brésil, dans le Sudeste, a abouti à l'épuisement progressif des terres, contraignant les planteurs à l'associer à d'autres cultures, notamment la canne à sucre, les orangers et le coton.

Monopole

Terme d'économie désignant une situation où l'offre n'est pas soumise à la concurrence.

● La situation de monopole est souvent le fait de la loi, par exemple monopole du tabac ou monopole de la fabrication des billets de banque.

● Les positions de monopole peuvent donner lieu à des abus. Ainsi, en économie libérale, la législation proscrit ou permet de contrôler les concentrations et les ententes entre entreprises (loi antitrust aux

États-Unis, réglementations des ententes en France et dans l'Union européenne).
→ page : *362*.

Moraine

Débris rocheux et terreux transportés et abandonnés par un glacier.

- Les moraines sont constituées par des blocs tombés des versants dominant un glacier et par des matériaux arrachés par le glacier à son lit.
- On distingue principalement les moraines latérales, constituées de roches rejetées sur les côtés du glacier au cours de son avancée, et les moraines frontales, qui sont poussées par la langue du glacier. Sous le glacier se constitue la moraine de fond où les fragments sont broyés par la glace en mouvement.
- Peu fertiles, les moraines sont souvent modelées en collines allongées. Ainsi, sur les marges des glaciers qui ont recouvert le nord et l'Europe et les plus hautes montagnes se sont accumulées des collines de moraines.

Mortalité infantile (taux de)

Nombre de décès en un an pour 1 000 naissances au cours de la première année de la vie.

- Dans les pays industrialisés, le recul de la mortalité infantile a été particulièrement spectaculaire en un demi-siècle. Ainsi, en France, la mortalité infantile était encore de 40 ‰ en 1955 ; elle est tombée à 18 ‰ en 1970 pour se stabiliser autour de 5,1 ‰ depuis le début des années 80.
- Dans les pays en développement, la mortalité infantile continue de reculer grâce aux progrès de l'hygiène et de l'agriculture. Elle reste toutefois importante – 134 ‰ au Mali, 38 ‰ au Viêt-nam, 72 ‰ en Inde – au regard de la situation des pays riches.

→ **pages :** *31, 283, 347*.

Mousson

Système de vents saisonniers alternés en Asie méridionale.

- En hiver, les vents soufflent du continent vers l'océan. Ils sont tièdes et secs. On parle alors de la mousson d'hiver.
- En été, les vents soufflent de l'océan vers le continent. Ils sont chauds et humides. On parle alors de la mousson d'été. Les grands fleuves (Gange, Huang Ho, Yang Tse Kiang) connaissent alors des crues qui inondent les vallées, les basses plaines et les deltas.
- Les deltas de l'Asie des moussons concentrent une population très dense car la riziculture (culture inondée) est adaptée au rythme de la mousson.

→ **pages :** *243, 275, 276, 287*.

Natalité (taux de)

Nombre de naissances en un an pour 1 000 habitants.

• Le niveau de la natalité varie sous l'influence de nombreux facteurs biologiques, socioéconomiques et culturels.

• Les taux de natalité sont plus importants dans les pays pauvres que dans les pays industrialisés. Toutefois, de nombreux pays en développement mènent une politique de contrôle des naissances afin de contenir l'accroissement naturel.

• En Europe, depuis la fin du XVIIIe siècle, la baisse de la natalité a été quasi ininterrompue. En France, le baby-boom de l'immédiat après-guerre (taux de 20 ‰ en 1946-1951) n'a constitué qu'une parenthèse dans ce mouvement de déclin. En France, le taux de natalité pour la période 1995-2000 est de 12,5 ‰.

→ **pages :** ***31, 267, 399.***

Nation

Communauté humaine caractérisée par une unité historique, linguistique, culturelle plus ou moins prononcée.

• En France, jusqu'au XVIIIe siècle, le terme « nation » désigne les habitants d'un pays. Mais avec la Révolution française, un nouveau sens s'impose : celui de l'ensemble politique formé par les citoyens d'un pays. Ainsi, les état généraux se proclament-ils « Assemblée nationale des représentants du peuple français ».

• Formant l'ensemble des citoyens, la nation exprime sa souveraineté par la loi.

→ **pages :** ***18, 39, 147, 199, 200, 316, 322, 328, 401, 408, 409, 430.***

Nationalisme

Doctrine politique plaçant les intérêts de la nation au-dessus des intérêts particuliers de chacun des groupes qui la constituent.

• Le nationalisme peut correspondre à l'application du principe des nationalités – le droit des peuples à disposer d'eux-mêmes.

• Le nationalisme peut aussi être ségrégatif ou exclusif. Selon les circonstances historiques, le nationalisme peut prendre la figure de l'impérialisme, voire se travestir en racisme (expansionnisme nazi, par exemple).

→ **pages :** ***328, 364, 376.***

Nationalité

Fait d'être citoyen d'un pays donné.

• Deux grandes doctrines s'opposent en matière de nationalité : le droit du sol et le droit du sang. La première privilégie le lieu de naissance – toute personne née en France est française ou le sera à sa majorité. La seconde privilégie l'appartenance à un peuple – toute personne d'origine allemande dispose de la nationalité allemande, même si elle vit dans un pays étranger.

• Tout enfant de parents français ou né en France est français. Sous la condition d'un délai de résidence d'au moins cinq ans en France, les enfants nés en France de deux parents étrangers deviennent français, soit à 18 ans de plein droit. La nationalité française peut également s'acquérir par mariage avec un Français. Enfin, on peut l'obtenir à l'issue d'une demande de naturalisation qui sera analysée en considération de divers critères.

➜ page : *323.*

Naturalisation

Octroi à une personne étrangère ou apatride de la nationalité du pays où elle réside.

- En France, une personne naturalisée jouit de tous les droits attachés à la qualité de Français – éligibilité, droit de vote, etc. En retour, l'étranger naturalisé est soumis aux obligations et charges qui incombent aux Français d'origine.
- Nul ne peut être naturalisé s'il n'a pas de bonnes mœurs, s'il a fait l'objet de certaines condamnations, s'il ne justifie pas de son assimilation à la communauté française, notamment par une connaissance suffisante de la langue française.

➜ pages : *39, 250.*

Niveau de vie

Mode d'existence moyen d'un groupe social ou de la population d'un État.

- Le calcul d'un niveau de vie d'une population prend essentiellement en compte des éléments quantifiables : revenus, prestations reçues, consommation effective en quantité et en valeur.
- Combiné avec la notion de genre de vie – notion plus subjective –, le niveau de vie est un des indicateurs du développement économique et social d'un État.
- La comparaison des niveaux de vie fait apparaître un abîme entre pays riches et pays pauvres.

➜ pages : *32, 33, 382.*

Nomadisme

Mode de vie des groupes humains qui se déplacent pour assurer leur subsistance.

- La forme la plus répandue du nomadisme est celle qui est liée à des activités pastorales. Ainsi, les Touaregs, les Somalis, les Peuls ou les Mongols organisent leur déplacement à l'intérieur de zones délimitées à la recherche de pâturages et d'eau pour les troupeaux. Certaines formes de nomadisme sont liées à la cueillette et à la chasse ou à une agriculture itinérante sur brûlis.
- De façon générale, le nomadisme est en recul permanent.

➜ page : *255.*

NPI

Sigle de nouveaux pays industrialisés

- États d'Asie du Sud-est dont la forte croissance économique est fondée sur l'exportation des produits industriels. Il s'agit de Hong Kong, de Taiwan, de Singapour et de la Corée du Sud.
- Ces pays ont souffert de la crise financière qui a frappé l'Asie orientale en 1997-1998. La Corée du Sud a été la plus touchée.

➜ page : *389.*

Oasis

Îlot de végétation dans le désert, situé près d'un point d'eau.

- Liée à la présence de l'eau, superficielle ou d'origine souterraine, l'oasis permet la culture des arbres fruitiers ou de diverses plantes maraîchères. L'arbre essentiel des oasis africaines est le palmier-dattier dont les frondaisons constituent un abri favorable à d'autres arbres fruitiers (abricotiers, figuiers, grenadiers, notamment).
- Les oasis sont le plus souvent réparties en chapelet le long des vallées asséchées des déserts ou en couronne sur le rebord montagneux des dépressions désertiques.

➜ **page** : *265.*

OCDE

Sigle de l'Organisation de coopération et de développement économiques.

- Créée en 1961, l'Organisation de coopération et de développement économiques succède à l'Organisation européenne de coopération économique (OECE) créée en 1948.
- L'OCDE comprend 21 États européens, ainsi que le Canada, les États-Unis, le Japon, l'Australie, la Nouvelle-Zélande, la Corée du Sud, le Mexique et la Turquie.
- L'OCDE a pour objectif de coordonner les politiques économiques des États membres, de favoriser le développement du commerce international, d'aider à l'expansion économique des autres États du monde, plus particulièrement ceux du tiers-monde.

➜ **page** : *320.*

ONG

Sigle de organisation non gouvernementale.

- Les ONG sont des organismes dont le financement est assuré essentiellement par des dons privés.
- Les ONG mènent une action en faveur de l'aide humanitaire sous des formes variables : assistance médicale ou technique dans les pays pauvres, aide aux plus démunis dans les pays riches, secours en cas de catastrophe naturelle ou de guerre.
- Il existait, à la fin des années 90, plus de 25 000 ONG internationales et 80 000 ONG purement nationales réparties sur les cinq continents.
- De nombreuses ONG ont un statut consultatif auprès d'organisations des Nations unies.

➜ **pages** : *272, 273.*

ONU

Sigle de Organisation des Nations unies.

- Créée en 1945 par la charte de San Francisco et par les représentants de 51 nations en guerre contre l'Allemagne, elle remplace la SDN. Son siège est à New York.
- Son rôle est de maintenir la paix et la sécurité collective internationale en recourant à des sanctions. Mais elle doit aussi assurer le progrès politique et mener une action économique pour le développement des pays les plus pauvres.
- Elle est dotée d'organes qui sont l'Assemblée générale, le Conseil de sécurité, une Cour de justice installée à La Haye et un Secrétariat

général. À la différence de la SDN, l'ONU dispose d'une force armée, les « casques bleus ».

● De nombreuses institutions internationales dépendent de l'ONU, comme l'Organisation mondiale de la santé, l'Unesco, le Fonds monétaire international, l'Unicef, etc.

➜ **pages :** ***236, 237, 272, 383.***

OTAN

Sigle de l'Organisation du traité de l'Atlantique Nord

● Alliance signée en 1949 par les États-Unis, les pays du Benelux, le Canada, le Danemark, la France, la Grande-Bretagne, l'Islande, la Norvège, le Portugal, et rejoints en 1952 par la Grèce et la Turquie, en 1955 par l'Allemagne fédérale et en 1982 par l'Espagne.

● Dominée par les États-Unis dans le cadre de l'antagonisme est-ouest, l'OTAN a commencé à s'ouvrir aux pays de l'Est en 1998.

● Avec la disparition de l'empire soviétique, l'OTAN est conduit à reconsidérer ses missions dans un contexte international où les tensions et les menaces sont multiples et complexes.

➜ **pages :** ***320, 385, 427.***

Ordre de grandeur

Classement des réalités géographiques en fonction de leur taille.

● On a défini quatre ordres de grandeur, le premier regroupant les ensembles géographiques de plus de 5 000 kilomètres ; le deuxième, ceux qui mesurent entre 5 000 et 1 000 kilomètres ; le troisième qui se mesure en centaines de kilomètres ; le quatrième en dizaines de kilomètres.

● Cette classification met en évidence l'existence de petits et de grands ensembles géographiques.

➜ **pages :** ***28, 194.***

Oued

Cours d'eau des régions arides d'Afrique du Nord.

● Cours d'eau temporaire, le plus souvent desséché, l'oued peut avoir des crues brusques et importantes.

● L'alimentation d'un oued s'effectue presque uniquement par ruissellement.

● La plupart des oueds finissent dans des marécages salés (sebkhas) ou disparaissent par épuisement avec un écoulement très accidentel. Souvent cet écoulement est jalonné par une chaîne d'oasis et marque une route de caravanes.

➜ **page :** ***219.***

Ozone

Gaz formé dans la stratosphère entre 20 et 50 kilomètres d'altitude.

● L'ozone absorbe les rayons ultraviolets qui sont dangereux pour les êtres vivants.

● On observe un trou de l'ozone dans les régions antarctiques dû à divers polluants, dont des oxydes d'azote et des chlorofluorocarbones (CFC).

● Devant la rapidité de l'extension du trou dans la couche d'ozone, on a pu évoquer une catastrophe planétaire.

➜ **page :** ***253.***

Pacage

Lieu où l'on fait paître les animaux.

● On réserve le terme de «pacage» au champ où l'on fait paître les moutons et les chèvres.

● Le pacage peut être est à l'origine du recul de la forêt primitive. C'est notamment le cas dans le monde méditerranéen.

Paludisme

Maladie parasitaire transmise par l'anophèle, un moustique des régions chaudes et marécageuses.

● Le paludisme sévit à l'état endémique en Amérique centrale, en Afrique et en Asie du Sud-Est.

● La quinine et ses dérivés sont utilisés pour soigner le paludisme, qui s'accompagne parfois de complications neurologiques, cardiaques et rénales. Il peut être mortel.

● La malaria est l'autre nom du paludisme.

➜ **page** : *242.*

Parallèle

Cercle imaginaire à l'équateur servant à mesurer la latitude.

● Les parallèles sont numérotés en degrés à partir de l'équateur (0°) jusqu'aux pôles (90° nord ou 90° sud).

● Les parallèles les plus connus sont les deux tropiques et les deux cercles polaires.

➜ **page** : *22.*

Parlement

Assemblée qui exerce le pouvoir législatif.

● En France, outre sa fonction législative, le Parlement assure un contrôle budgétaire. Il peut passer au crible tous les services publics à l'occasion des débats sur les crédits qui leur sont alloués.

● Toujours en France, le Parlement assure un contrôle politique. Il a en effet la possibilité de mettre en jeu la responsabilité politique du gouvernement et d'obtenir ainsi sa démission. Il dispose de deux moyens : d'une part, la motion de censure, prise à son initiative, et, d'autre part, la question de confiance, par lequel le gouvernement engage lui-même sa responsabilité devant le Parlement.

➜ **pages** : *428, 429.*

Parlement européen

Assemblée composée des députés des pays membres de l'Union européenne.

● Le Parlement, dont le siège est à Strasbourg, exerce essentiellement une fonction budgétaire, et, contrairement à un Parlement national, il n'a pas de pouvoir législatif. Il ne dispose en matière de lois que d'un pouvoir de consultation.

● Depuis 1979, les députés qui siègent à Strasbourg sont élus au suffrage universel pour une durée de cinq ans.

➜ **pages** : *314, 315.*

Patrimoine

Héritage commun d'une collectivité.

● On parle ainsi du patrimoine artistique et culturel d'un pays.

● Certains sites ou constructions dus à l'homme font partie du patrimoine de l'humanité.
● La Conférence générale de l'Unesco a adopté en 1972 la « Convention concernant la protection du patrimoine mondial, culturel et naturel » contre la menace de dégradation à laquelle ces biens se trouvent exposés.
➜ **pages :** ***252, 253.***

Pays émergent

Pays dont le développement économique et social le situe à mi-chemin des pays sous-développés et des pays riches.
● La notion récente de pays émergents introduit un degré intermédiaire dans la description des États du tiers-monde. Dans cette perspective, on réserve le terme « pays en développement » aux plus pauvres.
● On compte notamment parmi les pays émergents la plupart des États d'Amérique latine et d'Asie du Sud-Est.
➜ **page :** ***305.***

Pétrole

Huile minérale combustible présente à l'état naturel dans des gisements souterrains.
● Le pétrole a été au cœur de la seconde révolution industrielle.
● Les principaux gisements, situés dans des pays sous tutelle coloniale, ont d'abord été exploités par les pays riches. En obtenant l'indépendance, les pays du tiers-monde n'ont pas obtenu la propriété pleine et entière de leurs ressources en pétrole, l'exploitation étant très souvent restée aux mains des compagnies étrangères.
● En s'organisant dans les années 60, les pays producteurs ont acquis un poids géostratégique considérable.
● De nos jours, la chute des cours du brut consécutive à la surproduction vaut aux pays exportateurs de connaître de sérieuses difficultés économiques.
➜ **pages :** ***269, 290.***

PIB

Sigle de produit intérieur brut.
● Somme des valeurs ajoutées par les administrations et les entreprises nationales, en un an, à l'intérieur du territoire.
● Le PIB sert à mesurer le niveau de la richesse d'un pays sur une année donnée.
➜ **page :** ***32.***

Planisphère

Carte plane représentant le globe terrestre.
● Il est impossible de reproduire les caractéristiques de la Terre – qui est une boule – sur une feuille – qui est une surface plane.
● Les déformations ne sont pas les mêmes selon le système de projection utilisé, c'est-à-dire le système de correspondance entre les points de la surface du globe terrestre et les points de la surface du planisphère.
● Les projections les plus utilisées sont celles de Mercator (1512-1594) et de Peters (né en 1916).
➜ **page :** ***21.***

Planning familial

Terme de démographie désignant le contrôle – et donc la planification – des naissances.

- Il existe dans la plupart des pays du monde des centres de planning familial qui fonctionnent sous contrôles médicaux et que peuvent consulter les personnes ou les familles qui le souhaitent.
- Dans les pays qui ont eu une forte croissance démographique – l'Inde, la Chine, notamment –, la planification des naissances est un instrument de maîtrise de la natalité.

→ page : *279.*

Plantation

Parcelle de terre ou grand domaine dédié à une culture commerciale tropicale.

- On parle ainsi des plantations de coton, de canne à sucre, de thé, de café et de cacao.
- Les plantations sont donc des exploitations agricoles où l'on pratique une monoculture d'exportation dans les régions tropicales et équatoriales.

→ pages : *300, 304*

Plateau

Région plus ou moins élevée et horizontale se terminant par une dénivellation brusque.

- Un plateau peut être une ancienne pénéplaine disséquée ; une surface structurale (correspondant au toit d'une couche dure sédimentaire ou volcanique) ; il peut être une surface érodée par glacier.

→ pages : *275, 285.*

PNB

Sigle de produit national brut.

- Somme des valeurs ajoutées par les entreprises nationales d'un pays et les administrations, en un an, sur le territoire et à l'étranger.
- Le PNB est souvent utilisé par les économistes pour comparer la puissance économique des États.

Pnud

Sigle de Programme des Nations unies pour le développement.

- Organisme créé au sein de l'ONU en 1966, le Pnud mène à bien, en collaboration avec les gouvernements des pays en développement, des projets dans divers secteurs tels que l'agriculture, l'industrie et l'éducation.
- Le Pnud est la plus grande organisation mondiale d'assistance multilatérale, finançant plus de 6000 projets dans quelque 150 pays et territoires en développement.

→ page : *272.*

Polder

Territoire gagné sur la mer, asséché et protégé par des digues.

- Certains polders sont conquis sur les côtes basses par endiguement des surfaces que la mer recouvre exceptionnellement.
- Des polders sont créés par assèchement de marais et de rives de fleuves et de lacs. Des travaux de drainage et de pompage sont alors indispensables.
- Aux Pays-Bas, où la technique des polders s'est développée, ces

derniers ont été conquis sur la mer par endiguement et par pompage. Le polder de Zuiderzee offre un bel exemple de ces deux techniques.
➜ page : *326.*

Pôle

Point de la surface du globe situé sur son axe de rotation.

● Les pôles sont au nombre de deux; le pôle Nord, situé dans l'Arctique, et le pôle Sud, situé dans l'Antarctique.

● On distingue les pôles géographiques et les pôles magnétiques, qui se situent à l'intersection de l'axe magnétique du globe avec sa surface.

● Au sens large, on parle de « pôle » pour désigner la région qui s'étend du pôle lui-même au cercle polaire. On peut également définir cette région en la limitant à la zone caractérisée par un isotherme inférieur à 10 °C pour le mois le plus chaud.

● Le climat polaire est caractérisé par une courte période de végétation de quelques mois. La forme principale de végétation est la toundra : quelques graminées, des lichens et des arbres nains.

● Les températures les plus basses, sur Terre, se trouvent au pôle Sud – qui se trouve en altitude – où l'on a enregistré –92,7 °C. La température la plus basse notée au pôle Nord est de –48,3 °C, soit une différence de 20 degrés de plus avec certaines températures enregistrées en Sibérie.
➜ pages : *20, 22, 24.*

Pôle urbain

Point de convergence des axes et des flux de transport.

● En Europe occidentale, les pôles urbains sont reliés entre eux par un réseau dense de communication dont l'efficacité a été accentuée par la modernisation des moyens de transport (TGV, autoroutes, transports aériens).
➜ pages : *324, 344, 352, 358, 360, 362.*

Politique

Organisation du pouvoir dans l'État

● Dans la Grèce antique, le politique désigne tout ce qui est du ressort de la cité.

● La sphère du politique englobe l'ensemble des options prises collectivement ou individuellement par les gouvernants d'un État dans quelque domaine que s'exerce leur autorité: domaines législatif, économique ou social, relations extérieures, etc.

● Dans les démocraties parlementaires, on oppose couramment le monde politique et la société civile, l'homme politique étant considéré comme un « professionnel ».
➜ pages : *420, 421, 422.*

Polyculture

Culture de plantes différentes dans une même exploitation agricole.

● Il est ainsi possible de cultiver, sur une même exploitation, des céréales, des plantes fourragères, voire de développer des cultures fruitières ou légumières.

● Lorsqu'elle est pratiquée à l'échelle d'une région, la polyculture désigne un système d'utilisation des terres dans lequel dominent des exploitations cultivant plusieurs espèces végétales.
→ pages : *350, 351.*

Prairie

Immense étendue d'herbe des régions tempérées de l'Amérique du Nord.

● L'équivalent de la prairie en Amérique du Sud est la pampa.

● Les prairies naturelles couvrent de très grandes surfaces sur le globe et sont, dans les régions tempérées, sans arbres ni buissons. Elles sont essentiellement composées de graminées à feuilles étroites.
→ page : *302.*

Précipitations

Eaux qui se sont condensées dans l'atmosphère et qui finissent par se déposer sur le sol.

● On désigne sous le terme générique de «précipitations» la pluie, la neige, la grêle, le brouillard et la rosée.

● Les précipitations, dans la mesure où elles donnent de l'eau douce – non salée –, sont indispensables à la vie des organismes terrestres.

● La répartition des précipitations à la surface du globe est très inégale (déserts arides et Asie des moussons).

● On mesure les précipitations, plus particulièrement les eaux de pluie, en les recueillant dans un pluviomètre.
→ pages : *26, 27.*

Primaire (secteur)

Secteur des activités économiques productrices de matières premières, notamment l'agriculture et les industries extractrices.

● On distingue le secteur primaire des secteurs secondaire et tertiaire.

● La part hégémonique du secteur primaire dans le PIB d'un pays est le propre d'une économie peu développée.
→ page : *46.*

Production

En économie, création d'un bien ou d'un service de nature à satisfaire un besoin.

● La production couvre l'ensemble des opérations jusqu'à la mise à la disposition de l'utilisateur final. Ainsi, le transport et le commerce, par exemple, sont considérés comme des activités productrices.

● On parle de production intérieure pour désigner l'ensemble des biens et des services produits par l'économie nationale, sur le territoire national, quelle que soit la nationalité des producteurs.
→ pages : *310, 311.*

Productivité

En économie, rapport entre une quantité produite et les moyens mis en œuvre pour y parvenir.

● La standardisation a permis d'obtenir des gains de productivité spectaculaires dès le début du XXe siècle, notamment dans le domaine de la construction automobile.

● Dans le cadre d'une économie fortement concurrentielle, l'amélioration de la productivité est un instrument de la gestion qui permet d'abaisser les coûts de fabrication et donc les prix de vente.

Protestantisme

Culte de ceux qui ont adhéré à la religion réformée au XVIe siècle.

- Le nom de protestant avait été donné aux princes luthériens du Saint Empire romain germanique qui avaient protesté contre la majorité catholique.
- Les protestants se divisent en deux grands groupes, les luthériens qui embrassent les idées développées par Luther, et les calvinistes qui, eux, adoptent la réforme de Calvin.
- De nos jours, on estime à entre 300 et 380 millions le nombre des adeptes du protestantisme dans le monde (luthériens et calvinistes confondus), soit 22 à 24 % environ des chrétiens.

➜ **pages :** ***248, 249.***

Racisme

Attitude d'hostilité à l'égard d'une catégorie de personnes.

● Le racisme postule l'existence d'une hiérarchie en valeur des groupes humains. Par exemple, les Blancs seraient supérieurs aux Noirs.

● Le racisme peut s'exprimer vis-à-vis d'un individu pour des raisons tenant à son origine nationale, son appartenance à une ethnie, une race ou une religion déterminée.

● En France, les discriminations raciales sont réprimées par la loi.

→ **page** : *262.*

Raz de marée

Énorme vague provoquée par un tremblement de terre ou une éruption volcanique sous-marine.

● La vague, qui peut atteindre 20 ou 30 m de hauteur, emporte tout sur son passage au moment de déferler sur les côtes. Les pays de l'Asie des moussons sont particulièrement exposés aux raz de marée.

● On parle également de «tsunamis» pour désigner plus particulièrement les raz de marée qui frappent le Pacifique occidental.

→ **page** : *288.*

Référendum

Consultation des électeurs en vue d'approuver ou de refuser un projet de loi.

● En France, l'article 11 de la Constitution stipule que le président de la République, sur proposition du gouvernement ou sur proposition conjointe des deux Assemblées, peut soumettre au référendum tout projet de loi portant sur l'organisation des pouvoirs publics.

● Dans certains pays, le référendum est suscité par le peuple qui a, par voie de pétition, l'initiative des lois. C'est le cas de l'initiative populaire en Suisse.

→ **pages : 428, 429.**

Réforme agraire

Transfert des terres de certains groupes – grands propriétaires – à d'autres – paysans sans terre, ouvriers agricoles.

● Une réforme agraire permet en principe de réduire les tensions sociales tout en libérant les forces productives pour accélérer le développement.

● Dans les pays socialistes, les réformes agraires font partie d'un ensemble de décisions planifiées portant sur toute l'économie.

● En Amérique latine, la question de la réforme agraire est intimement liée à l'histoire des États et de leur lutte pour l'indépendance.

→ **pages** : *298, 299, 307.*

Reg

Zone désertique formée de cailloux sur des sédiments désagrégés.

● On a donné le nom de «reg» à une région de ce type dans le Sahara.

→ **page** : *219.*

Région

En France, collectivité territoriale depuis la loi du 2 mars 1982.

- L'organe exécutif de la région est le président du conseil régional, et non plus le préfet, commissaire de la République.
- Il existe 22 régions en métropole et 4 régions outre-mer.
- La région a des compétences en matière de développement économique, social et culturel. Elle peut directement procéder à des attributions d'aides financières pour les investissements d'entreprises de nature à concourir au développement régional et à l'emploi.

➜ **pages** : ***316, 356, 358, 364, 369, 409, 412.***

Relief

Ensemble des formes et des irrégularités de la surface terrestre.

- La forme du relief est conditionnée par plusieurs facteurs, dont la nature de la roche, le climat et la durée de l'action d'un agent érodant (eau, vent, notamment).
- Montagnes, plateaux, plaines, vallées, collines, constituent les principales formes du relief des continents.
- La hauteur des différentes formes de relief est mesurée par rapport au niveau de la mer.

➜ **pages** : ***194, 204, 206.***

Remembrement

Regroupement de parcelles agricoles.

- L'objectif du remembrement est de rassembler de petites parcelles agricoles en parcelles plus grandes afin de faciliter le travail des machines.
- Le remembrement est une condition nécessaire à la mise en place d'une agriculture intensive puisqu'il permet d'envisager une mécanisation poussée des tâches agricoles. Par exemple, la Chine a procédé, au début des années 80, à une vaste politique de remembrement des parcelles.

➜ **pages** : ***350, 351.***

République

Forme d'organisation politique où le pouvoir est exercé par ceux auxquels a été confié un mandat.

- Emprunté au latin (*res publica*, « la chose publique »), le mot « république » se retrouve d'abord dans le discours humaniste du XVIe siècle, puis, au XVIIe siècle, sous la plume de Montesquieu qui l'oppose à celui de «monarchie».
- En France, la République s'identifie à une mission : l'éveil de l'homme à sa pleine existence passe par l'affirmation de sa condition de citoyen. Le meilleur relais de cette promotion est l'école.
- La France vit actuellement, depuis octobre 1958, sous le régime de la Ve République.

➜ **pages** : ***34, 38, 200, 248, 318, 319, 406, 407, 422, 423, 428.***

Réseau urbain

Ensemble des relations qui lient les villes entre elles.

- En Europe, les grandes villes de plus de 1 million d'habitants sont nombreuses. Elles constituent souvent des réseaux urbains dans la mesure où elles sont liées entre elles par leurs activités économiques.

● Dans chaque réseau s'impose une capitale, régionale ou nationale, qui regroupe autour d'elle des petites villes-marchés et des villes moyennes administratives et industrielles. Londres, Paris ou Moscou ont ce statut.

➜ **pages** : *45, 344, 352, 358, 360*

Risque naturel

Manifestation de la nature préjudiciable aux activités humaines.

● Parmi les risques naturels, on comprend les séismes, les inondations et les cyclones, ainsi que les sécheresses et les éruptions volcaniques.

● De nombreuses régions tropicales, notamment, sont concernées par les séismes. Les inondations touchent plus particulièrement l'Asie des moussons. Les cyclones sont une des calamités du monde tropical et équatorial. Quant à la sécheresse, elle constitue bien souvent le quotidien des populations de l'Afrique sahélienne.

● On ne peut guère s'opposer aux effets des séismes, sinon les prévoir. La construction de digues permet de contenir les crues. L'irrigation est une des armes de lutte contre les effets de la sécheresse.

➜ **pages** : *288, 289.*

Riz

Céréale du genre oryza très répandue dans les régions chaudes.

● Le riz est une des céréales les plus employées dans l'alimentation humaine, notamment en Asie humide.

● La production mondiale de riz est assurée à plus de 90 % par les pays de l'Asie des moussons. C'est la culture du riz qui a permis le peuplement dense des plaines deltaïques et côtières.

● Le commerce du riz ne concerne qu'une partie très faible de la production mondiale (de l'ordre de 3 %) car, dans les pays producteurs il constitue la nourriture presque exclusive de la population, les surplus exportables sont donc très faibles, voire nuls.

➜ **pages** : *208, 209, 297.*

Ruhr

Région fortement industrialisée d'Allemagne – Land de Rhénanie-du-Nord-Westphalie – que traverse la Ruhr.

● La Ruhr représente la plus grande concentration industrielle d'Europe.

● À l'origine de cette position dominante se trouve le charbon qui, affleurant au sud, a fait la fortune de la région.

● Des canaux relient la Ruhr – le fleuve – au Rhin, ainsi qu'à tout le système fédéral des voies navigables.

● Les villes les plus importantes sont Duisbourg, Essen, Bochum, Oberhausen et Dortmund.

➜ **pages** : *324, 325.*

Sahara

Désert entre l'Afrique du Nord méditerranéenne, l'Afrique noire, l'Atlantique et la mer Rouge.

- Couvrant quelque 8 millions de km^2, c'est le plus vaste désert du monde.
- Le Sahara s'étend sur le Maroc, l'Algérie, la Tunisie, la Libye, l'Égypte, le Soudan, le Tchad, le Niger, le Mali et la Mauritanie.
- La sécheresse extrême du climat – moins de 100 mm d'eau par an – constitue l'unité du Sahara. La culture y est impossible en dehors des oasis.
- Environ 1,5 million de personnes vivent dans le Sahara, bien que le nomadisme y soit en net recul.

→ pages : *205, 215, 225, 255, 266, 268.*

Sahel

Zone de transition entre le Sahara et les régions tropicales humides.

- Les pays du Sahel sont la Mauritanie, le Sénégal, le Mali, le Burkina Faso, le Niger, le Tchad et le Soudan.
- Le Sahel est caractérisé par de faibles précipitations (entre 300 et 500 mm) très irrégulières, comme en témoignent les sécheresses graves et périodiques.
- La végétation est constituée par une steppe parsemée d'épineux.
- L'élevage du bétail y est transhumant puisqu'il est tributaire des points d'eau.
- En Afrique australe, il existe une zone climatique de type sahélien, qui s'étend de l'Angola au Zimbabwe.

→ page : *218.*

Savane

Végétation naturelle des milieux tropicaux.

- La savane se compose de hautes herbes et de quelques arbres. Les sols sont peu épais et fragiles car, durant la saison des pluies, les précipitations, souvent violentes, lessivent les sols.
- La savane est délimitée par la forêt humide, toujours verte, du côté de l'équateur ; à l'opposé, elle s'étend jusqu'à la brousse à épineux.
- Les hommes de la savane utilisent les feux de brousse pour défricher les terres. Mais la multiplication de ces feux entraîne la détérioration des sols.

→ page : *254.*

Sécheresse

Absence ou insuffisance des pluies pendant une certaine période.

- Si la sécheresse se prolonge, les plantes perdent peu à peu leurs feuilles et finissent par mourir. C'est pourquoi les sécheresses telles que les connaissent régulièrement nombre de pays d'Afrique sahélienne peuvent avoir des effets catastrophiques (famine, notamment).

→ pages : *214, 216.*

Secondaire (secteur)

Secteur des activités économiques qui correspond à la transformation des matières premières en biens de production ou de consommation. Industrie de transformation.

- On distingue le secteur secondaire des secteurs primaire et tertiaire.
- L'absence ou la grande faiblesse du secteur secondaire est une des caractéristiques des économies des pays sous-développés. En effet, ceux-ci exportent leurs matières premières plus qu'ils ne les transforment.

➜ **page :** ***46.***

Sédiment

Roche résultant du dépôt de matériaux prélevés sur les continents après détérioration des roches préexistantes.

- Les sédiments ont été laissés par des agents externes, comme l'eau ou le vent.
- Les grès, les sables, le calcaire, le silex, les charbons, sont des roches sédimentaires.
- Les roches sédimentaires recouvrent environ 75 % de la croûte terrestre, mais n'en forment que 5 % du volume total.
- Les roches sédimentaires sont toutes susceptibles de contenir des fossiles.

Ségrégation

Séparation des personnes en fonction de leurs croyances ou de leur mode de vie à l'intérieur d'un pays.

- La ségrégation raciale aboutit à organiser en collectivités distinctes des personnes de races différentes vivant sur un même territoire.
- Les États-Unis ont mené, jusque dans les années 60, une politique de ségrégation à l'endroit des Noirs.
- En Afrique du Sud, la ségrégation a été légalisée sous le régime de l'apartheid.

➜ **pages :** ***392, 393.***

Séisme

Autre nom pour désigner un tremblement de terre.

- Un séisme se caractérise par un mouvement brusque de l'écorce terrestre, produit à une certaine profondeur, à partir d'un épicentre.
- Un séisme peut avoir des effets importants sur le sol et le sous-sol des régions perturbées. Ainsi, il s'y produit souvent des boursouflures de la surface, des effondrements et des failles.
- On mesure l'ampleur des séismes à l'aide d'échelles, comme l'échelle de Richter. Celle-ci mesure l'importance d'un séisme avec un étalonnement de 1 à 9. Le tremblement de terre de Lisbonne en 1755 est le seul exemple connu de séisme d'échelle 9.

➜ **pages :** ***288, 289, 306.***

Services ➜ Tertiaire

Sidérurgie

Techniques d'élaboration et de mise en forme du fer, de la fonte et de l'acier.

- Les opérations de sidérurgie sont effectuées en trois étapes : la métallurgie primaire consiste à préparer l'acier «sauvage»; la métallurgie secondaire transforme l'acier «sauvage» en acier «ajusté» par purification et introduction d'éléments d'alliage; enfin, la métallurgie tertiaire transforme l'acier «ajusté» en un produit fini.

- Les produits de la sidérurgie sont principalement les tôles, les plaques, les fils, les câbles et les profilés lourds tels que les rails ferroviaires et les poutrelles.
- Dans les années 1980, la France a restructuré sa sidérurgie. Les gains de productivité réalisés grâce à la modernisation des usines ont eu des effets sociaux importants (diminution très importantes des effectifs).

→ **page** : *324.*

Sillon

Couloir naturel emprunté par des cours d'eau.

- Par exemple, la Saône et le Rhône ont modelé le couloir rhodanien, entre le Massif central et les Alpes. Le sillon ou couloir rhodanien est le principal axe de circulation entre l'Europe du Nord et les pays méditerranéens.
- L'Isère a modelé le sillon alpin, qui facilite le passage vers la Suisse et l'Italie.

→ **pages** : *349, 360.*

Société

Ensemble des individus entretenant des rapports organisés et permanents.

- Considérée sous l'angle de sa composition, la société moderne est constituée de classes sociales: bourgeoisie, classes intermédiaires, classe ouvrière. De nos jours, dans les pays industrialisés, la notion de «catégorie socioprofessionnelle» tend à supplanter la classe sociale.
- La sociologie étudie plus particulièrement la société à travers les éléments qui la composent: cellule familiale, groupes ethniques, économiques et culturels, comportements individuels, etc.

→ **pages** : *420, 421.*

Solidarité

Terme désignant l'état de dépendance entre les hommes au sein de la société.

- La solidarité assure la constance et la consistance du lien social et exprime donc l'interdépendance de fait qui constitue toute société humaine.
- La solidarité peut s'opposer au «chacun pour soi» qui caractérise bien la compétition capitaliste.
- La solidarité peut s'exprimer entre les individus, au niveau de la famille, du groupe professionnel, de la nation, de l'Europe, mais aussi du monde entier. Ainsi, l'aide internationale témoigne d'une solidarité sans frontières.

→ **pages** : *196, 197, 431.*

Solstice

Époque de l'année où le jour est le plus long dans un hémisphère.

- Dans l'hémisphère Nord, au solstice d'été, le 21 juin, le jour est alors le plus long de l'année: 17 h 07 min de jour à Paris. Le Soleil est au plus haut point au-dessus de l'horizon.

● Au solstice d'hiver, le 21 ou le 22 décembre, le jour est le plus court de l'année : 8 h 12 min de jour à Paris.

Sous-continent

Partie importante et bien délimitée d'un continent.

● On réserve en général ce terme pour désigner le sous-continent indien. En ce sens, le sous-continent est une partie de l'Asie, au sud de l'Himalaya, qui englobe l'Inde, le Pakistan et le Bangladesh.

➜ **pages :** ***278, 279.***

Sous-développement

État d'un pays caractérisé par un bas niveau de vie moyen.

● Une espérance de vie faible, un taux d'analphabétisme fort, une consommation alimentaire médiocre et une part importante du secteur primaire dans le PIB sont les signes les plus évidents du sous-développement.

● La carte du sous-développement englobe, de façon générale, les pays du Sud.

● Le sous-développement concerne plus ou moins les deux tiers de l'humanité et coïncide avec de très grandes inégalités sociales, souvent à la base de situations explosives.

➜ **pages :** ***234, 235, 334.***

Steppe

Formation végétale des régions tropicales et des régions de climat continental semi-aride.

● La steppe se rencontre soit dans les régions aux hivers très froids et aux étés très secs (Asie centrale, Europe orientale), soit sous des climats méditerranéens subarides aux hivers pas très rigoureux, ou, enfin, sous des climats tropicaux dégradés, notamment au sud du Sahara.

● La steppe se caractérise par des herbes xérophyles (adaptées à la sécheresse) de petite taille en tapis discontinu.

➜ **pages :** ***275, 296.***

Suffrage

Vote donné lors d'élection. Il existe plusieurs types de suffrage.

● Le suffrage direct indique que les électeurs désignent directement leurs élus.

● À l'inverse, le suffrage indirect est un système dans lequel les élus sont désignés par des électeurs eux-mêmes élus par les citoyens.

● Le suffrage universel donne le droit de vote à tous les citoyens.

● Le suffrage censitaire réserve le droit de vote à des citoyens qui paient un impôt minimal.

➜ **pages :** ***406, 428.***

Superpuissance

État dont la puissance économique et militaire lui vaut d'exercer une influence, voire une domination, sur d'autres États moins puissants.

● Le terme de « superpuissance » a désigné d'une part, les États-Unis, de l'autre, l'URSS.

● Avec l'éclatement de l'URSS, les États-Unis peuvent prétendre être la seule superpuissance.

● De nos jours, la maîtrise des flux d'informations est la caractéristique principale de la superpuissance.

➔ **pages** : *374, 375, 384, 385.*

Syndicat

Groupement destiné à la défense d'intérêts professionnels communs.

- Les syndicats naissent au XIXe siècle dans les pays européens industrialisés.
- Au cours de la seconde moitié du XIXe siècle, le mouvement syndical obtient la reconnaissance du droit de grève et la limitation des horaires de travail.
- De nos jours, dans les pays latins, les syndicats sont largement influencés par les divers courants politiques du mouvement ouvrier; par exemple, le communisme en France.
- En revanche, dans les pays anglo-saxons, les syndicats limitent leurs actions aux seules revendications économiques.
- L'existence de syndicats multiples dans un pays est un des signes du caractère démocratique du régime politique.

➔ **pages** : *340, 415.*

Taïga

Formation végétale des régions à hivers longs et froids (6 à 8 mois) situées au sud de la toundra.

● La taïga constitue une ceinture forestière presque ininterrompue qui longe le nord de l'Eurasie et de l'Amérique du Nord. Elle cède la place, vers le nord, à la toundra.

● La taïga se caractérise par une forêt de conifères à feuilles généralement persistantes, épicéas, sapins de Sibérie, mélèzes de Sibérie. Les arbres sont plutôt chétifs.

➜ page : *274.*

Tectonique

Ensemble des déformations ayant affecté des terrains après leur formation.

● Les mouvements terrestres sont dus à la tectonique des plaques. La lithosphère est, en effet, découpée en plaques qui se déplacent les unes par rapport aux autres.

● Les techniques de géodésie spatiale permettent de mesurer les mouvements horizontaux et verticaux de la surface de la croûte terrestre avec une précision de quelques millimètres par an pour une période d'observation brève, de quelques années.

➜ pages : *326, 327.*

Tertiaire (secteur)

Secteur des activités économiques regroupant l'administration, l'enseignement, les banques, les assurances et le commerce.

● On distingue le secteur tertiaire des secteurs primaire et secondaire.

● La part du tertiaire – hors administration – dans la richesse nationale (PIB) est en général d'autant plus grande que l'économie est développée.

➜ page : *46.*

Thé

Feuilles de théier préparées pour obtenir une infusion.

● Le théier est cultivé à très forte densité et les rendements peuvent attendre 2,5 à 3 tonnes à l'hectare.

● L'Inde, la Chine et le Sri Lanka fournissent la majeure partie de la production mondiale.

● La Grande-Bretagne est le plus gros consommateur de thé, devant les États-Unis, la Russie, le Moyen-Orient et les pays d'Afrique du Nord.

● Londres est le principal marché mondial.

➜ page : *209.*

Tiers-monde

Ensemble des pays en voie de développement.

● Le terme « tiers-monde » a été forgé par le démographe et économiste français Alfred Sauvy en référence au tiers état de la France révolutionnaire.

● Le tiers-monde, qui correspond globalement aux pays du Sud, masque d'importantes disparités de développement. Ainsi les pays d'Afrique sont, pour la plupart d'entre eux, moins développés que de nombreux pays émergents d'Asie.

➜ page : *379.*

Toundra

Formation végétale des régions subpolaires qui succède vers le nord à la taïga.

- La toundra couvre la façade maritime septentrionale de la Russie, l'extrême nord de la Scandinavie, le nord du Canada, et, dans l'hémisphère Sud, la Terre de Feu.
- La toundra se caractérise par des arbustes (saules, bouleaux), des landes, des zones à mousses et à lichens.
- Les sols de la toundra sont perpétuellement gelés en profondeur, empêchant la croissance des arbustes.

→ **page :** *274.*

Tourisme

Secteur de l'activité économique qui s'occupe de l'organisation de voyages ou de séjours d'agrément.

- Il faut attendre le XIXe siècle et la révolution que constitue le développement des chemins de fer pour assister à une véritable explosion du tourisme.
- En France, l'avènement du tourisme a lieu en 1936 avec la généralisation des congés payés.
- De nos jours, le tourisme est une des premières activités économiques du monde, mettant en jeu des investissements considérables de capitaux.

→ **pages :** *216, 217, 267.*

Traité de Maastricht

Traité signé le 7 février 1992 entre les États membres de la Communauté économique européenne.

- Le traité de Maastricht crée une Union économique et monétaire (UEM) et arrête les grandes lignes d'une politique étrangère et de sécurité commune (PESC).
- Le traité de Maastricht instaure une citoyenneté européenne.
- Le traité a été approuvé par tous les États de l'Union européenne, avec toutefois des clauses d'exception pour la Grande-Bretagne et le Danemark.
- Le traité de Maastricht, qui a défini les conditions de participation des États à la monnaie unique (zone euro ou «Eurolande» qui est entrée en vigueur le 1er janvier 1999 dans 11 pays membres de l'Union européenne), a cristallisé les prise de position des opposants à l'Union économique et monétaire.

→ **pages :** *370, 371.*

Triade

Les États-Unis, le Japon et l'Europe occidentale considérés du point de vue de leur poids économique.

- La triade rassemble donc les pays les plus riches de la planète. Unis par les lois du marché, les États de la triade sont à la fois des partenaires économiques et commerciaux, mais se livrent également une concurrence effrénée.
- D'autres regroupements économiques et douaniers, comme le Mercosur ou le pacte Andin en Amérique latine, tentent de rivaliser avec les États de la triade.

→ **pages :** *402, 403.*

Tropique

Nom des deux parallèles du globe terrestre le long desquels le Soleil passe au zénith à chacun des solstices.

- Le tropique de l'hémisphère Nord est le tropique du Cancer, celui de l'hémisphère Sud, le tropique du Capricorne.
- On appelle « tropiques » la zone intertropicale.
- On distingue les tropiques secs pour désigner les climats chauds et désertiques qui accompagnent les hautes pressions subtropicales et les tropiques humides pour désigner les climats chauds et humides étirés entre les tropiques.

→ **pages :** ***24, 205, 207, 220, 221, 222, 223, 255, 276.***

Typhon

Tourbillon d'air très violent accompagné de pluies affectant les parties des océans proches du tropique du Cancer.

- Équivalents des tempêtes tourbillonnaires des régions tempérées, les typhons s'en distinguent par une faible étendue mais par une vitesse des vents beaucoup plus importante.
- Les typhons peuvent déclencher des raz de marée lors de leur passage sur la mer dont ils élèvent le niveau.
- Les pays situés dans l'Asie des moussons sont régulièrement la victime de typhons aux conséquences souvent dramatiques.

→ **page :** ***212.***

Unesco

Sigle de United Nations Educational Scientific and Cultural Organization (Organisation des Nations unies pour l'éducation, la science et la culture).

● Créé en 1946, l'Unesco est une institution spécialisée de l'ONU dont le but est de favoriser la paix en développant les liens culturels et scientifiques. Son siège est à Paris.

● L'Unesco mène de grandes campagnes de sensibilisation sur les droits de chaque individu et combat le racisme sous toutes ses formes.

→ **pages** : *231, 272.*

Unicef

Fonds international de secours à l'enfance.

● Unicef correspond au sigle de United Nations International Children's Emergency Fund (Fonds des Nations unies pour l'enfance).

● Créé en 1946, l'Unicef est un organisme à but humanitaire de l'ONU dont l'objet est de promouvoir une aide à l'enfance dans les pays du tiers-monde.

● L'Unicef a reçu le prix Nobel en 1965.

→ **pages** : *236, 237, 272.*

Union européenne

Appellation de la Communauté économique européenne depuis le 1er novembre 1993.

● Créée par le traité de Maastricht, l'Union européenne est une organisation internationale qui regroupe les Communautés européennes (Communauté européenne du charbon et de l'acier [CECA], Communauté économique [CE] et Communauté européenne de l'énergie atomique [Euratom]). À ces dernières s'ajoutent de nouvelles formes de coopération, notamment en matière de politique étrangère et de sécurité commune (PESC) et dans le domaine des affaires intérieures et de la justice.

● Les organes principaux sont le Parlement européen, le Conseil des ministres, la Commission, la Cour de justice, la Cour des comptes et le Conseil européen.

→ **pages** : *312, 370, 371, 404, 406, 407.*

Urbanisation

Phénomène démographique caractérisé par une tendance à la concentration de la population dans les villes.

● L'urbanisation accélérée des deux derniers siècles s'est traduite par la multiplication des très grandes villes.

● Dans la plupart des cas, l'urbanisation s'accompagne d'une transformation des genres de vie.

● En France, le trait le plus frappant des dernières décennies est l'urbanisation des zones rurales.

● Dans les pays du tiers-monde, l'urbanisation s'est considérablement accélérée depuis les années 50. Les métropoles voient se multiplier les bidonvilles en dépit des efforts de construction.

→ **page** : *398.*

Vent

Mouvement de l'air qui va d'une zone de hautes pressions vers une zone de basses pressions.

● Les vents régionaux ne concernent qu'une contrée bien déterminée : mistral en Provence, autan en Languedoc.

● Les vents locaux sont encore plus limités et affectent par exemple une ville (vent de Barran, à Auch) ou une vallée (vaudaire, du lac Léman).

● La vitesse du vent, qui s'exprime en mètres par seconde, en kilomètres par heure, en nœuds ou en degrés Beauford, se mesure avec un anémomètre.

➜ **pages :** ***203, 215.***

Volcan

Relief formé par l'activité du magma terrestre parvenu à la surface.

● Le volcan est le résultat de l'émission en surface de produits à haute température qui, provenant de l'intérieur de la Terre, montent par une fissure de l'écorce (la cheminée) et débouchent en surface par une ouverture, le plus souvent circulaire (le cratère).

● Les volcans ne sont pas répartis par hasard à la surface du globe. On les trouve en effet concentrés dans le zones qui correspondent aux dorsales océaniques.

➜ **pages :** ***224, 225, 255, 306.***

Zones économiques spéciales

En Chine, zones offrant des conditions privilégiées aux entreprises étrangères afin de faciliter leur installation.

● Créées à partir de 1979, les zones économiques spéciales (ZES) sont essentiellement implantées sur la bordure orientale de la Chine.

● La zone économique spéciale de Shenzhen, aux portes de Hong Kong, est une vitrine de la politique d'ouverture économique menée par les autorités chinoises depuis le début des années 80, sous la houlette de Deng Xiaoping.

➜ **page :** ***296.***

Zone d'influence

Territoire sur lequel un « centre », le plus souvent une grande ville, exerce une influence économique et sociale.

● Avec la décentralisation et la régionalisation, certaines grandes villes de province ont acquis des pouvoirs importants et disposent de gros budgets. Ainsi, on dira de Lyon qu'elle exerce sa zone d'influence sur un vaste territoire alentour.

● On parle également de la zone d'influence qu'exerce un pays, par exemple les États-Unis, sur une grande partie du monde.

➜ **pages :** ***45, 361, 384, 385, 402, 403, 410.***

INDEX

Crédits photographiques

AMNESTY INTERNATIONAL 236 / **ARTEPHOT** Nimatallah 310/ Perrin 217/ **COSMOS** Aaronson/Aspen 297b/ Aga 276/ Avakian 341/ Azzi/WC 71/ Bamberger 273h/ Baughmann/Visions 227/ Buhrer/Stratut 257/ Buthaud 335/ 401/ CLB/LFI 34b/ Crandall 305/ Faidley/PG 289h/ Ferrorelli 272/ Frerck 301/ Funari/IV 235/ 304b/ Gibson/Impact 277/ Gibson/Westlight/Watts 46/ Hall/WC 47/ Harding 336/ Henley 299b/ Kaiser 303g/ Kasmauski/Matrix 397/ Lucotte 36h/ Maître 223/ 256/ 291/ 309/ 311/ 304h/ McNamee/WC 338/ NASA/SPL 62/ Pagnotta 399/ Perri 211/ 241/ Popper 300/ Popperfoto 328/ Quesada/Matrix 110/ 392/ Sibert 237/ Trung 263b/ von Sant/SPL 56/ Wiesenhofer/Anzenberger 302/ Wilson/Westlight 240/ **DOCUMENTATION FRANÇkAISE** Rheims 34h/ **EDIMEDIA** 137/ 144/ **ÉDITIONS LA DECOUVERTE** 439/ **ÉDITIONS LAROUSSE BORDAS** 437/ **EXPLORER** Boutin 231/ 342/ Boutteville 362/ Charles 243/ Evans 141/ Frances 228/ Hervy 33/ Jahan 345h/ Jalain 358h/ Laird 274/ Leroux 365/ Loirat 275/ Riel 388/ Roux 352/ Roy 233/ Thomas 358b/ Veiller 346/ Wysocki 360/ 245h/ **GAMMA** 249/ Bassignac 251/ Franey 199/ Job 197h/ Orand 356/ Peterson/Liaison 229/ Saussier 196/ **HAVAS VOYAGES** 453/ **I.G.N.** Harmonic 445/ Menet 447/ 459/ **JACANA** Champroux 255/ Dimijian/PR 206/ Vasselet 222/ **KEYSTONE** 250/ 340/ 378/ 404/ 428/ 270h/ 303d/ **KHARBINE TAPABOR** 230/ 248/ 386/ 408/ 430/ **MAIRIE DE PARIS** Photothèque des Musées de la Ville de Paris/Ladet 43/ **RAPHO** Agoudjian 273b/ Ancelet 221b/ 221h/ 479/ Aviatec 181/ Baret 368/ 463/ Berli 264/ Bertinetti 176/ 254/ 382/ Bordaz 42/ Bourcart 271/ 441/ Burasovsky 194/ Charles 201/ 207/ 293/ 318/ 353/ 451/ Cisowski 449/ Couderc 469/ de Soye 120/ 242/ Desmier 203/ Donnezan 316/ 322/ 387/ Ducasse 410/ 467/ Everts 77/ 156/ 443/ Franey 421/ Gantier 317b/ Gerster 69/ 101/ 209/ 220/ 253/ Gloaguen 134/ Goldman 238-239/ Guerri 214/ Halary 53/ 165/ 187/ 188/ 234/ 345b/ Hermann 343/ Huguier 283/ Kashi 213/ Koch 263h/ Lambert 205/ Lawson 202/ 317h/ Luider 325/ Manceau 198/ 465/ Mendel/Network 260b/ 260h/ 261/ Michaud 152/ 279/ 280/ 282/ 297h/ Michel 212/ Monico 423/ Monty 84/ Neyrat 267/ Niepce 461/ Nomachi 247/ Nomachi (PPS) 219/ Nutan 403/ Ohanian 334/ Pavlovsky 473/ Petrukhine 173/ Pherlps Frieman 380/ Pick 381b/ 390/ PLI/ESA 18/ Pottier 315h/ 402b/ 477/ Rausch 480/ Rebuffat 224/ Reperant 252/ Rey 298/ Ross 313/ Saint-Clair 435/ Sappa 258/ 268/ Segalen 295/ Silberstein/FRPS-FOSA 32/ Sioen 210/ 216/ 244/ 262/ 326/ 381h/ Soldeville 226/ 281/ Sylvester 265/ Testelin 266/ Tulane 471/ Uferas 232/ Whelau 269b/ Winckler 197b/ Witt 204/ Yamashita 148/ 225/ 287/ 294/ 299h/ 315b/ **RENAULT COMMUNICATION** Droits réservés 374/ **ROGER-VIOLLET** 319/ **SYGMA** 27/ 168/ 370/ 383/ 384/ 475/ 269h/ Amet 245b/ Andanson 425b/ Annebicque 239/ 330/ 331/ Astier 270b/ Attar 37/ 405b/ Baumgartner 412/ Bisson 200/ 354/ Bisson/Forestier 422/ Bleibtreu 395/ Brauchli 377/ Brooks Kraft 131/ Charles 39/ Dambier 416/ Desopotovic 379/ Epix 372/ Forestier 191/ 332h/ 402h/ Gang/CF 288/ Giry 415/ 427/ Goddard 426/ Golberg 420/ 425h/ Graham 406/ Gyori 40/ Hibon 389/ Langevin/Robert 405h/ Lassagne 35/ Le Segretain 418/ 424/ Miladinovic 285h/ Nogues 413/ Orban 36b/ Pavlovsky 327/ Philippot 407/ Photoplus 375/ Pitchal 414/ Reza 238/ Robert 159/ 259/ 332b/ Ruet 419/ Sauveur 355/ Simonpietri 285b/ Tronnel 371/ Vernier 431/ von Hasselt 306/ 396/ Yamaguchi 289b/

Liste des œuvres reproduites

459 Cartothèque fond ancien, autorisation IGN N° 90.9013 / **445** Distancemètre Arabie, autorisation IGN N° 90.9013 / **248** Le Moniteur Universel, édition de 1792 / **217 MOULLOT**, Antibes Côte d'Azur, PLM;Collection particulière / **310 P. NASMITH**, Marteau pilon en action (XIXe), Sciences Museum, Londres / **447** Restituteur S9, autorisation IGN N° 90.9013 / **386** Traité avec Sitting Bull et d'autres chef indiens avec les officiels américains, gravure (1878)

Nous remerçions plus particulièrement les sociétés Amnesty International, Havas Voyage.